U0620051

不确定性质量设计的贝叶斯建模与优化

汪建均　马义中　编著

科学出版社

北　京

内 容 简 介

本书以复杂制造过程的不确定性质量设计为研究背景，在贝叶斯建模与优化框架下提出了不确定性的质量设计方法，重点研究了在模型不确定（如模型参数、模型结构等）情形下的稳健参数设计，以及在试验资源有限与制造成本约束下（如考虑返工成本与报废成本、质量损失与容差成本）的经济参数设计问题。本书最为突出的特色是响应曲面（如广义线性模型、似不相关回归模型、高斯过程模型等）的贝叶斯建模与优化方法为不确定性质量设计的研究提供了新的理论依据和技术支持。

本书适用于质量工程、质量设计、贝叶斯统计等领域的研究生或科研工作者。此外，本书涉及的贝叶斯建模与优化方法也能够为其他领域（如管理科学、工程科学等）的广大读者提供启发和帮助。

图书在版编目（CIP）数据

不确定性质量设计的贝叶斯建模与优化 / 汪建均，马义中编著. —北京：科学出版社，2022.8

ISBN 978-7-03-070904-2

Ⅰ. ①不… Ⅱ. ①汪… ②马… Ⅲ. ①产品质量－贝叶斯估计－数学模型－研究 Ⅳ. ①F273.2

中国版本图书馆 CIP 数据核字（2021）第 258169 号

责任编辑：陶 璇 / 责任校对：张亚丹
责任印制：张 伟 / 封面设计：有道设计

科学出版社 出版
北京东黄城根北街 16 号
邮政编码：100717
http://www.sciencep.com
北京中科印刷有限公司 印刷
科学出版社发行 各地新华书店经销
*
2022 年 8 月第 一 版 开本：720 × 1000 1/16
2023 年 1 月第二次印刷 印张：21 1/4
字数：450 000

定价：238.00 元

（如有印装质量问题，我社负责调换）

前　言

全面质量管理专家费根鲍姆（A.V. Feigenbaum）认为质量在全球经济中处于领导地位。产品质量不仅是企业的生命线，更是在全球市场上赢得顾客的关键，因此持续性的质量改进已成为世界各大企业永恒追求的目标。实现持续性的质量改进不仅需要质量管理思想和方法的指导，更需要质量工程技术的支持。如何通过质量工程技术设计并制造出高质量、低成本、短周期的产品，以获得竞争优势，已成为国内外工业界和学术界极为关注的问题。

现代质量工程的主流观点认为波动（variation）是产品产生质量问题的根本原因，尽管人们无法完全消除波动，但是可以减小和控制它。因此，为了改进和提高产品质量，必须最大限度地减小和控制围绕设计目标值的波动。如何减小和控制产品实现过程中的波动，已经成为持续性质量改进活动的核心内容。质量设计应用于产品形成过程的早期阶段，能够有效地减小波动，从源头上查找产品产生缺陷的原因，改变了以往依靠检验进行事后质量管理的工作方式。因此在学术界和工业界已形成一种共识，即产品质量首先是设计出来，其次才是制造出来的，检验并不能够提高产品的质量。

在复杂制造过程的产品质量设计中，除内、外噪声因子的影响外，模型参数、模型结构、输入参数及试验数据等不确定性因素将在相当大的程度上影响响应曲面的建模精度与分析结果。然而，在传统的响应曲面建模与优化中，研究人员往往忽视不确定性因素对研究结果的影响。著名学者 Kleijnen 曾指出“在当今的不确定性世界中，稳健优化是极其重要的。在不可控制的环境中，若忽视不确定性的影响，运用响应曲面方法或 Kriging 模型取得的最优结果可能是难以令人满意的”。为此，作者及其团队成员以复杂制造过程的产品质量设计为研究对象，结合复杂制造过程的多噪声、高波动、试验成本高、试验结果重复性差等典型特征，以系统建模、模拟仿真、实证分析及案例研究为手段，综合运用质量工程学（如稳健参数设计、容差设计、计算机试验设计、统计过程控制等）、应用统计学（如贝叶斯统计、多元统计学、广义线性模型、时间序列分析等）、机器学习算法（如启发式优化算法、随机搜索技术）等多学科的知识和方法，以减小或控制产品实现过程中的波动为目标，在贝叶斯建模与优化的框架下开展不确定性质量设计的理论与方法研究，其研究成果主要表现为提出不确定性稳健参数设计的贝叶斯建模与优化方法，重点解决在模型不确定（如响应类型、模型结构、噪声因子等）

情形下的稳健参数设计问题；提出不确定性经济参数设计的贝叶斯建模与优化方法，重点解决在试验资源与成本约束下（如考虑返工成本与报废成本、质量损失与容差成本）的经济参数设计问题；在此基础上将提出的理论与方法应用到复杂制造过程（如微纳制造过程等）的产品开发与设计中，以提高其产品质量设计水平。

本书的作者长期从事质量管理与质量工程、工业工程及应用统计等方面的教学与科研工作，在稳健参数设计、多响应优化设计、响应曲面方法、计算机试验元建模等方面开展了深入的研究。作者系统地总结了团队近十年来在质量设计方面的科研工作和研究成果，科学地提炼、整理并形成了本书。汪建均教授、马义中教授主持了与本书相关的研究课题，共同提出了本书的主要学术思想和观点。汪建均教授指导的博士研究生冯泽彪、杨世娟参加了相关的课题研究，汪建均教授组织了本书的撰写、统稿、校稿等工作，冯泽彪、杨世娟、翟翠红、任晓蕾、丁春风、徐宁、许慧婷等研究生协助汪建均教授对书稿进行了认真、细致的检查和校对工作。

本书的研究工作先后获得了国家自然科学基金面上项目“面向微纳制造过程的不确定性质量设计”（批准号：71771121）、国家自然科学基金面上项目“面向高端装备的元建模及稳健参数设计”（批准号：72171118），以及国家自然科学基金重点项目“全生命周期质量工程理论与方法”（批准号：71931006）的大力支持。此外，汪建均教授应加拿大卡尔加里大学（University of Calgary）机械与制造工程系的涂忆柳教授的邀请，在国家留学基金的资助下以访问学者的身份赴加拿大卡尔加里大学开展了为期一年（2018 年 10 月～2019 年 10 月）的学术交流与合作研究。在此，衷心地感谢国家自然科学基金委员会、国家留学基金管理委员会、加拿大卡尔加里大学、南京理工大学经济管理学院、南京理工大学科学技术研究院、南京理工大学国际交流合作处、南京理工大学发展规划处等单位和组织对团队工作的大力支持和帮助。衷心地感谢加拿大卡尔加里大学的涂忆柳教授在长期的国际交流与合作中给予的宝贵支持和帮助！衷心地感谢所有参考文献的作者们！衷心地感谢团队所在的江苏省高端装备质量工程提升研究中心和南京理工大学经济管理学院的质量与生产力研究中心，它们为作者所在团队创造了良好的学术环境和研究条件！ 最后，衷心感谢科学出版社对本书给予的重视和支持，感谢科学出版社的编辑们为本书开展的大量精心细致、严谨求实的工作。

由于时间和水平有限，书中难免存在疏漏和不足，恳请读者批评指正，具体意见可发送至 jjwang@njust.edu.cn。借本书出版之际，向广大读者表示最衷心的感谢。

作　者

2021 年 12 月 18 日于南京

目　录

第1章 绪　　论

著名的质量管理学专家朱兰（J. M. Juran）曾说“21世纪将是质量的世纪”，全面质量管理专家费根鲍姆（A. V. Feigenbaum）也认为“质量在全球经济中处于领导地位”。在产品的持续性质量改进活动中，质量设计旨在从产品形成的源头查找产品产生质量问题的根本原因，全面提升产品的质量与可靠性。因此，在学术界和工业界已经形成了共同的质量哲学观点，即产品质量首先是设计出来的，其次才是制造出来的，检验并不能够提高产品的质量。在工程实践中，日本质量工程专家田口（Taguchi）提出的稳健参数设计（robust parameter design，RPD）已经成为持续性质量改进活动最为重要的技术之一。正如统计学家 Vining 等[1]陈述的那样，“理解波动和减少波动是质量改进获得成功的关键”。因此，如何利用质量设计方法从产品形成的源头来减小或控制产品实现过程中的波动，已经成为持续性质量改进活动的核心内容。

本章首先对质量设计、不确定性质量设计进行较为全面的概述；其次阐述当前质量设计在解决复杂制造过程（如微纳制造过程）中面临的困难和挑战；最后介绍本书的主要内容及各章节之间的相互关系。

1.1 质量设计的概述

从技术层面来看，质量工程技术可以划分为三类。第一类是质量检验技术，早期的质量检验技术仅限于抽样技术，通过抽样检验剔除不合格的产品，从而对产品的质量进行事后把关。因此，质量检验技术并不能够真正地提高产品的质量，完全是一种被动的质量管理。第二类是过程控制技术，过程控制技术主要包括两种基本的控制理论与方法。第一种是统计过程控制（statistical process control，SPC），1924年，美国著名质量管理学专家休哈特（Shewhart）博士首次提出了控制图的概念，奠定了 SPC 的理论基础。休哈特博士认为，产品质量不是检验出来的，而是生产制造出来的。SPC 强调应用统计方法对过程中的各个阶段进行监控，建立并保持过程处于可接受并且稳定的水平，从而保证产品或服务满足规定的要求。第二种是工程过程控制（engineering process control，EPC），EPC 是指在质量控制中充分地利用系统固有的自相关性，根据系统输入与输出之间的关系来适当地调整控制变量，从而保证未来过程的输出质量特性值更加接近目标值。与 SPC 不同，工程过程控制技术强调直接对过程中的关键变量（如温度、流量等）进行监控与调整。随着自动控制技术的快速发展，越来越多的制造过程开始使用各种自动控制技术，因此在质量控制过程中出现两种控制方法相互融合的趋势。20 世纪 60 年代，著名的统计学家 Box 和 Jenkins 提出将 SPC 与工程过程控制技术结合起来，对产品/过程进行质量控制。然而，这种思想在随后的三十年内都没有引起学术界的足够重视。在 20 世纪 90 年代，有关 SPC 与工程过程控制技术融合的思想被再次重视起来。众多统计学家对此进行深入讨论，形成了广泛认同的学术思想，即 SPC 与工程过程控制技术的相互融合能够有效地减小过程的波动[2]。因此，过程控制技术能够有效地贯彻预防的原则，将质量控制从检验阶段提前到制造阶段。第三类质量工程技术是质量设计，总体上看，质量设计主要包括两个方面的研究内容。一个方面是试验设计及其分析与建模技术，如经典的试验设计（design of experiments，DOE）等。在产品/工艺过程的质量设计中，首先必须探索该过程输入与输出之间的关系，其次在此基础上对该过程输出的性能进行优化，最后获得理想的设计方案。由于真实产品/工艺过程的复杂性，通常会存在着大量的输入与输出变量，试图从理论上获得该过程输入与输出之间精确的函数关系将是非常困难的，甚至是不可能的[3]。试验设计在工业界的应用促使质量控制进入第三个阶段，即质量设计阶段，其目的不仅是发现产品的缺陷，还要主动预防缺陷产品的出现。另一个方面是 Taguchi 的三次设计（系统设计、参数设计、容差设计），其核心是参数设计（parameter design），也称稳健设计（robust design）或稳健参数设计，在本书中统称为稳健参数设计。

开展质量设计的最有效方法是试验设计与稳健参数设计。20 世纪 30 年代，英国统计学家 Fisher 首先提出了试验设计的方法，主要应用于农业生产领域。然而，第二次世界大战之后，试验设计的潜力才被工业界了解和认识。Fisher 曾证明了全因子试验设计可以利用部分析因设计来实现，并保持统计意义不变[4]。部分析因设计能够极大地减少试验次数，从而有效地节省试验费用和节约试验时间，因此上述研究成果极大地促进了试验设计的广泛应用。从此以后，以 Box 为代表的统计学家对试验设计进行了大量的理论研究，提出了很多优化设计方法，极大地促进了试验设计的发展。例如，Box 等[5, 6]针对部分析因设计和部分因子设计提出了数据分析的策略与经验及其建模技术；以 Taguchi 为代表的质量工程专家进行了大量的工业试验设计与数据分析，积累了丰富的工程实践经验。在此基础上，Taguchi 发展了正交试验设计[7]。正是在以 Fisher、Box 为代表的统计学家和以 Taguchi 为代表的质量工程专家的共同推动下，试验设计已经成为质量改进活动中最为重要的工具之一。20 世纪 80 年代，Taguchi 进一步提出以正交试验设计和信噪比（signal noise ratio，SNR）为基础的稳健参数设计。目前，学术界和工业界已经形成一种共同的认识[8]：试验设计与稳健参数设计的结合将会进一步丰富质量设计的研究内涵和技术手段，在理论上促进相互之间的共同发展，并在质量改进活动中极大地提高产品的质量。试验设计与稳健参数设计已经广泛地应用于机械、电子、化工、航天等行业的质量改进活动中，产生了巨大的经济效益。因此，试验设计、分析与建模及稳健参数设计已成为众多统计学家和质量管理专家关注和研究的热点问题之一，一些研究者先后提出各种试验设计方法如正交试验设计[9, 10]、拉丁方试验设计[11]、均匀设计[12-14]等，建模技术如响应曲面方法[15-18]（response surface methodology，RSM）、广义线性模型[19-21]（generalized linear model，GLM），启发式优化方法如遗传算法（genetic algorithm，GA）[22-24]、粒子群算法（particle swarm optimization）[25]等。关于质量设计的理论与方法，代表性的综述性文献主要有：针对 Taguchi 参数设计，国际期刊 *Technometrics* 刊发了由 Nair 主持、Abraham 等统计学家参与讨论的综述性论文[26]；Myers 等在国际期刊 *Journal of Quality Technology* 上刊发了关于响应曲面设计的文献综述[15]；Robinson 等在国际期刊 *Quality and Reliability Engineering International* 上刊发了关于稳健参数设计的文献综述[27]；Chen 等在国际期刊 *IIE Transactions* 上刊发了计算机试验的设计、建模与应用方面的文献综述[28]；Wu 在国际期刊 *Journal of the American Statistical Association* 上刊发了关于试验设计的基本原则、稳健参数设计及计算机试验等文献综述[29]；Kleijnen 在国际期刊 *European Journal of Operational Research* 上刊发了基于统计回归模型与克里金（Kriging）替代模型在仿真试验设计领域方面的文献综述[30]。2008 年，国际期刊 *Technometrics* 刊发了由 Steinberg 主持，Bisgaard 等统计学家和质量专家参与的关于未来工业统计的专题讨论[31]，在此次专题讨论中，这些统计学家和质量专家指出“统计试验设计是一种有效的质量改进方法，将在高质量、高可靠性的产品设计和生产中起到越来越重要的作用”。由于试验设计与稳健参数设计涉及的研究内容非常多，试图全面地了解各个方面的研究现状将非常困难。统计学家 Myers 等[15]曾指出，“从更为广泛的意义上看，RSM 已成为工业试验的核心”。GLM 也可以看成一般 RSM 的一种扩展，通常视为涉及非正态响应的 RSM[32]。在此，针对本书涉及的研究内容，将围绕 RSM 与 GLM 在质量设计领域的研究现状进行系统的综述与分析，为后续本书研究内容的展开提供一个更为清晰的线索。

1.1.1 基于响应曲面的质量设计

20 世纪 80 年代，Taguchi 博士在美国介绍稳健参数设计以来，众多统计学家和质量专家针对这一主题进行了深入的研究，产生了一系列的研究论文和专著。Taguchi 指出在试验设计中应该考虑两类因子：一种是可控因子（control factor），即在试验和产品的实现过程中均能够控制的因子；另外一种是噪声因子（noise

factor），即在试验中能够加以控制，但在产品的实现过程中难以控制的因子。Taguchi 认为噪声因子是导致过程产生波动的重要根源，在稳健参数设计问题中，试验者通常选择可控因子的最优搭配来减小或控制噪声因子对产品/工艺过程造成的影响，从而以较低的经济成本来提高和改善产品质量[15, 33]。然而，Taguchi 的方法在实现稳健参数设计方面存在很多不足之处。Myers 等在其经典的著作[17]中曾指出 Taguchi 的方法存在的一些缺陷：①可控因子的交互效应将无法估计；②内外乘积表设计导致试验次数过多；③信噪比（signal-noise ratio，SNR）作为度量过程波动的指标不合适。其中，将 SNR 作为稳健性度量指标的争议最大。例如，Myers 等[17]指出，SNR 作为一个综合度量过程波动的指标，无法有效地区分输入因子对响应均值与方差的影响；Vining 和 Myers[34]指出，Taguchi 结合工程实践提出了 60 多个 SNR 的计算公式，这说明 SNR 公式还存在一定的缺陷，难以满足不同情形下的稳健性度量；Leon 等[35]也曾指出，在应用 SNR 时要非常谨慎，否则会获得难以解释甚至错误的研究结论。

针对 Taguchi 方法的不足之处，一些研究者提出将 Taguchi 稳健参数设计问题转化为具有约束的响应曲面优化问题。关于试验设计的选择，通常存在两种不同的情形，即内外表（inter-outer array）设计和组合表（combined array）设计。通过内外表设计，试验者能够根据内外表获得可控因子水平组合下的重复试验结果，但是通常需要相当多的试验次数。在第一种试验设计即内外表设计下，一些研究者针对 RSM 提出了一些改进方法。Vining 和 Myers[34]（简称 VM）首先提出了在响应曲面框架下应用 Taguchi 提出的稳健参数设计方法，即运用一般的响应曲面模型（如二阶响应曲面）来估计响应的均值和方差，其次将响应的均值保持在设计目标处，同时最小化产品/过程的波动。del Castillo 和 Montgomery[36]（简称 DM）认为将响应的均值仅限制在规定的目标处是不合理的，因此他们提出将均值模型的等式约束改为不等式约束，同时利用非线性规划方法来优化 Vining 和 Myers 提出的双响应曲面问题。考虑到等式约束及拉格朗日乘子在优化过程中的不足，Lin 和 Tu[37]（简称 LT）提出了一种基于均方误差（mean squared error，MSE）标准的优化方法，他们利用提出的方法对 VM 和 DM 方法中的例子进行了分析，结果表明，通过引入小的偏差能够减小整个过程的波动。Copeland 和 Nelson[38]（简称 CN）认为 LT 提出的 MSE 方法未能限制均值偏离目标值的距离，然而在某些过程中，将均值保持在目标值附近是非常重要的。为此，他们提出保持均值偏离目标值的距离小于某个设定的值，然后最小化过程的波动的方法。此外，LT 方法在优化 MSE 时未考虑均值与方差之间的权重问题。Ding 等[18]提出一种加权的 MSE 方法，他们提出运用数据驱动和效率曲面的方法来获得均值与方差的权重，然后最小化加权的 MSE 来获得理想的参数设计值。针对均值与方差之间权重的确定问题，一些研究者提出各种改进方法。例如，Jeong 等[39]提出通过贝叶斯方法来获得均值与方差之间的权重，然后最小化加权的MSE来优化参数。但是该方法需要事先确定权重的概率分布，因此其计算过程十分复杂，难以在工程实践中应用。Lee 等[40]提出了基于后验偏好的方法确定最优参数，该方法的缺点是在优化目标函数之前，必须确定约束条件中的参数区间。如果参数区间设置得不合理，那么后验偏好并不能保证获得的结果为理想的参数水平。此外，关于双响应曲面的优化问题，一些研究者也提出各种改进方法[41-45]。例如，Kim 和 Lin[44]提出运用以模糊优化方法为基础的数学规划方法来优化双响应曲面；Vining 和 Bohn[45]针对双响应曲面提出一种非参数的建模方法。为了克服内外表设计的不足（试验次数过多且无法估计交互效应），Welch 等[46]提出一种将可控因子与噪声因子放在单一表中的组合表设计方法，这种组合表设计比 Taguchi 的内外表设计需要更少的试验次数，同时允许试验者估计可能重要的交互效应[47-50]。针对组合表设计，Myers 等[51]通过对噪声因子和随机误差取条件期望以获得响应曲面的均值模型和方差模型。上述基于 RSM 的均值模型和方差模型能够刻画可控因子与噪声因子之间的交互效应，从而能够更好地反映稳健参数设计的基本思想[52, 53]。Borror 等[54]结合组合表设计，针对响应的均值与斜率提出一种尺度预测误差的方差（scaled prediction error variance，SPEV）模型。另外，Brenneman 和 Myers[55]还考虑了以噪声因子为分类变量的稳健参数设计问题。

此外，研究人员通常会遇到试验数据的质量问题，如试验数据存在异方差的现象。异方差通常可能由噪声因子引起，但也可以是其他可控因子导致的。当因子的水平发生变化时，响应的方差也随着发生变化，这种特殊的因子通常称为散度效应（dispersion effect）。因此，在响应曲面的稳健参数设计中，一些研究者试图解决如何估计散度效应的问题。Bergman 和 Hynen[56]（简称 BH）探讨了识别非重复两水平部分因子试验的散度效应问题；Blomkvist 等[57]将 BH 方法进一步扩展到多水平因子试验的散度效应问题；Ferrer 和 Romero[58, 59]运用变换后的残差来考察过程的方差；Steinberg 和 Bursztyn[60]讨论了响应曲面的位置效应与散度效应的直接建模方法；Berube 和 Nair[61]曾指出如果试验设计中存在噪声因子，那么应该明确地了解这些噪声因子，以便有效地估计散度效应；Wolfinger 和 Tobias[62]建议利用 RSM 同时估计位置效应、散度效应及随机效应；针对散度效应存在的情形，Mays 和 Myres[63]针对部分因子试验设计提出了一种贝叶斯设计与分析方法；McGrath 和 Lin[64, 65]展示了有效地分离散度效应与位置效应的估计方法，并证明这种分离方法的必要性，他们指出如果响应曲面的均值模型没有被正确地设定，那么利用残差来识别散度效应将会导致错误的结果，在识别出显著性因子后，他们进一步提出了区别位置效应与散度效应的方法；Brenneman 和 Nair[66]对识别非重复试验散度效应的一些方法进行了回顾和评述，他们指出这些方法都存在相当大的偏差，为此提出了模型选择与散度效应识别的迭代方法。

在现实生活中，一般产品都具有动态质量特性，如染料的染色性能、轧钢机轧制钢板的厚度等，因此研究产品动态质量特性的稳健参数设计问题具有重要的现实意义。动态系统亦称信号响应系统（signal-response systems），指产品性能通过改变输入信号允许其在一定范围内变化，以满足人们的不同需求。一些研究者对动态系统的稳健参数设计问题进行了深入的研究，其中，相当多的论文是基于RSM的研究。例如，Miller和Wu[67]扩展了具有动态质量特性的响应模型[48]，然后在斜率和方差函数中考虑了可控因子与噪声因子的交互效应，以便能够获得更多的数据信息；Tsui[68]对损失模型（loss model）和响应模型在动态稳健参数设计中的性能进行了比较分析，指出在动态稳健参数设计中运用损失模型对因子效应进行估计时可能会产生偏差，而运用响应模型则不会出现这种偏差问题，并为噪声因子如何减小过程的波动提供了更多具体的信息；Wu和Hamada[69]针对动态质量特性提出了一种两阶段的响应函数建模方法，首先对所有可控因子与噪声因子的组合进行回归分析，获得截距、斜率、残差和方差的估计值，其次将截距、斜率、残差和方差的估计值作为可控因子和噪声因子的函数，从而满足最小化方差和最大化敏感度等稳健参数设计目标；Nair等[70]进一步对上述两阶段的响应函数建模方法进行了扩展，通过函数回归技术对动态响应问题的位置效应和散度效应进行了具体分析；Gupta等[71]针对具有组间方差和组内方差的动态系统提出了一种裂区方法，并应用广义线性混合模型（generalized linear mixed model，GLMM）展示了如何对方差成分进行建模。

随着顾客对产品需求层次的差异化及企业之间竞争程度的加剧，在产品/工艺过程的设计中，往往需要考虑多个质量特性，因此多质量特性的稳健参数设计在质量改进活动中显示出越来越重要的作用。近年来，多质量特性的稳健参数设计问题已引起众多学者的研究兴趣[72-74]。例如，Miro-Quesada和del Castillo[75]提出运用双响应曲面方法（dual response surface methodology，DRSM）实现多响应的稳健参数设计。该方法以响应的方差为目标函数，而响应的期望值只作为约束条件，因此该方法得到的优化结果往往方差较小，而响应预测值不如其他方法好。此外，DRSM也需要在试验阶段对响应进行重复测量，以获得响应的均值模型与方差模型。针对组合表设计，Koksoy[76]以MSE为优化设计的目标，运用非线性规划方法对构建的响应曲面模型进行优化设计。该方法能够提供一系列可供选择的设计参数组合，从而能够为质量工程师提供决策支持。

近年来，国内学者也对基于RSM的稳健参数设计问题进行了深入的研究。何桢等[77]分析了Taguchi的方法与RSM的优、缺点，并在此基础上运用DRSM将二者的优势结合起来，从而实现了产品的质量改进；针对小样本情形下的相关多响应优化设计问题，汪建均等[78]在运用Taguchi质量损失函数度量多响应的稳健性的基础上，使用多变量偏最小二乘法（partial least squares，PLS）提出了一种新的多响应曲面优化设计方法；崔庆安等[79, 80]提出了基于支持向量机（support vector machine，SVM）的非参数 DRSM，该方法首先采用均匀空间网格形式取样，其次利用 SVM 来拟合过程的均值和方差响应，并且通过比较不同拟合模型的泛化误差上界来优化 SVM 的参数；赵选民等[81]将单个控制因素和单个误差因素模型推广到多个控制因素和多个误差因素模型，提供了建立响应曲面模型的分析方法，改进了 Taguchi 的 SNR 方法；何桢等[82, 83]基于响应曲面构建了多响应稳健优化的模型，他们对传统的满意度函数（或多元损失函数）进行了改进，构建了一个新的满意度函数（或多元损失函数），以衡量响应对可控因子波动的稳健性，在此基础上，将传统的满意度函数（或多元损失函数）与提出的新的满意度函数（或多元损失函数）结合在一起，提出了稳健优化满意度函数（或多元损失函数）的新方法。

1.1.2 基于 GLM 的质量设计

经典的 RSM 通常假设产品/过程的响应满足正态分布，然而在工业试验中，质量工程师经常会遇到非正态响应，因此非正态响应的质量设计引起了一些研究者的关注和重视[84-90]。对 RSM 而言，基于 GLM 的质量设计研究相对较少。Bisgaard 和 Fuller[91]提出使用数据变换方法将非正态数据转换为正态数据，然后运用最小二乘回归法对非正态响应的试验进行数据分析。然而，一些研究者发现，难以寻找到合适的数据变换方法使变换后的响应同时满足正态性、常数方差和系统线性可加三个基本条件[69]。此外，数据变换方法通常会造成预测精度较差，甚至出现与事实不符合（如预测产品缺陷数时出现结果为负的情况）的研究结果[92]。在工业试验中，非正态响应通常满足指数族（exponential family）分布的特征，即方差是均值的函数。GLM 不仅适用于广泛的指数族分布类型，而且能够通过联系函数（link function）灵活地建立响应的方差与均值之间的函数关系，因此一些研究者倾向选择 GLM 来实现非正态响应的质量设计，并取得了一些积极的研究成果。基于对相关文献的归纳整理，可以将基于 GLM 的质量设计划分为四个方面的研究内容。第一，在 Taguchi 的方法或响应曲面模型中逐步引入 GLM 的均值和散度进行稳健参数设计；第二，根据数据变换方法，将传统最小二乘法或 RSM 与 GLM 进行比较研究；第三，针对 GLM 的理论发展，一些研究者试图将一些扩展的 GLM（如 GLMM 等）引入稳健参数设计中；第四，将 GLM 应用到动态响应或多响应的稳健参数设计研究中。

针对第一个方面的研究内容，一些研究者深入分析了 Taguchi 的方法或 RSM 与 GLM 之间的差异，并建立了这些方法之间的内在联系。为了叙述方便，假定在稳健参数设计研究中可控因子 C_i 和噪声因子 N_j 对应的响应为 Y_{ij} 。在 Taguchi

的方法中，通常会根据响应的类型（望大、望小和望目）采用相应的 SNR 公式（即样本均值 μ_i 与样本方差 S_i^2 之间的函数关系）来度量响应 y_{ij} 的波动。在 GLM 的框架下，Nelder 和 Lee[93]提出利用响应 Y_{ij} 的方差 $\mathrm{Var}(y_{ij} \mid n_j) = \phi_{ij} V(\mu_{ij})$ 来度量过程的波动，其中，$V(\mu_{ij})$ 为 GLM 的方差函数，ϕ_{ij} 为 GLM 的散度参数。他们简化了上述方差函数，假定 $\mu_{ij} = \mu_i$ 和 $\phi_{ij} = \phi_i$，即噪声因子对过程的均值和散度不构成影响。Grego[94]指出在 Taguchi 的方法中，利用伽马函数能更好地刻画样本方差 S_i^2 。Engel 和 Huele[95]在方差函数中进一步考虑散度参数的影响，但假定散度参数不受噪声因子的影响，即 $\phi_{ij} = \phi_i$，从而扩展了响应曲面模型。Lee 和 Nelder[96]假设均值 μ_{ij} 为可控因子与噪声因子的函数关系，但假设散度参数不受噪声因子的影响，并利用该函数关系进行质量改进的试验分析。假设 GLM 中的均值与散度均为可控因子和噪声因子的函数关系，Lee 和 Nelder[97]提出了基于均值与散度的联合 GLM，并将其应用到非正态响应的稳健参数设计之中。Myers 等[86]结合 DRSM 的基本思想，构建了基于 GLM 的 DRSM，他们还指出在利用基于 GLM 的 DRSM 进行稳健参数设计时，需要对过程的均值与方差进行权衡，即当实现噪声因子对可控因子的影响最小时（满足系统的稳健性），会不可避免地增加响应值波动，或者当严格满足整个过程偏离均值最小时，却不得不牺牲系统的稳健性，即无法有效地通过可控因子的水平设置来减小或控制噪声因子对整个过程的波动。

针对第二个方面的研究内容，一些研究者通过实例或者仿真分析说明了 GLM 的优点与不足之处。Hamada 和 Nelder[90]结合实例证明了 GLM 在某些情形下要优于数据变换方法。Myers 和 Montgomery[89]也结合实例比较了基于数据变换方法的一般最小二乘（ordinary least squares，OLS）法与 GLM，并指出 GLM 能够获得更短的预测置信区间。Lewis 等[98]运用数据变换方法与 GLM 对具体的工业试验设计进行了统计分析，结果表明，与数据变换方法相比，GLM 具有更短的预测置信区间，因此 GLM 在参数估计和响应预测性能上都要优于数据变换方法。Lewis 等[99]全面地比较了 GLM 和 OLS 法，并运用蒙特卡罗模拟方法分别进行了 8 次、16 次及 32 次因子试验，研究了利用置信区间评价模型优劣的可行性问题。针对非正态响应的全因子试验设计（full factorial experiment design）和部分因子试验设计，Lewis 等[100]运用 GLM 通过仿真方法进行了对比分析，结果表明，在全因子试验设计下，GLM 通常能够有效地识别所有的显著性因子，但在部分因子试验设计中可能会出现某些显著性因子无法有效识别或者错误识别的情况。他们指出 GLM 通过极大似然法进行参数估计，但极大似然法的良好性能（如无偏性、最小方差及渐近正态）是建立在大样本统计推断理论基础之上的，因此在部分因子试验设计的小样本情形下，极大似然法的良好性能将无法得到保证。针对非正态响应的部分因子试验设计，当试验涉及的因子数目较大时，汪建均等[101]运用马尔可夫链蒙特卡罗（Markov chain Monte Carlo，MCMC）模拟对 GLM 进行贝叶斯分析，并通过偏差信息标准（deviation information criterion，DIC）对当前模型与候选模型进行逐步迭代优化，从而筛选出显著性因子，获得具有最佳短期预测能力的模型。

针对第三个方面的研究内容，随着 GLM 理论的进一步扩展和完善，一些研究者试图将这些新的理论和模型引入稳健参数设计的研究之中。Robinson 等[102]运用 GLMM 研究了裂区试验（split-plot experiments）的稳健参数设计问题；Robinson 等[103]进一步利用 GLMM 与贝叶斯方法研究了具有噪声因子和区组化效应的稳健参数设计问题。

针对第四个方面的研究内容，一些研究者将 GLM 及其扩展形式应用到动态稳健参数设计及多响应稳健参数设计的研究中。Lesperance 和 Park[87]提出了基于联合 GLM 的动态稳健参数设计方法；Gupta 等[71]应用 GLMM 分析了动态响应系统的稳健参数设计问题，研究结果表明，与 OLS 法相比，运用 GLMM 能够得到具有更小置信区间的精确点估计值；Mukhopadhyay 和 Khuri[104]提出了运用多变量 GLM 来处理多响应的试验设计方法，并根据广义距离方法同时优化了多响应曲面。此外，一些研究者还将 GLM 与其他优化技术相结合，构建新的模型以实现非正态响应的稳健参数设计。例如，Brinkley 等[105]结合 GLM 与非线性规划方法来实现产品的稳健参数设计，并以提高印刷电路板的质量为例进行了应用研究。

1.2　不确定性质量设计概述

稳健参数设计作为持续性质量改进的一项重要支撑技术，在实际产品/工艺过程的质量设计中已得到广泛应用，有效地提高了产品的质量和可靠性，产生了巨大的经济效益[27]。在实际产品/工艺过程的质量设计中，往往存在各种影响产品质量设计的不确定性因素，稳健参数设计的基本流程与不确定性的建模过程如图 1-1 所示。

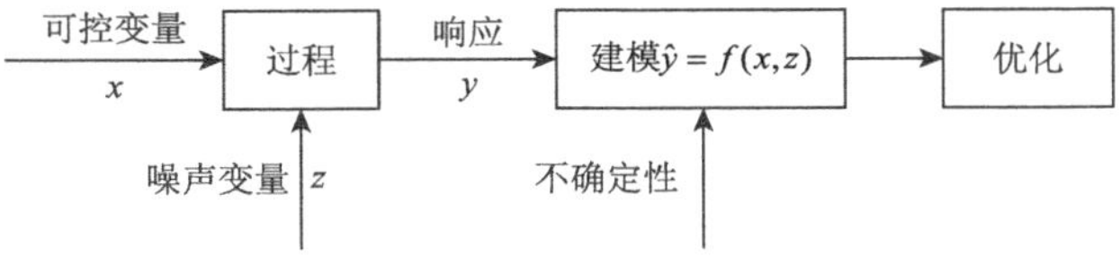

图 1-1　稳健参数设计的基本流程与不确定性的建模过程

本书的研究内容聚焦于不确定性的质量设计（稳健参数设计和经济参数设计），重点研究不确定性质量设计的建模方法与优化策略。因此，拟从不确定性质量设计的建模方法与优化策略进行文献综述与评述。

正如统计学家 Box 的经典名言“所有的模型都是错误的，但是有些模型是有用的（all models are wrong，but some are useful）”陈述的那样，模型的不确定性是现实生活中客观存在的事实，是不可避免的现象。在实际的产品生产或制造过程中，由于内、外部环境噪声的影响，模型参数、模型结构、预测误差及试验数据等不确定性因素将对响应曲面的建模精度与分析结果产生不利影响[106]。例如，Rafetry[107]指出“如果不考虑模型的不确定性，试验者将无法正确地估计模型的参数”；Draper[108]同样强调“忽视模型的不确定性，可能会低估或高估分析结果，甚至得出不科学的研究结论”；Kleijnen 在“统计回归模型与 Kriging 替代模型在试验设计中的模拟与仿真”的综述性论文[30]中指出，“在当今的不确定性世界中，稳健优化是极其重要的。若在不可控制的环境中忽视不确定性的影响，则基于 RSM 或 Kriging 替代模型获得的最佳设计值可能难以令人满意。”然而，在传统的响应曲面设计与建模优化中，质量工程师或研究人员往往忽视模型不确定性对试验结果的影响。近年来，在复杂产品或先进制造过程的质量设计研究中，考虑不确定性质量设计的建模方法引起了众多学者的研究兴趣。通过归纳总结国内外近期的相关研究成果，不难发现，不确定性质量设计的建模方法主要从以下两个角度开展研究：①模型参数的不确定性；②模型结构的不确定性。当前，国内外学者主要运用不确定性分析方法（如置信区间、模糊数学、贝叶斯统计及组合建模等）来考虑模型参数与模型结构的不确定性对优化结果的影响。He 等[109]考虑模型预测结果的不确定性进而提出了一种稳健的理想函数方法，并运用其模型输出结果的置信区间来度量多响应曲面优化过程的稳健性。Ouyang 等[110]通过多响应的预测区间提出一种新的质量损失函数，以考虑模型参数不确定性对优化结果的影响。研究结果表明，在多响应的优化设计中，当位置效应和散度效应是重要的问题时，所提方法能够获得合理的优化结果。针对多响应的稳健参数设计问题，顾晓光等[111]考虑模型不确定性的影响，借鉴满意控制理论的相容性指标分析方法提出了一种基于置信区间的多响应满意参数设计方法。He 等[112]运用稳健的满意度函数和模糊规划方法，在多响应优化设计中同时考虑位置效应、散度效应和模型不确定性的影响，从而确保优化结果的稳健性。贝叶斯方法不仅能在建模过程中有效地利用专家知识和相关的先验信息，而且能在后续的分析过程中对估计结果进行不断的修正与更新，因此贝叶斯方法被广泛应用于不确定性质量设计的建模过程中。例如，Fox 等[113]在响应曲面建模过程中考虑了模型的不确定性，首先运用贝叶斯方法对模型参数的后验分布（posterior distribution）进行抽样，并不断更新优化设计的最优解，其次采用分位数法得到最优解的置信区间。针对多响应优化问题，Peterson[114]提出了一种贝叶斯的后验预测方法，该方法在贝叶斯建模与优化过程中考虑了试验数据之间的相关结构、过程分布的变化及模型参数的不确定性，然后利用多响应的后验概率分布计算响应预测值满足设定质量条件的概率。Miro-Quesada 等[115]扩展了 Peterson[114]的研究工作，在多响应的后验概率密度函数中考虑了噪声因子的影响。此外，Peterson 等[116]研究了多响应之间存在不同协方差的问题，结合多变量的似不相关回归（seemingly unrelated regression，SUR）模型进一步改进以往的研究工作。Robinson 等[117]首先对 GLMM 进行贝叶斯分析，然后结合贝叶斯后验概率方法对裂区试验设计进行了参数优化。该方法不仅适用于正态响应，也适用于非正态响应的参数优化设计问题，然而，上述方法仅关注响应预测值落在规格限内的概率，却忽视了多元过程的稳健性。事实上，在很多情况下仅考虑优化结果的可靠性获得的参数设计值，其可靠性结果往往令人满意，然而质量损失却相当大[118]。为此，汪建均等[119]在贝叶斯多元回归模型的统一框架下，首先根据贝叶斯后验样本计算响应预测值的均值向量与方差-协方差矩阵，在此基础上构建改进的多元质量损失函数，并将其作为优化目标函数；其次利用贝叶斯后验概率方法获得响应预测值落在规格限内的概率，并以该概率不低于某个期望目标为约束条件；最后运用混合遗传算法（hybrid genetic algorithm，HGA）对目标函数进行优化，从而获得理想的参数设计值。此外，该方法还进一步结合实例讨论了期望概率对优化结果的影响、联合概率与边缘概率之间的关系，以及如何获得质量损失与后验概率之间的最佳平衡点。研究结果表明，所提方法能够在优化过程中较好地兼顾多元过程的稳健性和优化结果的可靠性，从而为实现多响应稳健参数设计提供了各方面（如多元过程的稳健性、优化结果的可靠性）均较满意的优化结果。此外，Vanli 等[120]在考虑模型参数不确定性的稳健参数设计时，融入了在线可观测的噪声因子，提出了一种自适应的贝叶斯稳健参数设计方法，该方法旨在通过在线观察噪声因子的水平，从而不断调节最佳的输入参数水平。Apley 和 Kim[121]借鉴自适应反馈控制中的谨慎控制思想，考虑模型参数不确定性的影响，构建了一种贝叶斯建模方法，以弱化模型参数不确定性对优化结果的影响。

在不确定性质量设计中，除了模型参数和模型结构的不确定性影响，试验数据及优化区域也是对优化结果具有重要影响的不确定性来源之一。为此，国内外学者运用多元统计、贝叶斯统计、计算机试验设计、机器学习方法等开展了一系列的相关研究。例如，针对非正态响应的部分因子试验，当试验涉及的因子数目较多时，汪建均和马义中[122]运用经验贝叶斯先验考虑了模型参数不确定性的影响，提出了基于 GLM 的贝叶斯变量与模型选择方法。研究结果表明，该方法能够有效地识别非正态响应部分因子试验的显著性因子和最佳响应模型。此外，针对非正态响应的稳健参数设计，汪建均和马义中[123]在均值与散度的联合 GLM 的基础上，构建了基于 GLM 的双响应曲面模型。研究结果表明，与传统的 RSM 相比，所提方法能够有效地减小过程的波动，提高输出质量特性的稳健性。针对过程参数与输出质量特性之间的作用关系复杂的问题，崔庆安[124-126]考虑了试验数据与试验区域的不确定性影响，运用均匀设计、聚类分析、支持向量机回归等方法提出了一种全局的序贯设计与建模方法。研究结果表明，所提方法能够在可行域内将试验点合理地分配到输出质量特性的多个极值附近，有效地降低了传统试验设计的样本量，提高了模型的预测性能，获得了更加可靠的参数优化结果。在稳健参数设计中，当试验数据表现出高波动特征时，Boylan 和 Cho[127]构建了不同的评估指标，以降低试验数据的不确定性对模型预测性能的影响，并比较了在不同波动大小情形下各指标的预测性能。在一些特定制造的产品质量设计中，当在不同的可控因子水平组合下开展重复试验时，观测到的响应曲线通常表现出空间轮廓（spatial profiles）的特征。针对上述特殊的轮廓响应系统，Alshraideh 和 del Castillo[128]提出了一种基于时空的高斯随机建模方法，从而更为灵活地刻画响应的轮廓形状特征及轮廓与轮廓之间的相关性，并将构建的新模型应用到轮廓响应系统的稳健参数设计中。在计算机试验中，以 Kriging 替代模型等为基础的稳健参数设计通常假设替代模型为真实的模型，并且忽视替代模型的不确定性对优化结果的影响。针对上述问题，Zhang 等[129, 130]在稳健参数设计中以高斯过程（Gaussian process，GP）模型为基础，同时考虑了模型参数不确定性和模拟模型不确定性对优化结果的影响。在传统的质量设计中，通常假定能够在生产或制造过程中按照最优的参数设计值进行生产，然而在某些特殊制造过程中，最优的参数设计值可能难以被精确地设定。例如，在激光微纳制造过程中，由于受噪声因子干扰，其激光的能量值或脉冲值往往会在一定范围内小幅度地波动。为此，Ouyang 等[131]同时考虑模型参数不确定性和设计变量实施误差对优化结果的影响，针对多响应优化设计提出了一种新的质量损失函数。

1.3 传统质量设计面临的挑战

试验设计作为一种有效的质量改进方法，在高质量、高可靠性的产品设计和生产中起到越来越重要的作用。然而，传统的质量设计技术在解决微纳制造、芯片制造等复杂制造过程的产品质量问题中面临一系列新的挑战。例如，2008 年，Bisgaard、Wu、Montgomery 等 10 位统计学家和质量专家针对工业统计的未来开展了一个小组讨论，Steinberg 汇总整理了其学术思想后，在美国质量协会期刊 *Technometrics* 上刊发了题为 *The future of industrial statistics*：*A panel discussion* 的论文[31]。在这个专题讨论中，Wu 等统计学家指出，“如同 20 世纪半导体工业出现时统计学家面临的挑战一样，在微纳尺度上建立高质量、高可靠性的产品将是统计学家和质量专家当前亟待解决的问题”。2008 年，Dasgupta 等[132]在美国统计协会期刊 *Journal of the American Statistical Association* 上发表了题为“微纳制造的统计建模与分析”的研究论文。在这篇具有代表性的研究论文中，上述学者指出，“微纳制造产品通常存在不同类型的微观结构，而且这些不同类型的微观结构往往需要通过不同的响应类型加以刻画。此外，在微纳制造过程中，由于内、外噪声因子的影响，其制造过程充满高度的不确定性，其可控因子的微小变化将会导致输出响应有较大的波动，因此在微纳制造过程的质量设计、建模与优化过程中，通常将响应预测值视为随机变量。为减小或控制微纳制造过程的波动，使微纳制造过程更加稳健（对噪声因子引起的波动不敏感），运用更为复杂的统计建模方法（如 GLM、蒙特卡罗模拟方法、Kriging 替代模型或 GP 模型等）来刻画微纳制造过程不同响应与试验因子之间的关系将是理想的选择。”另外，上述学者在其论文的研究展望中进一步指出，“尽管统计试验设计（试验计划、分析与优化）已经在众多研究领域获得了非常成功的应用，但是到目前为止，其在微纳制造领域的应用仍然非常有限，主要的挑战表现为：①分类响应变量的统计建模与稳健性分析；②多质量特性的复杂响应曲面模型将使求解最优参数设计非常困难；③内部噪声与外部噪声严重影响试验结果的可重复性；④试验成本高昂、试验过程极其费时”。2009 年，Lu 等[133]在美国质量协会的杂志 *Journal of Quality Technology* 上发表了有关“微纳制造质量改进与控制的统计方法”的综述性论文。在这篇具有代表性的论文中，作者们综述了统计方法在微纳制造领域中的应用，其主题包括试验设计、不确定性建模、过程优化及未来的研究方向。上述作者强调“微纳技术研究面临的许多挑战需要运用多学科方法加以解决，统计技术已经在许多技术领域产生深刻的影响，科学家们期待统计方法能够解决微纳技术研究中面临的众多挑战，并促进微纳制造的进一步发展”。上述作者进一步指出了统计方法在微纳制造领域面临的机会，①统计方法有助于了解微纳制造的形成过程。微纳制造过程通常涉及复杂的化学反应和机械结构，环境因素或过程参数的微小变化都会造成难以预料的结果。微纳制造的理论目前还未成熟，相关技术的发展还依赖于试验研究结果。然而，由于其试验成本高昂及可控因子、噪声因子与响应之间的复杂关系，新的统计试验设计方法有待进一步研究。②统计建模有助于处理特殊的数据类型和过程的信息。与传统制造过程不同，微纳制造过程在试验空间可能存在许多较低甚至是零的产出量，同时在某些空间区域内又呈现出高频信号。因此，传统的统计建模技术难以有效地提取上述特殊的数据类型和过程的信息。此外，刻画多水平或者多尺度不确定性形成过程的随机性建模方法将是一个非常值得研究的方向。③统计方法有助于改变微纳制造过程低质量、高缺陷率的现状。微纳制造目前仍然难以控制，其产品的缺陷率保持在相当高的水平。统计质量控制和生产改进技术在传统制造过程中起到了极其重要的作用，同样也需要通过这些技术在微纳制造过程中提升产品质量和提高生产效率。传感器信息技术与传统质量监控技术的结合能够在微纳制造领域发挥积极的作用，将是一个非常有意义的研究课题。针对统计方法在微纳制造质量改进中的作用，作者们指出了值得进一步研究的方向，①试验设计方法的选择。在微纳制造过程中，可控因子和噪声因子的微小变化将会造成试验结果呈现较大的波动，具有高度的不确定性，而且其输出结果可能不是连续的随机变量。在这种情况下，常规设计方法可能会具有很大的局限性。②试验数据的分析。由于先进测量工具和传感器技术的广泛使用，在微纳制造过程中经常能够观测到空间数据、高频数据及定性数据等各种类型的试验数据。结合微纳制造过程的多阶段特性，考虑多个控制因子和噪声因子的复杂数据或大规模数据分析将面临相当大的挑战。在微纳数据的分析中，多阶段、多尺度、多水平过程的建模方法需要进一步研究。③计算机模拟的应用。由于物理试验成本高昂而且费时，在微纳制造的研究中对制造过程或设备运用计算机模拟变得越来越受欢迎。计算机试验的设计与分析，以及计算机与物理试验的整合值得进一步的研究。④统计学家与材料科学、物理及其他学科专家的交流。微纳技术是一个多学科的主题，统计学家应该与其他学科领域的专家深入交流。在统计学家对微纳研究有了更深入的了解之后，将提出更多有效的统计方法来解决具有挑战性的应用问题。2010 年，Vanli 等[134]在质量领域的重要国际期刊 *Quality and Reliability Engineering International* 上发表了有关微纳制造产品质量改进的研究论文。在这篇具有代表性的研究论文中，上述作者提出了一种整合物理试验与计算机试验的贝叶斯预测方法。研究结果表明，与单纯的经验模型或模拟模型相比，所提方法能够获得过程波动更为精确的预测结果，并且通过减少物理试验次数和提高计算机试验的预测精度，从而节约大量的试验成本和缩短产品的开发时间。此外，上述学者指出了未来有待进一步研究的方向，即考虑到温度、湿度等环境噪声因子对过程稳健性的影响，在试验过程中假设环境变量服从某个特定分布。在上述假设下，结合 DRSM 分别拟合基于均值与方差的贝叶斯模型，能够有效地刻画微纳制造过程的可控因子、噪声因子与过程输出之间的复杂关系，从而在微纳制造过程中实现稳健参数设计。2015 年，Xu 等[135]在美国工业与系统工程协会的期刊 *IIE Transactions* 上发表了有关微纳制造过程建模的综述性论文。在这篇具有代表性的综述性论文中，上述作者对微纳制造过程的建模进行了全面的分析，总结出了四种建模策略（物理模型、统计模型、物理-统计模型及跨领域建模与验证）。这些作者指出，“由于微纳制造过程在物理认识上的不确定性，统计建模方法通常将微纳制造过程视为一个黑箱。首先通过试验设计获得物理试验数据，其次运用统计建模方法构建微纳制造过程输入与输出之间的关系，最后在此基础上进行统计推断”。尽管统计建模方法在微纳制造研究中获得了成功的应用，但是统计建模方法也存在一些问题：①昂贵的试验成本和大量的试验时间可能会造成物理试验数据难以有效地获得；②微纳制造过程中存在的大量噪声因子也会严重地影响统计建模方法的使用效果。当物理知识或过程数据难以单独运用时，在微纳制造过程中通常使用的方法是结合物理知识获得模型的基本结构，同时在统计建模框架下对过程不确定性进行有效的度量。通过物理知识和统计模型的交互验证，一方面统计模型的假设（利用有限物理知识获得）能够获得研究结果的支持，另一方面考虑复杂制造过程的物理-统计模型为加深对工程问题和方法开发的理解提供了宝贵的机会。

针对微纳制造过程的质量设计问题，结合上述相关的研究论文和最新的研究成果，梳理其学术思想，不难归纳总结出传统质量设计方法面临的挑战：①制造过程充满了高度的不确定性，呈现出多噪声、高波动的显著特点；②制造过程的试验数据呈现出多类型、多水平、多响应等显著特征；③制造过程的物理试验成本高昂、试验过程极其费时，试验结果的可重复性差，试验数据难以有效获得。因此，如何在有限的试验资源和制造成本的约束下，面向复杂制造过程开展不确定性质量设计是当前质量工程领域亟待解决的重要研究课题，其具体问题表现为以下几个方面。

（1）复杂制造过程中往往存在相当多的试验因子及各种类型的输出响应。为了更好地刻画输出响应与试验因子之间的函数关系，试验者在安排试验计划时往往还需要考虑试验因子的多个水平。然而，如何在有限的试验资源限制下，在响应曲面建模过程中充分考虑多水平试验因子、多类型输出响应等数据特征进行变量与模型的选择是一个亟待解决的重要研究课题。

（2）由于受内、外噪声因子的影响，可控因子的微小变化可能导致输出响应产生较大的波动。然而，以往的研究在建模过程中通常会忽视响应类型的变化、模型参数及模型结构的不确定性对优化结果的影响，以及过程中多噪声和高波动的特点。因此，如何在贝叶斯统计建模与优化框架下，选择合适的响应模型来刻画不同类型的响应与可控因子、噪声因子之间的函数关系，并在此基础上开展不确定性（即考虑模型参数和模型结构不确定性）稳健参数设计，还有待进一步地深入研究。

（3）在产品制造过程中，由于物理试验成本高昂且极其费时，一些研究者尝试应用计算机方法模拟其生产过程。此外，由于试验因子与输出响应之间高度复杂的函数关系，以多项式模型为基础的 RSM 可能难以精确地刻画二者之间的关系。在贝叶斯建模与优化框架下，如何将物理试验数据与计算机试验的元建模方法进行有效的融合，开展面向复杂制造过程的质量设计问题也有待进一步地深入研究。

（4）在复杂制造过程中，内、外噪声因子严重地影响着试验结果的可重复性。随着智能传感器、物联网等新兴技术逐步地渗透到复杂制造过程中，复杂制造过程的温度、湿度等噪声因子能够通过先进的测量工具和传感器技术进行测量。若能利用噪声因子的在线观测数据估计噪声因子的变化规律（如噪声分布的均值与方差等数字特征)，则能显著地提高稳健参数设计的效果。因此，在贝叶斯建模与优化过程中，将离线的试验设计数据与在线的噪声因子数据进行有效的融合等问题有待进一步地深入研究。

(5) 在面向复杂产品的质量设计中，通常是通过有限的物理试验获取相对较少的试验数据，并据此开展相关的质量设计研究。在上述研究过程中往往假设获取的试验数据是可靠的，没有异常数据。然而，在复杂制造过程中，由于仪器设备、人员操作等各种因素的影响，试验数据往往会出现离群点或极端样本点等数据污染问题。因此，针对试验数据的质量问题，在贝叶斯建模与优化框架下，如何通过稳健统计或计算机试验的元建模方法获得更加精确、更为可靠的响应曲面模型值得深入研究。

(6) 在复杂制造过程中，其生产过程中高波动、难以控制的特点往往会使相当多的产品无法满足规格要求。然而，以往的研究很少从经济性的视角考虑返工成本与报废成本。因此，从经济性的视角结合产品质量特性的规格要求来看，在贝叶斯建模与优化框架下，如何考虑复杂制造过程的返工成本与报废成本值得进一步地深入研究。

(7) 在复杂产品的质量设计中，以往的研究很少在贝叶斯建模与优化框架下考虑容差设计对制造成本的影响。此外，如何通过稳健参数设计来减少产品或过程的质量损失也值得进一步地研究。通常情况下，容差成本与质量损失二者之间是相互冲突的。设计因子的容差变小会导致质量损失变小，同时导致容差成本增加。因此，在贝叶斯建模与优化框架下，如何权衡质量损失与容差成本二者的关系，开展不确定性经济参数设计值得进一步地深入研究。

1.4 主要内容结构

针对上述的不确定性质量设计问题，我们团队在多项国家自然科学基金项目的资助下开展了系统性的研究，并取得了一系列的研究成果。为了更好地呈现研究工作及最新研究进展，本节将重点介绍各章节的主要内容及章节之间的逻辑关系，以期给读者一个更为清晰的线索，从而更加全面、更为深刻地理解本书介绍的主要研究内容。

本书在全面总结以往相关研究成果的基础上，以系统建模、模拟仿真及案例研究为手段，在贝叶斯建模与优化框架下，深入地研究了面向复杂制造过程的不确定性质量设计问题，主要内容包括贝叶斯变量和模型选择、考虑模型参数不确定性的多响应稳健参数设计、考虑模型结构不确定性的稳健参数设计、考虑试验数据质量的不确定性稳健参数设计、考虑噪声因子可测的不确定性稳健参数设计、考虑预测响应波动的不确定性稳健参数设计、不确定性经济参数设计的贝叶斯建模与优化，全书内容的结构安排如图 1-2 所示。

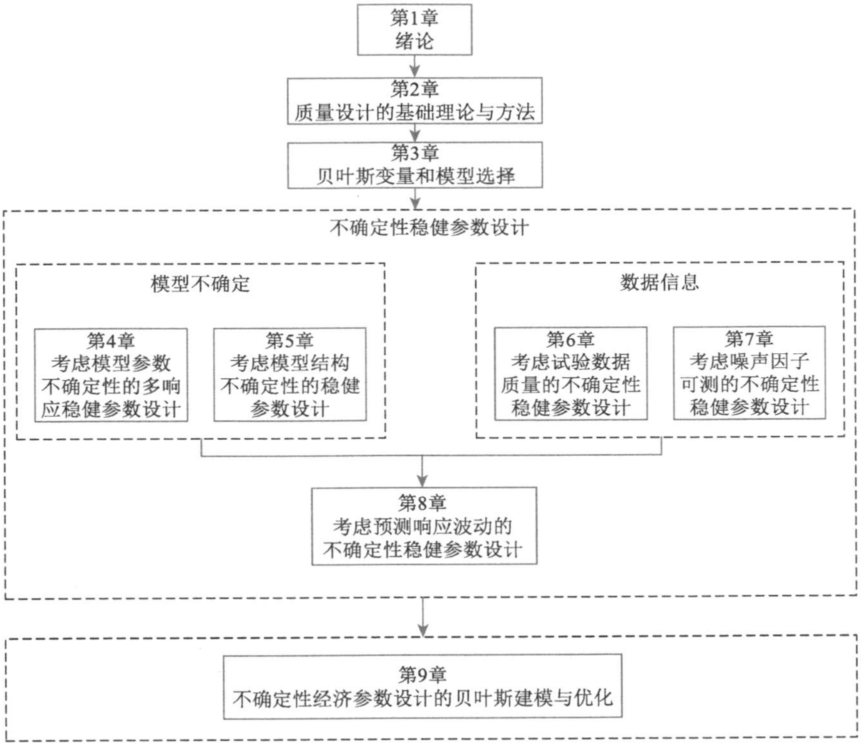

图 1-2　全书内容的结构关系图

第 1 章首先对产品的质量设计进行概述；其次对不确定性质量设计的研究进行较为全面的阐述，在此基础上，以微纳制造过程为研究对象，全面地梳理和总结传统质量设计面临的困难和挑战；最后对全书的主要内容及其各章节的逻辑关系进行介绍，为读者提供一个基本的框架。

第 2 章首先介绍稳健参数设计的基本思想、原理和方法，其次对本书重点使用的贝叶斯方法进行介绍。在此基础上，重点介绍本书涉及的一些常用建模与优化方法。第 2 章的基础理论、知识与方法为不确定性质量设计的研究提供了理论与方法上的支持。

第 3 章介绍基于贝叶斯响应曲面建模框架下的变量与模型选择问题。本章首先假设响应服从正态分布，在多响应曲面的贝叶斯建模与优化框架下提出多响应三水平的贝叶斯变量与模型选择方法；其次假设响应服从非正态分布，在 GLM 的贝叶斯建模与优化框架下提出多阶段的贝叶斯变量与模型选择方法。

第 4、5 章从模型参数不确定性、模型结构不确定性两个不同的视角讨论多响应稳健参数设计问题。第 4 章在贝叶斯建模与优化框架下，针对正态多响应的稳健参数设计问题，首先运用多变量的响应曲面模型与贝叶斯抽样技术开展相关的研究；其次在此基础上，进一步考虑响应之间的相关性，运用 SUR 模型开展相关研究。此外，针对非正态多响应的稳健参数设计问题，结合 GLM、灰色关联度分析（grey relation analysis，GRA）模型、帕累托（Pareto）优化策略及贝叶斯抽样技术提出一种新的质量设计方法。第 5 章首先分析质量设计中常用的对偶（均值-方差）响应曲面模型存在的问题，提出一种新的分层贝叶斯建模与优化方法；其次针对多响应稳健参数设计问题，结合 SUR 模型与试验设计的因子效应原则（效应稀疏原则、效应排序原则及效应遗传原则）考察不同模型结构对优化结果的影响。

第 6、7 章从试验数据质量及噪声因子可测的视角研究考虑试验数据影响下的不确定性稳健参数设计问题。第 6 章分别考虑试验数据删失、数据污染两种不同情形下的不确定性稳健参数设计问题。第 7 章从单响应、多响应两个不同的视角研究噪声因子可测的不确定性稳健参数设计问题。

第 8 章从预测响应波动的视角讨论不确定性稳健参数设计问题。波动是产品质量缺陷的根本原因，模型参数、模型结构、试验数据、噪声因子等都可能导致输出响应的波动。第 8 章考虑了单响应、多响应两种不同的情形，分别应用高斯过程回归（Gaussian process regression，GPR）模型和 SUR 模型，在贝叶斯建模与优化框架下提出考虑预测响应波动的不确定性稳健参数设计。

第 9 章从经济性的视角探讨不确定性经济参数设计。在产品制造过程中，通常会由于无法满足给定的规格要求而产生拒绝成本（返工成本和报废成本），在产品使用过程中也会由于产品质量缺陷给顾客造成一定的质量损失。为此，在贝叶斯建模与优化框架下，提出考虑拒绝成本和质量损失的经济参数设计方法。此外，在实际生产中通常会允许设计因子在一定范围内波动，即考虑因子容差。通常情况下，容差越小，制造成本越高，产品质量会更加稳健，质量损失会更小。因此，在产品全生命周期内，通过权衡容差成本、拒绝成本和质量损失三者的关系，提出一种考虑参数与容差整合优化设计的不确定性经济参数设计。

本书旨在探索在贝叶斯建模与优化框架下，如何利用不确定性质量设计（稳健参数设计和经济参数设计）从产品形成的源头减小或控制复杂制造过程的波动，从而提高产品或过程的设计质量，具体的研究目标包括提出不确定性稳健参数设计的贝叶斯建模与优化方法，重点解决在模型不确定（如模型参数、模型结构、噪声因子、试验数据）情形下的稳健参数设计问题；提出不确定性经济参数设计的贝叶斯建模与优化方法，重点解决在试验资源与成本约束下（如考虑返工成本与报废成本、质量损失与容差成本）的经济参数设计问题。

从理论研究的角度来讲，面向复杂制造过程的不确定性质量设计（稳健参数设计和经济参数设计）属于当前国际质量科学领域的前沿课题和热点问题。本书的研究成果将进一步丰富和扩展贝叶斯统计建模与优化方法在质量设计领域的研究内容，为系统地解决复杂制造过程的不确定性质量设计问题提供了新的理论依据。此外，高度复杂的响应曲面模型（双 GLM、SUR 模型、Kriging 替代模型或者 GP 模型）的贝叶斯建模与优化方法不仅能够为不确定性质量设计提供技术支持，而且能够为其他领域（如管理科学、工程科学及生物医学）的模型构建与数据分析提供可借鉴的技术支持。从工程应用的角度来讲，本书的研究成果将为我国企业解决复杂产品实现过程中遇到的质量设计问题提供科学的技术支持，缩短产品的研发周期，提高企业自主创新的能力。

参考文献

[1] Vining G，Kulahci M，Pedersen S. Recent advances and future directions for quality engineering[J]. Quality and Reliability Engineering International，2016，32（3）：863-875.

[2] 马义中. 减小和控制多元质量特性波动的理论和方法[D]. 西安：西北工业大学，2002.

[3] 汪建均，屠雅楠，马义中. 结合 SUR 与因子效应原则的多响应质量设计[J]. 管理科学学报，2020，23（12）：12-29.

[4] Fisher R A. Design of Experiment[M]. Edinburgh：Oliver & Boyd，1996.

[5] Box G E P，Hunter W G，Hunter J S. Statistics for Experimenters：An Introduction to Design，Data Analysis，and Model Building[M]. New York：John Wiely & Sons Inc，1978.

[6] Box G E P，Draper N R. Empirical Model-building and Response Surfaces[M]. New York：John Wiley & Sons Inc，1987.

[7] Taguchi G. System of Experimental Design：Engineering Methods to Optimize Quality and Minimize Costs[M]. New York：UNIPUB/Krauss International，1987.

[8] Hoadley A B，Kettenring J R. Communications between statisticians and engineers/physical scientists[J]. Technometrics，1990，32（3）：243-247.

[9] 茆诗松，周纪芗，陈颖. 试验设计[M]. 北京：中国统计出版社，2004.

[10] Ryan T P. Statistical Methods for Quality Improvement[M]. 3rd ed. New York：John Wiley & Sons Inc，2011.

[11] Hedayat A，Seiden E. F-square and orthogonal F-squares design：A generalization of Latin square and orthogonal Latin squares design[J]. The Annals of Mathematical Statistics，1970，41（6）：2035-2044.

[12] Fang K T，Lin D K J，Winker P，et al. Uniform design：Theory and application[J]. Technometrics，2000，42（3）：237-248.

[13] 张润楚，王兆军. 均匀设计抽样及其优良性质[J]. 应用概率统计，1996，12（4）：337-347.

[14] Winker P，Lin D K J. Robust uniform design with errors in the design variables[J]. Statistica Sinica，2011，21（3）：1379-1396.

[15] Myers R H，Montgomery D C，Vining G G，et al. Response surface methodology：A retrospective and literature

survey[J]. Journal of Quality Technology，2004，36（1）：53-78.

[16] Myers R H. Response surface methodology-current status and future directions[J]. Journal of Quality Technology，1999，31（1）：30-44.

[17] Myers R H，Montgomery D C，Anderson-Cook C M. Response Surface Methodology：Process and Product Optimization Using Designed Experiments[M]. 3rd ed. New York：John Wiley & Sons Inc，2009.

[18] Ding R，Lin D K J，Wei D. Dual-response surface optimization：A weighted MSE approach[J]. Quality Engineering，2004，16（3）：377-385.

[19] Nelder J A，Wedderburn R W M. Generalized linear models[J]. Journal of the Royal Statistical Society：Series A（General），1972，135（3）：370-384.

[20] Myers R H，Montgomery D C，Vinning G G. Generalized Linear Models with Application in Engineering and the Sciences[M]. New York：John Wiley & Sons Inc，2002.

[21] McCullagh P，Nelder J A. Generalized Linear Models[M]. 2nd ed. London：Chapman and Hall，1989.

[22] Chatsirirungruang P，Miyakawa M. Application of genetic algorithm to numerical experiment in robust parameter design for signal multi-response problem[J]. International Journal of Management Science and Engineering Management，2009，4（1）：49-59.

[23] Drain D，Carlyle W M，Montgomery D C，et al. A genetic algorithm hybrid for constructing optimal response surface designs[J]. Quality and Reliability Engineering International，2004，20（7）：637-650.

[24] Fallah-Jamshidi S，Amiri M，Karimi N. Nonlinear continuous multi-response problems：A novel two-phase hybrid genetic based metaheuristic[J]. Applied Soft Computing，2010，10（4）：1274-1283.

[25] Kuo R J，Yang C Y. Simulation optimization using particle swarm optimization algorithm with application to assembly line design[J]. Applied Soft Computing，2011，11（1）：605-613.

[26] Nair V N，Abraham B，MacKay J，et al. Taguchi's parameter design：A panel discussion[J]. Technometrics，1992，34（2）：127-161.

[27] Robinson T J，Borror C M，Myers R H. Robust parameter design：A review[J]. Quality and Reliability Engineering International，2004，20（1）：81-101.

[28] Chen V C P，Tsui K L，Barton R R，et al. A review on design，modeling and applications of computer experiments[J]. IIE Transactions，2006，38（4）：273-291.

[29] Wu C F J. Post-fisherian experimentation：From physical to virtual[J]. Journal of the American Statistical Association，2015，110（510）：612-620.

[30] Kleijnen J P. Regression and Kriging metamodels with their experimental designs in simulation：A review[J]. European Journal of Operational Research，2017，256（1）：1-16.

[31] Steinberg D M，Bisgaard S，Doganaksoy N，et al. The future of industrial statistics：A panel discussion[J]. Technometrics，2008，50（2）：103-127.

[32] Goethals P L，Cho B R. Solving the optimal process target problem using response surface designs in heteroscedastic conditions[J]. International Journal of Production Research，2011，49（12）：3455-3478.

[33] 马义中，赵逢禹. 多元质量特性的稳健设计及其实现[J]. 系统工程与电子技术，2005，27（9）：1580-1582，1596.

[34] Vining G G，Myers R H. Combining Taguchi and response surface philosophies：A dual response approach[J]. Journal of Quality Technology，1990，22（1）：38-45.

[35] Leon R V，Shoemaker A C，Kacker R N. Performance measures independent of adjustment：An explanation and extension of Taguchi's signal-to-noise ratios[J]. Technometrics，1987，29（3）：253-265.

[36] del Castillo E，Montgomery D C. A nonlinear programming solution to the dual response problem[J]. Journal of

Quality Technology，1993，25（3）：199-204.

[37] Lin D K J，Tu W. Dual response surface optimization[J]. Journal of Quality Technology，1995，27（1）：34.

[38] Copeland K A F，Nelson P R. Dual response optimization via direct function minimization[J]. Journal of Quality Technology，1996，28（3）：331-336.

[39] Jeong I J，Kim K J，Lin D K J. Bayesian analysis for weighted mean-squared error in dual response surface optimization[J]. Quality and Reliability Engineering International，2010，26（5）：417-430.

[40] Lee D H，Jeong I J，Kim K J. A posterior preference articulation approach to dual-response surface optimization[J]. IIE Transactions，2010，42（2）：161-171.

[41] Costa N R P. Simultaneous optimization of mean and standard deviation[J]. Quality Engineering，2010，22（3）：140-149.

[42] Köksoy O，Doganaksoy N. Joint optimization of mean and standard deviation using response surface methods[J]. Journal of Quality Technology，2003，35（3）：239-252.

[43] Shaibu A，Cho B R. Another view of dual response surface modeling and optimization in robust parameter design[J]. The International Journal of Advanced Manufacturing Technology，2009，41（7-8）：631-641.

[44] Kim K J，Lin D K J. Dual response surface optimization：A fuzzy modeling approach[J]. Journal of Quality Technology，1998，30（1）：1-10.

[45] Vining G G，Bohn L L. Response surfaces for the mean and variance using a nonparametric approach[J]. Journal of Quality Technology，1998，30（3）：282-291.

[46] Welch W J，Yu T K，Kang S M，et al. Computer experiments for quality control by parameter design[J]. Journal of Quality Technology，1990，22（1）：15-22.

[47] Lucas J M. How to achieve a robust process using response surface methodology[J]. Journal of Quality Technology，1994，26（4）：248-260.

[48] Shoemaker A C，Tsui K L，Wu C F J. Economical experimentation methods for robust design[J]. Technometrics，1991，33（4）：415-427.

[49] Borror C M，Montgomery D C. Mixed resolution designs as alternatives to Taguchi inner/outer array designs for robust design problems[J]. Quality and Reliability Engineering International，2000，16（2）：117-127.

[50] Anderson-Cook C M，Borror C M，Montgomery D C. Response surface design evaluation and comparison[J]. Journal of Statistical Planning and Inference，2009，139（2）：629-641.

[51] Myers R H，Khuri A I，Vining G G. Response surface alternatives to the Taguchi robust parameter design approach[J]. The American Statistician，1992，46（2）：131-139.

[52] Shoemaker A C，Tsui K L. Response model analysis for robust design experiments[J]. Communications in Statistics-simulation and Computation，1993，22（4）：1037-1064.

[53] Arvidsson M，Gremyr I. Principles of robust design methodology[J]. Quality and Reliability Engineering International，2008，24（1）：23-35.

[54] Borror C M，Montgomery D C，Myers R H. Evaluation of statistical designs for experiments involving noise variables[J]. Journal of Quality Technology，2002，34（1）：54-70.

[55] Brenneman W A，Myers W R. Robust parameter design with categorical noise variables[J]. Journal of Quality Technology，2003，35（4）：335-341.

[56] Bergman B，Hynen A. Dispersion effects from unreplicated designs in the 2^{k-p} series[J]. Technometrics，1997，39（2）：191-198.

[57] Blomkvist O，Hynen A，Bergman B. A method to identify dispersion effects from unreplicated multilevel

experiments[J]. Quality and Reliability Engineering International，1997，13（3）：127-138.

[58] Ferrer A J，Romero R. Small samples estimation of dispersion effects from unreplicated data[J]. Communications in Statistics-simulation and Computation，1993，22（4）：975-995.

[59] Ferrer A J，Romero R. A simple method to study dispersion effects from non-necessarily replicated data in industrial contexts[J]. Quality Engineering，1995，7（4）：747-755.

[60] Steinberg D M，Bursztyn D. Noise factors，dispersion effects，and robust design[J]. Statistica Sinica，1998，8（1）：67-85.

[61] Berube J，Nair V N. Exploiting the inherent structure in robust parameter design experiments[J]. Statistica Sinica，1998，8（1）：43-66.

[62] Wolfinger R D，Tobias R D. Joint estimation of location，dispersion，and random effects in robust design[J]. Technometrics，1998，40（1）：62-71.

[63] Mays D P，Myers R H. Bayesian approach for the design and analysis of a two level factorial experiment in the presence of dispersion effects[J]. Communications in Statistics-theory and Methods，1996，25（7）：1409-1428.

[64] McGrath R N，Lin D K J. Testing multiple dispersion effects in unreplicated fractional factorial designs[J]. Technometrics，2001，43（4）：406-414.

[65] McGrath R N，Lin D K J. Analyzing location and dispersion in unreplicated fractional factorials[J]. Statistics & Probability Letters，2003，65（4）：369-377.

[66] Brenneman W A，Nair V N. Methods for identifying dispersion effects in unreplicated factorial experiments[J]. Technometrics，2001，43（4）：388-405.

[67] Miller A，Wu C F J. Parameter design for signal-response systems：A different look at Taguchi's dynamic parameter design[J]. Statistical Science，1996，11（2）：122-136.

[68] Tsui K L. Modeling and analysis of dynamic robust design experiments[J]. IIE Transactions，1999，31（12）：1113-1122.

[69] Wu C F J，Hamada M. Experiments：Planning，Analysis，and Parameter Design Optimization[M]. New York：John Wiley & Sons Inc，2000.

[70] Nair V N，Taam W，Ye K Q. Analysis of functional responses from robust design studies[J]. Journal of Quality Technology，2002，34（4）：355-370.

[71] Gupta S，Kulahci M，Montgomery D C，et al. Analysis of signal-response systems using generalized linear mixed models[J]. Quality and Reliability Engineering International，2010，26（4）：375-385.

[72] Murphy T E，Tsui K L，Allen J K. A review of robust design methods for multiple responses[J]. Research in Engineering Design，2005，15（4）：201-215.

[73] Jeyapaul R，Shahabudeen P，Krishnaiah K. Quality management research by considering multi-response problems in the Taguchi method-a review[J]. The International Journal of Advanced Manufacturing Technology，2005，26（11）：1331-1337.

[74] Kovach J，Cho B R. Development of a multidisciplinary-multiresponse robust design optimization model[J]. Engineering Optimization，2008，40（9）：805-819.

[75] Miro-Quesada G，del Castillo E. A dual-response approach to the multivariate robust parameter design problem[J]. Technometrics，2004，46（2）：176-187.

[76] Koksoy O. A nonlinear programming solution to robust multi-response quality problem[J]. Applied Mathematics and Computation，2008，196（2）：603-612.

[77] 何祯，张生虎，齐二石. 结合 RSM 和田口方法改进产品/过程质量[J]. 管理工程学报，2001，15（1）：22-25.

[78] 汪建均，马义中，翟云焕. 相关多质量特性的优化设计[J]. 管理工程学报，2011，25（2）：66-73.

[79] 崔庆安，何桢，车建国. 一种基于支持向量机的非参数双响应曲面法[J]. 天津大学学报，2006，39（8）：1008-1014.

[80] 崔庆安，何桢，崔楠. 基于 SVM 的 RSM 模型拟合方法研究[J]. 管理科学学报，2008，11（1）：31-41.

[81] 赵选民，赵小山，庹红娅. 动态特性稳健设计的响应曲面方法[J]. 西北工业大学学报，2001，19（3）：461-465.

[82] 何桢，王晶，李湧范. 基于改进的距离函数法的多响应稳健参数设计[J]. 天津大学学报，2010，43（7）：644-648.

[83] He Z，Wang J，Oh J，et al. Robust optimization for multiple responses using response surface methodology[J]. Applied Stochastic Models in Business and Industry，2010，26（2）：157-171.

[84] Woods D C，van de Ven P. Blocked designs for experiments with correlated non-normal response[J]. Technometrics，2011，53（2）：173-182.

[85] Myers R H，Montgomery D C，Vining G G，et al. Generalized Linear Models：With Applications in Engineering and the Sciences[M]. Hoboken：John Wiley & Sons，2012.

[86] Myers W R，Brenneman W A，Myers R H. A dual-response approach to robust parameter design for a generalized linear model[J]. Journal of Quality Technology，2005，37（2）：130-138.

[87] Lesperance M L，Park S M. GLMs for the analysis of robust designs with dynamic characteristics[J]. Journal of Quality Technology，2003，35（3）：253-263.

[88] Shore H. Modelling a non-normal response for quality improvement[J]. International Journal of Production Research，2001，39（17）：4049-4063.

[89] Myers R H，Montgomery D C. A tutorial on generalized linear models[J]. Journal of Quality Technology，1997，29（3）：274-291.

[90] Hamada M，Nelder J A. Generalized linear models for quality-improvement experiments[J]. Journal of Quality Technology，1997，29（3）：292-304.

[91] Bisgaard S，Fuller H T. Analysis of factorial experiments with defects or defectives as the response[J]. Quality Engineering，1994，7（2）：429-443.

[92] 何桢，马彦辉，赵有. 非正态响应的部分因子试验设计[J]. 工业工程，2008，11（2）：72-75，86.

[93] Nelder J A，Lee Y. Generalized linear models for the analysis of Taguchi-type experiments[J]. Applied Stochastic Models and Data Analysis，1991，7（1）：107-120.

[94] Grego J M. Generalized linear models and process variation[J]. Journal of Quality Technology，1993，25（4）：288-295.

[95] Engel J，Huele A F. A generalized linear modeling approach to robust design[J]. Technometrics，1996，38（4）：365-373.

[96] Lee Y，Nelder J A. Generalized linear models for the analysis of quality-improvement experiments[J]. The Canadian Journal of Statistics，1998，26（1）：95-105.

[97] Lee Y，Nelder J A. Robust design via generalized linear models[J]. Journal of Quality Technology，2003，35（1）：2-12.

[98] Lewis S L，Montgomery D C，Myers R H. Examples of designed experiments with nonnormal responses[J]. Journal of Quality Technology，2001，33（3）：265-278.

[99] Lewis S L，Montgomery D C，Myers R H. Confidence interval coverage for designed experiments analyzed with GLMs[J]. Journal of Quality Technology，2001，33（3）：279-292.

[100] Lewis S L，Montgomery D C，Myers R H. The analysis of designed experiments with non-normal responses[J]. Quality Engineering，1999，12（2）：225-243.

[101] 汪建均，马义中，汪新. 两阶段的贝叶斯模型选择与筛选试验分析[J]. 系统工程理论与实践，2011，31（8）：1447-1453.

[102] Robinson T J，Myers R H，Montgomery D C. Analysis considerations in industrial split-plot experiments with non-normal responses[J]. Journal of Quality Technology，2004，36（2）：180-192.

[103] Robinson T J，Anderson-Cook C M，Hamada M S. Bayesian analysis of split-plot experiments with nonnormal responses for evaluating nonstandard performance criteria[J]. Technometrics，2009，51（1）：56-65.

[104] Mukhopadhyay S，Khuri A I. Optimization in a multivariate generalized linear model situation[J]. Computational Statistics & Data Analysis，2008，52（10）：4625-4634.

[105] Brinkley P A，Meyer K P，Lu J C. Combined generalized linear modelling-non-linear programming approach to robust process design-A case-study in circuit board quality improvement[J]. Applied statistics，1996，45（1）：99-110.

[106] Park I，Grandhi R V. A Bayesian statistical method for quantifying model form uncertainty and two model combination methods[J]. Reliability Engineering & System Safety，2014，129：46-56.

[107] Raftery A E. Approximate Bayes factors and accounting for model uncertainty in generalized linear models[J]. Biometrika，1996，83（2）：251-266.

[108] Draper D. Assessment and propagation of model uncertainty[J]. Journal of the Royal Statistical Society：Series B（Methodological），1995，57（1）：45-97.

[109] He Z，Zhu P，Park S H. A robust desirability function method for multi-response surface optimization considering model uncertainty[J]. European Journal of Operational Research，2012，221（1）：241-247.

[110] Ouyang L，Ma Y，Byun J H，et al. A prediction region-based approach to model uncertainty for multi-response optimization[J]. Quality and Reliability Engineering International，2016，32（3）：783-794.

[111] 顾晓光，马义中，刘健，等. 基于置信区间的多元质量特性满意参数设计[J]. 系统工程与电子技术，2015，37（11）：2536-2545.

[112] He Y，He Z，Lee D H，et al. Robust fuzzy programming method for MRO problems considering location effect，dispersion effect and model uncertainty[J]. Computers & Industrial Engineering，2017，105：76-83.

[113] Fox R J，Elgart D，Davis S C. Bayesian credible intervals for response surface optima[J]. Journal of Statistical Planning and Inference，2009，139（7）：2498-2501.

[114] Peterson J J. A posterior predictive approach to multiple response surface optimization[J]. Journal of Quality Technology，2004，36（2）：139-153.

[115] Miro-Quesada G，del Castillo E，Peterson J J. A Bayesian approach for multiple response surface optimization in the presence of noise variables[J]. Journal of Applied Statistics，2004，31（3）：251-270.

[116] Peterson J J，Miro-Quesada G，del Castillo E. A Bayesian reliability approach to multiple response optimization with seemingly unrelated regression models[J]. Quality Technology and Quantitative Management，2009，6（4）：353-369.

[117] Robinson T J，Pintar A L，Anderson-Cook C M，et al. A Bayesian approach to the analysis of split-plot combined and product arrays and optimization in robust parameter design[J]. Journal of Quality Technology，2012，44（4）：304-320.

[118] Wang J，Ma Y，Ouyang L，et al. A new Bayesian approach to multi-response surface optimization integrating loss function with posterior probability[J]. European Journal of Operational Research，2016，249（1）：231-237.

[119] 汪建均，马义中，欧阳林寒，等. 多响应稳健参数设计的贝叶斯建模与优化[J]. 管理科学学报，2016，19（2）：85-94.

[120] Vanli O A，Zhang C，Wang B. An adaptive Bayesian approach for robust parameter design with observable time

series noise factors[J]. IIE Transactions，2013，45（4）：374-390.

[121] Apley D W，Kim J. A cautious approach to robust design with model parameter uncertainty[J]. IIE Transactions，2011，43（7）：471-482.

[122] 汪建均，马义中. 基于 GLM 的贝叶斯变量与模型选择[J]. 管理科学学报，2012，15（8）：24-33.

[123] 汪建均，马义中. 基于GLM的双响应曲面法及其稳健设计[J]. 系统工程与电子技术，2012，34（11）：2306-2311.

[124] 崔庆安. 面向多极值质量特性的过程参数全局优化研究[J]. 管理科学学报，2012，15（9）：46-57，73.

[125] 崔庆安. 面向多极值质量特性的全局式序贯性实验设计方法[J]. 系统工程理论与实践，2012，32（10）：2143-2153.

[126] 崔庆安. 复杂作用关系过程的区域显著性实验设计及全局建模方法[J]. 系统工程理论与实践，2013，33（9）：2249-2262.

[127] Boylan G L，Cho B R. Comparative studies on the high-variability embedded robust parameter design from the perspective of estimators[J]. Computers & Industrial Engineering，2013，64（1）：442-452.

[128] Alshraideh H，del Castillo E. Gaussian process modeling and optimization of profile response experiments[J]. Quality and Reliability Engineering International，2014，30（4）：449-462.

[129] Zhang S，Zhu P，Chen W，et al. Concurrent treatment of parametric uncertainty and metamodeling uncertainty in robust design[J]. Structural and Multidisciplinary Optimization，2013，47（1）：63-76.

[130] Zhang Y，Li M，Zhang J，et al. Robust optimization with parameter and model uncertainties using Gaussian processes[J]. Journal of Mechanical Design，2016，138（11）：111405.

[131] Ouyang L，Ma Y，Wang J，et al. A new loss function for multi-response optimization with model parameter uncertainty and implementation errors[J]. European Journal of Operational Research，2017，258（2）：552-563.

[132] Dasgupta T，Ma C，Joseph V R，et al. Statistical modeling and analysis for robust synthesis of nanostructures[J]. Journal of the American Statistical Association，2008，103（482）：594-603.

[133] Lu J C，Jeng S L，Wang K. A review of statistical methods for quality improvement and control in nanotechnology[J]. Journal of Quality Technology，2009，41（2）：148-164.

[134] Vanli O A，Zhang C，Chen L J，et al. A Bayesian approach for integration of physical and computer experiments for quality improvement in nano-composite manufacturing[J]. Quality and Reliability Engineering International，2010，26（7）：749-764.

[135] Xu L，Wang L，Huang Q. Growth process modeling of semiconductor nanowires for scale-up of nanomanufacturing：A review[J]. IIE Transactions，2015，47（3）：274-284.

第2章　质量设计的基础理论与方法

质量设计作为持续性质量改进活动的支撑技术，主要应用在产品或工艺的设计阶段，能够从源头上查找产品产生缺陷的原因，有效地减小波动，提高产品质量，因此通常认为在产品或工艺的设计阶段实施质量改进活动是最具有生产效率和成本效益的生产管理方法。20世纪80年代，Taguchi提出以正交试验设计和SNR为基础的稳健参数设计，奠定了产品质量设计的理论基础，并在众多企业的质量改进活动中极大地提高了产品的质量水平。尽管Taguchi提出的试验设计（如正交试验设计）和数据分析方法（如SNR度量波动）存在比较大的争议，但是其稳健参数设计的思想已经广泛地被学术界和工业界接受，其质量哲学思想被视为质量工程领域的一个重要里程碑。随后，以Myers为代表的统计学家在产品的质量设计研究中借鉴Taguchi稳健参数设计的思想，提出了以响应曲面设计、建模与优化为基础的一整套科学方法，即RSM。在此基础上，一些新的响应曲面建模方法（如DRSM、GLM、GP模型等）被逐步地引入质量设计的研究中，不断地拓展质量设计的研究内容，丰富了质量设计的研究方法和技术。此外，不确定性质量设计（模型参数不确定、模型结构不确定、试验数据及噪声因子等）已经成为当前国际质量设计领域的重要研究课题，吸引了众多学者的广泛关注和重视。此外，贝叶斯方法能够将专家知识与先验信息应用于响应曲面模型的构建过程，而且还能在后续的分析与推断过程中不断地修正与更新以往的先验信息，因此贝叶斯方法在不确定性质量设计中吸引了众多学者的研究兴趣和广泛关注。鉴于此，本书将聚焦在贝叶斯建模与优化框架下展开不确定性质量设计的研究。

结合本书后续各章的研究内容，本章将重点介绍开展质量设计研究需要了解的一些基础理论与方法。为此，本章首先介绍稳健参数设计的基本原理与方法；其次简要地介绍贝叶斯方法的基本理论与知识；最后围绕质量设计的研究重点内容——响应曲面建模与参数优化两个关键环节，重点介绍响应曲面建模方法及常用的参数优化方法，为后续各章内容的展开提供相应的基础理论与知识。为此，本章节的安排如下：2.1节主要阐述稳健参数设计的基本思想和研究方法，其中包括运用乘积表进行位置与散度建模（location and dispersion modeling）、运用组合表进行响应曲面建模（response surface modelling）；2.2节介绍贝叶斯统计的基本理论与方法，主要包括贝叶斯定理的介绍、先验分布的选择及后验分布的统计推断；2.3 节主要介绍几个常用于稳健参数设计的建模方法，如一般多元线性回归模型、GLM、SUR 模型和 GP 模型；2.4 节主要介绍几种常用的优化方法如梯度下降法、模式搜索（pattern search，PS）算法、HGA 及帕累托优化策略。

2.1　稳健参数设计

自从 Taguchi 博士提出稳健参数设计方法，它已经广泛应用于产品/过程的优化设计之中，成为质量改进活动中非常重要的支撑技术，也成为众多统计学家和质量专家研究的热点问题之一[1]。稳健参数设计是以试验设计为基础，通过结合统计方法和工程技术而发展起来的一种质量改进方法，它强调在产品/过程的质量设计中保证产品或者过程的均值尽可能接近目标值的基础上最大限度地减小质量特性值围绕目标值的波动。在稳健参数设计中，根据生产过程中的受控状态系统（产品/过程），输入变量通常分为可控因子和噪声因子[2]。可控因子是指在生产或试验过程中可以根据试验者的实际要求确定其参数水平值的因子；噪声因子是指在正常的生产条件下难以控制其参数水平值的因子，噪声因子是导致产品/过程的质量特性产生波动的根源。由于受生产条件、使用环境及使用时间等影响，噪声因子可以进一步细分为外部噪声、内部噪声和零件间的噪声，其中外部噪声是指在使用产品时环境条件引起的外部变化，如周围的温度、湿度、电压等；内部噪声是指使用或存储时间过长导致零件老化或产品退化、变质而引起的内部变化，如零件或材料的退化、机器的老化或工具的磨损等；零件间的噪声是指在零件制造过程中由不可避免的波动引起的零件间的差异，如元器件的实际值与标称值之间的差异。

稳健参数设计作为主动改进产品质量的一种方法，能够通过选择可控因子的最佳水平组合来降低一个系统（产品/过程）对噪声因子变化的敏感性，从而达到减小此系统的质量特性波动的目的，实现产品/过程的稳健参数设计。减小质量特性的波动具有两方面的意义：①减小波动可以减少不合格产品的数量，同时使产品的质量特性更加接近目标值，提高产品的优质率，如图 2-1 所示；②减小波动可扩大可操作空间，还可以使生产过程更易控制，而且在生产过程出现偏差时亦可以降低产品的不合格率，如图 2-2 所示。

稳健参数设计的基本原理主要是利用产品/过程的响应与可控因子之间的非线性关系，选择可控因子的最优参数值，使响应对噪声因子的变化不敏感，从而实现减小响应的波动，其基本原理[3]如图 2-3 所示。

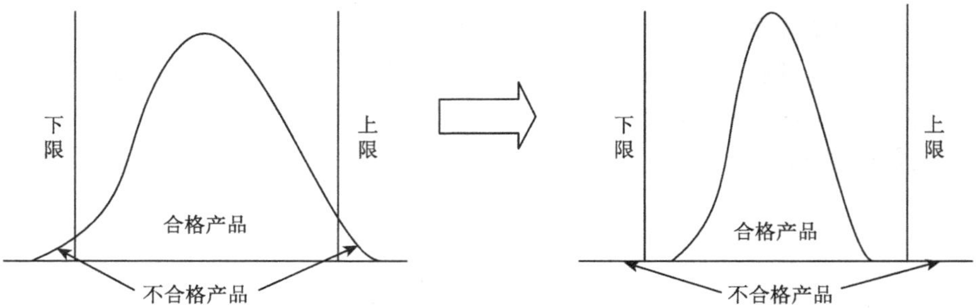

图 2-1　减小波动使不合格产品数量减少的示意图

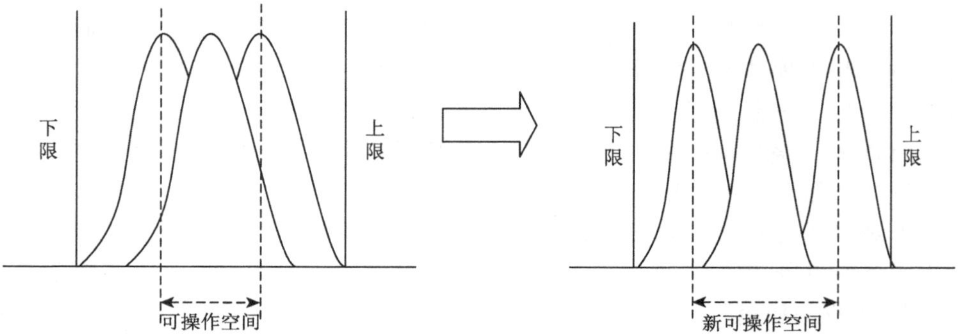

图 2-2　减小波动可扩大可操作空间的示意图

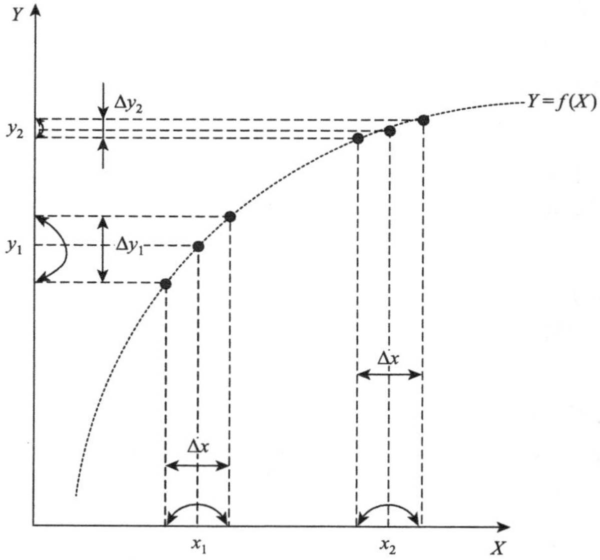

图 2-3　稳健参数设计的基本原理

假设产品/过程的质量特性值 Y 与可控因子 X 之间满足非线性的函数关系即 $Y=f(X)$。若可控因子 X 取值为 x_1，质量特性值 Y 的目标值为 y_1，当可控因子 X 在点 x_1 的波动范围为 Δx 时，质量特性值 Y 的波动范围为 Δy_1；若可控因子 X 取值为 x_2，质量特性值 Y 的目标值为 y_2，此时若可控因子 X 的波动范围也为 Δx，则质量特性值 Y 的波动范围将变化为 Δy_2。从图 2-3 可以看出，虽然可控因子 X 在点 x_1 和点 x_2 变化相同的波动范围 Δx，但质量特性值 Y 在点 y_1 的波动范围 Δy_1 比在点 y_2 的波动范围 Δy_2 大得多。此外，若可控因子 X 的取值发生变化，质量特性值 Y 的目标值也会随之发生变化，在这种情形下，通常选择其他的调节因子将质量特性值 Y 调节到期望的目标值。因此，在稳健参数设计中，质量工程师可以利用可控因子与产品/过程的输出响应之间的非线性关系，选择可控因子 X 的参数水平值，使产品/过程的质量特性值对噪声因子不敏感，从而减小质量特性值的波动，实现产品/过程的稳健参数设计[1]。

在试验设计与建模过程中，最有效的策略是充分地利用可控因子与噪声因子之间的交互效应，通过改变可控因子的水平组合来减小响应变量的波动，而不是直接通过减小噪声因子的波动来减小响应变量的波动，因为这通常需要付出更高的经济代价。稳健参数设计通过探索可控因子与噪声因子间的交互效应，改变可控因子的水平组合以减小产品/过程的质量特性值的波动，从而以较低的经济成本来提高和改善产品的质量。在稳健参数设计中，目前公认较好的试验与建模方法有两种[4]：一种是运用乘积表进行位置与散度建模；另一种是运用组合表进行响应曲面建模。

2.1.1　运用乘积表进行位置与散度建模

在 Taguchi 的稳健参数设计中，为了考察可控因子不同水平组合的效果，通常用全因子试验设计或部分因子试验设计的一张控制表（control array）来安排这些可控因子，此表常称为内表（inter array）[5]。为了考察噪声因子与可控因子之间的交互效应，为内表中的每一个试验条件安排一个噪声表（noise array），此表常称为外表（outer array）。将控制表中的每个水平组合与噪声表中的所有组合相乘构成一个乘积表（或直积表），如表 2-1 所示。

表 2-1　稳健参数设计的乘积表

正交表类型	内表			外表					响应均值 $\bar{y}$	SNR
试验因子	可控因子			噪声因子						
				E	−	+	+	−		
				F	−	+	−	+		
				G	−	+	+	+		
试验次序	A	B	C	D						
1	−	−	−	−	Y_{11}	Y_{12}	Y_{13}	Y_{14}	$\bar{y}_1$	SNR_1

续表

正交表类型	内表			外表					响应均值 $\bar{y}$	SNR
				噪声因子						
试验因子	可控因子			E	–	+	+	–		
				F	–	+	–	+		
				G	–	+	+	+		
试验次序	A	B	C	D						
2	–	–	+	+	Y_{21}	Y_{22}	Y_{23}	Y_{24}	$\bar{y}_2$	SNR_2
3	–	+	–	+	Y_{31}	Y_{32}	Y_{33}	Y_{34}	$\bar{y}_3$	SNR_3
4	–	+	+	–	Y_{41}	Y_{42}	Y_{43}	Y_{44}	$\bar{y}_4$	SNR_4
5	+	–	–	+	Y_{51}	Y_{52}	Y_{53}	Y_{54}	$\bar{y}_5$	SNR_5
6	+	–	+	–	Y_{61}	Y_{62}	Y_{63}	Y_{64}	$\bar{y}_6$	SNR_6
7	+	+	–	–	Y_{71}	Y_{72}	Y_{73}	Y_{74}	$\bar{y}_7$	SNR_7
8	+	+	+	+	Y_{81}	Y_{82}	Y_{83}	Y_{84}	$\bar{y}_8$	SNR_8

在表 2-1 中，内表由部分因子试验 L_8 构成，外表由部分因子试验 L_4 构成，因此整个试验的次数为 32 次，其中 +、–分别代表因子的高、低水平。在 Taguchi 的稳健参数设计中，通常将乘积表称为内外表。针对 Taguchi 的内外表，利用位置与散度建模方法分别建立位置与散度的度量值关于可控因子主效应和交互效应的模型。对于每个可控因子的水平组合，将噪声因子重复试验的样本均值 $\bar{y}$ 作为位置的度量，将样本方差的对数 $\ln S^2$ 或样本方差 S^2 作为散度的度量。在位置与散度的建模中，需要对可控因子进一步细分，凡是对位置度量具有显著影响的因子，通常视为位置因子（location factor）；凡是对散度度量具有显著影响的因子，通常视为散度因子（dispersion factor）；对位置度量具有显著影响但对散度度量不具有显著影响的因子，通常视为调节因子（adjustment factor），位置因子、散度因子和调节因子这三者之间的关系见图 2-4。

针对位置与散度的模型，通常根据响应变量的优化目标（望大、望小和望目）不同分别进行数据分析与优化设计。对于望目型问题，位置与散度建模方法的优化程序分为两步，第一步选择散度因子的水平使散度最小化；第二步选择调节因子的水平使位置达到具体的目标值。在第二步中，若仅使用一个调节因子不足以使位置达到目标值，可以使用两个或者更多的调节因子来实现具体的目标；若不存在调节因子，则只能够通过既是位置也是散度的因子进行调节。在这种情形下，有可能当位置达到目标值时散度也随之增大，此时需要重新调整散度因子，并且在上述两步程序之间进行迭代。需要特别指出的是，在上述两步程序中，有可能无法找到可控因子的最佳水平组合。对于望大或望小型问题，首先选择位置因子的水平使位置达到最大或最小；其次选择非位置因子的散度因子的水平使散度最小化。

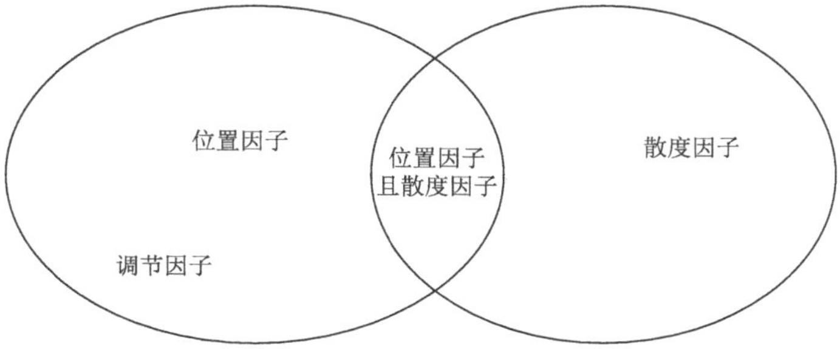

图 2-4　可控因子分类示意图

在 Taguchi 的稳健参数设计中，通常选择均值和 SNR 来度量响应变量的位置与散度效应。针对望大、望小和望目三种不同的优化目标，Taguchi 提出了三种相应的 SNR 公式。假设产品/过程的质量特性值分别为 $y_1, y_2, \cdots, y_m$，其均值估计值为 $\bar{y}$，方差估计值为 S^2，若响应为望大类型，其 SNR 公式为

$$\mathrm{SNR_L} = -10\lg\left(\frac{1}{m}\sum_{i=1}^{m}\frac{1}{y_i^2}\right)$$

若响应为望小类型，其 SNR 公式为

$$\mathrm{SNR_S} = -10\lg\left(\frac{1}{m}\sum_{i=1}^{m}y_i^2\right)$$

若响应为望目类型，其 SNR 公式为

$$\mathrm{SNR_T} = 10\lg\left(\frac{\bar{y}^2}{S^2}\right)$$

在定义 SNR 公式之后，上述的位置与散度建模方法优化程序中的第一步可以归结为极大化响应的 SNR，然后根据不同的目标选择相应的因子进行调节。在稳健参数设计中，根据乘积表进行位置与散度的建模与优化方法已经成为目前通用的做法，并且已经在著名的质量管理与数据分析软件（如 Minitab、JMP 软件）中加以应用和推广。需要特别指出的是，位置与散度建模方法仍存在一些不足之处，例如，利用乘积表进行位置与散度建模可能无法考察可控因子之间的交互效应，这是由可控因子与噪声因子之间的乘积表（内外表）决定的。若在内表中增加一

个交互效应，考虑到噪声因子的组合是重复的，则需要增加更多的试验次数。因此，Taguchi 认为应该选择合适的质量特性值，尽量使它关于可控因子具有效应的可加性和单调性，从而避免可控因子之间的交互效应。然而，在实际的应用中，往往难以找到满足上述要求的质量特性值，从而降低了该研究方法的效率。此外，即使不考虑可控因子之间的交互效应，在可控因子或噪声因子组合较多的情况下，乘积表所用的试验次数也相当大。在这种情形下，一些学者提出一种研究思路，即运用组合表进行响应曲面建模。

2.1.2　运用组合表进行响应曲面建模

鉴于 Taguchi 内外表设计的不足之处，一些学者提出将可控因子与噪声因子放在一个组合表中以替代内外表，并结合 RSM 的优势以弥补 Taguchi 稳健参数设计方法的不足，从而获得更为理想的分析结果[6]。组合表是指在试验设计时将可控因子与噪声因子统一安排在一张表中，从而极大地减少试验次数。此外，在 Taguchi 的内外表中，为了考虑可控因子与噪声因子之间的交互效应，需要特别构建含可控因子组合的内表与含噪声因子组合的外表。显然，这种内外表结构不仅考虑了可控因子与噪声因子之间的交互效应，而且为位置与散度建模提供了更多的数据信息。然而，内外表需要对每一个可控因子的水平组合在不同的噪声因子水平下进行重复的试验，从而极大地增加了试验次数。由于试验费用与总的试验次数是成正比的，试验次数的增加将会极大地增加试验的成本。为了节省高额的试验经费和节约宝贵的试验时间，研究者总希望尽可能地减少试验次数，因此在内外表中通常不考虑可控因子或噪声因子之间的交互效应。Wu 和 Hamada[5]指出利用可控因子建立的位置与散度模型还可能掩盖可控因子与噪声因子之间的某些重要关系。例如，在散度模型中某些因子被识别为重要的散度因子，但是该模型中并不包含那些噪声因子与这些散度因子之间产生了交互效应使它们成为重要散度因子的信息。此外，尽管响应变量与可控因子和噪声因子之间存在线性关系，但是在散度模型中散度与可控因子之间是非线性的关系。

在组合表中，可以通过响应曲面建模方法分别构建响应的均值模型和方差模型。在均值与方差的响应曲面模型中，如果选择合适的设计可以同时考虑可控因子之间的交互效应、可控因子与噪声因子之间的交互效应及噪声因子之间的交互效应。运用组合表进行响应曲面建模不仅能够考虑一个更为合理的模型，而且需要的试验次数更少。在响应曲面模型的构建中，不是计算噪声因子重复试验的方差结果，而是将响应拟合为可控因子与噪声因子的一个函数关系。关于响应曲面模型的构建，具体实施步骤如下。

步骤 1：针对响应曲面模型中显著的交互效应，绘制可控因子与噪声因子之间的交互效应图，然后根据这些交互效应图选择可控因子的合适水平，使响应与噪声因子的关系变化较平坦。

步骤 2：基于拟合的响应曲面模型，计算噪声因子引起的波动，即方差传递模型（transmitted variance model）。在方差传递模型中，响应变量的方差是可控因子的函数，因此可以利用它来识别具有较小方差的可控因子水平。

在很多情况下，根据上述两个步骤确定的可控因子水平往往是相同的或一致的。然而，在某些情形下也有可能出现不一致的情况，因此还需要结合具体情况进行适当的调整。Wu 和 Hamada[5]曾指出在稳健参数设计中，可控因子与噪声因子的交互效应和可控因子的主效应是最重要的，因为可控因子与噪声因子之间的交互效应为度量产品/过程的稳健性提供了机会，而可控因子的主效应主要是调节位置至目标值。在运用组合表进行响应曲面模型的构建与数据分析时，也应该重点考虑可控因子与噪声因子的交互效应及可控因子的主效应。在试验设计中，还需要考虑设计的分辨度，尽量避免重点考察的因子出现混杂的现象，从而影响模型的估计能力。

2.2　贝叶斯理论与方法

鉴于贝叶斯方法在小样本数据处理及先验信息利用方面具有相当大的优势，近年来，国内外一些研究者开始将贝叶斯方法应用到工业试验设计中。如何有效地利用贝叶斯方法解决以往研究中的难点问题是本书重点考虑的内容，因此，本节对贝叶斯统计推断的基本理论与方法进行简单的阐述。

2.2.1　贝叶斯定理

英国学者贝叶斯在 1763 年发表了一篇非常有影响力的研究论文[7]。在这篇论文中，贝叶斯形成了一种新的统计推断思想，即在统计推断中强调未知参数先验信息的作用，利用贝叶斯条件概率公式将未知参数的先验信息与观测数据的样本信息进行有效的结合，从而获得未知参数的后验分布。与传统的频率学派不同，贝叶斯学派非常注重未知参数的先验信息。首先，将任何未知参数 θ 视为随机变量，并应用某个概率分布 $p(\theta)$ 描述未知参数 θ 的先验信息；其次，基于观测数据集 D 定义样本的似然函数 $L(D|\theta)$；最后，在给定样本的似然函数 $L(D|\theta)$ 和先验分布 $p(\theta)$ 的条件下，利用贝叶斯条件概率公式计算出未知参数 θ 的后验分布，从而推导出著名的贝叶斯定理：

$$p(\theta \mid D)=\frac{f(\theta,D)}{f(D)}=\frac{L(D \mid \theta)p(\theta)}{\int_{\Theta} L(D \mid \theta)p(\theta)\mathrm{d}\theta} \tag{2-1}$$

其中，Θ 为 θ 的取值范围；$p(\theta \mid D)$ 为在给定的观测数据集 D 下，未知参数 θ 的后验分布；$f(D)$ 为 $p(\theta \mid D)$ 的正则化常数（normalizing constant），也称为未知参数 θ 的边际分布（marginal distribution）；$f(\theta,D)$ 为观测数据集 D 与未知参数 θ 构成的联合分布。先验分布 $p(\theta)$ 反映了人们在抽样前对未知参数 θ 的认识；后验分布 $p(\theta|D)$ 反映了人们在结合样本数据信息后对未知参数 θ 的重新认识。因此，通常将后验分布 $p(\theta|D)$ 视为人们利用样本信息对先验分布 $p(\theta)$ 进行调整的结果。式（2-1）表明未知参数 θ 的后验分布实质上综合了未知参数 θ 的先验信息与观测数据集 D 的信息，整个过程可以形象地表示如下：

$$\text{先验分布} \oplus \text{样本信息} \Rightarrow \text{后验分布}$$

考虑到 $f(D)=\int_{\Theta} L(D \mid \theta)p(\theta)\mathrm{d}\theta$ 是与未知参数 θ 无关的常数，通常无须计算其具体的表达式，因此式（2-1）可以进一步简化为

$$p(\theta \mid D) \propto L(D \mid \theta)p(\theta)$$

贝叶斯统计分析最为关键的两个问题是：①如何选择合适的先验分布；②如何以后验分布为基础进行统计推断。

2.2.2 先验分布的选择

先验分布是贝叶斯统计推断的基础和出发点，也是贝叶斯统计分析的核心问题之一[8]。获取可靠的先验信息是正确进行贝叶斯统计推断的先决条件，特别是在小样本的情形下，不可靠的先验信息可能无法获得理想的后验估计结果，甚至无法进行有效的统计推断。在工程实践中，获取先验信息的途径较多，可能的来源主要有：①工程设计数据；②试验数据；③相似过程的操作经验数据；④不同环境下的操作经验数据；⑤计算机仿真分析的数据；⑥计算机仿真试验的数据；⑦专家判断及试验者的经验数据。其中，⑦属于主观先验信息，其他均属于客观先验信息。

从某种角度来看，大体上可以将先验划分为两大类[9]：共轭先验（conjugate prior）和无信息先验（non-informative prior）。假设 $F=\{f(x \mid \theta:\theta \in \Theta)\}$ 是以 θ 为参数的密度函数族，$P=\{p(\theta)\}$ 是参数 θ 的先验分布族。对于任意 $p \in P$ 及任意 $f \in F$，所得参数 θ 的后验分布 $\pi(\theta \mid x)$ 仍在先验分布族 P 中，则先验分布族 P 与密度函数族 F 之间是共轭的，或者称 $p(\theta)$ 为参数 θ 的共轭先验分布。共轭先验分布是对某一分布中的参数而言，离开特定的参数及其所在的分布谈共轭先验是没有意义的。共轭先验要求特定参数的先验分布与后验分布具有相同的形式，因此

能够非常容易地实现统计推断。此外，共轭先验反映出过去的经验知识与当前的后验分布具有某种共同的特征。若将当前的后验分布作为进一步试验分析的先验分布，如此反复能够不断地积累新的样本数据信息，因此共轭先验能够非常方便地结合到序贯设计的数据分析中。在 GLM 的框架下，针对特定参数选择合适的共轭先验能够非常方便地计算出其参数的后验分布，一些常见分布的共轭先验见表 2-2。

表 2-2 常见分布的共轭先验

总体分布	参数	共轭先验
正态分布（方差已知）	均值	正态分布
正态分布（均值已知）	方差	逆伽马分布
二项分布	成功的概率	贝塔分布
泊松分布	均值	伽马分布
指数分布	均值倒数	伽马分布

无信息先验是指仅当知道参数的取值范围及其在模型中的地位，而对参数的其他信息缺乏了解时构建的一类先验[10]，无信息先验有时也称为平坦先验（flat prior）、模糊先验（vague prior）、扩散先验（diffuse prior）等。获得无信息先验的方法非常多，常见的主要包括 Jeffreys 准则（Jeffreys's rule）、贝叶斯假设（Bayes hypothesis）、参考先验（reference prior）、自助法（bootstrap）及 Harr 不变测度法等。此外，从其他的角度出发，还可以构建一些其他类型的先验，如利用以往的数据信息或经验知识得到经验贝叶斯先验（empirical Bayesian prior）、针对多个参数设定多层先验（hierarchical prior）等。尽管构建先验的方法很多，但是目前还缺乏统一的选择方法，先验信息的选择应该以合理性为第一准则，同时兼顾计算的方便性[8]。

2.2.3 后验分布的统计推断

后验分布是贝叶斯学派进行统计推断的基础。在进行贝叶斯分析时，往往需要根据参数的后验分布计算后验均值、后验方差、后验置信区间等统计量，这些后验统计量的计算都会涉及如何解决以后验分布为基础的统计推断问题。然而，由于后验分布 $p(\theta|D)$ 的形式往往较为复杂，特别是当涉及高维数值积分的运算时，直接积分方法或近似解析技术的难度非常大[11]。贝叶斯分析曾受后验分布统计推断的制约而发展缓慢，随着计算机技术的发展和贝叶斯方法的改进，特别是 MCMC 方法及其统计分析软件（如 WinBUGS 软件）在贝叶斯分析中的广泛应用，

原先异常复杂的高维数值积分问题将变得非常容易。目前，基于 MCMC 方法的贝叶斯分析已经日趋成熟，一些学者如 Congdon[12, 13]、Ntzoufras[14]结合 WinBUGS 软件或 R 软件对其进行了广泛的应用研究。

2.3 建模方法

尽管稳健参数设计的思想得到了学术界与工程界的普遍认可，但在实现稳健参数设计的技术与方式方面仍存在争议。针对稳健参数设计在统计理论上的不足，国内外学者提出了一系列的改进方法，如 RSM[15]、DRSM[16]。RSM 和 DRSM 作为实现稳健参数设计的重要方法，主要由试验设计、响应建模和过程优化三个阶段构成。由于响应曲面模型的构建在优化过程中起着至关重要的作用，如何精确地构建响应曲面模型已逐渐成为学术界的研究热点问题之一[17]。本节将系统地介绍几种常用的建模方法，如一般的响应曲面模型、SUR 模型、GLM 及 GP 模型。

2.3.1 一般的响应曲面模型

RSM 由统计学家 Box 和 Wilson[18]于 1951 年提出，它是以试验设计为基础，用于处理多变量建模问题的统计分析技术。在实际工作中，由于响应变量与输入因子之间的函数关系是未知的，RSM 能够通过拟合响应变量与输入因子之间的二阶数学关系模型，作为对真实函数关系的近似。由于 RSM 采用试验设计、数据分析和模型拟合的方法，其具有数学严谨和逻辑严密的优点。同时，该方法考虑了因子之间的交互效应，因此其建立的模型具有较高的可靠性。RSM 为一种序贯设计方法，一般分为参数筛选、区域寻找和参数优化三个实施阶段。

阶段一：参数筛选。如果输入因子的个数太多，那么这些因子的重要性在试验设计之初是不能确定的。从试验成本和效率的角度考虑，应该在进行响应曲面建模之前，通过筛选试验剔除那些并不显著的输入因子。通常而言，在有效地筛选出数量较少的几个重要因子之后，可以减少随后的试验次数，以保证试验更加有效地进行。

阶段二：区域寻找。当试验区域远离最优区域时，响应变量与输入因子之间是近似线性相关的关系，进行 2^{k-p} 设计或 Plackett-Burman 设计的一阶试验，并拟合一阶数学模型：

$$y=\beta_0+\sum_{i=1}^{m}\beta_i x_i+\varepsilon \tag{2-2}$$

其中，β_0 表示模型的截距；β_i 表示主效应 x_i 的估计系数；ε 表示模型的随机误差。通过增加中心点试验，可以对构建的函数模型进行非线性检验。从试验的中心点出发，以一定步长按照最速上升或最速下降方向进行试验，直到在某试验点上的响应值不再有明显改善。以该试验点为新的试验区域中心点，重复上述试验步骤。当非线性检验表明该函数模型有显著的曲性效应时，则需要拟合二阶数学模型，可以认为该试验区域已接近最优区域或者已在最优区域内，转入第三阶段。

阶段三：参数优化。当试验区域接近或在最优区域内时，则说明响应变量与输入因子之间存在着非线性相关关系，此时需要进行二阶设计，并拟合二阶的响应曲面模型：

$$y = \beta_0 + \sum_{i=1}^{m} \beta_i x_i + \sum_{i<j}^{m} \beta_{ij} x_i x_j + \sum_{i=1}^{m} \beta_{ii} x_i^2 + \varepsilon \tag{2-3}$$

其中，β_0 表示模型的截距系数；β_i 表示 x_i 的线性效应；β_{ij} 表示 x_i 和 x_j 之间的交互效应；β_{ii} 表示 x_i 的二次效应；ε 表示模型的随机误差。

中心复合设计（central composite design，CCD）是 RSM 中最常用的二阶设计。CCD 由 2^k 个全因子或者 2^{k-p} 个部分因子设计，$2k$ 个坐标轴点 $(\pm a,0,0,\cdots,0)$，$(0,\pm a,0,\cdots,0)$，…，$(0,0,0,\cdots,\pm a)$ 和 n_c 个中心点 $(0,0,0,\cdots,0)$ 组成，$k=2$ 的 CCD 如图 2-5 所示。

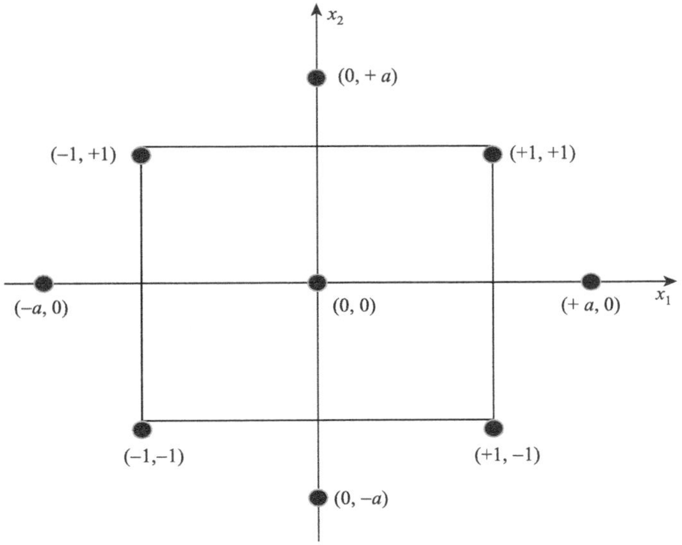

图 2-5　$k=2$ 的 CCD

基于 RSM 的稳健参数设计一般分为两种方法：DRSM 与响应建模法。Myers 和 Carter[19]提出对两个不同性质的质量特性同时进行建模的方法，即 DRSM。随后，Vining 和 Myers[6]提出在原有试验数据的基础上进行多次重复试验，根据其结构对响应的均值和方差分别进行建模，然后利用优化方法对构建的双响应曲面模型进行参数优化。下面针对单响应优化设计和多响应优化设计的响应曲面模型问题分别进行阐述。

1. 单响应优化设计的响应曲面模型

在单响应优化设计中，假设某生产过程中的响应 y 依赖于 m 个可控因子 $\boldsymbol{x}=(x_1,x_2,\cdots,x_m)$ 和 r 个噪声因子 $\boldsymbol{z}=(z_1,z_2,\cdots,z_r)$，响应的均值记为 μ，响应的方差记为 σ^2，根据式（2-3）分别拟合响应的均值模型和方差模型：

$$\mu(\boldsymbol{x},\boldsymbol{z})=\beta_{01}+\boldsymbol{x}^{\mathrm{T}}\boldsymbol{\beta}_1+\boldsymbol{x}^{\mathrm{T}}\boldsymbol{B}_1\boldsymbol{x}+\boldsymbol{z}^{\mathrm{T}}\boldsymbol{\gamma}_1+\boldsymbol{x}^{\mathrm{T}}\boldsymbol{\varDelta}_1\boldsymbol{z}+\varepsilon_1 \tag{2-4}$$

$$\sigma^2(\boldsymbol{x},\boldsymbol{z})=\beta_{02}+\boldsymbol{x}^{\mathrm{T}}\boldsymbol{\beta}_2+\boldsymbol{x}^{\mathrm{T}}\boldsymbol{B}_2\boldsymbol{x}+\boldsymbol{z}^{\mathrm{T}}\boldsymbol{\gamma}_2+\boldsymbol{x}^{\mathrm{T}}\boldsymbol{\varDelta}_2\boldsymbol{z}+\varepsilon_2 \tag{2-5}$$

其中，$\boldsymbol{x}$ 表示可控因子的向量；β_0 表示模型的截距系数；$\boldsymbol{\beta}$ 表示可控因子的一阶系数向量；$\boldsymbol{B}$ 表示可控因子的二阶系数矩阵；$\boldsymbol{\gamma}$ 表示噪声因子的一阶系数向量；$\boldsymbol{\varDelta}$ 表示可控因子与噪声因子交互项的系数矩阵；ε 表示模型的随机误差。为了刻画响应的最优性与稳健性，通常以试验结果的样本均值和样本方差分别进行响应的均值和方差建模，拟合二阶模型为

$$\hat{\mu}(\boldsymbol{x},\boldsymbol{z})=\hat{\beta}_{01}+\boldsymbol{x}^{\mathrm{T}}\hat{\boldsymbol{\beta}}_1+\boldsymbol{x}^{\mathrm{T}}\hat{\boldsymbol{B}}_1\boldsymbol{x}+\boldsymbol{z}^{\mathrm{T}}\hat{\boldsymbol{\gamma}}_1+\boldsymbol{x}^{\mathrm{T}}\hat{\boldsymbol{\varDelta}}_1\boldsymbol{z} \tag{2-6}$$

$$\hat{\sigma}^2(\boldsymbol{x},\boldsymbol{z})=\hat{\beta}_{02}+\boldsymbol{x}^{\mathrm{T}}\hat{\boldsymbol{\beta}}_2+\boldsymbol{x}^{\mathrm{T}}\hat{\boldsymbol{B}}_2\boldsymbol{x}+\boldsymbol{z}^{\mathrm{T}}\hat{\boldsymbol{\gamma}}_2+\boldsymbol{x}^{\mathrm{T}}\hat{\boldsymbol{\varDelta}}_2\boldsymbol{z} \tag{2-7}$$

在完成均值模型和方差模型的拟合之后，需要分别对拟合的均值模型和方差模型进行方差分析。如果均值模型具有显著性，说明在试验区域内该模型能够近似地表示在噪声因子影响下的实际均值模型。同样，对方差模型也需要进行上述检验，有时需要对方差进行一定的转换，可以转换为平方根或者对数形式，以增加拟合模型的显著性。如何对构建的均值模型与方差模型进行优化，一些研究者提出了响应的优化方法，如拉格朗日乘子法、MSE 法、约束优化法、模糊建模法等。

响应建模法是基于 Welch 等[20]提出的组合表进行试验设计与建模的一种方法，Shoemaker 等[21]和 Myers 等[22]在响应建模法的基础上推导出了响应的均值模型和方差模型。该方法不需要采用重复试验数据计算响应的方差模型，其基本思想是首先通过式（2-3）构建含有噪声因子的条件均值模型，其次通过对响应的均值模型求方差得到响应的方差模型。因此，均值模型的估计效果对方差模型的可靠性十分重要。在将噪声因子看作独立随机变量的条件下，构建的条件均值模型与条件方差模型分别为

$$E_z[y(\boldsymbol{x},\boldsymbol{z})]=\beta_0+\boldsymbol{x}^{\mathrm{T}}\boldsymbol{\beta}+\boldsymbol{x}^{\mathrm{T}}\boldsymbol{B}\boldsymbol{x} \tag{2-8}$$

$$\mathrm{Var}_z[y(\boldsymbol{x},\boldsymbol{z})]=(\boldsymbol{\gamma}^{\mathrm{T}}+\boldsymbol{x}^{\mathrm{T}}\boldsymbol{\varDelta})\mathrm{Var}(\boldsymbol{z})(\boldsymbol{\gamma}^{\mathrm{T}}+\boldsymbol{x}^{\mathrm{T}}\boldsymbol{\varDelta})^{\mathrm{T}}+\sigma_\varepsilon^2 \tag{2-9}$$

其中，$\mathrm{Var}(\boldsymbol{z})=\sigma_z^2\boldsymbol{V}$，$\boldsymbol{V}$ 为 $r\times r$ 的对称正定矩阵（positive definite matrix with unit diagonal elements，PDUDE）。若噪声因子之间不相关，则$\boldsymbol{V}$为单位矩阵。为了更好地理解响应建模法的思想，可将其转换为更一般的模型：

$$y(\boldsymbol{x},\boldsymbol{z})=f(\boldsymbol{x})+h(\boldsymbol{x},\boldsymbol{z})+\varepsilon \tag{2-10}$$

其中，$f(\boldsymbol{x})$表示过程输出与可控因子间的函数关系；$h(\boldsymbol{x},\boldsymbol{z})$表示噪声因子、可控因子和噪声因子的交互效应与过程输出的函数关系，通常假定$h(\boldsymbol{x},\boldsymbol{z})$的表达式为

$$h(\boldsymbol{x},\boldsymbol{z})=\sum_{i=1}^{r}r_i z_i+\sum_{i=1}^{m}\sum_{j=1}^{r}\delta_{ij}x_i z_j \tag{2-11}$$

需要特别指出的是，当假设噪声因子的均值为 0、方差为σ_z^2、噪声因子之间的协方差为 0、噪声因子与随机误差项ε之间的协方差也为 0 时，式（2-8）和式（2-9）也可以表示为

$$E_z[y(\boldsymbol{x},\boldsymbol{z})]=f(\boldsymbol{x}) \tag{2-12}$$

$$\mathrm{Var}_z[y(\boldsymbol{x},\boldsymbol{z})]=\sigma_z^2\sum_{i=1}^{r}\left[\frac{\partial y(\boldsymbol{x},\boldsymbol{z})}{\partial z_i}\right]+\sigma_\varepsilon^2 \tag{2-13}$$

其中，式（2-13）可以视为函数$y(\boldsymbol{x},\boldsymbol{z})$关于噪声因子在$z=0$处进行一阶泰勒展开后求方差得到的结果，该方法称为增量方法（delta method）。因此，式（2-13）也称为误差传递公式（transmission of error formula）。需要特别指出的是，当$h(\boldsymbol{x},\boldsymbol{z})$关于噪声因子$\boldsymbol{z}$呈线性相关时，式（2-11）和式（2-13）具有相同的函数结构形式。

2. 多响应优化设计的响应曲面模型

假设多响应优化设计中有m个响应，各个响应包含n个观测值和q个因子效应，则标准回归模型（standard regression model，SRM）为

$$\boldsymbol{y}_j=\boldsymbol{X}_j\boldsymbol{\beta}_j+\boldsymbol{e}_j,\quad j=1,2,\cdots,m \tag{2-14}$$

其中，$\boldsymbol{y}_j$为$n\times 1$的响应矩阵；$\boldsymbol{\beta}_j$为$q\times 1$的回归系数矩阵；$\boldsymbol{X}_j$为$n\times q$的因子效应矩阵；$\boldsymbol{e}_j$为$n\times 1$的随机误差矩阵，服从均值向量为 $\boldsymbol{0}$、方差-协方差矩阵为$\boldsymbol{H}$的正态分布，而且$\boldsymbol{H}$为对角阵，即

$$E(\boldsymbol{e}_j)=\boldsymbol{0},\quad j=1,2,\cdots,m$$

$$\mathrm{cov}(\boldsymbol{e}_i,\boldsymbol{e}_j)=\begin{cases}\sigma_{jj}\boldsymbol{I}_n, & i=j\\ \boldsymbol{0}, & i\neq j\end{cases}$$

其中，$\boldsymbol{I}_n$表示单位矩阵。式（2-14）中假设m个响应是相互独立的，但是在实际生产中，多个响应之间通常是相关的。SMR 无法解决相关多响应的优化问题，因此提出一些解决相关多响应优化问题的方法是很有必要的。

2.3.2　SUR 模型

在一般的多响应曲面模型中，通常假设随机误差矩阵$\boldsymbol{e}_j(j=1,2,\cdots,m)$是独立

同分布的，它忽略了各个回归方程之间存在的相关性。但在具体的生产实践中，多个回归方程之间往往存在很强的相关性，以致随机误差项往往偏离这个假设。Zellner[23]于 1962 年首次提出 SUR 模型，该模型与 SMR 模型最大的区别在于该模型中各个响应的随机误差项是相关的，即响应之间是相互联系的，同时允许各回归方程拥有不同的自变量，这给多响应曲面建模带来很大的灵活性。以下对 SUR 模型的基本原理进行简单的阐述。

假设有 m 个响应模型，响应 $\boldsymbol{y}_j$ 有 n 个观测值和 m_j 个解释变量，则 SUR 模型的结构如下：

$$\boldsymbol{y}_j=\boldsymbol{X}_j\boldsymbol{\beta}_j+\boldsymbol{\varepsilon}_j,\quad j=1,2,\cdots,m \tag{2-15}$$

其中，$\boldsymbol{y}_j$ 为 $n\times 1$ 的响应矩阵；$\boldsymbol{X}_j$ 为 $n\times m_j$ 的因子效应矩阵；$\boldsymbol{\beta}_j$ 为 $m_j\times 1$ 的回归系数矩阵；$\boldsymbol{\varepsilon}_j$ 为 $n\times 1$ 的随机误差矩阵。式（2-15）中的随机误差矩阵 $\boldsymbol{\varepsilon}_j$ 不独立，因此满足以下性质：

$$\begin{cases}E(\boldsymbol{\varepsilon}_j)=\boldsymbol{0},\quad j=1,2,\cdots,m\\ \operatorname{cov}(\boldsymbol{\varepsilon}_i,\boldsymbol{\varepsilon}_j)=\begin{cases}\sigma_{jj}\boldsymbol{I}_n, & i=j\\ \sigma_{ij}\boldsymbol{I}_n, & i\neq j\end{cases}\end{cases} \tag{2-16}$$

将式（2-15）中的 m 个方程放在一个矩阵表达式中，可得

$$\boldsymbol{Y}=\begin{bmatrix}\boldsymbol{y}_1\\ \boldsymbol{y}_2\\ \vdots\\ \boldsymbol{y}_m\end{bmatrix}=\begin{bmatrix}\boldsymbol{X}_1 & \boldsymbol{O} & \cdots & \boldsymbol{O}\\ \boldsymbol{O} & \boldsymbol{X}_2 & \cdots & \boldsymbol{O}\\ \vdots & \vdots & & \vdots\\ \boldsymbol{O} & \boldsymbol{O} & \cdots & \boldsymbol{X}_m\end{bmatrix}\begin{bmatrix}\boldsymbol{\beta}_1\\ \boldsymbol{\beta}_2\\ \vdots\\ \boldsymbol{\beta}_m\end{bmatrix}+\begin{bmatrix}\boldsymbol{\varepsilon}_1\\ \boldsymbol{\varepsilon}_2\\ \vdots\\ \boldsymbol{\varepsilon}_m\end{bmatrix}=\boldsymbol{X}\boldsymbol{\beta}+\boldsymbol{\varepsilon}$$

即

$$\boldsymbol{Y}=\boldsymbol{X}\boldsymbol{\beta}+\boldsymbol{\varepsilon},\quad \boldsymbol{\varepsilon}\sim N(\boldsymbol{0},\boldsymbol{\Sigma}\otimes\boldsymbol{I}_n) \tag{2-17}$$

其中，$\boldsymbol{O}$ 为零矩阵；$\otimes$ 表示克罗内克乘积符号；$\boldsymbol{\Sigma}$ 为随机误差项的 $m\times m$ 方差-协方差矩阵，该矩阵是对称矩阵，且对角线元素为 $\{\sigma_j^2,\ j=1,2,\cdots,m\}$，非对角线元素为 $\{\sigma_{ij},i,j=1,2,\cdots,m\ ;i\neq j\}$。

根据式（2-15）～式（2-17），可计算出 $\boldsymbol{Y}$ 的似然函数：

$$L(\boldsymbol{Y}\mid\boldsymbol{X},\boldsymbol{\beta},\boldsymbol{\Sigma})=\frac{1}{(2\pi)^{nm/2}\,|\boldsymbol{\Sigma}|^{n/2}}\exp\left[-\frac{1}{2}\operatorname{tr}(\boldsymbol{R}\boldsymbol{\Sigma}^{-1})\right] \tag{2-18}$$

其中，$|\boldsymbol{\Sigma}|$ 表示矩阵 $\boldsymbol{\Sigma}$ 的行列式；tr 表示矩阵的迹；$\boldsymbol{R}$ 为 $m\times m$ 的矩阵，其元素为 $r_{ij}=(\boldsymbol{Y}_i-\boldsymbol{X}_i\boldsymbol{\beta}_i)^{\mathrm{T}}(\boldsymbol{Y}_j-\boldsymbol{X}_j\boldsymbol{\beta}_j)$。在式（2-18）的基础上，可求得参数 $\boldsymbol{\beta}$ 和 $\boldsymbol{\Sigma}$ 的极大似然估计[23]，其中 $\boldsymbol{\beta}$ 的估计值为

$$\hat{\boldsymbol{\beta}}=[\boldsymbol{X}^{\mathrm{T}}(\boldsymbol{\Sigma}\otimes\boldsymbol{I}_n)\boldsymbol{X}]^{-1}\boldsymbol{X}^{\mathrm{T}}(\boldsymbol{\Sigma}\otimes\boldsymbol{I}_n)\boldsymbol{Y}$$

虽然从模型的形式上看，m 个回归方程被各不相同且相互独立的自变量解

释，回归方程之间似乎是不相关的。但是由于 m 个回归方程的同一观测模型误差项的各个分量相关，即 $\boldsymbol{\Sigma}$ 为非对角矩阵，这就表明了回归方程之间实际上存在相关性，它们受到某些共同的不可测的或者忽略的因素影响，这正是该模型被称为 SUR 模型的原因。因此，SUR 模型能够有效地解决多个回归方程之间具有相关性的问题，同时放宽了参数估计的约束条件，也提高了参数估计的效率。

2.3.3 GLM

1972 年，Nelder 和 Wedderburn[24]在其论文中首次提出了 GLM 的概念；1989 年，McCullagh 和 Nelder[25]出版了系统介绍 GLM 的专著；2002 年，Myers 等[26]出版了 GLM 在工程科学应用领域方面的专著；此外，还有一些学者在深入研究 GLM 的基础上，先后提出了多变量的 GLM[27]、GLMM[28]等新的理论与方法，扩展了基于 GLM 的理论体系，进一步地丰富了 GLM 的知识内涵。GLM 是建立在一般正态线性模型基础之上的，主要是将一般正态线性模型的响应分布与线性系统成分的形式进行推广[29]。为了更好地理解 GLM 与一般正态线性模型之间的内在联系，在此简单地介绍有关一般正态线性模型的基本形式，具体结构如下：

$$y = \beta_0 + \beta_1 x_1 + \beta_2 x_2 + \cdots + \beta_p x_p + \varepsilon \tag{2-19}$$

其中，y 是响应变量；$\beta_0 + \beta_1 x_1 + \beta_2 x_2 + \cdots + \beta_p x_p + \varepsilon$ 是包含 p 个变量 $x_1,\cdots,x_p$ 的系统成分；ε 是随机成分，相互独立且服从均值为 0、方差为 σ^2 的正态分布，即 $N(0,\sigma^2)$。为了更好地理解一般正态线性模型如何推广到 GLM，在此给出式（2-19）的等价形式：

$$y \sim N(\mu,\sigma^2)$$
$$E(\boldsymbol{y}) = \mu = \beta_0 + \beta_1 x_1 + \cdots + \beta_p x_p$$

在 GLM 中，响应变量 $\boldsymbol{y}$ 将推广到其他的分布类型，如泊松（Poisson）分布、伽马（Gamma）分布、二项（binomial）分布、指数（exponential）分布。在 GLM 中，无论 $\boldsymbol{y}$ 是连续性响应变量还是离散性响应变量，均能表示为指数族的概率分布形式，其基本表达式如下：

$$f(\boldsymbol{y}) = \exp\left[\frac{\boldsymbol{y\theta} - b(\boldsymbol{\theta})}{a(\phi)} + c(\boldsymbol{y},\phi)\right] \tag{2-20}$$

其似然函数为

$$l(\boldsymbol{\theta},\phi;\boldsymbol{y}) = \lg f(\boldsymbol{y}) = \frac{\boldsymbol{y\theta} - b(\boldsymbol{\theta})}{a(\phi)} + c(\boldsymbol{y},\phi) \tag{2-21}$$

其中，$a(\phi)$、$b(\boldsymbol{\theta})$ 及 $c(\boldsymbol{y},\phi)$ 均为已知函数；$\boldsymbol{\theta}$ 为规范参数（canonical parameter）；ϕ 为尺度参数（scale parameter）。GLM 可以将上述诸多常见的分布函数统一到指

数族分布框架中，并通过式（2-21）中 $a(\phi)$、$b(\boldsymbol{\theta})$、$c(\boldsymbol{y},\phi)$ 的不同函数形式来构建各种常见的分布函数。

为了方便理论研究，GLM 通过定义以下三个关键要素来完成统计推断与计算，其定义分别如下。

（1）线性预报器（linear predictor）η_i：

$$\eta_i = X_i\boldsymbol{\beta} \tag{2-22}$$

（2）均值 μ_i：

$$\mu_i = \mu(\theta_i) = h(\eta_i) \tag{2-23}$$

（3）联系函数（link function）g：

$$g(\mu_i) = \eta_i = X_i\boldsymbol{\beta} \tag{2-24}$$

在 GLM 中，通常定义线性预报器 η_i 与线性组合 $\boldsymbol{X\beta}$ 相对应，同时反过来也可以定义 η 是关于均值 μ 的单调、可逆变换函数 g，满足该条件的 g 即联系函数。通过联系函数为 GLM 定义一个尺度，在此尺度下系统效应可假定为线性可加。同时建立规范参数与回归参数之间的函数关系。通过式（2-23）和式（2-24）可以看出，函数 g 与函数 h 之间为可逆关系即 $g = h^{-1}$。针对不同的分布函数定义不同的联系函数，可以得到线性可加的系统效应，从而使 GLM 的统计推断变得更为容易，一些常见的 GLM 及其自然联系函数如表 2-3 所示。

表 2-3　GLM 的自然联系函数

模型	分布	联系函数 $\eta = g(\mu)$
正态线性模型	正态分布	Identity 函数 $\eta = \mu$
泊松回归模型	泊松分布	Log 函数 $\eta = \ln \mu$
Logistic 回归模型	二项分布	Logit 函数 $\eta = \ln[\mu/(1-\mu)]$
Probit 回归模型	二项分布	Probit 函数 $\eta = \Phi^{-1}(\mu)$
伽马回归模型	伽马分布	Inverse 函数 $\eta = \mu^{-1}$

2.3.4　GP 模型

GPR 是近年来发展起来的一种机器学习方法，它有着严格的统计学理论基础，在处理高维、小样本、非线性等复杂问题方面具有良好的适用性。与神经网络、支持向量回归相比，GPR 具有易于实现、推断灵活、超参数自适应获取等优点[30-32]。近年来，学者们对其进行了大量的研究，并取得了许多研究成果，GPR 现已成为国际机器学习领域的研究热点之一，在许多领域都得到了成功的应用。本节将简要阐述 GP 的基本理论知识。

GP 是任意有限个随机变量均具有联合高斯分布的集合，其性质完全由均值函数和协方差函数确定，即

$$\begin{cases} m(\boldsymbol{x}) = E[f(\boldsymbol{x})] \\ k(\boldsymbol{x},\boldsymbol{x}') = E\{[f(\boldsymbol{x}) - m(\boldsymbol{x})][f(\boldsymbol{x}') - m(\boldsymbol{x}')]\} \end{cases} \tag{2-25}$$

其中，$\boldsymbol{x} \in \mathbf{R}^d$ 为任意随机变量。因此，GP 可定义为 $f(\boldsymbol{x})$～$\mathrm{GP}[m(\boldsymbol{x}),k(\boldsymbol{x},\boldsymbol{x}')]$。通常为了表述方便，对数据进行预处理，使其均值为 0。

协方差函数又称为核函数，或简称核，通常用来量化两个随机变量之间的相关性大小。核函数的形式通常定义为平方指数核，即

$$k(\boldsymbol{x},\boldsymbol{x}') = \sigma_f^2 \exp\left[-\sum_{i=1}^{N}(x_i - x_i')^2 l_i^{-2} / 2\right]$$

其中，σ_f^2 为量级因子或协方差函数的方差，用来控制输入变量的局部相关性；l_i^{-2} 为特征长度，用来控制模型的平滑度。核函数可以有多种不同的选择[33]，如径向二次协方差函数、γ 指数族协方差函数、Matern 类协方差函数等。

对于回归问题，考虑这样一个模型：

$$\boldsymbol{y} = f(\boldsymbol{x}) + \varepsilon \tag{2-26}$$

其中，$\boldsymbol{x}$ 是输入向量；$\boldsymbol{y}$ 为输出响应；$f(\cdot)$ 为函数值。如果 $\varepsilon \sim N(0,\sigma^2)$，则表示可以得到的输出响应 $\boldsymbol{y}$ 的先验分布为

$$\boldsymbol{y} \sim N(0, K(\boldsymbol{X},\boldsymbol{X}) + \sigma^2 \boldsymbol{I}_n) \tag{2-27}$$

由此还可以得到输出响应 $\boldsymbol{y}$ 与预测值 $\boldsymbol{f}^*$ 的联合先验分布为

$$\begin{bmatrix} \boldsymbol{y} \\ \boldsymbol{f}^* \end{bmatrix} \sim N\left\{\boldsymbol{0}, \begin{bmatrix} K(\boldsymbol{X},\boldsymbol{X}) + \sigma^2 \boldsymbol{I}_n & K(\boldsymbol{X},\boldsymbol{x}^*) \\ K(\boldsymbol{x}^*,\boldsymbol{X}) & K(\boldsymbol{x}^*,\boldsymbol{x}^*) \end{bmatrix}\right\} \tag{2-28}$$

其中，$K(\boldsymbol{X},\boldsymbol{X}) = (k_{ij})$ 为 $n \times n$ 对称正定的协方差矩阵，矩阵元素 $k_{ij} = k(x_i, x_j)$ 用来衡量 x_i 和 x_j 之间的相关性；$K(\boldsymbol{X},\boldsymbol{x}^*)$ 为测试点集 $\boldsymbol{X}$ 与训练集的输入 $\boldsymbol{x}^*$ 之间的协方差矩阵；$K(\boldsymbol{x}^*,\boldsymbol{X})$ 为训练集的输入 $\boldsymbol{x}^*$ 与测试点集 $\boldsymbol{X}$ 之间的协方差矩阵；$K(\boldsymbol{x}^*,\boldsymbol{x}^*)$ 为训练集的输入 $\boldsymbol{x}^*$ 自身的协方差矩阵；$\boldsymbol{I}_n$ 是 n 维单位矩阵。

根据贝叶斯理论可以得到预测值 $\boldsymbol{f}^*$ 的后验分布为

$$\boldsymbol{f}^* | \boldsymbol{X}, \boldsymbol{x}^*, \boldsymbol{y} \sim N(\overline{\boldsymbol{f}}^*, \mathrm{cov}(\boldsymbol{f}^*)) \tag{2-29}$$

其中，

$$\overline{\boldsymbol{f}}^* = K(\boldsymbol{x}^*,\boldsymbol{X})[K(\boldsymbol{X},\boldsymbol{X}) + \sigma^2 \boldsymbol{I}_n]^{-1} \boldsymbol{y}$$

$$\mathrm{cov}(\boldsymbol{f}^*) = K(\boldsymbol{x}^*,\boldsymbol{x}^*) - K(\boldsymbol{x}^*,\boldsymbol{X}) \times [K(\boldsymbol{X},\boldsymbol{X}) + \sigma^2 \boldsymbol{I}_n]^{-1} K(\boldsymbol{X},\boldsymbol{x}^*)$$

则有 $\overline{\boldsymbol{f}}^*$ 和 $\mathrm{cov}(\boldsymbol{f}^*)$ 是训练集的输入 $\boldsymbol{x}^*$ 对应的预测值 $\boldsymbol{f}^*$ 的均值和方差。

2.4 优 化 方 法

稳健参数设计的目的是找到可控因子的最优设计值，这涉及优化策略的构建和优化方法的选择。优化策略的好坏会影响稳健参数设计的效果，而优化方法选择得是否合适同样会影响优化结果的正确性与精确性。一个理想的优化策略应当既考虑优化结果的最优性，又考虑优化结果的稳健性[34]。目前，常用于稳健参数设计中的优化策略是质量损失函数和满意度函数，它们都是将多目标优化问题转换为单一指标的优化问题，常用于对质量损失函数或满意度函数[34]进行寻优的优化方法大致可以分成两类：确定性优化方法和启发式优化方法[35]。确定性优化方法通过生成一系列确定的对全局最优点收敛的点来解决优化问题，如梯度下降法（gradient descent method）、牛顿法（Newton’s method）、拟牛顿法（quasi-Newton method）、共轭梯度法（conjugate gradient method）。这些方法能很快搜索到全局最优解，但是要求被优化的问题具有某些数学特征，如目标函数必须是连续可导的，而这往往是大多数高度复杂的非线性优化问题不具备的。启发式优化方法则是基于随机生成的可行点或者采样点进行非线性局部优化，而不是系统地、以确定的步骤去寻求答案。启发式优化方法种类繁多，包括经典的模式搜索算法、模拟退火方法（simulated annealing method）、GA 及粒子群算法等。本节将系统地介绍几种常用的优化方法，如梯度下降法、模式搜索算法、HGA 和帕累托优化策略。

2.4.1 梯度下降法

梯度下降法又称为最速下降法（steepest descent method），是求解无约束最优化问题最常用的方法。梯度下降法的本质是沿梯度下降的方向求解目标函数的最小值，或者收敛到最小值[36]。它是一种迭代方法，每一步主要的操作是求解目标函数的梯度向量，将当前位置的负梯度方向作为搜索方向，因为在该方向上目标函数下降最快，这也是最速下降法名称的由来。

梯度下降法在实际工程中有着广泛的应用，常作为最优控制、机器学习等领域内训练算法的核心算法，用来递归性地逼近最小偏差模型，如人工神经网络、Logistic 回归、SVM[37]等。本节将给出优化问题中的一些重要概念和一般梯度下降法的基本框架。

考虑如下凸优化问题：

$$\lim_{x} f(x), \quad x \in \mathbf{R}^n \tag{2-30}$$

其中，$f(x)$ 是一个可微凸函数，有唯一全局极小值点 x^*，对应的极小值为 $f(x^*)$。对于这一类问题，梯度下降法可以有效地搜索到极小值点，连续的梯度下降法可以表示为

$$\dot{x} = -\rho\nabla f(x) \tag{2-31}$$

其中，$\nabla f(x)$ 是指 $f(x)$ 在点 x 处的梯度；$\rho > 0$。选取离散化步长 $h > 0$，那么式（2-31）对应的离散梯度下降法可表示为

$$x_{k+1} = x_k - \rho h\nabla f(x_k) \tag{2-32}$$

其中，k 为迭代的次数；x_k 是第 k 次迭代时对应的变量值。将参数 ρh 看成一个整体，并作为新的步长 $\tilde{\rho}$，则离散梯度下降法可进一步表示为

$$x_{k+1} = x_k - \tilde{\rho}\nabla f(x_k) \tag{2-33}$$

梯度下降法的基本步骤如下。

步骤 1：给定一组初始值 x_0 和收敛精度 ε。

步骤 2：计算目标函数在 $x_k(k = 0,1,2,\cdots)$ 处的梯度 $\nabla f(x_k)$。

步骤 3：对于 $k+1$，更新迭代公式 $x_{k+1} = x_k - \tilde{\rho}\nabla f(x_k)$，并计算 x_{k+1} 处的梯度 $\nabla f(x_{k+1})$。

步骤 4：计算梯度的模，以判断算法是否收敛，即是否满足 $\|\nabla f(x_{k+1})\| < \varepsilon$。若收敛，则停止迭代，否则继续重复上述迭代过程直至收敛。

需要指出的是，当目标函数是凸函数时，梯度下降法的解是全局最优解。一般情况下，其解不保证是全局最优解。

2.4.2　模式搜索算法

模式搜索算法由 Hooke 和 Jeeves[38]于 1961 年提出，模式搜索算法[39]具有良好的局部优化能力，该方法不需要目标函数的梯度信息，是一种直接搜索的优化算法。模式搜索算法是一种相对简单、直观的启发式算法，计算效率高并且应用广泛。一些统计软件包或者试验设计软件包，如 Minitab、JMP 和 Design-Export 在对优化目标函数进行寻优时，使用的正是模式搜索算法或其他直接搜索算法。模式搜索算法首先以当前点建立网格，在网格内寻找目标函数值低于当前点的一个新点；其次将新点视为当前点，如此反复迭代，使当前点的序列呈现出接近理想点的趋势；最后获得目标函数的参数优化结果。然而，模式搜索算法也存在明显的不足之处，例如，该方法无法快速地对整个试验区域进行全局搜索，容易陷入局部最优点，缺乏良好的全局搜索能力[40]。模式搜索算法的基本步骤如下。

步骤 1：在搜索区域内选择一个初始点作为当前点，计算该点的目标函数值作为当前值。

步骤 2：围绕当前点生成一组网格点。网格点的生成办法是在当前点处加上 m 倍的模式向量，m 为网格尺寸。

步骤 3：评价目标函数值。如果发现某一网格点的目标函数值优于当前点的目标函数值，则表决成功，接受目标函数值最优的网格点作为新的当前点，并将网格尺寸扩大；否则当前点保持不变，并将网格尺寸缩小。

步骤 4：重复步骤 2 和步骤 3，直到满足停止条件。

2.4.3 HGA

复杂过程的优化目标函数（如质量损失函数、满意度函数）通常具有高度复杂的非线性特征，此时，传统的优化方法（如线性规划、梯度下降法等）将难以获得最优的参数设计值。为此，国内外一些研究者[41]提出利用 GA 对高度复杂的非线性函数进行参数优化，以获得理想的优化结果。GA 是目前应用最为广泛的全局优化方法之一，GA 不仅能够优化各种复杂的非线性函数，而且能够直接对各种目标函数（如最小化方差函数）进行优化。然而，GA 也存在一些明显的不足之处，主要表现为：①GA 的优化结果往往依赖于初始参数值的设置，通常需要进行大量的数据试验以获得稳定的优化结果；②尽管 GA 具有良好的全局搜索能力，但是无法对局部区域进行细致的搜索，从而导致在某些情形下无法获得理想的优化结果[42]。Jourdan 等[43]指出，在解决高度复杂的优化问题时，混合优化算法通常比单一优化算法更有优势。因此，需要有效地整合具有良好局部搜索能力的优化算法与具有良好全局搜索能力的 GA，构建二者的混合算法，从而实现高度复杂的非线性函数的参数优化。

针对多响应优化问题，何桢和朱鹏飞[44]提出了一种结合 GA 与模式搜索算法的混合优化算法，该算法有效地克服了传统优化算法在处理多约束、多峰及高度非线性优化问题时的局限性。一些研究[40]也表明，通过构建 GA 与模式搜索算法的 HGA，可以充分利用 GA 的全局搜索能力与模式搜索算法的局部优化的优势，弥补各个单一优化算法的不足，从而能够有效地解决高度复杂的多响应参数优化问题。HGA 的基本思路是[44]：首先利用 GA（选择合适的适应度函数进行选择、交叉及变异等遗传操作）对构建的双响应曲面函数进行全局搜索；其次根据相应的停机准则将返回的结果作为模式搜索算法的初始点，进而利用模式搜索算法（创建网格点、评价目标函数、进行表决、网格的缩小与扩大）进行局部优化；最后在满足停机准则的条件下输出参数的优化结果。HGA 的具体流程图如图 2-6 所示。

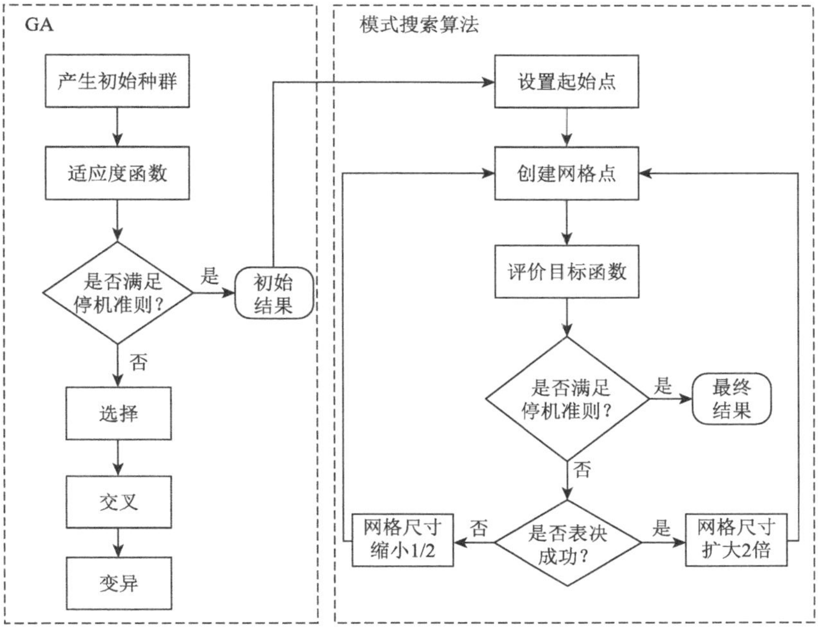

图 2-6　HGA 的流程图

2.4.4　帕累托优化策略

在数学上，一个多目标优化问题可表示为

$$\begin{cases}\min\limits_{x} F(x)=[f_1(x),f_2(x),\cdots,f_n(x)], & n\geqslant 2\\ \text{s.t. } x\in S=\{x\mid h(x)=0;g(x)\leqslant 0\}\end{cases} \tag{2-34}$$

其中，$h(x)$ 为等式约束；$g(x)$ 为不等式约束；S 为定义域集合。

由于多响应之间的冲突性，通常情况下，上述优化问题的绝对最优解是不存在的。目前，针对多响应优化问题，普遍接受的一种方法是帕累托最优。帕累托最优是指多响应优化问题不是为了获得某个唯一的最优解，而是针对多响应之间的冲突关系给出一组折中解[45]。每一个折中解在目标区域中都对应着一个帕累托最优前沿点，所有前沿点构成的集合就是帕累托最优前沿解集[46, 47]，另外，在这个解集中，所有的前沿点都具有帕累托最优性。工程师或学者们更期望获得优化问题的帕累托非劣解集，从而能全面地了解所有可能的设计水平组合，然后可以通过权衡，选择更符合要求的帕累托解作为最终的最优解。

假设试验的可控因子为 x_1、x_2 和 x_3，响应为 y_1 和 y_2，且 y_1 和 y_2 均为望大型质量特性。如果在实际研究过程中，存在望小型或者望目型的质量特性，可对数据进行简单的处理（如加负号），将其转化为望大型质量特性。在运用贝叶斯抽样技术获得响应的后验样本抽样值后，第 $k\ (k=1,2,\cdots,n)$ 个试验点 $\boldsymbol{x}_{(k)}$ 能够达到帕累托最优的概率可以通过式（2-35）近似求得

$$P[\tilde{\boldsymbol{y}}_{\text{new}}\in \text{PF}\mid \boldsymbol{y},\boldsymbol{X},\boldsymbol{z}(\boldsymbol{x})]\approx \frac{1}{N}\sum_{i=1}^{N} I[\boldsymbol{y}_{(i)}^{\boldsymbol{x}_{(k)}}\in \text{PF}_{(i)}] \tag{2-35}$$

$$I[\boldsymbol{y}_{(i)}^{\boldsymbol{x}_{(k)}}\in \text{PF}_{(i)}]=\begin{cases}1, & \boldsymbol{y}_{(i)}^{\boldsymbol{x}_{(k)}}\in \text{PF}_{(i)}\\ 0, & \boldsymbol{y}_{(i)}^{\boldsymbol{x}_{(k)}}\notin \text{PF}_{(i)}\end{cases} \tag{2-36}$$

其中，$\boldsymbol{x}_{(k)}$ 表示向量 (x_1,x_2,x_3)； $\tilde{\boldsymbol{y}}_{\text{new}}$ 表示 $\boldsymbol{x}_{(k)}$ 对应的响应后验样本抽样值； N 是模拟抽样的总次数； $\boldsymbol{y}_{(i)}^{\boldsymbol{x}_{(k)}}$ 表示试验点 $\boldsymbol{x}_{(k)}$ 的第 i 次模拟抽样结果； $I(\cdot)$ 代表指示器函数，其函数结构见式（2-36）； $\text{PF}_{(i)}$ 表示利用第 i 次响应后验样本抽样值得到的帕累托最优前沿。

参 考 文 献

[1] 汪建均. 基于广义线性模型的变量选择与稳健参数设计[D]. 南京：南京理工大学，2011.

[2] Douglas C M. Design and Analysis of Experiments[M]. New York：John Wiley & Sons Ltd，2001.

[3] 苏国进. 动态多响应系统的稳健设计研究[D]. 南京：南京理工大学，2010.

[4] 马逢时，周暐，刘传冰. 六西格玛管理统计指南——MINITAB 使用指南[M]. 北京：中国人民大学出版社，2007.

[5] Wu C F J，Hamada M. Experiment：Planning，Analysis，and Optimization[M]. New York：Wiley，2011.

[6] Vining G G，Myers R H. Combining Taguchi and response surface philosophies：A dual response approach[J]. Journal of Quality Technology，1990，22（1）：38-45.

[7] Bayes T. An essay towards solving a problem in the doctrine of chances[J]. Philosophical Transactions of the Royal Society of London，1763，53：370-418.

[8] 林静. 基于 MCMC 的贝叶斯生存分析理论及其可靠性评估中的应用[D]. 南京：南京理工大学，2008.

[9] Gelman A. Bayesian Data Analysis[M]. New York：Chapman and Hall/CRC Press，2004.

[10] Box G E P，Tiao G C. Bayesian Inference in Statistical Analysis[M]. New York：Wiley Online Library，1973.

[11] Naylor J C，Smith A F M. Applications of a method for the efficient computation of posterior distributions[J]. Journal of the Royal Statistical Society：Series C（Applied Statistics），1982，31（3）：214-225.

[12] Congdon P. Applied Bayesian Modelling[M]. England：John Wiley & Sons Inc，2003.

[13] Congdon P. Bayesian Statistical Modelling[M]. England：John Wiley & Sons Inc，2006.

[14] Ntzoufras I. Bayesian Modeling Using WinBUGS[M]. New Jersey：John Wiley & Sons Inc，2009.

[15] Myers R H，Montgomery D C，Vining G G，et al. Response surface methodology：A retrospective and literature survey[J]. Journal of Quality Technology，2004，36（1）：53-77.

[16] Ding R，Lin D K，Wei D. Dual-response surface optimization：A weighted MSE approach[J]. Quality Engineering，2004，16（3）：377-385.

[17] Goethals P L，Cho B R. Extending the desirability function to account for variability measures in univariate and multivariate response experiments[J]. Computers & Industrial Engineering，2012，62（2）：457-468.

[18] Box G E P，Wilson K B. On the experimental attainment of optimum conditions[J]. Journal of the Royal Statistical Society：Series B（Methodological），1951，13（1）：1-38.

[19] Myers R H, Carter W H. Response surface techniques for dual response systems[J]. Technometrics, 1973, 15 (2): 301-317.

[20] Welch W J, Yu T K, Kang S M, et al. Computer experiments for quality control by parameter design[J]. Journal of Quality Technology, 1990, 22 (1): 15-22.

[21] Shoemaker A C, Tsui K L, Wu C F J. Economical experimentation methods for robust design[J]. Technometrics, 1991, 33 (4): 415-427.

[22] Myers R H, Khuri A I, Vining G G. Response surface alternatives to the Taguchi robust parameter design approach[J]. The American Statistician, 1992, 46 (2): 131-139.

[23] Zellner A. An efficient method of estimating seemingly unrelated regressions and tests for aggregation bias[J]. Journal of the American Statistical Association, 1962, 57 (298): 348-368.

[24] Nelder J A, Wedderburn R W M. Generalized linear models[J]. Journal of the Royal Statistical Society: Series A (General), 1972, 135 (3): 370-384.

[25] McCullagh P, Nelder J A. Generalized Linear Models[M]. 2nd ed. London: Chapman and Hall, 1989.

[26] Myers R H, Montgomery D C, Vinning G G. Generalized Linear Models with Application in Engineering and the Sciences[M]. New York: John Wiley & Sons Inc, 2002.

[27] Hadfield J D. MCMC methods for multi-response generalized linear mixed models: The MCMCglmm R package[J]. Journal of Statistical Software, 2010, 33 (2): 1-23.

[28] Breslow N E, Clayton D G. Approximate inference in generalized linear mixed models[J]. Journal of the American Statistical Association, 1993, 88 (421): 9-25.

[29] Lin D K J, Tu W. Dual response surface optimization[J]. Journal of Quality Technology, 1995, 27 (1): 34-39.

[30] Alshraideh H, del Castillo E. Gaussian process modeling and optimization of profile response experiments[J]. Quality and Reliability Engineering International, 2014, 30 (4): 449-462.

[31] Rasmussen C E, Williams C K I. Gaussian Process for Machine Learning[M]. Cambridge: MIT Press, 2006.

[32] Vanhatalo J, Jylänki P, Vehtari A. Gaussian process regression with student-t likelihood[J]. Advances in Neural Information Processing Systems, 2009, 22: 1910-1918.

[33] 何志昆，刘光斌，赵曦晶，等. 高斯过程回归方法综述[J]. 控制与决策，2013，28（8）：1121-1129，1137.

[34] He Z, Zhu P, Park S H. A robust desirability function method for multi-response surface optimization considering model uncertainty[J]. European Journal of Operational Research, 2012, 221 (1): 241-247.

[35] Younis A, Dong Z. Trends features and tests of common and recently introduced global optimization methods[J]. Engineering Optimization, 2010, 42 (8): 691-718.

[36] Chen X, Lin X. Big data deep learning: Challenges and perspectives[J]. IEEE Access, 2014, 2 (2): 514-525.

[37] 周晓剑. 基于 SVR 的元建模及其在稳健参数设计中的应用[D]. 南京：南京理工大学，2012.

[38] Hooke R, Jeeves T A. "Direct Search" solution of numerical and statistical problems[J]. Journal of the ACM, 1961, 8 (2): 212-229.

[39] 雷英杰，张善文，李续武，等. MATLAB 遗传算法工具箱及应用[M]. 西安：西安电子科技大学出版社，2005.

[40] 汪建均，马义中. 基于 GLM 的双响应曲面法及其稳健设计[J]. 系统工程与电子技术，2012，34（11）：2306-2311.

[41] Jr Ortiz F, Simpson J R, Jr Pignatiello J J, et al. A genetic algorithm approach to multiple-response optimization[J]. Journal of Quality Technology, 2004, 36 (4): 432-450.

[42] 汪建均，马义中，欧阳林寒，等. 多响应稳健参数设计的贝叶斯建模与优化[J]. 管理科学学报，2016，19（2）：85-94.

[43] Jourdan L，Basseur M，Talbi E G. Hybridizing exact methods and metaheuristics：A taxonomy[J]. European Journal of Operational Research，2009，199（3）：620-629.

[44] 何桢，朱鹏飞. 基于模式搜索的渴求函数法在多响应优化中的应用[J]. 数学的实践与认识，2009，39（18）：114-121.

[45] 汪建均，屠雅楠，马义中. 多响应三水平部分因子试验设计的建模与优化[J]. 系统工程理论与实践，2019，39（11）：2896-2905.

[46] Chapman J L，Lu L，Anderson-Cook C M. Process optimization for multiple responses utilizing the Pareto front approach[J]. Quality Engineering，2014，26（3）：253-268.

[47] Costa N R，Lourenço J，Pereira Z L. Multi-response optimization and Pareto frontiers[J]. Quality and Reliability Engineering International，2012，28（7）：701-712.

第 3 章　贝叶斯变量和模型选择

在产品的开发和设计中，通常存在相当多的因子影响产品/过程的质量特性。然而，根据管理学中的 80/20 法则或帕累托原则，在试验设计中重要的影响因子通常只占少数，而不重要的影响因子则占多数。因此，在试验资源受限（如试验因子数目多、试验次数少等）的情形下，运用响应曲面建模方法筛选出显著性的因子将非常重要。另外，在涉及高质量、高可靠性的产品质量设计时，研究人员倾向选择部分因子试验设计以减少试验次数、降低试验成本、缩短研发周期。在这种情形下，充分地利用试验数据的先验信息（如半导体制造过程中的电阻率满足伽马分布、焊接过程中产品的缺陷数服从泊松分布等）、试验设计的基本原则（如效应稀疏原则、效应排序原则和效应遗传原则）及试验者的经验知识，降低试验数据偏少的影响，构建更加符合实际、更为精确的响应曲面模型。针对正态响应的部分因子试验设计，以往的研究仅局限于二水平因子及因子之间是完全别名的关系，然而，在试验设计中通常还存在多水平或者混合水平的因子，以及因子之间存在部分别名的关系。因此，针对多水平的部分因子试验设计，如何结合响应曲面和贝叶斯先验信息开展多水平的因子筛选试验有待进一步研究。除此之外，在判断和评价因子设计理论与分析数据的方法是否恰当时，研究人员往往会采用以下三个基本原则：效应稀疏原则、效应排序原则、效应遗传原则，即因子效应原则。Wu 和 Hamada 也曾经表示“是否把因子效应的基本原则纳入考虑范围是区分一般回归问题和试验设计的关键所在”[1]。一些学者曾考虑在一般的响应曲面模型中结合因子效应的三个基本原则来实现正态响应的变量和模型选择[2, 3]。然而，针对非正态响应的质量设计，以往的研究很少考虑试验设计应遵循的一些基本原则，因此如何在贝叶斯建模和优化框架下考虑试验设计本身应该遵循的一些基本原则，也有待进一步地深入研究。

针对上述研究问题，本章运用响应曲面（如多变量回归模型、GLM）的贝叶斯建模和优化方法开展相关的研究。在 3.1 节中，针对多响应三水平部分因子试验设计，结合贝叶斯最小绝对收缩和选择算法（least absolute shrinkage and selection operator，LASSO）与因子效应原则提出一种多阶段的贝叶斯变量和模型选择方法[4]；在 3.2 节中，针对非正态响应的部分因子试验设计，在 GLM 的贝叶斯建模框架下，将试验设计的基本原则以变量指示器的先验信息加以综合考虑，提出一种基于 GLM 的多阶段贝叶斯变量和模型选择方法[5]。

3.1 基于 RSM 的贝叶斯变量和模型选择

通常来说，产品/过程的质量设计主要由变量筛选、响应建模和参数优化三个阶段构成[6]。试验设计在变量筛选阶段得到了广泛应用，旨在基于科学的筛选试验，确定影响产品的显著性变量[7]。其中，二水平因子试验和三水平因子试验是这类研究最常用的方法[8]。考虑到部分因子试验具有试验次数少、试验成本低、研发周期短等优势，在工业领域中工程师通常选择部分因子试验进行设计[9]。在二水平部分因子试验中，通常只需要考虑因子的线性效应和二阶交互效应，实施起来较为简单，但是有些实际问题要求研究三水平因子的问题。在三水平部分因子试验中，由于因子和响应之间可能存在曲线关系，需要同时考虑因子的线性效应、二次效应及交互效应，使主效应和交互效应之间存在复杂的别名关系，而且该试验中两因子的交互效应存在四个自由度，导致部分因子试验没有足够的信息来估计所有的交互效应[10]。通常，研究者都假设高阶交互效应为不显著性变量，使部分因子试验有足够的信息来估计所有的候选变量，但是在实际生产中，同样会遇到高阶交互效应为显著性变量的响应模型，因此，上述假设难以有效地筛选出所有显著性变量，从而影响后续的响应建模和参数优化过程。响应建模阶段旨在通过响应曲面模型反映过程输入和输出之间的函数关系。然而，在以往的响应曲面建模方法中，很少研究同时考虑模型参数不确定性[11]和响应预测值波动的问题[12]。参数优化阶段旨在构建可靠的目标函数，选择变量的最佳设置水平，使多个质量特性同时满足设定的目标值。上述三个阶段的质量设计问题往往相互叠加、相互影响，三水平部分因子试验的变量选择问题往往会造成后续响应的预测值和目标值之间存在较大波动，因此从质量设计的视角全面地考虑多响应三水平部分因子试验的质量设计问题尤为重要。

针对多响应三水平部分因子试验，本节提出了一种基于 RSM 的建模和优化方法，该方法旨在结合因子效应的三个基本原则和贝叶斯 LASSO 模型构建一种多阶段的贝叶斯变量选择方法，同时考虑了模型参数不确定性和响应预测值波动给优化结果带来的影响，并将多变量过程能力指数作为目标函数来优化响应模型。

3.1.1 多响应三水平部分因子试验设计的建模和优化方法

1. 三水平部分因子试验设计

尽管二水平因子试验具有试验次数少和易实施的优点，但是在许多实际问题中需要考虑三水平因子。例如，定量因子的温度和响应之间可能存在曲线关系，需要为温度设置三个或者更多的水平；生产某种零件的机器有三种类型，不能仅依靠其中两种类型来比较所有的机器类型。因此，对三水平因子试验的研究是必要的。在三水平完全因子试验中，试验的多数自由度主要用来估计三水平因子和四水平因子的交互效应，结合效应排序原则，这些交互效应通常难以解释且不显著。因此，为了减少水平组合数和节省试验花费，大部分试验人员会选择使用三水平部分因子试验。和二水平部分因子试验相似，采用部分因子试验设计会导致因子效应产生别名，而三水平部分因子试验的每个因子有两个自由度，使其因子效应的别名结构相当复杂。基于上述问题，Wu 和 Hamada[1]提出了一种交互效应的参数化系统——线性-二次系统来分析数据，该系统针对定量因子和定性因子有不同的分解方式，具体的分解步骤见文献[1]。

对于定性因子，研究者通常从三个对照变量中选择自己感兴趣的两个作为定性因子的两个自由度，但是这种做法带有较强的主观性。本节将结合效应稀疏原则和贝叶斯后验概率，利用变量指示器的后验概率值，科学地选择定性因子对响应有重要影响的对照变量。

2. 结合二元变量指示器的贝叶斯 LASSO 模型

Tibshirani[13]在 1996 年提出了 LASSO，假设有 n 个样本和 p 个因子效应，响应曲面回归模型为

$$\boldsymbol{y}=\boldsymbol{X\beta}+\boldsymbol{\varepsilon} \tag{3-1}$$

其中，$\boldsymbol{y}$ 为 $n\times 1$ 的响应矩阵；$\boldsymbol{X}$ 为 $n\times p$ 的因子效应矩阵；$\boldsymbol{\beta}$ 为 $p\times 1$ 的回归系数矩阵；$\boldsymbol{\varepsilon}$ 为 $n\times 1$ 的随机误差向量，所有的误差相互独立，且均服从均值为 0、方差为 σ^2 的正态分布。LASSO 将回归系数的绝对值函数作为惩罚来压缩回归系数，使绝对值较小的系数变小，甚至直接变为 0，使该方法不但具有变量选择的功能，同时还能压缩回归系数。回归系数矩阵 $\boldsymbol{\beta}$ 的 LASSO 估计是在 $\sum_{j=1}^{p}|\beta_j|\leqslant t$ 的情况下，最小化残差平方和得到的。

为了方便起见，此处将 LASSO 估计以惩罚函数的形式表现：

$$\boldsymbol{\beta}_{\text{LASSO}}=\arg\min_{\boldsymbol{\beta}}(\boldsymbol{y}-\boldsymbol{X\beta})^{\mathrm{T}}(\boldsymbol{y}-\boldsymbol{X\beta})+\lambda\sum_{j=1}^{p}|\beta_j| \tag{3-2}$$

其中，$\lambda\geqslant 0$。Tibshirani 在 1996 年提出：如果回归系数服从独立的拉普拉斯（Laplace）分布，那么 LASSO 估计就相当于一种贝叶斯后验的众数估计。拉普拉斯分布的优点之一是它能够表示为一种用独立的指数分布加权的混合正态分布，因此，产生了很多基于拉普拉斯先验的贝叶斯变量选择方法。其中，Park 和 Casella[14]在 2008 年首先提出了基于拉普拉斯先验的贝叶斯 LASSO 模型，该方法为回归系数设定了一个条件拉普拉斯先验，即

$$\pi(\boldsymbol{\beta}\mid\sigma^2)=\prod_{j=1}^{p}\frac{\lambda}{2\sqrt{\sigma^2}}\mathrm{e}^{-\lambda|\beta_j|/\sqrt{\sigma^2}} \tag{3-3}$$

在此基础上，结合 Andrews 和 Mallows[15]的方法，Park 和 Casella[14]提出了下面的贝叶斯层次模型：

$$\begin{cases}\boldsymbol{y}\mid\boldsymbol{X},\boldsymbol{\beta},\sigma^2\sim N_n(\boldsymbol{X\beta},\sigma^2\boldsymbol{I}_n)\\ \boldsymbol{\beta}\mid\tau_1^2,\cdots,\tau_p^2,\sigma^2\sim N_p(\boldsymbol{0}_p,\sigma^2\boldsymbol{D}_\tau)\\ \boldsymbol{D}_\tau=\mathrm{diag}(\tau_1^2,\cdots,\tau_p^2)\\ \tau_1^2,\cdots,\tau_p^2\sim\prod_{j=1}^{p}\frac{\lambda^2}{2}\mathrm{e}^{-\lambda^2\tau_j^2/2}\mathrm{d}\tau_j^2\\ \sigma^2\sim\pi(\sigma^2)\mathrm{d}\sigma^2\\ \sigma^2,\tau_1^2,\cdots,\tau_p^2>0\end{cases} \tag{3-4}$$

其中，$\tau_1^2,\cdots,\tau_p^2$ 和 σ^2 是相互独立的。Park 和 Casella[14]建议为随机误差的方差 σ^2 设置无信息先验，即

$$\pi(\sigma^2)=1/\sigma^2 \tag{3-5}$$

此外，为了计算方便，考虑将 $\lambda^2/2$ 作为参数，为其设置共轭伽马先验，即

$$\frac{\lambda^2}{2}\sim\mathrm{Gamma}(a,b) \tag{3-6}$$

通常将参数 a 和 b 设为较小的值，如 0.01。

为了更好地在贝叶斯 LASSO 模型中融入因子效应原则，本节将二元变量指示器加入贝叶斯 LASSO 模型中，因此式（3-1）被修改为以下模型：

$$\boldsymbol{y}=\boldsymbol{XU}_\gamma\boldsymbol{\beta}+\boldsymbol{\varepsilon} \tag{3-7}$$

即

$$\begin{bmatrix}y_1\\y_2\\\vdots\\y_n\end{bmatrix}=\begin{bmatrix}\boldsymbol{X}_1&\boldsymbol{O}&\cdots&\boldsymbol{O}\\\boldsymbol{O}&\boldsymbol{X}_2&\cdots&\boldsymbol{O}\\\vdots&\vdots&&\vdots\\\boldsymbol{O}&\boldsymbol{O}&\cdots&\boldsymbol{X}_n\end{bmatrix}\begin{bmatrix}\boldsymbol{\gamma}_{y_1}&\boldsymbol{O}&\cdots&\boldsymbol{O}\\\boldsymbol{O}&\boldsymbol{\gamma}_{y_2}&\cdots&\boldsymbol{O}\\\vdots&\vdots&&\vdots\\\boldsymbol{O}&\boldsymbol{O}&\cdots&\boldsymbol{\gamma}_{y_n}\end{bmatrix}\begin{bmatrix}\boldsymbol{\beta}_1\\\boldsymbol{\beta}_2\\\vdots\\\boldsymbol{\beta}_n\end{bmatrix}+\begin{bmatrix}\boldsymbol{\varepsilon}_1\\\boldsymbol{\varepsilon}_2\\\vdots\\\boldsymbol{\varepsilon}_n\end{bmatrix} \tag{3-8}$$

其中，$\boldsymbol{\gamma}_{y_n}=(\gamma_1,\cdots,\gamma_p)$ 表示第 n 个响应样本的 p 个变量对应的变量指示器。针对二元变量指示器 $\boldsymbol{\gamma}_{y_n}$，假设满足概率为 $p_j=P(\lambda_j=1)$ 的 0-1 分布，则第 n 个响应样本的变量指示器 $\boldsymbol{\gamma}_{y_n}=(\gamma_1,\cdots,\gamma_p)$ 满足以下先验：

$$\pi(\boldsymbol{\gamma}_{y_n})=\prod_{j=1}^{p}p_j^{\gamma_j}(1-p_j)^{1-\gamma_j} \tag{3-9}$$

由于新模型中加入了二元变量指示器，难以得出贝叶斯 LASSO 模型中各参数的封闭后验分布。结合以上先验假设，利用 R 和 JAGS 软件进行 MCMC 抽样迭代过程的模拟，其先验形式如下所示。

从分布$U(c,d)$中获取$\lg(\sigma)$的先验值
从分布Gamma(a,b)中获取$\lambda^2/2$的先验值
Gamma $=(\gamma_1,\gamma_2,\cdots,\gamma_p)$
for $j=1$ to p do
从分布Bernoulli(pGamma[j])中获取Gamma[j]的先验值
end for
for $j=1$ to p do
从分布$\exp(\lambda^2/2)$中获取τ_j^2的先验值
从分布$N(0,\sigma^2\tau_j^2)$中获取$\beta[j]$的先验值
end for

其中，p为响应$\boldsymbol{y}$的候选变量个数；Gamma[j]，$j=1,2,\cdots,p$为候选变量对应的变量指示器的先验值；相应地，pGamma[j]，$j=1,2,\cdots,p$为服从 0-1 分布的变量指示器的先验概率值。

此外，为了验证本节所提建模方法的有效性，采用均方根误差（root mean squared error，RMSE）和平均绝对误差（average absolute error，AAE）来评价不同方法得到的模型的预测性能，两个指标的计算公式如下：

$$\mathrm{RMSE}=\sqrt{\sum_{i=1}^{n}(y_i-\hat{y}_i)^2/n},\quad \mathrm{AAE}=\sum_{i=1}^{n}|y_i-\hat{y}_i|/n \tag{3-10}$$

其中，n为试验样本个数；y_i为响应的第i个试验数据；$\hat{y}_i$为基于回归系数后验抽样值的第i个响应预测值。

3. 多变量过程能力指数

在工业生产中，过程能力指数[16]是度量过程是否满足规格要求的一种方法，常被用来评估产品处于受控状态下的质量水平，以此体现生产过程的工艺水平。

在实际生产过程中，为了全面地评价某产品的质量和可靠性水平，通常需要考虑多个质量特性。因此，一些学者提出了多变量情形下的过程能力指数，Wang 等[17]将多变量过程能力指数定义为两块区域的比值：

$$\mathrm{MC}_{\mathrm{pm}}=\left[\frac{\mathrm{Vol.}(R_1)}{\mathrm{Vol.}(R_2)}\right]^{\frac{1}{v}} \tag{3-11}$$

其中，v代表响应个数；R_1代表工艺规范区域的面积或体积；R_2代表过程区域的面积或体积。

在式（3-11）的基础上，Chan 等[18]提出了以下多变量过程能力指数：

$$\mathrm{MC}_{\mathrm{pm}}^{*}=\sqrt{\frac{nv}{\sum_{k=1}^{n}(\boldsymbol{Y}_k-\boldsymbol{T})^{\mathrm{T}}\boldsymbol{\Omega}^{-1}(\boldsymbol{Y}_k-\boldsymbol{T})}} \tag{3-12}$$

其中，n 代表试验样本数；v 代表响应个数；$\boldsymbol{Y}_k$ 代表响应矩阵；$\boldsymbol{T}$ 代表一个 $v\times1$ 的目标值向量；$\boldsymbol{\Omega}$ 代表响应间 $v\times v$ 的方差-协方差矩阵。

首先，利用第 2 小节所提方法获得各个响应的后验抽样值 $\boldsymbol{Y}_k$，相应地，这里的 n 表示舍弃燃烧期后的抽样个数。其次，根据上述响应的后验抽样值来计算各响应样本之间的方差-协方差矩阵 $\boldsymbol{S}$，并假设 $\boldsymbol{\Omega}\approx\boldsymbol{S}$，从而构建出基于贝叶斯抽样技术的多变量过程能力指数 $\mathrm{MC}_{\mathrm{pm}}^{*}$。

4. 多响应三水平部分因子试验设计的建模和优化

因子效应的三个基本原则主要用于模型的筛选试验。其中，效应稀疏原则是指较为重要的因子效应在因子试验的所有效应中所占的数目比例是较小的，这一点也可以叫作“试验设计中的帕累托原则”。效应排序原则涵盖两个方面：第一，同阶因子效应具有相同的重要性；第二，低阶因子效应比高阶因子效应更重要。该原则表明，当试验资源有限时，应首先估计低阶因子效应。效应遗传原则指不可能出现没有亲本因子（parent factor）的交互效应，即如果该交互效应是显著的，那么它的亲本因子中应该至少有一个是显著的。因此，在模型的筛选试验中，不仅要选择出响应的显著性变量，对那些拟合效果较好但不显著的变量也要进行排除。否则，试验者可能会面临预测模型偏离真实模型、试验的最终优化结果不可靠等问题。

针对多响应三水平部分因子试验，考虑到其因子效应的结构较复杂，本节在贝叶斯 LASSO 模型的框架下结合因子效应原则，运用三水平对照试验、贝叶斯抽样技术及多变量过程能力指数等方法，进行了一种涵盖变量筛选、模型构建及参数优化三个阶段的质量设计。筛选试验的流程见图 3-1，完整的建模和优化步骤如下。

步骤 1：确定试验候选变量，在此基础上构建三水平部分因子试验的对照试验。

步骤 2：为模型中的每个变量设置一个二元变量指示器，构建式（3-7）中的响应模型，然后根据式（3-4）～式（3-6）、式（3-9）的先验信息，构建贝叶斯 LASSO 模型。

步骤 3：根据效应稀疏原则及 Box 和 Meyer[19]的研究成果，通常认为一个试验中的显著性变量仅占所有变量的 20%。因此，设二元变量指示器的先验概率为 0.2，并计算相应的后验概率。

步骤 4：Raftery[20]指出，如果某一主效应的后验概率大于 0.5，则该变量为显著性变量。考虑到本节需要研究二阶效应和高阶效应，此处将所有后验概率大于 0.5 的变量均视为显著性变量。根据步骤 3 的结果可以初步判断出显著性变量（$\gamma_{后验} > 0.5$）。结合效应排序原则，逐个更新各阶变量指示器的先验概率，然后重新计算各阶变量指示器的后验概率。

步骤 5：根据步骤 4 的结果，确定当前的显著性变量。在此基础上，结合效应遗传原则，逐个更新各阶变量指示器的先验概率，然后再次计算各阶变量指示器的后验概率，从而识别出模型中符合因子效应原则的显著性变量，确定模型结构。

步骤 6：基于步骤 5 的结果，利用 MCMC 方法对模型参数进行估计，从而获得各响应的后验抽样值。

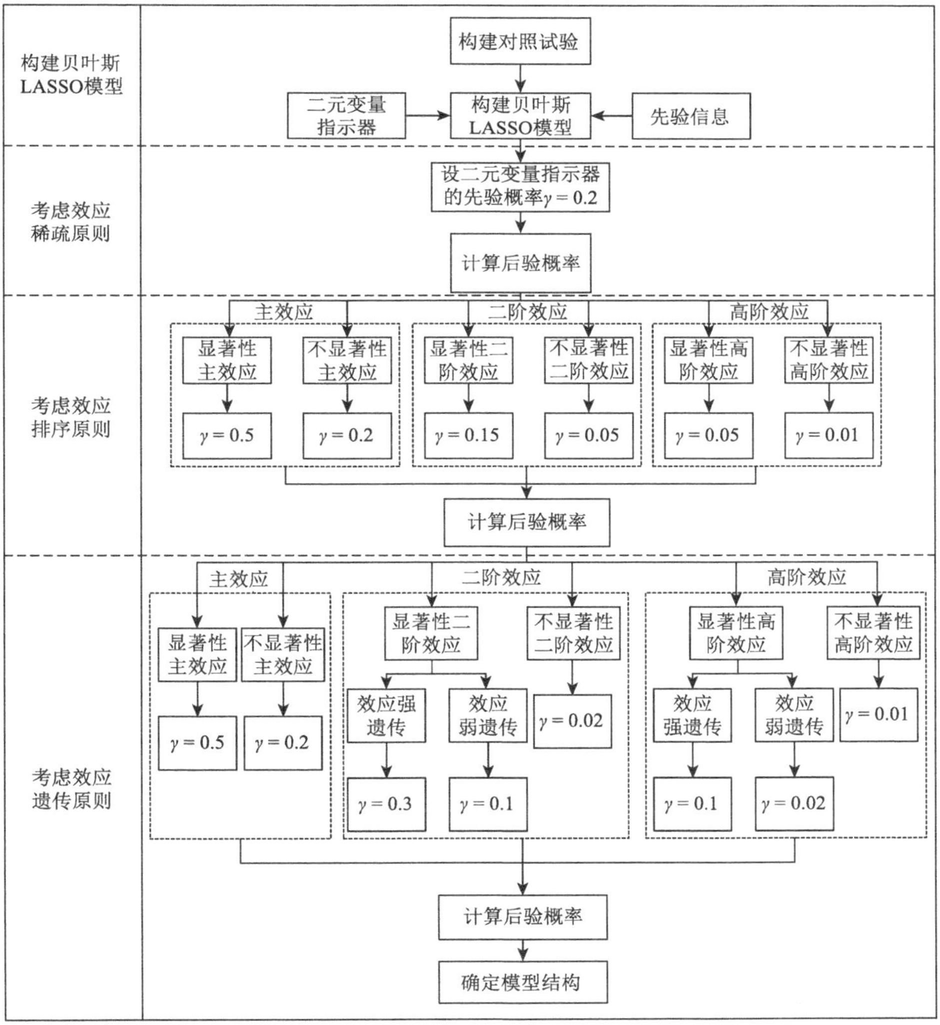

图 3-1　筛选试验的流程图

步骤 7：利用步骤 6 获得的各响应的后验抽样值，构建式（3-12）中的多变量过程能力指数，从众多参数组合中确定最佳的参数设计值。

3.1.2 实例研究

1. 实例背景

该实例来自文献[11]，主要研究某安全带试验的参数设计问题。该安全带试验具有两个响应，即卷曲抗张强度 y_1 和瞬时制动 y_2，其中，卷曲抗张强度为望大质量特性，而瞬时制动为望小质量特性。影响上述响应的四个因子包括卷曲机的水压 A（MPa）、模板中间设置 B（mm）、卷曲长度 C（mm）和制动位置 D，其中，A、B 和 C 为定量因子，D 为定性因子，每个因子的三个水平见表 3-1。本试验的目的是希望获得上述四个因子的最佳参数设计值，从而最大化卷曲抗张强度 y_1，同时最小化瞬时制动 y_2。为了便于进行筛选试验，本节在文献[11]的基础上对实例做了部分修改，此处将两个响应的观测值归一化到[30, 45]，然后采用一个 27 个水平组合的三水平部分因子开展相关试验，试验结果见表 3-2。

表 3-1 某安全带试验的因子水平

因子	水平		
	0	1	2
A：卷曲机的水压/MPa	1100	1400	1700
B：模板中间设置/mm	10.0	10.2	10.4
C：卷曲长度/mm	18	23	27
D：制动位置	P74	P75	P76

2. 考虑因子效应原则的筛选试验

假设四个因子的对照主效应分别为$\{A_l,A_q\}$、$\{B_l,B_q\}$、$\{C_l,C_q\}$及$\{D_{01},D_{02},D_{12}\}$，将上述四组对照主效应的 30 个乘积作为交互效应，则本例共有 39 个候选变量。按照图 3-1 的步骤，构建本次试验的对照试验，然后分别对响应 y_1 和响应 y_2 进行三个阶段的筛选试验，并利用 R 和 JAGS 软件计算变量指示器的后验概率。这三个阶段的两个响应中各个变量指示器的先验概率和后验概率结果如表 3-3 和表 3-4 所示。

表 3-2　某安全带试验的试验计划和试验结果

试验次序	试验因子				响应	
	A	*B*	*C*	*D*	y_1	y_2
1	0	0	0	0	39.66	31.47
2	0	0	1	1	38.14	31.89
3	0	0	2	2	30.00	30.00
4	0	1	0	1	40.67	32.20
5	0	1	1	2	35.08	30.66
6	0	1	2	0	34.36	31.60
7	0	2	0	2	40.25	34.48
8	0	2	1	0	39.82	32.13
9	0	2	2	1	37.07	30.42
10	1	0	0	1	43.96	34.52
11	1	0	1	2	39.53	33.90
12	1	0	2	0	39.94	32.80
13	1	1	0	2	43.77	39.44
14	1	1	1	0	43.37	32.71
15	1	1	2	1	42.34	34.27
16	1	2	0	0	43.18	36.69
17	1	2	1	1	41.38	36.28
18	1	2	2	2	37.73	33.85
19	2	0	0	2	43.37	44.23
20	2	0	1	0	44.59	37.07
21	2	0	2	1	44.10	35.30
22	2	1	0	0	45.00	44.78
23	2	1	1	1	44.77	37.42
24	2	1	2	2	41.44	35.08
25	2	2	0	1	44.37	45.00
26	2	2	1	2	44.93	38.45
27	2	2	2	0	44.49	33.81

表 3-3　响应 y_1 中各个变量指示器的先验概率和后验概率

因子	考虑效应稀疏原则		考虑效应排序原则		考虑效应遗传原则	
	γ先验	γ后验	γ先验	γ后验	γ先验	γ后验
常数项	0.2	**1.000**	0.5	**1.000**	0.5	**1.000**
A_l	0.2	**1.000**	0.5	**1.000**	0.5	**1.000**
A_q	0.2	**0.983**	0.5	**0.987**	0.5	**0.990**
B_l	0.2	**0.971**	0.5	**0.975**	0.5	**0.981**
C_l	0.2	**1.000**	0.5	**1.000**	0.5	**1.000**
D_{02}	0.2	**0.720**	0.5	**0.874**	0.5	**0.875**
D_{12}	0.2	**0.824**	0.5	**0.896**	0.5	**0.892**
A_lC_l	0.2	**1.000**	0.15	**1.000**	0.3	**1.000**
A_lD_{12}	0.2	**0.842**	0.15	**0.738**	0.3	**0.877**
A_qB_l	0.2	**0.899**	0.05	**0.648**	0.1	**0.822**
A_qB_q	0.2	**0.650**	0.05	0.364	0.01	0.136
B_lD_{12}	0.2	**0.754**	0.15	**0.600**	0.3	**0.790**
C_lD_{12}	0.2	**0.878**	0.15	**0.945**	0.3	**0.994**

注：加粗部分为该阶段的显著性变量。

表 3-4　响应 y_2 中各个变量指示器的先验概率和后验概率

因子	考虑效应稀疏原则		考虑效应排序原则		考虑效应遗传原则	
	γ先验	γ后验	γ先验	γ后验	γ先验	γ后验
常数项	0.2	**1.000**	0.5	**1.000**	0.5	**1.000**
A_l	0.2	**1.000**	0.5	**1.000**	0.5	**1.000**
B_l	0.2	**0.883**	0.5	**0.953**	0.5	**0.946**
C_l	0.2	**1.000**	0.5	**1.000**	0.5	**1.000**
C_q	0.2	**0.963**	0.5	**0.974**	0.5	**0.981**
A_lC_l	0.2	**1.000**	0.15	**1.000**	0.3	**1.000**
A_lC_q	0.2	**0.544**	0.05	0.249	0.01	0.056
A_qC_l	0.2	**0.962**	0.05	**0.887**	0.1	**0.947**
B_qC_q	0.2	**0.963**	0.05	**0.916**	0.1	**0.939**
C_lD_{12}	0.2	**0.741**	0.15	**0.698**	0.1	**0.576**

注：加粗部分为该阶段的显著性变量。

由以上结果可知，对于 y_1，在第一阶段，首先根据效应稀疏原则，把所有变量对应的变量指示器的先验概率设置成 0.2，其次利用本节方法计算变量指示器的后验概率，结果见表 3-3 第 3 列。根据表 3-3 第 3 列的结果可知，常数项、定量因子对照主效应 A_l、A_q、B_l、C_l 及交互效应 A_lC_l、A_lD_{12}、A_qB_l、A_qB_q、B_lD_{12}、C_lD_{12} 对应的变量指示器的后验概率均在 0.5 以上，可以初步认为上述因子效应为显著性变量；对于定性因子 D，变量 D_{01}、D_{02} 和 D_{12} 对应的变量指示器的后验概率均大于 0.5，但是 D_{02} 和 D_{12} 的后验概率明显大于 D_{01}，所以，此处将变量 D_{02} 和 D_{12} 作为显著性变量。

第二阶段重点考虑效应排序原则，首先根据第一阶段各个变量对应的变量指示器的后验概率大小，重新设置所有变量指示器的先验概率，具体数据见表 3-3 第 4 列，其次重新计算变量指示器的后验概率，计算结果如表 3-3 第 5 列所示。比较表 3-3 第 3 列和第 5 列的结果可知，由于结合了效应排序原则的思想，在第二阶段将所有显著性主效应对应的变量指示器的先验概率提高到 0.5，此时，变量指示器的后验概率会有所变化，如变量 D_{02} 的后验概率从 0.720 上升为 0.874。此外，下调所有交互效应对应的变量指示器的先验概率，导致部分交互效应的后验概率也逐步降低，如交互效应 A_qB_q 的变量指示器的后验概率从 0.650 下降为 0.364，该值小于 0.5，所以交互效应 A_qB_q 应从模型中剔除。但是即使受到效应排序原则的影响，交互效应 A_lC_l、A_lD_{12}、A_qB_l、B_lD_{12} 及 C_lD_{12} 对应的变量指示器的后验概率仍然大于 0.5，因此有充分的理由认为这些交互效应是高度显著的。

第三阶段重点考虑效应遗传原则，首先根据第二阶段的研究结果重新设置所有变量指示器的先验概率，具体数据见表 3-3 第 6 列，其次重新计算各个变量指示器的后验概率，计算结果见表 3-3 第 7 列。在前两个阶段的研究基础上，本节只对符合效应稀疏原则和效应排序原则的变量考虑效应遗传原则，包括效应弱遗传（weak heredity）和效应强遗传（strong heredity）的情形；针对不符合前两个因子效应原则的变量，均假设这些变量是不显著的，即它们对应的变量指示器的先验概率较小，如该值为 0.02。根据表 3-3 第 7 列的结果可知，在全面地考虑了因子效应原则的情况下，最后识别出的显著性变量为常数项、A_l、A_q、B_l、C_l、D_{02}、D_{12} 及交互效应 A_lC_l、A_lD_{12}、A_qB_l、B_lD_{12}、C_lD_{12}。

根据表 3-4 的结果可知，针对响应 y_2，在第一阶段，首先考虑效应稀疏原则，将变量指示器的先验概率设为 0.2，其次利用本节方法计算变量指示器的后验概率，结果如表 3-4 第 3 列所示。由该列可知，常数项和定量因子的主效应 A_l、B_l、C_l、C_q 及交互效应 A_lC_l、A_lC_q、A_qC_l、B_qC_q、C_lD_{12} 对应的变量指示器的后验概率均在 0.5 以上，可初步确定上述因子效应为显著性变量；对

于定性因子 D，由于变量 D_{01}、D_{02} 和 D_{12} 对应的变量指示器的后验概率均小于 0.5，所以在效应稀疏原则的影响下，定性因子 D 为非显著性变量。第二阶段重点考虑效应排序原则，在重新设置所有变量指示器的先验概率之后，再次计算变量指示器的后验概率，计算结果如表 3-4 第 5 列所示。该列结果表明，在效应排序原则的影响下，交互效应 A_lC_q 对应的变量指示器的后验概率从 0.544 下降为 0.249，所以把该交互效应从模型中剔除。第三阶段重点考虑效应遗传原则，本阶段变量指示器的先验概率设置见表 3-4 第 6 列，后验概率的计算结果见表 3-4 第 7 列。根据表 3-4 第 7 列的结果可知，在全面地考虑因子效应原则的情况下，利用本节所提方法识别出的显著性变量为常数项、A_l、B_l、C_l、C_q 及交互效应 A_lC_l、A_qC_l、B_qC_q、C_lD_{12}，不难看出识别出的模型符合效应弱遗传原则。

在上述计算过程中，R 软件还提供了踪迹图来帮助判断参数后验抽样值的收敛性。考虑到篇幅限制，此处仅提供第三阶段中响应 y_1 和响应 y_2 的交互效应 A_lC_l 对应的参数后验抽样值的踪迹图，如图 3-2 所示。图 3-2 的踪迹图表明，在计算过程中，模型参数存在不确定性，其后验抽样值会围绕着某个确定的均值上下波动，但波动幅度基本保持一致，从而呈现出一种稳态分布的特征，因此利用其参数的后验抽样值进行后续的数据分析是可靠的。

文献[11]结合逐步回归方法和效应遗传原则分别对两个响应采用了一个变量选择程序，本节利用式（3-10）中的两个指标来分别评价文献[11]和本节给出的模型。对于响应 y_2，本节所提方法和文献[11]的方法均将常数项、A_l、B_l、C_l、C_q、A_lC_l、A_qC_l、B_qC_q 和 C_lD_{12} 作为显著性变量，得到 y_2 的响应曲面模型的 RMSE 等于 0.798，AAE 等于 0.719；对于响应 y_1，两种方法给出了不同的变量选择结果，具体数据见表 3-5。

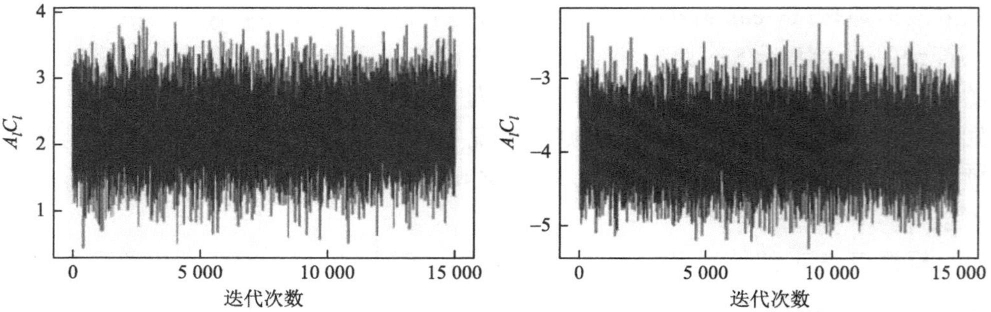

(a) 响应 y_1 的交互效应 A_lC_l 的参数后验抽样值踪迹图　　(b) 响应 y_2 的交互效应 A_lC_l 的参数后验抽样值踪迹图

图 3-2　模型参数的后验抽样值踪迹图

表 3-5　不同模型的预测性能

响应	变量选择结果	RMSE	AAE
本节所提方法	常数项、A_l、A_q、B_l、C_l、$\boldsymbol{D}_{02}$、D_{12}、A_lC_l、$\boldsymbol{A_lD}_{12}$、A_qB_l、$\boldsymbol{B_lD}_{12}$、C_lD_{12}	0.424	0.330
文献[11]的方法	常数项、A_l、A_q、B_l、C_l、$\boldsymbol{D}_{01}$、D_{12}、A_lC_l、A_qB_l、C_lD_{12}	0.616	0.544

注：加粗部分代表两种模型各自独有的变量。

通过比较表 3-5 可知，关于定性因子 D 的对照变量，本节选择了变量 D_{02} 和变量 D_{12}，而文献[11]选择将变量 D_{01} 和变量 D_{12} 作为定性因子 D 的对照变量；从交互效应的角度来看，在效应稀疏原则和效应排序原则的影响下，本节仍然将交互效应 A_lD_{12} 和 B_lD_{12} 作为显著性变量，充分说明这两个变量确实对响应 y_1 有重要影响，而文献[11]在变量选择过程中，遗漏了这两个显著性变量。产生这种结果的主要原因在于，一方面文献[11]的方法忽略了模型参数的不确定性，另一方面文献[11]的方法在某些情形下缺乏灵敏性。例如，对于响应 y_2，文献[11]能够给出和本节所提方法相同的筛选结果，却无法灵敏地识别出响应 y_1 中所有的显著性变量。此外，对于响应 y_1，本节所提方法的结果在 RMSE 和 AAE 这两个指标上的数值比文献[11]方法的结果都要小，进一步说明本节所提方法选择的模型具有更高的预测性能。

3. 响应建模和参数优化

本例中的因子 A、B、C 和 D 各有三个水平，因此四个因子的水平组合数共有 81（3^4）个。在此，将两个响应的目标值分别设为 43.4 和 34.5。在变量筛选研究结果的基础上，确定响应 y_1 和响应 y_2 的模型结构，运用 MCMC 方法获得了 5000 个模型参数和响应的后验抽样值。在对响应的后验抽样值进行收敛性诊断后，运用获得的响应后验抽样值构建式（3-12）中的多变量过程能力指数，并将试验样本数 n 设为 5000，响应个数 v 设为 2，目标值向量 $\boldsymbol{T}$ 设为[43.4,34.5]，利用响应后验抽样值的样本方差计算方差-协方差矩阵 $\boldsymbol{\Omega}$。根据多变量过程能力指数的结果，得到可控因子的最佳参数水平组合为 $A_2B_2C_2D_0$，此时，多变量过程能力指数等于 0.8574。为了和文献[11]给出的优化结果进行比较，将其最佳参数水平组合 $A_2B_0C_2D_0$ 也代入本节构建的模型中，相应的多变量过程能力指数等于 0.3905。然而，考虑到模型参数的不确定性（图 3-2）和随机误差的影响，其响应的后验抽样值也存在一定的波动，为了降低这种波动的影响，将上述抽样过程重复 1000 次，结果见表 3-6。

表 3-6 两种研究方法的结果

方法	最佳参数水平组合	MC_{pm}	y_1	y_2
本节所提方法	$A_2B_2C_2D_0$	0.8633	42.8256	34.6052
文献[11]的方法	$A_2B_0C_2D_0$	0.3983	41.3014	33.5051

比较分析表 3-6 中两种研究方法的优化结果可知，在上述多响应优化设计的实例中，文献[11]的方法首先采用逐步回归的方法进行变量筛选，其次利用位置与散度效应模型计算响应在规格限外的概率，从而得到了最佳参数水平组合 $A_2B_0C_2D_0$。该方法将响应位于规格限外的概率作为目标函数，忽略了预测响应值与试验目标值之间的偏差，从而导致该参数水平组合得到的多变量过程能力指数较低。本节所提方法结合贝叶斯方法，充分地考虑了模型参数的不确定性和预测响应值产生的波动对最终优化结果的影响，不仅能够有效地筛选出多响应三水平部分因子试验的显著性变量，而且获得了最佳的参数设计值。

3.2 基于 GLM 的贝叶斯变量和模型选择

3.1 节的研究仅考虑了响应服从正态分布的情形，所提方法通常假定响应服从正态分布，从而获得考察的因子效应对应的变量指示器的后验概率值，进而根据正态概率图或半正态概率图来判断因子效应的显著性。然而，在很多情况下研究者经常会遇到非正态响应的优化问题，特别是在试验次数较少时，根据正态概率图或半正态概率图识别因子效应的显著性将很不可靠，甚至会得到错误的研究结论。如何在非正态部分因子试验设计中筛选出显著性因子也是非常值得研究的课题，因此，本节将结合 GLM 进行非正态响应试验的质量设计，在缺乏先验信息的情况下，结合因子效应原则提出基于 GLM 的贝叶斯变量和模型选择方法。

3.2.1 一般回归模型参数的先验设置

针对一般回归模型的参数，Chipman 等[3]（简记为 CHW 方法）曾提出一种正态混合先验，其基本形式如下：

$$f(\beta_j \mid \gamma_j) \sim \begin{cases} N(0, \sigma^2 \tau_j^2), & \gamma_j = 0 \\ N(0, \sigma^2 (c_j \tau_j)^2), & \gamma_j = 1 \end{cases} \tag{3-13}$$

在式（3-13）中，当 $\gamma_j = 0$ 时，需要选择一个较小的常数使参数在 0 附近，从而表明没有大的效应；当 $\gamma_j = 1$ 时，应选择一个远大于 1 的常数，从而说明存在较大的效应。对于 σ^2，通常将逆伽马分布作为先验，即

$$\sigma^2 \sim \mathrm{IG}(\nu/2, \nu\lambda/2) \tag{3-14}$$

其中，ν、λ 为需要确定的超参数。Wu 和 Hamada[1]曾经提出一种确定超参数的经验方法，并指出参数需要结合所选的模型项数进行细致的调节。从式（3-13）和式（3-14）中可以看出，参数的正态混合先验依赖于常数和超参数，并且某些常数的确定需要在实际中进行细致的分析。Bergquist 等[2]（简记为 BVN 方法）认为上述方法涉及很多需要确定的常数，并且这些常数的确定方法不易被质量工程师理解和掌握，因此难以在实际中得到广泛应用。为此，他们在 Box 和 Meyer[19]（简记为 BM 方法）提出的贝叶斯方法的基础上进一步简化了某些常数的确定方法，并结合因子效应的三个基本原则提出了新的改进方法，具体操作步骤如下。

（1）针对一般的回归模型，利用 OLS 法估计出模型参数及其标准误差，从而进一步获得因子效应的估计值，其结果如下所示：

$$T_j = \frac{\hat{\beta}_j}{\sqrt{S_{\beta_j}^2}}$$

（2）若 γ_j 代表因子效应 T_j 为显著性因子的先验概率，通常假设满足两点分布。假设参数 β_j 为显著性变量，则相应的因子效应 T_j 满足正态分布 $N(0, k^2\sigma^2)$；若参数 β_j 为不显著性变量，则相应的因子效应 T_j 满足正态分布 $N(0, \sigma^2)$。其中，k 是根据以往的试验数据获得的相关先验信息，并通过相应的统计检验认为其满足对数正态分布，具体的函数表示如下：

$$f(k) = \frac{1}{\beta k\sqrt{2\pi}} \exp[-(\ln k - \lambda)^2 / 2\beta^2]$$

根据以往的试验数据可以得出参数的估计值为 $\hat{\beta} = 0.558$ 和 $\hat{\lambda} = 1.954$，据此可以进一步得到参数 k 的均值 μ_k 和方差 σ_k^2。此外，参数 σ 运用无信息先验加以刻画，如运用 Jeffreys 先验信息即假定 $f(\sigma) \propto 1/\sigma$。

（3）假定在给定参数 σ 和 k 的条件下，因子效应 $\boldsymbol{T} = (T_1, \cdots, T_j)$ 是相互独立的，参数 σ 和 k 之间也相互独立，则在给定因子效应 $\boldsymbol{T} = (T_1, \cdots, T_j)$ 的条件下，参数的条件分布满足：

$$\begin{aligned} p(\sigma, k) &\propto f(\boldsymbol{T} \mid \sigma, k) f(\sigma, k) \\ &\propto \frac{\exp\left[\dfrac{-(\ln k - \lambda)}{2\beta^2}\right]}{k\sigma^{m+1}} \prod_{j=1}^{m} \left[\frac{\gamma_j}{k} \exp\left(\frac{-T_j^2}{2k^2\sigma^2}\right) + (1-\gamma_j)\exp\left(\frac{-T_j^2}{2\sigma^2}\right)\right] \end{aligned} \tag{3-15}$$

（4）在上述假定的条件下，显著性因子效应的后验概率可以转化为求解如下积分公式：

$$\Pr(\gamma_j = 1 \mid \boldsymbol{T}) = \int_0^\infty \int_0^\infty \Pr(\gamma_j = 1 \mid T_i, \sigma, k) p(\sigma, k \mid \boldsymbol{T}) \mathrm{d}\sigma \mathrm{d}k \tag{3-16}$$

结合式（3-15）和式（3-16），利用 MCMC 方法和 Metroplolis 算法[21, 22]计算显著性因子效应的后验概率，从而筛选出显著性变量。

3.2.2 基于 GLM 的贝叶斯统计建模

在 GLM 的框架下，各种不同分布函数的模型通过不同的联系函数加以构建，因此 GLM 的建模关键在于如何选择合适的分布函数和联系函数。分布函数的选择往往涉及具体的试验数据特征，通常根据相关试验的研究背景及试验者的先验经验获得。在无法获得相关信息时，往往会尝试性选择不同的分布函数拟合不同的模型，然后结合残差分析的结果选择合适的分布函数。联系函数的选择相对要灵活一些，可以根据需要选择不同形式的联系函数。在这些联系函数中，存在一种比较特殊的联系函数即规范联系（canonical link）函数，它设置规范参数 $\boldsymbol{\theta}$ 等于线性预报器 η，即满足 $\boldsymbol{\theta}=\boldsymbol{X\beta}$。由于通过规范联系函数构造的联合密度函数相对其他联系函数得到的联合密度函数更为简洁，选择自然联系函数通过极大似然估计法对 GLM 进行统计推断相对更容易些[23]。

考虑到不同的分布函数具有相应的自然联系函数，试验者通常倾向选择规范联系函数进行统计分析。在 GLM 的框架下，变量选择主要表现为线性预报器中的变量选择，针对某个 GLM，其线性预报器 η_i 可以表示为

$$\eta_i=\sum_{j=0}^{p}\gamma_j x_{ij}\beta_j \tag{3-17}$$

其中，γ_j 为一个二元变量指示器。如果二元变量指示器 γ_j 等于 1，则相应的变量 x_j 包含在模型中；如果二元变量指示器 γ_j 等于 0，则相应的变量 x_j 将被从模型中剔除出去。x_{ij} 为变量 x_i 的第 j 个变量；β_j 为第 j 个变量对应的估计参数，其中 $\boldsymbol{X}_0=\boldsymbol{1}_n$ 为常数项 β_0 对应的列向量。

1. 考虑经验贝叶斯先验的变量选择方法

借鉴上述一般回归模型参数的先验设置方法，本节拟在 GLM 的框架下构建更为简洁、更易理解的贝叶斯变量选择方法。由于 GLM 涉及众多的分布函数，参数的先验分布选择不恰当将会造成不正常的后验分布，针对估计参数选择合适的先验分布将非常重要。Ibrahim 和 Laud[24]给出在 GLM 的框架下运用 Jeffreys 先验信息的充分必要条件，并指出在 GLM 的框架下运用 Jeffreys 先验信息，可能会比其他无信息先验得到更为可靠和精确的结果。在之前的研究中，曾利用 Jeffreys 先验对 GLM 进行了贝叶斯分析和参数估计，研究结果均表明，在所有参数都满足收敛性诊断的情况下，参数的后验分布核密度曲线非常光滑，且近似为

正态分布[25, 26]。在上述研究结论的基础上，针对 GLM 的参数设定一种经验贝叶斯混合正态先验，其具体形式如下：

$$f(\beta_j \mid \gamma_j, y) \sim \gamma_j N(\mu_{\beta_j}, S^2_{\beta_j}) + (1-\gamma_j) N(\bar{\mu}_{\beta_j}, \bar{S}^2_{\beta_j}) \tag{3-18}$$

其中，μ_{β_j} 和 $S^2_{\beta_j}$ 是真实参数 $\boldsymbol{\beta}_\gamma$（$\gamma_j=1$）对应的先验均值和先验方差；而 $\bar{\mu}_{\beta_j}$ 和 $\bar{S}^2_{\beta_j}$ 是伪参数 $\boldsymbol{\beta}_{\setminus\gamma}$（$\gamma_j=0$）对应的先验均值和先验方差。若 GLM 的各参数满足收敛性诊断和正态先验设定，则可以假设伪参数的先验均值 $\bar{\mu}_{\beta_j}$ 和先验方差 $\bar{S}^2_{\beta_j}$ 分别等于由 SAS GENMOD（SAS/STAT，2008）程序[27]拟合全模型得到的均值 $\tilde{\mu}_{\beta_j}$ 和方差 $\tilde{S}^2_{\beta_j}$。借鉴 Ntzoufras 提出的经验贝叶斯先验设定方法，假定真实参数 $\boldsymbol{\beta}_\gamma$ 的先验均值 μ_{β_j} 等于均值 $\tilde{\mu}_{\beta_j}$，而真实参数 $\boldsymbol{\beta}_\gamma$ 的先验方差 $S^2_{\beta_j}$ 等于 $N\tilde{S}^2_{\beta_j}$，其中 N 为试验的样本量大小即试验次数。当样本量 N 较小时，根据试验数据能够获得的样本信息相对较弱，而模型参数的先验信息对参数后验的影响会相对更大些，因此在先验方差中考虑样本量 N 的大小，可以有效地调节样本量大小对试验结果的影响。根据以上经验贝叶斯先验分布，各参数均值和方差的先验可进一步简化为

$$\mu_{\beta_{j,\gamma}} = \tilde{\mu}_{\beta_j} \text{ 和 } S^2_{\beta_{j,\gamma}} = \{\gamma_j N + (1-\gamma_j)\}\tilde{S}^2_{\beta_j} \tag{3-19}$$

以上的经验贝叶斯先验方法不仅考虑了样本量对试验结果的影响，而且充分利用了贝叶斯方法进行信息更新的优势，有效地将历史数据信息转化为各参数的先验信息。

在 GLM 的框架下，对参数 $\boldsymbol{\theta}=(\boldsymbol{\gamma},\boldsymbol{\beta})$ 采用分层的结构形式来构建其联合分布函数，具体形式为 $f(\boldsymbol{\gamma},\boldsymbol{\beta})=f(\boldsymbol{\gamma})f(\boldsymbol{\beta}\mid\boldsymbol{\gamma})$。根据变量是否显著将参数 $\boldsymbol{\beta}$ 划分为显著性参数 $\boldsymbol{\beta}_\gamma$（$\gamma_j=1$）和不显著性参数 $\boldsymbol{\beta}_{\setminus\gamma}$（$\gamma_j=0$），从而将先验分布 $f(\boldsymbol{\beta}\mid\boldsymbol{\gamma})$ 划分为真实参数先验（actual parameter prior）$f(\boldsymbol{\beta}_\gamma\mid\boldsymbol{\gamma})$ 和伪参数先验（pseudo-parameter prior）$f(\boldsymbol{\beta}_{\setminus\gamma}\mid\boldsymbol{\beta}_\gamma,\boldsymbol{\gamma})$。针对二元变量指示器 γ_j，假设其满足概率为 $p_j=\text{Prob}(\gamma_j=1)$ 的两点分布，则所有变量指示器 $\boldsymbol{\gamma}=(\gamma_1,\cdots,\gamma_j)$ 满足以下独立先验：

$$f(\boldsymbol{\gamma}) = \prod_{j=1}^{m} p_j^{\gamma_j}(1-p_j)^{1-\gamma_j}$$

在上述假定条件下，模型参数的满条件后验（full conditional posterior）分布为

$$f(\boldsymbol{\beta}_\gamma \mid \boldsymbol{\beta}_{\setminus\gamma},\boldsymbol{\gamma},y) \propto f(y\mid\boldsymbol{\beta}_{\setminus\gamma},\boldsymbol{\beta}_\gamma,\boldsymbol{\gamma}) f(\boldsymbol{\beta}_{\setminus\gamma}\mid\boldsymbol{\beta}_\gamma,\boldsymbol{\gamma}) f(\boldsymbol{\beta}_\gamma\mid\boldsymbol{\gamma}) \tag{3-20}$$

$$f(\boldsymbol{\beta}_{\setminus\gamma}\mid\boldsymbol{\beta}_\gamma,\boldsymbol{\gamma},y) \propto f(\boldsymbol{\beta}_{\setminus\gamma}\mid\boldsymbol{\beta}_\gamma,\boldsymbol{\gamma}) \tag{3-21}$$

$$f(\gamma_j\mid\boldsymbol{\beta}_{\setminus\gamma},\boldsymbol{\beta}_\gamma,y) \sim \text{Bernoulli}(p_j), \quad j=1,\cdots,m \tag{3-22}$$

从式（3-20）可以看出，参数 $\boldsymbol{\beta}_\gamma$ 的满条件后验分布依赖于 $f(\boldsymbol{\beta}_{\setminus\gamma}\mid\boldsymbol{\beta}_\gamma,\boldsymbol{\gamma})$。若变量之间存在较强的相关性，考虑上述依赖关系是有意义的，但通常假定模型参数 $\boldsymbol{\beta}_\gamma$ 和 $\boldsymbol{\beta}_{\setminus\gamma}$ 之间是相互独立的，以简化满条件后验分布。在上述假设条件下，式（3-20）和式（3-21）可以进一步简化，其具体形式如下：

$$f(\boldsymbol{\beta}_\gamma \mid \boldsymbol{\beta}_{\setminus\gamma},\boldsymbol{\gamma},y) \propto f(y \mid \boldsymbol{\beta}_{\setminus\gamma},\boldsymbol{\beta}_\gamma,\boldsymbol{\gamma}) f(\boldsymbol{\beta}_{\setminus\gamma} \mid \boldsymbol{\gamma}) f(\boldsymbol{\beta}_\gamma \mid \boldsymbol{\gamma})$$

$$f(\boldsymbol{\beta}_{\setminus\gamma} \mid \boldsymbol{\beta}_\gamma,\boldsymbol{\gamma},y) \propto f(\boldsymbol{\beta}_{\setminus\gamma} \mid \boldsymbol{\gamma})$$

这种假设条件相对比较严格，仅当试验数据之间存在近似正交关系时才考虑，否则有可能会影响到变量和模型的后验概率。

2. 基于贝叶斯后验样本的统计推断

根据以上各参数的先验设定方法，通过 MCMC 方法动态模拟各参数后验分布的马尔可夫链，并根据各参数的后验样本进行收敛性诊断和贝叶斯估计。在完成各参数的收敛性诊断和贝叶斯估计后，贝叶斯变量选择方法的主要工作是如何有效地估计各变量指示器和所有可能模型的后验概率。针对每个变量指示器，建立二元变量指示器 γ_j 和十进制模型指示器 $M(\boldsymbol{\gamma})$ 的转换关系，其基本形式如下：

$$M(\boldsymbol{\gamma}) = \sum_{j=k}^{p} \gamma_j 2^{j-k}$$

若常数项包含在所有可能的模型之中，则 $k=1$；否则 $k=0$。根据 MCMC 方法动态模拟得到的变量指示器 $\boldsymbol{\gamma}$ 和十进制模型指示器 $M(\boldsymbol{\gamma})$ 的后验样本，可以估计得到每个变量指示器 $\boldsymbol{\gamma}$ 的后验概率 $f(\boldsymbol{\gamma}=\mathbf{1} \mid y)$ 和十进制模型指示器的后验概率 $f(M \mid y)$，其计算公式如下：

$$\hat{f}(\boldsymbol{\gamma}=\mathbf{1} \mid y) = \frac{1}{T-B}\sum_{t=T+1}^{T} I[\boldsymbol{\gamma}^{(t)}=\mathbf{1}] \tag{3-23}$$

$$\hat{f}(M \mid y) = \frac{1}{T-B}\sum_{t=T+1}^{T} I[M^{(t)}=M] \tag{3-24}$$

其中，T 和 B 分别是后验样本的全部迭代次数和燃烧期（burn-in）间的迭代次数；$\boldsymbol{\gamma}^{(t)}$ 和 $M^{(t)}$ 是变量指示器和十进制模型指示器对应的后验样本在第 t 次的迭代结果。当筛选试验考虑的因子（含交互效应）数目较大时，需要考虑的模型数目将会非常大，则上述方法无法有效地计算所有可能模型的后验概率。在这种情形下，需要在 WinBUGS 软件的程序中占据相当大的存储空间以保存所有十进制模型指示器的后验样本，这种做法将会严重影响程序的运行速度甚至导致程序无法正常运行。Barbieri 和 Berger[28]指出，在某些情况下，中位数概率模型（变量指示器的后验概率大于或等于 0.5，即 $\hat{f}(\boldsymbol{\gamma}=\mathbf{1} \mid y) \geqslant 0.5$）可能比最大后验（maximum a posterior，MAP）概率模型有更好的预测性能。尽管中位数概率模型在很多情形下能够有效地缩减模型空间，但仍存在相当大的不确定性。例如，当某个变量指示器的后验概率稍微小于 0.5（如 $\hat{f}(\boldsymbol{\gamma}=\mathbf{1} \mid y)=0.49$）时，中位数概率模型认为该变量指示器对应的变量为不显著性变量，在这种情形下得到的中位数

概率模型未必具有最佳的预测性能。因此，中位数概率模型在某些情形下具有相当大的不确定性。Fouskakis 等[29]提出可以根据变量指示器的后验概率来缩减考虑的模型空间，当变量指示器的后验概率较小（如 $\hat{f}(\gamma=\mathbf{1}|y)<0.3$）时，可以剔除对应的变量以减少考虑的模型个数。然而，这种方法只能部分地缩减模型的空间，而且无法有效地得到 MAP 概率模型。针对以往研究的不足之处，本节提出了一种根据变量指示器的后验概率来缩减模型空间的新方法，具体实施步骤如下。

（1）考察先验设定的合理性。首先利用 Jeffreys 先验对全模型（包含所有变量的 GLM）进行贝叶斯分析和参数估计，其次根据各参数的后验分布核密度曲线来判断各参数是否满足正态分布的假定[25]。

（2）设定参数的经验贝叶斯先验分布。对各参数设定经验贝叶斯先验分布，并运用 MCMC 方法对 GLM 进行参数估计和收敛性诊断。

（3）计算变量指示器的后验概率。根据各变量指示器的后验样本，利用式（3-23）计算各变量指示器的后验概率。

（4）确定变量的显著性程度。根据各变量指示器的后验概率区分变量的显著性程度。若变量指示器的后验概率很高（如后验概率在 0.9 以上），则将这些变量指示器对应的变量视为高度显著性变量，包含在最终的模型之中；若变量指示器的后验概率较低（如后验概率在 0.3 以下），则将这些变量指示器对应的变量视为不显著性变量，从最终的模型中剔除；若变量指示器的后验概率较高（如后验概率为 0.3～0.9），则将这些变量指示器对应的变量视为相对显著性变量，关于这些相对显著性变量是否包含在最终模型之中，有待进一步分析和研究。上述经验数据的设定参考以往的研究结果，其主要目的是减少需要考察的变量数目，从而有效地缩减需要考察的模型空间，提高 WinBUGS 软件程序的运行速度和监控效果。

（5）计算候选模型的后验概率。根据第（4）步得到的相关信息，利用贝叶斯信息更新的思想对变量指示器的先验概率进行了重新设定。考虑到高度显著性变量将始终包含在最终模型之中，因此可以假设其变量指示器的先验概率为 1.0；不显著性变量将从最终模型中剔除，因此其变量指示器的先验概率可以假设为 0；相对显著性变量还需要进一步考察，因此其变量指示器的先验概率可以假设为 0.5。在上述假设条件下，可以通过改变变量指示器的先验概率以充分利用相关信息。针对相对显著性变量（即需要进一步考察的候选变量），利用 WinBUGS 软件设计程序计算所有可能模型（若候选变量的个数为 q，则所有可能的模型个数为 2^q）的后验概率。

（6）确定显著性变量和最佳模型。根据第（5）步的计算结果，比较所有候选模型的概率，特别是重点分析 MAP 概率模型和中位数概率模型的差异，从而筛选出所有的显著性变量，确定最佳模型。

3. 实例分析

选择波峰焊接试验作为具体的工业实例进行分析，有关波峰焊接试验的背景知识在文献[30]中进行了比较详细的介绍，在此不再叙述。在本节中，有关试验数据的预处理方法和文献[5]中试验数据的预处理方法完全一致。尽管基于 GLM 的贝叶斯分析有效地提高了参数估计的稳健性和显著性因子识别的可靠性，但以往的研究工作仍然需要进一步改进。当筛选试验涉及的因子数目较多时，考虑的模型数目将会相当大。在这种情形下，需要寻求一种简单有效的算法来全面地搜索整个模型空间，计算出考察的变量和模型的概率，并根据其概率的大小来识别显著性变量和选择最佳模型。在 3.1 节研究的基础上，本节将在 GLM 的框架下利用随机搜索方法来实现非正态响应部分因子试验的变量和模型选择。

根据相关的试验信息，利用 Jeffreys 先验拟合一个饱和的泊松模型（其联系函数为对数函数），包括 7 个主效应（A～G）、6 个两因子的交互效应（AB、AC、AD、BC、BD、CD）及 2 个附加效应（CE、ABC）。针对满足收敛性诊断的参数，计算相应的后验统计量（包括参数的后验均值、后验标准差及等尾（equal-tail）后验置信区间），其结果如表 3-7 所示。考虑到所给实例的数据特征，选择泊松分布并根据式（3-22）构建一个含变量指示器 $\boldsymbol{\gamma}$ 的对数联系函数，其具体形式如下：

$$\begin{aligned}\lg(\mu)=&\gamma_0\beta_0\times\text{截距}+\gamma_1\beta_1\times A+\gamma_2\beta_2\times B+\gamma_3\beta_3\times C+\gamma_4\beta_4\times D\\&+\gamma_5\beta_5\times E+\gamma_6\beta_6\times F+\gamma_7\beta_7\times G+\gamma_8\beta_8\times AB+\gamma_9\beta_9\times AC+\gamma_{10}\beta_{10}\times AD\\&+\gamma_{11}\beta_{11}\times BC+\gamma_{12}\beta_{12}\times BD+\gamma_{13}\beta_{13}\times CD+\gamma_{14}\beta_{14}\times CE+\gamma_{15}\beta_{15}\times ABC\end{aligned}$$

其中，γ_i, $i=0,1,2,\cdots,15$ 为二元变量指示器；系数为模型中各变量对应的估计系数。

表 3-7　各参数的后验统计量

参数	后验均值	后验标准差	等尾后验置信区间	
截距	3.0508	0.0595	2.9169	3.1845
A	0.1055	0.0594	−0.0278	0.2410
$\boldsymbol{B}$	**−0.1507**	**0.0600**	**−0.2883**	**−0.0192**
$\boldsymbol{C}$	**0.4119**	**0.0590**	**0.2815**	**0.5448**
D	−0.0477	0.0594	−0.1854	0.0816
E	−0.0846	0.0602	−0.2201	0.0496
F	−0.0117	0.0588	−0.1407	0.1208
G	−0.3741	0.0601	−0.5075	−0.2407
AB	−0.0346	0.0591	−0.1679	0.0980
$\boldsymbol{AC}$	**0.1644**	**0.0593**	**0.0324**	**0.2988**
AD	0.1078	0.0594	−0.0284	0.2398

续表

参数	后验均值	后验标准差	等尾后验置信区间	
BC	−0.0936	0.0594	−0.2266	0.0378
BD	**−0.2872**	**0.0593**	**−0.4162**	**−0.1539**
CD	0.0568	0.0596	−0.0758	0.1902
CE	0.0191	0.0591	−0.1111	0.1540
ABC	0.0002	0.0586	−0.1333	0.1343

注：加粗部分为显著性变量（根据贝叶斯后验置信区间判断）的统计结果。

根据表 3-7 的计算结果，可以得到原模型（即设置 Jeffreys 先验的饱和泊松模型）中各参数的后验均值 $\tilde{\mu}_{\beta_j}$ 和后验方差 $\tilde{S}_{\beta_j}^2$（即后验标准差的平方）。利用贝叶斯先验信息可以不断更新的思想，根据式（3-19）可以得到新模型（即含有变量指示器的饱和泊松模型）中各参数的先验均值 $\mu_{\beta_{j,\gamma}}$ 和先验方差 $S_{\beta_{j,\gamma}}^2$。对新模型中的各参数设置经验贝叶斯混合正态先验，利用 WinBUGS 软件设计相应的程序实现 GLM 的参数估计和收敛性诊断。首先，对各参数进行 10 000 次初始迭代，舍弃这些燃烧期的迭代样本以保证参数的收敛性诊断；其次，为减少各参数迭代抽样值之间的自相关性，在 WinBUGS 软件的程序中设置 thin = 2，即每间隔 2 步抽样 1 次；再次，进行 100 000 次迭代以获得具有良好收敛性的样本；最后，利用这些样本进行收敛性诊断和参数估计。考虑到试验结果的相似性，仅给出参数 *A* 和参数 *BD* 的对应系数 β_1 和 β_{12} 的迭代抽样值踪迹图、后验核密度曲线图和迭代抽样值自相关图，其结果分别如图 3-3、图 3-4、图 3-5 所示。根据各参数对应系数的迭代抽样值踪迹图、后验核密度曲线图及迭代抽样值自相关图，可以直观地判断出各参数均收敛于相应的稳态分布，满足参数收敛性诊断的要求。从各参数的后验核密度曲线图可以看出，曲线非常光滑且具有高度的对称性，非常近似正态分布。上述试验结果充分地说明，对上述饱和泊松模型（联系函数为对数函数）中的各参数假定混合正态先验分布是合理的，可以充分地利用贝叶斯先验信息可以不断更新的优势，最大限度地利用试验数据的信息。

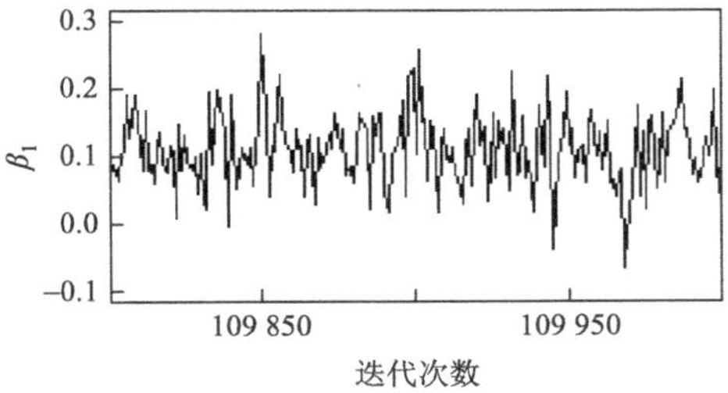

(a) β_1的迭代抽样值踪迹图

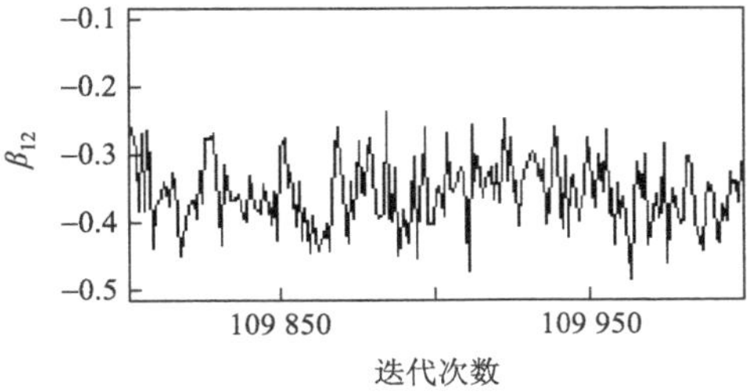

(b) β_{12}的迭代抽样值踪迹图

图 3-3　参数 *A* 和参数 *BD* 对应系数的迭代抽样值踪迹图

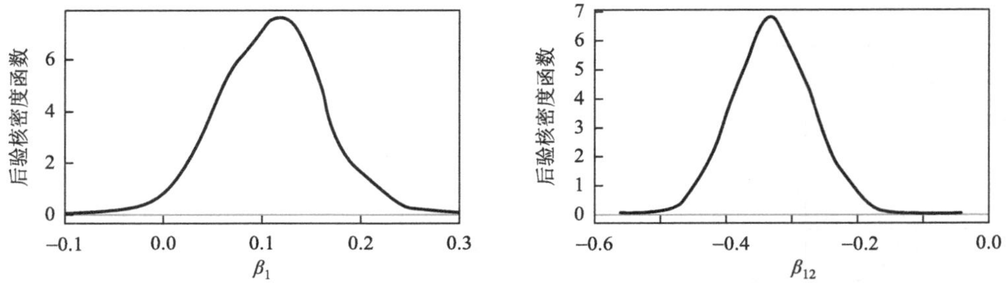

(a) β_1的后验核密度　(b) β_{12}的后验核密度

图 3-4　参数 *A* 和参数 *BD* 对应系数的后验核密度曲线图

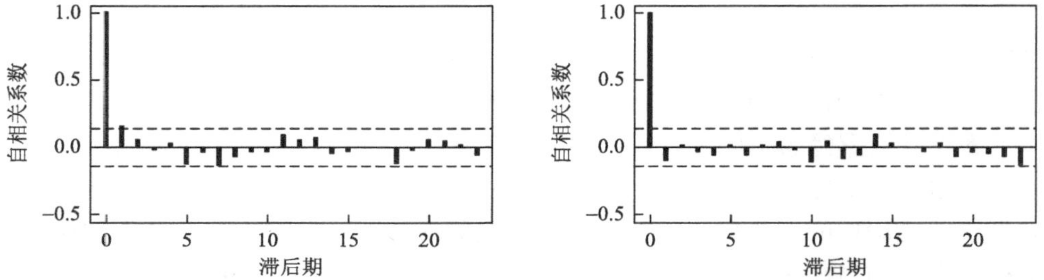

(a) β_1的迭代抽样值自相关图　(b) β_{12}的迭代抽样值自相关图

图 3-5　参数 *A* 和参数 *BD* 对应系数的迭代抽样值自相关图

为了进一步考察各变量的显著性程度，在各参数满足收敛性诊断后估计各变量指示器的后验统计量，具体如表 3-8 所示。依据本节提出的确定显著性变量的方法和表 3-8 中各变量指示器的后验均值与前述的经验数据，将所有变量划分为三个子集，分别为高度显著的变量集，即包含变量 *B*、*C*、*G*、*AC*、*BD*；不显著的变量集，即包含变量 *D*、*F*、*AB*、*CD*、*CE*、*ABC*；相对显著的变量集，即包含变量 *A*、*E*、*AD*、*BC*。针对相对显著的候选变量，进一步利用 WinBUGS 软件设计相应的算法，计算所有候选模型的后验概率。根据本节提出方法的第（5）步，对式（3-22）重新设置先验信息，其具体形式如下：

$$f(\gamma_j \mid \beta_j, y) \sim \text{Bernoulli(pGamma}[j]), \quad j = 1,2,\cdots,15$$

$$\text{pGamma} = c(0.5,1,1,0,0.5,0,1,0,1,0.5,0.5,1,0,0,0)$$

针对候选变量 *A*、*E*、*AD*、*BC*，利用式（3-23）和式（3-24）在 WinBUGS 软件的原程序中加入相应的代码，其具体形式如下：

```
model ← Gamma[1]*1+Gamma[5]*2+Gamma[10]*4=Gamma[11]*8
for(m  in  1:16){pmodel[m]← equals(model+1,m)}
```

其中，Gamma[i]，$i = 1,5,10,11$ 分别代表候选变量 *A*、*E*、*AD*、*BC* 对应的变量指示器的后验抽样值。WinBUGS 软件的内置函数 equals 可以判断候选模型和目标模型（按候选变量顺序排列好的模型）是否一致，从而方便地统计所有候选模型的后验概率。按后验概率的大小依次排序，其结果如表 3-9 所示。

根据表 3-9 的计算结果可知，包含常数项，高度显著性变量 *B*、*C*、*G*、*AC*、*BD* 及候选变量 *A*、*AD* 的模型 1 具有 MAP 概率。从表 3-8 的计算结果可知，MAP 概率模型包含的变量都满足 $\hat{f}(\gamma=1|y)>0.5$ 的特征，即这些变量对应的变量指示器的后验概率均大于 0.5。此时，根据表 3-8 得到的中位数概率模型和根据表 3-9 得到的 MAP 概率模型是完全一致的。若根据式（3-22）更新变量指示器的后验概率，重新运行 WinBUGS 软件的程序可以得到变量 *BC* 的后验概率为 0.4983。从表 3-9 的计算结果也可以看出，包含常数项，高度显著性变量 *B*、*C*、*G*、*AC*、*BD* 及候选变量 *A*、*AD* 和 *BC* 的模型 2 也具有较高的后验概率，和 MAP 概率模型的结果非常接近，二者之间的差异在于候选变量 *BC* 是否应该包含在最终模型之中。无论是根据表 3-8 的计算结果，还是更新变量指示器先验得到的结果，都可以明显地看出候选变量 *BC* 对应的变量指示器的后验概率非常接近 0.5。综合以上分析，本节倾向选择表 3-9 中的模型 2 为最终模型，其对应的显著性变量分别为常数项，变量 *A*、*B*、*C*、*G*、*AC*、*AD*、*BC* 和 *BD*。针对以上显著性变量，其最终模型系数的后验统计量结果见表 3-10。

比较表 3-8 和表 3-9 中加粗部分对应的变量，可以明显地看出，利用贝叶斯后验置信区间（显著性水平 $\alpha=0.025$）方法识别出的显著性因子和利用变量指示器识别出的高度显著性因子是完全一致的。此外，利用本节提出的方法可以进一步考察其他候选变量是否应该包含在最终模型中，以提高模型的预测能力。从表 3-8 和表 3-9 的计算结果可知，本节的研究结果能够很好地支持 Barbieri 和 Berger[28]提出的中位数概率模型。当筛选试验涉及的因子数目特别大，特别是根据变量指示器和经验数据得到的候选变量数目很大时，可以首先通过中位数概率模型的方法进行简化处理，有效地筛选出显著性变量；其次对某些变量指示器的后验概率接近 0.5 的变量进行重点分析，计算其相应模型的后验概率；最后确定最佳模型。

需要特别指出的是，当候选变量较多时，前述的目标模型（按候选变量顺序排列好的模型）和候选变量之间的对应关系难以简单建立。为此，根据二元变量指示器和十进制模型变量指示器的转换关系，专门设计相应的 R 程序以帮助输出目标模型及相应的模型指示器数值，即表 3-10 中的第 2 列和第 3 列。

表 3-8　各变量指示器的后验统计量

变量指示器	后验均值	模拟误差	后验分位数		
			2.5%	50%	97.5%
γ_0	**1**	4.47×10^{-13}	**1**	**1**	**1**
γ_1	0.6256	2.30×10^{-3}	0	1	1

续表

变量指示器	后验均值	模拟误差	后验分位数		
			2.5%	50%	97.5%
γ_2	**0.9706**	7.22×10^{-4}	**0**	**1**	**1**
γ_3	**1**	4.47×10^{-13}	**1**	**1**	**1**
γ_4	0.1975	1.8×10^{-3}	0	0	1
γ_5	0.4611	2.30×10^{-3}	0	0	1
γ_6	0.2029	1.70×10^{-3}	0	0	1
γ_7	**1**	4.47×10^{-13}	**1**	**1**	**1**
γ_8	0.2642	2.00×10^{-3}	0	0	1
γ_9	**0.9835**	5.81×10^{-4}	**1**	**1**	**1**
γ_{10}	0.7568	1.90×10^{-3}	0	1	1
γ_{11}	0.4776	2.40×10^{-3}	0	0	1
γ_{12}	**1**	4.47×10^{-13}	**1**	**1**	**1**
γ_{13}	0.2902	2.00×10^{-3}	0	0	1
γ_{14}	0.2022	1.90×10^{-3}	0	0	1
γ_{15}	0.2145	1.80×10^{-3}	0	0	1

注：加粗部分为高度显著性变量（根据本节所提方法判断）的统计结果。

表 3-9　候选模型的后验概率统计结果

次序	模型	变量指示器	模型后验概率	模拟误差
1	***A*+*AD***	**6**	**0.1810**	**0.0059**
2	*A* + *AD* + *BC*	14	0.1704	0.0047
3	*A* + *E* + *AD* + *BC*	16	0.1060	0.0041
4	*A* + *E* + *AD*	8	0.0918	0.0039
5	*E* + *AD* + *BC*	15	0.0840	0.0041
6	*E* + *AD*	7	0.0826	0.0038
7	*AD*	5	0.0722	0.0032
8	*AD* + *BC*	13	0.0680	0.0034
9	*A* + *BC*	10	0.0286	0.0027
10	*A* + *E* + *BC*	12	0.0268	0.0022
11	*A*	2	0.0202	0.002
12	*E* + *BC*	11	0.0186	0.0019
13	*E*	3	0.0182	0.0022
14	*A* + *E*	4	0.0164	0.0017
15	*BC*	9	0.0084	0.0013
16	仅含高度显著性变量	1	0.0068	0.0011

注：（1）所有模型均含有高度显著性变量；（2）加粗部分为 MAP 概率模型的统计结果。

表 3-10　最终模型系数的后验统计量

模型系数	后验均值	模拟误差	后验分位数		
			2.5%	50%	97.5%
β_0	3.034	2.71×10^{-4}	2.916	3.035	3.148
β_1	0.1104	2.40×10^{-4}	-9.97×10^{-4}	−0.1898	−0.0784
β_2	−0.189	2.53×10^{-4}	−0.2942	−0.1898	−0.0784
β_3	0.4211	2.56×10^{-4}	0.3073	0.4208	0.5354
β_7	−0.3841	2.48×10^{-4}	−0.4958	−0.3838	−0.2736
β_9	0.2022	2.64×10^{-4}	0.0872	0.2024	0.3152
β_{10}	0.1235	2.13×10^{-4}	0.0236	0.124	0.2203
β_{11}	−0.0936	2.73×10^{-4}	−0.2045	−0.0935	0.0176
β_{12}	−0.2945	2.13×10^{-4}	−0.4056	−0.2946	−0.1842

针对非正态响应的部分因子试验设计，特别是当筛选试验涉及的因子数目较多时，本节提出了一种基于 GLM 的贝叶斯变量和模型选择方法。该方法有效地解决了当筛选试验因子数目较多时贝叶斯变量和模型选择的问题，扩展了非正态响应的变量选择方法和建模技术。该方法在建模过程中对模型参数和变量指示器的先验进行了多次更新，充分利用贝叶斯方法的优势，最大限度地利用相关的试验数据信息。此外，该方法还充分借鉴了随机搜索算法的思想，全面考察了所有可能模型的后验概率，为变量和模型的选择提供了科学的决策依据。以上研究是在对试验因子的混杂效应具有一定的了解、对需要重点考察的试验因子的交互效应具有一定的先验知识的基础上展开的。若缺乏这些先验信息，可以结合因子效应的三个基本原则以获得试验因子之间的先验信息，利用贝叶斯方法解决具有高度混杂效应的非正态响应质量设计问题。

3.2.3　结合 GLM 和因子效应原则的多阶段贝叶斯变量选择

因子效应原则包括效应稀疏原则、效应排序原则和效应遗传原则三个基本原则。效应稀疏原则认为，在因子试验的过程中，较为重要的因子效应数目只占所有因子效应中较小的一部分[19]，该原则反映了“重要的少数”。效应排序原则认为，当试验次数较少时，需要考虑的因子效应数目不能全部进行估计，低阶因子效应将获得优先估计，这一原则的有效性已经在很多实际试验中得到验证。此外，在筛选试验中，由于存在高度复杂的混杂效应，高阶因子效应往往难以解释或精确地认识。除非先验信息或实际的知识表明存在高阶因子效应，否则即使它们具有统计意义上的显著性，研究人员也很少有兴趣估计这些高阶因子效应的大小。效应遗传原则认为，为了使一个交互效应是显著的，它的亲本因子至少有一个应该是显著的，这意味着一个两因子交互效应的显著性可能和它的亲本因子主效应的显著性存在密切关系。若不考虑因子效应原则，可能会得到一个仅有交互效应而无主效应但拟合很好的模型。因此，在试验设计的建模过程中，利用该原则可以有效地剔除那些不相容的模型，从而获得更加合理的模型。

在上述 GLM 参数的先验选择中，针对所有的变量指示器$\boldsymbol{\gamma}=(\gamma_1,\cdots,\gamma_j)$，假定了一个独立的伯努利先验。独立先验意味着一个变量的显著性不依赖于另外一个变量是否显著，显然，这种独立先验无法有效地考虑交互效应的作用。因此，需要在变量指示器的先验信息中融入因子效应的基本原则，特别是效应排序和效应遗传两个基本原则，其具体的研究思路如下所述。

对于三个二水平的因子 A、B 和 C，考虑三个主效应 A、B、C 和三个两因子的交互效应 AB、AC 和 BC，则对应的变量指示器为$\boldsymbol{\gamma}=(\gamma_A,\gamma_B,\gamma_C,\gamma_{AB},\gamma_{AC},\gamma_{BC})$。根据效应遗传原则，交互效应 AB 的显著性将依赖于主效应 A 和 B 是否包含在模型中，若两个主效应都不显著，则其交互效应的存在将失去合理性，而且也难以解释。为了将上述思想融入$\boldsymbol{\gamma}=(\gamma_A,\gamma_B,\gamma_C,\gamma_{AB},\gamma_{AC},\gamma_{BC})$的先验信息中，得到更为简洁的先验形式，应该重点考虑以下两个原则[27]。第一，条件独立原则，假定主效应之间是相互独立的，在主效应给定的条件下二阶效应之间也是相互独立的。第二，效应遗传原则，假定一个项的显著性仅依赖于构成它的那些项，这将意味着$\text{prob}(\gamma_{AB}|\gamma_A,\gamma_B,\gamma_C)=\text{prob}(\gamma_{AB}|\gamma_A,\gamma_B)$。因此，需要根据四种不同的情形来考察交互效应 AB 显著的概率，具体表示如下所示：

$$\text{prob}(\gamma_{AB}=1|\gamma_A,\gamma_B)=\begin{cases}p_{00}, & (\gamma_A,\gamma_B)=(0,0)\\ p_{01}, & (\gamma_A,\gamma_B)=(0,1)\\ p_{10}, & (\gamma_A,\gamma_B)=(1,0)\\ p_{11}, & (\gamma_A,\gamma_B)=(1,1)\end{cases} \tag{3-25}$$

式（3-25）的表示基于以下假设[1, 2, 31, 32]：没有亲本因子的两因子交互效应是不大可能出现的，有一个亲本因子的两因子交互效应比较有可能出现，有两个亲本因子的两因子交互效应是最有可能出现的。在式（3-25）中，符号$(\gamma_A,\gamma_B)=(0,0)$代表主效应 A 和 B 都不显著，这种情形显然不符合效应遗传原则，因此其交互效应的概率 p_{00} 取较小的值（如 0.01）；符号$(\gamma_A,\gamma_B)=(1,1)$代表主效应 A 和 B 都显著，这种情形属于强遗传的类型，因此其交互效应的概率 p_{11} 取较大的值（如 0.3）；符号$(\gamma_A,\gamma_B)=(1,0)$或$(\gamma_A,\gamma_B)=(0,1)$分别代表主效应

A 或主效应 B 显著，这种情形属于弱遗传的类型，因此其交互效应的概率 p_{10} 或 p_{01} 取较小的值（如 0.02）。

为了更好地在 GLM 的框架中融入因子效应的三个基本原则，拟借鉴以往的研究成果[1, 2]提出一种多阶段的贝叶斯变量选择方法，其具体的实施步骤如图 3-6 所示。首先，根据效应稀疏原则和以往的研究结论，通常认为在一个试验中仅有 20%左右的因子效应是显著的。因此，根据统计学家 Box 和 Meyer[19]推荐的参考值，在第一阶段的分析中，假设所有变量指示器的先验概率为 0.2。此外，根据第一阶段的后验概率可以初步判断出主效应的显著性，为后续的研究提供必要的信息。其次，根据效应排序原则即主效应比高阶的交互效应更显著，第二阶段的分析将重点考虑效应排序原则。为此，根据第一阶段的后验概率结果，将显著性主效应的变量指示器的先验概率设为 0.5，不显著性主效应的变量指示器的先验概率设为 0.2。此外，将两因子交互效应的变量指示器的先验概率设为 0.1，三因子或更高阶因子效应的变量指示器的先验概率设为 0.01。最后，根据效应遗传原则和前两个阶段因子效应的后验概率结果，在第三个阶段中全面考虑因子效应的三个基本原则，重点参考式（3-25）提出的两因子交互效应的先验概率设定方法。以上各个阶段因子效应的先验概率大小主要参考因子效应的三个基本原则和以往文献的研究结果，因此本节提出的先验概率设定方法仅提供一个在缺乏先验信息的情况下开展相关研究的基本思路和实施方案。在实际的工业试验中，研究人员可以结合已有的先验知识和因子效应的三个基本原则更为灵活地赋予各个因子效应相应的先验概率。

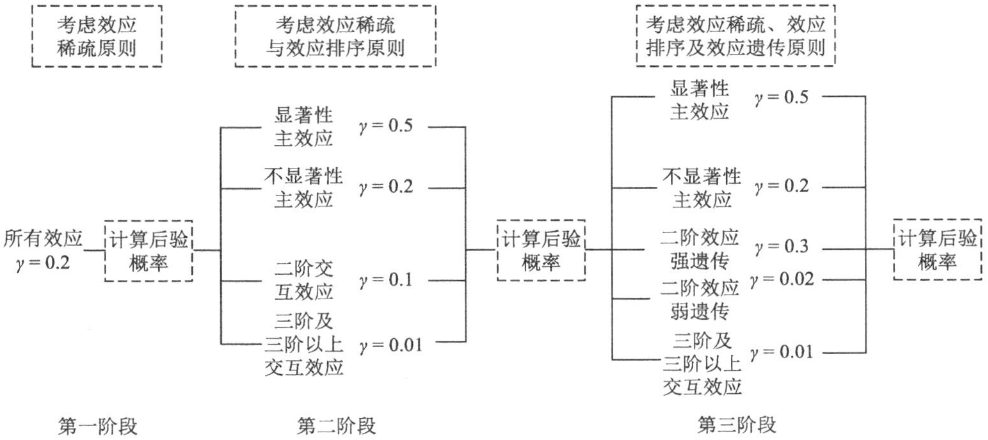

图 3-6　结合因子效应原则的多阶段贝叶斯变量选择方法

3.2.4　仿真试验分析

1. 泊松分布的仿真试验

为了考察 3.1.1 节中所提方法的有效性，在此运用仿真方法设计了一个响应为泊松分布的部分因子试验。考虑到仿真试验可能和真实试验存在较大的差异，本节参考了文献[1]中波峰焊接试验的设计方案，选择了与之类似的 2_{IV}^{7-3} 设计。在该试验中假定有 7 个二水平因子（$A \sim G$），并定义一个关系为 $E = ABD$、$F = ACD$、$G = BCD$ 的设计来研究这 7 个因子。按照上述试验设计，使用 Minitab15 软件可以获得部分因子试验设计包含的复杂别名结构，其具体结构如图 3-7 所示。根据波峰焊接试验的分析结果，假定响应 y 的均值和显著性因子之间的关系（联系函数为对数函数）为

$$\mu = \exp(3 - 0.11 \times A - 0.14 \times B + 0.42 \times C - 0.38 \times G - 0.18 \times AC - 0.3 \times CG) \quad (3\text{-}26)$$

根据式（3-26），利用 SAS 软件的随机数生成方法（ $y = \text{ranpoi}(\text{seed}, \mu)$ ，其中 seed 为随机数）得到均值为 μ 的泊松响应 y，其仿真试验数据如表 3-11 所示。

部分因子试验设计

因子：7　　基设计：4, 16　　分辨度：IV
试验次数：16　　仿行：1　　实施部分：1/8
区组：1　　中心点（合计）：0

设计生成元：E = ABD, F = ACD, G = BCD

别名结构（直到4阶项）
I + ABDE + ABFG + ACDF + ACEG + BCDG + BCEF + DEFG

A + BDE + BFG + CDF + CEG + ABCDG + ABCEF + ADEFG
B + ADE + AFG + CDG + CEF + ABCDF + ABCEG + BDEFG
C + ADF + AEG + BDG + BEF + ABCDE + ABCFG + CDEFG
D + ABE + ACF + BCG + EFG + ABDFG + ACDEG + BCDEF
E + ABD + ACG + BCF + DFG + ABEFG + ACDEF + BCDEG
F + ABG + ACD + BCE + DEG + ABDEF + ACEFG + BCDFG
G + ABF + ACE + BCD + DEF + ABDEG + ACDFG + BCEFG
AB + DE + FG + ACDG + ACEF + BCDF + BCEG + ABDEFG
AC + DF + EG + ABDG + ABEF + BCDE + BCFG + ACDEFG
AD + BE + CF + ABCG + AEFG + BDFG + CDEG + ABCDEF
AE + BD + CG + ABCF + ADFG + BEFG + CDEF + ABCDEG
AF + BG + CD + ABCE + ADEG + BDEF + CEFG + ABCDFG
AG + BF + CE + ABCD + ADEF + BDEG + CDFG + ABCEFG
BC + DG + EF + ABDF + ABEG + ACDE + ACFG + BCDEFG
ABC + ADG + AEF + BDF + BEG + CDE + CFG + ABCDEFG

图 3-7　部分因子试验设计的复杂别名结构

表 3-11　泊松分布的仿真试验数据

试验次数	因子							均值	响应
	A	*B*	*C*	*D*	*E*	*F*	*G*		
1	−1	−1	−1	−1	−1	−1	−1	15.33	18
2	−1	−1	−1	1	1	1	1	13.06	11
3	−1	−1	1	−1	−1	1	1	23.80	26
4	−1	−1	1	1	1	−1	−1	92.76	92
5	−1	1	−1	−1	1	−1	1	9.87	7
6	−1	1	−1	1	−1	1	−1	11.59	7
7	−1	1	1	−1	1	1	−1	70.10	65
8	−1	1	1	1	−1	−1	1	17.99	24
9	1	−1	−1	−1	1	1	−1	17.63	18
10	1	−1	−1	1	−1	−1	1	15.02	12
11	1	−1	1	−1	1	−1	1	13.32	13
12	1	−1	1	1	−1	1	−1	51.93	44
13	1	1	−1	−1	−1	1	1	11.36	8
14	1	1	−1	1	1	−1	−1	13.33	9
15	1	1	1	−1	−1	−1	−1	39.25	34
16	1	1	1	1	1	1	1	10.07	7

在假设真实模型所含变量未知的情形下，根据部分因子试验设计的仿真数据（表 3-11），并结合部分因子试验设计的复杂别名结构（图 3-7），考察一个饱和模型所能包含的变量个数，即七个纯净的主效应（*A*～*G*）、七个二阶交互效应（*AB*、*AC*、*AD*、*AE*、*AF*、*AG*、*BC*），剩余的自由度留给三阶效应 *ABC*。针对考察的因子效应，运用半正态图进行显著性因子识别，其结果如图 3-8 所示。根据图 3-8 的结果可知，主效应 *A*、*C*、*G* 及交互效应 *AC* 和 *AE* 是显著的，但是主效应 *B* 却无法有效地识别出来。此外，如果不结合因子效应的基本原则，将无法解释交互效应 *AE* 的显著性。因此，在某些情形下仅利用正态图或半正态图识别显著性因子是不可靠的。

根据上述的仿真试验数据和考察的饱和模型，运用结合因子效应原则的贝叶斯变量选择方法来识别显著性因子。首先，利用 GLM 估计出饱和模型中各参数的均值和方差；其次，根据式（3-19）设置各参数的经验贝叶斯先验；再次，将因子效应的变量指示器分为三个阶段来设定不同的先验；最后，逐步考察效应稀疏、效应排序及效应遗传原则对变量选择结果的影响。针对上述饱和模型包含的因子效应，在三个不同的阶段，其变量指示器先验概率的设定情况及相应后验概率的计算结果如表 3-12 所示。

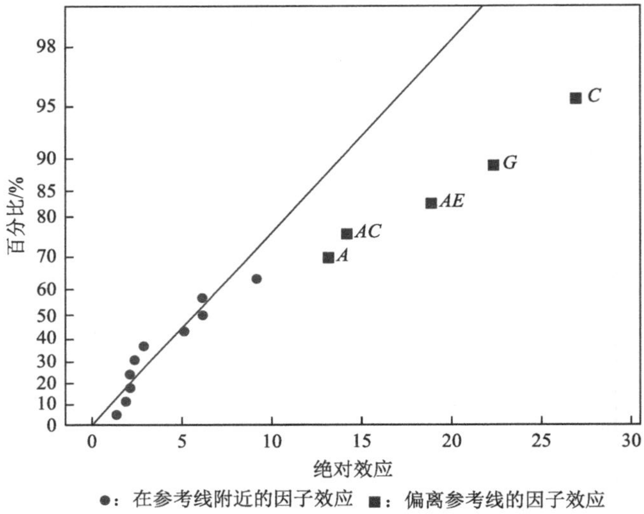

图 3-8　因子效应的半正态图

表 3-12　变量指示器的先验概率和后验概率

因子效应	先验 1	后验 1	先验 2	后验 2	先验 3	后验 3
A	0.2	**0.684**	0.5	**0.903**	0.5	**0.897**
B	0.2	**0.970**	0.5	**0.993**	0.5	**0.994**
C	0.2	**1.000**	0.5	**1.000**	0.5	**1.000**
D	0.2	0.056	0.2	0.058	0.2	0.057
E	0.2	0.059	0.2	0.061	0.2	0.062
F	0.2	0.056	0.2	0.055	0.2	0.056
G	0.2	**1.000**	0.5	**1.000**	0.5	**1.000**
AB	0.2	0.047	0.1	0.021	0.3	0.079
AC	0.2	**0.969**	0.1	**0.912**	0.3	**0.976**
AD	0.2	0.051	0.1	0.023	0.02	0.004
AE	0.2	**0.967**	0.1	**0.934**	0.3	**0.980**
AF	0.2	0.061	0.1	0.025	0.02	0.005
AG	0.2	0.054	0.1	0.025	0.3	0.096
BC	0.2	0.132	0.1	0.063	0.3	0.207
ABC	0.2	0.053	0.01	0.002	0.01	0.002

注：加粗部分为显著性变量。

在第一阶段，考虑到效应稀疏原则，所有因子效应对应的变量指示器的先验概率均设定为 0.2，根据本节提出的方法进行计算，得到各因子效应对应的变量指示器的后验概率如表 3-12 的第 3 列（后验 1）所示。根据表 3-12 第 3 列的计算结果可知，因子的主效应 B、C 和 G，交互效应 AC 和 AE 对应的变量指示器的后验概率均在 0.9 以上。此外，主效应 A 对应的变量指示器的后验概率为 0.684，和其他因子效应对应的变量指示器的后验概率相比而言也较高，因此可以初步认为主效应 A、B、C 和 G 是显著性主效应。然而，交互效应 AE 为高度显著性效应似乎难以解释清楚，因为交互效应 AE 对应的主效应 E 是不显著的。考虑到部分因子试验设计存在复杂的别名结构，因此需要结合部分因子试验设计的别名结构（图 3-7）来分析上述情形。从图 3-7 中可以看出，交互效应 AE、交互效应 BD 及交互效应 CG 存在别名结构，交互效应 AE 高度显著的最合理解释是因为交互效应 AE 和交互效应 CG 之间存在完全的别名关系，即交互效应 CG 是交互效应 AE 高度显著的真正原因，因此交互效应 CG 是真正的高度显著性变量，而交互效应 AE 并不是真正的高度显著性变量。

根据第一阶段因子效应对应的变量指示器的后验概率大小和相关的分析，在第二阶段重点考虑效应排序原则，首先根据第一阶段的研究结果重新设置变量指示器的先验概率，其具体的数据如表 3-12 的第 4 列（先验 2）所示；其次根据本节所提方法进行计算，得到各因子效应对应的变量指示器的后验概率，其具体数据如表 3-12 的第 5 列（后验 2）所示。对比第一阶段和第二阶段各因子效应对应的变量指示器的后验概率，即表 3-12 的第 3 列和第 5 列，不难看出，随着主效应 A 对应的变量指示器的先验概率变为 0.5，此时变量指示器的后验概率将调整为 0.903。此外，考虑到效应排序原则的影响，交互效应 AC 和 CG（即 AE 的完全别名效应）对应的变量指示器的先验概率变得更小，但其后验概率仍然在 0.9 以上，因此有充分的理由认为交互效应 AC 和 CG 是高度显著的。

根据第一阶段和第二阶段因子效应对应的变量指示器的后验概率大小及其相关的分析，在第三阶段重点考虑效应遗传原则，首先根据第一阶段和第二阶段的研究结果重新设置变量指示器的先验概率，其具体数据如表 3-12 的第 6 列（先验 3）所示；其次根据本节所提方法进行计算，得到各因子效应对应的变量指示器的后验概率，其具体数据如表 3-12 的第 7 列（后验 3）所示。在考虑因子效应遗传原则，特别是在重点考虑二阶效应强遗传或弱遗传的情形下，变量指示器的先验概率对其后验概率的影响比较明显。在全面考虑因子效应的三个基本原则（效应稀疏原则、效应排序原则和效应遗传原则）的基础上，本节所提方法将能够有效地识别出真实模型中假定的显著性因子主效应 A、B、C、G 及交互效应 AC 和 CG。

2. 二项分布的仿真试验

为了进一步展示 3.1.1 节中所提方法的有效性，在此以仿真方法设计一个响应为二项分布的部分因子试验设计。在该试验中假设存在 6 个二水平因子（A～

F），并定义一个关系为 $E = ABD$、$F = BCD$ 的 2_{IV}^{6-2} 设计。根据上述试验设计，利用 Minitab15 软件可以获得部分因子试验设计的复杂别名结构，其具体结构如图 3-9 所示。

针对上述部分因子试验设计 2_{IV}^{6-2}，假设响应服从二项分布且联系函数为 Logit 的真实模型为

$$Y \sim \text{Binomial}(n, p)$$

$$\eta = \text{Logit}(p) = \lg\left(\frac{p}{1-p}\right) = 1 + A - 1.5C - 1.2D + 0.3AC - 0.4AD - 0.5CD \tag{3-27}$$

其中，p 为每次试验成功的概率；n 为试验次数，在此试验中假设 n 等于 100。针对第 i 轮试验，通过式（3-27）能够生成相应的参数 p_i；然后运用 SAS 软件的随机数生成方法（$y_i = \text{ranbin}(\text{seed}, n, p_i)$，其中 seed 为随机数）产生相应的响应变量 y_i，其具体的仿真试验数据如表 3-13 所示。

和泊松分布的仿真试验分析类似，在此也结合 GLM 和因子效应的基本原则分为三个阶段，分别考察因子效应的三个基本原则（效应稀疏原则、效应排序原则及效应遗传原则）对变量筛选结果的影响，即变量指示器的先验概率和后验概率的变化情况，具体的试验数据结果如表 3-14 所示。

部分因子试验设计

因子：6　　基设计：6, 16　　分辨度：IV
试验次数：16　　仿行：1　　实施部分：1/4
区组：1　　中心点（合计）：0

设计生成元：E = ABC, F = BCD

别名结构
I + ABDE + ADEF + BCDF

A + BCE + DEF + ABCDF
B + ACE + CDF + ABDEF
C + ABE + BDF + ACDEF
D + AEF + BCF + ABCDE
E + ABC + ADF + BCDEF
F + ADE + BCD + ABCEF
AB + CE + ACDF + BDEF
AC + BE + ABCF + CDEF
AD + EF + ABCF + BCDE
AE + BC + DF + ABCDEF
AF + DE + ABCD + BCEF
BD + CF + ABEF + ACDE
BF + CD + ABDE + ACEF
ABD + ACF + BEF + CDE
ABF + ACD + BDE + CEF

图 3-9　部分因子试验设计的复杂别名结构

表 3-13　二项分布的仿真试验数据

试验次数	因子						联系函数	成功概率	响应变量
	A	*B*	*C*	*D*	*E*	*F*			
1	1	−1	−1	1	1	1	2.1	0.8909	85
2	1	1	1	1	1	1	−1.3	0.2142	19
3	1	1	−1	−1	−1	1	4.3	0.9866	100
4	1	1	1	−1	1	−1	2.9	0.9478	96
5	−1	1	1	1	−1	1	−3.1	0.0431	4
6	1	−1	1	1	−1	−1	−1.3	0.2142	25
7	1	−1	−1	−1	1	−1	4.3	0.9866	99
8	−1	−1	1	1	1	−1	−3.1	0.0431	7
9	−1	1	1	−1	−1	−1	−0.5	0.3775	41
10	−1	1	−1	−1	1	1	2.1	0.8909	85
11	1	1	−1	1	−1	−1	2.1	0.8909	91
12	−1	1	−1	1	1	−1	1.5	0.8176	84
13	−1	−1	1	−1	1	1	−0.5	0.3775	44
14	1	−1	1	−1	−1	1	2.9	0.9478	96
15	−1	−1	−1	1	−1	1	1.5	0.8176	83
16	−1	−1	−1	−1	−1	−1	2.1	0.8909	90

表 3-14　变量指示器的先验概率和后验概率

因子效应	先验 1	后验 1	先验 2	后验 2	先验 3	后验 3
A	0.2	**1.000**	0.5	**1.000**	0.5	**1.000**
B	0.2	0.062	0.2	0.063	0.2	0.063
C	0.2	**1.000**	0.5	**1.000**	0.5	**1.000**
D	0.2	**1.000**	0.2	**1.000**	0.5	**1.000**
E	0.2	0.062	0.2	0.059	0.2	0.059
F	0.2	0.096	0.2	0.092	0.2	0.091
AB	0.2	0.064	0.1	0.003	0.02	0.005
AC	0.2	**0.621**	0.1	0.420	0.3	**0.736**
AD	0.2	**1.000**	0.1	**1.000**	0.02	**1.000**
AE	0.2	0.076	0.1	0.034	0.02	0.034

续表

因子效应	先验 1	后验 1	先验 2	后验 2	先验 3	后验 3
AF	0.2	0.044	0.1	0.021	0.02	0.020
BD	0.2	0.049	0.1	0.024	0.02	0.023
BF	0.2	**0.999**	0.1	**0.999**	0.3	**1.000**

注：加粗部分为显著性变量。

根据表 3-14 的结果可知，若在第一阶段仅考虑因子稀疏效应，则因子的主效应 *A*、*C*、*D* 及交互效应 *AD* 和 *BF* 对应的变量指示器的后验概率都在 0.9 以上，因此可以初步地将主效应 *A*、*C*、*D* 视为显著性主效应。交互效应 *BF* 对应的变量指示器的后验概率也在 0.9 以上，然而其对应的主效应 *B* 和 *F* 均为不显著性变量。在第二阶段中，即使根据效应排序原则降低交互效应 *BF* 对应的变量指示器的先验概率，其后验概率仍接近 1，上述研究结果暗示交互效应 *BF* 可能和其他交互效应之间存在混杂的别名关系。根据部分因子试验设计 2_{IV}^{6-2} 的复杂别名结构（图 3-9）可知，交互效应 *BF* 和交互效应 *CD* 之间存在完全的别名关系。鉴于主效应 *C* 和 *D* 是高度显著的，因此有充分的理由认为交互效应 *CD* 和 *BF* 之间的完全别名效应导致交互效应 *BF* 对应的变量指示器的后验概率较高，交互效应 *CD* 才是高度显著性变量。此外，在第三阶段中重点考虑了效应遗传原则，交互效应 *AC* 对应的后验概率与前面两个阶段相比有了较大的提高，因此根据效应强遗传可知，交互效应 *AC* 为显著性变量。根据表 3-12 的结果可知，在全面考察因子效应基本原则的基础上，本节所提方法能够有效地识别出真实模型中的显著性主效应 *A*、*C*、*D* 及交互效应 *AC*、*AD* 和 *CD*。

在非正态响应的部分因子试验设计中进行贝叶斯变量和模型的选择是非常重要的，尽管贝叶斯 GLM 在参数估计和显著性因子识别方面比一般 GLM 更加可靠和有效，但以往的研究工作还是存在较大的改进空间。为了有效地解决以往研究方法的不足之处，当筛选试验涉及的因子数目较多时，利用 MCMC 方法和迭代优化方法，本节提出了一种基于 GLM 的两阶段贝叶斯变量和模型选择方法，以波峰焊接试验为研究对象，结合实际的工业试验，本章展示了 3.2.3 节中所提方法能够有效地处理非正态响应部分因子试验中的显著性因子筛选和模型选择问题。

参 考 文 献

[1] Wu C F J，Hamada M. Experiments：Planning，Analysis，and Parameter Design Optimization[M]. New York：John Wiley & Sons Inc，2000.

[2] Bergquist B，Vanhatalo E，Nordenvaad M L. A Bayesian analysis of unreplicated two-level factorials using

effects sparsity，hierarchy，and heredity[J]. Quality Engineering，2011，23（2）：152-166.

[3] Chipman H，Hamada M，Wu C F J. A Bayesian variable-selection approach for analyzing designed experiments with complex aliasing[J]. Technometrics，1997，39（4）：372-381.

[4] 汪建均，屠雅楠，马义中. 多响应三水平部分因子试验设计的建模和优化[J]. 系统工程理论和实践，2019，39（11）：2896-2905.

[5] 汪建均. 基于广义线性模型的变量选择和稳健参数设计[D]. 南京：南京理工大学，2011.

[6] Wang J，Ma Y，Ouyang L，et al. A new Bayesian approach to multi-response surface optimization integrating loss function with posterior probability[J]. European Journal of Operational Research，2016，249（1）：231-237.

[7] 马义中，赵逢禹. 多元质量特性的稳健设计及其实现[J]. 系统工程与电子技术，2005，27（9）：1580-1582，1596.

[8] Xu H，Phoa F K H，Wong W K. Recent developments in nonregular fractional factorial designs[J]. Statistics Surveys，2009，3（2）：18-46.

[9] 汪建均，马义中. 基于GLM的贝叶斯变量和模型选择[J]. 管理科学学报，2012，15（8）：24-33.

[10] Xu H，Cheng S，Wu C F J. Optimal projective three-level designs for factor screening and interaction detection[J]. Technometrics，2004，46（3）：280-292.

[11] Ouyang L，Ma Y，Wang J，et al. A new loss function for multi-response optimization with model parameter uncertainty and implementation errors[J]. European Journal of Operational Research，2017，258（2）：552-563.

[12] Chapman J L，Lu L，Anderson-Cook C M. Incorporating response variability and estimation uncertainty into Pareto front optimization[J]. Computers & Industrial Engineering，2014，76（22）：253-267.

[13] Tibshirani R. Regression shrinkage and selection via the LASSO[J]. Journal of the Royal Statistical Society：Series B（Methodological），1996，58（1）：267-288.

[14] Park T，Casella G. The Bayesian LASSO[J]. Journal of the American Statistical Association，2008，103（482）：681-686.

[15] Andrews D F，Mallows C L. Scale mixtures of normal distributions[J]. Journal of the Royal Statistical Society：Series B（Methodological），1974，36（1）：99-102.

[16] 马义中，汪建均. 质量管理学[M]. 北京：机械工业出版社，2012.

[17] Wang F K，Hubele N F，Lawrence F P，et al. Comparison of three multivariate process capability indices[J]. Journal of Quality Technology，2000，32（3）：263-275.

[18] Chan L K，Cheng S W，Spiring F A. A mulvariate measure of process capability[J]. International Journal of Modelling & Simulation，1991，11（1）：1-6.

[19] Box G E P，Meyer R D. An analysis for unreplicated fractional factorials[J]. Technometrics，1986，28（1）：11-18.

[20] Raftery A E. Bayesian model selection in social research[J]. Sociological Methodology，1995，25（25）：111-163.

[21] Ntzoufras I. Bayesian Modeling Using WinBUGS[M]. New York：John Wiley & Sons Inc，2009.

[22] 林静. 基于MCMC的贝叶斯生存分析理论及其在可靠性评估中的应用[D]. 南京：南京理工大学，2008.

[23] McCullagh P，Nelder J A. Generalized Linear Models[M]. 2nd ed. London：Chapman and Hall，1989.

[24] Ibrahim J G，Laud P W. On Bayesian analysis of generalized linear models using Jeffreys's prior[J]. Journal of the American Statistical Association，1991，86（416）：981-986.

[25] 汪建均，马义中. 非正态响应的部分因子试验设计和仿真分析[J]. 系统仿真学报，2011，23（2）：394-398.

[26] 汪建均，马义中，汪新. 广义线性模型的贝叶斯分析及稳健参数设计应用[J]. 系统工程，2009，27（4）：

71-77.

[27] SAS I. SAS/STAT User's Guide，Version 9.2[M]. NC：SAS Cary，1999.

[28] Barbieri M M，Berger J O. Optimal predictive model selection[J]. Annals of Statistics，2004，32（3）：870-897.

[29] Fouskakis D，Ntzoufras I，Draper D. Bayesian variable selection using cost-adjusted BIC，with application to cost-effective measurement of quality of health care [J]. Annals of Applied Statistics，2009，3（2）：663-690.

[30] Kovach J，Cho B R，Antony J. Development of a variance prioritized multiresponse robust design framework for quality improvement[J]. International Journal of Quality & Reliability Management，2009，26（4）：380-396.

[31] Box G E P，Tiao G C. Bayesian Inference in Statistical Analysis[M]. New York：Wiley Online Library，1973.

[32] 徐济超，马义中. 多指标稳健设计质量特性的度量[J]. 系统工程理论与实践，1999，19（8）：3-5.

第4章 考虑模型参数不确定性的多响应稳健参数设计

随着顾客需求层次的多样化及产品复杂程度的日益提高，在产品/过程的质量设计中往往需要考虑多个质量特性（即多响应），因此多响应稳健参数设计在持续性的质量改进活动中显示出越来越重要的地位与作用[1]。在多响应稳健参数设计的研究中，通常会涉及一系列的研究问题，总体可以归纳为三个方面[2, 3]：①指标构建，如何构建有效的指标以合理地度量多响应系统的稳健性及多响应之间的相关性；②模型构建，如何在响应曲面模型的构建中考虑模型不确定性（模型参数不确定性及模型结构不确定性）对优化结果的影响，如何在响应曲面模型的构建中考虑模型的预测性能；③参数优化，如何选择合适的优化算法以获得模型参数的全局优化解和稳健解，同时还需要进一步评估优化结果的可靠性，即考虑响应观测值落在产品规格限内的符合性概率。在多响应的稳健参数设计中，上述三个方面的研究问题往往相互叠加、相互影响，然而，最关键的核心问题是如何在考虑模型不确定性的影响下构建试验因子与输出响应之间更加符合实际、更为精确的响应曲面模型。在实际的质量设计中，由于存在内、外噪声因子，响应曲面的建模精度与分析结果将受模型不确定性的影响。然而，在传统的多响应稳健参数设计中，质量工程师或研究人员往往会忽视模型不确定性对试验结果的影响，其优化结果往往是无法令人满意的。因此，考虑模型不确定性的多响应稳健参数设计已引起众多研究者的关注和重视，考虑模型不确定性的质量设计通常会从模型参数不确定性和模型结构不确定性两个角度展开研究。本章将在响应曲面模型（多变量回归模型、SUR 模型及高斯回归模型）的贝叶斯建模与优化框架下，重点考虑模型参数不确定性对多响应稳健参数设计结果的影响。

本章的结构安排如下，4.1 节在多变量回归模型的贝叶斯建模与优化框架下，重点考虑模型参数不确定性对优化结果的影响[4]。4.2 节利用 SUR 模型考虑多响应之间的相关性，并在此基础上结合贝叶斯建模方法考察模型参数不确定性对优化结果的影响。上述两节均假设输出响应服从正态分布，然而，在实际的产品质量设计中，非正态响应的情况也普遍存在[5]。4.3 节结合 GLM 与因子效应原则提出一种新的非正态多响应的稳健参数设计方法，该方法采用贝叶斯抽样技术和帕累托最优策略考察了模型参数不确定性对优化结果的影响[6]。

4.1 基于多变量回归模型的稳健参数设计

本节在多响应曲面的贝叶斯建模框架下，考虑模型参数不确定性的影响，研究了多响应稳健参数设计问题。首先，根据贝叶斯后验样本计算出响应预测值的均值向量与方差-协方差矩阵，在此基础上构建改进的多元损失函数，从而获得相应的优化目标函数；其次，计算响应抽样值落在规格限内的概率，并以该概率不低于某个期望的目标值为约束条件；最后，运用 HGA 对具有非线性约束的目标函数进行参数优化，从而获得理想的参数设计值。

4.1.1 多元质量损失函数

日本质量专家 Taguchi 博士认为，即使是合格品（即输出质量特性满足用户要求的规格限），其输出质量特性的波动仍可给用户和社会造成损失，输出质量特性偏离目标值越大，造成的损失就越大。Pignatiello[7]进一步扩展了 Taguchi 的二次损失函数，提出了一种多元损失函数，其表达式为

$$L[\boldsymbol{y}(\boldsymbol{x}),\boldsymbol{\theta}]=[\boldsymbol{y}(\boldsymbol{x})-\boldsymbol{\theta}]^{\mathrm{T}}\boldsymbol{C}[\boldsymbol{y}(\boldsymbol{x})-\boldsymbol{\theta}] \tag{4-1}$$

其中，$\boldsymbol{y}(\boldsymbol{x})$ 为 p 个响应 $\boldsymbol{y}$ 构成的 $p\times1$ 向量；$\boldsymbol{\theta}$ 为目标值构成的 $p\times1$ 向量；$\boldsymbol{C}$ 为反映过程经济的成本矩阵。对式（4-1）取数学期望得到期望质量损失，其表达式为

$$E\{L[\boldsymbol{y}(\boldsymbol{x}),\boldsymbol{\theta}]\}=\{E[\boldsymbol{y}(\boldsymbol{x})]-\boldsymbol{\theta}\}^{\mathrm{T}}\boldsymbol{C}\{E[\boldsymbol{y}(\boldsymbol{x})]-\boldsymbol{\theta}\}+\mathrm{tr}[\boldsymbol{C}\boldsymbol{\Sigma}_y(\boldsymbol{x})] \tag{4-2}$$

其中，$\boldsymbol{\Sigma}_y(\boldsymbol{x})$ 是 $p\times p$ 的方差-协方差矩阵。式（4-2）的右边包含了两个部分，第一部分为偏差成分，第二部分为方差成分。其中，方差成分反映了过程的稳健性，随着方差成分的减小，过程的稳健性将会提高。

在多响应稳健参数设计中，除了过程的偏差和方差，响应的预测性能也是关注的焦点。针对式（4-2），Vining[8]运用响应预测值 $\hat{\boldsymbol{y}}(\boldsymbol{x})$ 替代 $\boldsymbol{y}(\boldsymbol{x})$，构建了一种新的损失函数：

$$L[(\hat{\boldsymbol{y}}(\boldsymbol{x}),\boldsymbol{\theta}]=[\hat{\boldsymbol{y}}(\boldsymbol{x})-\boldsymbol{\theta}]^{\mathrm{T}}\boldsymbol{C}[\hat{\boldsymbol{y}}(\boldsymbol{x})-\boldsymbol{\theta}] \tag{4-3}$$

根据上述损失函数的定义，其期望质量损失函数的定义如下：

$$E\{L[\hat{\boldsymbol{y}}(\boldsymbol{x}),\boldsymbol{\theta}]\}=\{E[\hat{\boldsymbol{y}}(\boldsymbol{x})]-\boldsymbol{\theta}\}^{\mathrm{T}}\boldsymbol{C}\{E[\hat{\boldsymbol{y}}(\boldsymbol{x})]-\boldsymbol{\theta}\}+\mathrm{tr}[\boldsymbol{C}\boldsymbol{\Sigma}_{\hat{y}}(\boldsymbol{x})] \tag{4-4}$$

其中，$\boldsymbol{\Sigma}_{\hat{y}}(\boldsymbol{x})$ 代表响应预测值 $\hat{\boldsymbol{y}}(\boldsymbol{x})$ 在点 $\boldsymbol{x}$ 的方差-协方差矩阵。若响应预测值 $\hat{\boldsymbol{y}}(\boldsymbol{x})$ 是 $E[\boldsymbol{y}(\boldsymbol{x})]$ 的无偏估计，则 $E[\hat{\boldsymbol{y}}(\boldsymbol{x})]$ 等于 $E[\boldsymbol{y}(\boldsymbol{x})]$。因此，式（4-2）和式（4-4）的唯一差异在于方差-协方差矩阵之间的差别。其中，式（4-2）中的 $\mathrm{tr}[\boldsymbol{C}\boldsymbol{\Sigma}_y(\boldsymbol{x})]$ 代表了过程的稳健性，而式（4-4）中的 $\mathrm{tr}[\boldsymbol{C}\boldsymbol{\Sigma}_{\hat{y}}(\boldsymbol{x})]$ 反映了过程的预测性能。Ko 等[9]结合

Pignatiello 和 Vining 两种方法的优势提出了一种新的多元损失函数，具体表达式如下：

$$L[\tilde{\boldsymbol{y}}_{\text{new}}(\boldsymbol{x}),\boldsymbol{\theta}]=[\tilde{\boldsymbol{y}}_{\text{new}}(\boldsymbol{x})-\boldsymbol{\theta}]^{\mathrm{T}}\boldsymbol{C}[\tilde{\boldsymbol{y}}_{\text{new}}(\boldsymbol{x})-\boldsymbol{\theta}] \tag{4-5}$$

其中，$\tilde{\boldsymbol{y}}_{\text{new}}(\boldsymbol{x})$ 代表新的观测值，具体表达式如下：

$$\tilde{\boldsymbol{y}}_{\text{new}}(\boldsymbol{x})=\hat{\boldsymbol{y}}(\boldsymbol{x})+\boldsymbol{\varepsilon}_{\text{new}}(\boldsymbol{x}) \tag{4-6}$$

其中，$\boldsymbol{\varepsilon}_{\text{new}}(\boldsymbol{x})$ 为随机误差项。针对式（4-5）和式（4-6），得到期望质量损失函数如下：

$$\begin{aligned}E\{L[\tilde{\boldsymbol{y}}_{\text{new}}(\boldsymbol{x}),\boldsymbol{\theta}]\}&=\{E[\tilde{\boldsymbol{y}}_{\text{new}}(\boldsymbol{x})]-\boldsymbol{\theta}\}^{\mathrm{T}}\boldsymbol{C}\{E[\tilde{\boldsymbol{y}}_{\text{new}}(\boldsymbol{x})]-\boldsymbol{\theta}\}+\operatorname{tr}[\boldsymbol{C}\boldsymbol{\Sigma}_{\tilde{\boldsymbol{y}}_{\text{new}}(\boldsymbol{x})}]\\&=\{E[\hat{\boldsymbol{y}}(\boldsymbol{x})]-\boldsymbol{\theta}\}^{\mathrm{T}}\boldsymbol{C}\{E[\hat{\boldsymbol{y}}(\boldsymbol{x})]-\boldsymbol{\theta}\}+\operatorname{tr}[\boldsymbol{C}\boldsymbol{\Sigma}_{\hat{\boldsymbol{y}}(\boldsymbol{x})}]+\operatorname{tr}[\boldsymbol{C}\boldsymbol{\Sigma}_{\boldsymbol{y}(\boldsymbol{x})}]\end{aligned} \tag{4-7}$$

式（4-7）右边包含了三个部分，分别反映了过程预测值偏离目标值的偏差（L_{bias}）、过程的预测性能（L_{pred}）及过程的稳健性（L_{robust}）。

本节在贝叶斯多变量回归模型的统一框架下，根据贝叶斯后验样本计算出响应预测值的均值向量与方差-协方差矩阵，构建改进的多元损失函数，从而获得相应的优化目标函数，式（4-7）的详细推导过程可参考文献[9]。

4.1.2　多变量回归模型的贝叶斯分析

在多响应稳健参数设计中，若存在 p 个质量特性和 q 个因子效应，则多响应曲面回归模型可假设为

$$\boldsymbol{y}=\boldsymbol{B}\boldsymbol{z}(\boldsymbol{x})+\boldsymbol{e} \tag{4-8}$$

其中，$\boldsymbol{B}$ 为 $p\times q$ 的回归系数矩阵；$\boldsymbol{z}(\boldsymbol{x})$ 为关于因子效应 $\boldsymbol{x}$ 的 $q\times 1$ 向量；向量 $\boldsymbol{e}$ 服从均值向量为 $\mathbf{0}$、方差-协方差矩阵为 $\boldsymbol{\Sigma}$ 的正态分布。

为了说明和解释模型参数 $\boldsymbol{B}$ 和 $\boldsymbol{\Sigma}$ 的不确定性，在多响应曲面回归模型的框架下，结合贝叶斯方法进行建模与优化分析，从而系统地解决多响应稳健参数设计面临的一些关键问题。当参数 $\boldsymbol{\theta}$ 无任何先验信息时，无信息先验 $p(\boldsymbol{\theta})$ 可以用 Fisher 信息阵的行列式求平方根来表示[10]，即

$$p(\boldsymbol{\theta})\propto\sqrt{\det\boldsymbol{I}(\boldsymbol{\theta})} \tag{4-9}$$

针对多变量回归模型的参数 $\boldsymbol{\theta}=(\boldsymbol{\beta},\boldsymbol{\Sigma})$，结合式（4-9）利用 Fisher 信息阵可以分别推导出参数 $\boldsymbol{B}$ 和 $\boldsymbol{\Sigma}$ 的 Jeffreys 先验分布[11]：

$$p(\boldsymbol{B})\propto\text{常数},\quad p(\boldsymbol{\Sigma})\propto\frac{1}{|\boldsymbol{\Sigma}|^{(p+1)/2}}$$

若假设参数 $\boldsymbol{B}$ 和 $\boldsymbol{\Sigma}$ 是相互独立的，则参数 $\boldsymbol{B}$ 和 $\boldsymbol{\Sigma}$ 的联合先验分布满足：

$$p(\boldsymbol{B},\boldsymbol{\Sigma}) \propto \frac{1}{|\boldsymbol{\Sigma}|^{(p+1)/2}} \tag{4-10}$$

在给定试验数据（data）和试验因子 $\boldsymbol{x}$ 的条件下，响应 $\boldsymbol{y}$ 的贝叶斯后验概率密度函数为

$$p(\tilde{\boldsymbol{y}}_{\text{new}} \mid \boldsymbol{y},\boldsymbol{x},\text{data}) \propto \left\{1+\frac{1}{v}[\boldsymbol{y}-\hat{\boldsymbol{B}}\boldsymbol{z}(\boldsymbol{x})]^{\mathrm{T}}\boldsymbol{H}[\boldsymbol{y}-\hat{\boldsymbol{B}}\boldsymbol{z}(\boldsymbol{x})]\right\}^{-(p+v)/2} \tag{4-11}$$

其中，

$$\boldsymbol{H}=\frac{v\boldsymbol{S}^{-1}}{1+\boldsymbol{z}(\boldsymbol{x})^{\mathrm{T}}\boldsymbol{D}^{-1}\boldsymbol{z}(\boldsymbol{x})}$$

$$\boldsymbol{S}=(\boldsymbol{Y}-\boldsymbol{Z}\hat{\boldsymbol{B}})^{\mathrm{T}}(\boldsymbol{Y}-\boldsymbol{Z}\hat{\boldsymbol{B}})$$

$$\boldsymbol{D}=\sum_{i=1}^{n}\boldsymbol{z}(\boldsymbol{x}_i)\boldsymbol{z}(\boldsymbol{x}_i)^{\mathrm{T}}$$

$$\hat{\boldsymbol{B}}=(\boldsymbol{x}^{\mathrm{T}}\boldsymbol{x})^{-1}\boldsymbol{x}^{\mathrm{T}}\boldsymbol{Y}$$

其中，自由度 $v=N-p-q+1$，N 为试验样本数；$\boldsymbol{Y}$ 是由 N 个向量 $\boldsymbol{y}_i$ 构成的 $N\times p$ 矩阵；$\boldsymbol{Z}$ 是由 N 个向量 $\boldsymbol{z}(\boldsymbol{x}_i)$ 构成的 $q\times N$ 矩阵；$\tilde{\boldsymbol{y}}_{\text{new}}$ 代表在向量 $\boldsymbol{z}(\boldsymbol{x}_i)$ 处新的观测值。因此，根据多元统计学知识可知，式（4-11）也可以表示为非中心的多变量 t 分布：

$$\tilde{\boldsymbol{y}}_{\text{new}} \mid \boldsymbol{y},\boldsymbol{X},\boldsymbol{z}(\boldsymbol{x}) \sim t_v[\hat{\boldsymbol{B}}\boldsymbol{z}(\boldsymbol{x}),\boldsymbol{H}^{-1}] \tag{4-12}$$

从式（4-12）可知，$\tilde{\boldsymbol{y}}_{\text{new}}$ 服从多变量 t 分布，结合多变量 t 分布的构成（多变量的正态分布及与之相互独立的卡方分布），运用蒙特卡罗模拟方法很容易实现随机抽样，具体的实施步骤如下。

（1）首先模拟服从均值为 $\mathbf{0}$、方差-协方差矩阵均值为 $\boldsymbol{H}^{-1}$ 的多变量正态分布的随机变量 $\boldsymbol{W}$，即 $\boldsymbol{W}\sim N(\mathbf{0},\boldsymbol{H}^{-1})$。

（2）其次模拟自由度为 v、与随机变量 $\boldsymbol{W}$ 独立的卡方随机变量 U，即 $U\sim\chi_v^2$。

（3）最后根据多变量 t 分布的构成，获得响应的最终抽样结果，即 $\tilde{\boldsymbol{y}}_{\text{new}}=\boldsymbol{W}\sqrt{\dfrac{v}{U}}+\hat{\boldsymbol{B}}\boldsymbol{z}(\boldsymbol{x})$。

4.1.3 贝叶斯后验样本的多响应稳健参数优化

首先，根据式（4-12），可以运用蒙特卡罗模拟方法计算出响应 $\tilde{\boldsymbol{y}}_{\text{new}}$ 落在规格限 A 内的概率，即结合贝叶斯后验概率方法考察优化结果的可靠性：

$$P[\tilde{\boldsymbol{y}}_{\text{new}} \in A \mid \boldsymbol{y},\boldsymbol{X},\boldsymbol{z}(\boldsymbol{x})]=\int_A P[\tilde{\boldsymbol{y}}_{\text{new}} \mid \boldsymbol{y},\boldsymbol{X},\boldsymbol{z}(\boldsymbol{x})]\mathrm{d}\tilde{\boldsymbol{y}}_{\text{new}} \tag{4-13}$$

假设上述模拟抽样的次数为Nsim，则响应 $\tilde{\boldsymbol{y}}_{\text{new}}$ 落在规格限 A 内的概率可以近似计算为

$$P[\tilde{\boldsymbol{y}}_{\text{new}} \in A \mid \boldsymbol{y}, \boldsymbol{X}, \boldsymbol{z}(\boldsymbol{x})] \approx \frac{1}{\text{Nsim}} \sum_{s=1}^{\text{Nsim}} I[\boldsymbol{y}^{(s)} \in A] \tag{4-14}$$

其中，$I(\cdot)$ 代表指示器函数；Nsim是模拟次数；若模拟样本值 $\boldsymbol{y}^{(s)}$ 在规格限 A 内，则二元变量指示器的值为1。

其次，根据4.1.2节的响应 $\tilde{\boldsymbol{y}}_{\text{new}}$，能够计算出均值向量 $E[\tilde{\boldsymbol{y}}_{\text{new}}(\boldsymbol{x})]$ 和方差–协方差矩阵 $\boldsymbol{\Sigma}_{\tilde{\boldsymbol{y}}_{\text{new}}}(\boldsymbol{x})$。则改进的多元损失函数 $E\{L[\tilde{\boldsymbol{y}}_{\text{new}}(\boldsymbol{x}),\boldsymbol{\theta}]\}$ 可以表示为

$$E\{L[\tilde{\boldsymbol{y}}_{\text{new}}(\boldsymbol{x}),\boldsymbol{\theta}]\} = \{E[\tilde{\boldsymbol{y}}_{\text{new}}(\boldsymbol{x})]-\boldsymbol{\theta}\}^{\mathrm{T}}\boldsymbol{C}\{E[\tilde{\boldsymbol{y}}_{\text{new}}(\boldsymbol{x})]-\boldsymbol{\theta}\} + \operatorname{tr}[\boldsymbol{C}\boldsymbol{\Sigma}_{\tilde{\boldsymbol{y}}_{\text{new}}}(\boldsymbol{x})] \tag{4-15}$$

式（4-15）右侧有两项，第一项 $\{E[\tilde{\boldsymbol{y}}_{\text{new}}(\boldsymbol{x})]-\boldsymbol{\theta}\}^{\mathrm{T}}\boldsymbol{C}\{E[\tilde{\boldsymbol{y}}_{\text{new}}(\boldsymbol{x})]-\boldsymbol{\theta}\}$ 表示后验样本的平均值 $E\{L[\tilde{\boldsymbol{y}}_{\text{new}}(\boldsymbol{x}),\boldsymbol{\theta}]\}$ 偏离目标 $\boldsymbol{\theta}$ 而造成的损失，在此记为 $\text{EL}_{p-\text{bias}}$；第二项 $\operatorname{tr}[\boldsymbol{C}\boldsymbol{\Sigma}_{\tilde{\boldsymbol{y}}_{\text{new}}}(\boldsymbol{x})]$ 表示当考虑后验样本的波动时，稳健性造成的损失，在此记为 $\text{EL}_{p-\text{rob}}$。因此，根据输出响应的后验样本可以计算出总的期望损失 EL_p，即

$$\text{EL}_p = \text{EL}_{p-\text{bias}} + \text{EL}_{p-\text{rob}} \tag{4-16}$$

在贝叶斯建模框架下，结合改进的期望损失函数和贝叶斯后验概率函数提出一种新的优化策略，其具体的优化模型如下：

$$\begin{cases} \min \; E\{L[\tilde{\boldsymbol{y}}_{\text{new}}(\boldsymbol{x}),\boldsymbol{\theta}]\} \\ \text{s.t} \quad P[\tilde{\boldsymbol{y}}_{\text{new}}(\boldsymbol{x}) \in A \mid \text{data}] \geqslant p_0 \end{cases} \tag{4-17}$$

其中，p_0 为试验者或顾客期望满足的概率。若在实际应用中缺乏期望概率 p_0 的先验信息，则可以根据式（4-14）最大化响应值落在规格限内的概率以获得有效的预估值。

考虑到式（4-17）为高度复杂的非线性优化问题，传统的优化方法往往只能获得局部的优化解而难以找到合适的可行解[12]。为此，本节采用结合模式搜索的HGA[13-15]对构建的模型进行参数优化。在运用 HGA 对式（4-17）进行参数优化时，还需要特别关注如何提高设计程序的运行速度。在利用蒙特卡罗模拟方法对式（4-17）进行随机抽样时，针对给定的规格限内的某个点，通常需要进行多次反复（如模拟10 000次）模拟抽样，以计算贝叶斯多元损失函数和贝叶斯后验概率。在这种情形下，若运用迭代循环方法实现上述过程，将需要消耗相当长的运行时间。为此，本节采用了一种矩阵化的结构形式（将多次模拟结果通过某个矩阵整体表示），以极大地提高整个设计程序的运行速度。在上述贝叶斯建模的框架下，本节所提方法的整个优化过程可以归纳如下。

步骤 1：根据给定的试验数据运用蒙特卡罗模拟方法进行随机抽样，并获得各响应的后验抽样值。

步骤 2：根据各响应的后验抽样值，计算响应抽样值的均值向量与方差-协方差矩阵。

步骤 3：根据步骤 2 的结果构建贝叶斯多元损失函数，在具体的优化过程中将其视为最小化的目标函数。

步骤 4：根据步骤 1 的结果单独优化贝叶斯后验概率，从而获得其期望概率的预估值。在具体的优化过程中，将贝叶斯后验概率大于或等于其期望概率 p_0 视为本节所提方法必须满足的约束条件。

步骤 5：根据上述步骤构建非线性约束的优化模型，应用 HGA 对其进行优化，从而获得最优的参数设计值。

4.1.4 案例分析

某聚合物试验来源于文献[16]，该试验具有两个相关的响应，即某聚合物的转化率 y_1 和热活动 y_2，其中转化率为望大质量特性，而热活动为望目质量特性。影响上述响应的可控因子主要包括反应时间（reaction time）x_1、反应温度（reaction temperature）x_2、催化剂的用量（amount of catalyst）x_3。在该试验中，研究人员期望获得可控因子的最佳参数组合，从而最大化某聚合物的转化率 y_1，同时希望将热活动 y_2 的目标值维持在 57.5 的水平上。在此，选择 CCD 开展相关的试验，其试验计划与试验结果如表 4-1 所示。

表 4-1　某聚合物试验的试验计划与试验结果

试验次序	可控因子			响应	
	x_1	x_2	x_3	y_1	y_2
1	−1	−1	−1	74	53.2
2	1	−1	−1	51	62.9
3	−1	1	−1	88	53.4
4	1	1	−1	70	62.6
5	−1	−1	1	71	57.3
6	1	−1	1	90	67.9
7	−1	1	1	66	59.8
8	1	1	1	97	67.8
9	−1.68	0	0	76	59.1

续表

试验次序	可控因子			响应	
	x_1	x_2	x_3	y_1	y_2
10	1.68	0	0	79	65.9
11	0	−1.68	0	85	60.0
12	0	1.68	0	97	60.7
13	0	0	−1.68	55	57.4
14	0	0	1.68	81	63.2
15	0	0	0	81	59.2
16	0	0	0	75	60.4
17	0	0	0	76	59.1
18	0	0	0	83	60.6
19	0	0	0	80	60.8
20	0	0	0	91	58.9

在上述聚合物试验中，转化率的可接受范围为 80～100，其目标值 θ_1 假定为 100；热活动的可接受范围为 55～60，其目标值 θ_2 假定为 57.5。在整个试验的分析过程中，假设因子效应构成的向量 $\boldsymbol{z}(\boldsymbol{x})=(1,x_1,x_2,x_3,x_1^2,x_2^2,x_3^2,x_1x_2,x_1x_3,x_2x_3)$。参考 Ko 等[9]给出的成本矩阵 $\boldsymbol{C}$ 的规定，假设成本矩阵 $\boldsymbol{C}$ 为

$$\boldsymbol{C}=\begin{bmatrix}0.100 & 0.025\\0.025 & 0.500\end{bmatrix}$$

假设模拟抽样次数 Nsim 为 10 000 次，根据式（4-14）计算模拟响应值落在规格限 $A=\{80\leqslant y_1\leqslant 100,55\leqslant y_2\leqslant 66\}$ 内的后验概率。考虑到实例中缺少式（4-17）中期望概率 p_0 的先验信息，因此先利用 HGA 单独对式（4-14）进行最优化，以获得 p_0 的参考值。为了获得更为稳健的优化结果，在 MATLAB 优化工具箱中选择 GA 进行求解。在此，将种群大小（population size）设置为 200，在混合函数（hybrid function）中选择模式搜索，其他参数选择默认形式，其贝叶斯后验概率的优化结果为 0.6478，根据上述优化结果假设试验者或顾客期望满足的概率预估值为 0.6。在上述约束条件下，运用 HGA 对构建的优化模型即式（4-17）进行参数优化，研究结果如表 4-2 所示。根据表 4-2 的研究结果可知，本节所提方法的期望质量损失为 14.6636，同时，其响应抽样值落在规格限内的概率，即贝叶斯后验概率为 0.6028。此外，若不考虑贝叶斯后验概率的约束，运用 HGA 对运用贝叶斯方法构建的期望损失函数进行优化，其质量损失结果为 11.5613。为了与 Ko 等的多元损失函数进行比较，将参数值代入本节构建的期望损失函数和贝叶斯后验概率中分

别进行模拟运算，得到期望损失函数的结果为 11.6662，贝叶斯后验概率的结果为 0.4806，具体的研究结果如表 4-2 所示。

表 4-2　不同研究方法的优化结果

不同研究方法	可控因子的最佳设置			响应的预测值		期望质量损失	贝叶斯后验概率
	x_1	x_2	x_3	$\hat{y}_1$	$\hat{y}_2$		
贝叶斯后验概率	−0.46	1.15	−0.48	86.49	57.75	20.9581	0.6478
贝叶斯损失函数	−0.29	1.68	−0.41	93.01	58.52	11.5613	0.4612
Ko 等的多元损失函数	−0.38	1.68	−0.49	93.77	59.98	11.6662	0.4806
本节所提方法	−0.43	1.44	−0.49	89.77	57.88	14.6636	0.6028

比较分析表 4-2 中不同研究方法的优化结果可知，在上述多响应优化设计的实例中，若仅利用贝叶斯后验概率方法进行参数优化，则其贝叶斯后验概率相对较高，但由于该方法忽视了多元过程的稳健性，其期望质量损失（20.9581）相对较大；若仅利用贝叶斯损失函数进行参数优化，则其期望质量损失相对较小，但该方法忽视了对优化结果的可靠性评估，因此其参数对应的贝叶斯后验概率（0.4612）相对较低。另外，利用贝叶斯损失函数获得的优化结果与运用 Ko 等的多元损失函数获得的优化结果相差不大，从而验证了在贝叶斯多变量回归模型的框架下运用蒙特卡罗模拟方法实现多响应稳健参数优化的有效性。与贝叶斯后验概率方法相比而言，运用本节所提方法获得的期望质量损失将大幅度地减小，而其贝叶斯后验概率却相差不大；与贝叶斯损失函数或 Ko 等的多元损失函数相比而言，运用本节所提方法获得的贝叶斯后验概率将大幅度地提高，但其期望质量损失的增幅相对较小。因此，运用本节所提方法进行多响应稳健参数设计能够同时兼顾稳健性与可靠性，从而能够获得各方面（如稳健性、可靠性等）均较满意的优化结果。

本节的研究建立在多变量回归模型结构不变的基础上，即在整个分析过程中均假设式（4-8）中 $\boldsymbol{z}(\boldsymbol{x})$ 包含的因子效应是不变的。如何在贝叶斯多变量回归模型的框架下结合贝叶斯模型平均（Bayesian model averaging，BMA）方法[17]以考虑模型不确定性对多响应稳健优化结果的影响，将是未来需要进一步研究的课题之一。另外，本节的研究仅考虑了多响应 $\boldsymbol{y}$ 的后验密度函数为封闭形式的情况，即在假定参数的先验信息和试验数据的样本信息后能够推导出多响应 $\boldsymbol{y}$ 的后验密度函数的具体表达式。然而，在相当多的情况下，研究者无法直接获得多响应 $\boldsymbol{y}$ 的后验密度函数的具体表达式[18]。如何结合 MCMC 方法动态模拟多响应 $\boldsymbol{y}$ 的后验密度函数[19, 20]，并在此基础上有效地扩展本节所提方法以进行多响应稳健参数设计，是未来一个值得研究的方向。

4.2　SUR 模型的稳健参数设计

4.2.1　SUR 模型的贝叶斯分析

1. SUR 模型

1962 年，Zellner[21]提出了 SUR 模型，相比于 SMR 模型，SUR 模型更灵活、准确[22, 23]。SUR 模型可以表示为

$$\boldsymbol{Y}_j = \boldsymbol{Z}_j(\boldsymbol{x})\boldsymbol{\beta}_j + \boldsymbol{\varepsilon}_j, \quad j = 1,2,\cdots,m \tag{4-18}$$

其中，共有 m 个响应 $\boldsymbol{Y}_1,\boldsymbol{Y}_2,\cdots,\boldsymbol{Y}_m$，每个响应 $\boldsymbol{Y}_j$ 有 n 个观测值；$\boldsymbol{Y}_j$ 为第 j 个响应的观测值向量；$\boldsymbol{Z}_j(\boldsymbol{x})$ 为第 j 个响应的具体模型形式得到的一个预定矩阵；$\boldsymbol{\beta}_j$ 为未知参数的向量；$\boldsymbol{\varepsilon}_j$ 为与第 j 个响应相关的随机误差向量。随机误差向量 $\boldsymbol{\varepsilon}_j$ 具有恒定的方差，但随机误差向量在不同的模型中是相关的[24]，式（4-18）中的随机误差向量具有以下性质：

$$E(\boldsymbol{\varepsilon}_j) = \boldsymbol{0}$$

$$\mathrm{Var}(\boldsymbol{\varepsilon}_j) = \sigma_{jj}\boldsymbol{I}_n$$

$$\mathrm{cov}(\boldsymbol{\varepsilon}_i,\boldsymbol{\varepsilon}_j) = \sigma_{ij}\boldsymbol{I}_n, \quad i,j = 1,2,\cdots,m; i \neq j$$

如式（4-18）所示，方程具有不同的自变量和方差，SUR 模型允许不同方程中的随机误差向量相互关联。

式（4-18）的矩阵形式可以表示为

$$\begin{bmatrix} \boldsymbol{Y}_1 \\ \boldsymbol{Y}_2 \\ \vdots \\ \boldsymbol{Y}_m \end{bmatrix} = \begin{bmatrix} \boldsymbol{Z}_1(\boldsymbol{x}) & \boldsymbol{O} & \cdots & \boldsymbol{O} \\ \boldsymbol{O} & \boldsymbol{Z}_2(\boldsymbol{x}) & \cdots & \boldsymbol{O} \\ \vdots & \vdots & & \vdots \\ \boldsymbol{O} & \boldsymbol{O} & \cdots & \boldsymbol{Z}_m(\boldsymbol{x}) \end{bmatrix} \begin{bmatrix} \boldsymbol{\beta}_1 \\ \boldsymbol{\beta}_2 \\ \vdots \\ \boldsymbol{\beta}_m \end{bmatrix} + \begin{bmatrix} \boldsymbol{\varepsilon}_1 \\ \boldsymbol{\varepsilon}_2 \\ \vdots \\ \boldsymbol{\varepsilon}_m \end{bmatrix}$$

矩阵等价于

$$\boldsymbol{Y} = \boldsymbol{Z}\boldsymbol{\beta} + \boldsymbol{\varepsilon}, \quad \boldsymbol{\varepsilon} \sim N(\boldsymbol{0}, \boldsymbol{\Sigma} \otimes \boldsymbol{I})$$

其中，$\boldsymbol{O}$ 是零矩阵；$\boldsymbol{\Sigma}$ 是一个对角元素为 $\{\sigma_1^2,\sigma_2^2,\cdots,\sigma_m^2\}$ 的 $m \times m$ 矩阵，第 i 行、第 j 列的元素为 σ_{ij}。

SUR 模型的 $\boldsymbol{\beta}$ 和 $\boldsymbol{\Sigma}$ 可以通过极大似然函数估计：

$$f(\boldsymbol{Y} \mid \boldsymbol{Z},\boldsymbol{\beta},\boldsymbol{\Sigma}) = \frac{1}{(2\pi)^{nm/2} \mid \boldsymbol{\Sigma} \mid^{n/2}} \exp\left[-\frac{1}{2}\mathrm{tr}(\boldsymbol{R}\boldsymbol{\Sigma}^{-1})\right] \tag{4-19}$$

其中，tr 为矩阵的迹；$|\boldsymbol{\Sigma}|$ 表示矩阵 $\boldsymbol{\Sigma}$ 的值；r_{ij} 为矩阵 $\boldsymbol{R}=(r_{ij})$ 中第 i 行、第 j 列的元素，即 $r_{ij}=[\boldsymbol{Y}_i-\boldsymbol{Z}_i(\boldsymbol{x})\boldsymbol{\beta}_i]^{\mathrm{T}}[\boldsymbol{Y}_j-\boldsymbol{Z}_j(\boldsymbol{x})\boldsymbol{\beta}_j]$，式（4-19）中的 $\boldsymbol{\beta}$ 和 $\boldsymbol{\Sigma}$ 可以通过迭代的方法估计得到[21]。

2. SUR 模型的贝叶斯先验与后验分析

在复杂产品的响应曲面建模过程中，研究人员通常会利用贝叶斯方法以充分考虑试验者的先验信息或专家经验知识，从而构建更加精确、更加符合实际的响应曲面模型。在 SUR 模型的贝叶斯统计推断中，当无法获得参数的先验信息时，通常会考虑使用无信息先验，其中，最常用的无信息先验是 Jeffreys 先验[25]。在此，选择将 Jeffreys 的无信息先验作为 SUR 模型参数的先验。假设参数 $\boldsymbol{\beta}$ 和 $\boldsymbol{\Sigma}$ 相互独立，则参数 $\boldsymbol{\beta}$ 和 $\boldsymbol{\Sigma}$ 的联合先验分布为

$$\pi(\boldsymbol{\beta},\boldsymbol{\Sigma})=\pi(\boldsymbol{\beta})\pi(\boldsymbol{\Sigma})\propto|\boldsymbol{\Sigma}|^{-\frac{m+1}{2}} \tag{4-20}$$

从式（4-19）和式（4-20）中得到参数 $\boldsymbol{\beta}$ 和 $\boldsymbol{\Sigma}$ 的联合后验密度函数为

$$\pi(\boldsymbol{\beta},\boldsymbol{\Sigma}\mid\boldsymbol{Y},\boldsymbol{X})\propto|\boldsymbol{\Sigma}|^{-(n+m+1)/2}\exp\left[-\frac{1}{2}\mathrm{tr}(\boldsymbol{R}\boldsymbol{\Sigma}^{-1})\right] \tag{4-21}$$

从式（4-21）中可以得到 $\boldsymbol{\beta}$ 和 $\boldsymbol{\Sigma}$ 的条件后验分布为

$$\pi(\boldsymbol{\beta}\mid\boldsymbol{Y},\boldsymbol{Z},\boldsymbol{\Sigma})\propto N(\hat{\boldsymbol{\beta}},\hat{\boldsymbol{\Omega}}) \tag{4-22}$$

$$\pi(\boldsymbol{\Sigma}\mid\boldsymbol{Y},\boldsymbol{Z},\boldsymbol{\beta})\propto \mathrm{IW}(\boldsymbol{R},n) \tag{4-23}$$

$$\hat{\boldsymbol{\beta}}=[\boldsymbol{Z}^{\mathrm{T}}(\boldsymbol{\Sigma}^{-1}\otimes\boldsymbol{I})\boldsymbol{Z}]^{-1}\boldsymbol{Z}^{\mathrm{T}}(\boldsymbol{\Sigma}^{-1}\otimes\boldsymbol{I})\boldsymbol{Y} \tag{4-24}$$

$$\hat{\boldsymbol{\Omega}}=[\boldsymbol{Z}^{\mathrm{T}}(\boldsymbol{\Sigma}^{-1}\otimes\boldsymbol{I})\boldsymbol{Z}]^{-1} \tag{4-25}$$

其中，$\hat{\boldsymbol{\Omega}}$ 为 $\hat{\boldsymbol{\beta}}$ 的协方差矩阵；$\mathrm{IW}(\cdot,\cdot)$ 为逆威沙特（Wishart）分布；$\boldsymbol{\beta}$ 和 $\boldsymbol{\Sigma}$ 的条件后验分布是相互依赖的。

3. Gibbs 抽样

利用吉布斯（Gibbs）抽样方法获得 SUR 模型中参数 $\boldsymbol{\beta}$ 和 $\boldsymbol{\Sigma}$ 的大量抽样值，在此基础上获得响应的模拟抽样值 $\boldsymbol{Y}_{\mathrm{new}}$。首先，结合试验数据对每个响应拟合响应曲面模型，确定每个响应曲面模型的基本形式，在此基础上利用最小二乘法拟合响应曲面模型，从而获得每个响应的初始估计量 $\boldsymbol{\beta}^{(0)}$ 和 $\boldsymbol{\Sigma}^{(0)}$；其次，通过对式（4-22）中的边际后验密度 $\pi[\boldsymbol{\beta}\mid\boldsymbol{Y},\boldsymbol{Z},\boldsymbol{\Sigma}^{(k-1)}]$ 提取一个新值来更新系数向量 $\boldsymbol{\beta}^{(k)}$，通过式（4-23）中的边际后验密度 $\pi[\boldsymbol{\Sigma}\mid\boldsymbol{Y},\boldsymbol{Z},\boldsymbol{\beta}^{(k)}]$ 来更新方差-协方差矩阵 $\boldsymbol{\Sigma}^{(k)}$；最后，重复上面的迭代抽样步骤 $k=1,2,\cdots,N$，以获得模型参数的大量抽样值。采用上述 Gibbs 抽样方法，可以通过 $\boldsymbol{\beta}^{(k)}$ 和 $\boldsymbol{\Sigma}^{(k)}$ 的大量后验样本来估计 $\boldsymbol{\beta}$ 和 $\boldsymbol{\Sigma}$ 的参数值。

值得注意的是，由于燃烧期的模型参数样本无法通过收敛性诊断[26]，这些燃烧期的样本尚未处于稳定状态而无法代表模型参数的后验分布，因此应该舍弃。通常，利用舍弃燃烧期后的样本进行后续的统计推断和数据分析。利用 $\boldsymbol{\beta}^{(k)}$ 和 $\boldsymbol{\Sigma}^{(k)}$ 的 Gibbs 样本，可以得到 SUR 模型的模拟响应值：

$$\boldsymbol{Y}_{\text{new}}^{(k)}(\boldsymbol{x}) = \hat{\boldsymbol{Y}}_{\text{new}}^{(k)} + \boldsymbol{\varepsilon}^{(k)} = \boldsymbol{Z}\boldsymbol{\beta}^{(k)} + \boldsymbol{\varepsilon}^{(k)}, \quad k = B+1, B+2, \cdots, N \tag{4-26}$$

其中，$\boldsymbol{\varepsilon}^{(k)}$ 是从 $N[\boldsymbol{0}, \boldsymbol{\Sigma}^{(k)} \otimes \boldsymbol{I}]$ 抽样得到的；B 表示丢弃的燃烧期样本数量。

4.2.2　贝叶斯 SUR 模型的多响应优化

从质量和可靠性的角度出发，在 SUR 模型的贝叶斯建模框架中同时考虑质量损失和符合性概率，从而解决多响应优化过程中的一系列关键问题，如多响应之间的相关性、多目标优化的冲突性、多元过程的稳健性及研究结果的可靠性。

1. 损失函数的贝叶斯分析

Ko 等[9]综合 Pignatiello[7]以及 Vining 和 Bohn[27]方法的优点，提出了一种改进的损失函数，将改进的损失函数定义为

$$L[\boldsymbol{Y}_{\text{new}}(\boldsymbol{x}), \boldsymbol{\theta}] = [\boldsymbol{Y}_{\text{new}}(\boldsymbol{x}) - \boldsymbol{\theta}]^{\mathrm{T}} \boldsymbol{C} [\boldsymbol{Y}_{\text{new}}(\boldsymbol{x}) - \boldsymbol{\theta}] \tag{4-27}$$

其中，$\boldsymbol{Y}_{\text{new}}(\boldsymbol{x})$ 是在新观测值 $\boldsymbol{x}$ 下的 $m \times 1$ 响应向量；$\boldsymbol{\theta}$ 是特定目标值下的 $m \times 1$ 向量；$\boldsymbol{C}$ 是 $m \times m$ 的正定成本矩阵，以反映响应值偏离目标值时产生的损失。假设响应预测值 $\hat{\boldsymbol{Y}}(\boldsymbol{x})$ 给定，可以定义估计模型如下：

$$\boldsymbol{Y}_{\text{new}}(\boldsymbol{x}) = \hat{\boldsymbol{Y}}(\boldsymbol{x}) + \boldsymbol{\varepsilon}_{\text{new}}(\boldsymbol{x}) \tag{4-28}$$

其中，$\boldsymbol{\varepsilon}_{\text{new}}(\boldsymbol{x})$ 是随机误差项，式（4-27）、式（4-28）的期望损失函数为

$$\begin{aligned} E\{L[\boldsymbol{Y}_{\text{new}}(\boldsymbol{x}), \boldsymbol{\theta}]\} &= \{E[\hat{\boldsymbol{Y}}(\boldsymbol{x})] - \boldsymbol{\theta}\}^{\mathrm{T}} \boldsymbol{C} \{E[\hat{\boldsymbol{Y}}(\boldsymbol{x})] - \boldsymbol{\theta}\} \\ &\quad + \operatorname{tr}[\boldsymbol{C}\boldsymbol{\Sigma}_{\hat{y}}(\boldsymbol{x})] + \operatorname{tr}[\boldsymbol{C}\boldsymbol{\Sigma}_{y}(\boldsymbol{x})] \end{aligned} \tag{4-29}$$

其中，$\boldsymbol{\Sigma}_{\hat{y}}(\boldsymbol{x})$ 表示响应预测值的方差-协方差矩阵；$\boldsymbol{\Sigma}_{y}(\boldsymbol{x})$ 表示响应的方差-协方差矩阵。期望损失函数的右边包括三项，第一项 $\{E[\hat{\boldsymbol{Y}}(\boldsymbol{x})] - \boldsymbol{\theta}\}^{\mathrm{T}} \boldsymbol{C} \{E[\hat{\boldsymbol{Y}}(\boldsymbol{x})] - \boldsymbol{\theta}\}$ 表示偏离目标值而产生的偏差；第二项 $\operatorname{tr}[\boldsymbol{C}\boldsymbol{\Sigma}_{\hat{y}}(\boldsymbol{x})]$ 表示预测响应的不确定性导致的预测质量的不确定性，也反映了建模过程中模型参数不确定性导致的预测响应的波动；第三项 $\operatorname{tr}[\boldsymbol{C}\boldsymbol{\Sigma}_{y}(\boldsymbol{x})]$ 测量了响应内在变化的稳健性，也反映了建模过程中模型本身的不确定性而引起的模拟响应的变化。式（4-29）中右边的三项分别表示偏差（$\mathrm{EL}_{\text{bias}}$）、预测质量（$\mathrm{EL}_{\text{pred}}$）和稳健性（$\mathrm{EL}_{\text{robust}}$），因此，期望质量损失可以改写为

$$\mathrm{EL}(\boldsymbol{x}) = \mathrm{EL}_{\mathrm{bias}} + \mathrm{EL}_{\mathrm{pred}} + \mathrm{EL}_{\mathrm{robust}} \tag{4-30}$$

其中，$\mathrm{EL}(\boldsymbol{x})$ 表示 $E\{L[(\boldsymbol{Y}_{\mathrm{new}}(\boldsymbol{x}),\boldsymbol{\theta}]\}$，式（4-30）的详细证明可以在 Ko 等[9]的研究中找到。在 SUR 模型的贝叶斯建模框架中，从无重复响应数据和重复响应数据两种不同情况来分析模型参数不确定性对优化结果的影响。

在无重复响应数据的情况下，可以通过 $\boldsymbol{\beta}^{(k)}$ 计算出均值向量 $E[\hat{\boldsymbol{Y}}(\boldsymbol{x})]$，即 $\boldsymbol{Z}_n\boldsymbol{\beta}^{(k)}$ 的均值。由单个响应的 OLS 估计可以得到矩阵 $\boldsymbol{\Sigma}_y(\boldsymbol{x})$（即 $\hat{\boldsymbol{\Sigma}}_y(\boldsymbol{x})=[\hat{\sigma}_{ij}]$）：

$$\hat{\sigma}_{ij} = \frac{\hat{\boldsymbol{\varepsilon}}_i^{\mathrm{T}}\hat{\boldsymbol{\varepsilon}}_j}{n}, \quad i,j=1,2,\cdots,m$$

其中，$\hat{\boldsymbol{\varepsilon}}$ 是基于 $\boldsymbol{\beta}^{(k)}$ 后验均值的 OLS 估计的残差向量，预测方差–协方差矩阵 $\boldsymbol{\Sigma}_y(\boldsymbol{x})$（即 $\hat{\boldsymbol{\Sigma}}_y(\boldsymbol{x})=[\hat{\sigma}_{ij}]$）可以按如下公式计算：

$$\sigma_{\hat{y}_{ij}}(\boldsymbol{x}) = \boldsymbol{z}_i^{\mathrm{T}}\operatorname{cov}[\hat{\boldsymbol{\beta}}_i,\hat{\boldsymbol{\beta}}_j]\boldsymbol{z}_j, \quad i,j=1,2,\cdots,m$$

其中，$\operatorname{cov}[\hat{\boldsymbol{\beta}}_i,\hat{\boldsymbol{\beta}}_j]$ 表示协方差矩阵的分块矩阵，可通过式（4-25）计算。

在重复响应数据的情况下，$\boldsymbol{\beta}^{(k)}$ 和 $\boldsymbol{\Sigma}^{(k)}$ 的样本可以基于重复响应数据的样本均值 $\bar{\boldsymbol{Y}}$，使用 Gibbs 抽样方法得到。均值向量 $E[\hat{\boldsymbol{Y}}(\boldsymbol{x})]$ 也可以通过抽样值 $\boldsymbol{Z}\boldsymbol{\beta}^{(k)}$ 的均值来计算，与无重复响应数据的情况相同。在这种情况下，方差–协方差矩阵 $\boldsymbol{\Sigma}_y(\boldsymbol{x})$ 可以通过残差方差–协方差矩阵 $\operatorname{cov}[\boldsymbol{E}_i(\boldsymbol{x}),\boldsymbol{E}_j(\boldsymbol{x})]$ 计算得到，其中，$\boldsymbol{E}_i(\boldsymbol{x})=[e_{i1}(\boldsymbol{x}),\cdots,e_{ir}(\boldsymbol{x})]$ 表示响应值 $\boldsymbol{Y}_{ir}$ 和预测值 $\hat{\boldsymbol{Y}}_{ir}$ 间的残差向量，r 是响应值 $\boldsymbol{Y}_{ir}$ 重复的次数，预测值 $\hat{\boldsymbol{Y}}_{ir}$ 可以通过下式计算：

$$\hat{\boldsymbol{Y}}_{ir} = \boldsymbol{Z}_r(\boldsymbol{x})(\boldsymbol{Z}^{\mathrm{T}}\boldsymbol{Z})^{-1}\boldsymbol{Z}^{\mathrm{T}}\boldsymbol{Y}_{ir}$$

因此，方差–协方差矩阵 $\boldsymbol{\Sigma}_y(\boldsymbol{x})$ 可以表示为

$$\ln\operatorname{tr}[\boldsymbol{C}\hat{\boldsymbol{\Sigma}}_y(\boldsymbol{x})] = \ln\operatorname{tr}\{\boldsymbol{C}\operatorname{cov}[\boldsymbol{E}_i(\boldsymbol{x}),\boldsymbol{E}_j(\boldsymbol{x})]\} \tag{4-31}$$

回归模型可以基于转换的响应数据 $\ln\operatorname{tr}[\boldsymbol{C}\hat{\boldsymbol{\Sigma}}_y(\boldsymbol{x})]$ 和可控因子 $\boldsymbol{x}$ 来估计，预测方差矩阵 $\boldsymbol{\Sigma}_{\hat{y}_\mu}(\boldsymbol{x})$（即 $\boldsymbol{\Sigma}_{\hat{y}_\mu}(\boldsymbol{x})=[\sigma_{\hat{y}_{\mu ij}}(\boldsymbol{x})]$）可以表示为

$$\sigma_{\hat{y}_{\mu ij}}(\boldsymbol{x}) = \boldsymbol{z}_i^{\mathrm{T}}\operatorname{cov}[\hat{\boldsymbol{\beta}}_{\mu_i},\hat{\boldsymbol{\beta}}_{\mu_j}]\boldsymbol{z}_j, \quad i,j=1,2,\cdots,m \tag{4-32}$$

其中，$\hat{y}_{\mu_{ij}}$ 表示第 i 个重复响应变量预测值的均值；$\hat{\boldsymbol{\beta}}_{\mu_i}$ 表示第 i 个参数抽样值 $\boldsymbol{\beta}_i^{(k)}$ 的均值；$\operatorname{cov}[\hat{\boldsymbol{\beta}}_{\mu_i},\hat{\boldsymbol{\beta}}_{\mu_j}]$ 表示 $\hat{\boldsymbol{\beta}}_\mu$ 协方差矩阵的分块矩阵，也可以使用式（4-25）计算。在这里，式（4-25）中的 $\boldsymbol{\Sigma}^{-1}\otimes\boldsymbol{I}$ 可以由残差来估计，而残差通过响应的样本均值 $\boldsymbol{Y}_\mu$ 和响应的预测均值 $\hat{\boldsymbol{Y}}_\mu$ 得到。与 Ko 等[9]的损失函数相比，本节提出的损失函数考虑了模型参数的不确定性，从而能够构建出更加符合实际的响应曲面模型，有效地降低模型不确定性对优化结果的影响。

2. 符合性概率

在多响应的优化设计中，Peterson[9]在贝叶斯响应曲面建模框架下提出了一种度量优化结果可靠性的符合性概率方法。该方法通过测量未来的响应值落在给定规格限内的符合性概率来反映产品或过程满足规格要求的水平。在贝叶斯响应曲面的建模过程中，研究人员能够利用模拟的响应抽样值来反映实际生产过程中获得的输出质量特性。在给定的试验数据下，能够计算出这些响应抽样值 $\boldsymbol{Y}_{\text{new}}(\boldsymbol{x})$ 落在给定规格限 A 内的符合性概率，其具体的表达式为

$$P[\boldsymbol{Y}_{\text{new}}(\boldsymbol{x}) \in A \mid \text{data}] = \int_A P[\boldsymbol{Y}_{\text{new}}(\boldsymbol{x}) \mid \text{data}] \mathrm{d}\boldsymbol{Y}_{\text{new}} \tag{4-33}$$

采用数值积分法计算式（4-33）将是一个非常棘手的问题，因此通常采用 Gibbs 抽样方法近似地计算出符合性概率，其具体的表达式如下：

$$P[\boldsymbol{Y}_{\text{new}}(\boldsymbol{x}) \in A \mid \text{data}] \approx \frac{1}{\text{Nsim}} \sum_{s=1}^{\text{Nsim}} I[\boldsymbol{Y}^{(k)} \in A] \tag{4-34}$$

其中，Nsim 是样本量；$I(\cdot)$ 是 0-1 二进制指示函数，若从贝叶斯 SUR 模型得到的抽样值 $\boldsymbol{Y}^{(k)}$ 在规格限 A 内，则二进制指示函数为 1，反之为 0。

贝叶斯后验概率预测方法不仅允许分析人员考虑数据的相关性结构、过程分布的可变性和模型参数的不确定性，而且可以评估未来满足预测质量条件的响应的符合性概率。此外，与 SMR 模型相比，SUR 模型能够针对不同的响应考虑不同的模型结构，从而获得更加灵活、更为精确的响应曲面模型。

3. 整合质量损失与符合性概率

考虑到上述损失函数和符合性概率的优、缺点，在同时考虑质量损失和符合性概率的条件下，提出了一种新的多响应优化策略，其具体的优化模型如下：

$$\begin{cases} \min \ E\{L[\boldsymbol{Y}_{\text{new}}(\boldsymbol{x}),\boldsymbol{\theta}]\} = \text{EL}_{\text{bias}} + \text{EL}_{\text{pred}} + \text{EL}_{\text{robust}} \\ \text{s.t.} \ \ P[\boldsymbol{Y}_{\text{new}}(\boldsymbol{x}) \in A \mid \text{data}] \geqslant p_0 \end{cases} \tag{4-35}$$

其中，p_0 为分析人员或用户希望达到的期望概率。如果实际应用中期望概率 p_0 的先验信息不足，则通过最大限度地提高式（4-34）中的符合性概率来获得有效的参考值。该参考值将提供一些信息，帮助分析人员设定一个合适的期望概率。

假设上述方法中指定的质量条件 A 为产品的规格限，则式（4-35）中的约束函数更关注未来响应或模拟响应在相应规格限范围内的符合性概率。在这种情况下，式（4-35）中的期望概率 p_0 提供了分析人员或用户要求的产品符合性概率的一些信息。因此，上述方法的约束函数可以直接地反映分析人员或用户的潜在质量要求，也符合质量的基本定义，即产品或服务满足明确或隐含需求能力的特征，这也反映了菲利浦·克劳士比对质量符合需求的定义。

产品质量是通过与预先确定的规格限或标准的符合性程度来衡量的，而偏离这些标准（即偏差和稳健性）可能导致质量下降和可靠性偏低。此外，质量改进的目的在于消除缺陷（即不合格的产品）、减少偏差和改进过程的稳健性，以降低产品的总成本。反映产品质量的另一个定义是由日本的 Taguchi 博士提出的“产品上市后给社会造成的损失”。因此，在统一的贝叶斯 SUR 建模和优化框架中考虑质量损失和符合性概率是至关重要的。

4. 模型优化——HGA

在贝叶斯建模框架下，式（4-35）具有高度的非线性特征和严格的限制条件，传统优化算法（如梯度算法、线性规划等）可能仅能够获得一些局部最优解，但找不到一个可行的解决方案[12]。在这种情况下，替代方法是使用结合模式搜索的 HGA，这种 HGA 可以有效地将全局优化算法（如 GA 或模拟退火）的优势与局部搜索技术（如模式搜索）结合起来。Jourdan 等[13]证明，混合优化算法通常比单独使用一种算法的性能更好，因此，利用 He 等[29]使用的 HGA 来优化本节提出的模型，在 SUR 的贝叶斯建模框架下，本节提出的多响应优化算法的步骤可以总结如下。

（1）利用 OLS 和效应遗传原则对试验数据进行分析，为每个响应选择合适的模型形式[30]。

（2）利用贝叶斯 SUR 建模方法建立可控因子与响应之间的响应曲面模型。

（3）利用 Gibbs 抽样方法模拟 SUR 模型中参数和响应的后验样本。

（4）在进行统计推断之前，利用收敛性诊断工具评估所有参数的收敛性。

（5）利用步骤（2）中模型参数的后验样本，根据两种不同情况（无重复或重复响应数据）构建损失函数，并将其作为本节所提方法的目标函数。

（6）通过模型响应的后验样本建立符合性概率函数。

（7）通过最大化符合性概率函数获得符合性概率的参考值，然后将式（4-35）中的不等式视为本节所提方法的约束函数。

（8）利用 HGA 进行优化，获得最优的参数设计值。

4.2.3　案例分析

1. 聚合物试验

Box 等[31]提出了一项聚合物试验，Vining[8]和 Ko 等[9]对此进行了进一步分析。该试验的目的是寻找可控因子的最佳设置，最大化聚合物的转化率（ y_1 ）的同时使热活动（ y_2 ）的目标值维持在 57.5 的水平。试验中选择的可控因子为反应时间

（x_1）、反应温度（x_2）、催化剂用量（x_3），分析人员使用 CCD 开展了试验，试验结果如表 4-3 所示。

表 4-3　聚合物试验的结果

运行	x_1	x_2	x_3	y_1	y_2
1	−1	−1	−1	74	53.2
2	1	−1	−1	51	62.9
3	−1	1	−1	88	53.4
4	1	1	−1	70	62.6
5	−1	−1	1	71	57.3
6	1	−1	1	90	67.9
7	−1	1	1	66	59.8
8	1	1	1	97	67.8
9	−1.68	0	0	76	59.1
10	1.68	0	0	79	65.9
11	0	−1.68	0	85	60.0
12	0	1.68	0	97	60.7
13	0	0	−1.68	55	57.4
14	0	0	1.68	81	63.2
15	0	0	0	81	59.2
16	0	0	0	75	60.4
17	0	0	0	76	59.1
18	0	0	0	83	60.6
19	0	0	0	80	60.8
20	0	0	0	91	58.9

在上述试验中，响应可接受的范围分别为（80, 100）和（55, 60）。响应 y_1 是望大质量特性，在此，为 y_1 设置一个适当的目标值 $\theta_1 = 100$；响应 y_2 是望目质量特性，因此 y_2 的目标值假设为 $\theta_2 = 57.5$。损失函数中的成本矩阵 $\boldsymbol{C}$ 参照 Ko 等[9]提出的成本矩阵，假设为

$$\boldsymbol{C} = \begin{bmatrix} 0.100 & 0.025 \\ 0.025 & 0.500 \end{bmatrix}$$

利用 OLS 和效应遗传原则[30]分别拟合响应曲面模型 y_1 和 y_2 的预测模型如下：

$$\hat{y}_1 = 81.09 + 1.03x_1 + 4.04x_2 + 6.20x_3 - 1.84x_1^2 + 2.95x_2^2 - 5.20x_3^2 + 2.13x_1x_2 + 11.38x_1x_3 - 3.88x_2x_3$$

$$\hat{y}_2 = 59.95 + 3.59x_1 + 2.23x_3 + 0.82x_1^2$$

上述响应曲面模型与 Ko 等[9]通过 SUR 方法得到的响应曲面模型相似，只是在 y_2 的预测模型中增加了一项 x_1^2。因此，式（4-18）中的 $\boldsymbol{Y}_1$ 和 $\boldsymbol{Y}_2$ 可以假设为

$$\boldsymbol{z}_1(\boldsymbol{x}) = (1, x_1, x_2, x_3, x_1^2, x_2^2, x_3^2, x_1x_2, x_1x_3, x_2x_3)$$

$$\boldsymbol{z}_2(\boldsymbol{x}) = (1, x_1, x_3, x_1^2)$$

使用 Gibbs 抽样方法获取 SUR 模型参数（$\boldsymbol{\beta}$ 和 $\boldsymbol{\Sigma}$）和输出响应的后验样本，舍弃开始的 4000 次燃烧期项，对剩下的 16 000 次迭代抽样值进行收敛性诊断，从而获得良好的收敛样本。针对上述聚合物试验的数据，其 SUR 模型参数（$\boldsymbol{\beta}$ 和 $\boldsymbol{\Sigma}$）的后验估计结果见表 4-4。响应 y_1 和 y_2 的 SUR 模型参数分别记为表 4-4 中的 $\beta_1 \sim \beta_{10}$ 和 $\beta_{11} \sim \beta_{14}$，并且 $\boldsymbol{\Sigma}$ 的每个元素在表 4-4 中设置为 $(\sigma_{11}, \sigma_{12}; \sigma_{21}, \sigma_{22})$。表 4-4 显示了后验均值、标准差（standard deviation，SD）和 95%的后验可信域（credibility interval，CI），另外，MCMC 方法的收敛性诊断检验统计量——潜在尺度缩减因子（potential scale reduction factor，PSRF）的取值也见表 4-4。如果 PSRF 接近 1，那么就可以判断出其对应的模型参数抽样值趋于稳定，能够代表其分布情况[32]。因此，表 4-4 中的 PSRF 结果表明，各模型参数的后验结果均表现出良好的收敛性。此外，还可以通过一些可视化工具（如踪迹图、自相关图和后验核密度曲线图）来判断 SUR 模型中所有参数的马尔可夫链是否具有良好的收敛性。

表 4-4　SUR 模型参数的后验估计结果

参数	后验均值	SD	95%的后验 CI		PSRF
β_1	81.076	1.346	81.047	81.106	0.999
β_2	1.034	0.904	1.014	1.054	0.999
β_3	4.033	0.892	4.014	4.053	1.000
β_4	6.211	0.901	6.192	6.231	1.000
β_5	−1.839	0.883	−1.859	−1.820	0.999
β_6	2.962	0.872	2.942	2.981	1.000
β_7	−5.202	0.871	−5.222	−5.183	1.000
β_8	2.122	1.181	2.096	2.148	1.000
β_9	11.382	1.190	11.356	11.409	1.000
β_{10}	−3.868	1.169	−3.893	−3.842	1.001

续表

参数	后验均值	SD	95%的后验 CI		PSRF
β_{11}	59.950	0.377	59.942	59.959	0.999
β_{12}	3.587	0.352	3.579	3.595	0.999
β_{13}	2.228	0.354	2.220	2.235	1.001
β_{14}	0.824	0.345	0.816	0.832	1.000
σ_{11}	19.623	7.943	19.450	19.797	0.999
σ_{12}	−0.811	1.884	−0.853	−0.770	0.999
σ_{22}	2.390	0.933	2.369	2.410	1.000

图 4-1 展示了聚合物试验中回归系数 β_1 的诊断图，另外，参数 σ_{12}（矩阵 $\boldsymbol{\Sigma}$ 的非对角元素）的诊断图如图 4-2 所示。考虑到篇幅限制，本试验中涉及的其他参数的诊断图没有加以展示，但具有类似的结果。此外，图 4-1 和图 4-2 中的踪迹图的抽样值围绕某个均值上下波动，呈现出良好的收敛性；图 4-1 和图 4-2 中的自相关图表明这些参数的自相关性非常弱，在后续的统计推断中可以忽略不计；图 4-1 中的后验核密度曲线非常平滑，且接近正态分布密度曲线。上述可视化诊断研究表明，关于 SUR 模型参数的假设是合理的，因此，可以用通过收敛性诊断后的模型参数抽样值来构建各种性能指标，并据此开展后续的统计推断和预测评价。

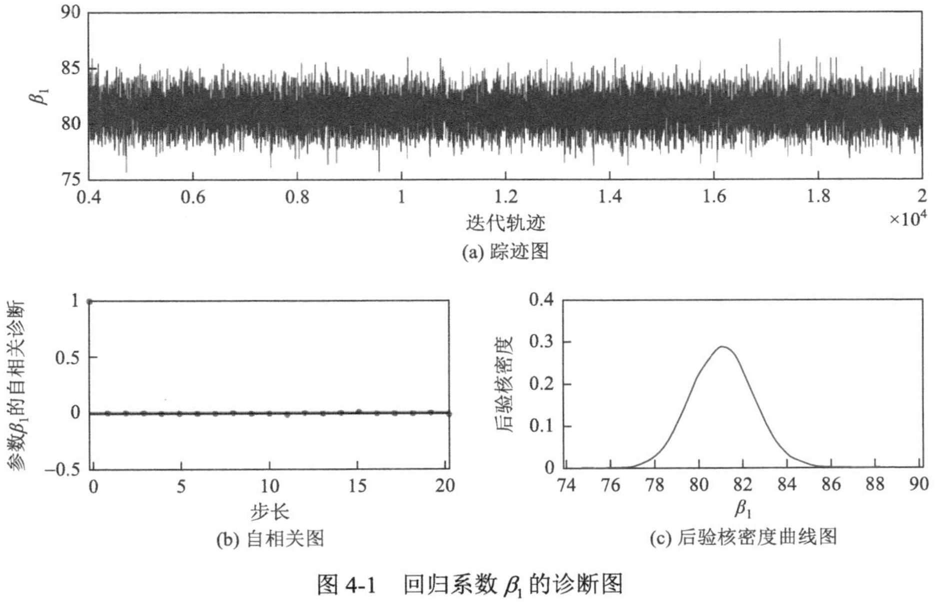

图 4-1　回归系数 β_1 的诊断图

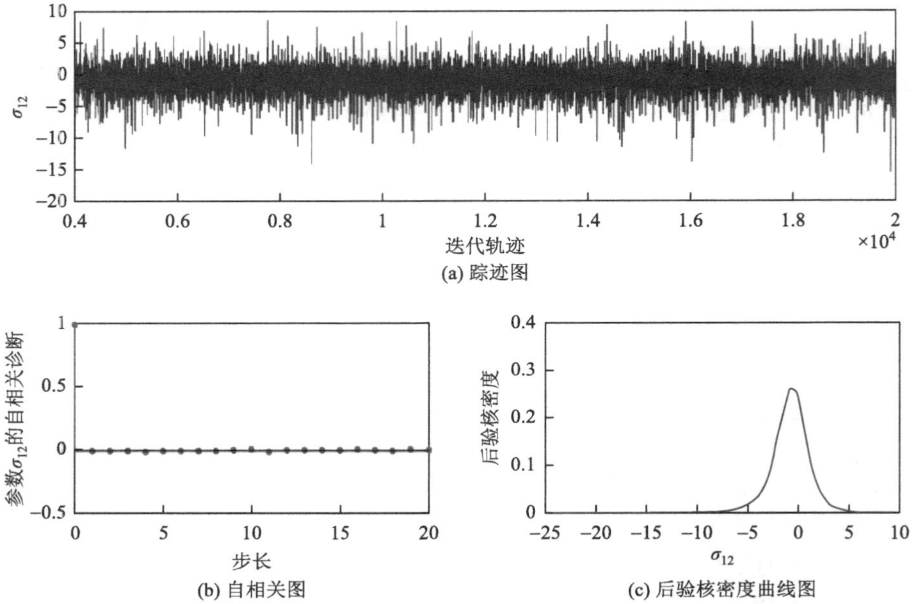

图 4-2　参数 σ_{12} 的诊断图

考虑到式（4-35）中没有关于 p_0 的先验信息，在此利用 HGA 最大化符合性概率函数即式（4-34）来获得一个有效的参考值。在 MATLAB 的 GA 优化工具箱中，将种群规模设置为 100，选择模式搜索作为混合函数，其他参数选择默认值。假设适应度函数为 $1-P[\boldsymbol{Y}_{\text{new}}(\boldsymbol{x})\in A\,|\,\text{data}]$，利用结合模式搜索的 HGA 优化响应满足特定区域 $A=\{80\leqslant y_1\leqslant 100, 55\leqslant y_2\leqslant 60\}$ 的符合性概率。表 4-5 中的加粗部分表示针对某种特定方法采用相应的优化指标（如期望损失或符合性概率）进行优化，表 4-5 的第二行给出了基于符合性概率函数方法获得的后验概率的优化结果。此时，最优设置为（0.228, 1.067, 0.180），符合性概率 P 为 0.963，同时根据式（4-30），相应最优设置的期望质量损失 EL 为 17.233。在聚合物试验中没有重复响应数据，因此可以使用上述提出的贝叶斯建模方法来计算质量损失。此外，在不考虑符合性概率约束的情况下，利用贝叶斯 SUR 建模框架中的式（4-30）优化损失函数。

假设 GA 的迭代次数最多为 100 次，HGA 的迭代优化过程如图 4-3 所示，基于质量损失函数的优化结果如表 4-5 第三行所示。此时，最优设置为（–0.313, 1.675, –0.422），期望质量损失为 4.964，其中式（4-34）对应的最优设置的符合性概率为 0.803。参照 Ko 等[9]的方法，可以分别计算出期望质量损失和符合性概率，表 4-5 的第四行给出了基于 Ko 等的方法的优化结果。在这种情况下，期望质量损失为 5.213，符合性概率为 0.776。此外，基于 Pignatiello[7]的方法的优化结果显示在表 4-5 的第五行，与 Ko 等的方法得到的结果比较接近。

表 4-5　不同方法的优化结果

不同方法	参数设置			期望损失成分			EL	边际概率		P
	x_1	x_2	x_3	EL_{bias}	EL_{pred}	EL_{robust}		P_1	P_2	
后验概率	0.228	1.067	0.180	14.986	0.312	1.935	17.233	0.966	0.997	**0.963**
质量损失函数	−0.313	1.675	−0.422	2.182	0.847	1.935	**4.964**	0.828	0.967	0.803
Ko 等的方法	−0.420	1.680	−0.470	2.368	0.910	1.935	**5.213**	0.821	0.940	0.776
Pignatiello 的方法	−0.450	1.680	−0.510	**2.344**	0.942	**1.935**	5.221	0.821	0.930	0.768
本节所提方法	−0.388	1.568	−0.005	5.605	0.653	1.935	**8.193**	0.9128	0.9866	**0.903**

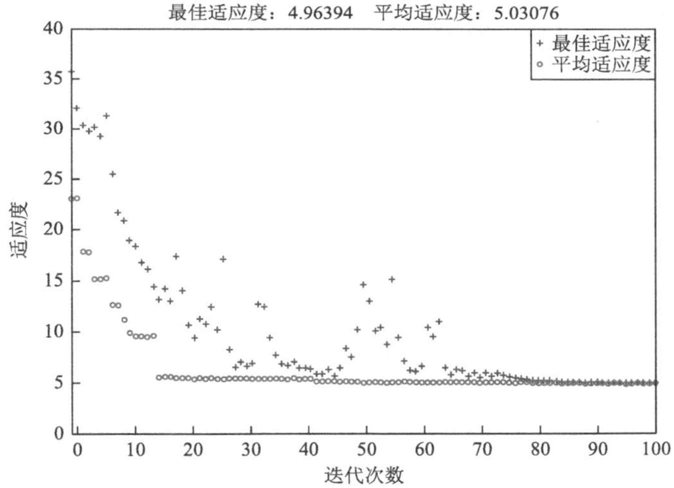

图 4-3　HGA 的迭代优化过程

鉴于上述优化结果，假设在本节所提方法中，分析人员或客户满意的期望概率（p_0）等于 0.9。在假设相同参数的情况下，采用 HGA 对所提模型即式（4-35）进行参数优化，基于本节所提方法的优化结果见表 4-5 最后一行。在这种情况下，最优设置为(−0.388, 1.568, −0.005)，期望质量损失为 8.193，符合性概率为 0.903。

由于 5 种方法具有相同的稳健性，对于无重复响应数据，EL_{robust} 在 5 种方法中是相同的。此外还可以看到，表 4-5 中响应 y_1 的边际概率 P_1 略小于响应 y_2 的边际概率 P_2。从研究结果可以看出，响应 y_1 的预测 R^2 小于响应 y_2 的预测 R^2，所以模型的预测能力会影响符合性概率。与表 4-5 中的其他方法相比，后验概率方法的符合性概率最高，期望质量损失最大，这说明该方法确实更注重优化结果的可靠性，但忽略了质量损失。相反，表 4-5 中的质量损失函数方法给出了一个最优的参数设计值，在这个最优的参数设计值下，其期望质量损失是最小的，而符合性概率却较大。然而，损失函数方法的优化结果与 Ko 等[9]的质量损失非常接近，这反映了 SUR 的贝叶斯建模和优化技术的有效性。与后验概率方法相比，本节所提方法不仅大大降低了期望质量损失，而且在聚合物试验中获得了与后验概率方法非常接近的符合性概率。另外，与质量损失函数或 Ko 等的方法相比，该方法可以显著地提高符合性概率。综上所述，在多响应优化设计中，若同时考虑产品或过程的期望质量损失和符合性概率，本节所提方法比其他方法更有优势。

如上所述，Peterson[28]使用 SMR 模型来分析多响应优化问题。由于 SMR 模型的贝叶斯后验密度函数具有封闭的表达式，很容易从其后验密度函数中模拟出响应的抽样值 $\boldsymbol{Y}_{\text{new}}^{(k)}(\boldsymbol{x})$。然而，正如 Peterson 等[23]指出的，SMR 模型的一个明显缺点是仅适用于具有相同模型结构的多响应曲面模型的构建。因此，SMR 模型中响应 y_1 和 y_2 的协变量向量应假设为

$$z_1(\boldsymbol{x}) = z_2(\boldsymbol{x}) = (1, x_1, x_2, x_3, x_1^2, x_2^2, x_3^2, x_1x_2, x_1x_3, x_2x_3)$$

由于不同形式的 SUR 模型可以比 SMR 模型提供更灵活和准确的建模，在贝叶斯建模优化框架下，通过比较 SMR 模型和 SUR 模型，研究不同的建模形式对优化结果的影响是有意义的。贝叶斯 SMR 模型与贝叶斯 SUR 模型的对比分析结果如表 4-6 所示。

表 4-6 贝叶斯 SMR 模型与贝叶斯 SUR 模型的对比分析

不同方法	参数设置			贝叶斯 SMR 模型		贝叶斯 SUR 模型	
	x_1	x_2	x_3	EL	P	EL	P
后验概率	−0.46	1.15	−0.48	20.9581	**0.6478**	16.5875	**0.8851**
质量损失函数	−0.29	1.68	−0.41	**11.5613**	0.4612	**4.9623**	0.8013
Pignatiello 的方法	−0.48	1.68	−0.56	**11.8398**	0.4810	**5.4594**	0.7504
Ko 等的方法	−0.38	1.68	−0.49	**11.6662**	0.4806	**5.1536**	0.7892
本节所提方法	−0.43	1.44	−0.49	**14.6636**	0.6028	**9.4352**	**0.8823**

表 4-6 中的加粗部分表明，贝叶斯 SMR 模型框架中的相应方法考虑了优化指标（即期望质量损失 EL 或符合性概率 P）；基于贝叶斯 SUR 模型，采用相应的方法得到了表 4-6 中的最优参数设置。表 4-6 中两种损失函数方法（即 Pignatiello 的方法和 Ko 等的方法）的参数设置参考了 Ko 等[9]的案例（即预测质量低但稳健性相同）的优化结果。基于表 4-6 的贝叶斯 SMR 模型对应方法找到的最优参数设置，可以得到贝叶斯 SUR 模型的期望质量损失和符合性概率的优化结果。与基于

贝叶斯 SMR 模型的优化结果相比，在相同的参数设置条件下，基于贝叶斯 SUR 模型的优化方法都能大幅度地提高相应的符合性概率，并显著降低其期望质量损失，这是因为贝叶斯 SUR 模型比贝叶斯 SMR 模型能够提供更灵活、更准确的建模。结果还表明，响应曲面模型的预测能力对本试验中 SMR 模型和 SUR 模型的优化结果有显著的影响。

2. *仿真试验*

上述聚合物试验仅涉及无重复响应数据，但有必要使用本节所提方法对重复响应数据进行试验分析。参照 Ko 等[9]的案例，使用以下模型生成具有 5 个重复响应的模拟数据：

$$\begin{bmatrix} \boldsymbol{y}_{1i}(\boldsymbol{x}) \\ \boldsymbol{y}_{2i}(\boldsymbol{x}) \end{bmatrix} = \begin{bmatrix} \boldsymbol{y}_{1}(\boldsymbol{x}) \\ \boldsymbol{y}_{2}(\boldsymbol{x}) \end{bmatrix} + \boldsymbol{\varepsilon}_i, \quad i = 1,2,\cdots,5$$

其中，$\boldsymbol{y}_1(\boldsymbol{x})$ 和 $\boldsymbol{y}_2(\boldsymbol{x})$ 表示聚合物试验（表 4-3）的响应数据。

$$\boldsymbol{\varepsilon}_i \sim N\left\{\begin{pmatrix} 0 \\ 0 \end{pmatrix}, \begin{bmatrix} \sigma_{11}(\boldsymbol{x}) & \sigma_{12}(\boldsymbol{x}) \\ \sigma_{21}(\boldsymbol{x}) & \sigma_{22}(\boldsymbol{x}) \end{bmatrix}\right\}$$

$$\sigma_{11}(\boldsymbol{x}) = \exp(3 - x_1^2 - 2x_3^2)$$

$$\sigma_{22}(\boldsymbol{x}) = \exp(2 - 2x_1^2 - x_3^2)$$

$$\sigma_{12}(\boldsymbol{x}) = \sigma_{21}(\boldsymbol{x}) = 0.03\sigma_{11}(\boldsymbol{x})\sigma_{22}(\boldsymbol{x})$$

重复响应的模拟数据如表 4-7 所示，根据模拟数据，利用 OLS 估计重复响应均值的两种响应曲面模型的参数，具体如下：

$$\hat{y}_{1\mu} = 80.8 + 0.87x_1 + 4.29x_2 + 6.36x_3 - 1.59x_1^2 + 3.32x_2^2 - 5.55x_3^2 + 2.04x_1x_2 + 11.2x_1x_3 - 4.01x_2x_3$$

$$\hat{y}_{2\mu} = 59.90 + 3.55x_1 + 2.15x_3 + 0.84x_1^2$$

关于在聚合物试验中模型参数的贝叶斯收敛性诊断的讨论在前面已经给出，在这个试验中没有观察到违反假设的情况。由于模拟数据是在聚合物试验的基础上生成的，在模拟试验中没有显示模型参数的收敛性诊断结果。

表 4-7　重复响应的模拟数据

x_1	x_2	x_3	y_{11}	y_{12}	y_{13}	y_{14}	y_{15}	y_{21}	y_{22}	y_{23}	y_{24}	y_{25}
−1.00	−1.00	−1.00	73.6	73.9	73.7	74.0	74.5	54.6	53.2	53.6	52.5	52.7
1.00	−1.00	−1.00	51.4	51.7	50.7	50.9	51.2	63.8	62.4	63.1	62.1	63.2
−1.00	1.00	−1.00	88.7	88.7	88.4	89.3	88.8	52.6	54.0	54.1	53.0	53.0
1.00	1.00	−1.00	70.1	70.5	70.7	69.7	70.7	61.4	63.7	61.7	63.0	62.6
−1.00	−1.00	1.00	70.7	71.8	71.0	72.2	71.5	57.9	57.0	56.9	57.3	57.6

续表

x_1	x_2	x_3	y_{11}	y_{12}	y_{13}	y_{14}	y_{15}	y_{21}	y_{22}	y_{23}	y_{24}	y_{25}
1.00	−1.00	1.00	89.8	89.5	90.3	90.7	88.9	67.7	67.6	67.1	67.7	67.9
−1.00	1.00	1.00	66.0	66.2	66.6	67.7	65.5	61.4	60.7	60.5	60.2	60.0
1.00	1.00	1.00	96.9	96.9	96.8	96.5	96.9	67.4	67.5	68.4	68.2	68.0
−1.68	0.00	0.00	77.5	76.0	76.1	76.1	75.9	59.1	57.4	59.2	59.0	59.1
1.68	0.00	0.00	79.2	79.1	78.9	79.1	78.1	65.8	66.8	65.9	65.3	65.8
0.00	−1.68	0.00	85.1	81.5	84.9	87.0	85.0	60.6	59.9	62.4	60.0	57.1
0.00	1.68	0.00	97.0	102.8	96.9	97.3	97.1	62.4	60.7	59.0	60.6	54.7
0.00	0.00	−1.68	50.3	54.6	49.3	55.1	53.5	57.2	55.3	56.7	61.4	57.0
0.00	0.00	1.68	82.7	80.6	80.6	81.6	75.9	63.0	62.6	63.5	60.1	62.5
0.00	0.00	0.00	85.6	79.7	83.7	84.0	76.7	57.2	64.2	59.0	57.9	55.5
0.00	0.00	0.00	65.4	76.0	67.5	74.1	75.3	58.3	60.2	59.6	54.2	59.7
0.00	0.00	0.00	79.9	81.5	77.0	77.6	72.0	55.9	67.7	66.0	62.1	60.2
0.00	0.00	0.00	84.7	90.0	80.1	84.2	83.6	60.7	61.1	61.8	59.0	62.9
0.00	0.00	0.00	82.8	80.8	74.5	74.4	81.5	62.2	64.5	58.7	55.4	57.4
0.00	0.00	0.00	90.2	90.3	82.8	89.1	96.9	61.8	52.6	61.4	61.8	60.8

根据式（4-31），基于响应数据 $\ln\ \mathrm{tr}[\boldsymbol{C}\times\hat{\boldsymbol{\Sigma}}_y(\boldsymbol{x})]$ 和可控因子 $\boldsymbol{x}$ 的回归模型估计如下：

$$\ln\ \mathrm{tr}[\boldsymbol{C}\times\hat{\boldsymbol{\Sigma}}_y(\boldsymbol{x})]=1.36+0.29x_1-0.24x_3-1.31x_1^2-0.65x_3^2$$

此外，采用式（4-32）计算预测方差矩阵 $\boldsymbol{\Sigma}_{\hat{y}_\mu}(\boldsymbol{x})$。对于具有重复响应数据的模拟试验，采用相同的成本矩阵和聚合物试验对给定的目标值进行优化，结果如表 4-8 所示。

表 4-8　不同方法的优化结果

不同方法	参数设置			期望损失成分			EL	边际概率		P
	x_1	x_2	x_3	EL_{bias}	EL_{pred}	EL_{robust}		P_1	P_2	
后验概率	0.076	1.201	−0.118	11.846	0.390	4.344	16.580	0.961	0.996	**0.958**
损失函数	−0.681	1.680	−0.536	1.532	1.288	2.171	**4.991**	0.821	0.856	0.707
Ko 等的方法	−0.657	1.680	−0.575	1.484	1.296	2.205	**4.998**	0.816	0.855	0.705
Vining 的方法	−0.400	1.679	−0.386	**1.390**	**1.007**	3.369	5.766	0.831	0.966	0.804
Pignatiello 的方法	−0.817	1.679	−0.653	**2.254**	1.526	**1.560**	5.340	0.799	0.743	0.604
本节所提方法	−0.372	1.501	−0.325	4.040	0.720	3.525	**8.285**	0.922	0.980	**0.905**

同样，表 4-8 中的加粗部分表明采用了相应的方法来考虑优化准则。如前所述，基于后验概率方法获得的优化结果的可靠性最高，而在相同参数设置下的期望质量损失最差。就期望质量损失而言，通过损失函数方法（如损失函数或 Ko 等的方法）可以找到理想的参数设置，然而，相同参数设置的符合性概率可能令人不满意。假设将 x_2 设置为 1.501，x_1 和 x_3 在其规格限内的符合性概率曲面如图 4-4 所示。由图 4-4 可知，x_1 和 x_3 的参数设置越偏离特定区域的中心，其模拟试验响应的符合性概率越低。

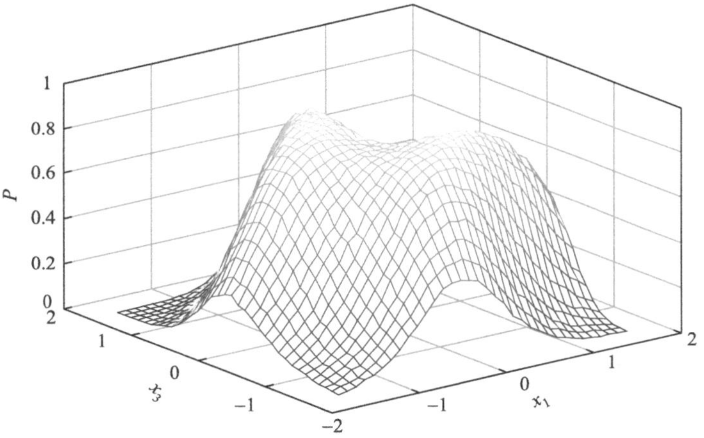

图 4-4　符合性概率的曲面图

图 4-5（a）和图 4-5（b）分别展示了 EL_{bias} 和 EL_{pred} 与 x_1 和 x_3 的曲面图。从图 4-5（a）可以看出，与其他分量相比，EL_{bias} 在 EL 中占主导地位，同样，表 4-8 中不同的方法提供了重复响应模拟试验的 EL_{pred} 的不同结果。EL_{pred} 可以通过预测方差-协方差矩阵 $\boldsymbol{\Sigma}_{\hat{y}}(\boldsymbol{x})$ 来测量，$\boldsymbol{\Sigma}_{\hat{y}}(\boldsymbol{x})$ 与模型参数 $\hat{\boldsymbol{\beta}}$ 估计的协方差矩阵的分块矩阵和式（4-32）中的因子向量有关，因此，由于模型参数的不确定性，EL_{pred} 可以反映预测响应的方差。由图 4-5（b）可以看出，x_1 和 x_3 的参数设置越靠近特定区域的中心，模拟试验的 EL_{pred} 越小，因此，与表 4-8 中的其他方法相比，分量 EL_{pred} 的预测函数最小。当 x_1 和 x_3 的参数设置接近区域的中心时，模型参数不确定性对优化结果的影响会变小。上述研究结果表明，参数设置的改变可以降低模型参数不确定性带来的不利影响。

与聚合物试验不同，表 4-8 中不同方法的 EL_{robust} 不相等。这是因为在上述模拟试验中，EL_{robust} 可以通过方差-协方差矩阵 $\boldsymbol{\Sigma}_y(\boldsymbol{x})$ 来测量，$\boldsymbol{\Sigma}_y(\boldsymbol{x})$ 与可控因子 $\boldsymbol{x}$ 和模拟试验的重复响应数据有关。图 4-5（c）显示了 EL_{robust} 与 x_1 和 x_3 的曲面图，它

反映了特定区域响应的内在变化。从图 4-5（c）可以看出，x_1 和 x_3 的参数设置越偏离特定区域的中心，上述模拟试验的稳健性越好。

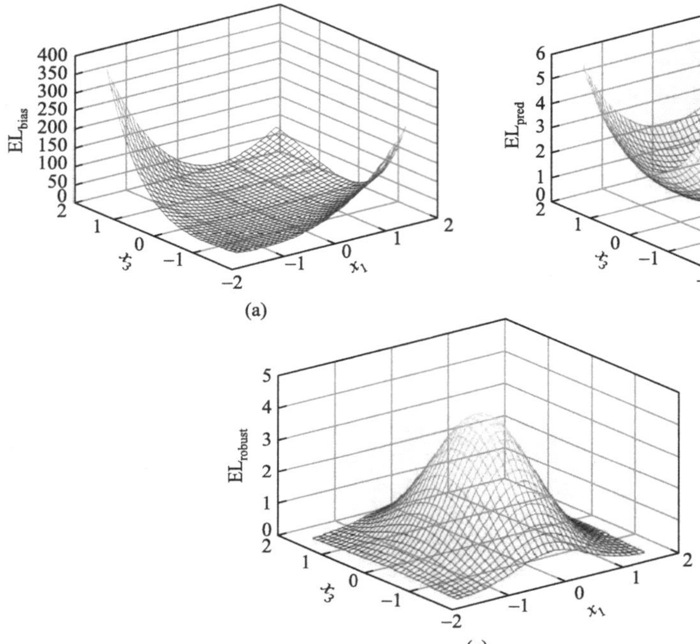

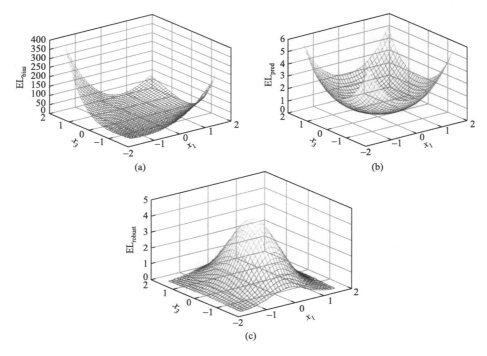

图 4-5　不同分量期望损失的曲面图

Vining 的方法[27]是利用 EL_{bias} 和 EL_{pred} 的总和来最小化期望质量损失。因此，表 4-8 的结果表明，与其他损失函数方法（质量损失函数、Ko 等的方法、Pignatiello 的方法）相比，Vining 方法的偏差最小，EL_{pred} 最好，而 EL_{robust} 最差，同时，Vining 方法对应的参数设置的符合性概率高于其他损失函数方法。结果表明，EL_{pred} 对符合性概率有很大的影响。Pignatiello 方法的期望质量损失由 EL_{bias} 和 EL_{robust} 之和来优化，与其他几种损失函数方法相比，Pignatiello 方法的 EL_{robust} 最小，EL_{pred} 最差。结果表明，Pignatiello 方法更注重 EL_{robust}，而忽略了 EL_{pred}。此外，与其他损失函数方法相比，Pignatiello 方法对应的参数设置的符合性概率较低。需要注意的是，EL_{pred} 与对应的符合性概率成反比关系，即 EL_{pred} 越大，对应的符合性概率越小，反之亦然。上述结果再次表明，符合性概率与模型的预测能力密切相关。一般来说，当需要同时考虑期望质量损失（即 EL_{bias}、EL_{pred} 和 EL_{robust}）和符合性概率时，无论使用符合性概率还是损失函数方法，都无法找到理想的参数设置。与后验概率方法相比，当期望概率 p_0 为 0.9，满足分析人员或客户的期望时，本节所提方法显著降低了期望质量损失。此外，与其他损失函数方法相比，本节所提方法可以大大提高优化结果的可靠性。与聚合物试验一样，表 4-8 的结果表明，本节所提方法能够找到理想的参数设置，能够有效地在期望质量损失和符合性概率之间进行权衡。

使用标准的帕累托前沿图来展示如何在两个优化标准（即符合性概率和期望质量损失）之间进行权衡是非常重要的。利用 MATLAB 优化工具箱中的“gamultiobj-多目标遗传算法优化”求解器，同时对期望损失函数和后验概率函数进行优化，图 4-6 为期望质量损失与符合性概率之间的帕累托前沿图。

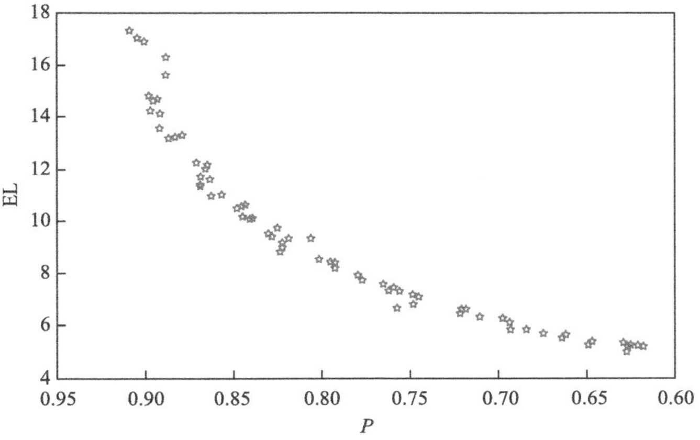

图 4-6　期望质量损失与符合性概率间的帕累托前沿图

事实上，多响应优化问题中两个不同的性能指标（符合性概率和期望质量损失）在质量管理中反映了两种不同的质量含义。符合性概率更加关注产品质量的基本属性，要求产品满足给定的规格限，从制造商的视角强调如何提升产品的符合性概率；然而，期望质量损失则从另外一个视角强调即使是合格品，也会因为其质量特性的波动而给社会或用户带来损失，因此，期望质量损失通常会从社会或用户的视角强调如何减小产品或过程的波动、提高其稳健性。当期望质量损失和符合性概率都非常重要时，使用单一性能指标（即期望质量损失或符合性概率）来优化多响应问题可能会使研究结果产生误导性信息。此外，本节通过两个实例验证了所提方法在无重复响应数据和重复响应数据下的有效性。对比分析结果表明，贝叶斯 SUR 模型比贝叶斯 SMR 模型能提供更可靠、更合理的解决方案，本节研究结果还表明，模型预测的质量将对优化结果产生显著影响。

除模型参数不确定性[33]外，还需要关注模型结构不确定性对优化结果的影响。为此，一些研究者曾尝试采用贝叶斯模型平均[14]（Bayesian model average，BMA）方法来处理上述问题。此外，还可以利用高斯过程模型建立更为复杂的非线性响应曲面模型，以进一步地拓展本节所提方法的应用范围[35, 36]。

4.3 模型参数不确定的非正态多响应优化设计

在多响应优化设计中，通常假设响应服从正态分布，然而在实际的质量设计问题中，非正态响应的情况也广泛存在。此外，忽视模型参数不确定性往往会导致输出响应产生较大的波动，从而导致其优化结果在实际应用中难以实现。在非正态多响应优化设计的过程中，难点之一是如何筛选出各响应模型的显著性变量，使最终模型符合因子效应原则；难点之二是如何在响应建模过程中考虑模型参数不确定性及其导致的预测响应值波动问题；难点之三是如何解决多个响应之间可能存在的冲突问题。基于上述问题，本节在 GLM 框架下，首先根据因子效应原则，结合贝叶斯后验概率和混合二元变量指示器来筛选各响应的显著性变量，确定响应模型；其次利用各响应在规格限内的后验概率确定初始试验区域；再次利用各个初始试验点的后验样本计算该点在帕累托前沿上的概率；最后利用 GRA 方法，进一步确定最佳的参数组合。本节所提方法的基本流程如图 4-7 所示。

4.3.1 识别显著效应

1. GLM

Nelder 和 Wedderburn[37]在 1972 年首次提出了 GLM 的概念，随后在 1989 年，McCullagh 和 Nelder[38]出版了系统介绍 GLM 的专著。目前，GLM 已经广泛应用于工程科学、生物医学等领域，该模型不仅包含了各种常见的指数族分布（如正态分布、泊松分布、伽马分布等），而且能够利用联系函数构建响应方差和均值之间的函数关系[39]。在 GLM 中，解释变量 x_{ij} 通过线性预报器 η 影响响应变量 y_{ij}，其中线性预报器 η 的表达方式如下：

$$\eta=\sum_{j=0}^{m}\beta_j x_{ij} \tag{4-36}$$

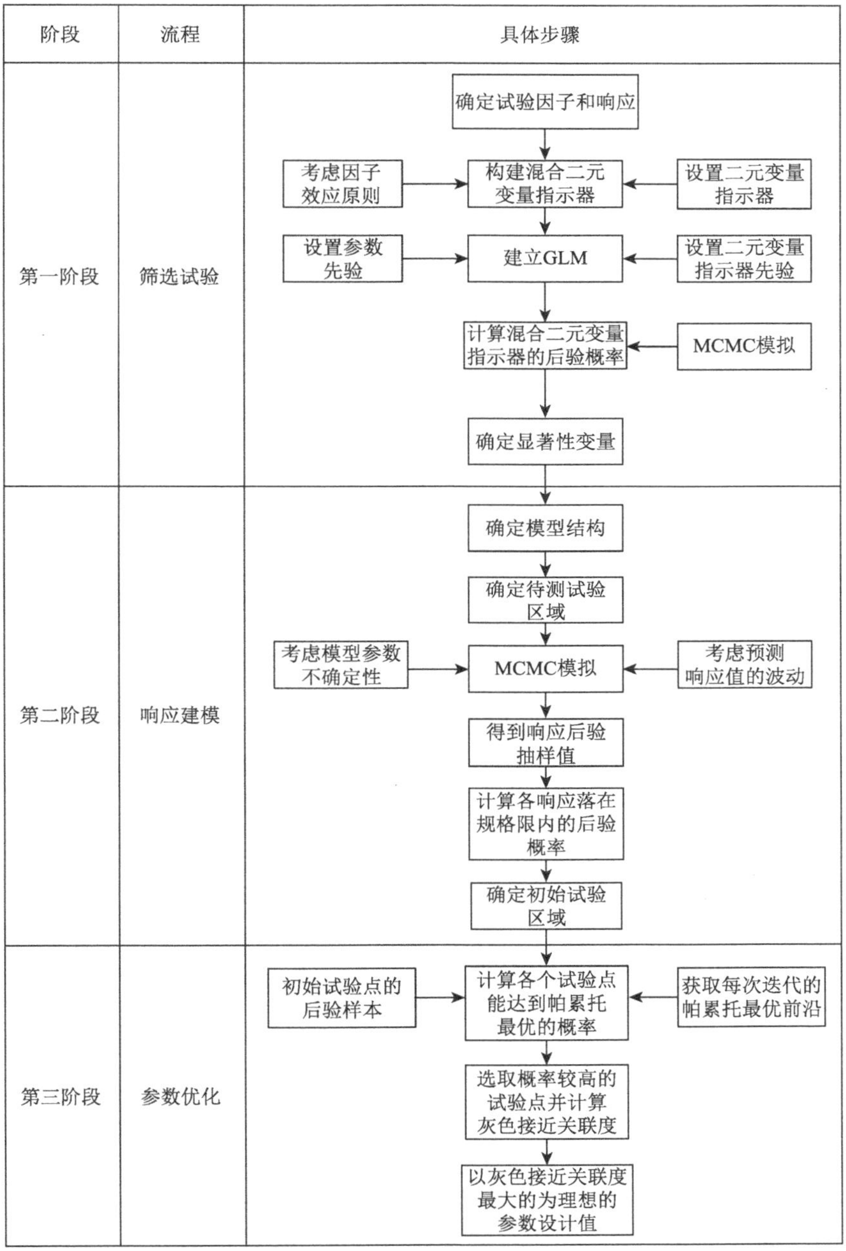

图 4-7　本节所提方法的流程图

其中，β_j 表示解释变量 x_{ij} 的相应系数。在已知线性预报器 η 和其他参数的条件下，通过响应变量 y_{ij} 的函数可以获得 GLM：

$$g(y_{ij} \mid \eta_{ij}, \phi) = \exp\{[y_{ij}\eta_{ij} - b(\eta_{ij})] / \phi - c(y_{ij}, \phi)\}$$

其中，ϕ为规范参数；$b(\eta_{ij})$为给定响应变量y_{ij}的均值和方差的函数，即

$$E(y_{ij} \mid \eta_{ij}, \phi) = \mu_{ij} = b'(\eta_{ij}) \tag{4-37}$$

$$\mathrm{Var}(y_{ij} \mid \eta_{ij}, \phi) = \phi b''(\eta_{ij}) \tag{4-38}$$

从式（4-37）和式（4-38）可以看出，均值和方差是相关的，即

$$\mathrm{Var}(y_{ij} \mid \eta_{ij}, \phi) = \phi b''[(b')^{-1}(\eta_{ij})] = \phi V(\mu_{ij}) \tag{4-39}$$

其中，$V(\mu_{ij})$表示方差函数；η_{ij}是关于μ_{ij}的函数，表示连接函数；$b'(\eta_{ij})$表示逆连接函数。GLM 的拟合和推断可以通过几个 R 统计包来执行，如 GLM2 和 GLMM。

2. 结合 GLM 与因子效应原则的贝叶斯分析

相当多的变量选择方法没有考虑试验设计的因子效应原则（效应稀疏原则、效应排序原则和效应遗传原则），是否考虑试验设计的因子效应原则通常被认为是区分试验设计和一般回归分析的一个特征[30]。因此，将试验设计的因子效应原则纳入 GLM 建模框架中是一项非常有意义的研究。正如 Ntzoufras[40]指出的，GLM 变量选择的主要问题集中在式（4-36）中的线性预报器涉及的变量上。基于上述研究思想，本节将为线性预报器中的所有因子效应选择合适的先验概率。

在式（4-36）的线性预报器中加入二元变量指示器γ_j，式（4-36）的线性预报器η可以表示为

$$\eta = \sum_{j=0}^{m} \gamma_j x_{ij} \beta_j, \quad i = 1, 2, \cdots, n \tag{4-40}$$

其中，n表示试验运行的次数；二元变量指示器γ_j表示对应的变量x_{ij}是否应该包含在式（4-40）中。如果二元变量指示器γ_j等于 1，则式（4-40）中应包含x_{ij}；如果二元变量指示器γ_j等于 0，则式（4-40）中不包含x_{ij}。对于二元变量指示器γ_j，这里使用独立的先验分布：

$$f(\gamma) = \prod_{j=0}^{m} p_j^{\gamma_j} (1 - p_j)^{1-\gamma_j} \tag{4-41}$$

其中，p_j表示二元变量指示器γ_j等于 1 的先验概率，即$p_j = \mathrm{prob}(\gamma_j = 1)$。在此，结合因子效应原则为二元变量指示器$\gamma_j$选择合适的先验概率$p_j$。例如，在筛选试验的分析中，当存在众多需要估计的主效应时，通常会根据效应稀疏原则假设所有主效应对应的二元变量指示器γ_j的先验概率等于 0.2；然而，当主效应数量较少时，假设所有主效应对应的二元变量指示器γ_j的先验概率等于 0.5[41]。式（4-41）中二元变量指示器γ_j的独立先验表明，一个效应的显著性不取决于另一个效应是

否显著，因此，有必要将效应遗传原则纳入式（4-41）中二元变量指示器 γ_j 的先验概率中。根据上述假设，交互效应 AB 的先验概率 p 为

$$p = \text{prob}(\gamma_{AB} = 1 \mid \gamma_A, \gamma_B) = \begin{cases} p_{00}, & (\gamma_A, \gamma_B) = (0,0) \\ p_{10}, & (\gamma_A, \gamma_B) = (1,0) \\ p_{01}, & (\gamma_A, \gamma_B) = (0,1) \\ p_{11}, & (\gamma_A, \gamma_B) = (1,1) \end{cases} \tag{4-42}$$

其中，$(\gamma_A, \gamma_B) = (0,0)$ 表示主效应 A 和 B 都不显著；$(\gamma_A, \gamma_B) = (1,0)$ 表示主效应 A 显著，而主效应 B 不显著。根据效应遗传原则，四种不同情况的二元变量指示器 γ_j 的先验概率可以假设为 p_{00} 小（0.02）、p_{10} 和 p_{01} 较大（0.1）、p_{11} 最大（0.3）。此外，当因子效应的数量较大时，也可以考虑效应排序原则，应该优先估计低阶效应。例如，式（4-41）中二元变量指示器 γ_j 的先验概率 p 可以设置为 0.5，对于三阶或更高阶的交互效应可以设置为 0.01。假设每个二元变量指示器 γ_j 对应的参数 β_j 之间条件独立，根据 Ntzoufras[40]的经验贝叶斯先验，每个参数 β_j 的先验可以假设为

$$\beta_j \mid \gamma_j \propto \gamma_j N(\hat{\mu}_{\beta_j}, n\hat{S}^2_{\beta_j}) + (1-\gamma_j) N(\hat{\mu}_{\beta_j}, \hat{S}^2_{\beta_j}) \tag{4-43}$$

模型参数 β_j 的均值 $\hat{\mu}_{\beta_j}$ 和方差 $\hat{S}^2_{\beta_j}$ 可以用 R 统计包的 GLM 来估计。在上述先验假设下，模型参数 β_j 和二元变量指示器 γ_j 可以使用 Gibbs 抽样程序计算[42]，二元变量指示器 γ_j 等于 1 的后验概率可以通过式（4-44）估计：

$$\hat{f}(\gamma = 1 \mid y) = \frac{1}{T-B} \sum_{t=B+1}^{T} I[\gamma^{(t)} = 1] \tag{4-44}$$

其中，T 和 B 是 $\gamma^{(t)}$ 的 Gibbs 抽样的总数和起始点。如果变量指示器 $\gamma^{(t)}$ 等于 1，则二进制指示器 $I(\cdot)$ 等于 1；如果变量指示器 $\gamma^{(t)}$ 等于 0，则二进制指示器 $I(\cdot)$ 等于 0。上述贝叶斯变量选择方法可以通过使用 R2jags 来实现。二元变量指示器 γ_j 的后验概率等于或大于 0.5 将被视为显著性变量[20]，可以根据式（4-44）的结果识别重要变量。

4.3.2 建立响应曲面模型

1. 考虑模型参数的不确定性和响应的可变性

根据上述贝叶斯变量选择的结果，使用 MCMC 方法可以获得更简洁的响应曲面模型，利用经验贝叶斯先验来考虑线性预报器中的模型参数不确定性（式（4-36）），模型参数 β_j 的经验贝叶斯先验如下所示：

$$\beta_j \sim N(\mu_j, \tau_j)$$

$$\mu_j \leftarrow \mu_{\hat{\beta}_j}, \quad \tau_j \leftarrow 1\Big/(n \times sd_{\hat{\beta}_j}^2)$$

其中，μ_j 和 τ_j 是正态分布的均值和方差。此外，利用模型参数 $\beta_j^{(k)}$ 的 Gibbs 样本，可以在贝叶斯 GLM 建模的框架中考虑响应的波动来生成模拟响应 $\boldsymbol{y}_{\text{new}}$。例如，根据以往的经验或试验数据的分析结果，假设模型响应服从 Poisson 分布。在上述假设下，基于对数联系函数的响应可以表示为

$$y_i \sim \text{Poisson}(\mu_i), \quad i = 1, 2, \cdots, n \tag{4-45}$$

$$\mu_i \leftarrow \ln(\eta), \quad \eta = \beta_0 + \sum_{j=1}^{m} \beta_j x_{ij}$$

值得注意的是，所有的参数估计和收敛性诊断都可以通过使用 R 统计包来实现，如 R2WinBUGS、R2jags 和 JAGS。然而，在进行任何统计推断之前，需要谨慎对待模拟抽样值，一些诊断工具，如可视化踪迹图，可以帮助研究人员检查所有参数的收敛性。

2. 基于贝叶斯后验样本的响应曲面建模

模拟抽样值 $\boldsymbol{y}_{\text{new}}(\boldsymbol{x})$ 不仅通过经验贝叶斯先验考虑了模型参数的不确定性，还考虑了与模型参数不确定性和其他未知随机误差相关的响应波动。模拟抽样值 $\boldsymbol{y}_{\text{new}}(\boldsymbol{x})$ 可在模拟绘图达到其期望的平稳分布后，在可控输入因子 $\boldsymbol{x}$ 和输出响应变量 $\boldsymbol{y}$ 之间建立响应模型。

假设 $\boldsymbol{x} = (x_1, x_2, \cdots x_m)^{\mathrm{T}}$ 表示可控因子的 $m \times 1$ 的向量，$\boldsymbol{y}_{\text{new}} = (y_1^{\text{new}}, y_2^{\text{new}}, \cdots, y_p^{\text{new}})^{\mathrm{T}}$ 表示模拟响应变量的 $p \times 1$ 的向量，$A = (A_1, A_2, \cdots, A_p)^{\mathrm{T}}$ 表示输出响应变量的规格限。基于给定的试验数据，模拟响应变量 $y_k^{\text{new}}(\boldsymbol{x})$ 的边际符合性概率函数 $P_k(\boldsymbol{x})$ 可表示为

$$P_k(\boldsymbol{x}) = P[y_k^{\text{new}}(\boldsymbol{x}) \in A_k \mid \text{data}], \quad k = 1, 2, \cdots, p \tag{4-46}$$

其中，A_k 是第 k 个响应 $y_k(\boldsymbol{x})$ 的规格限。考虑到给定的可控因子 $\boldsymbol{x}$，边际符合性概率函数 $P_k(\boldsymbol{x})$ 可以通过蒙特卡罗方法近似估计：

$$P_k(\boldsymbol{x}) = P[y_k^{\text{new}}(\boldsymbol{x}) \in A_k \mid \text{data}] \approx \frac{1}{T - B} \sum_{s=B+1}^{T} I[y_k^{\text{new}(s)}(\boldsymbol{x}) \in A_k] \tag{4-47}$$

其中，T 和 B 是 $y_k^{\text{new}}(\boldsymbol{x})$ 的 Gibbs 抽样的总次数和起始点。如果 $y_k^{\text{new}}(\boldsymbol{x})$ 落在相应的规格限内，则二进制指示器 $I(\cdot)$ 等于 1；如果 $y_k^{\text{new}}(\boldsymbol{x})$ 落在相应的规格限外，则二进制指示器 $I(\cdot)$ 等于 0。此外，联合的符合性概率函数 $P(\boldsymbol{x})$ 也可以通过模拟抽样值 $\boldsymbol{y}_{\text{new}}(\boldsymbol{x})$ 来近似计算：

$$P(\boldsymbol{x}) = P[\boldsymbol{y}_{\text{new}}(\boldsymbol{x}) \in A \mid \text{data}] \approx \frac{1}{T-B}\sum_{s=B+1}^{T} I[\boldsymbol{y}_{\text{new}}^{(s)}(\boldsymbol{x}) \in A] \tag{4-48}$$

对于非正态多响应优化问题，基于模型响应后验样本的多个响应曲面模型（即多个边际符合性概率函数）可以同时最大化，如下所示：

$$\begin{cases}\max\{P_1(\boldsymbol{x}), P_2(\boldsymbol{x}), \cdots, P_k(\boldsymbol{x})\} \\ \text{s.t. } \boldsymbol{L} \leqslant \boldsymbol{x} \leqslant \boldsymbol{U}\end{cases} \tag{4-49}$$

其中，$\boldsymbol{L}$ 和 $\boldsymbol{U}$ 表示可控因子试验区域的下界和上界。

4.3.3　参数优化

在参数优化阶段，与模型参数不确定性和其他随机误差相关的响应波动可能会对输入因子的最佳参数设置产生相当大的影响。Chapman 和 Anderson-Cook[43]指出，若不考虑响应波动，会导致对研究结果过度自信或选择潜在的次优输入因子水平，其研究结果在实践中也是极其不可靠的。因此，考虑响应波动并测量优化结果的再现性是一个非常关键的问题。为此，将采用帕累托最优策略来量化模拟响应波动对研究结果的影响，并测量优化结果的可靠性和可重复性。

在数学上，一个多响应优化问题可表示为

$$\begin{cases}\min\limits_{x \in S}\{f_1(x), f_2(x), \cdots, f_n(x)\}, \quad n \geqslant 2 \\ S = \{x \mid h(x) = 0; g(x) \leqslant 0\}\end{cases} \tag{4-50}$$

其中，$h(x)$ 为等式约束；$g(x)$ 为不等式约束；S 为定义域集合。

针对多响应优化问题，普遍接受的一种观点采用帕累托最优策略，即解决多响应优化问题不是为了求解某个唯一的最优解，而是针对响应之间的冲突给出一组折中解。而每一个折中解在目标空间中都对应着一个帕累托最优前沿点，这些前沿点的集合构成了帕累托最优前沿解集[43]。另外，在这个解集中，所有的前沿点都具有帕累托最优性。某个点 x^* 具有帕累托最优性，即不存在这样的点 $x \in S$，对于所有的 $i \in \{1, 2, \cdots, n\}$，都有 $f_i(x) \leqslant f_i(x^*)$，且至少有一个为严格不等式[44]。

假设试验考察的变量为 x_1、x_2 和 x_3，响应为 y_1 和 y_2，其均为望大质量特性的响应。如果在实际研究过程中，存在望小或者望目质量特性的响应，可对数据做简单的处理（如加负号），将其转化为望大质量特性的响应。在基于贝叶斯抽样技术获得响应的后验抽样值后，第 k 个试验点 $\boldsymbol{x}_{(k)}$ 能够达到帕累托最优的概率可以表示为

$$P[\tilde{\boldsymbol{y}}_{\text{new}} \in \text{PF} \mid \boldsymbol{y}, \boldsymbol{X}, \boldsymbol{z}(\boldsymbol{x})] \approx \frac{1}{N}\sum_{i=1}^{N} I[\boldsymbol{y}_{(i)}^{\boldsymbol{x}_{(k)}} \in \text{PF}_{(i)}] \tag{4-51}$$

$$I[\boldsymbol{y}_{(i)}^{\boldsymbol{x}_{(k)}} \in \text{PF}_{(i)}] = \begin{cases} 1, & \boldsymbol{y}_{(i)}^{\boldsymbol{x}_{(k)}} \in \text{PF}_{(i)} \\ 0, & \boldsymbol{y}_{(i)}^{\boldsymbol{x}_{(k)}} \notin \text{PF}_{(i)} \end{cases} \tag{4-52}$$

其中，$\boldsymbol{x}_{(k)}$代表(x_1, x_2, x_3)；$\tilde{\boldsymbol{y}}_{\text{new}}$代表$\boldsymbol{x}_{(k)}$对应的响应后验抽样值；$N$代表模拟抽样总次数；$\boldsymbol{y}_{(i)}^{\boldsymbol{x}_{(k)}}$代表试验点$\boldsymbol{x}_{(k)}$的第$i$次模拟抽样结果；$I(\cdot)$代表二进制指示器，其函数表达式见式（4-52）；$\text{PF}_{(i)}$代表利用第$i$次响应后验抽样值得到的帕累托最优前沿。

步骤 1：确定试验因子和试验响应，选择合适的试验设计开展试验，并收集试验数据。

步骤 2：为各个响应的每个因子设置一个二元变量指示器，然后构建混合二元变量指示器。

步骤 3：根据步骤 2 的研究结果，构建 GLM。为模型参数设置相应的先验分布，然后利用 MCMC 方法计算出混合二元变量指示器的后验概率，确定模型的显著性变量，并选择最佳的模型结构。

步骤 4：确定待测试验区域，利用 MCMC 方法获取各试验点的后验抽样值，并计算各试验点落在规格限内的后验概率，可参考式（4-51）和式（4-48）计算达到帕累托最优的概率。

步骤 5：基于步骤 4 的研究结果，选取后验概率较高的试验点作为初始试验区域，利用初始试验点对应的后验抽样值计算式（4-51）中的$\text{PF}_{(i)}$，获得式（4-52）不等于 0 时的试验点$\boldsymbol{x}_{(k)}$。计算$\text{PF}_{(i)}$的具体流程见图 4-8，详细的实施步骤如下。

（1）确定当前的抽样次数为m，如果$m \leqslant N$，其中N为抽样总次数，则确定第m次模拟抽样后n个试验点的响应后验抽样值为$\boldsymbol{Y}_{(m)} = \begin{bmatrix} y_{(m)}^{x_{(1)}} \\ \vdots \\ y_{(m)}^{x_{(k)}} \\ \vdots \\ y_{(m)}^{x_{(n)}} \end{bmatrix} = \begin{bmatrix} y_{1_{(m)}}^{x_{(1)}} & y_{2_{(m)}}^{x_{(1)}} \\ \vdots & \vdots \\ y_{1_{(m)}}^{x_{(k)}} & y_{2_{(m)}}^{x_{(k)}} \\ \vdots & \vdots \\ y_{1_{(m)}}^{x_{(n)}} & y_{2_{(m)}}^{x_{(n)}} \end{bmatrix}$，其中，$y_{u_{(m)}}^{x_{(v)}} (u = 1, 2; v = 1, 2, \cdots, n)$表示在第$m$次模拟抽样后，第$v$个试验点$\boldsymbol{x}_{(v)}$对应的响应$\boldsymbol{y}_{u(m)}$的后验抽样值，转入步骤（2）；否则，优化过程结束。

（2）按照帕累托最优原则确定初始的帕累托最优前沿为$\mathrm{PF}_{(m)}=\begin{bmatrix} y_{1_{(m)}}^{x_{(b)}} & y_{2_{(m)}}^{x_{(b)}} \\ \vdots & \vdots \\ y_{1_{(m)}}^{x_{(i)}} & y_{2_{(m)}}^{x_{(i)}} \\ \vdots & \vdots \\ y_{1_{(m)}}^{x_{(c)}} & y_{2_{(m)}}^{x_{(c)}} \end{bmatrix}$。

（3）令 $j=j+1$，如果 $j\leqslant n$，则确定待测数据 $\boldsymbol{t}_{(m)}^{x_{(j)}}=\begin{bmatrix} y_{1_{(m)}}^{x_{(j)}} & y_{2_{(m)}}^{x_{(j)}} \end{bmatrix}$，转入步骤（4）；否则，转入步骤（7）。

（4）如果 $\exists\begin{bmatrix} y_{1_{(m)}}^{x_{(i)}} & y_{2_{(m)}}^{x_{(i)}} \end{bmatrix}\subset \mathrm{PF}_{(m)}$，使$\begin{cases} y_{1_{(m)}}^{x_{(j)}}\geqslant y_{1_{(m)}}^{x_{(i)}} \\ y_{2_{(m)}}^{x_{(j)}}\geqslant y_{2_{(m)}}^{x_{(i)}} \end{cases}$中至少有一个严格不等式成立，则转入步骤（5）；否则，转入步骤（6）。

（5）更新$\mathrm{PF}_{(m)}=\begin{bmatrix} y_{1_{(m)}}^{x_{(b)}} & y_{2_{(m)}}^{x_{(b)}} \\ \vdots & \vdots \\ y_{1_{(m)}}^{x_{(j)}} & y_{2_{(m)}}^{x_{(j)}} \\ \vdots & \vdots \\ y_{1_{(m)}}^{x_{(c)}} & y_{2_{(m)}}^{x_{(c)}} \end{bmatrix}$，转入步骤（3）。如果 $\mathrm{PF}_{(m)}$ 中存在完全相同的行，保留一行即可。

（6）$\mathrm{PF}_{(m)}=\begin{bmatrix} y_{1_{(m)}}^{x_{(b)}} & y_{2_{(m)}}^{x_{(b)}} \\ \vdots & \vdots \\ y_{1_{(m)}}^{x_{(i)}} & y_{2_{(m)}}^{x_{(i)}} \\ \vdots & \vdots \\ y_{1_{(m)}}^{x_{(c)}} & y_{2_{(m)}}^{x_{(c)}} \end{bmatrix}$保持不变，然后转入步骤（3）。

（7）得到第 m 次模拟抽样后的帕累托最优前沿 $\mathrm{PF}_{(m)}$，令 $m=m+1$，转入步骤（1）。

步骤 6：利用步骤 5 的结果，结合式（4-51）和式（4-52）计算每一组参数设计值在整个优化过程中能够达到帕累托最优的概率。

步骤 7：根据步骤 6 的结果，选择概率较大的 m 组参数设计值，利用其对应的响应后验抽样值进行 GRA，并按照灰色接近关联度进行排序，选择最大灰色接近关联度对应的因子水平为最佳参数设计值。在图 4-8 的基础上，结合前面 6 步的结果，GRA 的算法流程可见图 4-9，详细实施步骤如下。

（1）确定目标值 $\boldsymbol{T}=[t_1\ t_2]$，根据步骤 5 的结果提取 $\boldsymbol{X}=\left\{\boldsymbol{x}_{(i)}^{(1)},\boldsymbol{x}_{(j)}^{(2)},\cdots,\boldsymbol{x}_{(k)}^{(m)}\right\}$，其中 $\boldsymbol{x}_{(j)}^{(m)}$ 表示第 j 个试验点，m 为其概率排名。

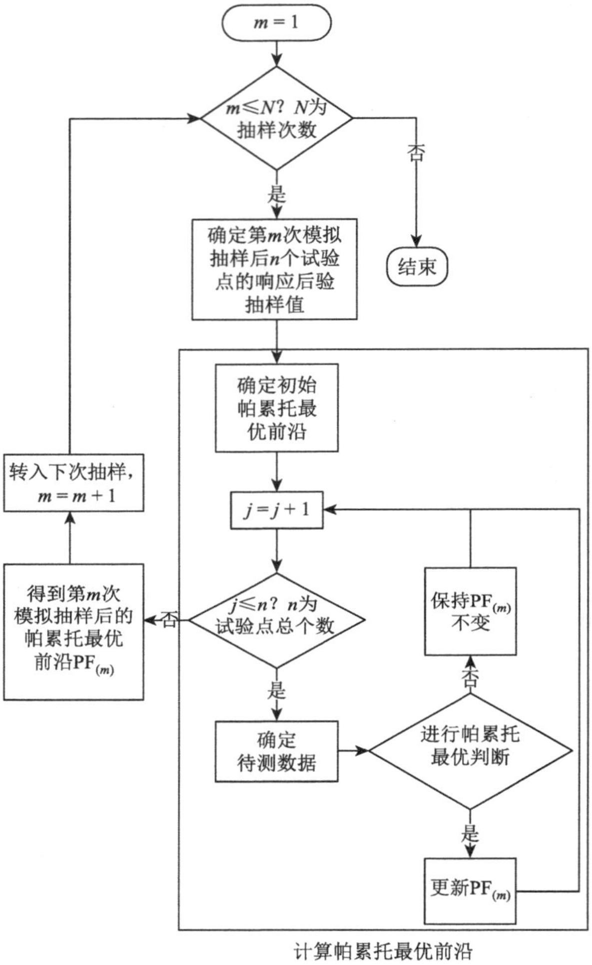

图 4-8　计算帕累托最优前沿的算法流程图

（2）确定当前的试验点，如果 $a \leqslant m$，提取 $\boldsymbol{X}$ 中的第 a 个试验点 $\boldsymbol{x}_{(j)}^{(a)}$，转入步骤（3）；否则，转入步骤（6）。

（3）确定当前试验的抽样次数 d，如果 $d \leqslant N$，则提取 $\boldsymbol{x}_{(j)}^{(a)}$ 对应的第 d 次响应后验抽样值 $\boldsymbol{Y}_{(d)}^{(a)} = \left[\boldsymbol{y}_{1_{(d)}}^{\boldsymbol{x}_{(j)}^{(a)}} \ \boldsymbol{y}_{2_{(d)}}^{\boldsymbol{x}_{(j)}^{(a)}} \right]$，其中，$N$ 为抽样次数，转入步骤（4）；否则，转入步骤（5）。

（4）计算 $\boldsymbol{Y}_{(d)}^{(a)}$ 和 $\boldsymbol{T}$ 的灰色接近关联度 $\rho_{(d)}^{(a)}$，令 $d = d+1$，转入步骤（3）。

（5）进行 GRA，确定试验点 $\boldsymbol{x}_{(j)}^{(a)}$ 对应的响应后验抽样值与 $\boldsymbol{T}$ 的灰色接近关联度 $\rho^{(a)}$，$\rho^{(a)} = E(\rho_{(d)}^{(a)}, d = 1,2,\cdots,N)$。令 $a = a+1$，转入步骤（2）。

（6）得到 $\rho^{(s)}$，其中 $s=1,2,\cdots,m$。

（7）选择 $\rho^{(s)}$ 最大的方案为最优设计方案，优化过程结束。

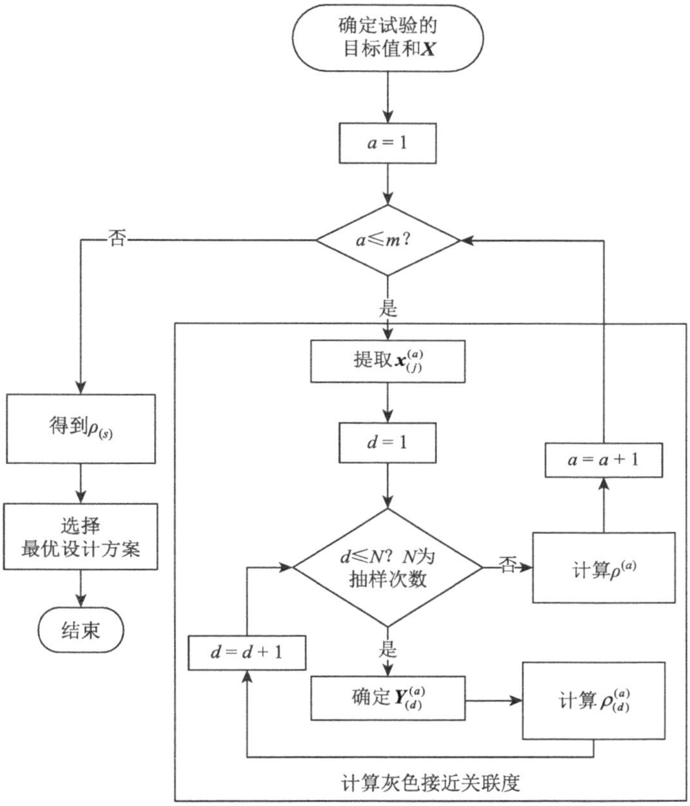

图 4-9　GRA 的算法流程图

4.3.4　案例分析

1. 热喷涂试验

本实例来源于文献[45]和文献[46]，主要涉及热喷涂工艺的参数优化设计，该实例的主要研究目的是调查和分析非正态多响应问题优化结果的可靠性和再现性。因此，在考虑试验或实例时需要满足两个先决条件：一是试验中得到的响应是非正态的，且存在多个响应；二是试验结果往往缺乏良好的再现性。正如 Dette 等[47]指出的，热喷涂过程通常缺乏可重复性，并且由于不可控因子的存在，不同试验的涂层质量可能不同。此外，Dette 等[47]指出，分析涂层质量通常是不可行的，因为需要进行破坏性测试，所以选择热喷涂试验来验证本节所提方法的有效性。热喷涂试验的目的是研究过程参数和飞行颗粒的特性之间的关系[46]。在热喷涂试验中，飞行颗粒的温度 y_1 和速度 y_2 是两个关键的质量特性，两个响应均为望目质量特性，y_1 和 y_2 的取值范围分别为[1510,1590]和[700,800]，目标值分别为 1550 和 740。影响上述响应的可控因子主要包括煤油和氧气的比例 $x_1(L)$、每小时的煤油数量 $x_2(K)$、间距 $x_3(D)$ 和馈线盘速度 x_4（FDV）。表 4-9 总结了可控因子的编码水平，用 CCD（包括六个中心点）来研究可控因子和输出响应之间的关系，其试验计划与试验结果如表 4-10 所示。

表 4-9 可控因子的编码水平

可控因子	水平				
	−2	−1	0	1	2
L	1	1.075	1.15	1.225	1.3
K	15	17.5	20	22.5	25
D	200	225	250	275	300
FDV	5	7.5	10	12.5	15

表 4-10 某热喷涂试验的试验结果

序号	L	K	D	FDV	y_1	y_2
1	1	−1	1	−1	1450.5706	674.1324
2	1	1	1	1	1500.9382	726.6706
3	−1	−1	1	−1	1484.8952	649.1190
4	−1	−1	−1	1	1534.6750	666.0781
5	0	0	0	0	1519.4829	709.3029
6	0	0	0	0	1527.6065	713.6581
7	−1	1	1	−1	1543.3053	730.3474
8	−1	1	−1	1	1574.0970	739.4212
9	1	1	−1	1	1536.2371	756.7057
10	1	−1	−1	−1	1497.6209	698.4093
11	0	0	0	0	1527.8571	710.8250
12	−1	1	−1	−1	1564.3114	753.5943
13	1	1	−1	−1	1528.9267	770.7367
14	−1	1	1	1	1546.6594	714.0031
15	1	−1	1	1	1484.7806	665.0000

续表

序号	L	K	D	FDV	y_1	y_2
16	−1	−1	1	1	1502.0265	640.9088
17	−1	−1	−1	−1	1525.3917	678.9194
18	1	1	1	−1	1508.2706	749.0647
19	0	0	0	0	1535.5706	714.2500
20	1	−1	−1	1	1504.6000	689.5364
21	0	0	0	0	1521.7227	708.9636
22	0	0	−2	0	1534.7182	726.6697
23	−2	0	0	0	1542.8600	688.1171
24	2	0	0	0	1462.0088	723.5471
25	0	0	0	0	1521.4765	709.1412
26	0	0	0	−2	1516.5378	708.6919
27	0	0	2	0	1491.7684	684.3026
28	0	2	0	0	1512.7982	755.1382
29	0	0	0	2	1520.6485	695.1848
30	0	−2	0	0	1435.7488	612.6093

2. 考虑因子效应原则的非正态响应筛选试验

假设两个响应的全因子模型均包含常数项、L、K、D、FDV、$L\times K$、$L\times D$、$L\times \mathrm{FDV}$、$K\times D$、$K\times \mathrm{FDV}$、$D\times \mathrm{FDV}$、L^2、K^2、D^2、FDV^2，则式（4-42）中的混合二元变量指示器均可表示为

$$\begin{aligned}\boldsymbol{\gamma}_{y_1}=\boldsymbol{\gamma}_{y_2}=\{&\gamma_0,\gamma_L,\gamma_K,\gamma_D,\gamma_{\mathrm{FDV}},\gamma_{L\times K}\times\gamma_L\times\gamma_K,\gamma_{L\times D}\times\gamma_L\times\gamma_D,\\&\gamma_{L\times\mathrm{FDV}}\times\gamma_L\times\gamma_{\mathrm{FDV}},\gamma_{K\times D}\times\gamma_K\times\gamma_D,\gamma_{K\times\mathrm{FDV}}\times\gamma_K\times\gamma_{\mathrm{FDV}},\\&\gamma_{D\times\mathrm{FDV}}\times\gamma_D\times\gamma_{\mathrm{FDV}},\gamma_{L^2}\times\gamma_L,\gamma_{K^2}\times\gamma_K,\gamma_{D^2}\times\gamma_D,\gamma_{\mathrm{FDV}^2}\times\gamma_{\mathrm{FDV}}\}\end{aligned}$$

假设所有效应的二元变量指示器的先验概率都遵循二项式分布，即$\gamma\sim\mathrm{Bern}(0.5)$。效应遗传原则表明，如果亲本因子显著，则交互效应更可能是显著的。因此，双因子交互效应的变量指标$L\times D$的先验可以假设为$\gamma_{L\times D}\times\gamma_L\times\gamma$。同样，二阶平方项的变量指标$L^2$的先验可以假设为$\gamma_{L^2}\times\gamma_L$。此外，以往的文献[45]研究表明，热喷涂过程的经典线性模型拟合并不会产生良好的拟合，并且正态响应分布的假设可能是无效的。参考 Rehage 等的文献[45]，假设两个响应均服从伽马分布，且将式（4-40）中的联系函数分别设置为 Identity 函数和 Logistic 函数。然而，在利用函数拟合响应y_2的全模型时，出现了试验数据存在异常值的问题，经过多次尝

试，此处将响应 y_2 的联系函数设置为以 e 为底的对数函数。不考虑稀疏性的影响，因为本试验中主效应的数量很少。前面介绍的贝叶斯变量选择方法通过将因子效应原则纳入 GLM 框架中来识别显著性效应。全因子模型中的所有参数都是使用 Gibbs 抽样方法来估计的，丢弃初始的 5000 次迭代后，需要进行额外的 15 000 次迭代以获得良好的收敛样本。可视化的踪迹图可以用来帮助判断全因子模型中所有参数的后验样本的马尔可夫链是否具有良好的收敛性，由于许多参数都有类似的结果，这里只给出了两个响应的变量 L 的踪迹图，如图 4-10 所示。

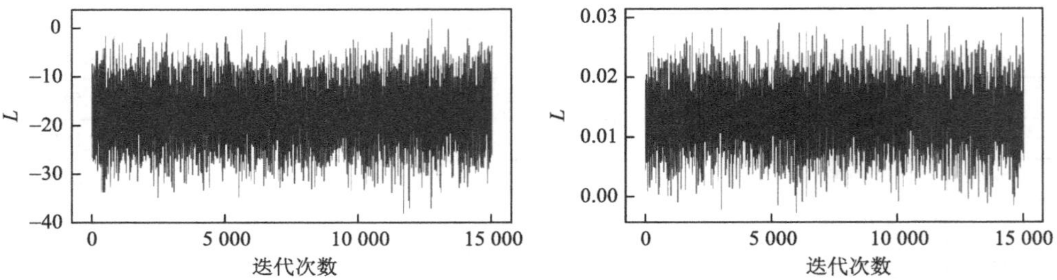

(a) 响应y_1的变量L的踪迹图　　(b) 响应y_2的变量L的踪迹图

图 4-10　响应 y_1 和响应 y_2 的变量的踪迹图

图 4-10 中，这些踪迹图围绕着某个中心值以非常小的幅度上下波动，说明其变量的模拟抽样值已经趋于平稳，具有良好的收敛性。所有混合二元变量指示器的后验概率如表 4-11 所示，表 4-11 中的后验概率表示混合二元变量指示器的概率，代表混合二元变量指示器对应的变量是否应包含在最终模型中。换句话说，若混合二元变量指示器等于 1，那么对应的变量就应该包含在最终模型中。因此，当使用 MCMC 方法对混合二元变量指示器进行迭代抽样时，可以获得大量的后验抽样值，其混合二元变量指示器的后验概率可以根据混合二元变量指示器是否等于 1 计算获得。通常来说，可以通过贝叶斯变量选择方法来识别显著性变量。

表 4-11　响应 y_1 和响应 y_2 的混合二元变量指示器的后验概率

变量	响应 y_1	响应 y_2
常数项	**1.000**	**1.000**
L	**0.951**	**0.817**
K	**0.994**	**1.000**
D	**0.726**	**0.971**
FDV	0.114	0.376

续表

变量	响应 y_1	响应 y_2
$L\times K$	0.327	0.341
$L\times D$	0.184	0.223
$L\times$FDV	0.038	0.124
$K\times D$	0.245	0.378
$K\times$FDV	0.035	0.137
$D\times$FDV	0.022	0.125
L^2	0.253	0.237
K^2	**0.624**	**0.622**
D^2	0.161	0.282
FDV^2	0.028	0.119

注：加粗部分为显著性变量。

文献[45]结合非正态图与贝叶斯信息准则（Bayesian information criterion，BIC）分别对两个响应进行了变量选择，本节方法和文献[45]的方法给出的筛选结果见表 4-12。

表 4-12　两种方法的变量筛选结果

方法	筛选结果	
	响应 y_1	响应 y_2
文献[45]的方法	常数项、L、K、D、K^2	常数项、L、K、D、FDV、$L\times K$、K^2
本节方法	常数项、L、K、D、K^2	常数项、L、K、D、K^2

比较表 4-12 的结果可知，对于响应 y_1，文献[45]的方法和本节方法给出同样的筛选结果；对于响应 y_2，主要区别在于文献[45]的方法将主效应 FDV 和交互效应 $L\times K$ 作为显著性变量。结合表 4-11 的结果可知，在未考虑效应稀疏原则的前提下，主效应 FDV 的混合二元变量指示器的后验概率仅为 0.376，远远低于其他主效应的后验概率，因此有理由将主效应 FDV 从模型中剔除；此外，在考虑效应排序原则和效应遗传原则的情况下，交互效应 $L\times K$ 的混合二元变量指示器的后验概率为 0.341，为了使最终模型符合因子效应原则，将交互效应 $L\times K$ 从模型中剔除也是合理的。因此，文献[45]的方法在未考虑预测响应值波动和因子效应原则的情况下，得到的结果是不稳定的。例如，文献[45]的方法能够筛选出响应 y_1 的

显著性变量，却在响应 y_2 的结果中加入了冗余变量。本节方法的变量筛选结果表明，两个响应的显著性变量组合均为常数项、L、K、D、K^2。基于响应模型的筛选结果，将三个变量 L、K、D 的待测试验区域设定为[−1.68, 1.68]，并从各个变量的区间内均匀取 10 个值，因此在试验区域内包含 1000 个试验点。运用 MCMC 方法对 GLM 的参数进行 8000 次迭代，舍弃前 5000 次的燃烧期样本，获得 3000 个模型参数的后验抽样值；在此基础上计算上述 1000 个试验点的响应后验抽样值，同时计算各个试验点对应的响应值落在规格限内的后验概率。最终选取后验概率排在前 105 位的试验点作为后续的试验区域，这些试验点对应的后验概率均大于等于 0.69。为了便于与文献[45]的结果进行比较，此处将文献[45]给出的两个参数设计值（−0.230, 0.480, −1.440）和（−1.280, 0.510, −1.150）加入本例的试验区域内，作为第 106 号和第 107 号试验点，并计算对应的响应后验抽样值。按照图 4-8 中的步骤计算上述 3000 次迭代中每次迭代的帕累托最优前沿，然后结合式（4-51）和式（4-52）计算 107 个试验点各自能达到帕累托最优的概率，其研究结果见图 4-11。

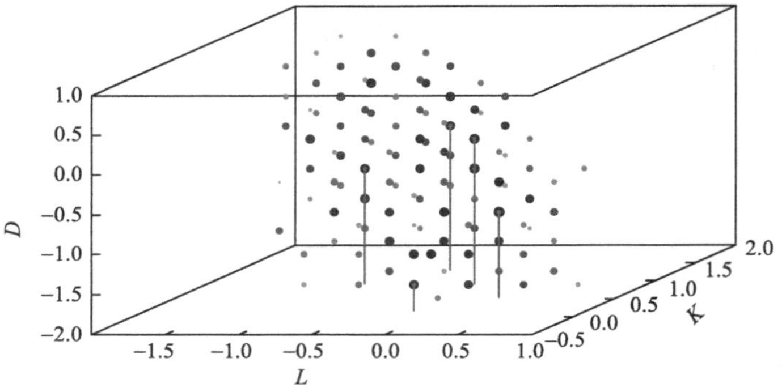

图 4-11　每个试验点能达到帕累托最优的概率

图 4-11 中的圆点表示整个试验过程中所有分布在帕累托前沿上的试验点，即这些试验点在整个优化过程中至少有一次出现在帕累托前沿上。每个圆点的大小与该试验点在整个优化过程中能达到帕累托最优的概率有关，圆点越大，在该试验点处能达到帕累托最优的概率越大。另外，图 4-11 中的圆点大小不同，表明模型参数不确定性导致的预测响应值的波动对优化结果产生了较大影响。

本例提取了整个试验过程中前 7 个最有可能达到帕累托最优的试验点，其中包含一个文献[45]给出的结果，即 107 号试验点。这 7 个试验点与 106 号试验点对应的响应后验抽样值的变化见图 4-12。

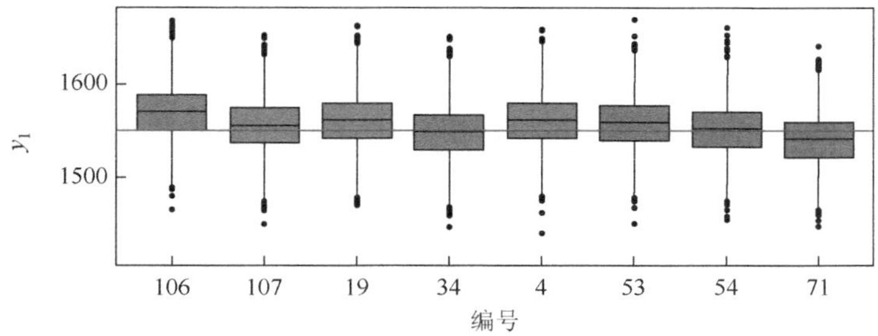

(a) 响应y_1的箱形图

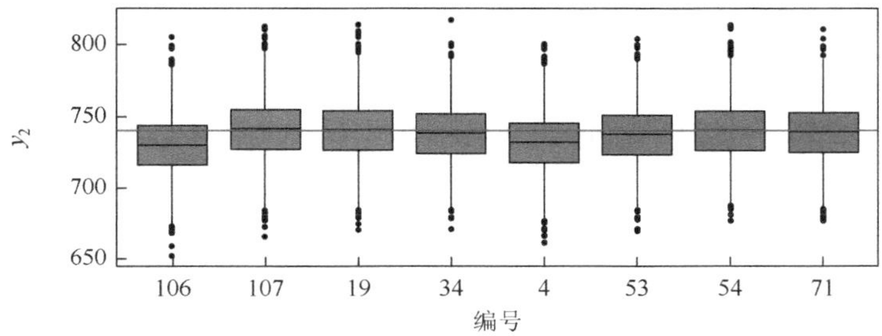

(b) 响应y_2的箱形图

图 4-12　8 个试验点关于两个响应的箱形图

根据图 4-12 可知，在上述多响应优化设计的实例中，如果仅考虑响应 y_1 上的优化效果，则 106 号试验点明显偏离目标值，34 号和 54 号试验点给出的结果非常接近目标值。如果仅考虑响应 y_2 上的优化效果，则 106 号试验点明显偏离目标值，107 号、19 号、34 号、54 号和 71 号试验点的优化结果几乎与目标值重合。另外，除了 106 号试验点，这些可重复性较高的试验点至少在一个响应上能够得到较好的优化效果。表 4-13 给出了 8 个试验点各自能达到帕累托最优的概率。

表 4-13　8 个试验点各自能达到帕累托最优的概率

序号	坐标	达到帕累托最优的概率
34	(−0.187, 0.560, −0.933)	0.0643
19	(−0.560, 0.560, −1.307)	0.0633
71	(−0.187, 0.933, −0.187)	0.0630
53	(−0.933, 0.933, −0.560)	0.0613
4	(−0.560, 0.187, −1.680)	0.0607
107	(−0.230, 0.480, −1.440)	0.0587
54	(−0.560, 0.933, −0.560)	0.0583
106	(−1.280, 0.510, −1.150)	0.0393

分析表 4-13 的结果可知，34 号试验点能达到帕累托最优的概率相对较高，而 106 号试验点达到帕累托最优的概率最低。图 4-12 中的 34 号试验点在两个响应上都能得到较好的优化效果，而 106 号试验点关于两个响应的优化效果相对较差，进一步说明了在未考虑结果可重复性的情况下，文献[45]的方法得到的帕累托最优结果并非完全可靠，如 107 号试验点接近响应的目标值，而 106 号试验点却明显偏离目标值。

3. GRA

将本例中两个响应的目标值[1550,740]作为参考序列，根据图 4-9 计算每组解对应的响应后验抽样值与参考序列之间的灰色关联度，计算其平均值并作为各组解与参考序列的灰色关联度，根据灰色关联度的大小对 8 组解进行排序，选择最大灰色关联度对应的参数设计值为最优参数设计值。在此，运用 GRA 方法，对表 4-13 中的 8 组优化结果进行排序，其 GRA 结果见表 4-14。

表 4-14　GRA 结果

序号	坐标	y_1	y_2	灰色关联度
32	(−0.187, 0.560, −0.933)	1547.229	738.4615	0.8516
54	(−0.187, 0.933, −0.560)	1544.772	744.2314	0.8499
33	(0.187, 0.560, −0.933)	1540.060	741.7473	0.8498
52	(−0.933, 0.933, −0.560)	1557.160	736.9877	0.8485
75	(−0.560, 1.307, −0.187)	1544.772	744.2314	0.8480
70	(−0.187, 0.933, −0.187)	1539.123	738.7002	0.8480
4	(−0.187, 0.187, −1.680)	1559.817	731.7564	0.8475
106	(−1.280, 0.510, −1.150)	1568.831	729.3766	0.7526

由表 4-14 的分析结果可知，除了 106 号试验点的灰色关联度略低，剩余试验点的灰色关联度非常接近，说明在考虑预测响应值波动的情况下，可重复性高的试验结果能够得到相对较高的灰色关联度。表 4-14 的研究结果也表明，本节所提方法能够从可重复性和灰色关联度两个方面获得较为满意的结果。

4.3.5　讨论

1. 本节所提方法的优劣性

本节所提方法的主要优点体现在以下几个方面：首先，在 GLM 框架下，该方法综合贝叶斯建模方法、帕累托优化策略和 GRA，系统地解决了非正态多响应优化问题；其次，该方法通过在变量选择阶段设置贝叶斯先验，充分地考虑了试验设计的因子效应原则（即效应稀疏原则、效应排序原则和效应遗传原则），从而可以有效地筛选出显著性因子，并显著地减少考虑的试验因子的空间；再次，该方法通过后验概率和帕累托优化策略考虑了模型参数不确定性导致的响应波动对优化结果的影响，针对缩减空间中每一个可能的试验因子，使用贝叶斯后验概率方法模拟响应都落在相应规格限内的概率；最后，该方法通过计算每次迭代的帕累托前沿来考虑模型参数不确定性的影响，这些帕累托前沿可以帮助研究人员找到大量的替代解决方案。通过计算每个试验点能达到帕累托最优的概率，还可以量化优化结果的可重复性。总之，那些具有高可靠性和可重复性的试验点在实际生产中通常具有很小的变化，这将有助于解决高波动制造过程面临的一些挑战。

本节所提方法的局限性主要表现在以下两个方面：一是当试验因子和响应数量较大时，本节基于模拟的抽样方法可能会消耗大量运行时间；二是本节所提方法在 GLM 的框架内进行，因此本节所提方法仅适用于解决响应属于指数族的非正态多响应优化问题。

2. 高维数据

热喷涂试验通过四个可控因子和两个响应说明了本节所提方法的优越性。同样，本节所提方法也可以扩展到处理具有更多可控因子（五个或六个可控因子）和更多响应（四个或五个响应）的情况。在此，将进一步讨论当可控因子和响应的数量增加时本节所提方法面临的问题与挑战。

首先，利用贝叶斯 GLM 构建各响应与可控因子之间的函数关系。当变量选择阶段的响应数量增加时，对 4.3.3 节中的步骤 1～步骤 4 没有显著影响；当考虑的候选变量的数量足够大（50 或 50 以上）时，基于模拟的 Gibbs 抽样方法将花费相当多的运行时间来估计模型参数。在这种情况下，通过在两个阶段中结合贝叶斯 GLM 和因子效应原则可以解决上述问题，具体实现步骤如下：在第一阶段，基于贝叶斯 GLM 框架，在式（4-40）和式（4-41）中只考虑主效应的影响，利用后验概率和效应稀疏原则识别显著性效应；在第二阶段，在式（4-40）和式（4-41）中进一步考虑了显著性效应的交互项，所有的显著性效应包括显著项和交互项，都是根据效应排序原则和效应遗传原则来识别的。上述贝叶斯变量选择方法将显著地减少因子效应的数量，缩减模型空间，节省大量计算时间。

其次，当可控因子和响应的数量改变时，有两个与 4.3.3 节中步骤 5 和步骤 6 的计算时间相关的重要组成部分。第一个部分，根据每个给定试验点的响应值计算帕累托前沿，并根据式（4-51）和式（4-52）找到相应的参数设置，因此步骤 5 需要运行相当长的计算时间；第二个部分，在步骤 6 中计算每个参数达到帕累托最优的概率需要的时间也更长。这样，当可控因子和响应的数量在步骤 5 和步骤

6 中显著增加时，将显著地增加计算负担。最后，如果可控因子和响应的数量明显增加，4.3.3 节的步骤 7 基本保持不变。

参 考 文 献

[1] 汪建均，马义中，翟云焕. 相关多质量特性的优化设计[J]. 管理工程学报，2011，25（2）：66-73.

[2] Ardakani M K，Wulff S S. An overview of optimization formulations for multiresponse surface problems[J]. Quality and Reliability Engineering International，2013，29（1）：3-16.

[3] Murphy T E，Tsui K L，Allen J K. A review of robust design methods for multiple responses[J]. Research in Engineering Design，2005，15（4）：201-215.

[4] Wang J，Ma Y，Ouyang L，et al. A new Bayesian approach to multi-response surface optimization integrating loss function with posterior probability[J]. European Journal of Operational Research，2016，249（1）：231-237.

[5] Wang J，Ma Y，Ouyang L，et al. Bayesian modeling and optimization for multi-response surfaces[J]. Computers & Industrial Engineering，2020，142（7）：106357.

[6] Wang J，Tu Y，Ma Y，et al. A novel approach for non-normal multi-response optimization problems[J]. International Journal of Production Research，2020，59（23）：7194-7215.

[7] Pignatiello J J. Strategies for robust multiresponse quality engineering[J]. IIE Transactions，1993，25（3）：5-15.

[8] Vining G G. A compromise approach to multiresponse optimization[J]. Journal of Quality Technology，1998，30（4）：309-313.

[9] Ko Y H，Kim K J，Jun C H. A new loss function-based method for multiresponse optimization[J]. Journal of Quality Technology，2005，37（1）：50-59.

[10] 茆诗松，王静龙，濮晓龙. 高等数理统计[M]. 北京：高等教育出版社，2006.

[11] del Castillo E. Process Optimization：A Statistical Approach [M]. New York：Springer，2007.

[12] Ortiz F，Simpson J R，Pignatiello J J，et al. A genetic algorithm approach to multiple-response optimization[J]. Journal of Quality Technology，2004，36（4）：432-450.

[13] Jourdan L，Basseur M，Talbi E G. Hybridizing exact methods and metaheuristics：A taxonomy[J]. European Journal of Operational Research，2009，199（3）：620-629.

[14] 何桢，朱鹏飞. 基于模式搜索的渴求函数法在多响应优化中的应用[J]. 数学的实践与认识，2009，39（18）：114-121.

[15] 汪建均，马义中. 基于 GLM 的双响应曲面法及其稳健设计[J]. 系统工程与电子技术，2012，34（11）：2306-2311.

[16] Myers R H，Montgomery D C，Anderson-Cook C M. Response Surface Methodology：Process and Product Optimization Using Designed Experiments[M]. New York：John Wiley & Sons Inc，2009.

[17] Ng S H. A Bayesian model-averaging approach for multiple-response optimization[J]. Journal of Quality Technology，2010，42（1）：52-68.

[18] Robinson T J，Pintar A L，Anderson-Cook C M. A Bayesian approach to the analysis of split-plot combined and product arrays and optimization in robust parameter design[J]. Journal of Quality Technology，2012，44（4）：304-320.

[19] 汪建均，马义中. 结合 GLM 与因子效应原则的贝叶斯变量选择方法[J]. 系统工程理论与实践，2013，33（8）：1975-1983.

[20] Wang J，Ma Y. Bayesian analysis of two-level fractional factorial experiments with non-normal responses[J].

Communications in Statistics-Simulation and Computation，2013，42（9）：1970-1988.

[21] Zellner A. An efficient method of estimating seemingly unrelated regressions and tests for aggregation bias[J]. Journal of the American Statistical Association，1962，57（298）：348-368.

[22] Ando T. Bayesian Model Selection and Statistical Modeling[M]. New York：Chapman & Hall，2010.

[23] Peterson J J，Miro-Quesada G，del Castillo E. A Bayesian reliability approach to multiple response optimization with seemingly unrelated regression models[J]. Quality Technology and Quantitative Management，2009，6（4）：353-369.

[24] Shah H K，Montgomery D C，Carlyle W M. Response surface modeling and optimization in multi-response experiments using seemingly unrelated regressions[J]. Quality Engineering，2004，16（3）：387-397.

[25] Jeffreys H. An invariant form for the prior probability in estimation problems[J]. Proceedings of the Royal Society of London：Series A（Mathematical and Physical Sciences），1946，196（1007）：453-461.

[26] Cowles M K，Carlin B P. Markov chain Monte Carlo convergence diagnostics：A comparative review[J]. Journal of the American Statistical Association，1996，91（434）：883-904.

[27] Vining G G，Bohn L L. Response surfaces for the mean and variance using a nonparametric approach[J]. Journal of Quality Technology，1998，30（3）：282-291.

[28] Peterson J J. A posterior predictive approach to multiple response surface optimization[J]. Journal of Quality Technology，2004，36（2）：139-153.

[29] He Z，Zhu P，Park S H. A robust desirability function method for multi-response surface optimization considering model uncertainty[J]. European Journal of Operational Research，2012，221（1）：241-247.

[30] Wu C F J，Hamada M. Experiments：Planning，Analysis，and Parameter Design Optimization[M]. New York：John Wiley & Sons Inc，2000.

[31] Box G E P，Hunter W，Hunter J. Statistics for Experiments[M]. New York：John Wiley & Sons Inc，1978.

[32] Brooks S P，Gelman A. General methods for monitoring convergence of iterative simulations[J]. Journal of Computational and Graphical Statistics，1998，7（4）：434-455.

[33] Apley D W，Kim J. A cautious approach to robust design with model parameter uncertainty[J]. IIE Transactions，2011，43（7）：471-482.

[34] Rajagopal R，del Castillo E. Model-robust process optimization using Bayesian model averaging[J]. Technometrics，2005，47（2）：152-163.

[35] Tan M H Y，Wu C F J. Robust design optimization with quadratic loss derived from Gaussian process models[J]. Technometrics，2012，54（1）：51-63.

[36] Tan M H Y，Ng S H. Estimation of the mean and variance response surfaces when the means and variances of the noise variables are unknown[J]. IIE Transactions，2009，41（11）：942-956.

[37] Nelder J A，Wedderburn R W M. Generalized linear models[J]. Journal of the Royal Statistical Society，1972，135（3）：370-384.

[38] McCullagh P，Nelder J A. Generalized linear models[J]. 2nd ed. London：Chapman and Hall，1989.

[39] Myers R H，Montgomery D C，Vining G G，et al. Generalized Linear Models：With Applications in Engineering and the Sciences[M]. New York：John Wiley & Sons Inc，2010.

[40] Ntzoufras I. Bayesian Modeling Using WinBUGS[M]. New York：John Wiley & Sons Inc，2009.

[41] Bergquist B，Vanhatalo E，Nordenvaad M L. A Bayesian analysis of unreplicated two-level factorials using effects sparsity，hierarchy，and heredity[J]. Quality Engineering，2011，23（2）：152-166.

[42] Dellaportas P，Forster J J，Ntzoufras I. On Bayesian model and variable selection using MCMC[J]. Statistics and

Computing，2002，12（1）：27-36.

[43] Chapman J，Lu L，Anderson-Cook C M. Process optimization for multiple responses utilizing the Pareto front approach[J]. Quality Engineering，2014，26（3）：253-268.

[44] Costa N R，Lourenço J，Pereira Z L. Multiresponse optimization and Pareto frontiers[J]. Quality and Reliability Engineering International，2012，28（7）：701-712.

[45] Rehage A，Rudak N，Hussong B，et al. Prediction of in-flight particle properties in thermal spraying with additive day-effects[R]. Dortmund：Dortmund University，2012.

[46] Tillmann W，Kuhnt S，Hussong B，et al. Introduction of a day effect estimator in order to improve the prediction of particle properties in an HVOF spraying jet[J]. Thermal Spray Bulletin，2012，2：132-139.

[47] Dette H，Hoyden L，Kuhnt S，et al. Optimal designs for thermal spraying[J]. Journal of the Royal Statistical Society：Series C，2017，66（1）：53-72.

第 5 章　考虑模型结构不确定性的稳健参数设计

RSM 作为稳健参数设计的重要支撑技术，通常由试验设计安排、响应曲面建模及参数设计优化三个阶段组成，其中，响应曲面建模是最重要的一个阶段。尽管 RSM 在模型拟合与优化方面均具有完善的理论基础，但是传统的 RSM 并未考虑模型不确定性对优化结果的影响。模型不确定性是指在建模过程中，分析人员对其使用的模型持怀疑态度，并且在客观上无法获知模型的准确形式，即模型参数不确定性与模型结构不确定性。模型参数不确定性是指无法准确地估计模型的回归系数，从而不可避免地产生估计误差。模型结构不确定性是指工程人员在构建试验因子与输出响应之间的模型时，由于缺乏必要的先验信息和知识，无法给出模型的结构形式（线性模型是非线性模型、二阶多项式模型还是高阶多项式模型、是否包含交互效应和二阶平方效应等）的合理判断和假设。在试验设计的过程中，如果未考虑模型不确定性，可能会导致最终的试验结果产生一定的偏差，从而产生不合理、不严谨的研究结论。因此，在稳健参数设计的研究中，考虑模型不确定性具有重要的理论意义和实际的应用价值。

在本书的第 4 章中，对考虑模型参数不确定性的稳健参数设计问题进行了详细的探讨与研究。在本章将侧重探讨模型结构不确定性对稳健参数设计研究结果的影响。第 5 章的结构安排如下，5.1 节考虑试验数据可能存在的异方差问题，结合分层贝叶斯建模方法提出一种新的均值-方差双响应曲面模型，以同时考虑模型参数不确定性、模型结构不确定性对研究结果的影响，从而获得稳健可靠的参数优化结果[1]。5.2 节结合因子效应的三个基本原则和贝叶斯抽样技术，在 SUR 响应曲面的框架下进行稳健参数设计[2]，并对以往文献中涉及的几种不同模型结构（如多变量回归模型、SUR 模型等）进行比较研究，进一步验证模型结构不确定性对研究结果的影响。

5.1　基于分层贝叶斯模型的稳健参数设计

通常，具有层次结构的数据不适合采用非分层模型，这是因为若将所有的数据都看成来自同一总体，则不同组之间的差异会不可避免地被忽略。然而，在以往的基于双响应曲面的稳健参数设计研究中，学者大多都是利用 OLS 建立双响应曲面模型，研究重心都集中于模型优化方法的选择上，且以建立的双响应曲面模型能有效地反映响应变量与各因子间实际关系的假设为前提，没有考虑到双响应曲面模型固有的层次结构问题及可能存在的异方差问题，忽略了在此种情形下OLS法带来的严重后果。分层贝叶斯模型可以通过在模型中添加随机效应参数来展现同一组内不同观测数据的相依性和不同组间观测数据的异质性。同时，分层贝叶斯模型还可以将先前研究过程中获得的信息结合到当前的研究过程中，来对模型参数进行有效的推断和更新，这是频率学方法缺乏的。

本节将结合分层贝叶斯建模方法提出一种新的均值-方差双响应曲面模型，以同时考虑模型参数不确定性、双响应曲面模型的层次结构及可能存在的异方差问题，从而为获得可靠的优化结果提供行之有效的建模方法。

5.1.1　分层贝叶斯

分层模型主要用来分析具有分层或嵌套结构的数据，有利于揭示数据之间层与层的关系。分层数据通常以不同的组或类别的形式展示，如不同背景条件下的重复观测数据就是一种分层数据，可以利用分层模型考察数据的异方差结构[3]。随着MCMC方法的发展，贝叶斯方法的计算不再是一个难题，可以将贝叶斯方法应用到分层模型当中，以解决模型参数的不确定性[4]。分层贝叶斯模型可以将先前研究过程中获得的信息结合到当前的数据分析中，更新参数的估计值，提高建模的灵活性。它与单纯的贝叶斯模型相比，优势在于考虑到数据的层次结构，且当对模型参数的先验分布没有把握时，通过分层贝叶斯模型的多层先验比单层先验所冒风险要小一些[5, 6]。

假设将数据分成 J 组，观测值 $y_{ij}(i=1,2,\cdots,J;j=1,2,\cdots,n_i)$ 表示第 i 组中的第 j 个观测值，且组内观测值的差异较小，而组间观测值的差异较大。第 i 组内的观测值 y_{ij} 的分布由超参数 θ_i 确定，而 θ_i 的分布由超参数 λ 确定，即超参数 $\theta_1,\theta_2,\cdots,\theta_J$ 间的关联性可以由来自某个共同的多维联合先验分布 $p_1(\boldsymbol{\theta}\mid\lambda)$ 的一个样本来实现。对超参数 λ 再指定一个超先验 $p_2(\lambda)$，即可对超参数 $\boldsymbol{\theta}$ 进行贝叶斯估计，超参数 $\boldsymbol{\theta}$ 和 λ 的联合后验分布为

$$p(\boldsymbol{\theta},\lambda\mid\boldsymbol{y})\propto p(\boldsymbol{y}\mid\boldsymbol{\theta},\lambda)\times p_1(\boldsymbol{\theta}\mid\lambda)\times p_2(\lambda)$$

其中，$\boldsymbol{y}$ 表示所有的观测数据构成的向量；$\boldsymbol{\theta}=(\theta_1,\theta_2,\cdots,\theta_J)$。分层贝叶斯模型的直观图如图5-1所示。

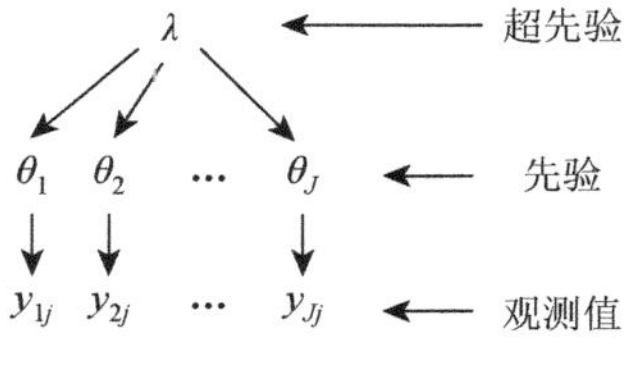

图 5-1　分层贝叶斯模型的直观图

双响应曲面设计具有层次结构，体现在从获取的试验数据来看，在因子的相同设计水平下获得的质量特性观测值与不同设计水平下获得的质量特性观测值相比具有更多的共同特征。将双响应曲面中不同的设计水平看成不同的组，则层次结构表现为组内差异较小，而组间差异较大。针对双响应曲面的

这一问题，可以采用分层贝叶斯研究数据的层次结构问题及异方差问题。

5.1.2　基于分层贝叶斯的稳健参数设计

本节提出一种基于双响应曲面模型的分层贝叶斯方法，以同时考虑模型参数不确定性、双响应曲面模型的层次结构及异方差问题。该方法首先通过采用分层贝叶斯方法获得模型参数的满条件分布；其次利用 Gibbs 抽样从后验分布中抽取参数的随机样本，并将样本均值作为参数的估计值，以此建立双响应曲面模型；再次基于该双响应曲面模型构建期望损失函数；最后将期望损失函数作为目标函数，将 GA 作为优化方法进行优化求解，获得可控因子的最优设计值。该方法的流程图如图 5-2 所示。

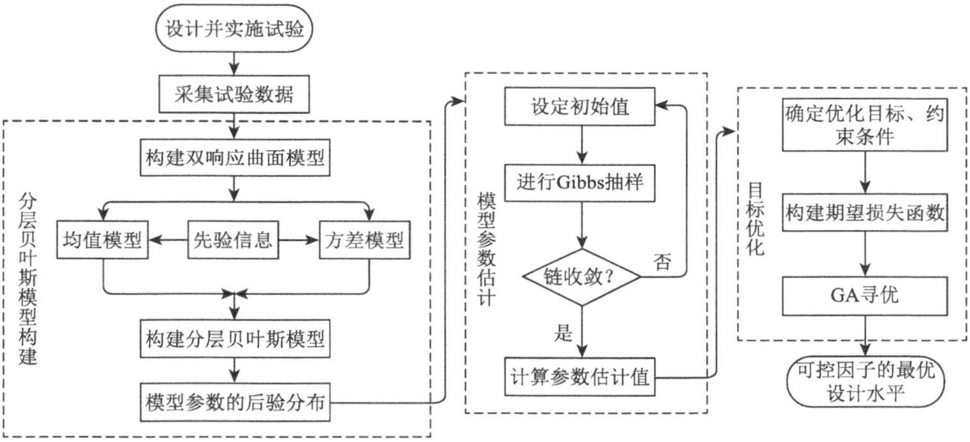

图 5-2　基于双响应曲面模型的分层贝叶斯方法的流程图

步骤 1：设计并实施试验。

确定系统的可控因子与响应变量，选择合适的试验设计方案，并实施试验，获取试验数据。

步骤 2：构建分层贝叶斯模型。

将试验的设计水平总组数记为 N，获得的观测值记为 $y_{ij}(i=1,2,\cdots,N;j=1,2,\cdots,n_i)$，其中，$n_i$ 指在第 i 组设计水平上进行重复试验的次数。记 $\bar{y}_i$ 和 σ_i^2 分别为第 i 组设计水平上观测值的均值与方差，并将均值和方差作为模型的两个响应变量。$\boldsymbol{x}_i$ 为对均值有显著影响的 p 维变量，包括可控因子、可控因子的交互项和二次项；$\boldsymbol{z}_i$ 为对方差有显著影响的 q 维变量，包括可控因子、可控因子的交互项和二次项。通常在不同的设计水平上，响应变量具有不同的方差，而相同设计水平上的响应变量之间具有相同方差，故可以按以下步骤建立具有异方差结构的分层贝叶斯模型。

（1）建立均值模型：

$$\bar{y}_i = \boldsymbol{x}_i^{\mathrm{T}}\boldsymbol{\beta} + \sigma_i\varepsilon_i,\quad i=1,2,\cdots,N \tag{5-1}$$

其中，ε_i 服从独立同正态分布，即 $\varepsilon_i \sim N(0,1)$；$\boldsymbol{\beta}$ 为均值模型的系数，是一个 p 维向量。

式（5-1）可以等价表示成如下表达式：

$$\bar{y}_i \sim N(\boldsymbol{x}_i^{\mathrm{T}}\boldsymbol{\beta},\sigma_i^2),\quad i=1,2,\cdots,N \tag{5-2}$$

记 $\bar{\boldsymbol{y}}=(\bar{y}_1,\bar{y}_2,\cdots,\bar{y}_N)$，$\boldsymbol{\Sigma}_\varepsilon=\begin{bmatrix}\sigma_1^2 & & \\ & \ddots & \\ & & \sigma_N^2\end{bmatrix}$，$\boldsymbol{X}=\begin{bmatrix}\boldsymbol{x}_1^{\mathrm{T}} \\ \vdots \\ \boldsymbol{x}_N^{\mathrm{T}}\end{bmatrix}$，则有

$$\bar{\boldsymbol{y}} \sim N_N(\boldsymbol{X}\boldsymbol{\beta},\boldsymbol{\Sigma}_\varepsilon)$$

（2）建立方差模型：

$$\ln(\sigma_i^2) = \boldsymbol{z}_i^{\mathrm{T}}\boldsymbol{\phi} + e_i,\quad i=1,2,\cdots,N \tag{5-3}$$

其中，e_i 服从独立同正态分布，即 $e_i \sim N(0,\boldsymbol{\kappa}^2)$；$\boldsymbol{\phi}$ 为方差模型的系数，是一个 q 维向量。

式（5-3）可以等价表示成如下表达式：

$$\ln(\sigma_i^2) \sim N(\boldsymbol{z}_i^{\mathrm{T}}\boldsymbol{\phi},\boldsymbol{\kappa}^2),\quad i=1,2,\cdots,N \tag{5-4}$$

（3）确定超参数的先验和超先验分布。

模型中确定但未知的参数有 $\boldsymbol{\beta}$、$\boldsymbol{\phi}$ 和 $\boldsymbol{\kappa}^2$，为了获得模型参数的贝叶斯估计，必须先指定各参数的先验分布。本节指定参数 $\boldsymbol{\beta}$ 和 $\boldsymbol{\phi}$ 分别为 p 维和 q 维的多元正态分布，指定参数 $\boldsymbol{\kappa}^2$ 为逆伽马分布，具体如下：

$$\boldsymbol{\beta} \sim N_p(\boldsymbol{\mu}_\beta,\boldsymbol{\Sigma}_\beta)$$

$$\boldsymbol{\phi} \sim N_q(\boldsymbol{\mu}_\phi,\boldsymbol{\Sigma}_\phi)$$

$$\boldsymbol{\kappa}^2 \sim \mathrm{IGa}(a,b)$$

其中，$\boldsymbol{\mu}_\beta$ 和 $\boldsymbol{\mu}_\phi$ 分别是标准正态分布随机数构成的 p 维和 q 维向量。为表示上述先验分布中均值的不确定性，对方差设定较大值，即

$$\boldsymbol{\Sigma}_\beta = 100\begin{bmatrix}1 & & \\ & \ddots & \\ & & 1\end{bmatrix},\quad \boldsymbol{\Sigma}_\phi = 100\begin{bmatrix}1 & & \\ & \ddots & \\ & & 1\end{bmatrix}$$

$$a=b=0.001$$

步骤 3：模型参数的后验分布。

根据式（5-2）和式（5-4）及给定的先验分布，可以求出参数 $\boldsymbol{\beta}$、$\boldsymbol{\phi}$、$\boldsymbol{\kappa}^2$ 和 $\sigma_1^2,\cdots,\sigma_N^2$ 的联合后验分布，进而可以获得各个参数的满条件后验分布。

（1）参数的联合后验分布。

$$
\begin{aligned}
& p(\boldsymbol{\beta},\boldsymbol{\phi},\boldsymbol{\kappa}^2,\sigma_1^2,\cdots,\sigma_N^2 \mid \boldsymbol{y}) \\
& \propto p(\boldsymbol{y} \mid \boldsymbol{\beta},\boldsymbol{\phi},\boldsymbol{\kappa}^2,\sigma_1^2,\cdots,\sigma_N^2) \times p(\boldsymbol{\beta},\boldsymbol{\phi},\boldsymbol{\kappa}^2,\sigma_1^2,\cdots,\sigma_N^2) \\
& \propto \frac{1}{|\boldsymbol{\Sigma}_\varepsilon|^{1/2}} \exp\left[-\frac{1}{2}(\overline{\boldsymbol{y}}-\boldsymbol{X\beta})^{\mathrm{T}} \boldsymbol{\Sigma}_\varepsilon^{-1} (\overline{\boldsymbol{y}}-\boldsymbol{X\beta})\right] \\
& \quad \times \exp\left[-\frac{1}{2}(\boldsymbol{\beta}-\boldsymbol{\mu}_\beta)^{\mathrm{T}} \boldsymbol{\Sigma}_\beta^{-1}(\boldsymbol{\beta}-\boldsymbol{\mu}_\beta)\right] \\
& \quad \times \exp\left[-\frac{1}{2}(\boldsymbol{\phi}-\boldsymbol{\mu}_\phi)^{\mathrm{T}} \boldsymbol{\Sigma}_\phi^{-1}(\boldsymbol{\phi}-\boldsymbol{\mu}_\phi)\right] \times (\boldsymbol{\kappa}^2)^{-a-1} \exp\left(-\frac{b}{\boldsymbol{\kappa}^2}\right)
\end{aligned}
$$

（2）参数 $\boldsymbol{\beta}$ 的条件后验分布。

$$
\begin{aligned}
& p(\boldsymbol{\beta} \mid \boldsymbol{\phi},\boldsymbol{\kappa}^2,\sigma_1^2,\cdots,\sigma_N^2,\boldsymbol{y}) \\
& \propto \exp\left[-\frac{1}{2}(\overline{\boldsymbol{y}}-\boldsymbol{X\beta})^{\mathrm{T}} \boldsymbol{\Sigma}_\varepsilon^{-1} (\overline{\boldsymbol{y}}-\boldsymbol{X\beta})\right] \\
& \quad \times \exp\left[-\frac{1}{2}(\boldsymbol{\beta}-\boldsymbol{\mu}_\beta)^{\mathrm{T}} \boldsymbol{\Sigma}_\beta^{-1}(\boldsymbol{\beta}-\boldsymbol{\mu}_\beta)\right] \\
& \propto \exp\left\{-\frac{1}{2}[\boldsymbol{\beta}-\boldsymbol{V}_\beta(\boldsymbol{X}^{\mathrm{T}}\boldsymbol{\Sigma}_\varepsilon^{-1}\overline{\boldsymbol{y}}+\boldsymbol{\Sigma}_\beta^{-1}\boldsymbol{\mu}_\beta)]^{\mathrm{T}}\boldsymbol{V}_\beta^{-1} \times [\boldsymbol{\beta}-\boldsymbol{V}_\beta(\boldsymbol{X}^{\mathrm{T}}\boldsymbol{\Sigma}_\varepsilon^{-1}\overline{\boldsymbol{y}}+\boldsymbol{\Sigma}_\beta^{-1}\boldsymbol{\mu}_\beta)]\right\}
\end{aligned}
$$

其中，$\boldsymbol{V}_\beta=(\boldsymbol{X}^{\mathrm{T}}\boldsymbol{\Sigma}_\varepsilon^{-1}\boldsymbol{X}+\boldsymbol{\Sigma}_\beta^{-1})^{-1}$。可以看出，参数 $\boldsymbol{\beta}$ 的条件后验分布是 p 维正态分布，其均值与方差分别为 $\boldsymbol{V}_\beta(\boldsymbol{X}^{\mathrm{T}}\boldsymbol{\Sigma}_\varepsilon^{-1}\overline{\boldsymbol{y}}+\boldsymbol{\Sigma}_\beta^{-1}\boldsymbol{\mu}_\beta)$ 和 $\boldsymbol{V}_\beta$，即

$$
\boldsymbol{\beta} \sim N_p(\boldsymbol{V}_\beta(\boldsymbol{X}^{\mathrm{T}}\boldsymbol{\Sigma}_\varepsilon^{-1}\overline{\boldsymbol{y}}+\boldsymbol{\Sigma}_\beta^{-1}\boldsymbol{\mu}_\beta),\boldsymbol{V}_\beta) \tag{5-5}
$$

（3）参数 $\boldsymbol{\phi}$ 的条件后验分布。

令 $\boldsymbol{L}=[\ln(\sigma_1^2),\cdots,\ln(\sigma_N^2)]$，$\boldsymbol{Z}=[\boldsymbol{z}_1^{\mathrm{T}},\cdots,\boldsymbol{z}_N^{\mathrm{T}}]^{\mathrm{T}}$，则参数 $\boldsymbol{\phi}$ 的条件后验分布为

$$
\begin{aligned}
& p(\boldsymbol{\phi} \mid \boldsymbol{\beta},\boldsymbol{\kappa}^2,\sigma_1^2,\cdots,\sigma_N^2,\boldsymbol{y}) \\
& \propto \exp\left[-\frac{1}{2}(\boldsymbol{\phi}-\boldsymbol{\mu}_\phi)^{\mathrm{T}} \boldsymbol{\Sigma}_\phi^{-1}(\boldsymbol{\phi}-\boldsymbol{\mu}_\phi)\right] \\
& \quad \times \prod_{i=1}^{N} \exp\left\{-\frac{[\ln(\sigma_i^2)-\boldsymbol{z}_i^{\mathrm{T}}\boldsymbol{\phi}]^2}{2\boldsymbol{\kappa}^2}\right\} \\
& \propto \exp\left[-\frac{1}{2}(\boldsymbol{\phi}-\boldsymbol{\mu}_\phi)^{\mathrm{T}} \boldsymbol{\Sigma}_\phi^{-1}(\boldsymbol{\phi}-\boldsymbol{\mu}_\phi)\right] \\
& \quad \times \exp\left[-\frac{1}{2\boldsymbol{\kappa}^2}(\boldsymbol{L}-\boldsymbol{Z}^{\mathrm{T}}\boldsymbol{\phi})^{\mathrm{T}}(\boldsymbol{L}-\boldsymbol{Z}^{\mathrm{T}}\boldsymbol{\phi})\right] \\
& \propto \exp\left\{-\frac{1}{2}\left[\boldsymbol{\phi}-\boldsymbol{V}_\phi\left(\frac{1}{\boldsymbol{\kappa}^2}\boldsymbol{Z}'\boldsymbol{L}+\boldsymbol{\Sigma}_\phi^{-1}\boldsymbol{\mu}_\phi\right)\right]^{\mathrm{T}}\boldsymbol{V}_\phi^{-1} \times \left[\boldsymbol{\phi}-\boldsymbol{V}_\phi\left(\frac{1}{\boldsymbol{\kappa}^2}\boldsymbol{Z}^{\mathrm{T}}\boldsymbol{L}+\boldsymbol{\Sigma}_\phi^{-1}\boldsymbol{\mu}_\phi\right)\right]\right\}
\end{aligned}
$$

其中，$\boldsymbol{V}_\phi=\left(\dfrac{1}{\boldsymbol{\kappa}^2}\boldsymbol{Z}^{\mathrm{T}}\boldsymbol{Z}+\boldsymbol{\Sigma}_\phi^{-1}\right)^{-1}$，可以看出参数$\boldsymbol{\phi}$的条件后验分布是$q$维正态分布，其均值与方差分别为$\boldsymbol{V}_\phi\left(\dfrac{1}{\boldsymbol{\kappa}^2}\boldsymbol{Z}^{\mathrm{T}}\boldsymbol{L}+\boldsymbol{\Sigma}_\phi^{-1}\boldsymbol{\mu}_\phi\right)$和$\boldsymbol{V}_\phi$，即

$$\boldsymbol{\phi}\sim N_q\left(\boldsymbol{V}_\phi\left(\frac{1}{\boldsymbol{\kappa}^2}\boldsymbol{Z}^{\mathrm{T}}\boldsymbol{L}+\boldsymbol{\Sigma}_\phi^{-1}\boldsymbol{\mu}_\phi\right),\boldsymbol{V}_\phi\right) \tag{5-6}$$

（4）参数$\boldsymbol{\kappa}^2$的条件后验分布。

$$\begin{aligned}&p(\boldsymbol{\kappa}^2\mid\boldsymbol{\beta},\boldsymbol{\phi},\sigma_1^2,\cdots,\sigma_N^2,\boldsymbol{y})\\ &\propto(\boldsymbol{\kappa}^2)^{-a-1}\exp\left(-\frac{b}{\boldsymbol{\kappa}^2}\right)\times\prod_{i=1}^{N}\frac{1}{\boldsymbol{\kappa}}\exp\left\{-\frac{[\ln(\sigma_i^2)-\boldsymbol{z}_i^{\mathrm{T}}\boldsymbol{\phi}]^2}{2\boldsymbol{\kappa}^2}\right\}\\ &\propto(\boldsymbol{\kappa}^2)^{-N/2-a-1}\times\exp\left\{-\frac{1}{2\boldsymbol{\kappa}^2}[(\boldsymbol{L}-\boldsymbol{Z}^{\mathrm{T}}\boldsymbol{\phi})^{\mathrm{T}}(\boldsymbol{L}-\boldsymbol{Z}^{\mathrm{T}}\boldsymbol{\phi})+2b]\right\}\end{aligned}$$

所以，参数$\boldsymbol{\kappa}^2$的条件后验分布为逆伽马分布，即

$$\boldsymbol{\kappa}^2\sim\mathrm{IGa}\left(N/2+a,\frac{(\boldsymbol{L}-\boldsymbol{Z}^{\mathrm{T}}\boldsymbol{\phi})^{\mathrm{T}}(\boldsymbol{L}-\boldsymbol{Z}^{\mathrm{T}}\boldsymbol{\phi})+2b}{2}\right) \tag{5-7}$$

（5）参数σ_i^2的条件后验分布。

令$\tau_i=\ln(\sigma_i^2)$，则有

$$\begin{aligned}&p(\sigma_i^2\mid\boldsymbol{\beta},\boldsymbol{\phi},\boldsymbol{\kappa}^2,\sigma_1^2,\cdots,\sigma_N^2,\boldsymbol{y})\\ &\propto\frac{1}{\sigma_i}\exp\left[-\frac{(\overline{y}_i-\boldsymbol{x}_i^{\mathrm{T}}\boldsymbol{\beta})^2}{2\sigma_i^2}\right]\times\exp\left\{-\frac{[\ln(\sigma_i^2)-\boldsymbol{z}_i^{\mathrm{T}}\boldsymbol{\phi}]^2}{2\boldsymbol{\kappa}^2}\right\} \qquad (5\text{-}8)\\ &\propto\exp\left[-\frac{\tau_i}{2}-\frac{\exp(-\tau_i)}{2}(\overline{y}_i-\boldsymbol{x}_i^{\mathrm{T}}\boldsymbol{\beta})^2\right]\times\exp\left[-\frac{(\tau_i-\boldsymbol{z}_i^{\mathrm{T}}\boldsymbol{\phi})^2}{2\boldsymbol{\kappa}^2}\right]\end{aligned}$$

与上述 3 个参数的条件后验分布不同，该表达式不能表示成某个特定分布的核。为了使参数τ_i的分布近似为某确定的分布类型，将式（5-8）的第一项近似成具有相同众数与曲率的正态分布的核[5]，则τ_i的条件后验分布可以近似为

$$\begin{aligned}&p(\tau_i\mid\boldsymbol{\beta},\boldsymbol{\phi},\boldsymbol{\kappa}^2,\sigma_1^2,\cdots,\sigma_N^2,\boldsymbol{y})\\ &\propto\exp\left[-\frac{\tau_i-\ln(\overline{y}_i-\boldsymbol{x}_i^{\mathrm{T}}\boldsymbol{\beta})^2}{2^2}\right]\times\exp\left[-\frac{(\tau_i-\boldsymbol{z}_i^{\mathrm{T}}\boldsymbol{\phi})^2}{2\boldsymbol{\kappa}^2}\right]\\ &\propto\exp\left(-\frac{\left\{\tau_i-\left[\dfrac{\ln(\overline{y}_i-\boldsymbol{x}_i^{\mathrm{T}}\boldsymbol{\beta})^2}{2}+\dfrac{\boldsymbol{z}_i^{\mathrm{T}}\boldsymbol{\phi}}{\boldsymbol{\kappa}^2}\right]\Big/\left(\dfrac{1}{2}+\dfrac{1}{\boldsymbol{\kappa}^2}\right)\right\}^2}{1\Big/\left(\dfrac{1}{2}+\dfrac{1}{\boldsymbol{\kappa}^2}\right)}\right)\end{aligned}$$

可以看出，τ_i 的条件后验分布近似为正态分布，即

$$\tau_i \sim N\left\{\left[\frac{\ln(\overline{y}_i - \boldsymbol{x}_i^{\mathrm{T}}\boldsymbol{\beta})^2}{2} + \frac{\boldsymbol{z}_i^{\mathrm{T}}\boldsymbol{\phi}}{\boldsymbol{\kappa}^2}\right] \Big/ \left(\frac{1}{2} + \frac{1}{\boldsymbol{\kappa}^2}\right), 1 \Big/ \left(\frac{1}{2} + \frac{1}{\boldsymbol{\kappa}^2}\right)\right\} \tag{5-9}$$

那么 σ_i^2 的条件后验分布近似为对数正态分布。

步骤 4：模型参数估计。

在通过步骤 3 获得了各个参数的满条件后验分布之后，就可以利用 Gibbs 抽样迭代地估计参数值，Gibbs 抽样的具体步骤如下。

（1）设定初始值 $\boldsymbol{\beta}^{(0)}, \boldsymbol{\phi}^{(0)}, \boldsymbol{\kappa}^{2(0)}, \sigma_1^{2(0)}, \cdots, \sigma_N^{2(0)}$。

（2）对于 $t = 1, 2, \cdots, T$，重复进行以下过程：

①从 $p[\boldsymbol{\beta} \mid \boldsymbol{\phi}^{(t-1)}, \boldsymbol{\kappa}^{2(t-1)}, \sigma_1^{2(t-1)}, \cdots, \sigma_N^{2(t-1)}, \boldsymbol{y}]$ 中生成随机数 $\boldsymbol{\beta}^{(t)}$；

②从 $p[\boldsymbol{\phi} \mid \boldsymbol{\beta}^{(t)}, \boldsymbol{\kappa}^{2(t-1)}, \sigma_1^{2(t-1)}, \cdots, \sigma_N^{2(t-1)}, \boldsymbol{y}]$ 中生成随机数 $\boldsymbol{\phi}^{(t)}$；

③从 $p[\boldsymbol{\kappa}^2 \mid \boldsymbol{\beta}^{(t)}, \boldsymbol{\phi}^{(t)}, \sigma_1^{2(t-1)}, \cdots, \sigma_N^{2(t-1)}, \boldsymbol{y}]$ 中生成随机数 $\boldsymbol{\kappa}^{2(t)}$；

④从条件后验分布 $p[\sigma_i^2 \mid \boldsymbol{\beta}^{(t)}, \boldsymbol{\phi}^{(t)}, \boldsymbol{\kappa}^{2(t)}, \sigma_1^{2(t)}, \cdots, \sigma_{i-1}^{2(t)}, \sigma_{i+1}^{2(t-1)}, \cdots, \sigma_N^{2(t-1)}, \boldsymbol{y}]$ 中生成随机数 $\sigma_i^{2(t)}$，$i = 1, 2, \cdots, N$。

若经过 T 次迭代后生成的链已经收敛，则可以将去掉燃烧期后的链的均值作为模型参数的估计值；若经过 T 次迭代后生成的链没有收敛，则需要重新设定初始值，重复上述迭代过程。

步骤 5：构建期望损失函数。

本节采用期望损失函数作为目标优化函数来同时优化均值和方差，这也将多目标优化问题转变成单目标优化问题。Taguchi 根据工程中的实际需要将质量特性分为三类：望目特性，即质量特性越接近目标值越好；望大特性，即质量特性越大越好；望小特性，即质量特性越小越好。针对不同的质量特性 y，这里给出了不同的期望损失函数。

望目特性：

$$E[L(y)] = E(y - T)^2 = \mathrm{Var}(y) + [E(y) - T]^2 \tag{5-10}$$

望小特性：

$$E[L(y)] = E(y^2) = \mathrm{Var}(y) + [E(y)]^2 \tag{5-11}$$

望大特性：

$$E[L(y)] = E\left(\frac{1}{y^2}\right) = \frac{1}{[E(y)]^2}\left\{1 + \frac{\mathrm{Var}(y)}{[E(y)]^2}\right\} \tag{5-12}$$

本节的优化模型可表示为

$$\begin{cases} \min\limits_{\boldsymbol{x}} E[L(y)] \\ \text{s.t.} \quad \boldsymbol{x} \in \Omega \end{cases} \tag{5-13}$$

其中，Ω 是设计变量 $\boldsymbol{x}$ 的参数设计空间。

步骤 6：优化求解。

步骤 5 构建的优化模型往往具有高度复杂的非线性特征，需要选取合适的优化方法获得全局最优解。GA 是一种自适应全局优化搜索算法，适用于解决复杂的非线性和多维空间寻优问题[7]，目前，GA 已被很多学者应用于高度复杂的非线性函数求解问题中，并获得了理想的优化结果。本节基于期望损失函数构建优化模型，并采用 GA 对其进行优化求解，以获得可控因子的全局最优设计值。

5.1.3 实例分析

异方差是指响应变量的观测值的分散程度随因子设计水平的变化而变化。当模型存在异方差时，仍采用 OLS 法进行模型系数估计，将导致 OLS 估计量不再是最小方差无偏估计、系数的显著性检验（t 检验和 F 检验）失效、模型的预测功能失效等问题[8]。因此，在建立双响应曲面模型之前，有必要对模型的随机误差项进行异方差检验，若检验结果表明存在异方差，则需要进行异方差的修正。模型变换法、广义最小二乘法及加权最小二乘法（weighted least squares，WLS）是最常用的异方差补救措施。为了验证本节所提方法的有效性，将从模型具有同方差结构和异方差结构两种情形出发，分别采用 OLS、WLS 及分层贝叶斯来建立双响应曲面模型。

1. 实例 1：同方差结构情形

采用文献[9]和文献[10]中的气体金属电弧（gas metal arc，GMA）焊接工艺试验数据进行具体的案例分析。该 GMA 焊接工艺的响应变量为穿透率（penetration）y（mm），是望目质量特性，且目标值设定为 3.7，影响响应变量的可控因子主要包括焊丝进给速度（wire feed rate）X_1（mm/s）和焊接速度（welding speed）X_2（mm/s）。试验者期望获得可控因子的最佳参数组合，使穿透率 y 的目标值维持在 3.7 的水平上，且波动尽可能小。该 GMA 焊接工艺采用全因子试验设计收集数据，且在每个设计水平上重复试验 5 次，试验的因子与水平见表 5-1，试验计划与试验结果如表 5-2 所示。

表 5-1 GMA 焊接工艺试验的因子与水平

可控因子名称	−1 水平	0 水平	+1 水平
X_1：焊丝进给速度/(mm/s)	60	75	90
X_2：焊接速度/(mm/s)	6	8	10

表 5-2　GMA 焊接工艺的试验计划与试验结果

试验号	实际值		编码值		穿透率					均值	SD
	X_1	X_2	x_1	x_2	y_1	y_2	y_3	y_4	y_5	$\bar{y}$	s
1	60	6	−1	−1	2.7	2.9	3.1	3.1	3.4	3.04	0.2608
2	75	6	0	−1	3.0	3.2	3.3	3.6	4.0	3.42	0.3899
3	90	6	1	−1	3.6	3.8	4.2	4.3	4.5	4.08	0.3701
4	60	8	−1	0	2.4	2.6	2.6	2.7	2.8	2.62	0.1483
5	75	8	0	0	2.5	2.7	3.0	3.5	3.8	3.10	0.5431
6	90	8	1	0	2.9	3.3	3.6	3.7	4.1	3.52	0.4494
7	60	10	−1	1	1.9	1.9	2.2	2.2	2.5	2.14	0.2510
8	75	10	0	1	1.8	2.4	2.7	2.9	3.2	2.60	0.5339
9	90	10	1	1	2.6	2.7	3.2	3.5	3.9	3.18	0.5450

可控因子根据以下公式进行编码处理：

$$x_i = \frac{X_i - X_{i,0}}{X_{i,+1} - X_{i,0}}, \quad i = 1,2$$

其中，$X_{i,0}$ 指可控因子在 X_i 转换成 0 水平之前的实际值；$X_{i,+1}$ 指可控因子 X_i 在转换成+1 水平之前的实际值。

1）异方差检验

首先，利用 OLS 法对响应的均值、可控因子 x_1 和 x_2，以及可控因子的交互项和二次项建立回归模型：

$$\hat{\bar{y}} = 3.042 + 0.497x_1 - 0.437x_2 + 0x_1x_2 + 0.057x_1^2 - 0.003x_2^2 \tag{5-14}$$

其次，提取模型（5-14）的残差项，记为 e。最后，利用图示法及自回归条件异方差效应的拉格朗日乘数检验（autoregressive conditional heteroscedasticity-Lagrange multiplier test，ARCH-LM）法来检验模型是否存在异方差。图示法的检验结果如图 5-3 和图 5-4 所示，ARCH-LM 法的结果见表 5-3。

图 5-3 中的残差很小，都围绕在零值附近波动；从图 5-4 中可以看出，所有的响应值都在±3 倍 SD 内波动，没有显示出异方差特征。

表 5-3 列出的各项检验统计量的 p 值都大于设定的显著性水平（0.05），图示法和 ARCH-LM 法的结果均显示该实例的数据不存在异方差。

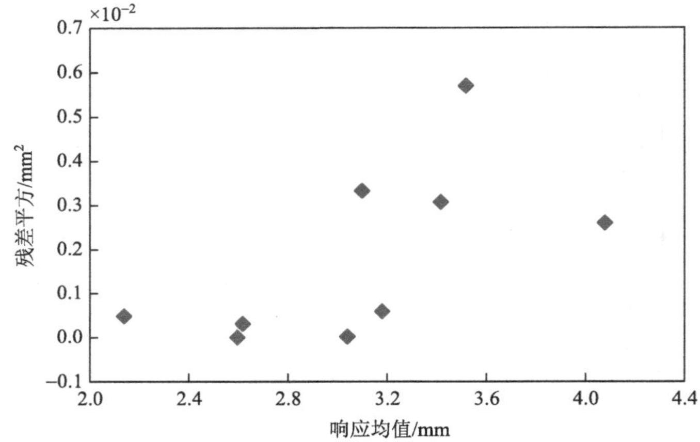

图 5-3　响应均值与残差平方的散点图

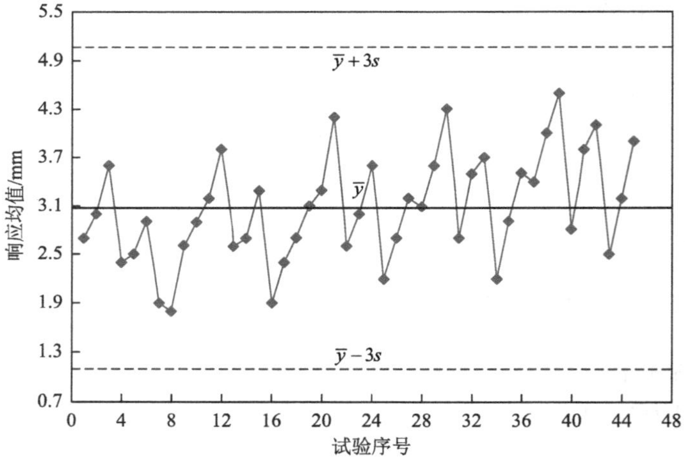

图 5-4　响应均值与试验序号的序列图

表 5-3　异方差的 ARCH-LM 结果

检验统计量	统计量值	p 值	结论
F	1.0853	0.4202	同方差
LM	2.4624	0.2919	同方差

2）基于 OLS 与 WLS 构建双响应曲面模型

采用 OLS 建立渗透率的双响应曲面模型，模型的具体形式如式（5-15）所示：

$$\begin{cases}\hat{y}=3.042+0.497x_1-0.437x_2+0x_1x_2+0.057x_1^2-0.003x_2^2\\ \ln(\hat{\sigma}^2)=-1.618+0.745x_1+0.220x_2+0.211x_1x_2-0.891x_1^2+0.248x_2^2\end{cases}\tag{5-15}$$

以残差平方的倒数为权重，采用 WLS 建立渗透率的双响应曲面模型，模型的具体形式如式（5-16）所示：

$$\begin{cases}\hat{y}=3.071+0.512x_1-0.442x_2+0.008x_1x_2+0.061x_1^2-0.029x_2^2\\ \ln(\hat{\sigma}^2)=-1.618+0.745x_1+0.220x_2+0.211x_1x_2-0.891x_1^2+0.248x_2^2\end{cases}\tag{5-16}$$

3）基于分层贝叶斯构建双响应曲面模型

给定模型参数的先验分布之后，按照 5.1.2 节步骤 4 中 Gibbs 抽样的具体流程进行模拟抽样，获得各个参数的样本链。若经过若干次迭代后的样本链已经收敛，则可以根据收敛的样本链计算模型参数的估计值。本节通过监视各条样本链的遍历均值是否收敛来检验样本链是否收敛，并用去掉燃烧期后的样本链的均值作为参数的估计值，均值模型和方差模型各个参数的遍历均值如图 5-5 和图 5-6 所示。

从图 5-5 和图 5-6 显示的结果可以看出，经过 2000 次迭代之后的样本链均已收敛，因此，基于分层贝叶斯的双响应曲面模型如式（5-17）所示：

$$\begin{cases}\hat{y}=3.047+0.501x_1-0.431x_2+0.015x_1x_2+0.073x_1^2-0.026x_2^2\\ \ln(\hat{\sigma}^2)=-1.574+0.545x_1+0.106x_2+0.183x_1x_2-0.866x_1^2+0.262x_2^2\end{cases}\tag{5-17}$$

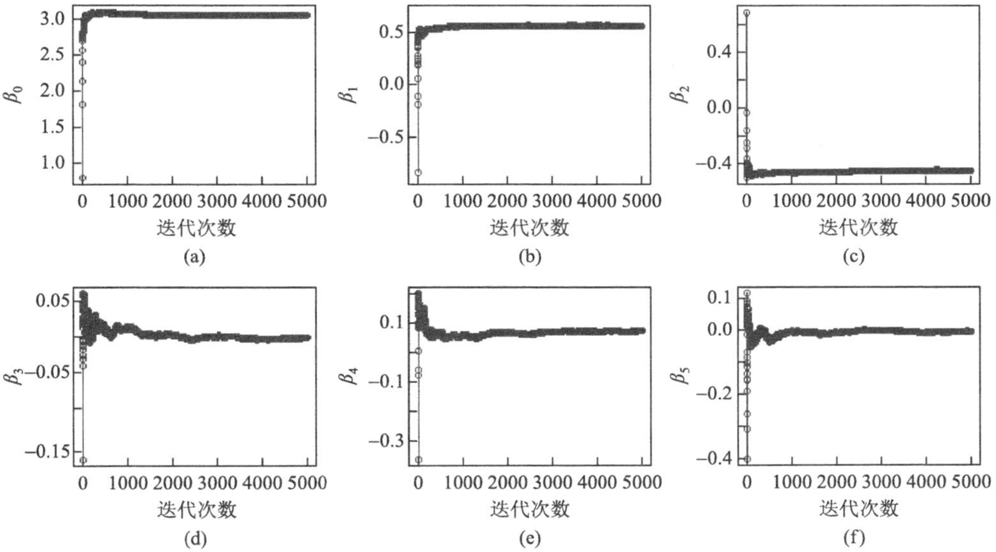

图 5-5　均值模型参数的遍历均值图

4）确定最佳焊接条件

根据 5.1.2 节的步骤 5 建立约束优化模型，并利用 GA 对其进行优化求解，以获得可控因子的全局最优设计值。以下采用 GA 分别对基于 OLS、WLS 和分层贝叶斯的双响应曲面模型进行优化求解，得出最佳的参数组合，各方法的标准化均

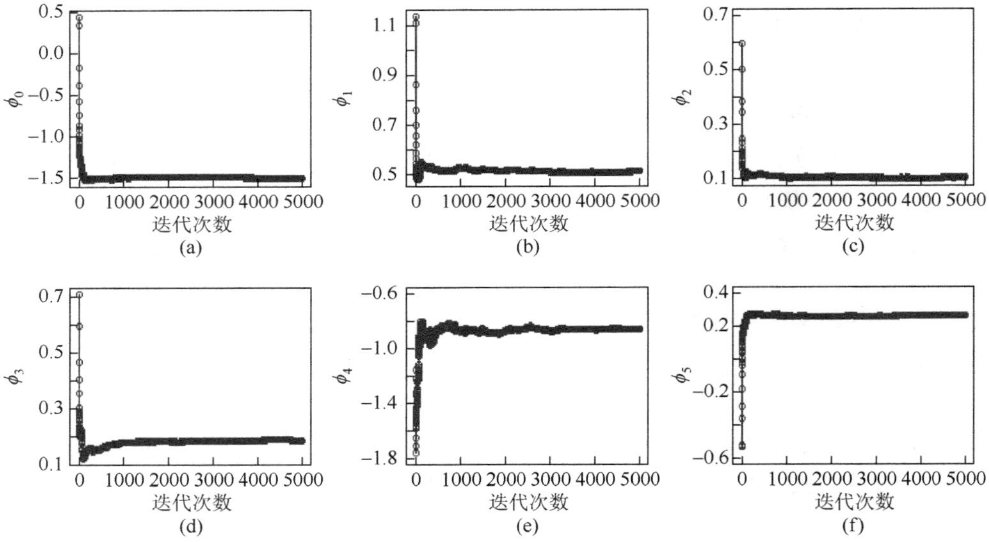

图 5-6　方差模型参数的遍历均值图

方误差（normalized mean square error，NMSE）、可决系数（R^2）、最大绝对误差（maximum absolute error，MAE）及最佳参数设计下的响应均值和响应方差，具体结果见表 5-4，基于分层贝叶斯构建的优化函数的等高线图如图 5-7 所示，整个迭代过程的优化结果见图 5-8。

从表 5-4 可以看出，虽然不同方法下的最佳参数组合，NMSE、MAE、R^2 及最佳参数设计下的响应均值和响应方差有所不同，但都相差不大，表明在同方差结构情形下，根据这三种方法获得的优化结果大致相同。其中，由分层贝叶斯计算的可控因子最优设计值对应的响应均值最接近响应的目标值 3.7，且方差最小；而 WLS 计算的可控因子最优设计值对应的响应均值与目标值的偏离稍大，表明在同方差结构情形下，OLS 与分层贝叶斯在优化目标的实现方面要比 WLS 稍好；OLS 与分层贝叶斯的 NMSE 和 MAE 都比 WLS 的小，表明这两种方法的预测性能比 WLS 好；而三种方法对应的可决系数 R^2 都接近 1，表明基于 OLS、WLS 和分层贝叶斯构建的响应曲面模型均已很好地解释了数据信息。

表 5-4　优化结果的比较

方法	设计变量		$\hat{\mu}$	$\hat{\sigma}^2$	NMSE	MAE	R^2
	(x_1^*, x_2^*)	(X_1^*, X_2^*)					
OLS	(0.9990, −0.3431)	(89.9850, 7.3138)	3.745	0.152	6.1×10^{-3}	0.076	0.994
WLS	(0.9968, −0.2886)	(89.9520, 7.4228)	3.764	0.155	8.3×10^{-3}	0.124	0.993
分层贝叶斯	(0.9971, −0.2672)	(89.9565, 7.4656)	3.728	0.143	7.1×10^{-3}	0.101	0.993

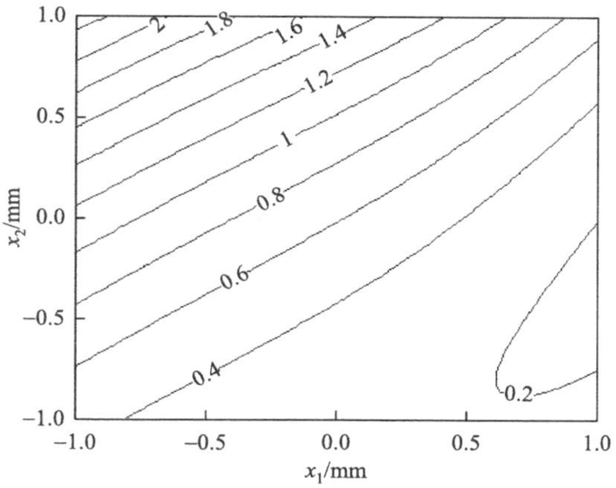

图 5-7　优化函数的等高线图

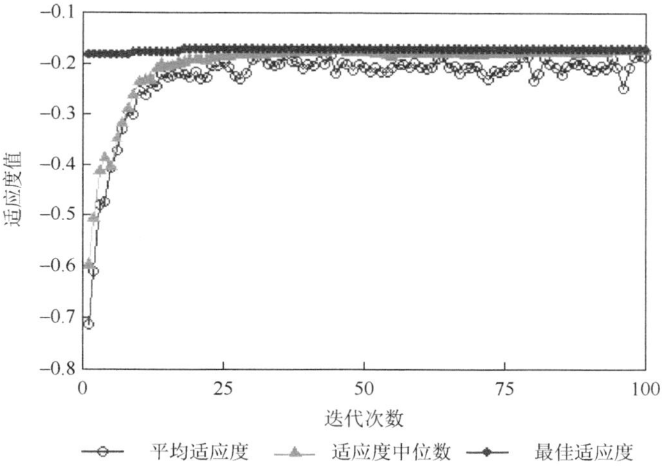

图 5-8　每次迭代的优化结果（实例 1）

2. *实例 2：异方差结构情形*

该实例来源于文献[11]，主要研究某激光束微孔工艺的参数设计问题，该工艺具有 3 个设计变量和 1 个响应变量。设计变量分别为平均功率（average power）Z_1、Q 开关频率（Q-switch frequency）Z_2、切削速度（cutting speed）Z_3。响应变量为微孔半径 y，它具有望目质量特性，目标值为 40μm，规格限为（40±0.2）μm。该工艺通过 3^3 全因子设计收集试验数据，并在每个设计点重复试验 3 次。试验者期望通过该试验确定用于持续性质量改进的工艺参数，试验的设计变量与水平见表 5-5，试验计划与试验结果如表 5-6 所示。

表 5-5　设计变量与水平

设计变量	−1 水平	0 水平	+1 水平
Z_1：平均功率/mW	50	100	150
Z_2：Q 开关频率/Hz	500	650	800
Z_3：切削速度/(mm/s)	4	6	8

表 5-6　试验计划与试验结果

z_1	z_2	z_3	$\bar{y}$	s
−1	1	1	23.853	2.558
−1	0	0	27.833	5.849
−1	−1	−1	31.959	11.387
−1	0	1	27.766	1.673
−1	0	0	43.218	1.823
−1	0	−1	57.487	4.079
−1	−1	1	22.770	0.908
−1	0	0	37.665	2.611
−1	1	−1	52.485	3.157
0	1	0	34.342	2.643
0	0	0	56.980	4.713
0	−1	0	60.843	3.833
0	0	0	28.973	1.916
0	0	0	41.528	1.508
0	0	0	55.423	1.644
0	−1	0	26.599	2.786
0	0	0	37.314	1.861
0	1	0	56.014	3.266
1	1	−1	33.802	0.418
1	0	0	55.049	2.897
1	−1	1	57.705	2.213
1	0	−1	27.732	1.152
1	0	0	46.598	1.823
1	0	1	62.775	3.646

续表

z_1	z_2	z_3	$\bar{y}$	s
1	−1	−1	27.524	0.724
1	0	0	38.872	2.328
1	1	1	54.324	5.070

其中，符号 Z_1、Z_2 和 Z_3 表示设计变量的未编码值，符号 z_1、z_2 和 z_3 表示设计变量的已编码值。

1）异方差检验

与实例 1 的分析过程一致，在建立双响应曲面模型之前，先对数据进行异方差检验。异方差的图示法的结果见图 5-9，异方差的 ARCH-LM 结果见表 5-7。从图 5-9 和表 5-7 可得，实例 2 的数据存在异方差。

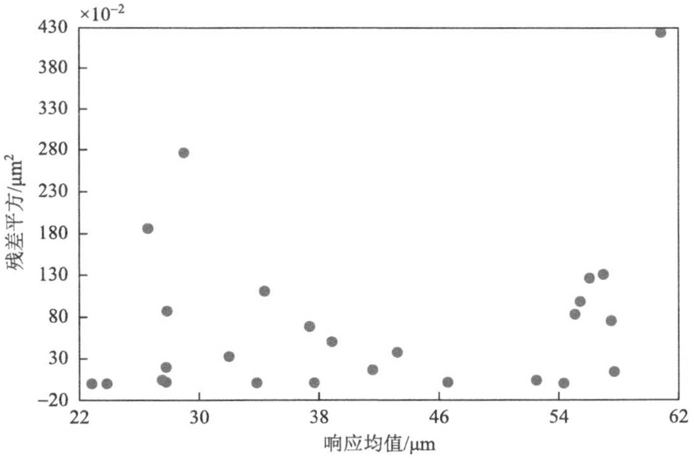

图 5-9　响应均值与残差平方的散点图

表 5-7　异方差的 ARCH-LM 结果

检验统计量	统计量值	p 值	结论
F	5.9635	0.0223	异方差
LM	5.1746	0.0229	异方差

2）模型建立与求解

首先，采用 OLS、WLS 及分层贝叶斯建立双响应曲面模型。在模型建立过程中需要考虑的问题是，基于分层贝叶斯估计双响应曲面模型参数的前提条件是各个参数的样本链收敛。实例 2 仍通过监视各参样本链的遍历均值是否收敛来检验各个参数的样本链是否收敛，均值模型和方差模型的各个参数的遍历均值如图 5-10 和图 5-11 所示。从图 5-10 和图 5-11 可以直观地看出，经过 2000 次迭代之后的各条样本链均已收敛，可以利用去掉燃烧期后的样本链的均值作为参数的估计值，以此建立双响应曲面模型。其次，基于均值模型和方差模型建立期望损失函数，并设定约束条件，构建约束优化目标。实例 2 的期望损失函数如式（5-10）所示，优化目标如式（5-13）所示。最后，采用 GA 在约束区域内寻找可控因子的最优解，具体结果见表 5-8，基于分层贝叶斯构建的优化函数的整个迭代过程的优化结果见图 5-12。

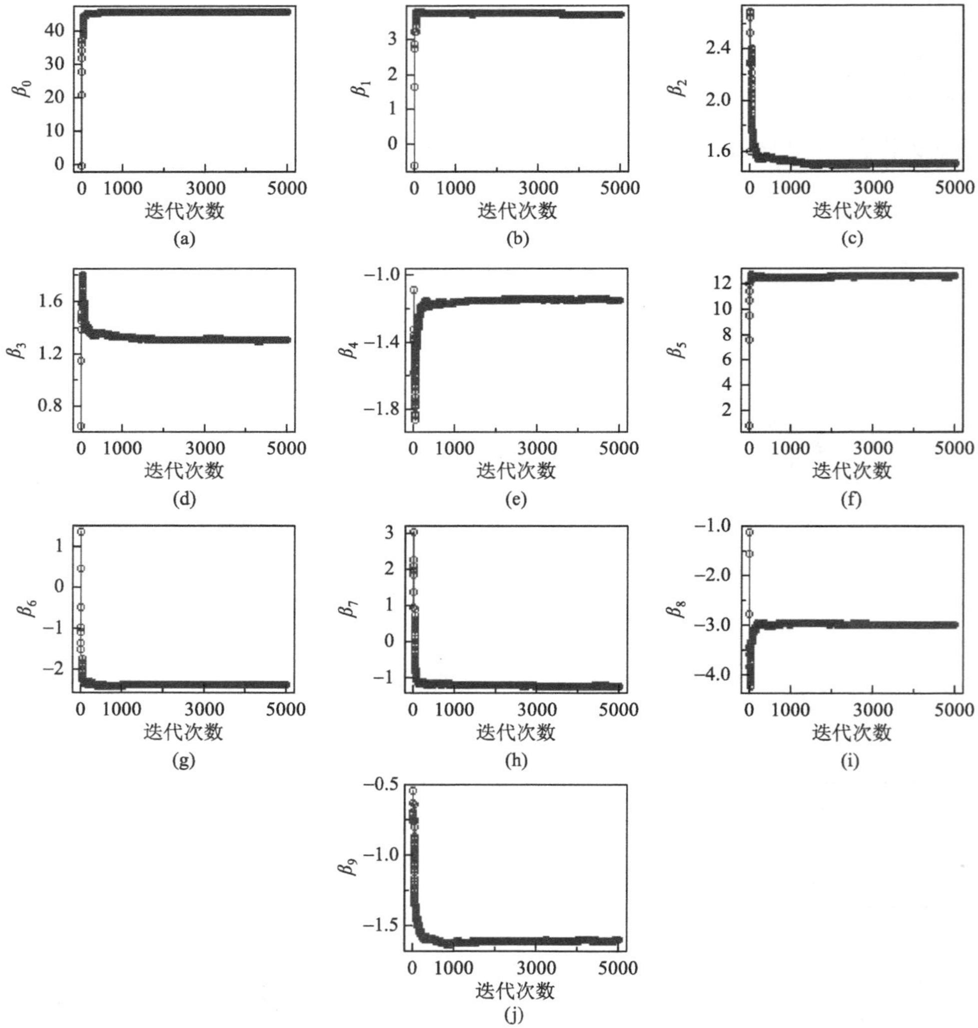

图 5-10　均值模型参数的遍历均值图

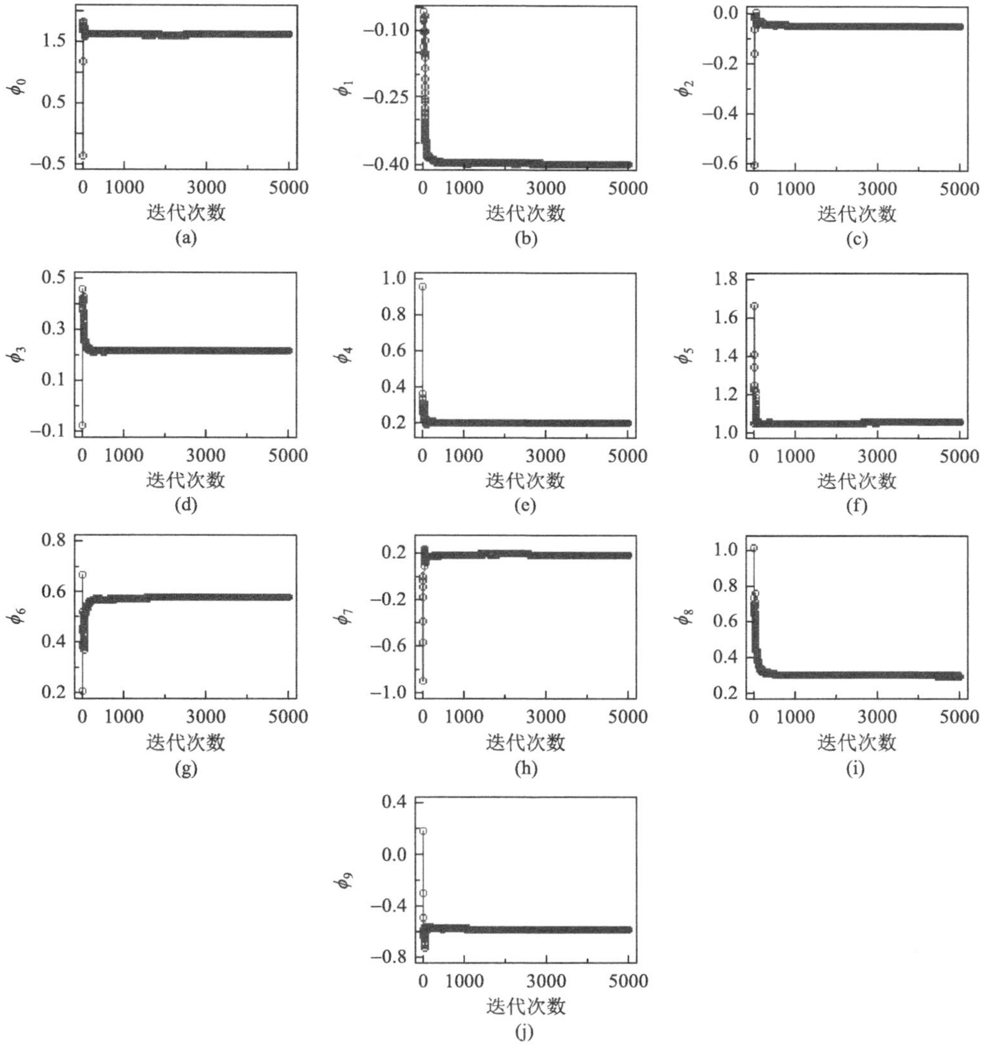

图 5-11　方差模型参数的遍历均值图

表 5-8　优化结果的比较

方法	设计变量		$\hat{\mu}$	$\hat{\sigma}^2$	NMSE	MAE	R^2
	(z_1^*, z_2^*, z_3^*)	(Z_1^*, Z_2^*, Z_3^*)					
OLS	(0.637, 0.771, −0.890)	(131.85, 765.65, 4.22)	39.851	0.680	0.407	20.586	0.600
WLS	(0.564, 0.709, −0.952)	(128.2, 756.35, 4.096)	39.875	0.656	0.272	14.278	0.843
分层贝叶斯	(0.375, 0.673, −0.930)	(118.75, 750.95, 4.14)	39.895	0.611	0.239	13.221	0.885

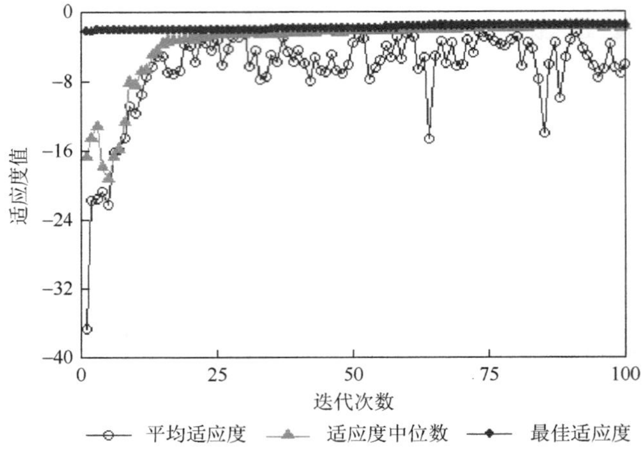

图 5-12 每次迭代的优化结果（实例 2）

从表 5-8 可以看出，在采用不同方法构建的双响应曲面模型的基础上得到的最佳参数组合相差较大。表明在异方差结构情形下，根据 OLS、WLS 及分层贝叶斯获得的优化结果有较大的差异，此时需慎重选择模型的构建方法。

从 NMSE 和 MAE 两个指标来看，WLS 和分层贝叶斯的指标值都比 OLS 的要小，表明在模型的预测性能方面，WLS 和分层贝叶斯都比 OLS 有显著的改进；从可决系数 R^2 来看，OLS 只解释了数据 60%的信息，拟合效果较差，而 WLS 和分层贝叶斯的解释信息程度均达到 80%以上，在拟合优度方面比 OLS 优越；从最佳参数设计对应的响应均值与响应方差来看，由分层贝叶斯计算的可控因子最优设计值对应的响应均值最接近响应目标值 40，且方差最小，而由 OLS 计算的可控因子最优设计值对应的响应均值与目标值偏离较大，表明 WLS 与分层贝叶斯在优化目标的实现方面要比 OLS 好。综上所述，由分层贝叶斯计算的可控因子最优设计值最接近“维持响应 y 的目标值在 40 的水平上，同时尽可能地减小波动”这一优化目标。

对比分析上述两个实例，可以得出分层贝叶斯模型特别适用于分析存在异方差结构的数据。另外，无论数据中是否存在异方差，基于分层贝叶斯模型的双响应曲面设计得到的结论都是可靠和有效的。

5.2 结合 SUR 模型与因子效应原则的多响应优化设计

近年来，产品设计趋于复杂化，顾客需求层次也呈现多样化，在产品的质量设计过程中往往需要同时考虑多个质量特性[12]，因此考虑多质量特性的优化设计在连续性质量改进活动中显示出越来越重要的作用与地位[13]。RSM 涉及统计试验与数据分析、模型构建方法及数值优化技术等一系列的连续性质量改进方法或技术[12]，RSM 已经广泛地应用到产品或过程的连续性质量改进活动中，成为工业试验的核心[14]。因此，基于 RSM 的多质量特性优化设计方法已引起众多研究者的关注，并取得了一系列新的研究成果[14]。通常来说，以质量设计为基础的连续性质量改进活动主要由变量筛选、响应建模和参数优化三个阶段构成[15]。在变量筛选阶段，研究者旨在通过科学的试验设计筛选出响应曲面模型的显著性变量，从而为后续的响应曲面模型构建奠定坚实的基础。在参数优化阶段，研究者旨在通过构建稳健可靠的目标函数和高效的优化算法，寻求一组最佳的参数设计值，使多个质量特性同时满足设定的目标值。多优化目标之间的冲突、多响应过程的稳健性度量及优化结果的可靠性为该阶段需要重点考虑的研究问题。

在响应建模阶段，研究者旨在通过响应曲面模型反映试验因子与多质量特性之间的函数关系。然而，著名统计学家 Box 和 Draper[16]曾经说过，“所有的模型都是错误的，但是有些模型是有用的”。在响应曲面建模过程中，若忽视模型的不确定性（如模型参数的不确定性[17]、模型结构的不确定性[18]）及响应预测值的波动[19]，将可能导致研究结果与实际情况出现较大的偏差甚至获得错误的研究结论。此外，与一般回归建模不同的是，在试验设计的响应曲面建模过程中还需要考虑是否符合因子效应原则（即效应稀疏原则、效应排序原则、效应遗传原则）。本节与第 4 章的不同之处在于，本节将聚焦于考虑模型结构不确定性对研究结果的影响，重点分析如何结合因子效应原则来筛选合适的因子效应和最佳的模型结构，以及采用不同的模型结构（如 SMR 模型、SUR 模型）的优劣性。

为此，本节将在多变量响应曲面（如 SMR 模型、SUR 模型）的贝叶斯建模与优化框架下，首先，结合因子效应原则筛选出显著性因子效应，并据此确定合适的模型结构；其次，在此基础上运用贝叶斯抽样技术构建多变量过程能力指数；最后，运用 HGA 对构建的贝叶斯多变量过程能力指数进行参数优化，从而获得产品或过程的最佳参数设计值。

5.2.1　SUR 模型的贝叶斯分析

在多响应优化设计中，假设有 m 个响应，每个响应包含 n 个观测值和 q 个因子效应，则 SMR 模型为

$$\boldsymbol{Y}_j = \boldsymbol{X}_j \boldsymbol{\beta}_j + \boldsymbol{e}_j, \quad j = 1, 2, \cdots, m \tag{5-18}$$

其中，$\boldsymbol{Y}_j$ 为 $n \times 1$ 的响应矩阵；$\boldsymbol{\beta}_j$ 为 $q \times 1$ 的回归系数矩阵；$\boldsymbol{X}_j$ 为 $n \times q$ 的因子效应矩阵；$\boldsymbol{e}_j$ 为 $n \times 1$ 的随机误差项，服从均值向量为 $\mathbf{0}$、方差-协方差矩阵为 $\boldsymbol{H}$ 的正

态分布，而且 $\boldsymbol{H}$ 为对角阵。式（5-18）中随机误差项的方差-协方差矩阵为对角阵，其非对角线元素均为 $\mathbf{0}$，表明式（5-18）中的 m 个响应是相互独立的。但是在实际生产中，需要解决大量有关多响应的优化问题。Zellner[20]在 1962 年首次提出 SUR 模型，该模型与 SMR 模型最大的区别在于该模型中的每个响应包含的随机误差项是相关的，即响应之间是相互联系的。假设需要考虑 m 个响应，每个响应有 n 个观测值和 m_j 个解释变量，则 SUR 模型的结构如下：

$$\boldsymbol{Y}_j = \boldsymbol{X}_j \boldsymbol{\beta}_j + \boldsymbol{\varepsilon}_j, \quad j = 1,2,\cdots,m \tag{5-19}$$

其中，$\boldsymbol{Y}_j$ 为 $n\times 1$ 的响应矩阵；$\boldsymbol{X}_j$ 为 $n\times m_j$ 的因子效应矩阵；$\boldsymbol{\beta}_j$ 为 $m_j\times 1$ 的回归系数矩阵；$\boldsymbol{\varepsilon}_j$ 为 $n\times 1$ 的随机误差项。式（5-19）中的随机误差项 $\boldsymbol{\varepsilon}_j$ 不独立，因此满足以下性质：

$$\begin{cases} E(\boldsymbol{\varepsilon}_j) = \mathbf{0}, \quad j = 1,2,\cdots,m \\ \operatorname{cov}(\boldsymbol{\varepsilon}_i, \boldsymbol{\varepsilon}_j) = \begin{cases} \sigma_{jj}\boldsymbol{I}_n, & i = j \\ \sigma_{ij}\boldsymbol{I}_n, & i \neq j \end{cases} \end{cases} \tag{5-20}$$

还可将式（5-19）改写为矩阵形式：

$$\boldsymbol{Y} = \boldsymbol{X}\boldsymbol{\beta} + \boldsymbol{\varepsilon}, \quad \boldsymbol{\varepsilon} \sim N(\boldsymbol{O}, \boldsymbol{\Sigma} \otimes \boldsymbol{I}) \tag{5-21}$$

其中，$\boldsymbol{O}$ 为零矩阵；$\otimes$ 表示克罗内克乘积符号；$\boldsymbol{\Sigma}$ 为 $m\times m$ 的对称矩阵，表示随机误差项的方差-协方差矩阵，该矩阵的对角线元素为 $\{\sigma_j^2\ , j = 1,2,\cdots,m\}$，非对角线元素为 $\{\sigma_{ij}, i, j = 1,2,\cdots,m\ ; i \neq j\}$。

根据式（5-19）～式（5-21），可计算出关于 $\boldsymbol{Y}$ 的似然函数：

$$L(\boldsymbol{Y} \mid \boldsymbol{X}, \boldsymbol{\beta}, \boldsymbol{\Sigma}) = \frac{1}{(2\pi)^{nm/2} \mid \boldsymbol{\Sigma} \mid^{n/2}} \exp\left[-\frac{1}{2} \operatorname{tr}(\boldsymbol{R}\boldsymbol{\Sigma}^{-1}) \right] \tag{5-22}$$

其中，$|\boldsymbol{\Sigma}|$ 表示矩阵 $\boldsymbol{\Sigma}$ 的行列式；tr 表示矩阵的迹（主对角线元素之和）；$\boldsymbol{R}$ 为 $m\times m$ 的矩阵，其元素为 $r_{ij} = (\boldsymbol{Y}_i - \boldsymbol{X}_i\boldsymbol{\beta}_i)^{\mathrm{T}}(\boldsymbol{Y}_j - \boldsymbol{X}_j\boldsymbol{\beta}_j)$。在式（5-22）的基础上，可求得参数 $\boldsymbol{\beta}$ 和 $\boldsymbol{\Sigma}$ 的极大似然估计。

近年来，一些学者构建了 SUR 模型的贝叶斯推断方法。贝叶斯的先验分布基本包括以下两种情况：无信息先验和共轭先验，以此类推，SUR 模型的贝叶斯推断也可以从这两个角度进行分析。

第一类是在对参数信息缺乏了解的情况下，将无信息先验作为参数的先验信息，此处倾向选择 Jeffres 无信息先验[21]。假设参数 $\boldsymbol{\beta}$ 和 $\boldsymbol{\Sigma}$ 是相互独立的，则参数 $\boldsymbol{\beta}$ 和 $\boldsymbol{\Sigma}$ 的联合先验分布为

$$\pi_1(\boldsymbol{\beta}, \boldsymbol{\Sigma}) = \pi_1(\boldsymbol{\beta})\pi_1(\boldsymbol{\Sigma}) \propto \mid \boldsymbol{\Sigma} \mid^{-\frac{m+1}{2}} \tag{5-23}$$

根据式（5-22）和式（5-23），可以求得参数的联合后验密度为

$$h_1(\boldsymbol{\beta},\boldsymbol{\Sigma}\,|\,\boldsymbol{Y},\boldsymbol{X})\propto|\boldsymbol{\Sigma}|^{-(n+m+1)/2}\exp\left[-\frac{1}{2}\mathrm{tr}(\boldsymbol{R}\boldsymbol{\Sigma}^{-1})\right] \tag{5-24}$$

在已知参数 $\boldsymbol{\beta}$ 和 $\boldsymbol{\Sigma}$ 联合后验密度的基础上，可计算参数 $\boldsymbol{\beta}$ 和 $\boldsymbol{\Sigma}$ 各自的条件后验分布为

$$h_1(\boldsymbol{\beta}\,|\,\boldsymbol{Y},\boldsymbol{X},\boldsymbol{\Sigma})\propto N(\hat{\boldsymbol{\beta}},\hat{\boldsymbol{\Omega}}) \tag{5-25}$$

$$h_1(\boldsymbol{\Sigma}\,|\,\boldsymbol{Y},\boldsymbol{X},\boldsymbol{\beta})\propto \mathrm{IW}(\boldsymbol{R},n) \tag{5-26}$$

其中，$\mathrm{IW}(\cdot,\cdot)$ 表示逆威沙特分布；$\boldsymbol{R}$ 的定义与式（5-22）中的一致；$\hat{\boldsymbol{\beta}}$ 和 $\hat{\boldsymbol{\Omega}}$ 的表达式如下：

$$\hat{\boldsymbol{\beta}}=[\boldsymbol{X}^{\mathrm{T}}(\boldsymbol{\Sigma}^{-1}\otimes\boldsymbol{I})\boldsymbol{X}]^{-1}\boldsymbol{X}^{\mathrm{T}}(\boldsymbol{\Sigma}^{-1}\otimes\boldsymbol{I})\boldsymbol{Y} \tag{5-27}$$

$$\hat{\boldsymbol{\Omega}}=[\boldsymbol{X}^{\mathrm{T}}(\boldsymbol{\Sigma}^{-1}\otimes\boldsymbol{I})\boldsymbol{X}]^{-1} \tag{5-28}$$

第二类是根据过去的经验知识，假设参数的先验分布与后验分布具有相同的形式，则参数 $\boldsymbol{\beta}$ 和 $\boldsymbol{\Sigma}$ 的联合先验分布为

$$\pi_2(\boldsymbol{\beta},\boldsymbol{\Sigma})=\pi_2(\boldsymbol{\beta})\pi_2(\boldsymbol{\Sigma}) \tag{5-29}$$

其中，

$$\pi_2(\boldsymbol{\Sigma})=\mathrm{IW}(\boldsymbol{\Lambda}_0,\boldsymbol{\nu}_0) \tag{5-30}$$

$$\pi_2(\boldsymbol{\beta})=N(\boldsymbol{\beta}_0,\boldsymbol{A}^{-1}) \tag{5-31}$$

根据式（5-22）与参数 $\boldsymbol{\beta}$ 和 $\boldsymbol{\Sigma}$ 的联合先验分布，可推断出参数 $\boldsymbol{\beta}$ 和 $\boldsymbol{\Sigma}$ 的条件后验分布为

$$h_2(\boldsymbol{\beta}\,|\,\boldsymbol{Y},\boldsymbol{X},\boldsymbol{\Sigma})\propto N(\bar{\boldsymbol{\beta}},\bar{\boldsymbol{\Omega}}) \tag{5-32}$$

$$h_2(\boldsymbol{\Sigma}\,|\,\boldsymbol{Y},\boldsymbol{X},\boldsymbol{\beta})\propto \mathrm{IW}(\boldsymbol{\Lambda}_0+\boldsymbol{R},n+\boldsymbol{\nu}_0) \tag{5-33}$$

其中，

$$\bar{\boldsymbol{\beta}}=[\boldsymbol{X}^{\mathrm{T}}(\boldsymbol{\Sigma}^{-1}\otimes\boldsymbol{I})\boldsymbol{X}+\boldsymbol{A}]^{-1}[\boldsymbol{X}^{\mathrm{T}}(\boldsymbol{\Sigma}^{-1}\otimes\boldsymbol{I})\boldsymbol{X}\hat{\boldsymbol{\beta}}+\boldsymbol{A}\boldsymbol{\beta}_0] \tag{5-34}$$

$$\bar{\boldsymbol{\Omega}}=[\boldsymbol{X}^{\mathrm{T}}(\boldsymbol{\Sigma}^{-1}\otimes\boldsymbol{I})\boldsymbol{X}+\boldsymbol{A}]^{-1} \tag{5-35}$$

5.2.2　结合 SUR 模型与因子效应原则的连续性质量改进

1. 考虑因子效应原则的 SUR 模型

在以往关于变量选择的研究中，大多没有考虑因子效应原则，通常通过计算各个变量指示器 $\gamma_{y_j}=\{\gamma_1,\gamma_2,\cdots\},j=1,2,\cdots,m$ 的后验概率来判断该因子是否显著。

本节借鉴文献[22]的经验，通过构建混合二元变量指示器来进行因子筛选。假设共有 m 个响应，p 个主效应，并考虑其二阶交互效应和平方效应，则该混合二元变量指示器如下：

$$\gamma_{y_j}=\begin{cases}\text{主效应：}\gamma_1,\gamma_2,\cdots,\gamma_p\\ \text{交互效应：}\gamma_{12}\times\gamma_1\times\gamma_2,\cdots,\gamma_{(p-1)p}\times\gamma_{p-1}\times\gamma_p, & j=1,2,\cdots,m\\ \text{平方效应：}\gamma_{1^2}\times\gamma_1,\gamma_{2^2}\times\gamma_2,\cdots,\gamma_{p^2}\times\gamma_p\end{cases}\tag{5-36}$$

其中，γ_{y_j} 表示第 j 个响应的一组混合二元变量指示器；γ_p 表示第 p 个主效应的变量指示器；$\gamma_{(p-1)p}$ 表示第 $p-1$ 个主效应与第 p 个主效应之间的交互效应对应的变量指示器；γ_{p^2} 表示第 p 个主效应的平方效应对应的变量指示器。

式（5-36）中的模型结构表明该设定符合效应排序原则和效应遗传原则。以交互效应为例，该模型利用三个变量指示器的乘积 $\gamma_{(p-1)p}\times\gamma_{p-1}\times\gamma_p$ 来判断交互效应是否显著。如果该交互效应的两个亲本因子中至少有一项为非显著性主效应，即 γ_{p-1} 和 γ_p 中至少有一个值等于 0，在这种情形下，即使该交互效应的变量指示器 $\gamma_{(p-1)p}$ 等于 1，其对应的变量指示器 $\gamma_{(p-1)p}\times\gamma_{p-1}\times\gamma_p$ 的值仍然等于 0，因此该交互效应将被判定为非显著性因子，符合效应遗传原则的假设。此外，在增加了 γ_{p-1} 和 γ_p 的约束后，$\gamma_{(p-1)p}\times\gamma_{p-1}\times\gamma_p=1$ 的可能性要远远小于两个亲本因子的变量指示器 $\gamma_{p-1}=1$ 和 $\gamma_p=1$ 的可能性，因此低阶主效应为显著性因子的概率将远远高于高阶交互效应为显著性因子的概率，这与效应排序原则的思想保持一致。

在进行变量筛选分析时，通常假设所有的变量指示器都满足 $P(\gamma_u=1)=p_u$ 的 0-1 分布。考虑到效应稀疏原则[23]，本节将所有变量指示器的先验概率 p_u 设为 0.2。此外，式（5-36）还可扩展到包含三阶甚至四阶交互效应的模型。假设某筛选试验需要考虑两个主效应 x_1 和 x_2，Chipman 等[24]指出，通常一个交互效应的亲本因子由比该效应低一阶的项构成。因此三阶效应的亲本因子由两个二阶项构成，如 $x_1^2x_2$ 的亲本因子为 x_1^2 和 x_1x_2；四阶效应的亲本因子包含两个三阶项，如 $x_1^2x_2^2$ 的亲本因子为 $x_1^2x_2$ 和 $x_1x_2^2$。按照上述各阶效应之间的关系，可重新构建式（5-36）中的混合二元变量指示器，从而筛选出模型的显著性变量。

为了在 SUR 模型中更好地融入因子效应原则，在一般 SUR 模型即式（5-21）的基础上，引入式（5-36）中的混合二元变量指示器，从而构建出一种结合 SUR 模型与因子效应原则的新模型：

$$\boldsymbol{Y}=\boldsymbol{X}\boldsymbol{U}_\gamma\boldsymbol{\beta}+\boldsymbol{\varepsilon},\quad \boldsymbol{\varepsilon}\sim N(\boldsymbol{O},\boldsymbol{\Sigma}\otimes\boldsymbol{I})\tag{5-37}$$

即

$$\begin{bmatrix} \boldsymbol{Y}_1 \\ \boldsymbol{Y}_2 \\ \vdots \\ \boldsymbol{Y}_m \end{bmatrix} = \begin{bmatrix} \boldsymbol{X}_1 & \boldsymbol{O} & \cdots & \boldsymbol{O} \\ \boldsymbol{O} & \boldsymbol{X}_2 & \cdots & \boldsymbol{O} \\ \vdots & \vdots & & \vdots \\ \boldsymbol{O} & \boldsymbol{O} & \cdots & \boldsymbol{X}_m \end{bmatrix} \begin{bmatrix} \boldsymbol{\gamma}_{y_1} & \boldsymbol{O} & \cdots & \boldsymbol{O} \\ \boldsymbol{O} & \boldsymbol{\gamma}_{y_2} & \cdots & \boldsymbol{O} \\ \vdots & \vdots & & \vdots \\ \boldsymbol{O} & \boldsymbol{O} & \cdots & \boldsymbol{\gamma}_{y_m} \end{bmatrix} \begin{bmatrix} \boldsymbol{\beta}_1 \\ \boldsymbol{\beta}_2 \\ \vdots \\ \boldsymbol{\beta}_m \end{bmatrix} + \begin{bmatrix} \boldsymbol{\varepsilon}_1 \\ \boldsymbol{\varepsilon}_2 \\ \vdots \\ \boldsymbol{\varepsilon}_m \end{bmatrix} \quad (5\text{-}38)$$

其中，$\boldsymbol{\gamma}_{y_m}$ 为式（5-36）中的混合二元变量指示器。

本节拟在上述新模型的框架下构建考虑因子效应原则的贝叶斯变量选择方法，借鉴一般 SUR 模型的第二类贝叶斯推断方法，拟对模型参数采用一种经验贝叶斯先验。首先，式（5-37）中参数 $\boldsymbol{\beta}$ 的先验形式采用多变量正态分布，即通过式（5-30）获得；其次，式（5-37）中参数 $\boldsymbol{\Sigma}$ 的先验形式采用逆威沙特分布，即通过式（5-31）获得；最后，对混合二元变量指示器 $\boldsymbol{\gamma}_{y_m}$ 采用伯努利（Bernoulli）分布，即假设其包含的各个因子效应的变量指示器满足概率 $p_j = P(\gamma_j = 1)$ 的 0-1 分布。

由于新模型中加入了混合二元变量指示器，增加了参数计算的复杂度，无法直接得出新模型中各参数的封闭后验分布。以两个响应为例，其先验形式如下。

从分布$\mathrm{IW}(\boldsymbol{\Lambda}_0, \boldsymbol{v}_0)$获取$\boldsymbol{\Sigma}$的先验值
从分布$N(\boldsymbol{\beta}_0, \boldsymbol{A}^{-1})$获取$\boldsymbol{\beta}$的先验值
$\mathrm{Gamma1} = (\gamma_1, \gamma_2, \cdots, \gamma_{12}, \cdots, \gamma_1^2, \gamma_2^2, \cdots)$
for $j = 1$ to p_1 do
从Bernoulli分布(pGamma1[j])获取Gamma1[j]的先验值
end for
$\mathrm{Gamma2} = (\gamma_1, \gamma_2, \cdots, \gamma_{12}, \cdots, \gamma_1^2, \gamma_2^2, \cdots)$
for $j = 1$ to p_2 do
从Bernoulli分布(pGamma2[j])获取Gamma2[j]的先验值
end for

其中，p_1 和 p_2 分别代表响应 y_1 和响应 y_2 的候选变量个数；Gamma1[j]$(j = 1, 2, \cdots, p_1)$ 和 Gamma2[j]$(j = 1, 2, \cdots, p_2)$ 分别代表两个响应的候选变量对应的变量指示器的先验值；pGamma1[j]$(j = 1, 2, \cdots, p_1)$ 和 pGamma2[j]$(j = 1, 2, \cdots, p_2)$ 代表对应 0-1 分布的先验概率值。

该方法主要通过混合二元变量指示器和模型的后验概率来识别显著性因子，利用每个混合二元变量指示器 γ 和模型结构 M 的后验样本，可以估计每个混合二元变量指示器 γ 和模型结构 M 的后验概率，计算公式如下：

$$f(\gamma = 1 \mid \boldsymbol{Y}) = \frac{1}{T - B} \sum_{t=B+1}^{T} I[\gamma^{(t)} = 1] \quad (5\text{-}39)$$

$$f(M \mid \boldsymbol{Y}) = \frac{1}{T-B}\sum_{t=B+1}^{T} I[M^{(t)} = M] \tag{5-40}$$

其中，T 为迭代总次数；B 为舍弃的燃烧期次数；$\gamma^{(t)}$ 为该混合二元变量指示器在第 t 次迭代的后验样本值；$M^{(t)}$ 为第 t 次迭代后的模型结构。

2. 多变量过程能力指数

工业生产中常用过程能力指数评估产品处于受控状态下的质量水平，以体现生产过程的工艺水平和产品的符合性程度。过程能力指数[22]是判断过程是否满足规格要求的一种度量方法，即评估过程能力满足产品规格要求程度的数量值。在连续性质量改进的过程中，计算与分析过程能力指数是一项至关重要的工作。

著名质量管理学家朱兰（Juran）[25]提出了第一代过程能力指数 C_p，该指数假设过程输出的均值与目标值相重合，具体的定义如下：

$$C_p = \frac{\text{USL} - \text{LSL}}{6\sigma} \tag{5-41}$$

其中，USL 表示规格上限；LSL 表示规格下限；σ 表示过程特性的 SD。自从朱兰提出第一代过程能力指数，相继又有学者提出了第二代和第三代过程能力指数，具体定义见文献[22]。

然而，上述过程能力指数只能用来评价单个质量特性过程的质量水平。在实际生产过程中通常包含多个质量特性，并且需要考虑各响应间可能存在的相关性，衡量各个响应对产品质量影响的差异，从而全面地评价该产品的质量和可靠性水平。因此，一些研究人员将单变量过程能力指数扩展到了多变量的情形。Wang 等[26]将多变量过程能力指数定义为两块区域的比值，具体的表达式如下：

$$\text{MC}_{\text{pm}} = \left[\frac{\text{Vol.}(R_1)}{\text{Vol.}(R_2)}\right]^{\frac{1}{v}} \tag{5-42}$$

其中，v 表示响应个数；R_1 表示工艺规范区域的面积或体积；R_2 表示过程区域的面积或体积。假设 R_1 是一个椭圆形，则 R_1 区域内（包括边界上）的点都满足以下不等式：

$$(\boldsymbol{Y}-\boldsymbol{T})^{\mathrm{T}} \boldsymbol{\Omega}^{-1} (\boldsymbol{Y}-\boldsymbol{T}) \leqslant \chi^2_{v,p} \tag{5-43}$$

其中，v 表示响应个数；$\boldsymbol{Y}$ 表示响应矩阵；$\boldsymbol{T}$ 表示 $v\times 1$ 的目标值向量；$\boldsymbol{\Omega}$ 表示响应间 $v\times v$ 的方差-协方差矩阵；$\chi^2_{v,p}$ 表示自由度为 v 的卡方分布，p 通常取 0.9973。

结合式（5-42）和式（5-43），Chan 等[27]提出了以下多变量过程能力指数：

$$\mathrm{MC}_{\mathrm{pm}}^{*}=\sqrt{\frac{nv}{\sum_{k=1}^{n}(\boldsymbol{Y}_k-\boldsymbol{T})^{\mathrm{T}}\boldsymbol{\Omega}^{-1}(\boldsymbol{Y}_k-\boldsymbol{T})}} \tag{5-44}$$

其中，n 表示舍弃燃烧期后的模拟抽样次数；$\boldsymbol{Y}_k$ 表示所有响应的后验抽样值；其余参数与式（5-43）中的一致。

从式（5-44）的构造可以看出，影响上述多变量过程能力指数最为关键的是目标值向量 $\boldsymbol{T}$、响应的后验抽样值 $\boldsymbol{Y}_k$ 及各响应后验抽样值之间的方差-协方差矩阵 $\boldsymbol{\Omega}$，在此根据获得的响应后验抽样值计算出各响应之间的方差-协方差矩阵 $\boldsymbol{S}$，并用 $\boldsymbol{S}$ 替代响应后验抽样值之间的方差-协方差矩阵 $\boldsymbol{\Omega}$，以此来构建基于贝叶斯抽样技术的多变量过程能力指数 $\mathrm{MC}_{\mathrm{pm}}^{*}$。因此只要设置好目标值向量 $\boldsymbol{T}$，就可以处理不同类型响应的优化问题。对望大质量特性的响应，通常在其规格限内选择规格上限作为优化的目标值；同样地，针对望小质量特性的响应，通常在其规格限内选择规格下限作为优化的目标值。

5.2.3　所提方法的实施步骤

本节在 SUR 模型的框架下结合因子效应原则，运用贝叶斯统计、随机搜索技术及 HGA 等，从变量筛选、模型构建及参数优化三个阶段实现多响应的质量设计。结合因子效应原则筛选出符合试验设计原则的因子效应，不仅能够为后续的响应曲面设计节约试验成本，也能够构建更加精确的响应曲面模型。响应曲面模型的构建和参数优化则可以视为对筛选试验分析（即显著性变量识别）工作的进一步改进与优化。通过响应曲面的建模与优化工作，获得产品或过程的最佳参数设计值，从而能够从产品形成的源头减小或控制设计值与目标值之间的波动，提升产品的质量与可靠性水平。首先，在 SUR 模型中为每个因子设置一个二元变量指示器；其次，运用贝叶斯抽样方法计算出二元变量指示器与不同模型结构的后验概率，从而确定显著性变量和模型结构；再次，根据选择的模型结构，运用 MCMC 方法估计模型参数，获得各响应的后验抽样值，构建出新的多变量过程能力指数；最后，结合 HGA 对构建的多变量过程能力指数进行优化，获得最佳的参数设计值。上述方法的基本流程如图 5-13 所示，具体实施步骤如下。

步骤 1：确定试验因子和试验响应，选择合适的试验设计开展试验，并收集试验数据。

步骤 2：假设各个因子的模型结构一致，确定初始的因子组合。

步骤 3：为每个响应的每个因子设置一个二元变量指示器，然后根据式（5-36）构建混合二元变量指示器。

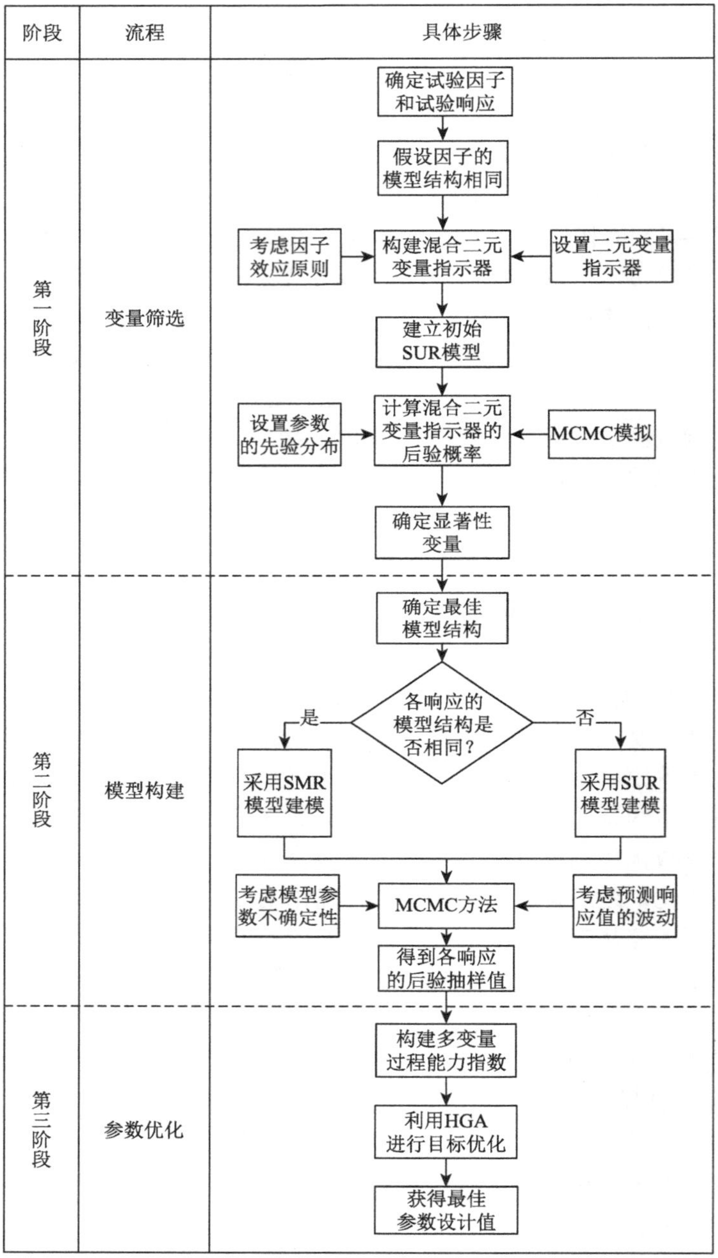

图 5-13　本节所提方法的基本流程图

步骤 4：根据步骤 3 的研究结果，构建初始的 SUR 模型。为模型参数设置相应的先验分布，然后利用贝叶斯方法计算出混合二元变量指示器的后验概率，确定模型的显著性变量，并选择最佳的模型结构。

步骤 5：根据步骤 4 的结果，判断各响应的模型结构是否一致，如果模型结构一致，则采用 SMR 模型建模，转入步骤 6；否则，采用 SUR 模型建模，转入步骤 6。

步骤 6：利用 MCMC 方法对模型参数进行估计，获得各响应的后验抽样值。

步骤 7：利用步骤 6 获得的各响应后验抽样值，构建多变量过程能力指数。

步骤 8：针对构建的多变量过程能力指数，通过 HGA 优化获得最佳的参数设计值。

5.2.4　实例研究

1. 实例 1

1）实例背景

实例 1 来源于文献[28]，该试验具有两个相关的响应，即聚合物的转化效率 y_1 和热活动放射性 y_2，其中转化效率为望大质量特性，取值范围为[80,100]，目标值设为 100；而热活动放射性为望目质量特性，取值范围为[55,60]，目标值设为 57.5。影响上述响应的可控因子主要包括反应时间 x_1、反应温度 x_2 和催化剂的使用量 x_3。试验者选择 CCD 开展了相关的试验，其试验计划与试验结果如表 5-9 所示。

表 5-9　实例 1 的试验计划与试验结果

序号	x_1	x_2	x_3	y_1	y_2
1	−1.00	−1.00	−1.00	74	53.20
2	1.00	−1.00	−1.00	51	62.90
3	−1.00	1.00	−1.00	88	53.40
4	1.00	1.00	−1.00	70	62.60
5	−1.00	−1.00	1.00	71	57.30
6	1.00	−1.00	1.00	90	67.90
7	−1.00	1.00	1.00	66	59.80
8	1.00	1.00	1.00	97	67.80
9	−1.68	0	0	76	59.10
10	1.68	0	0	79	65.90
11	0	−1.68	0	85	60.00
12	0	1.68	0	97	60.70
13	0	0	−1.68	55	57.40
14	0	0	1.68	81	63.20

续表

序号	x_1	x_2	x_3	y_1	y_2
15	0	0	0	81	59.20
16	0	0	0	75	60.40
17	0	0	0	76	59.10
18	0	0	0	83	60.60
19	0	0	0	80	60.80
20	0	0	0	91	58.90

2）变量筛选

假设各响应的模型结构相同，则式（5-19）中的因子效应满足：

$$\boldsymbol{X}_j=\{1,x_1,x_2,x_3,x_1x_2,x_1x_3,x_2x_3,x_1^2,x_2^2,x_3^2\},\quad j=1,2$$

为两个响应的各个可控因子设置变量指示器γ_i，$i=1,2,\cdots,10$，在此基础上结合因子效应原则构建混合二元变量指示器，其结构如下：

$$\gamma_{y_1}=\{\gamma_0,\gamma_1,\gamma_2,\gamma_3,\gamma_{12}\times\gamma_1\times\gamma_2,\gamma_{13}\times\gamma_1\times\gamma_3,\gamma_{23}\times\gamma_2\times\gamma_3,\gamma_{1^2}\times\gamma_1,\gamma_{2^2}\times\gamma_2,\gamma_{3^2}\times\gamma_3\}$$

$$\gamma_{y_2}=\{\gamma_0,\gamma_1,\gamma_2,\gamma_3,\gamma_{12}\times\gamma_1\times\gamma_2,\gamma_{13}\times\gamma_1\times\gamma_3,\gamma_{23}\times\gamma_2\times\gamma_3,\gamma_{1^2}\times\gamma_1,\gamma_{2^2}\times\gamma_2,\gamma_{3^2}\times\gamma_3\}$$

本例中因子效应的数量较少，此处不考虑效应稀疏原则，所以假设先验信息中的 pGamma1 和 pGamma2 的元素均为 0.5，然后运用 MCMC 方法对每个参数迭代 100 000 次，舍弃前 20 000 次的燃烧期样本。为了弱化各参数后验抽样值之间的自相关性对研究结果的影响，在此对获取的各参数后验样本每间隔 4 步抽样一次，得到共 20 000 个有效的参数后验抽样值。在此基础上对获取的各参数后验样本进行收敛性诊断，并提供一些可视化工具（如踪迹图等）来帮助判断参数后验抽样值的收敛性。考虑到篇幅限制，在此仅提供响应 y_1 和响应 y_2 的交互效应 x_1x_2 对应的参数后验抽样值的踪迹图，如图 5-14 所示。

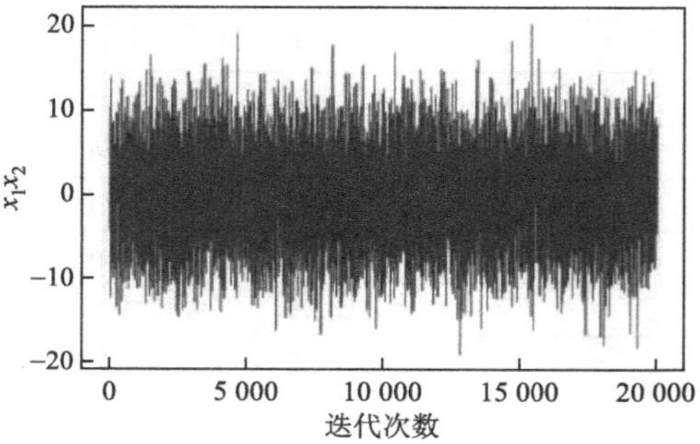

(a) 响应y_1的交互效应x_1x_2对应的参数后验抽样值的踪迹图

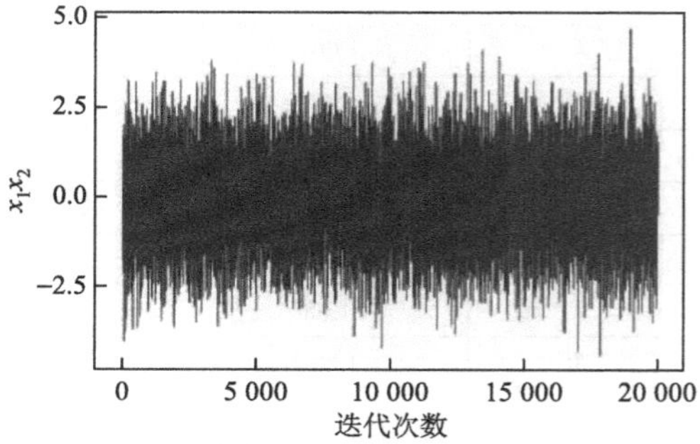

(b) 响应y_2的交互效应x_1x_2对应的参数后验抽样值的踪迹图

图 5-14　模型参数后验抽样值的踪迹图

由图 5-14 的踪迹图观察可知，在抽样过程中，由于参数的不确定性，其后验抽样值会围绕某个确定的均值呈现上下波动的趋势，且波动幅度基本保持一致，呈现出稳态分布的特征，可以利用参数的后验抽样值进行后续的统计推断与数据分析。在对模型参数进行收敛性诊断之后，可以计算混合二元变量指示器的后验概率，其研究结果如表 5-10 所示。

根据表 5-10 的结果可知，影响响应 y_1 的显著性变量为 $\{x_1, x_2, x_3, x_1x_3, x_2x_3, x_2^2, x_3^2\}$，影响响应 y_2 的显著性变量为 $\{x_1, x_3, x_1^2\}$，在此基础上可以根据式（5-40）计算出最佳模型结构的后验概率。在所有可能的模型结构中，通过模型结构的后验概率识别出的最佳模型结构包含的变量与表 5-10 中通过混合二元变量指示器的后验概率筛选出的显著性变量是一致的，利用式（5-40）可计算出最佳模型结构的后验概率为 7.83%。根据上述研究结果可知，最佳模型结构与初始模型（全因子模型）结构呈现出较大的差异性。如果忽视模型结构的影响，后续的研究结果将是不可靠的。

表 5-10　混合二元变量指示器的后验概率

因子效应	γ_{y_1} 的后验概率	γ_{y_2} 的后验概率
截距	**1.000**	**1.000**
x_1	**0.998**	**1.000**
x_2	**0.971**	0.137
x_3	**1.000**	**0.999**
x_1x_2	0.374	0.046
x_1x_3	**0.998**	0.296
x_2x_3	**0.772**	0.044
x_1^2	0.383	**0.733**
x_2^2	**0.844**	0.037
x_3^2	**0.988**	0.244

注：加粗部分为显著性变量。

3）模型构建与参数优化

变量筛选的研究结果表明，在本例中，两个响应的最佳模型结构为不一致的模型结构，因此后续将运用 SUR 模型进行响应曲面的建模与优化工作。因此，式（5-19）中的因子效应矩阵为

$$\boldsymbol{X}_1 = \{1, x_1, x_2, x_3, x_1x_3, x_2x_3, x_2^2, x_3^2\}, \quad \boldsymbol{X}_2 = \{1, x_1, x_3, x_1^2\}$$

对构建的 SUR 模型中的参数运用 MCMC 方法进行 10 000 次迭代，并舍弃前 2000 次的燃烧期样本，获得了 8000 个模型参数与响应的后验抽样值。在对模型参数和响应的后验抽样值进行收敛性诊断后，运用获得的后验抽样值构建多变量过程能力指数，即式（5-44）。其中，模拟抽样次数 n 设为 8000，响应个数 v 设为 2，目标值向量 $\boldsymbol{T}$ 为[100,57.5]，方差-协方差矩阵 $\boldsymbol{\Omega}$ 通过其响应后验抽样值的样本方差计算获得。事实上，由于模型参数的不确定性及随机误差的影响，其响应的后验抽样值也将呈现出一定的波动，根据其响应的后验抽样值及其方差-协方差矩阵构建的多变量过程能力指数将呈现出高度复杂的非线性、多峰等特征。鉴于上述复杂情形，传统的优化算法（如线性规划方法等）将难以获得理想的优化结果。为此，本节拟充分利用 GA 的全局搜索与模式搜索的局部优化的优势，构建结合 GA 与模式搜索的混合算法，从而有效地解决上述复杂曲面函数的优化求解问题。在本试验中，将上述多变量过程能力指数作为目标函数，运用 MATLAB 优化工具箱中的 HGA 对其进行最优化求解，其可控因子的参数设计值为（−0.5520, 1.6799, −0.4070），此时，多变量过程能力指数等于 0.9370，优化过程见图 5-15。在上述优化结果中，若固定可控因子 $x_3 = -0.4070$，则可以绘制出关于可控因子 x_1 和 x_2 的以多变量过程能力指数为优化目标的响应曲面，其结果如图 5-16 所示。从图 5-16 观察可知，考虑响应预测值波动构建的响应曲面往往表现出复杂的非线性、多峰等特征。

4）不同研究方法的比较与分析

实例 1 的试验曾被众多文献广泛应用，在此选择汪建均等[13]、Ko 等[29]、Park 和 Kim[30]、Vining[31]文献的研究结果进行比较分析。将上述方法获得的参数设计值代入本节构建的 SUR 模型中，从而能够获得不同方法的响应预测值波动的情况，其结果如图 5-17 所示。

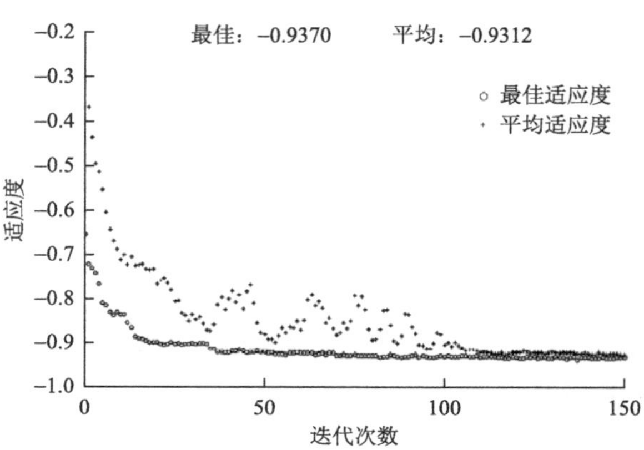

图 5-15　HGA 的优化过程

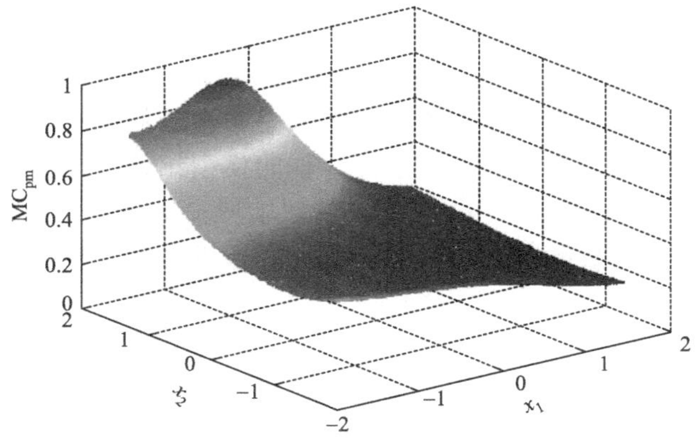

图 5-16　多变量过程能力指数的响应曲面图

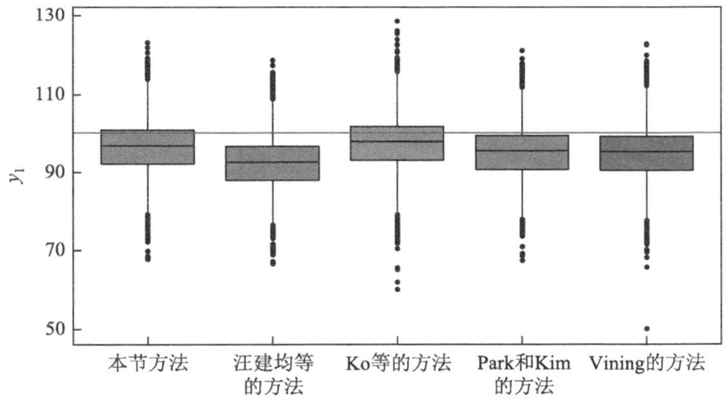

(a) 响应y_1的箱形图

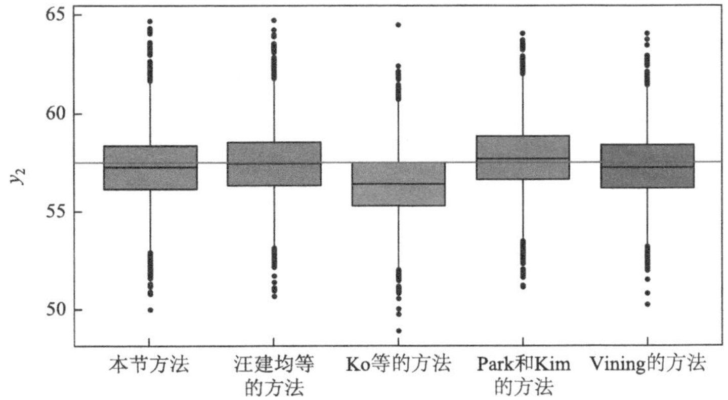

(b) 响应y_2的箱形图

图 5-17　不同方法的响应箱形图

从图 5-17（a）可知，针对响应 y_1，本节方法的后验抽样值的波动情况与 Ko 等的方法、Park 和 Kim 的方法、Vining 的方法基本一致，明显优于汪建均等的方法的结果。主要原因是汪建均等的方法采用与本节的初始模型相同的结构，未能进一步通过筛选显著性变量识别出最佳的模型结构，从而导致其抽样结果明显偏离目标值。从图 5-17（b）可知，针对响应 y_2，除了 Ko 等的方法，本节方法的后验抽样值的波动情况与其他方法比较接近，且都接近目标值。需要特别指出的是，虽然 Ko 等的方法也采用结构不一致的模型，但是其在试验过程中采用重复的响应数据，且需要同时考虑响应与目标值的偏差、响应的预测性能和稳健性这三方面的质量损失，无法最小化每一部分的质量损失，所以导致响应 y_2 明显偏离目标值。

考虑到模型参数的不确定性及响应预测值的波动，将上述方法的最优参数设计值代入多变量过程能力指数的目标函数中，并重复上述抽样过程 1000 次，其结果如表 5-11 所示。

表 5-11　不同研究方法的结果

方法	参数解	MC_{pm}	y_1	y_2
汪建均等的方法	（−0.430, 1.440, −0.490）	0.7575	92.3974	57.4622
Ko 等的方法	（−0.650, 1.680, −0.720）	0.8668	97.4306	56.3444
Vining 的方法	（−0.517, 1.586, −0.465）	0.8711	94.9102	57.2870
Park和Kim的方法	（−0.437, 1.617, −0.358）	0.8810	94.9422	57.7554
本节方法	（−0.5520, 1.6799, −0.4070）	**0.9322**	**96.4841**	**57.2699**

注：加粗部分为显著性结果。

比较表 5-11 的结果可知，与其他方法相比而言，本节方法的多变量过程能力指数最大，且两个响应的预测值都比较接近相应的目标值。虽然文献[13]中汪建均等的方法考虑了模型不确定性和响应预测值的波动，但是该方法并未进行变量筛选，而是选择全因子模型来进行建模。此外，该方法将质量损失函数作为目标函数，将响应位于规格限内的概率作为约束，得到的优化结果需要最大限度地满足这两个函数的优化目标。上述原因导致其模型预测结果与目标值之间存在较大的偏差，因此其获得的 MC_{pm} 较低。虽然 Ko 等的方法、Vining 的方法与 Park 和 Kim 的方法针对两个响应采用了完全不同的模型结构，但是并未考虑因子效应原则，且优化函数与本节方法也存在差异。此外，上述三种方法在建模过程中未能考虑模型不确定性和响应预测值波动的影响，因此上述方法的 MC_{pm} 低于本节方法得到的结果。

2. 实例 2

1）实例背景

该实例来自文献[32]，主要研究某试验中表面活性剂和乳化变量的设计问题。在该试验中，重点考察的质量特性为粒度（particle size）y_1、玻璃转变温度（glass transition temperature）y_2。影响上述两个关键质量特性的可控因子为普朗尼克 F68 的含量 x_1、聚氧乙烯 40 单硬脂酸酯的含量 x_2、聚氧乙烯脱水山梨糖醇脂肪酸酯 NF 的含量 x_3。两个响应均为望目质量特性，其目标值分别为 150 和 8，三个可控因子的取值范围均为[0,1]。此试验的目的是希望通过试验设计获得可控因子的最佳参数设计，试验者采用 CCD 开展相关试验，试验数据见表 5-12。

表 5-12　实例 2 的试验计划及试验结果

序号	x_1	x_2	x_3	y_1	y_2
1	1.000	0.000	0.000	250.1	18.9
2	0.000	1.000	0.000	274.1	15.2
3	0.000	0.000	1.000	533.5	35.0
4	0.500	0.500	0.000	255.2	16.1
5	0.500	0.000	0.500	267.3	18.9
6	0.000	0.500	0.500	294.3	31.2
7	0.333	0.333	0.333	250.5	19.3
8	0.666	0.167	0.167	232.5	18.2
9	0.167	0.666	0.167	251.0	17.7
10	0.167	0.167	0.666	276.0	30.1
11	0.333	0.333	0.333	255.0	19.0

2）筛选试验

由于上述试验的次数较少，不适合选择包含全因子效应的初始模型。根据 Wang 等[33]、Peterson 等[34]的相关研究，本节选择的初始模型包含的因子效应向量为

$$\boldsymbol{X}_j = \{x_1, x_2, x_3, x_1x_2, x_1x_3, x_2x_3\}, \quad j = 1,2$$

对初始模型进行变量选择，设置混合二元变量指示器：

$$\gamma_{y_1} = \{\gamma_1, \gamma_2, \gamma_3, \gamma_{12}\gamma_1\gamma_2, \gamma_{13}\gamma_1\gamma_3, \gamma_{23}\gamma_2\gamma_3\}$$

$$\gamma_{y_2} = \{\gamma_1, \gamma_2, \gamma_3, \gamma_{12}\gamma_1\gamma_2, \gamma_{13}\gamma_1\gamma_3, \gamma_{23}\gamma_2\gamma_3\}$$

与实例 1 类似，本实例同样不考虑效应稀疏原则，利用 MCMC 方法计算模型参数的后验概率。在本试验中，共收集 20 000 个有效样本。

根据表 5-13，比较响应 y_1 与响应 y_2 的显著性变量可知，响应 y_1 的因子效应 x_1x_2 的后验概率较低，且 y_1 包含的因子效应为 $\{x_1, x_2, x_3, x_1x_3, x_2x_3\}$， y_2 包含的因子效应为 $\{x_1, x_2, x_3, x_1x_2, x_1x_3, x_2x_3\}$。此时，两个响应包含的因子效应存在一定的差异，即响应 y_2 的模型中包含了因子效应 x_1x_2。若不同的响应采用不同的因子效应结构，则只能采用 SUR 模型进行响应曲面建模。根据以往的研究可知，若两个响应（y_1 和 y_2）的模型结构差异较小，则可以对两个响应采用相同的模型结构即 SMR 模型进行响应曲面建模。在 SMR 模型的框架下，两个响应将包含相同的因子效应 $\{x_1, x_2, x_3, x_1x_3, x_2x_3\}$。需要特别指出的是，在 SUR 与 SMR 的贝叶斯建模过程中，SMR 模型具有相同的模型结构（即不同的响应包含相同的因子效应结构），从而能够实现快速的贝叶斯模拟抽样。因此，本节的建模与优化倾向选择相对简单的 SMR 模型，从而实现快速的模拟抽样与建模。

表 5-13　混合二元变量指示器的后验概率

因子效应	γ_{y_1} 的后验概率	γ_{y_2} 的后验概率
x_1	**0.999**	**0.999**
x_2	**1.000**	**1.000**
x_3	**1.000**	**1.000**
x_1x_2	0.287	0.568
x_1x_3	**0.998**	**0.991**
x_2x_3	**0.970**	**0.802**

注：加粗部分为显著性变量。

3）模型构建和参数优化

首先，运用 SMR 模型进行后续的贝叶斯统计建模与优化，其中，式（5-18）中的因子效应矩阵为

$$\boldsymbol{X}_j = \{x_1, x_2, x_3, x_1x_3, x_2x_3\},\quad j = 1, 2$$

其次，运用 MCMC 方法对 SMR 模型进行抽样，利用获得的响应后验抽样值构建多变量过程能力指数，即式（5-44）。其中，模拟抽样次数 n 设为 10 000，响应个数 v 设为 2，目标值向量 $\boldsymbol{T}$ 为[150,8]，利用响应抽样值之间的样本方差 $\boldsymbol{S}$ 代替方差-协方差矩阵 $\boldsymbol{\Omega}$。最后，将上述多变量过程能力指数作为目标函数，运用 HGA 进行最优化求解，获得最佳的参数设计值为（0.0284, 0.4996, 0.0137），目标函数值等于 0.9999。将其他研究方法的优化结果代入本节选择的 SMR 模型中，则其获得的抽样结果如图 5-18 所示。

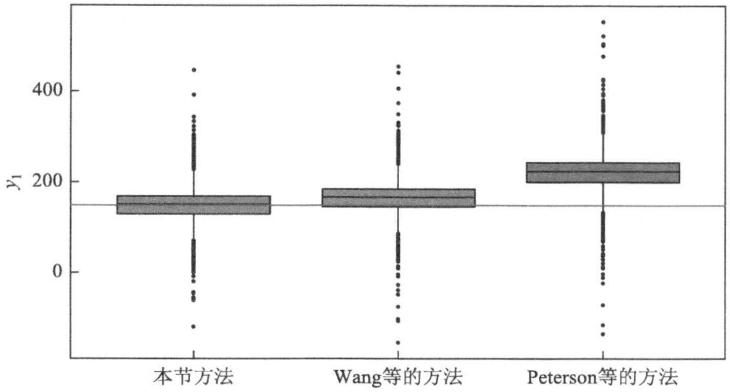

(a) y_1的箱形图

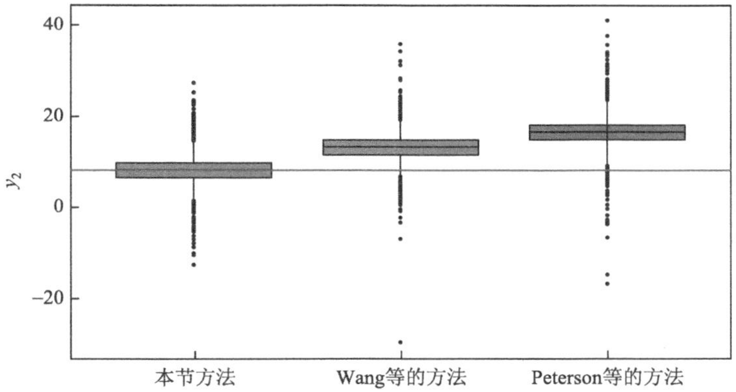

(b) y_2的箱形图

图 5-18　不同方法的响应箱形图

比较图 5-18 中不同方法的抽样结果可知，Peterson 等的方法的抽样结果明显偏离了目标值。主要原因在于 Peterson 等的方法将各个响应位于规格限内的概率作为优化函数，忽略了响应与目标值之间的偏差，从而导致该方法的后验抽样值严重偏离目标值。Wang 等的方法采用一种有约束的目标函数进行优化，该方法将质量损失函数作为目标函数，将响应落在对应规格限内的概率作为约束。虽然该方法利用质量损失函数考虑了响应与目标值之间的偏差，但是由于决策者在选择成本矩阵及期望的符合性概率时往往具有一定的主观性，其响应与目标值之间的偏差比本节方法要大。

另外，为了减少响应预测值波动的影响，将上述方法的最优参数设计值代入多变量过程指数的目标函数中，并重复上述抽样过程 1000 次，其结果如表 5-14 所示。

表 5-14 不同研究方法的结果

方法	参数解	MC_{pm}	y_1	y_2
Wang 等的方法	（−0.033, 0.259, 0.219）	0.4379	163.8179	12.9962
Peterson 等的方法	（0.810, 0.000, 0.19）	0.2624	222.4442	16.4328
本节方法	（0.0284, 0.4996, 0.0137）	**0.9998**	**148.9649**	**8.0608**

注：加粗部分为显著性结果。

比较表 5-14 的研究结果可知，与其他两种方法相比而言，本节方法得到的 MC_{pm} 最高，上述研究结果进一步验证了本节方法的有效性与可靠性。

参 考 文 献

[1] 杨世娟，汪建均. 基于分层贝叶斯模型的稳健参数设计[J]. 系统工程与电子技术，2019，41（10）：2293-2303.

[2] 汪建均，屠雅楠，马义中. 结合 SUR 与因子效应原则的多响应质量设计[J]. 管理科学学报，2020，23（12）：12-29.

[3] 段白鸽. 贝叶斯非线性分层模型在多元索赔准备金评估中的应用[J]. 数量经济技术经济研究，2014，31（3）：148-160.

[4] Qian P Z G，Wu C F J. Bayesian hierarchical modeling for integrating low-accuracy and high-accuracy experiments[J]. Technometrics，2008，50（2）：192-204.

[5] Gelman A，Carlin J B，Stern H S，et al. Bayesian Data Analysis[M]. 3rd ed. Boca Raton：Chapman and Hall/CRC，2014.

[6] Sedehi O，Papadimitriou C，Katafygiotis L S. Probabilistic hierarchical Bayesian framework for time-domain model updating and robust predictions[J]. Mechanical Systems and Signal Processing，2019，123（14）：648-673.

[7] Kannan G，Sasikumar P，Devika K. A genetic algorithm approach for solving a closed loop supply chain model：A case of battery recycling[J]. Applied Mathematical Modelling，2010，34（3）：655-670.

[8] Cattaneo M D，Jansson M，Newey W K. Inference in linear regression models with many covariates and heteroscedasticity[J]. Journal of the American Statistical Association，2018，113（523）：1350-1361.

[9] Kim D，Rhee S. Optimization of GMA welding process using the dual response approach[J]. International Journal of Production Research，2003，41（18）：4505-4515.

[10] Lee D H，Jeong I J，Kim K J. A posterior preference articulation approach to dual-response-surface optimization[J]. IIE Transactions，2009，42（2）：161-171.

[11] Ouyang L，Ma Y，Wang J，et al. An interval programming model for continuous improvement in micro-manufacturing[J]. Engineering Optimization，2018，50（3）：400-414.

[12] 汪建均，马义中，翟云焕. 相关多质量特性的优化设计[J]. 管理工程学报，2011，25（2）：66-73.

[13] 汪建均，马义中，欧阳林寒，等. 多响应稳健参数设计的贝叶斯建模与优化[J]. 管理科学学报，2016，19（2）：85-94.

[14] Myers R H，Montgomery D C，Vining G G，et al. Response surface methodology：A retrospective and literature survey[J]. Journal of Quality Technology，2004，36（1）：53-77.

[15] Wu C F J，Hamada M. Experiments：Planning，Analysis，and Parameter Design Optimization[M]. New York：John Wiley & Sons Inc，2000.

[16] Box G E P，Draper N R. Empirical Model-building and Response Surfaces[M]. New York：John Wiley & Sons Inc，1987.

[17] Ouyang L，Ma Y，Wang J，et al. A new loss function for multi-response optimization with model parameter uncertainty and implementation errors[J]. European Journal of Operational Research，2017，258（2）：552-563.

[18] He Z，Zhu P，Park S H. A robust desirability function method for multi-response surface optimization considering model uncertainty[J]. European Journal of Operational Research，2012，221（1）：241-247.

[19] Chapman J L，Lu L，Anderson-Cook C M. Incorporating response variability and estimation uncertainty into Pareto front optimization[J]. Computers & Industrial Engineering，2014，76（22）：253-267.

[20] Zellner A. An efficient method of estimating seemingly unrelated regressions and tests for aggregation bias[J]. Journal of the American Statistical Association，1962，57（298）：348-368.

[21] Ando T. Bayesian Model Selection and Statistical Modeling[M]. New York：Chapman & Halll CRC，2010.

[22] 马义中，汪建均. 质量管理学[M]. 北京：机械工业出版社，2012.

[23] 汪建均，马义中. 结合 GLM 与因子效应原则的贝叶斯变量选择方法[J]. 系统工程理论与实践，2013，33（8）：1975-1983.

[24] Chipman H，Hamada M，Wu C F J. A Bayesian variable-selection approach for analyzing designed experiments with complex aliasing[J]. Technometrics，1997，39（4）：372-381.

[25] Juran J M. Quality Control Handbook[M]. New York：McGraw Hill，1951.

[26] Wang F K，Hubele N F，Lawrence F P，et al. Comparison of three multivariate process capability indices[J]. Journal of Quality Technology，2000，32（3）：263-275.

[27] Chan L K，Cheng S W，Spiring F A. A mulvariate measure of process capability[J]. International Journal of Modelling & Simulation，1991，11（1）：1-6.

[28] 张旭涛，何桢. 基于似无关回归的多元稳健损失函数方法[J]. 数理统计与管理，2017，36（5）：802-809.

[29] Ko Y H，Kim K J，Jun C H. A new loss function-based method for multiresponse optimization[J]. Journal of Quality Technology，2005，37（1）：50-59.

[30] Park K S，Kim K J. Optimizing multi-response surface problems：How to use multi-objective optimization techniques[J]. IIE Transactions，2005，37（6）：523-532.

[31] Vining G G. A compromise approach to multiresponse optimization[J]. Journal of Quality Technology，1998，30（4）：309-313.

[32] Anderson M J，Whitcomb P J. Find the most favorable formulations[J]. Chemical Engineering Progress，1998，94（4）：63-67.

[33] Wang J，Ma Y，Ouyang L，et al. A new Bayesian approach to multi-response surface optimization integrating loss function with posterior probability[J]. European Journal of Operational Research，2016，249（1）：231-237.

[34] Peterson J J，Mira-Quesada G，del Castillo E. A Bayesian reliability approach to multiple response optimization with seemingly unrelated regression models[J]. Quality Technology & Quantitative Management，2009，6（4）：353-369.

第 6 章　考虑试验数据质量的不确定性稳健参数设计

在实际产品与工艺过程的质量设计中，往往存在各种影响产品质量设计的不确定性因素。例如，试验数据的质量问题、内部和外部环境的噪声问题、响应值波动等将在相当大的程度上影响响应曲面的建模精度与分析结果，从而导致模型不确定性普遍存在。若忽略模型不确定性对优化结果的影响，获得的最优参数设计值可能不能真正地满足产品质量要求。过程的复杂性、测量系统的精确性、时间与费用的有限性及人员的不稳定性，将在一定程度上影响建模依赖的试验数据质量。试验数据质量不仅会影响响应曲面模型构建的精度，还会对最佳工艺参数的获取产生不利影响。近年来，在工业实践中考虑试验数据质量的不确定性质量设计引起了众多学者的广泛兴趣。本章将从两类试验数据质量问题（即试验数据删失和数据污染）出发，利用贝叶斯统计、期望最大化（expectation-maximization，EM）算法、GPR、区间估计等方法和技术，提出一系列的考虑试验数据质量的不确定性稳健参数设计方法，从而系统地研究试验数据删失和数据污染造成的模型不确定性对优化结果的影响。

本章的内容结构安排如下，6.1 节针对存在定时删失情形的稳健参数设计问题，提出一种结合 EM 算法和改进的随机森林（modified random forest，MRF）算法的建模与优化方法[1]。该方法首先采用 EM 算法计算不同水平组合下的位置与散度估计，其次利用 MRF 算法选择重要的因子效应，最后将响应的置信区间引入优化策略中以构建更保守的约束条件，降低模型不确定性对优化结果的影响。6.2 节基于学生 t 的高斯过程（student-t Gaussian process，StGP）模型，提出一种新的加权多目标参数优化方法，从而改善了离群值造成的模型不确定性问题[2]。为了减少离群值对输出均值和方差的影响，该方法首先采用稳健 GP 建模技术拟合含有离群值试验数据的关系模型，其次采用 Gibbs 抽样技术估计模型的未知参数，最后构建结合质量损失函数和置信区间分析方法的优化策略，以获得最优输入参数设计值。

6.1　考虑试验数据删失的单响应稳健参数设计

稳健参数设计是在三次设计法的基础上发展起来的低成本、高稳定性的质量改进策略[3]。它的主要工作是识别出影响产品/过程性能的可控因子与噪声因子，并通过找到可控因子的最优设计值来降低一个系统对噪声变化的敏感性，以达到降低整个系统性能波动的目的[4, 5]。由于稳健参数设计在降低与系统性能相关的固有不确定性方面的有效性与实用性，其被广泛地应用到机械制造、航空、化工等行业的质量设计工作中，并产生了巨大的经济效益。

目前，有关稳健参数设计问题的众多研究均是在输出响应是与时间无关的质量特性这一背景下展开的，研究重心主要集中于如何设计合理的试验以获取数据，选择何种方法构建模型、采用何种优化策略以确定可控因子的最优设计值等方面。例如，Ozdemir 和 Cho[6]研究了当试验空间不规则时的 D-最优设计问题；Vining 和 Myers[7]利用多项式模型分别拟合过程均值、方差与设计变量的函数关系；针对多项式模型难以较好地解释输入与输出间复杂的非线性关系的问题，Vining 和 Bhon[8]采用非参数模型来建立响应的均值模型和方差模型；Taguchi[9]提出用损失函数来衡量单响应系统的质量特性偏离目标值带来的损失，并通过最小化损失函数来计算可控因子的最优设计值；Ko 等[10]将 Taguchi 的损失函数扩展到多元损失函数以解决多响应的优化设计问题；韩云霞等[11]在多元损失函数中考虑了设计变量的容差，以考虑模型参数不确定性和设计变量的容差对预测响应的影响。然而，将稳健参数设计应用到解决与时间相关的质量设计问题中的研究还较少。与时间相关的质量特性在生命科学、生物制药、临床医学、保险、可靠性工程及其他的工程应用中经常遇到，该类质量设计问题的主要特点是试验数据不完全，只能大致知道质量特性处于某个时间区间，而无法知道其确切的取值。例如，在工业可靠性研究中，我们关心的质量特性通常是产品/过程的寿命、故障发生的时间、产品的失效时间等。如何高效地获得试验过程中产生的与时间相关的数据，是进行可靠性分析的关键。然而在实际的试验过程中，产品的寿命较长，而试验的费用和时间有限，很难在所有产品都失效后再收集数据，因此收集的观测数据不完整，这些不完整的观测数据通常称为删失数据。就删失机制而言，删失分为定数删失和定时删失，其中，定时删失是指对所有试验对象的观测停止在一个固定的时间上。本节主要研究质量特性存在定时删失情形的稳健参数设计问题。

在定时删失情形下，传统的矩估计法和极大似然估计法在计算位置与散度的估计值时通常会忽略缺失信息的影响，导致估计结果的精确度不高，且不能有效地确定影响产品/过程质量的重要因素。此外，传统的优化策略依赖于构建的回归模型能否进行精确的预测。然而，有限的试验数据及信息损失导致构建的回归模型存在一定的估计误差，从而进一步导致基于传统方法计算的可控因子的最优设计值不可靠。因此，提出一些新的参数设计方法以解决这一类稳健参数设计问题具有一定的理论与现实意义。例如，Schmee 和 Hahn[12]提出用响应的条件期望代替删失值，在此基础上采用迭代最小二乘法估计模型参数的值。Wu 和 Hamada[13]通过综合利用迭代算法和模型选择技术（半正态图和逐步回归）来分析带有删失数据的试验设计问题，但该方法只能鉴别出显著性位置效应。考虑到神经网络是一种非参数方法，它不需要对输入与输出之间的关系做任何假设，就可以克服删失数据的分析难题，所以 Su 和 Miao[14]提出利用神经网络解决响应数据存在定时删失的稳健参数设计问题，该方法的主要缺点是不能区分重要与不重要的可控因子。Liao[15]将神经网络和数据包络分析相结合，以解决删失数据的多响应优化问题，该方法利用数据包络分析计算可控因子水平组合的相对效率，进而确定其最优参数设计值。但它的一个明显缺点是可控因子的最优设计值只能在已有的水平组合中选取。也有很多学者提出将 EM 算法应用于可靠性工程中各种删失数据的可靠性指标的计算。例如，一些学者在假设寿命、失效时间等与时间相关的质量特性服从指数分布（Balakrishnan 等[16]）、对数正态分布（Balakrishnan 和 Pal[17]）、韦布尔分布（孔祥芬等[18]、Balakrishnan 和 Ling[19]）等的基础上，利用 EM 算法从删失数据中得到似然估计，然后基于这些似然估计对可靠性指标（如可靠度、失效率等）进行推断，以研究产品/过程的失效机制。然而，这些研究都是估计产品/过程的可靠性。在响应变量存在删失的情形下，如何通过试验设计来使产品/过程的平均寿命（或平均失效时间）达到最大的同时，最小化噪声变化对平均寿命（或平均失效时间）的影响是这些研究没有考虑的，也是本节需要解决的问题。

针对定时删失情形下的优化设计问题，本节在借鉴以往研究成果的基础上提出了一种新的基于 EM 算法和 MRF 算法的稳健参数设计方法[1]。具体来说，首先，基于 EM 算法计算各个水平组合上的位置与散度（即均值与方差）的估计值；其次，采用 MRF 算法筛选出重要的因子；然后，将位置与散度作为响应建立双响应曲面模型；最后，构建以位置响应的置信区间为约束条件的优化模型，以考虑模型不确定性，并在约束区间内搜索可控因子的最优设计值。

6.1.1 定时删失试验数据的变量选择

DRSM 是常用的解决稳健参数设计问题的方法。在寻找可控因子的最优设计值的过程中，DRSM 需要先基于试验数据建立响应与因子的主效应、二次效应及交互效应的多项式模型。当变量数目较多，且它们的重要程度无法借助工程背景知识加以确认时，需要在不降低模型预测能力的前提下，采用变量选择技术来减少变量的个数。很多文献利用 t 检验法确定响应曲面模型中各个变量的重要程度，一般来说，检验的 p 值越小，表明该变量的重要程度越大。例如，Vining 和 Myers[7]就是采用 t 检验法选择显著性因子效应的。但是该方法以数据服从正态分布为前提，若这个前提不成立，则 t 检验法的结果值得怀疑。George 和 McCulloch[20]将随机搜索的变量选择方法应用于一般线性回归模型的显著性因子的筛选过程中。汪建均和马义中[21]针对非正态响应的因子设计问题，提出了基于 GLM 的贝叶斯变量与模型选择方法。为了节约时间与节省费用，试验者通常采用部分因子设计来收集试验数据，这会导致别名效应的产生，甚至可能会导致某些试验的设计水平组合数小于回归模型中的自变量个数，以上提到的变量选择方法已不能解决该情形下的因子筛选问题。汪建均等[22]在变量个数大于试验样本数的情况下，基于因子效应原则和贝叶斯 LASSO 提出了一种多阶段的模型选择方法。然而，上述方法均是参数方法，在变量选择之前需要事先假定模型的结构及数据的分布。

随机森林（random forest，RF）算法是由 Breiman[23]提出的一种集成机器学习算法，它利用重采样技术从原样本中抽取多个子样本，在每个子样本中随机选取部分输入变量，并在此基础上通过分枝优度准则构建多决策树以解决分类和回归问题[24]。RF 算法给出了输入变量的重要性评分（variable importance measures，VIM），因此也广泛地应用于变量选择问题。相关研究也表明，RF 算法具有很高的预测精度，不容易过拟合，能处理输入变量远大于观测个数的分类及回归问题，而且它是一种数据驱动的非参数算法，不需要关于数据分布的假设，因此 RF 算法能很好地解决上述问题[24]。基于传统 RF 算法的变量筛选的主要步骤如下。

步骤 1：确定剔除比例或给定预保留的变量个数。

步骤 2：计算每个 VIM，并将其按降序排列，变量 x_j 的 VIM 计算步骤如下。

（1）对于第 i 棵回归树，利用其袋外（out-of-bag，OOB）数据计算 OOB 数据误差，记作 errOOB_i^j 。

（2）随机置换 OOB 中的变量 x_j 的观测值，再次计算 OOB 数据误差，记作 $\text{errOO}\hat{\text{B}}_i^j$ 。

（3）计算变量 x_j 的 VIM：

$$\text{VIM}(x_j) = 1/\text{ntree}\sum_{i=1}^{\text{ntree}} \Delta\text{err}_i^j \tag{6-1}$$

其中，ntree 表示 RF 算法中回归树的数目；$\Delta\text{err}_i^j = \text{errOO}\hat{\text{B}}_i^j - \text{errOOB}_i^j$ 。$\text{VIM}(x_j)$ 的数值越大，表明变量 x_j 越重要。

步骤 3：按 VIM 的排列顺序，保留规定数目的重要变量。

从上述步骤可知，传统 RF 算法在选择重要变量时需要事先指定预保留的变量个数。事实上，当所有因子效应都对响应没有显著影响时，传统 RF 算法也可以给出 VIM，并筛选出不重要的因子效应；而当所有因子效应都对响应具有很强的解释能力时，仅通过传统 RF 算法进行变量筛选，可能会遗漏掉一部分重要的因子效应。此外，Strobl 等[25]指出，若系统中的输入变量间存在相关性，则在执行随机置换时，相互关联变量的效应会相互替补，导致某些变量的 VIM 降低，以致无法被筛选出来。特别是在输入变量个数远大于观测个数的情形中，上述缺陷将表现得更明显。如前所述，在实际产品/过程的质量设计中经常会遇到试验数据存在别名效应及变量个数大于试验样本数的情况，导致基于传统 RF 算法的变量选择效率较低。因此，本节将采用 MRF 算法来筛选重要的因子。MRF 算法通过执行多次 RF 算法来计算 VIM 以降低变量间相关性的影响，而且它不需要事先人为给定最佳因子效应的数目，而是采用完全数据驱动的方式确定 VIM 的阈值，并在此基础上结合逐步添加重要变量的思想，选择使 OOB 数据误差最小的因子效应组合作为最终的输入变量组合，关于 MRF 算法的更详细的过程将在 6.1.2 节给出。

6.1.2　基于 EM 算法与 MRF 算法的参数设计与优化

本节提出基于 EM 算法和 MRF 算法相结合的方法，以解决一类与时间相关的响应变量的观测值具有定时删失特征的质量设计问题。首先，利用 EM 算法获得各个水平组合下质量特性的位置与散度的估计值；其次，在将位置与散度的估计值作为响应变量，各因子的主效应、二次效应和交互效应作为输入变量的基础上，执行 MRF 算法进行变量选择；然后，在上述两步的基础上建立位置与散度的双响应曲面模型；最后，构建优化目标函数，确定优化区域，并利用约束优化算法寻找可控因子的最优设计值。该方法的流程图如图 6-1 所示，具体的实现步骤如下。

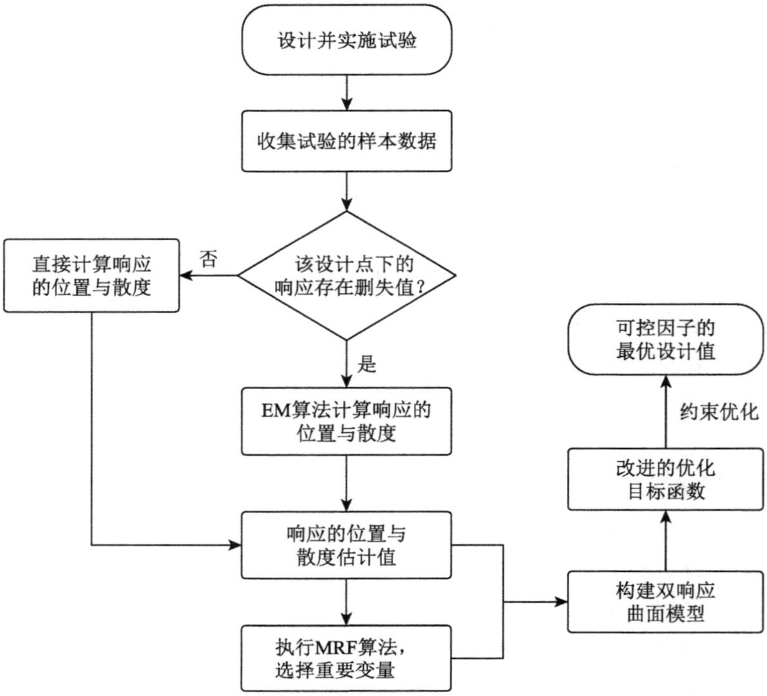

图 6-1　本节所提方法的流程图

步骤 1：设计并实施试验，以收集试验的样本数据。

确定产品/过程的可控因子与响应变量，选择合适的试验设计方案，并实施试验以获取试验数据。假设试验中共有 p 个可控因子 $x_k(k=1,2,\cdots,p)$，一个与时间相关的响应变量 Y，试验的设计水平总组数为 N，在每组设计水平组合下，试验均重复进行 n 次。由此获得的响应变量的观测值记为 $Y_{ij}(i=1,2,\cdots,N;j=1,2,\cdots,n_i,n_i+1,\cdots,n)$，其中，$n_i$ 是指在第 i 组设计水平组合下实际观测值的个数，$Y_{i(n_i+1)}$，$Y_{i(n_i+2)},\cdots,Y_{in}$ 为在时间 τ 处截断的删失值。

步骤 2：进行位置与散度估计。

如前所述，在响应数据定时删失的情形下，传统的矩估计法和极大似然估计法在计算位置与散度的估计值时通常会忽略缺失信息，导致估计结果的精确度不高。EM 算法是一种估计未知参数的迭代优化方法，经常用于处理不完全数据问题。与其他迭代方法相比，EM 算法的优势在于容易实施，迭代的表达式比较简单，并且能够可靠地找到全局最优估计值。在已获得响应变量部分实际观测值的基础上，本节运用 EM 算法来改进极大似然估计的效果，以获得不同设计水平组合下的位置与散度估计值。

假设 Y_{ij} 服从对数正态分布，即 $\ln Y_{ij} \sim N(\mu_i,\sigma_i^2)$。进行变换 $y_{ij}=\ln Y_{ij}$，以下给出变换后的响应的位置与散度估计值。对于第 i 组设计水平组合，观测值 $y_{i1},y_{i2},\cdots,y_{in}$ 的不完全数据的似然函数为

$$L(\boldsymbol{\Theta}_i \mid \text{data}_{\text{incomplete}})=\prod_{j=1}^{n_i}\phi\left(\frac{y_{ij}-\mu_i}{\sigma_i}\right)\left[1-\Phi\left(\frac{T-\mu_i}{\sigma_i}\right)\right]^{n-n_i} \tag{6-2}$$

其中，$\boldsymbol{\Theta}_i=(\mu_i,\sigma_i^2)^{\mathrm{T}}$；$T=\ln\tau$；$\phi(\cdot)$ 和 $\Phi(\cdot)$ 分别是标准正态分布的密度函数和分布函数。

假设 $n-n_i$ 个删失数据对数化后的实际观测值为 $\boldsymbol{z}_i=(z_{i(n_i+1)},z_{i(n_i+2)},\cdots,z_{in})^{\mathrm{T}}$（$z_{ij}\geqslant T,j=n_i+1,n_i+2,\cdots,n$），则完全数据的似然函数为

$$L(\boldsymbol{\Theta}_i \mid \text{data}_{\text{complete}})=\prod_{j=1}^{n_i}\phi\left(\frac{y_{ij}-\mu_i}{\sigma_i}\right)\prod_{j=n_i+1}^{n}\phi\left(\frac{z_{ij}-\mu_i}{\sigma_i}\right) \tag{6-3}$$

完全数据的对数似然函数为

$$l(\boldsymbol{\Theta}_i \mid \text{data}_{\text{complete}})=-n\ln(\sqrt{2\pi\sigma_i^2})-\frac{1}{2}\sum_{j=1}^{n_i}\frac{(y_{ij}-\mu_i)^2}{\sigma_i^2}-\frac{1}{2}\sum_{j=n_i+1}^{n}\frac{(z_{ij}-\mu_i)^2}{\sigma_i^2} \tag{6-4}$$

令 $\boldsymbol{y}_i=(y_{i1},y_{i2},\cdots,y_{in_i})$，则在实际观测值 $\boldsymbol{y}_i$ 的条件下，$z_{ij}(j=n_i+1,n_i+2,\cdots,n)$ 服从截尾正态分布，其条件密度函数为

$$f_{z_{ij}|y_i}(z_{ij} \mid \boldsymbol{y}_i, \boldsymbol{\Theta}_i) = \frac{\phi\left(\dfrac{z_{ij}-\mu_i}{\sigma_i}\right)}{\sigma_i\left[1-\Phi\left(\dfrac{z_{ij}-\mu_i}{\sigma_i}\right)\right]}, \quad z_{ij} \geqslant T \tag{6-5}$$

假设$\boldsymbol{\Theta}_i^{(t)}=[\mu_i^{(t)},\sigma_i^{2(t)}]^{\mathrm{T}}$表示第$t(t=0,1,\cdots)$次迭代的参数估计值。基于实际观测值$\boldsymbol{y}_i$，定义完全数据的对数似然函数的期望为$Q(\boldsymbol{\Theta}_i \mid \boldsymbol{\Theta}_i^{(t)},\boldsymbol{y}_i)$，由截尾正态分布的性质可得

$$\begin{aligned} Q(\boldsymbol{\Theta}_i \mid \boldsymbol{\Theta}_i^{(t)}, \boldsymbol{y}_i) = & -n\ln(\sqrt{2\pi\sigma_i^2}) - \frac{1}{2\sigma_i^2}\sum_{j=1}^{n_i}(y_{ij}-\mu_i)^2 \\ & - \frac{1}{2\sigma_i^2}\sum_{j=n_i+1}^{n}[\mu_i^{2(t)}+\sigma_i^{2(t)}+(\mu_i^{(t)}+T)\sigma_i^{2(t)}\Delta^{(t)}-2\mu_i(\mu_i^{(t)}+\sigma_i^{2(t)}\Delta^{(t)})+\mu_i^2] \end{aligned} \tag{6-6}$$

其中，$\Delta^{(t)}=\dfrac{\phi\{[T-\mu_i^{(t)}]/\sigma_i^{(t)}\}}{1-\Phi\{[T-\mu_i^{(t)}]/\sigma_i^{(t)}\}}$。

对式（6-6）分别关于μ_i和σ_i^2求偏导数，可得

$$\frac{\partial Q[\boldsymbol{\Theta}_i \mid \boldsymbol{\Theta}_i^{(t)}, \boldsymbol{y}_i]}{\partial \mu_i} = \frac{1}{\sigma_i^2}(n_i\bar{\boldsymbol{y}}_i - n_i\mu_i) - \frac{1}{\sigma_i^2}(n-n_i)[\mu_i-\mu_i^{(t)}-\sigma_i^{2(t)}\Delta^{(t)}] \tag{6-7}$$

$$\begin{aligned} \frac{\partial Q[\boldsymbol{\Theta}_i \mid \boldsymbol{\Theta}_i^{(t)}, \boldsymbol{y}_i]}{\partial \sigma_i^2} = & \sum_{j=n_i+1}^{n}\{\mu_i^{2(t)}+\sigma_i^{2(t)}+[\mu_i^{(t)}+T]\sigma_i^{2(t)}\Delta^{(t)}-2\mu_i[\mu_i^{(t)}+\sigma_i^{2(t)}\Delta^{(t)}]+\mu_i^2\} \\ & -n\sigma_i^2+\sum_{j=1}^{n_i}(y_{ij}-\mu_i)^2 \end{aligned} \tag{6-8}$$

其中，$\bar{y}_i=\dfrac{1}{n_i}\sum_{j=1}^{n_i}y_{ij}$。根据式（6-7）和式（6-8）可得

$$\mu_i^{(t+1)} = \{n_i\bar{\boldsymbol{y}}_i+(n-n_i)[\mu_i^{(t)}+\sigma_i^{2(t)}\Delta^{(t)}]\}/n \tag{6-9}$$

$$\begin{aligned} \sigma_i^{2(t+1)} = \Bigg(& \sum_{j=n_i+1}^{n}\{\mu_i^{2(t)}+\sigma_i^{2(t)}+[\mu_i^{(t)}+T]\sigma_i^{2(t)}\Delta^{(t)}-2\mu_i^{(t+1)}[\mu_i^{(t)}+\sigma_i^{2(t)}\Delta^{(t)}]+\mu_i^{2(t+1)}\} \\ & +\sum_{j=1}^{n_i}[y_{ij}-\mu_i^{(t+1)}]^2\Bigg)\Bigg/n \end{aligned} \tag{6-10}$$

在式（6-2）～式（6-10）的基础上，采用EM算法估计未知的参数，具体步骤如下。

（1）为未知参数选择一个初始值$\boldsymbol{\Theta}_i^{(0)}$。

（2）（E步）在给定$\boldsymbol{y}_i$和当前$\boldsymbol{\Theta}_i$的估计值$\boldsymbol{\Theta}_i^{(t)}$的条件下，计算$Q(\boldsymbol{\Theta}_i \mid \boldsymbol{\Theta}_i^{(t)},\boldsymbol{y}_i)$。

（3）（M步）选定一个$\boldsymbol{\Theta}_i^{(t+1)}$使$Q(\boldsymbol{\Theta}_i \mid \boldsymbol{\Theta}_i^{(t)},\boldsymbol{y}_i)$最大化，即

$$\boldsymbol{\Theta}_i^{(t+1)} = \arg\max_{\boldsymbol{\Theta}_i} Q[\boldsymbol{\Theta}_i \mid \boldsymbol{\Theta}_i^{(t)}, \boldsymbol{y}_i] \tag{6-11}$$

（4）对上述 E 步和 M 步进行迭代，直至$\|\boldsymbol{\Theta}_i^{(t+1)}-\boldsymbol{\Theta}_i^{(t)}\|$充分小，最终得到稳定的参数估计值即 y_{ij} 的位置与散度的估计值$\boldsymbol{\Theta}_i^*$。

步骤 3：基于 MRF 算法的重要变量筛选。

在响应建模过程中，往往需要考虑各个设计变量的主效应、二次效应及变量间的交互效应对响应的影响，但是不同的因子效应对响应的影响程度不同。如何从众多的因子效应中（共需考虑$d=2p+p(1-p)/2$个因子效应）筛选出几个对响应具有显著影响的主要因子效应是响应建模前或建模过程中需要解决的问题之一。采用 MRF 算法筛选对响应具有较大贡献的因子效应组合，具体步骤如下。

（1）设置参数 ntree 的值，重复执行 m 次传统的 RF 算法，以获得各输入变量的重要性得分 $\mathrm{VIM}_i^j(i=1,2,\cdots,m;j=1,2,\cdots,d)$，在此基础上计算$\overline{\mathrm{VIM}}^j$：

$$\overline{\mathrm{VIM}}^j=1/m\sum_{i=1}^{m}\mathrm{VIM}_i^j \tag{6-12}$$

（2）按$\overline{\mathrm{VIM}}^j$的数值大小对各因子效应进行排序，并删去$\overline{\mathrm{VIM}}^j<0$的因子效应，记保留的因子效应个数为$d_1$。

（3）依据上述排序逐步引入前$k(k=1,2,\cdots,d_1)$个重要的因子效应以建立多个 RF，计算它们的 OOB 数据误差（记作 errOOB_k），并选择使 OOB 数据误差最小的模型，记此步骤最终保留的因子效应数目为d_2。

（4）计算阈值V：

$$V=1/(d_1-d_2)\sum_{k=d_2}^{d_1-1}|\mathrm{errOOB}_{k+1}-\mathrm{errOOB}_k| \tag{6-13}$$

在依次引入重要的因子效应过程中，只有当 OOB 数据误差的减少量显著大于阈值V时，该因子效应才被保留，记此步骤最终保留的因子效应数目为d_3。增加此步骤的原因在于第（3）步保留的因子效应尚可能存在不重要的因子效应。此外，Wu 和 Hamada[13]指出，应将效应遗传原则应用于因子筛选过程中以保证因子设计结构的合理性，因此，本节将效应遗传原则应用于最终的因子效应选择中。如果通过 MRF 算法最终确定的因子效应中含有两个因子的交互效应，而不包含这两个因子的主效应，则依据效应遗传原则，应该在最终的变量组合中添加这两个因子的主效应。在此，将此步骤最终选择的因子效应数目记为d_4。

步骤 4：构建双响应曲面模型。

为了同时考虑过程均值和过程方差，将估计出的位置与散度视为响应变量，以筛选出的显著性因子效应为输入变量来构建双响应曲面模型，双响应曲面模型的结构如下：

$$\hat{\mu}(\boldsymbol{x}_\mu)=\boldsymbol{x}_\mu^{\mathrm{T}}\hat{\boldsymbol{\beta}} \tag{6-14}$$

$$\hat{\sigma}^2(\boldsymbol{x}_{\sigma^2})=\boldsymbol{x}_{\sigma^2}^{\mathrm{T}}\hat{\boldsymbol{\gamma}} \tag{6-15}$$

其中，$\boldsymbol{x}_{\mu}$ 和 $\boldsymbol{x}_{\sigma^2}$ 分别表示位置模型与散度模型的因子效应向量；$\hat{\boldsymbol{\beta}}$ 和 $\hat{\boldsymbol{\gamma}}$ 分别表示位置模型与散度模型的参数估计值。

步骤 5：计算位置变量的置信区间。

对于给定的一组样本外观测 $\boldsymbol{x}_0=(\boldsymbol{x}_{\mu 0},\boldsymbol{x}_{\sigma^2 0})^{\mathrm{T}}$，可以计算出该点处 $\mu(\boldsymbol{x}_{\mu 0})$ 的无偏估计 $\hat{\mu}(\boldsymbol{x}_{\mu 0})=\boldsymbol{x}_{\mu 0}^{\mathrm{T}}\hat{\boldsymbol{\beta}}$，以及该点处 $\sigma^2(\boldsymbol{x}_{\sigma^2 0})$ 的无偏估计 $\hat{\sigma}^2(\boldsymbol{x}_{\sigma^2 0})=\boldsymbol{x}_{\sigma^2 0}^{\mathrm{T}}\hat{\boldsymbol{\gamma}}$。则位置变量 $\mu(\boldsymbol{x}_{\mu 0})$ 的 $100(1-\alpha)\%$ 单侧置信区间为[26, 27]

$$\mu_{\boldsymbol{x}_{\mu 0}}^{I}=\left(\hat{\mu}(\boldsymbol{x}_{\mu 0})+t_{\alpha}(N-d_{4\mu}-1)\sqrt{\hat{\sigma}^2(\boldsymbol{x}_{\sigma^2 0})[1+\boldsymbol{x}_{\mu 0}^{\mathrm{T}}(\boldsymbol{X}_{\mu}^{\mathrm{T}}\boldsymbol{X}_{\mu})^{-1}\boldsymbol{x}_{\mu 0}]},+\infty\right) \tag{6-16}$$

其中，$\boldsymbol{X}_{\mu}$ 表示位置的因子效应矩阵；$d_{4\mu}$ 是位置模型最终保留的变量个数；$t_{\alpha}(N-d_{4\mu}-1)$ 是自由度为 $(N-d_{4\mu}-1)$ 的 t 分布的 $100(1-\alpha)\%$ 分位数。

步骤 6：改进优化目标函数，寻找可控因子的最优设计值。

通常，考虑与时间相关的质量特性的质量设计的目的是寻找可控因子的一组最优设计值，在最大化质量特性均值的同时最小化过程的波动。因此，为了获得这样的一组最优设计值，可以将优化目标函数设置为

$$J_1(\boldsymbol{x})=1/\hat{\mu}+\hat{\sigma}^2 \tag{6-17}$$

相应的优化策略可表示为

$$\begin{cases}\min\limits_{\boldsymbol{x}} J_1(\boldsymbol{x})=1/\hat{\mu}+\hat{\sigma}^2\\ \text{s.t.}\quad \boldsymbol{x}\in\Omega\end{cases} \tag{6-18}$$

其中，Ω 是可控因子的参数设计空间。优化模型（6-18）是基于二次多项式模型的一种优化策略，其获得的优化解的可靠性在一定程度上取决于双响应曲面模型的预测准确与否。考虑到试验数据的有限性及对模型结构假设的合理性，构建的双响应曲面模型不可避免地存在估计误差[28]。Ouyang 等[26]和顾晓光等[27]指出可以将区间估计用于解决模型的不确定性问题。因此，本节对优化模型（6-18）进行改进，将位置响应的置信区间引入约束条件中以考虑模型不确定性对优化结果的影响。

本节的优化策略表示为

$$\begin{cases}\min\limits_{\boldsymbol{x}} J_2(\boldsymbol{x})=1/\hat{\mu}+\hat{\sigma}^2\\ \text{s.t.}\quad \mu_{\boldsymbol{x}_{\mu 0}}^{I}\subset(\mu^{\text{lower}},+\infty)\\ \boldsymbol{x}\in\Omega\end{cases} \tag{6-19}$$

其中，μ^{lower} 是响应变量的规格下限。

6.1.3　实例分析

1. 试验描述

为测试本节所提方法的有效性，采用文献[29]中的恒温器试验进行具体的案

例分析。已知隔膜是恒温器的一个关键部件，隔膜中因腐蚀而产生的小孔对恒温器的寿命有重大的影响[29]。试验者从 50 多个潜在的影响腐蚀速度的因子中选择了 11 个因子，这 11 个因子的名称和水平由表 6-1 给出。响应变量是恒温器的寿命（用循环次数表示），假设该响应变量的规格下限为 350。该案例研究的目的是通过试验设计确定可控因子的最佳参数组合以确保过程输出越大越好，同时最大限度地减小过程输出的波动。该试验采用一个具有 12 个设计水平组合的普拉克特-布尔曼（Plackett-Burman，PB）设计进行相应的试验，并在每个设计水平组合上制造 10 个恒温器以收集 10 个重复观测值。若试验进行至第 7342 个循环，恒温器仍然在工作，则结束试验。表 6-2 和表 6-3 分别给出了恒温器试验的设计矩阵和响应观测值。

表 6-1　因子名称与水平

因子名称	因子符号	因子水平	
		低水平（−）	高水平（+）
隔膜镀层漂洗	A	净	污
电流密度	B	60A/5min	15A/10min
硫酸清洗/s	C	3	30
隔膜电解法净化时间/min	D	2	12
铍铜合金晶粒尺寸/in①	E	0.008	0.018
应力方向	F	与接缝垂直	与接缝平行
湿度	G	湿	干
热处理	H	600°F 45min	600°F 4h
焊接机/s	I	2	3
动力元件电解法净化程度	J	净	污
动力元件镀层清洗	K	净	污

表 6-2　恒温器试验的设计矩阵

试验号	A	B	C	D	E	F	G	H	I	J	K
1	−	−	−	−	−	−	−	−	−	−	−
2	−	−	−	−	−	+	+	+	+	+	+
3	−	−	+	+	+	−	−	−	+	+	+
4	−	+	−	+	+	−	+	+	−	−	+
5	−	+	+	−	+	+	−	+	−	+	−

① 1in = 0.0254m。

续表

试验号	A	B	C	D	E	F	G	H	I	J	K
6	–	+	+	+	–	+	+	–	+	–	–
7	+	–	+	+	–	–	+	+	–	+	–
8	+	–	+	–	+	+	+	–	–	–	+
9	+	–	–	+	+	+	–	+	+	–	–
10	+	+	+	–	–	–	–	+	+	–	+
11	+	+	–	+	–	+	–	–	–	+	+
12	+	+	–	–	+	–	+	–	+	+	–

注：将“–”和“+”分别编码为–1 和 1，代表因子的低水平和高水平。

表 6-3　恒温器试验的响应观测值

试验号	产品寿命									
1	957	2846	7342	7342	7342	7342	7342	7342	7342	7342
2	206	284	296	305	313	343	364	420	422	543
3	63	113	129	138	149	153	217	272	311	402
4	75	104	113	234	270	364	398	481	517	611
5	97	126	245	250	390	390	479	487	533	573
6	490	971	1615	6768	7342	7342	7342	7342	7342	7342
7	232	326	326	351	372	446	459	590	597	732
8	56	71	92	104	126	156	161	167	216	263
9	142	142	238	247	310	318	420	482	663	672
10	259	266	306	337	347	368	372	426	451	510
11	381	420	7342	7342	7342	7342	7342	7342	7342	7342
12	56	62	92	104	113	121	164	232	258	731

2. 试验数据分析

由表 6-3 可知，在可控因子的第 1、6 和 11 水平组合下的响应观测值存在删失。若直接利用矩估计法计算位置与散度的估计值，将会忽视缺失信息的影响，导致在这三个水平组合下计算的估计值不准确。为了解决这一问题，本案例采用 6.1.2 节所提的 EM 算法来计算各个水平组合下的位置与散度，并将$\|\boldsymbol{\Theta}_i^{(t+1)}-\boldsymbol{\Theta}_i^{(t)}\|<10^{-4}$作为确定迭代过程是否收敛的判断准则。按照 6.1.2 节中步骤 2 的计算过程可获得第 1、6 和 11 水平组合下位置与散度的估计值，图 6-2 给出了整个迭代过程中各估计值的收敛情况。

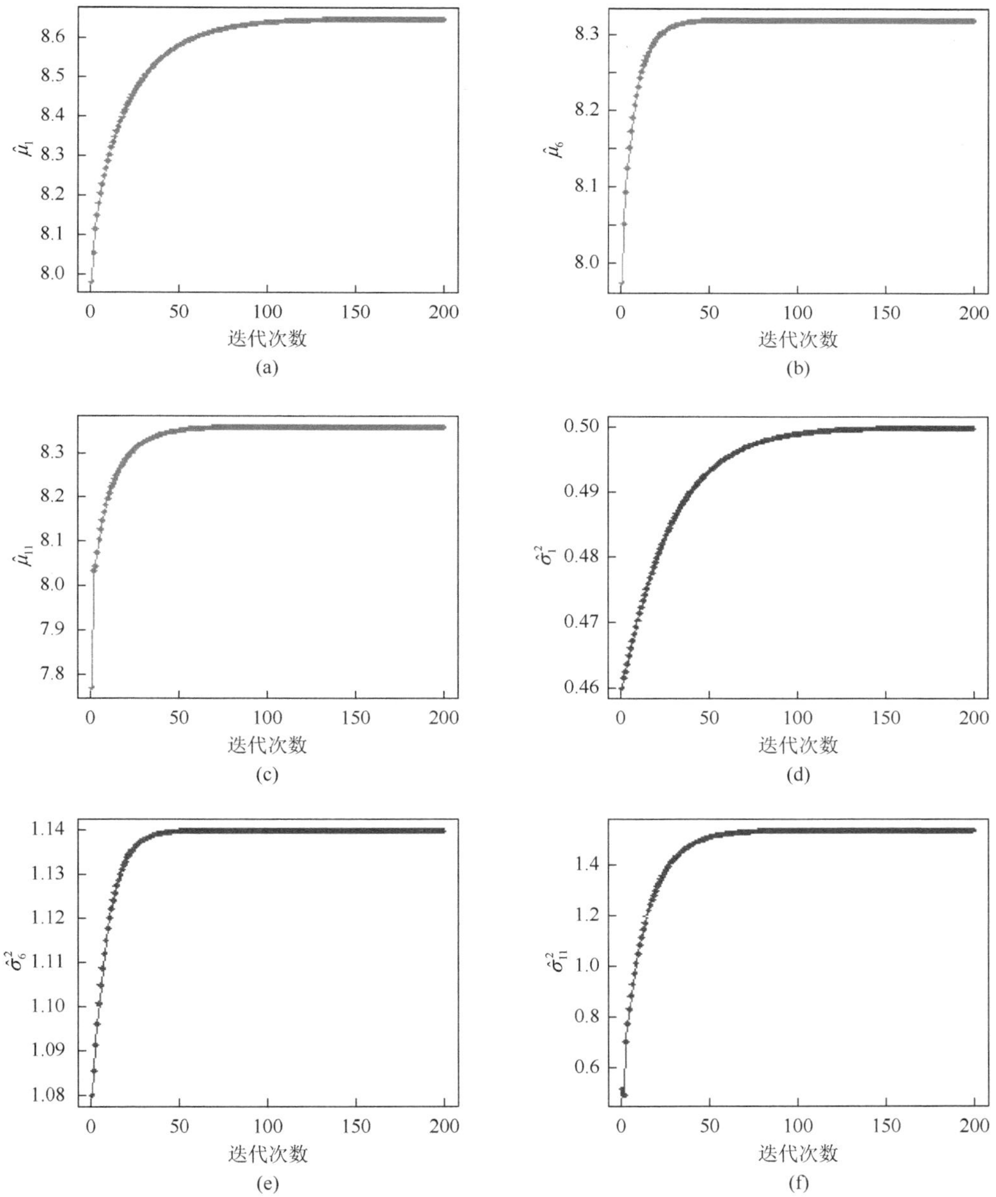

图 6-2　迭代过程图

由图 6-2 可以看出，当迭代次数为 200 时，第 1、6 和 11 水平组合下位置与散度的估计值均已收敛到某一常数，可以将该常数作为位置与散度的最终估计值。表 6-4 不仅展示了响应的位置与散度的估计结果，还包括传统的矩估计法的估计结果。

表 6-4 响应 y 的位置与散度估计

试验号	$\hat{\mu}_i$		$\hat{\sigma}_i^2$	
	矩估计法	EM 算法	矩估计法	EM 算法
1	8.603	8.650	0.461	0.505
2	5.825	5.825	0.071	0.071
3	5.141	5.141	0.298	0.298
4	5.547	5.547	0.552	0.552
5	5.736	5.736	0.381	0.381
6	8.269	8.319	1.080	1.141
7	6.040	6.040	0.121	0.121
8	4.849	4.849	0.238	0.238
9	5.762	5.762	0.311	0.311
10	5.876	5.876	0.048	0.048
11	8.319	8.354	1.506	1.543
12	4.954	4.954	0.580	0.580

为了筛选出重要的因子效应，本节采用 6.1.2 节所提的 MRF 算法进行变量选择，本案例共涉及 11 个可控因子。由于需要考虑各个可控因子的主效应、二次效应及交互效应，候选变量共有 77 个。首先，将参数 ntree 设置为 2000，并在将估计的位置与散度作为两个响应变量，将 77 个候选变量作为输入变量的基础上执行 100 次 RF 算法，以计算出各个 VIM。图 6-3（a）和图 6-3（c）给出了 VIM 大于 0 的因子效应的得分情况，图 6-3（b）和图 6-3（d）显示了不同模型下 OOB 数据误差的变动趋势。从图 6-3 可以看出，对位置响应而言，包含 3 个重要变量的模型具有最小的 OOB 数据误差；而对散度响应而言，包含 5 个重要变量的模型具有最小的 OOB 数据误差。其次，在上述结果的基础上，根据式（6-13）可以计算出位置响应与散度响应的阈值，它们分别为 $V_\mu = 0.042$ 和 $V_{\sigma^2} = 0.003$（见图 6-3（a）和图 6-3（c）的虚线）。再次，在逐步引入重要变量的过程中，依据只有当 OOB 数据误差的减少量显著大于阈值 $V_\mu = 0.042$ 和 $V_{\sigma^2} = 0.003$（见图 6-3（b）和图 6-3（d）的虚线）时才保留该变量的原则，选取最终的重要因子效应。因此，位置模型与散度模型保留的重要因子效应数目分别为 $d_{3\mu} = 3$ 和 $d_{3\sigma^2} = 4$。最后，根据 Wu 和 Hamada[13]提出的效应遗传原则确定最终保留在位置模型与散度模型中的因子效应数目，它们分别为 $d_{4\mu} = 6$ 和 $d_{4\sigma^2} = 9$，相应的因子效应分别为 B、E、F、H、BF、EH 和 A、E、H、I、J、K、AJ、EH、IK。

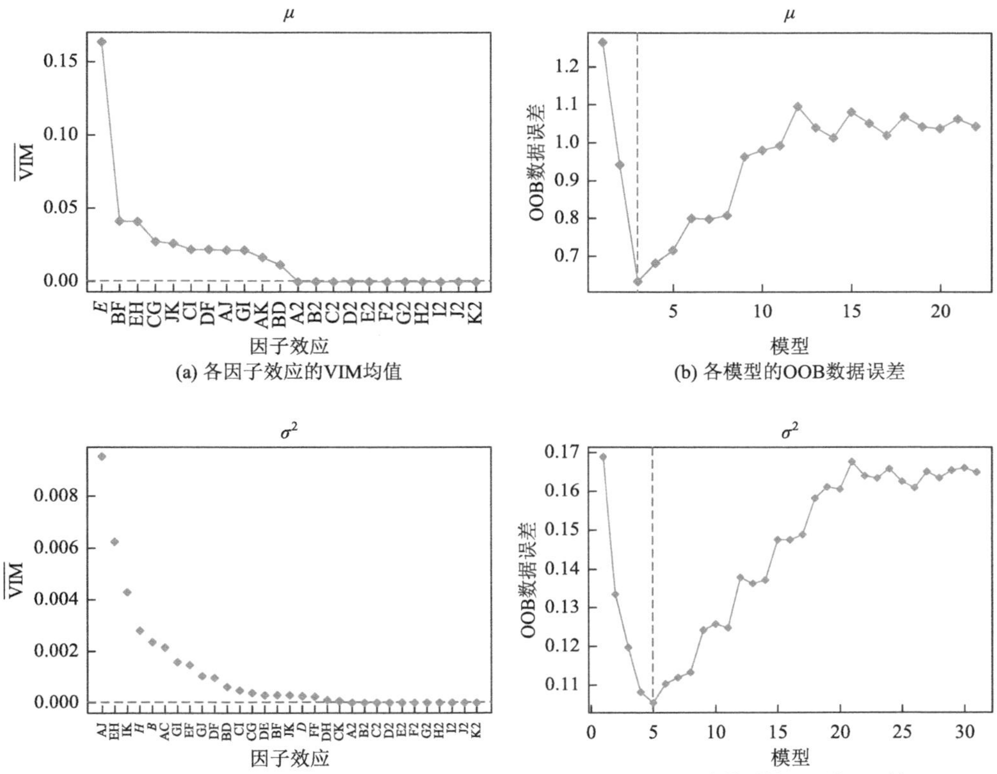

(a) 各因子效应的VIM均值

(b) 各模型的OOB数据误差

(c) 各因子效应的VIM均值

(d) 各模型的OOB数据误差

图 6-3　MRF 算法结果图

根据表 6-4 中的数据和已筛选出的重要因子效应，可以得到如下的位置模型与散度模型：

$$\mu = 6.25 - 0.06B - 0.90E - 0.06F - 0.44H + 0.07\text{BF} + 0.83\text{EH} \tag{6-20}$$

$$\begin{aligned}\ln\sigma^2 = &-1.15 - 0.04A + 0.16E - 0.45H + 0.02I + 0.26J + 0.01K \\ &+ 0.22\text{AJ} + 0.61\text{EH} - 0.25\text{IK}\end{aligned} \tag{6-21}$$

对于任意给定的点 $\boldsymbol{x}_0 = (\boldsymbol{x}_{\mu 0}, \boldsymbol{x}_{\sigma^2 0})^{\mathrm{T}}$，可以计算出 $\mu(\boldsymbol{x}_{\mu 0})$ 的 95%单侧置信区间为

$$\mu^I_{\boldsymbol{x}_{\mu 0}} = \left(\hat{\mu}(\boldsymbol{x}_{\mu 0}) + t_{0.05}(N - d_{4\mu} - 1)\sqrt{\hat{\sigma}^2(\boldsymbol{x}_{\sigma^2 0})[1 + \boldsymbol{x}^{\mathrm{T}}_{\mu 0}(\boldsymbol{X}^{\mathrm{T}}_{\mu}\boldsymbol{X}_{\mu})^{-1}\boldsymbol{x}_{\mu 0}]}, +\infty\right) \tag{6-22}$$

本节在综合利用式（6-20）和式（6-21）的基础上构建本案例的优化目标函数，并将 $\mu(\boldsymbol{x}_{\mu 0})$ 的 95%单侧置信区间纳入约束条件中以考虑模型不确定性对模型预测性能及过程优化结果的影响。本案例的优化策略为

$$\begin{cases} \min\limits_{x} J_2(\boldsymbol{x}) = 1/\hat{\mu} + \hat{\sigma}^2 \\ \text{s.t.} \quad \mu^I_{\boldsymbol{x}_{\mu 0}} \subset (\mu^{\text{lower}}, +\infty) \\ A, F, J, K \in [-1,1] \\ B, E, H, I \in [-1,1] \end{cases} \tag{6-23}$$

在式（6-23）中，μ^{lower} 是响应变量的规格下限，$\ln 350 = 5.9$，$t_{0.05}(N - d_{4\mu} - 1) = t_{0.05}(5) = 2.015$。利用约束优化方法可以获得可控因子的最优设计值，最优解为 $(A,B,E,F,H,I,J,K) = (1,-0.99,-0.99,-1,0.33,-0.76,-1,-1)$。变量 C、D 和 G 是不重要的变量，可以根据成本越小越好的原则选择它们的设计值。此外，为了验证本节所提方法的有效性，本节分别从矩估计法和 EM 算法出发估计其位置与散度，在两种优化策略下进行双响应曲面的建模与优化，并对结果进行分析与比较。为了便于表达，本节将基于矩估计法和优化策略 $J_1(\boldsymbol{x})$ 的稳健设计方法记为 METHOD1，将基于矩估计法和优化策略 $J_2(\boldsymbol{x})$ 的稳健设计方法记为 METHOD2，不同方法的优化结果见表 6-5。

表 6-5　优化结果比较

方法	可控因子最优设计值（$A, B, C, D, E, F, G, H, I, J, K$）	$\hat{\mu}$	$\hat{\sigma}^2$	目标函数值
METHOD1	（1, −1, −1, −1, −0.98, −1, −1, −0.88, 0.17, 1, 1）	8.33	1.05	1.17
METHOD2	（1, −0.99, −1, −1, −0.95, −1, −1, −0.90, 0, 1, 1）	8.36	1.01	1.13
本节所提方法	（1, −0.90, −1, −1, −0.94, −1, −1, −0.99, 0.70, 1, 1）	8.48	1.00	1.12

从表 6-5 可以看出，基于三种不同方法获得的可控因子最优设计值各不相同，且它们对应的位置与散度的估计值也存在一定的差异。具体来说，利用本节所提方法求得的目标函数值为 1.12，该值略小于基于矩估计法和优化策略 $J_2(\boldsymbol{x})$ 的稳健设计方法 METHOD2 对应的目标函数值 1.13，且本节所提方法对应的位置估计值 8.48 大于 METHOD2 的位置估计值 8.36，本节所提方法对应的散度估计值 1.00 小于 METHOD2 的散度估计值 1.01，说明考虑了缺失信息影响的本节所提方法能够比 METHOD2 得到更优的可控因子设计值；基于矩估计法和优化策略 $J_1(\boldsymbol{x})$ 的稳健设计方法 METHOD1 的以上三项计算结果均劣于 METHOD2 的计算结果，表明考虑了模型不确定性的 METHOD2 能获得比 METHOD1 更保守的试验约束条件和更优的可控因子设计值；相比于基于矩估计法和优化策略 $J_1(\boldsymbol{x})$ 的稳健设计方法 METHOD1 计算出的目标函数值，利用本节所提方法求得的目标函数值明显要小，且本节所提方法较 METHOD1 在均值上改善了 1.8%，在方差上改善了 5%。这一结果表明本节所提方法优于 METHOD1，原因在于本节所提方法同时考虑了信息缺失及模型不确定性对建模过程及优化结果的影响。

在实际的产品设计与开发过程中，经常会遇到试验数据涉及与时间相关的质量特性问题。该类试验数据还常伴随着数据缺失、观测数小于变量数、无法事先给出显著性因子效应等情形，使传统的稳健参数设计方法变得很不适用。本节将 EM 算法、MRF 算法和考虑响应置信区间的改进优化策略相结合，提出了一种新的方法以解决响应变量具有定时删失特征的质量设计问题。该方法不仅考虑了信息损失的影响，而且通过数据驱动的方法解决了重要因子效应的筛选问题，还将模型不确定性纳入质量设计与优化过程中，降低了模型不确定性对优化结果的影响。

需要指出的是，本节在构建双响应曲面模型时采用的是基于最小二乘法的多项式模型，该方法需要事先假设模型的线性结构。然而，在很多实际的产品质量设计中，响应变量与因子之间常常呈现出复杂的非线性关系，导致线性关系的假设难以成立。因此，采用非线性或非参数方法改进双响应曲面模型，将使本节所提方法能够更好地解决复杂产品的质量设计问题。

6.2　考虑数据污染的多响应稳健参数优化设计

RSM 是一种综合统计方法、经验建模方法和数值仿真技术的多响应优化设计方法[31, 32]，RSM 的关键问题是利用回归模型构建输入因子和输出响应的复杂关系[29]。通常而言，传统的线性回归模型具有良好的局部拟合能力，但是其并不能保证全局的映射精度，而 GPR 模型则可以很好地满足拟合精度的要求[33]。同时，若忽略不确定性对优化结果的影响，其获得的最优参数设置可能无法真正地满足复杂产品或过程的质量设计要求[34]。

目前，大多文献研究主要对参数不确定性、输入不确定性、响应不确定性及模型结构不确定性建立优化模型，以进行稳健参数设计[26, 35, 36]。在稳健参数设计中，通常使用计算机模型来近似输入和输出之间的关系。但是，随机误差在工程实践中是不可避免的，并且可能导致模型的不确定性[37]。Peterson[38]指出忽略不确定性因素的影响可能导致最优解的可靠性被高估。Park 和 Cho[39]提出了针对数据污染和非正态数据的 MSE 优化模型，同时，他们指出常用方法可能无法有效处理由数据污染造成的模型不确定性问题。此外，对于一些昂贵的试验，重新进行试验以纠正异常值的成本代价是巨大的。因此，有必要探索由试验数据污染造成的模型不确定性对研究结果的影响，以提高最优解的稳健性和可靠性。

在工程实践中，优化过程的不确定性将极可能严重影响产品质量的稳健性[37, 40]。目前，针对不确定性的稳健参数设计问题，国内外研究人员提出了多种解决方法。del Castillo[41]提出了一种区间优化方法以考虑模型响应的不确定性；Peterson[38]提出了一种贝叶斯优化方法，利用后验概率来评价参数不确定性；Tan

和 Ng[42]指出模型均值和方差中的不确定性将对优化结果的稳健性产生显著的影响；Apley 和 Kim[43]通过贝叶斯方法获取后验协方差，进而构建考虑参数不确定性的评价指标；Ouyang 等[26]则通过构造置信区间的方法，考虑了模型不确定性对优化结果的影响；Bullington 等[30]提出了一种基于贝叶斯建模技术的参数优化方法，以获得质量损失和最优解可靠性之间的最佳平衡；He 等[44]提出一种稳健的模糊优化方法，结合响应曲面模型和满意度函数，衡量了模型不确定性对优化结果的影响；Wang 等[34]从生产过程经济性的角度，提出了一种考虑模型不确定性的经济参数设计方法。此外，部分研究人员从试验数据质量的角度，开展了不确定性稳健参数设计方面的研究。例如，Lee 等[45]通过使用抗离群值估计器（outlier-resistant estimator）的方法提高模型均值和方差的预测精度；Ouyang 等[46]提出了一种基于贝叶斯技术的在线稳健参数设计方法，考虑了模型的不确定性和数据质量因素，提升了最优解的稳健性和可靠性。综上所述，在现存的稳健参数设计方法中，针对离群值造成的模型不确定性问题，仍需要进一步研究。

随着机器学习和计算机试验设计技术的发展，GP 模型已广泛用于稳健参数设计领域[47-49]。Tan 和 Wu[50]提出了基于 GP 模型的二次质量损失函数方法，以考虑响应不确定性因素对优化结果的影响；Alshraideh 和 del Castillo[51]构建了时空 GP 模型，以处理时间、空间二维试验数据；Mehdad 和 Kleijnen[52]利用区间分析方法考虑了模型输出响应的偏差；Tan[53]利用输出响应的后验概率构造置信区间，以量化模型响应的不确定性；Han 和 Tan[35]提出了一种稳健的参数和容差并行设计（integrated parameter and tolerance design，IPTD）方法，获得了输入不确定性下的最优输入参数设置；随后，Han 等[54]通过构造保守的一致性概率估计器，将 IPTD 方法扩展到流体动力学试验；Li 等[55]则通过贝叶斯后验估计方法，考虑了参数和模型的不确定性对优化结果的影响；Zhao 等[56]在蒙特卡罗方法的框架下构建了 GP 元模型，以评估模型响应不确定性对优化结果的影响；Costa 和 Lourenço[57]评估了不同建模技术获得的优化结果，并指出利用单变量 GP 模型处理多响应稳健参数设计问题难以获得理想的研究结果。表 6-6 给出了现有的稳健参数设计方法与本节所提方法的对比结果，主要从以下几个方面进行比较：建模工具（modeling tool，MT）、质量特征个数（number of quality characteristic，NC）、数据质量（data quality，DQ）、目标重要性（importance of objectives，IO）、模型不确定性（model uncertainty，MU）及响应不确定性（response uncertainty，RU）。

表 6-6　不同稳健参数设计方法的对比结果

方法	MT	NC	DQ	IO	MU	RU
Cho 等[58]的方法	O	S	—	√	—	—
Ding 等[59]的方法	O	S	—	√	—	—

续表

方法	MT	NC	DQ	IO	MU	RU
Ozdemir 和 Cho[60]的方法	O	S	—	√	—	—
Xu 和 Albin[61]的方法	O	S	—	—	√	√
Kim 和 Lin[62]的方法	O	M	—	√	—	—
Lee 等[45]的方法	O	S	√	—	√	—
He 等[44]的方法	O	M	—	√	√	√
Ouyang 等[46]的方法	O	S	√	—	√	√
Ouyang 等[29]的方法	O	M	—	√	√	√
Tan 和 Wu[50]的方法	G	S	—	—	√	√
Mehdad 和 Kleijnen[63]的方法	G	S	—	—	—	√
Li 等[55]的方法	G	S	—	—	√	—
本节所提方法	G	M	√	√	√	√

注：MT（“G”表示 GP 模型；“O”表示其他模型）。
NC（“S”表示一个质量特性；“M”表示多个质量特性）。
DQ（“√”表示考虑了数据污染因素）。
IO（“√”表示考虑了目标的重要性）。
MU（“√”表示考虑了模型的不确定性）。
RU（“√”表示考虑了响应的不确定性）。

目前，大多数稳健参数优化方法都假定试验数据不受污染，并且计算机模型可以相对准确地近似物理试验，但是对数据污染下的稳健参数设计问题的研究较少。因此，很有必要构建一种稳健参数优化方法，以考虑数据污染导致的模型不确定性对优化结果的影响。本节结合 StGP 建模技术和超球面分解（hypersphere decomposition，HD）法，提出了一种新的加权稳健参数优化方法，用于处理来自离群值的模型不确定性问题[2]。值得注意的是，该方法采用 HD 法和数据驱动法确定目标的相对权重，使多目标权重的分配和计算过程变得更加方便。此外，通过构建联合置信区间的方法，提高了预测响应的稳健性和可靠性。

6.2.1　GP 模型

1. GP 模型建模过程

随着计算机技术的发展，计算机仿真已经成为产品质量改进的一个重要工具，在统计过程控制领域，基于 GP 的元建模有着广泛的应用[50, 64, 65]。GP 模型是一个非参数模型，可以视为在无法确认模型结构的先验信息情况下输入和输出之间的复杂函数关系[47]。

假设一个正态高斯过程（normal Gaussian process，NGP）模型具有 m 个 k 维输入因子，输入变量的向量为 $\boldsymbol{X}=(\boldsymbol{x}_1,\cdots,\boldsymbol{x}_m)^{\mathrm{T}}$，对应的 m 个输出响应为 $\boldsymbol{y}=(\boldsymbol{y}_1,\cdots,\boldsymbol{y}_m)^{\mathrm{T}}$。在 GPR 中，输出响应 $\boldsymbol{y}$ 与输入因子 $\boldsymbol{x}$ 之间的关系假设为 $\boldsymbol{y}(\boldsymbol{x})=f(\boldsymbol{x})+\varepsilon$，其中，$f(\boldsymbol{x})$ 表示非线性的预测函数，ε 代表噪声变量。如果 $\varepsilon\sim N(0,\sigma^2)$，则 $\boldsymbol{y}$ 可以表示为[47]

$$\boldsymbol{y}(\boldsymbol{x})\sim N(f(\boldsymbol{x}),\sigma^2) \tag{6-24}$$

设预测函数 $f(\boldsymbol{x})$ 服从一个 GP 先验：

$$f(\boldsymbol{x})\sim \mathrm{GP}(m(\boldsymbol{x}),k(\boldsymbol{x},\boldsymbol{x}^{\mathrm{T}})) \tag{6-25}$$

其中，定义 $m(\boldsymbol{x})$ 为 GP 的均值函数；$k(\boldsymbol{x},\boldsymbol{x}^{\mathrm{T}})$ 为一个半正定协方差核函数。常用的协方差核函数形式为平方指数核，任意两点 $\boldsymbol{x}_i$ 和 $\boldsymbol{x}_j$ 之间的协方差关系可表示为

$$k(\boldsymbol{x}_i,\boldsymbol{x}_j)=\sigma_f^2\exp\left[-\sum_{k=1}^{d}(\boldsymbol{x}_{i,k}-\boldsymbol{x}_{j,k})^2 l_k^{-2}/2\right] \tag{6-26}$$

其中，$i,j=1,2,\cdots,m$；通常，σ_f^2 称为量化参数，以反映输入因子之间的局部相关性；l_k 称为特征长度，以控制模型的平滑度；$\boldsymbol{\theta}=\{\sigma_f^2,l_1,\cdots,l_d\}$ 代表超参数的集合。由协方差核函数构造的协方差矩阵记为 $[\boldsymbol{K}_{f,f}]_{i,j}=k(\boldsymbol{x}_i,\boldsymbol{x}_j)$，代表不同点之间的协方差关系。

在 $\boldsymbol{x}_0$ 处的模型预测响应的均值和方差为

$$\begin{cases} y(\boldsymbol{x}_0)=k(\boldsymbol{x}_0,\boldsymbol{X}\mid\boldsymbol{\theta})(\boldsymbol{K}_{f,f}^{-1}+\sigma^2\boldsymbol{I})^{-1}\boldsymbol{y} \\ \sigma^2(\boldsymbol{x}_0)=k(\boldsymbol{x}_0,\boldsymbol{x}_0\mid\boldsymbol{\theta})-k(\boldsymbol{x}_0,\boldsymbol{X}\mid\boldsymbol{\theta})(\boldsymbol{K}_{f,f}^{-1}+\sigma^2\boldsymbol{I})^{-1}k(\boldsymbol{X},\boldsymbol{x}_0\mid\boldsymbol{\theta}) \end{cases} \tag{6-27}$$

其中，$k(\boldsymbol{x}_0,\boldsymbol{X}\mid\boldsymbol{\theta})=[k(\boldsymbol{x}_0,\boldsymbol{x}_1\mid\boldsymbol{\theta}),\cdots,k(\boldsymbol{x}_0,\boldsymbol{x}_m\mid\boldsymbol{\theta})]$。

2. StGP 模型建模过程

当观测数据被离群值污染时，GP 模型的预测精度可能会受到严重的影响[66]。在非线性的 GP 模型中，离群值的剔除非常困难。另外，在工程实践中，如果没有足够的先验信息，很难准确判断离群点的位置。幸运的是，稳健 GP 建模方法可以有效地降低污染试验数据对研究结果的影响[67, 68]。如前面所述，响应 $\boldsymbol{y}$ 通常可以表示为一个预测函数和误差项相加的形式。其边际似然函数为 $p(\boldsymbol{y}\mid\boldsymbol{X},\boldsymbol{\theta},\sigma^2)$，则预测函数的条件后验为 $p(f\mid\boldsymbol{y},\boldsymbol{X},\boldsymbol{\theta},\sigma^2)$。将高斯分布的响应模型替换为服从 t 分布的响应模型，可以改善模型处理被污染试验数据的能力[69, 70]：

$$p[\boldsymbol{y}(\boldsymbol{x}_i)\mid f(\boldsymbol{x}_i),\sigma^2,v]=\frac{\Gamma[(v+1)/2]}{\Gamma(v/2)\sqrt{v\pi}\sigma}\left\{1+\frac{[\boldsymbol{y}(\boldsymbol{x}_i)-f(\boldsymbol{x}_i)]^2}{v\sigma^2}\right\}^{-(v+1)/2} \tag{6-28}$$

其中，v 是自由度；σ 是量化参数；模型中所有的超参数集合为 $\boldsymbol{\theta}=\{\sigma_f^2,l_1,\cdots,l_d,\sigma,v\}$。在此，采用 MCMC 方法近似估计模型的超参数。首先，基于 $p(f,\boldsymbol{\theta},\sigma^2,v\,|\,\boldsymbol{X},\boldsymbol{y})$ 抽取指定数量的样本；其次，利用抽取的样本表示后验分布，计算预测函数和超参数空间上的近似积分；最后，利用马尔可夫链抽样器和 Gibbs 抽样方法相结合的抽样方法，获取更为精确的超参数估计值，具体的表达式[67, 71]如下：

$$\boldsymbol{y}(\boldsymbol{x})\,|\,f(\boldsymbol{x}),V(\boldsymbol{x})\sim N(f(\boldsymbol{x}),V(\boldsymbol{x})) \tag{6-29}$$

$$V(\boldsymbol{x})\,|\,v,\sigma^2\sim \text{Inv-}\chi^2(v,\sigma^2) \tag{6-30}$$

在此，假设每一组观测数据的方差 $V(\boldsymbol{x}_i)$ 服从独立的 Inv-χ^2 分布，上述的假设可以有效地避免离群点对其他观测数据的影响。同时，利用混合蒙特卡罗（hybrid Monte Carlo，HMC）抽样方法[71]估计超参数 $\boldsymbol{\theta}$。在执行 Gibbs 抽样时，由于 $V(\boldsymbol{x}_i)$ 和 σ^2 之间存在相互依赖关系，很容易导致抽取的样本出现不收敛的情况。为了解决上述问题，假设如下的分层先验信息：

$$V(\boldsymbol{x})=\gamma^2 G(\boldsymbol{x}) \tag{6-31}$$

其中，$\gamma>0$ 是新增的标量参数。假设 $G(\boldsymbol{x})$ 服从逆卡方先验，即

$$G(\boldsymbol{x})\sim \text{Inv-}\chi^2(v,\xi^2) \tag{6-32}$$

其中，γ 的先验定义为均匀分布，标量参数定义为 $\sigma^2=\gamma^2\xi^2$。同时，假设方差参数 ξ 服从均匀分布：

$$p(\xi^2)\propto 1/\xi^2 \tag{6-33}$$

$$p(\gamma^2)\propto 1/\gamma^2 \tag{6-34}$$

假定 σ_f^2 和 l_k 分别服从对数均匀分布和 t 分布：

$$p(\sigma_f^2)\propto 1/\ln(\sigma_f^2) \tag{6-35}$$

$$p(l_k)\propto \frac{\Gamma[(v_t+1)/2]}{\Gamma(v_t/2)\sqrt{v_t\pi\sigma_t^2}}\left[1+\frac{(l_k-\mu_t)^2}{v_t\sigma_t^2}\right]^{-(v_t+1)/2},\quad k=1,2,\cdots,d \tag{6-36}$$

其中，$\mu_t=0$；$v_t=4$；$\sigma_t^2=1$。

StGP 模型的 Gibbs 抽样过程可以归纳如下。

步骤 1：定义超参数的初始值 $\boldsymbol{\theta}=\{\sigma_f^2,l_1,\cdots,l_d,\gamma^2,\xi^2,v\}$。

步骤 2：利用边际后验分布 $p(\sigma_f^2\,|\,\gamma,f,\xi^2,v,G,l_k,\boldsymbol{X},\boldsymbol{y})\propto U(0,+\infty)$ 更新 σ_f^2。

步骤 3：利用边际后验分布 $p(l_k\,|\,\gamma,f,\xi^2,v,\sigma_f^2,G,\boldsymbol{X},\boldsymbol{y})\propto t_4(0,1)$ 更新 l_k。

步骤 4：利用 $p[G(\boldsymbol{x})\,|\,\gamma,f,\xi^2,v,\sigma_f^2,l_k,\boldsymbol{X},\boldsymbol{y}]\propto \text{Inv-}\chi^2\left\{v+1,\dfrac{v\xi^2+[\boldsymbol{y}(\boldsymbol{x}_i)-f(\boldsymbol{x}_i)/\gamma]^2}{v+1}\right\}$ 更新 $G(\boldsymbol{x})$。

步骤 5：利用 $p[f(\boldsymbol{x})|\gamma,G,\xi^2,v,\sigma_f^2,l_k,\boldsymbol{X},\boldsymbol{y}]\propto N\left(\dfrac{\sum\limits_{i=1}^{n}\dfrac{y(\boldsymbol{x})}{\gamma^2G(\boldsymbol{x})}}{\sum\limits_{i=1}^{n}\dfrac{1}{\gamma^2G(\boldsymbol{x})}},\dfrac{1}{\sum\limits_{i=1}^{n}\dfrac{1}{\gamma^2G(\boldsymbol{x})}}\right)$ 更新 $f(\boldsymbol{x})$。

步骤 6：利用 $p(\xi^2|\gamma,f,G,v,\sigma_f^2,l_k,\boldsymbol{X},\boldsymbol{y})\propto \text{Gamma}\left(\dfrac{nv}{2},\dfrac{v}{2}\sum\limits_{i=1}^{n}\dfrac{1}{G(\boldsymbol{x})}\right)$ 更新 ξ^2。

步骤 7：利用 $p(\gamma^2|\xi^2,f,G,v,\sigma_f^2,l_k,\boldsymbol{X},\boldsymbol{y})\propto \text{Inv-}\chi^2\left\{n,\dfrac{1}{n}\sum\limits_{i=1}^{n}\dfrac{[y(\boldsymbol{x})-f(\boldsymbol{x})]^2}{G(\boldsymbol{x})}\right\}$ 更新 γ^2。

步骤 8：利用 $p(v|\xi^2,f,G,\gamma^2,\sigma_f^2,l_k,\boldsymbol{X},\boldsymbol{y})\propto U(0,+\infty)$ 更新 v。

首先，重复上述步骤 1～步骤 8 进行反复迭代，从而获得模型的超参数估计值；其次，利用踪迹图和收敛性诊断统计量对模型参数的抽样值进行收敛性诊断；最后，可以通过式（6-29）获得 StGP 模型的预测均值和方差。

6.2.2　所提的稳健参数设计方法

1. 响应不确定性的区间分析

在稳健参数设计中，为了满足产品的质量特性需求，通常要求输出响应限制在一个区间范围内。当有多个输出质量特性时，就需要构造置信区域即联合置信区间来约束整个优化过程[26, 61]。利用 Bonferroni 不等式构造置信区域，当置信区域的置信水平为 $(1-\alpha)\times 100\%$ 时，有

$$\begin{aligned}\Pr\{(y_1,y_2,\cdots,y_M)\in \text{CR}\}&=\Pr\{y_1\in \text{CI}_1,y_2\in \text{CI}_2,\cdots,y_M\in \text{CI}_M\}\\&\geqslant 1-(\Pr\{y_1\in \text{CI}_1\}+\Pr\{y_2\in \text{CI}_2\}+\cdots+\Pr\{y_M\in \text{CI}_M\})\\&=1-\alpha/(M\times M)\end{aligned}\tag{6-37}$$

其中，M 是输出响应的质量特性个数；$y_1,y_2,\cdots,y_M$ 是输出响应；CI_i 是响应 y_i 的置信区间；CR 是 $\text{CI}_1,\text{CI}_2,\cdots,\text{CI}_m$ 构成的联合置信区间；α 是对应的置信水平。

基于式（6-29），利用 GP 模型拟合试验数据，响应的预测分布为

$$\boldsymbol{y}(\boldsymbol{x})\sim N(f(\boldsymbol{x}),V(\boldsymbol{x}))\tag{6-38}$$

响应 $y_i(i=1,2,\cdots,M)$ 对应的 $(1-\alpha)\times 100\%$ 置信区间 CI_i 可以表示为

$$\Pr\{y_i\in \text{CI}_i\}=\Pr\{y_i\in(y_{iL},y_{iU})\}=1-\alpha\tag{6-39}$$

其中，y_{iL}、y_{iU} 分别代表输出响应的置信下限和置信上限。由式（6-39）推导可得[52]

$$\Pr\{y_i\in u_i\pm z_{\alpha/2}\sqrt{V_i}\}=1-\alpha\tag{6-40}$$

其中，$z_{\alpha/2}$ 是标准正态分布的 $\alpha/2$ 分位数。在给定的显著性水平 α 下，利用由 6.2.1 节 StGP 模型的 Gibbs 抽样过程中的步骤 1～步骤 8 计算输出响应落在其对应的置信区间内的概率，即式（6-40）。假设存在 w 个输出响应，当每一个响应的置信水平至少为 $(1-\alpha/w)\times 100\%$ 时，则 w 个响应的联合置信区间对应的置信水平至少为 $(1-\alpha)\times 100\%$。第 i 个响应的联合置信区间可表示为

$$\mathrm{CI}_{y_i}=[f(\boldsymbol{x}_i)-z_{\alpha/2w}\gamma\sqrt{G(\boldsymbol{x}_i)},f(\boldsymbol{x}_i)+z_{\alpha/2w}\gamma\sqrt{G(\boldsymbol{x}_i)}] \tag{6-41}$$

其中，$f(\boldsymbol{x}_i)$ 是预测响应均值；$\gamma\sqrt{G(\boldsymbol{x}_i)}$ 是预测响应标准差；$z_{\alpha/2w}$ 是标准正态分布的 $\alpha/2w$ 分位数。可以根据式（6-41）来量化输出响应的不确定性。

2. 优化模型的构建

本节利用预测响应的标准差来反映预测方差的波动，不同预测位置的标准差是不同的。标准差越小的位置，对应的响应值置信水平越高，预测结果的稳健性越高。因此，为了获得更为稳健的预测结果，在此引入二次质量损失函数的概念[50]。利用预测响应和预测方差来构造质量损失函数，最小化目标函数 $Q(\boldsymbol{x})$：

$$\begin{cases}\min\limits_{\boldsymbol{x}} Q(\boldsymbol{x})=E\{L[y(\boldsymbol{x})]\}=k_1[y(\boldsymbol{x})-T]^2+k_2\sigma^2\\ \text{s.t.}\quad \boldsymbol{x}\in\Omega,\quad k_1+k_2=1,\quad y\in\mathrm{CI}\end{cases} \tag{6-42}$$

其中，Ω 为控制变量 $\boldsymbol{x}$ 的可接受区域；T 为响应的目标值；σ^2 为预测方差波动；k_1 和 k_2 是相对权重；CI 表示响应的置信区间。

综合考虑响应区间不确定性和响应波动不确定性，将多个响应的质量损失函数进行线性加权构建出新的优化模型：

$$\begin{cases}\min\limits_{\boldsymbol{x}} QL(\boldsymbol{x})=\lambda_1[Q_1(\boldsymbol{x})-q_1^{\text{ideal}}]^2+\lambda_2[Q_2(\boldsymbol{x})-q_2^{\text{ideal}}]^2+\cdots+\lambda_w[Q_w(\boldsymbol{x})-q_w^{\text{ideal}}]^2\\ \text{s.t.}\quad y_i\in\mathrm{CI}_i,\quad \boldsymbol{x}\in\Omega,\quad 0\leqslant\lambda\leqslant 1\\ \lambda_1+\lambda_2+\cdots+\lambda_w=1\end{cases} \tag{6-43}$$

其中，$\lambda_i(i=1,2,\cdots,w)$ 表示第 i 个目标的相对权重，相对权重向量为 $\boldsymbol{\lambda}=[\lambda_1,\lambda_2,\cdots,\lambda_w]$；$q_i^{\text{ideal}}$ 为第 i 个质量特性的质量损失理想点即最小值。

3. HD 加权策略

Ding 等[59]所提的数据驱动理论在稳健参数设计中常用来确定多目标的相对权重。在没有足够先验信息的情况下，可以通过数据驱动理论选择相对权重，以实现在目标之间取得相对平衡的最佳解决方案。然而，使用现有的加权策略为两个以上的目标设置权重是非常具有挑战性的，为了克服这个问题，研究者提出了一种基于 HD 法的加权策略。HD 法是由 Rebonato 和 Jäckel[72]首次提出来的，主

要应用于正定矩阵的构造。随后，Zhou 等[73]将 HD 法应用到多变量 GP 模型的构建中，以构造含有定性和定量因子的协方差矩阵。通过 HD 法重新参数化相对权重是所提加权策略的基本思想。

对于 w 个目标函数，可以将权重设置为 w 维单位超球面上某个点的坐标的平方。$\eta_{w,i}$，$i=1,2,\cdots,w$ 表示单位超球面上任意点的第 i 个坐标，$\sum_{i=1}^{w}\eta_{w,i}^2=1$。对于 $w=1$，令 $\eta=1$；当 $w\geqslant 2$ 时，η 可以表示为如下单位超球面坐标系：

$$\begin{cases}\eta_{w,1}=\cos(\theta_{w,1})\\ \eta_{w,s}=\sin(\theta_{w,1})\cdots\sin(\theta_{w,s-1})\cos(\theta_{w,s}), \quad s=2,\cdots,w-1\\ \eta_{w,w}=\sin(\theta_{w,1})\cdots\sin(\theta_{w,w-2})\sin(\theta_{w,w-1})\end{cases} \tag{6-44}$$

其中，$\boldsymbol{\theta}=[\theta_{w,1},\theta_{w,2},\cdots,\theta_{w,w-1}]$，$\boldsymbol{\theta}\in(0,\pi/2)$。由式（6-44）可得 $\sum_{i=1}^{w}\eta_{w,i}^2=1$，权重可以表示为 $\lambda_i=\eta_{w,i}^2, i=1,2,\cdots,w$，每个响应可以分配相应的权重。因此，相对权重 $\boldsymbol{\lambda}=[\lambda_1,\cdots,\lambda_w]$ 可以通过四分之一单位超球面上任意点的坐标的平方来设置。例如，针对 3 个目标的情况（$w=3$），位于 3 维单位超球面上的点的坐标可以表示为

$$\begin{cases}\eta_{3,1}=\cos(\theta_{3,1})\\ \eta_{3,2}=\sin(\theta_{3,1})\cos(\theta_{3,2})\\ \eta_{3,3}=\sin(\theta_{3,1})\sin(\theta_{3,2})\end{cases} \tag{6-45}$$

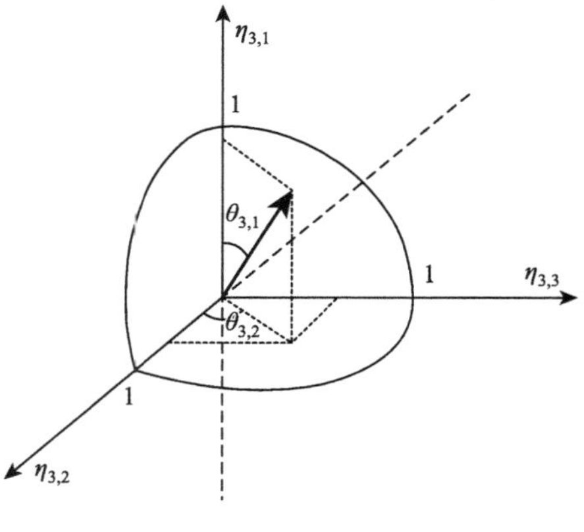

图 6-4　3 维单位超球面上的点（$\eta_{3,1}$，$\eta_{3,2}$，$\eta_{3,3}$）

如图 6-4 所示，四分之一的 3 维单位超球面上任意点（$\eta_{3,1}$，$\eta_{3,2}$，$\eta_{3,3}$）的坐标可以用 $\boldsymbol{\theta}=[\theta_{3,1},\theta_{3,2}]$，$\boldsymbol{\theta}\in(0,\pi/2)$ 表示，且 $\eta_{3,1}^2+\eta_{3,2}^2+\eta_{3,3}^2=1$。因此，3 个目标的相对权重可以用坐标的平方表示，$\lambda_i=\eta_{3,i}^2$，$i=1,2,3$。对于任意给定的 $\boldsymbol{\theta}=[\theta_{3,1},\theta_{3,2}]$，将有一个相应的权重向量 $\boldsymbol{\lambda}=[\lambda_1,\lambda_2,\lambda_3]$。

本节将 HD 加权策略和数据驱动方法进行结合，以确定式（6-43）中目标的相对权重。首先，可以通过最小化式（6-42）来获得理想的最优取值 q_i^{ideal}。为了方便地获得相对权重，使用 Qian[74]提出的切片拉丁超立方体设计（sliced Latin hypercube designs，SLHD）生成 $H-1$ 个角度 $\boldsymbol{\theta}$。其次，可以通过式（6-44）获得 H 个相应权重的集合 $\boldsymbol{\lambda}$。对于任意给定的 $\boldsymbol{\lambda}$，可以通过最小化式（6-43）来获得 H 个相应的最优解 $\boldsymbol{Q}_u^{\text{opt}}=[Q_1(\boldsymbol{x}_u^{\text{opt}}),\cdots,Q_w(\boldsymbol{x}_u^{\text{opt}})]$，$u=1,2,\cdots,H$。这些 $\boldsymbol{Q}_u^{\text{opt}}$ 可以在空间中形成曲线或曲面，通常称为能量效率曲线或

曲面。能量效率曲线上或距离理想点 $(q_1^{\text{ideal}},\cdots,q_w^{\text{ideal}})$ 的欧氏距离最短的表面上的点被选择为最佳解，并且相应的权重为最优权重。

4. 所提方法的构建流程

所提方法的构建流程图如图 6-5 所示，详细的建模步骤可以归纳如下。

步骤 1：收集试验数据。

步骤 2：基于 StGP 建模技术构建预测模型。

步骤 3：利用 Gibbs 抽样技术估计步骤 2 中构建的预测模型的超参数。

步骤 4：利用预测模型的响应和方差构造加权质量损失函数。

步骤 5：使用 HD 法和数据驱动法确定目标的权重。

步骤 6：构建预测响应的联合置信区间。

步骤 7：构建加权优化模型。

步骤 8：使用全局优化算法来最小化目标函数并获得最优输入参数设置。

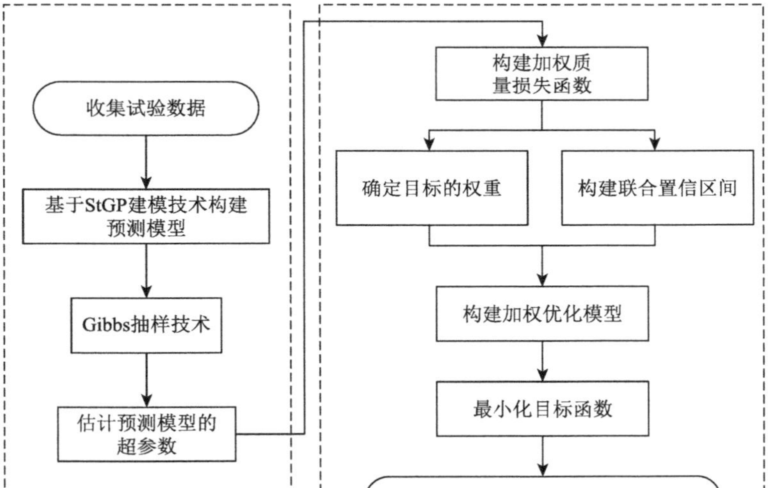

图 6-5　所提方法的构建流程图

6.2.3　案例分析

1. 案例 1：压电双晶片驱动器试验

本案例主要研究耦合弹性静电力学的挠度试验。当电压作用于二维压电材料时，会产生一个垂直方向的挠度，将电信号转换为物理位移。该装置广泛应用于微型定位机、机器人系统及流体控制装置等产品中[35]。本案例利用有限元分析进行仿真试验，输入的电压值 V 为特定值 100V，输入变量为梁的总高度 x_1（m）、梁长 x_2（m）和压电应变系数 x_3，输出响应为挠度 y（m），且响应 y 的目标值 T 为 -8×10^{-5}，可接受范围为 $y\in[-9\times10^{-5},-6\times10^{-5}]$，各输入变量的可行域如表 6-7 所示。

表 6-7　输入变量的可行域

规格	x_1 /m	x_2 /m	x_3	水平
下限	0.6×10^{-3}	100×10^{-3}	1.5×10^{-11}	0
上限	1.2×10^{-3}	200×10^{-3}	3.0×10^{-11}	1

试验设计过程如下。

步骤 1：标准化试验数据，并将 3 个输入变量编码为[0,1]，$\boldsymbol{x}\in[0,1]^3$。

步骤 2：使用 SLHD 方法获得 50 个训练输入，并使用有限元分析获得 50 个响应。

步骤 3：从步骤 2 获得的数据中随机选择 3 个响应值，然后将这 3 个响应值替换为 1，并将它们设置为离群值。

步骤 4：获取受污染的试验数据。

Zhou 等[73]所用的 RMSE 被用作模型精度的评价指标，且迭代次数设置为 200，其对比结果如图 6-6 所示。StGP 方法的 RMSE 为 $\text{RMSE}_{\text{StGP}}=0.135\times10^{-5}$，

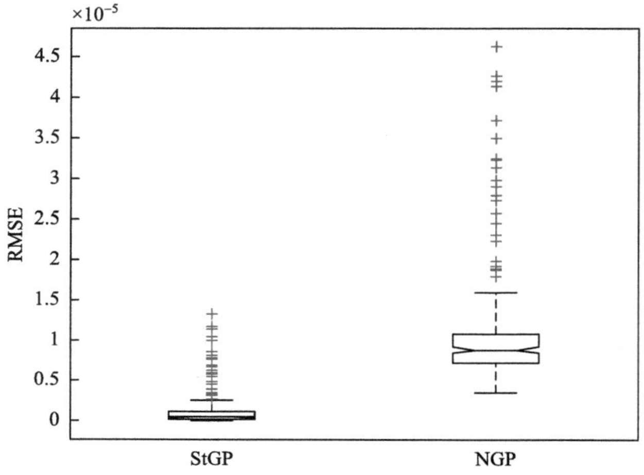

图 6-6　不同模型的 RMSE 对比结果

NGP 方法的 RMSE 为 $\mathrm{RMSE}_{\mathrm{NGP}} = 1.095 \times 10^{-5}$。根据对比结果可知，由 StGP 模型构造的响应曲面可以获得更好的预测精度。

对压电双晶片驱动器试验进行稳健参数优化，对步骤 1～步骤 4 获得的污染数据构建 StGP 回归模型，通过 Gibbs 抽样技术估计超参数。图 6-7 中给出了模型参数（如 l_1 和 σ_f）的抽样和诊断结果。优化模型可以表示为

$$\begin{cases} \min\limits_{x} QL(\boldsymbol{x}) = \lambda_1 (y - T)^2 + \lambda_2 \sigma^2 \\ \text{s.t.} \quad \boldsymbol{x} \in \Omega, \quad \lambda_1 + \lambda_2 = 1 \\ y_{\mathrm{CI}} \in [-9 \times 10^{-5}, -6 \times 10^{-5}] \end{cases} \tag{6-46}$$

SLHD 方法和 HD 加权策略用于生成 100 组权重，然后使用 MATLAB 优化工具箱中的优化算法“ga”来最小化式（6-46）。以往的研究表明，有效地整合具有良好局部搜索能力的模式搜索方法与具有良好全局优化能力的 GA，构建二者的 HGA 能够有效地解决高度复杂的非线性函数优化问题[32]。因此，在上述案例研究

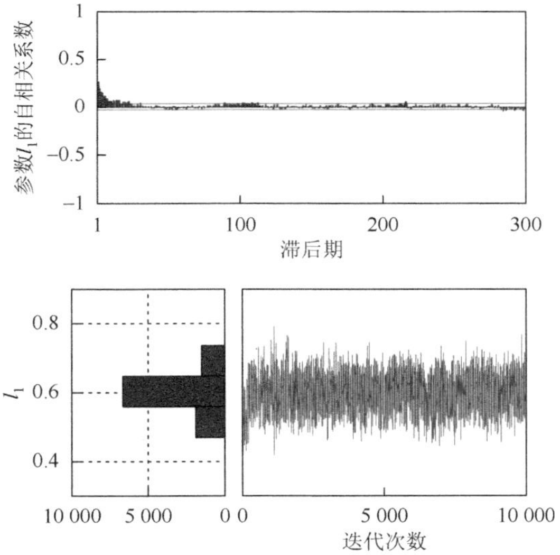

(a) 模型参数l_1的诊断图

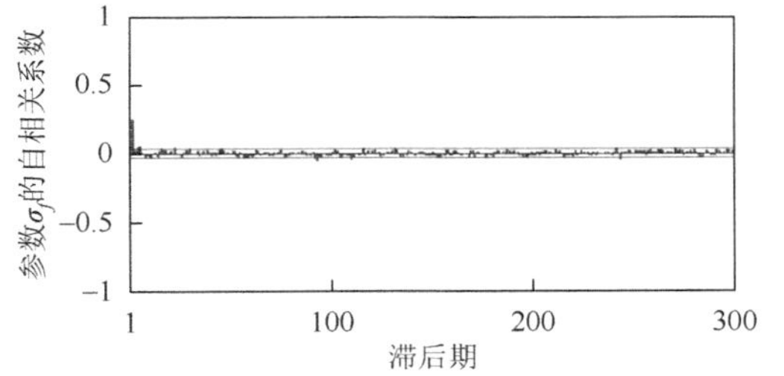

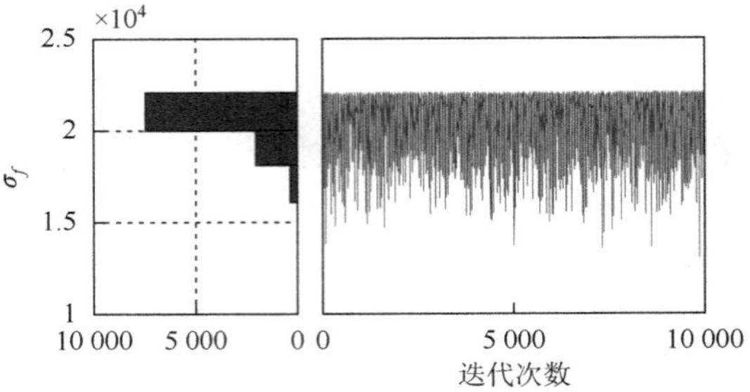

(b) 模型参数σ_f的诊断图

图 6-7　模型参数的诊断图

中将选择“patternsearch”作为混合函数。为了获得全局最优解，将种群规模设置为 100，将最大迭代次数设置为 200，以确保优化可以达到函数公差的停止准则[75]，其他参数将选择默认值。使用数据驱动法确定两种方法的相对权重，StGP 方法的相对权重为$\lambda_1 = 0.7439$，$\lambda_2 = 0.2561$；NGP 方法的相对权重为$\lambda_1 = 0.9392$，$\lambda_2 = 0.0608$，在相同的计算机平台下，其优化结果如表 6-8 所示。

表 6-8　试验数据污染下不同方法的优化结果

方法	置信水平	输入变量			响应	SD ($\times 10^{-5}$)	真实值 ($\times 10^{-5}$)	PE ($\times 10^{-5}$)	PD ($\times 10^{-5}$)	QL ($\times 10^{-10}$)
		x_1	x_2	x_3	y ($\times 10^{-5}$)					
NGP 方法	70%	0.5538	0.5087	0.4980	−8.0059	0.5102	−8.8006	0.7947	0.8006	6.5114
本节方法	95%	0.8787	0.7907	0.4101	−8.0046	0.0722	−7.9855	0.0191	0.0145	0.5231

如表 6-8 所示，对于被污染的试验数据，NGP 方法获得的结果为$\mathrm{SD} = 0.5102 \times 10^{-5}$，真实响应与预测响应之间的预测误差（prediction error，PE）为0.7947×10^{-5}，真实响应和目标之间预测偏差（prediction deviation，PD）为0.8006×10^{-5}，质量损失（quality loss，QL）为6.5114×10^{-10}。应当注意的是，SD 为0.5102×10^{-5}，这意味着输出响应的波动非常大，表明 NGP 方法的预测精度在数据污染的情况下很差。因此，在可行域内只能找到具有低置信水平的最优解（$\mathrm{CL} = 70\%$）。与 NGP 方法相比，本节方法得到的结果为$\mathrm{SD} = 0.0722 \times 10^{-5}$，降低了 85.85%；$\mathrm{PE} = 0.0191 \times 10^{-5}$，降低了 97.6%；$\mathrm{PD} = 0.0145 \times 10^{-5}$，降低了 98.19%；$\mathrm{QL} = 0.5231 \times 10^{-10}$，降低了 91.97%。值得注意的是，通过该方法获得的最优解的置信水平为$\mathrm{CL} = 95\%$。比较结果表明，考虑了离群值对优化结果影响的 StGP 建模技术，显著改善了 PE、PD 和 QL。因此，针对被污染的试验数据，相较于 NGP 方法，本节方法获得了更稳健的最优输入设置。

为了更好地说明本节方法的有效性，使用相同的优化方法来处理未污染的试验数据，其优化结果如表 6-9 所示。与 NGP 方法相比，该方法在 PE、PD 和 QL 方面有了很大的改进，分别降低了 66.67%、83.72%和 94.64%。需要注意的是，两种方法都可以达到 95%的高置信水平。

表 6-9　试验数据未污染下不同方法优化结果的对比

方法	置信水平	输入变量			响应	SD（$\times10^{-5}$）	真实值（$\times10^{-5}$）	PE（$\times10^{-5}$）	PD（$\times10^{-5}$）	QL（$\times10^{-10}$）
		x_1	x_2	x_3	y（$\times10^{-5}$）					
NGP 方法	95%	0.624	0.679	0.201	−8.0019	0.0034	−8.0043	0.0024	0.0043	0.00056
本节方法	95%	0.603	0.342	0.835	−7.9999	0.0011	−8.0007	0.0008	0.0007	0.00003

2. 案例 2：微纳制孔试验

该试验案例主要研究微孔过程的稳健参数设计问题[34]。该过程有两个输出响应，微孔半径 y_1 为望目质量特性，圆度 y_2 为望大质量特性。影响上述两个输出响应的可控因子为平均功率 x_1（mW）、脉冲频率 x_2（Hz）、切割速度 x_3（mm/s）。该试验中 y_1 的目标值为 21μm，可接受范围为 $16\mu m \leqslant y_1 \leqslant 23\mu m$；$y_2$ 为望大质量特性，但是由于生产条件的限制，不可能达到圆度为 1 的理想值，根据试验先验信息，假定目标值为 0.985，可接受范围为 $0.9 \leqslant y_2 \leqslant 1$。采用 CCD 进行试验，其试验结果如表 6-10 所示。

表 6-10　试验计划和试验结果

试验号	输入变量			响应	
	x_1	x_2	x_3	y_1	y_2
1	−1	−1	−1	16.43	0.965
2	1	−1	−1	23.8	0.94
3	−1	1	−1	15	0.968
4	1	1	−1	16.53	0.923
5	−1	−1	1	14.47	0.922
6	1	−1	1	22.81	0.924
7	−1	1	1	14.04	0.921
8	1	1	1	17.43	0.929
9	−1.682	0	0	10.41	0.969
10	1.682	0	0	24.23	0.925
11	0	−1.682	0	19.13	0.948

续表

试验号	输入变量			响应	
	x_1	x_2	x_3	y_1	y_2
12	0	1.682	0	14.42	0.923
13	0	0	−1.682	12.51	0.963
14	0	0	1.682	12.87	0.903
15	0	0	0	12.59	0.905
16	0	0	0	12.38	0.908
17	0	0	0	12.42	0.892
18	0	0	0	12.14	0.873
19	0	0	0	12.69	0.886
20	0	0	0	12.55	0.887

两个响应的可接受范围是重叠的，因此可以获得一个折中解，使两个响应都接近目标值。StGP 回归模型的未知参数利用式（6-36）进行估计，其模型参数（如 l_2 和 σ_f ）的抽样和诊断结果如图 6-8 所示。

在确定模型的未知参数之后，可以构建出加权的二次质量损失函数：

$$\begin{cases} Q_1(\boldsymbol{x}) = \kappa_1[y_1(\boldsymbol{x}) - 21]^2 + \kappa_2\sigma^2 \\ Q_2(\boldsymbol{x}) = \omega_1[y_2(\boldsymbol{x}) - 0.985]^2 + \omega_2\sigma^2 \end{cases} \tag{6-47}$$

首先，利用式（6-47）和式（6-42）中的加权质量损失函数构建两个单目标

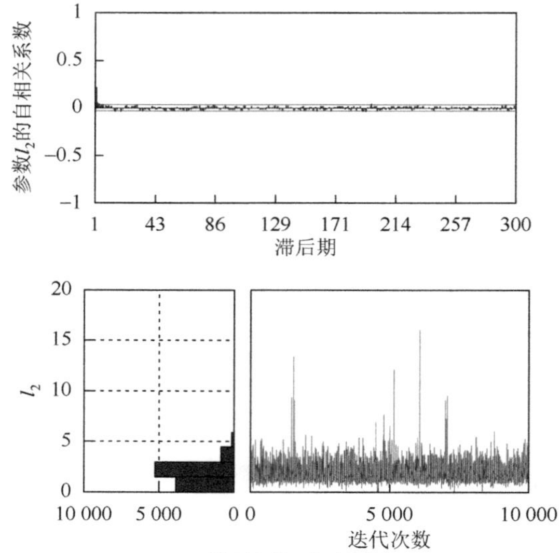

(a) 模型参数l_2的诊断图

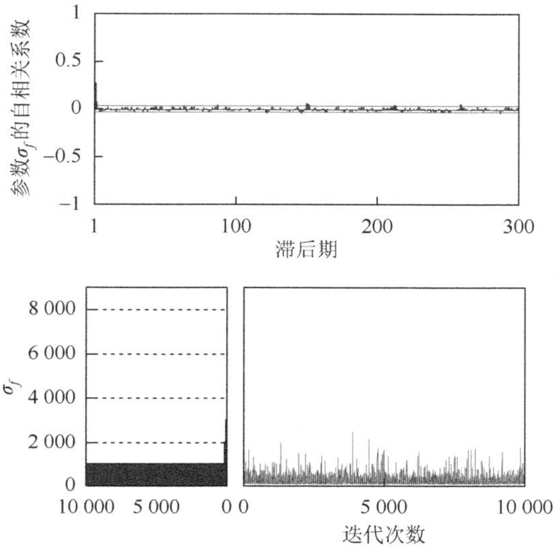

(b) 模型参数σ_f的诊断图

图 6-8　模型参数的诊断图

优化模型，并将置信水平设置为 95%，通过使用 SLHD 方法和 HD 加权策略生成 100 组权重。其次，使用 MATLAB 优化工具箱的优化算法“ga”来最小化单目标优化模型，优化工具箱的参数设置与本节案例 1 中的设置相同。最后，采用数据驱动法确定两个优化目标的相对权重，即 $\gamma_1 = 0.3099$，$\gamma_2 = 0.6901$，$\xi_1 = 0.4313$，$\xi_2 = 0.5687$，$Q_1^{\text{ideal}} = 0.1708$，$Q_2^{\text{ideal}} = 1.4845\times10^{-5}$。

加权优化模型可表示为

$$\begin{cases}\min\limits_{\boldsymbol{x}} QL(\boldsymbol{x}) = \lambda_1[Q_1(\boldsymbol{x}) - Q_1^{\text{ideal}}]^2 + \lambda_2[Q_2(\boldsymbol{x}) - Q_2^{\text{ideal}}]^2 \\ \text{s.t.}\quad y_{\text{CI}_1} \in [19,23],\quad y_{\text{CI}_2} \in [0.9,1] \\ \boldsymbol{x} \in [-1.682, 1.682]^3 \\ \lambda_1 + \lambda_2 = 1\end{cases} \tag{6-48}$$

利用 HD 加权策略和 SLHD 方法生成 100 组相对权重，然后使用 MATLAB 优化工具箱的优化算法“ga”最小化式（6-48），优化工具箱的参数设置与本节案例 1 中的设置相同。相对权重可以通过数据驱动法确定，即 $\lambda_1 = 0.5112$ 和 $\lambda_2 = 0.4888$。表 6-11 给出了不同方法的优化结果，所有方法都通过配置为 Intel®Core ™i5-4570CPU @ 3.2GHz 的计算机进行优化。

表 6-11　试验数据未污染下不同方法优化结果的对比

方法	置信水平	输入变量			响应		QL
		x_1	x_2	x_3	y_1	y_2	
NGP 方法	95%	0.7186	−1.1070	0.1921	21.4948	0.9340	0.1550
	90%	0.7652	−1.0705	0.3294	21.6578	0.9320	0.1633
NLStGP 方法	—	0.8257	−1.0524	1.5591	21.3123	0.9113	0.0925
本节方法	95%	0.7173	−1.1159	0.5203	21.3166	0.9297	0.1316
	90%	0.7356	−1.1063	0.6959	21.3176	0.9270	0.1226

如表 6-11 所示，当置信水平为 95%时，NGP 方法的 $\text{QL}=0.1550$，本节方法的 $\text{QL}=0.1316$，降低了 15.11%；当置信水平为 90%时，NGP 方法的 $\text{QL}=0.1633$，本节方法的 $\text{QL}=0.1226$，降低了 24.92%。还有另一种不考虑置信区间约束的常用优化方法，记为 NLStGP 方法。NLStGP 方法的 $\text{QL}=0.0925$，为表 6-11 中的最小值。但是，其响应 $y_2=0.9113$ 与目标值相距甚远，可能无法满足指定的可接受范围。表 6-11 的研究结果表明，与其他方法相比，本节方法的最佳参数设计值具有更好的稳健性。

为了更好地说明本节方法的有效性，使用相同的优化过程来处理受污染的试验数据。随机选择表 6-10 的第 8 组和第 11 组数据设置为离群值。其中，第 8 组数据中的 y_1 和 y_2 被替换为 5 和 0.3，第 11 组数据中的 y_1 和 y_2 被替换为 40 和 0.5。然后使用相同的方法来构建优化模型，并将获得的最佳参数设计值代入利用未污染数据拟合的 StGP 模型中进行验证，比较结果如表 6-12 所示。NGP 方法的结果是 $y_1=18.7658$，$y_2=0.9378$，$\text{QL}=1.5523$。值得注意的是，响应 y_1 未落入指定的可接受范围内，并且质量损失过高。本节方法的结果为 $y_1=20.4981$，$y_2=0.9520$，$\text{QL}=0.5338$，QL 降低了 65.61%。同时，两个响应均落在可接受的范围内。对比结果表明，针对离群值造成的模型不确定性问题，本节方法能够获得稳健且可靠的参数设计值。

表 6-12　数据污染下不同方法的优化结果

方法	输入变量			响应		QL
	x_1	x_2	x_3	y_1	y_2	
NGP 方法	0.8868	−0.0900	−0.9918	18.7658	0.9378	1.5523
本节方法	0.3305	−1.2505	−1.5274	20.4981	0.9520	0.5338

在工程实践中，利用被污染的试验数据来获得最佳参数设计值非常有意义，

能够有效地节省试验成本、缩短研发周期。此外，HD 加权策略也可以更加科学地确定多优化目标之间的权重问题。

本节方法不仅考虑了离群值造成的模型不确定性，而且利用 HD 方法扩展了数据驱动理论，解决了多响应优化加权问题，本节方法的优点是可以获得数据污染下的稳健最优解。此外，利用 HD 方法为多个目标分配权重，不受目标数量的限制。如本节的案例 1 与案例 2 所述，在试验数据未污染的情况下，本节方法也可获得稳健的优化结果。

现有的稳健参数设计方法大多基于一个前提假设，即试验数据没有重大污染，并且可以精确地获得响应模型。但是，在工程实践中试验数据可能会受到污染，并且由数据污染导致的模型不确定性将严重损害优化结果的稳健性。同时，重复试验以纠正污染的数据将产生额外的费用，这对某些昂贵的试验而言并不经济。本节提出了一种对污染数据进行稳健参数设计的新方法，结合 StGP 建模技术和 HD 方法，构建了一种新的加权多目标优化模型，以考虑离群值造成的模型不确定性。此外，提出的 HD 加权策略可以方便地为多个目标设置权重，从而可以将数据驱动法扩展到高维试验。

利用两个真实案例进行对比分析，与 NGP 方法相比，本节方法可以利用污染数据获得更可靠的最佳参数设计值。在压电双晶片驱动器试验中，SD、PE、PD 和 QL 分别降低了 85.85%、97.6%、98.19%和 91.97%。在微纳制孔试验中，QL 降低了 65.61%。

本节方法极大地提高了数据污染下所得最佳参数设计值的稳健性。此外，模型参数的不确定性也会影响优化结果的稳健性和可靠性。利用贝叶斯抽样技术和区间分析方法来考虑参数不确定性和模型结构不确定性对优化结果的影响，值得未来进一步进行研究和探索。

参考文献

[1] 杨世娟，汪建均，马义中，等. 定时删失数据下的双响应曲面建模与优化[J]. 系统工程理论与实践，2021，41（9）：2392-2403.

[2] Feng Z，Wang J，Ma Y，et al. Robust parameter design based on Gaussian process with model uncertainty[J]. International Journal of Production Research，2021，59（9）：2772-2788.

[3] Bement T R. Taguchi techniques for quality engineering[J]. Technometrics，1989，31（2）：253-255.

[4] Myers R H，Khuri A I，Vining G. Response surface alternatives to the Taguchi robust parameter design approach[J]. The American Statistician，1992，46（2）：131-139.

[5] Robinson T J，Borror C M，Myers R H. Robust parameter design：A review[J]. Quality & Reliability Engineering International，2004，20（1）：81-101.

[6] Ozdemir A，Cho B R. Response surface optimization for a nonlinearly constrained irregular experimental design space[J]. Engineering Optimization，2019，51（12）：2030-2048.

[7] Vining G G，Myers R H. Combining Taguchi and response surface philosophies：A dual response approach[J].

Journal of quality technology，1990，22（1）：38-45.

[8] Vining G G, Bohn L L. Response surfaces for the mean and variance using a nonparametric approach[J]. Journal of Quality Technology，1998，30（3）：282-291.

[9] Taguchi G. The System of Experimental Design：Engineering Methods to Optimize Quality and Minimize Costs[M]. New York：American Supplier Institute，1987.

[10] Ko Y H，Kim K J，Jun C H. A new loss function-based method for multiresponse optimization[J]. Journal of Quality Technology，2005，37（1）：50-59.

[11] 韩云霞，马义中，欧阳林寒，等. 数据污染下的稳健设计及最优参数的置信区间估计[J]. 工业工程与管理，2019，24（1）：64-71.

[12] Schmee J，Hahn F J. A simple method for regression analysis with censored data[J]. Technometrics，1979，21（4）：417-434.

[13] Wu C F J，Hamada M. Experiments：Planning，Analysis，and Parameter Design Optimization[M]. New York：John Wiley & Sons Inc，2000.

[14] Su C T，Miao C L. Neural network procedures for experimental analysis with censored data[J]. International Journal of Quality Science，1998，3（3）：239-253.

[15] Liao H C. A data envelopment analysis method for optimizing multi-response problem with censored data in the Taguchi method[J]. Computers & Industrial Engineering，2004，46（4）：817-835.

[16] Balakrishnan N，So H Y，Ling M H. EM algorithm for one-shot device testing with competing risks under exponential distribution[J]. Reliability Engineering & System Safety，2015，137：129-140.

[17] Balakrishnan N，Pal S. Lognormal lifetimes and likelihood-based inference for flexible cure rate models based on COM-Poisson family[J]. Computational Statistics & Data Analysis，2013，67：41-67.

[18] 孔祥芬，张利寒，蔡峻青. EM 算法下飞机 IDG 删失数据的可靠性分析[J]. 机械科学与技术，2019，38（7）：1138-1142.

[19] Balakrishnan N，Ling M H. Expectation maximization algorithm for one shot device accelerated life testing with Weibull lifetimes，and variable parameters over stress[J]. IEEE Transactions on Reliability，2013，62（2）：537-551.

[20] George E I，McCulloch R E. Variable selection via Gibbs sampling[J]. Journal of the American Statistical Association，1993，88（423）：881-889.

[21] 汪建均，马义中. 结合 GLM 与因子效应原则的贝叶斯变量选择方法[J]. 系统工程理论与实践，2013，33（8）：1975-1983.

[22] 汪建均，屠雅楠，马义中. 多响应三水平部分因子试验设计的建模与优化[J]. 系统工程理论与实践，2019，39（11）：2896-2905.

[23] Breiman L. Random forests[J]. Machine Learning，2001，45（1）：5-32.

[24] Shi T，Horvath S. Unsupervised learning with random forest predictors[J]. Journal of Computational and Graphical Statistics，2006，15（1）：118-138.

[25] Strobl C，Boulesteix A-L，Zeileis A，et al. Bias in random forest variable importance measures：Illustrations，sources and a solution[J]. Bmc Bioinformatics，2007，8（1）：1-21.

[26] Ouyang L，Ma Y，Byun J H. An integrative loss function approach to multi-response optimization[J]. Quality and Reliability Engineering International，2015，31（2）：193-204.

[27] 顾晓光，马义中，刘健，等. 基于置信区间的多元质量特性满意参数设计[J]. 系统工程与电子技术，2015，37（11）：2536-2545.

[28] Ouyang L，Zheng W，Zhu Y，et al. An interval probability-based FMEA model for risk assessment：A real-world

case[J]. Quality and Reliability Engineering International，2020，36（1）：125-143.

[29] Ouyang L，Ma Y，Chen J，et al. Robust optimisation of Nd：YLF laser beam micro-drilling process using Bayesian probabilistic approach[J]. International Journal of Production Research，2016，54（21）：6644-6659.

[30] Bullington R G，Lovin S G，Miller D M，et al. Improvement of an industrial thermostat using designed experiments[J]. Journal of Quality Technology，1993，25（4）：262-270.

[31] Wang J，Ma Y，Ouyang L，et al. A new Bayesian approach to multi-response surface optimization integrating loss function with posterior probability[J]. European Journal of Operational Research，2016，249（1）：231-237.

[32] He Z，Zhu P，Park S H. A robust desirability function method for multi-response surface optimization considering model uncertainty[J]. European Journal of Operational Research，2012，221（1）：241-247.

[33] Ankenman B，Nelson B L，Staum J. Stochastic Kriging for simulation metamodeling[J]. Operations Research，2010，58（2）：371-382.

[34] Wang J，Ma Y，Tsung F，et al. Economic parameter design for ultra-fast laser micro-drilling process[J]. International Journal of Production Research，2019，57（20）：6292-6314.

[35] Han M，Tan M H Y. Integrated parameter and tolerance design with computer experiments[J]. IIE Transactions，2016，48（11）：1004-1015.

[36] Ouyang L，Zhou D，Ma Y，et al. Ensemble modeling based on 0-1 programming in micro-manufacturing process[J]. Computers & Industrial Engineering，2018，123：242-253.

[37] Parnianifard A，Azfanizam A S，Ariffin M K A，et al. An overview on robust design hybrid metamodeling：Advanced methodology in process optimization under uncertainty[J]. International Journal of Industrial Engineering Computations，2018，9：1-32.

[38] Peterson J J. A posterior predictive approach to multiple response surface optimization[J]. Journal of Quality Technology，2004，36（2）：139-153.

[39] Park C，Cho B R. Development of robust design under contaminated and non-normal data[J]. Quality Engineering，2003，15（3）：463-469.

[40] Mondal S C，Ray P K，Maiti J. Modelling robustness for manufacturing processes：A critical review[J]. International Journal of Production Research，2014，52（2）：521-538.

[41] del Castillo E. Multiresponse process optimization via constrained confidence regions[J]. Journal of Quality Technology，1996，28（1）：61-70.

[42] Tan M H Y，Ng S H. Estimation of the mean and variance response surfaces when the means and variances of the noise variables are unknown[J]. IIE Transactions，2009，41（11）：942-956.

[43] Apley D W，Kim J. A cautious approach to robust design with model parameter uncertainty[J]. IIE Transactions，2011，43（7）：471-482.

[44] He Y，He Z，Lee D H，et al. Robust fuzzy programming method for MRO problems considering location effect，dispersion effect and model uncertainty[J]. Computers & Industrial Engineering，2017，105：76-83.

[45] Lee S B，Park C，Cho B R. Development of a highly efficient and resistant robust design[J]. International Journal of Production Research，2007，45（1）：157-167.

[46] Ouyang L，Chen J，Ma Y，et al. Bayesian closed-loop robust process design considering model uncertainty and data quality[J]. IISE Transactions，2020，52（3）：288-300.

[47] Rasmussen C E，Williams C K I. Gaussian Process for Machine Learning[M]. Cambridge：MIT Press，2006.

[48] Kleijnen J P C. Regression and Kriging metamodels with their experimental designs in simulation：A review[J]. European Journal of Operational Research，2017，256（1）：1-16.

[49] Santner T J，Williams B J，Notz W I. The Design and Analysis of Computer Experiments[M]. New York：Springer，2003.

[50] Tan M H Y，Wu C F J. Robust design optimization with quadratic loss derived from Gaussian process models[J]. Technometrics，2012，54（1）：51-63.

[51] Alshraideh H，del Castillo E. Gaussian process modeling and optimization of profile response experiments[J]. Quality and Reliability Engineering International，2014，30（4）：449-462.

[52] Mehdad E，Kleijnen J P C. Classic Kriging versus Kriging with bootstrapping or conditional simulation：Classic Kriging's robust confidence intervals and optimization[J]. Journal of the Operational Research Society，2015，66（11）：1804-1814.

[53] Tan M H Y. Stochastic polynomial interpolation for uncertainty quantification with computer experiments[J]. Technometrics，2015，57（4）：457-467.

[54] Han M，Liu X，Huang M，et al. Integrated parameter and tolerance optimization of a centrifugal compressor based on a complex simulator[J]. Journal of Quality Technology，2019，52（4）：404-421.

[55] Li W，Gao L，Xiao M. Multidisciplinary robust design optimization under parameter and model uncertainties[J]. Engineering Optimization，2020，52（3）：426-445.

[56] Zhao X，Pan R，del Castillo E，et al. An adaptive two-stage Bayesian model averaging approach to planning and analyzing accelerated life tests under model uncertainty[J]. Journal of Quality Technology，2019，51（2）：181-197.

[57] Costa N R，Lourenço J. Gaussian process model—an exploratory study in the response surface methodology[J]. Quality and Reliability Engineering International，2016，32（7）：2367-2380.

[58] Cho B R，Kim Y J，Kimbler D L，et al. An integrated joint optimization procedure for robust and tolerance design[J]. International Journal of Production Research，2000，38（10）：2309-2325.

[59] Ding R，Lin D K J，Wei D. Dual-response surface optimization：A weighted MSE approach[J]. Quality Engineering，2004，16（3）：377-385.

[60] Ozdemir A，Cho B R. A nonlinear integer programming approach to solving the robust parameter design optimization problem[J]. Quality and Reliability Engineering International，2016，32（8）：2859-2870.

[61] Xu D，Albin S L. Optimizing settings by accounting for uncontrollable material and environmental variables[J]. IIE Transactions，2006，38（12）：1085-1092.

[62] Kim K J，Lin D K J. Optimization of multiple responses considering both location and dispersion effects[J]. European Journal of Operational Research，2006，169（1）：133-145.

[63] Mehdad E，Kleijnen J P C. Stochastic intrinsic Kriging for simulation metamodeling[J]. Applied Stochastic Models in Business and Industry，2018，34（3）：322-337.

[64] Aye S A，Heyns P S. Prognostics of slow speed bearings using a composite integrated Gaussian process regression model[J]. International Journal of Production Research，2018，56（14）：4860-4873.

[65] Kontar R，Zhou S，Horst J. Estimation and monitoring of key performance indicators of manufacturing systems using the multi-output Gaussian process[J]. International Journal of Production Research，2017，55（8）：2304-2319.

[66] Kuß M. Gaussian process models for robust regression，classification，and reinforcement learning[D]. Darmstadt：Technische Universität Darmstadt，2006.

[67] Jylänki P，Vanhatalo J，Vehtari A. Gaussian process regression with a student-t likelihood[J]. Journal of Machine Learning Research，2011，12（7）：1910-1918.

[68] Stegle O，Fallert S V，MacKay D J C，et al. Gaussian process robust regression for noisy heart rate data[J]. IEEE Transactions on Biomedical Engineering，2008，55（9）：2143-2151.

[69] O'Hagan A. On outlier rejection phenomena in Bayes inference[J]. Journal of the Royal Statistical Society：Series B（Methodological），1979，41（3）：358-367.

[70] Vanhatalo J，Jylänki P，Vehtari A. Gaussian process regression with student-t likelihood[J]. Advances in Neural Information Processing Systems，2009，22：1910-1918.

[71] Gelman A，Stern H S，Carlin J B，et al. Bayesian Data Analysis[M]. 3rd ed. Boca Raton：Chapman and Hall/CRC，2014.

[72] Rebonato R，Jäckel P. The most general methodology to create a valid correlation matrix for risk management and option pricing purposes[J]. The Journal of Risk，1999，2：17-27.

[73] Zhou Q，Qian P Z G，Zhou S. A simple approach to emulation for computer models with qualitative and quantitative factors[J]. Technometrics，2011，53（3）：266-273.

[74] Qian P Z G. Sliced latin hypercube designs[J]. Journal of the American Statistical Association，2012，107（497）：393-399.

[75] MathWorks. Global Optimization Toolbox：User's Guide（R2018a）[M]. Natick：The MathWorks Inc，2018.

第 7 章　考虑噪声因子可测的不确定性稳健参数设计

稳健参数设计旨在通过选择可控因子的最佳参数设计值来保证输出响应尽可能靠近其目标值，同时最大限度地降低噪声因子对输出响应的影响，从而减小输出响应的波动，提高产品的稳健性[1-3]。从本质上看，稳健参数设计是一种离线的质量控制方法。通常情况下，质量工程师或试验人员会通过质量设计（如稳健参数设计）确定好最佳的参数设计值，而无须在产品制造过程中对其进行变更或调整。然而，在实际生产或制造过程中，内、外噪声因子的影响，模型、预测误差及试验数据质量等不确定性因素在相当大的程度上影响响应曲面的建模精度与分析结果，从而严重地影响试验结果的可重复性，使设计阶段确定的最优参数值并不能完全保证生产的产品满足顾客需求[3, 4]。当前，智能传感器、物联网等新兴技术已经逐步地渗透到各行各业的制造过程中，使制造过程的温度、湿度等噪声因子已经能够通过先进的测量工具和传感器技术进行实时测量。Yang 等[5]指出“传感器技术与传统质量监控技术的结合能够发挥积极的作用，这将是一个非常有意义的研究课题”。因此，如何在贝叶斯建模与优化过程中将离线的试验设计数据与在线可测的噪声因子数据进行有效的融合具有重要的研究意义[6]。因此，针对具有可观测噪声因子的稳健参数设计问题，在综合利用贝叶斯多元回归模型、时间序列模型、期望损失函数及 HGA 的基础上，本章提出了一种新的在线稳健参数设计方法。该方法在稳健参数设计中充分利用了噪声因子的在线观测值，实时调节可控因子的设计值以降低噪声因子对过程波动的影响，从而提高产品/过程的质量设计水平。

本章的结构安排如下。针对单响应质量设计问题，7.1 节在贝叶斯多元回归模型和时间序列模型的框架下，提出一种在线调整策略将离线的稳健参数设计扩展到在线情形[6]。该方法在充分利用噪声因子在线观测数据的基础上，结合质量损失函数提出一种考虑噪声因子可测的不确定性稳健参数设计方法。7.2 节在 7.1 节的基础上对该研究问题进行更为深入的探讨。7.2 节构建可控因子与输出响应的贝叶斯多元回归模型，并在此基础上运用贝叶斯向量自回归模型更新噪声因子的在线信息，同时对可控因子的最优设计值进行相应的调整[7]。7.2 节在上述贝叶斯建模框架下拓展 7.1 节的研究结果，提出一种新的多响应在线稳健参数设计方法。该方法不仅考虑模型参数不确定性对输出响应波动的影响，而且分析在线更新噪声因子的信息对输出响应波动的影响。

7.1　考虑可观测噪声因子的在线稳健参数设计

随着智能传感器、物联网等新兴技术的兴起，在产品的实际生产制造过程中可以对一些不可控的噪声因子进行观察测量[5]，如生产制造过程中的温度、湿度等噪声因子已经能够通过先进的测量工具进行测量。Pledger[8]指出噪声因子的实时信息有助于获得精确的可控因子设计值。若对产品或过程实施在线质量控制，则可以实现更好的过程性能。在线稳健参数设计指在产品的生产过程中，通过利用观测到的在线噪声因子数据更有效地估计模型参数，不断地调节可控因子的设计值，降低噪声因子的波动对建模与优化的影响[6]。关于在线稳健参数设计问题，一些学者已在理论研究和工程应用中提出了相应的解决方法。吴锋等[9, 10]提出了基于变量选取的稳健参数设计与在线调整相结合的方法，依据遍历法选取在线调整变量及离线控制变量，并基于实时观测实现在线调整，从而减小产品的输出波动。Jin 和 Ding[11]开发了一种前馈控制器，该前馈控制器通过利用噪声因子的实时观测，相应地在线调整可控因子，并通过案例分析表明，在工程中实施在线调整可以带来显著的质量改进，但该前馈控制器没有考虑到模型参数的不确定性。Dasgupta 和 Wu[12]将反馈控制应用到参数设计中，解决长期制造过程中噪声因子波动影响产品质量的问题，但该方法没有考虑到噪声因子的自相关性及噪声因子之间的相关性。Vanli 和 del Castillo[13]提出了一种解释响应模型及噪声模型参数不确定性的贝叶斯稳健参数设计方法，基于噪声因子在线观测对可控因子的设计值进行实时更新，并通过仿真揭示了该方法的控制性能明显优于现有的确定性等价方程和 DRSM，但该方法没有根据噪声因子的实时观测更新噪声因子模型参数。Ouyang 等[14]提出了一种贝叶斯闭环控制方法，该方法利用过程响应的在线观测实时调整可控因子的设计值，但该方法只适用于系统中的连续型响应变量可在线观测的情形。

针对具有可观测性且存在自相关性的噪声因子的稳健参数设计问题，本节在充分利用噪声因子在线信息的基础上，将离线稳健参数设计扩展到在线稳健参数设计，以期在整个生产制造过程中提升产品或过程的质量。具体地说，本章内容是在贝叶斯多元回归模型和时间序列模型的框架下，在充分利用噪声因子在线观测数据的基础上结合质量损失函数及贝叶斯后验推断，提出了一种贝叶斯在线稳健参数设计方法（为了后续表达方便，简记为 BR 方法），以实现考虑噪声因子可测的不确定性稳健参数设计。该方法允许在线计算可控因子的最优设计值，旨在通过考虑响应和噪声模型参数的不确定性及噪声因子的波动来有效地提升产品或过程的质量。

7.1.1　基本模型与关键假设

1. 响应建模

当可控因子的二次效应不显著时，对于具有单个输出与 r 个可控因子、k 个噪声因子的过程，可以定义如下形式的一阶响应曲面模型：

$$y = \beta_0 + \boldsymbol{\beta}^{\mathrm{T}}\boldsymbol{u} + \boldsymbol{\gamma}^{\mathrm{T}}\boldsymbol{z} + \boldsymbol{z}^{\mathrm{T}}\boldsymbol{\Delta}\boldsymbol{u} + \varepsilon \tag{7-1}$$

其中，y 是响应变量；$\boldsymbol{u} = (u_1, u_2, \cdots, u_r)^{\mathrm{T}}$ 是 r 个可控因子；$\boldsymbol{z} = (z_1, z_2, \cdots, z_k)^{\mathrm{T}}$ 是 k 个噪声因子；ε 是模型的随机误差项，且假定 $\varepsilon \sim N(0, \sigma^2)$；$\beta_0$ 为模型的截距项；$\boldsymbol{\beta}$ 为可控因子的 $r \times 1$ 系数向量；$\boldsymbol{\gamma}$ 是噪声因子的 $k \times 1$ 系数向量；$\boldsymbol{\Delta}$ 是可控因子与噪声因子交互项的 $k \times r$ 系数矩阵。

将式（7-1）写成标准回归模型的形式：

$$y = \boldsymbol{b}^{\mathrm{T}}\boldsymbol{x} + \varepsilon \tag{7-2}$$

其中，$\boldsymbol{x} = (1, u_1, u_2, \cdots, u_r, z_1, z_2, \cdots, z_k, u_1 z_1, u_1 z_2, \cdots, u_r z_k)^{\mathrm{T}}$，为 d 维因子效应向量；参数 $\boldsymbol{b}$ 是由式（7-1）中 β_0、$\boldsymbol{\beta}$、$\boldsymbol{\gamma}$ 和 $\boldsymbol{\Delta}$ 构成的 d 维向量，$d = 1 + k + r + kr$。

假设经过离线正交试验设计获得了 d 维因子效应向量 $\boldsymbol{x}$ 的 n 组设计值和响应变量 y 的 n 组观测数据，记为 $(\boldsymbol{x}_i, y_i)$，$i = 1, 2, \cdots, n$。令 $\boldsymbol{y}_0 = (y_1, y_2, \cdots, y_n)^{\mathrm{T}}$，$\boldsymbol{X}_0 = (\boldsymbol{x}_1, \boldsymbol{x}_2, \cdots, \boldsymbol{x}_n)^{\mathrm{T}}$，$\boldsymbol{\varepsilon}_0 = (\varepsilon_1, \varepsilon_2, \cdots, \varepsilon_n)^{\mathrm{T}}$，则标准回归模型可以表示为

$$\begin{cases} \boldsymbol{y}_0 = \boldsymbol{X}_0 \boldsymbol{b} + \boldsymbol{\varepsilon}_0 \\ \boldsymbol{\varepsilon}_0 \sim N_n(\boldsymbol{0}, \sigma^2 \boldsymbol{I}_n) \end{cases} \tag{7-3}$$

根据最小二乘法，可以计算出参数 $\boldsymbol{b}$ 的最小二乘估计：

$$\hat{\boldsymbol{b}} = (\boldsymbol{X}_0^{\mathrm{T}} \boldsymbol{X}_0)^{-1} \boldsymbol{X}_0^{\mathrm{T}} \boldsymbol{y}_0 \tag{7-4}$$

进一步地，可以得到随机误差项 $\boldsymbol{\varepsilon}_0$ 的方差的无偏估计量为

$$s^2 = \frac{1}{n-d}(\boldsymbol{y}_0 - \boldsymbol{X}_0 \hat{\boldsymbol{b}})^{\mathrm{T}}(\boldsymbol{y}_0 - \boldsymbol{X}_0 \hat{\boldsymbol{b}}) \tag{7-5}$$

响应模型是根据离线正交试验估计的，且 $\boldsymbol{X}_0$ 中的元素已编码，故矩阵 $(\boldsymbol{X}_0^{\mathrm{T}} \boldsymbol{X}_0)^{-1}$ 是对角阵。可以按常数项、可控因子、噪声因子和交互项的顺序将其划分成几个子矩阵[15]，该矩阵的结构如下：

$$\begin{bmatrix} \boldsymbol{D}_{\beta_0} & \boldsymbol{O} & \boldsymbol{O} & \boldsymbol{O} & \cdots & \boldsymbol{O} \\ \boldsymbol{O} & \boldsymbol{D}_{\beta} & \boldsymbol{O} & \boldsymbol{O} & \cdots & \boldsymbol{O} \\ \boldsymbol{O} & \boldsymbol{O} & \boldsymbol{D}_{\gamma} & \boldsymbol{O} & \cdots & \boldsymbol{O} \\ \boldsymbol{O} & \boldsymbol{O} & \boldsymbol{O} & \boldsymbol{D}_{\delta_1} & \cdots & \boldsymbol{O} \\ \vdots & \vdots & \vdots & \vdots & & \vdots \\ \boldsymbol{O} & \boldsymbol{O} & \boldsymbol{O} & \boldsymbol{O} & \cdots & \boldsymbol{D}_{\delta_k} \end{bmatrix}$$

其中，$\boldsymbol{O}$ 表示零矩阵；$\boldsymbol{D}_{\beta_0}$、$\boldsymbol{D}_{\beta}$、$\boldsymbol{D}_{\gamma}$ 分别对应矩阵 $(\boldsymbol{X}_0^{\mathrm{T}}\boldsymbol{X}_0)^{-1}$ 中的常数项、可控因子的线性项和噪声因子的线性项；$\boldsymbol{D}_{\delta_i}\ (i=1,2,\cdots,k)$ 对应矩阵 $(\boldsymbol{X}_0^{\mathrm{T}}\boldsymbol{X}_0)^{-1}$ 中的噪声因子 z_i 与所有可控因子之间的交互项。

2. 双响应曲面建模与优化

为了对本节所提方法进行比较研究，以验证本节所提方法的有效性，下面将对传统的稳健参数设计方法——DRSM 进行简要回顾。

DRSM 是 Myers 和 Carter[16]在 1973 年提出的。DRSM 对试验数据分别建立响应的均值模型和方差模型，然后在此基础上构建优化函数，使响应均值接近目标值的同时，响应的方差尽可能小，从而实现过程的稳健性[4, 17, 18]。假设噪声因子 $\boldsymbol{z}$ 是均值向量为 $E(\boldsymbol{z})=\boldsymbol{\mu}_z$、方差-协方差矩阵为 $\mathrm{Var}(\boldsymbol{z})=\boldsymbol{\Sigma}_z$ 的随机向量，则根据式（7-2）可以获得响应 y 的均值模型和方差模型：

$$\hat{E}(y)=\hat{\beta}_0+\hat{\boldsymbol{\beta}}^{\mathrm{T}}\boldsymbol{u}+\hat{\boldsymbol{\gamma}}^{\mathrm{T}}\hat{\boldsymbol{\mu}}_z+\hat{\boldsymbol{\mu}}_z^{\mathrm{T}}\hat{\boldsymbol{\Delta}}\boldsymbol{u} \tag{7-6}$$

$$\hat{\mathrm{V}}\mathrm{ar}(y)=(\hat{\boldsymbol{\gamma}}+\hat{\boldsymbol{\Delta}}\boldsymbol{u})^{\mathrm{T}}\hat{\boldsymbol{\Sigma}}_z(\hat{\boldsymbol{\gamma}}+\hat{\boldsymbol{\Delta}}\boldsymbol{u})+s^2 \tag{7-7}$$

在式（7-6）和式（7-7）中，$\hat{E}(y)$ 是 $E(y)$ 的无偏估计，但 $\hat{\mathrm{V}}\mathrm{ar}(y)$ 不是 $\mathrm{Var}(y)$ 的无偏估计。为了避免在计算过程中出现奇异矩阵，在此根据 Miró-Quesada 和 del Castillo[19]采取的处理方式对响应的方差做如下调整：

$$\begin{aligned}\hat{\mathrm{V}}\mathrm{ar}(y)&=(\hat{\boldsymbol{\gamma}}+\hat{\boldsymbol{\Delta}}\boldsymbol{u})^{\mathrm{T}}\hat{\boldsymbol{\Sigma}}_z(\hat{\boldsymbol{\gamma}}+\hat{\boldsymbol{\Delta}}\boldsymbol{u})+s^2[1\quad \boldsymbol{u}^{\mathrm{T}}]\begin{bmatrix}\boldsymbol{D}_{\beta_0} & \boldsymbol{O}\\ \boldsymbol{O} & \boldsymbol{D}_{\beta}\end{bmatrix}\\&=(\hat{\boldsymbol{\gamma}}+\hat{\boldsymbol{\Delta}}\boldsymbol{u})^{\mathrm{T}}\hat{\boldsymbol{\Sigma}}_z(\hat{\boldsymbol{\gamma}}+\hat{\boldsymbol{\Delta}}\boldsymbol{u})+s^2\left(\frac{1}{n}+\boldsymbol{u}^{\mathrm{T}}\boldsymbol{D}_{\beta}\boldsymbol{u}\right)\end{aligned} \tag{7-8}$$

在建立了双响应曲面模型之后，接下来的任务是构建优化目标函数。假设响应 y 是望目质量特性，其目标值为 T，且本节的设计目标是最大限度地减小产品或过程的质量损失，使响应均值维持在目标值 T 的水平上的同时，尽可能地减小产品质量特性的波动。Taguchi[20]提出用期望损失函数（用 $E[L(y)]$ 表示）描述产品的响应 y 偏离目标值 T 造成的质量损失，期望损失函数的表达式为

$$E[L(y)]=E(y-T)^2=\mathrm{Var}(y)+[E(y)-T]^2 \tag{7-9}$$

为了实现这一设计目标，可以通过无约束最小化期望损失函数来计算可控因子的最优设计水平 $\boldsymbol{u}^*$。

根据式（7-6）、式（7-8）和式（7-9），可得 DRSM 的期望损失函数的表达式：

$$\begin{aligned}\hat{E}[L(y)]&=\hat{\mathrm{V}}\mathrm{ar}(y)+[\hat{E}(y)-T]^2\\&=(\hat{\beta}_0+\hat{\boldsymbol{\beta}}^{\mathrm{T}}\boldsymbol{u}+\hat{\boldsymbol{\gamma}}^{\mathrm{T}}\boldsymbol{\mu}_z+\hat{\boldsymbol{\mu}}_z^{\mathrm{T}}\hat{\boldsymbol{\Delta}}\boldsymbol{u}-T)^2+(\hat{\boldsymbol{\gamma}}+\hat{\boldsymbol{\Delta}}\boldsymbol{u})^{\mathrm{T}}\hat{\boldsymbol{\Sigma}}_z(\hat{\boldsymbol{\gamma}}+\hat{\boldsymbol{\Delta}}\boldsymbol{u})+s^2\left(\frac{1}{n}+\boldsymbol{u}^{\mathrm{T}}\boldsymbol{D}_{\beta}\boldsymbol{u}\right)\\&=\boldsymbol{u}^{\mathrm{T}}\boldsymbol{P}_{\mathrm{DR}}\boldsymbol{u}+2\boldsymbol{u}^{\mathrm{T}}\boldsymbol{V}_{\mathrm{DR}}+w_{\mathrm{DR}}\end{aligned} \tag{7-10}$$

其中，

$$P_{\mathrm{DR}} = \hat{\boldsymbol{\Delta}}^{\mathrm{T}} \hat{\boldsymbol{\Sigma}}_z \hat{\boldsymbol{\Delta}} + s^2 \boldsymbol{D}_\beta + (\hat{\boldsymbol{\beta}} + \hat{\boldsymbol{\Delta}}^{\mathrm{T}} \hat{\boldsymbol{\mu}}_z)(\hat{\boldsymbol{\beta}} + \hat{\boldsymbol{\Delta}}^{\mathrm{T}} \hat{\boldsymbol{\mu}}_z)'$$

$$V_{\mathrm{DR}} = \hat{\boldsymbol{\Delta}}^{\mathrm{T}} \hat{\boldsymbol{\Sigma}}_z \hat{\boldsymbol{\gamma}} + (\hat{\beta}_0 + \hat{\boldsymbol{\gamma}}^{\mathrm{T}} \hat{\boldsymbol{\mu}}_z - T)(\hat{\boldsymbol{\beta}} + \hat{\boldsymbol{\Delta}}^{\mathrm{T}} \hat{\boldsymbol{\mu}}_z)$$

$$w_{\mathrm{DR}} = \frac{s^2}{n} + \hat{\boldsymbol{\gamma}}^{\mathrm{T}} \hat{\boldsymbol{\Sigma}}_z \hat{\boldsymbol{\gamma}} + (\hat{\beta}_0 + \hat{\boldsymbol{\gamma}}^{\mathrm{T}} \hat{\boldsymbol{\mu}}_z - T)^2$$

通过最小化 $\hat{E}[L(y)]$，可以计算出可控因子的最优设计值。由式（7-10）可以看出，DRSM 下响应 y 的期望损失函数是可控因子 $\boldsymbol{u}$ 的二次函数，因此，在不约束优化区域的情况下，可以在 $\hat{E}[L(y)]$ 的最低点得到 $\boldsymbol{u}$。在时间 t 处，可控因子的最优设计值为

$$\boldsymbol{u}_{\mathrm{DR}}^* = -\boldsymbol{P}_{\mathrm{DR}}^{-1} \boldsymbol{V}_{\mathrm{DR}} \tag{7-11}$$

在一阶响应曲面模型和无约束最小化的前提条件下，通过 DRSM 能够确保获得最优解的解析表达式。但需要注意的是，由此获得的最优解可能在试验设计的设计区间之外。

7.1.2　贝叶斯在线稳健参数设计

传统的稳健参数设计方法通常假设噪声因子不具有自相关性，噪声因子的分布可以从容差设计中获得，或者可以从历史数据中识别出来[11]。因此，从历史数据中计算出的样本均值和样本方差可以分别作为噪声因子均值和方差的估计。但是，这一估计有可能出错，这表明有必要对这方面的问题进行进一步研究。本节假设噪声因子在生产过程的离散等距时间点上可以在线测量，它的自相关性及因子间的相关性可由多维的自回归移动平均（autoregressive moving average，ARMA）模型刻画。

本节拟在贝叶斯回归模型、时间序列模型及期望损失函数的框架下，采用一种新的 BR 方法，来获取生产制造过程的不同时段上可控因子的最优设计水平，这样可以进一步降低噪声因子的变化对产品或过程质量的影响。所提 BR 方法的具体步骤总结如下。

步骤 1：根据收集的试验数据建立响应模型。

步骤 2：建立噪声因子的时间序列模型。首先对噪声因子数据进行扩展的迪基-富勒（augmented Dickey-Fuller，ADF）平稳性检验。如果结果显示非平稳，则需要对数据进行差分处理，以消除隐藏在噪声因子中的趋势效应。其次建立多维 ARMA 模型。

步骤 3：获得模型参数的后验分布、响应和噪声因子的后验预测分布，并计算模型参数的估计量。

步骤 4：更新噪声因子模型中的参数。贝叶斯方法可以将之前计算的后验分

布与新获得的噪声因子观测值相结合，得到新的后验分布，这样可以不断更新模型参数的估计。

步骤 5：计算不同时间段上可控因子的最优设置。所提方法的原理图如图 7-1 所示。

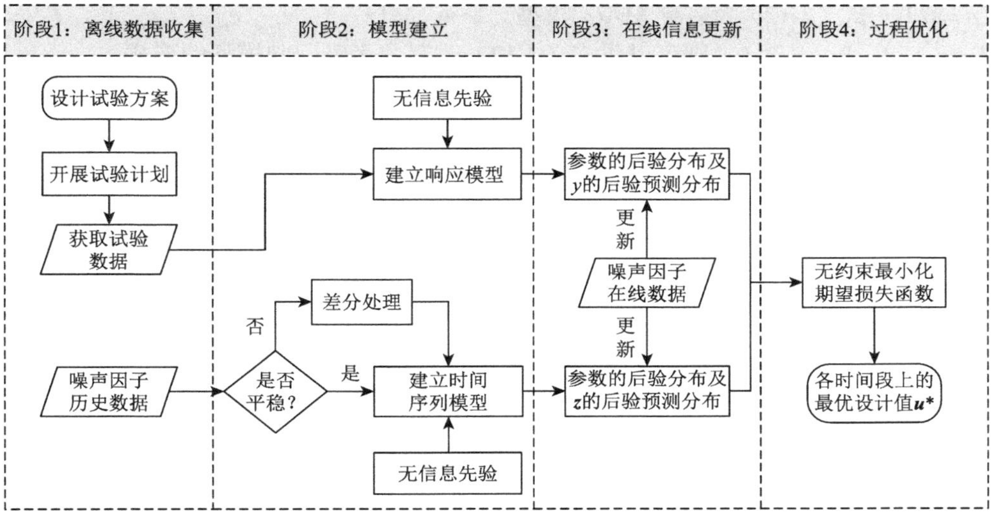

图 7-1　贝叶斯在线稳健参数设计方法的流程图

1. 时间序列模型及其贝叶斯推断

ARMA 模型是常用的拟合平稳序列的模型之一，用于揭示动态数据本身的结构和规律，它可以细分为自回归（autoregression，AR）模型、移动平均（moving average，MA）模型和 ARMA 模型三大类[21]。当系统中存在多个噪声因子时，单个噪声因子通常不仅受自身滞后项的影响，往往还受其他噪声因子的影响。在这种情况下，联合建模比单独对每个变量建立时间序列模型包含更多的信息[22]。多维时间序列模型不仅能有效地刻画系统内变量间相互影响的动态机制，还能提高模型的预测精度[23]。故本节对 k 个噪声因子拟合多维 ARMA 模型（当 $k=1$时，为一维 ARMA 模型），以描述噪声因子的自相关性及噪声因子之间的序列相关性。在建立时间序列模型之前，需对噪声因子序列的平稳性进行检验。在此，采用 ADF 检验法对噪声因子序列进行平稳性检验，若检验结果显示为非平稳，则需要对原序列进行差分处理，以消除噪声因子中隐含的趋势效应。

假设在 $t(t > p,q)$ 时刻，k 个噪声因子 $\boldsymbol{z}_t=(z_1,z_2,\cdots,z_k)_t^{\mathrm{T}}$ 遵循多维 ARMA(p, q) 模型：

$$z_t = \sum_{i=1}^{p} A_i z_{t-i} + e_t + \sum_{j=1}^{q} B_j e_{t-i} \tag{7-12}$$

其中，$A_i (i = 1,2,\cdots,p)$ 和 $B_j (j = 1,2,\cdots,q)$ 都是 $k \times k$ 的参数矩阵；$e_t = (e_1,\cdots,e_k)_t^{\mathrm{T}}$ 是均值为 0、协方差矩阵为 Σ_e 的 k 维白噪声过程。当 $k = 1$ 时，式（7-12）为一维 ARMA(p, q)模型；当 $k > 1$、$q = 0$ 时，式（7-12）为多维 AR(p)模型；当 $k > 1$、$p = 0$ 时，式（7-12）为多维 MA(q)模型。令 $w_{t-1} = [z_{t-1},\cdots,z_{t-p},e_{t-1},\cdots,e_{t-q}]^{\mathrm{T}}$，$\Gamma^{\mathrm{T}} = [A_1,\cdots,A_p,B_1,\cdots,B_q]$，则可以将式（7-12）改写成多元回归模型的形式：

$$z_t = \Gamma^{\mathrm{T}} w_{t-1} + e_t \tag{7-13}$$

其中，w_{t-1} 是 $k(p+q)\times 1$ 的向量；Γ^{T} 为 $k \times k(p+q)$ 的矩阵，是多维 ARMA(p, q) 模型的系数。

现假设已收集到从过程开始（时刻 1）到当前时刻 $t(t > p,q)$ 的噪声因子的所有观测数据，即 $z_1, z_2,\cdots,z_{t-1}$，则根据式（7-13）有以下方程成立：

$$\begin{bmatrix} z_1^{\mathrm{T}} \\ z_2^{\mathrm{T}} \\ \vdots \\ z_{t-1}^{\mathrm{T}} \end{bmatrix} = \begin{bmatrix} w_0^{\mathrm{T}} \\ w_1^{\mathrm{T}} \\ \vdots \\ w_{t-2}^{\mathrm{T}} \end{bmatrix} \times \Gamma + \begin{bmatrix} e_1^{\mathrm{T}} \\ e_2^{\mathrm{T}} \\ \vdots \\ e_{t-1}^{\mathrm{T}} \end{bmatrix}$$

令 $Z_{t-1} = [z_1^{\mathrm{T}}, z_2^{\mathrm{T}},\cdots,z_{t-1}^{\mathrm{T}}]^{\mathrm{T}}$，$W_{t-1} = [w_0^{\mathrm{T}}, w_1^{\mathrm{T}},\cdots,w_{t-2}^{\mathrm{T}}]^{\mathrm{T}}$，$E_{t-1} = [e_1^{\mathrm{T}}, e_2^{\mathrm{T}},\cdots,e_{t-1}^{\mathrm{T}}]^{\mathrm{T}}$，可将上述方程写成如下矩阵形式：

$$Z_{t-1} = W_{t-1}\Gamma + E_{t-1} \tag{7-14}$$

根据最小二乘法，可得系数矩阵 Γ 的估计值为

$$\hat{\Gamma} = (W_{t-1}^{\mathrm{T}} W_{t-1})^{-1} W_{t-1}^{\mathrm{T}} Z_{t-1} \tag{7-15}$$

为解释噪声因子模型参数的不确定性，本节提出的 BR 方法拟在时间序列模型的框架下结合贝叶斯方法进行建模和优化。给出系数矩阵 Γ 及协方差矩阵 Σ_e 的 Jeffreys 无信息先验[24]：

$$p(\Gamma) \propto C$$

$$p(\Sigma_e) \propto \frac{1}{|\Sigma_e|^{(k+1)/2}}$$

其中，C 表示常数。通常系数矩阵 Γ 及协方差矩阵 Σ_e 是相互独立的，故系数矩阵 Γ 与 Σ_e 的联合先验分布满足：

$$p(\Gamma, \Sigma_e) \propto \frac{1}{|\Sigma_e|^{(k+1)/2}}$$

在给定观测数据 Z_{t-1} 和当前的滞后项 w_{t-1} 的条件下，未来噪声因子 z_t 的贝叶斯后验预测分布是一个 k 维非中心的 t 分布[25, 26]，即

$$p(\boldsymbol{z}_t \mid \boldsymbol{Z}_{t-1}, \boldsymbol{w}_{t-1}) = t_{v_z}\left\{\hat{\boldsymbol{\Gamma}}^{\mathrm{T}(t)}\boldsymbol{w}_{t-1}, \frac{1}{v_z}[1+\boldsymbol{w}_{t-1}^{\mathrm{T}}(\boldsymbol{W}_{t-1}^{\mathrm{T}}\boldsymbol{W}_{t-1})^{-1}\boldsymbol{w}_{t-1}]\boldsymbol{S}_z^{(t)}\right\} \tag{7-16}$$

其中，$v_z = t - p - (k-1)$ 是 t 分布的自由度；$\hat{\boldsymbol{\Gamma}}^{(t)}$ 是系数矩阵 $\boldsymbol{\Gamma}$ 的最小二乘估计；$\boldsymbol{S}_z^{(t)} = [\boldsymbol{Z}_{t-1} - \boldsymbol{W}_{t-1}\hat{\boldsymbol{\Gamma}}^{(t)}]^{\mathrm{T}}[\boldsymbol{Z}_{t-1} - \boldsymbol{W}_{t-1}\hat{\boldsymbol{\Gamma}}^{(t)}]$ 是 t 时刻的残差平方和。

根据多元 t 分布的性质，可得到 t 时刻噪声因子的均值向量与方差-协方差矩阵，具体结果如下：

$$\boldsymbol{\mu}_z^{(t)} = \hat{\boldsymbol{\Gamma}}^{\mathrm{T}(t)}\boldsymbol{w}_{t-1} \tag{7-17}$$

$$\boldsymbol{\Sigma}_z^{(t)} = \frac{1}{v_z - 2}\{1 + \boldsymbol{w}_{t-1}^{\mathrm{T}}[(\boldsymbol{W}_{t-1}^{\mathrm{T}}\boldsymbol{W}_{t-1})^{-1}\boldsymbol{w}_{t-1}]\boldsymbol{S}_z^{(t)}\} \tag{7-18}$$

BR 方法在计算可控因子的最优设计水平时，需要使用噪声因子的均值向量 $\boldsymbol{\mu}_z^{(t)}$ 与方差-协方差矩阵 $\boldsymbol{\Sigma}_z^{(t)}$，并根据生产过程中收集到的噪声因子在线数据不断更新 $\boldsymbol{\mu}_z^{(t)}$ 和 $\boldsymbol{\Sigma}_z^{(t)}$，进而不断更新可控因子的最优设计值。

2. 回归模型的贝叶斯推断

本节提出的 BR 方法拟结合贝叶斯统计，通过无约束最小化期望损失函数来确定可控因子的最佳参数组合，将式（7-2）写成如下回归模型：

$$y_t = \boldsymbol{b}^{\mathrm{T}}\boldsymbol{x}_t + \varepsilon_t,\quad \varepsilon_t \sim N(0, \sigma^2) \tag{7-19}$$

显然，$y_t \mid \boldsymbol{b}, \sigma^2, \boldsymbol{x}_t \sim N(\boldsymbol{b}^{\mathrm{T}}\boldsymbol{x}_t, \sigma^2)$。为参数 $(\boldsymbol{b}, \sigma^2)$ 指定 Jeffreys 无信息先验：

$$\pi(\boldsymbol{b}, \sigma^2) \propto \frac{1}{\sigma^2}$$

在给定响应的观测值 y_t 和回归向量 $\boldsymbol{x}$ 在 t 时刻的观测值 $\boldsymbol{x}_t$ 的条件下，响应 y_t 的后验预测分布是 t 分布[27, 28]，具体结果如下：

$$p(y_t \mid \boldsymbol{y}_0, \boldsymbol{x}_t) = t_v\{\hat{\boldsymbol{b}}^{\mathrm{T}}\boldsymbol{x}_t, s^2[1 + \boldsymbol{x}_t^{\mathrm{T}}(\boldsymbol{X}_0^{\mathrm{T}}\boldsymbol{X}_0)^{-1}\boldsymbol{x}_t]\} \tag{7-20}$$

其中，$v = n - d$ 是 t 分布的自由度；$\hat{\boldsymbol{b}}$、s^2 如式（7-4）和式（7-5）所示。

根据 t 分布的性质及矩阵 $(\boldsymbol{X}_0^{\mathrm{T}}\boldsymbol{X}_0)^{-1}$ 的划分，可以求出响应 y_t 的后验均值与后验方差：

$$E(y_t \mid \boldsymbol{y}_0, \boldsymbol{u}_t, \boldsymbol{z}_t) = \hat{\boldsymbol{b}}^{\mathrm{T}}\boldsymbol{x}_t = \hat{\beta}_0 + \hat{\boldsymbol{\beta}}^{\mathrm{T}}\boldsymbol{u}_t + \hat{\boldsymbol{\gamma}}^{\mathrm{T}}\boldsymbol{z}_t + \boldsymbol{z}_t^{\mathrm{T}}\hat{\boldsymbol{\Delta}}\boldsymbol{u}_t \tag{7-21}$$

$$\begin{aligned}\mathrm{Var}(y_t \mid \boldsymbol{y}_0, \boldsymbol{u}_t, \boldsymbol{z}_t) &= \frac{v}{v-2}s^2[1 + \boldsymbol{x}_t^{\mathrm{T}}(\boldsymbol{X}_0^{\mathrm{T}}\boldsymbol{X}_0)^{-1}\boldsymbol{x}_t] \\ &= \frac{v}{v-2}s^2\{\boldsymbol{u}_t^{\mathrm{T}}[\boldsymbol{D}_\beta + (\boldsymbol{z}_t^{\mathrm{T}}\boldsymbol{z}_t\boldsymbol{D}_\delta)]\boldsymbol{u}_t + H_z\}\end{aligned} \tag{7-22}$$

其中，$H_z = 1 + \dfrac{1}{n} + \boldsymbol{z}^{\mathrm{T}}\boldsymbol{D}_\gamma z$。

3. 可控因子的最优设计值

通过结合期望损失函数和贝叶斯统计方法来获得可控因子的最优水平组合，

需要求出响应的条件均值 $E(y_t \mid \boldsymbol{y}_0, \boldsymbol{u}_t)$ 和条件方差 $\mathrm{Var}(y_t \mid \boldsymbol{y}_0, \boldsymbol{u}_t)$，这两个值的计算公式如下：

$$E(y_t \mid \boldsymbol{y}_0, \boldsymbol{u}_t) = E_z[E(y_t \mid \boldsymbol{y}_0, \boldsymbol{u}_t, \boldsymbol{z}_t)] = \hat{\beta}_0 + \hat{\boldsymbol{\beta}}^{\mathrm{T}} \boldsymbol{u}_t + \hat{\boldsymbol{\gamma}}^{\mathrm{T}} \boldsymbol{\mu}_{z_t} + \boldsymbol{\mu}_{z_t}^{\mathrm{T}} \hat{\boldsymbol{\Delta}} \boldsymbol{u}_t \tag{7-23}$$

$$\begin{aligned}\mathrm{Var}(y_t \mid \boldsymbol{y}_0, \boldsymbol{u}_t) &= E_z[\mathrm{Var}(y_t \mid \boldsymbol{y}_0, \boldsymbol{u}_t, \boldsymbol{z}_t)] + \mathrm{Var}_z[E(y_t \mid \boldsymbol{y}_0, \boldsymbol{u}_t, \boldsymbol{z}_t)] \\ &= \frac{v}{v-2} s^2 \left\{ \boldsymbol{u}_t^{\mathrm{T}} \left[\boldsymbol{D}_\beta + \sum_i^k (\mu_{z_i}^2 + \sigma_{z_i}^2) \boldsymbol{D}_{\delta_i} \right] \boldsymbol{u}_t + E(H_z) \right\} \\ &\quad + (\hat{\boldsymbol{\gamma}} + \hat{\boldsymbol{\Delta}} \boldsymbol{u}_t)^{\mathrm{T}} \boldsymbol{\Sigma}_{z_t} (\hat{\boldsymbol{\gamma}} + \hat{\boldsymbol{\Delta}} \boldsymbol{u}_t)\end{aligned} \tag{7-24}$$

将式（7-17）与式（7-18）代入期望损失函数中，通过最小化预期损失函数，即可寻找可控因子的最优设计值。BR 方法下的期望损失函数可写成如下形式：

$$\begin{aligned}\hat{E}[L(y_t) \mid \boldsymbol{y}_0, \boldsymbol{u}_t] &= \hat{\mathrm{V}}\mathrm{ar}(y_t \mid \boldsymbol{y}_0, \boldsymbol{u}_t) + [\hat{E}(y_t \mid \boldsymbol{y}_0, \boldsymbol{u}_t) - T]^2 \\ &= \boldsymbol{u}^{\mathrm{T}} \boldsymbol{P}_{\mathrm{BR}} \boldsymbol{u} + 2\boldsymbol{u}^{\mathrm{T}} \boldsymbol{V}_{\mathrm{BR}} + w_{\mathrm{BR}}\end{aligned} \tag{7-25}$$

其中，

$$\boldsymbol{P}_{\mathrm{BR}} = \hat{\boldsymbol{\Delta}}^{\mathrm{T}} \hat{\boldsymbol{\Sigma}}_{z_t} \hat{\boldsymbol{\Delta}} + (\hat{\boldsymbol{\beta}} + \hat{\boldsymbol{\Delta}}^{\mathrm{T}} \hat{\boldsymbol{\mu}}_{z_t})(\hat{\boldsymbol{\beta}} + \hat{\boldsymbol{\Delta}}^{\mathrm{T}} \hat{\boldsymbol{\mu}}_{z_t})^{\mathrm{T}} + \frac{v}{v-2} s^2 \left[\boldsymbol{D}_\beta + \sum_i^k (\mu_{z_i}^2 + \sigma_{z_i}^2) \boldsymbol{D}_{\delta_i} \right]$$

$$\boldsymbol{V}_{\mathrm{BR}} = \hat{\boldsymbol{\Delta}}^{\mathrm{T}} \hat{\boldsymbol{\Sigma}}_{z_t} \hat{\boldsymbol{\gamma}} + (\hat{\beta}_0 + \hat{\boldsymbol{\gamma}}^{\mathrm{T}} \hat{\boldsymbol{\mu}}_{z_t} - T)(\hat{\boldsymbol{\beta}} + \hat{\boldsymbol{\Delta}}^{\mathrm{T}} \hat{\boldsymbol{\mu}}_{z_t})$$

$$w_{\mathrm{BR}} = \frac{v}{v-2} s^2 E(H_z) + (\hat{\beta}_0 + \hat{\boldsymbol{\gamma}}^{\mathrm{T}} \hat{\boldsymbol{\mu}}_{z_t} - T)^2$$

从期望损失函数的表达式可以看出，BR 方法下响应 y 的期望损失函数是可控因子 $\boldsymbol{u}$ 的二次函数。因此，通过最小化 $\hat{E}[L(y_t) \mid \boldsymbol{y}_0, \boldsymbol{u}_t]$ 即可获得可控因子的最优设计值：

$$\boldsymbol{u}_{\mathrm{BR}}^* = -\boldsymbol{P}_{\mathrm{BR}}^{-1} \boldsymbol{V}_{\mathrm{BR}} \tag{7-26}$$

在可控因子最优设计值的求解过程中，根据约束条件 $|\hat{y}_t[\boldsymbol{u}_{\mathrm{BR}}^{*(t-1)}] - T| \leqslant U$ 来决定是否更新可控因子的最优设计值。如果偏差大于 U，则需要将时间 t 的最优设计值更新为 $\boldsymbol{u}_{\mathrm{BR}}^{*(t)}$；否则，不需要更新。

7.1.3　数值例子

本节通过一个数值例子来测试所提方法的有效性。在此，考虑一种较简单的情形：$k = 2, r = 1, p = 1, q = 1$，即具有两个可观察噪声因子的单输入、单输出过程。假设噪声因子存在自相关性，响应 y 为望目质量特性，目标值 $T = 1$，过程的具体描述如下：

$$y = 1.5 + 0.5u + 0.8z_1 - z_2 - 0.6z_1 u + 0.4z_2 u + \varepsilon \tag{7-27}$$

其中，$\varepsilon \sim N(0, 0.5^2)$，两个噪声因子之间是相关的，且遵循一个平稳的多维 ARMA(1, 1)时间序列模型，即

$$\begin{cases} z_{1t} = \phi_{11} z_{1(t-1)} + \phi_{12} z_{2(t-1)} + e_{1t} - \theta_{11} e_{1(t-1)} - \theta_{12} e_{2(t-1)} \\ z_{2t} = \phi_{21} z_{1(t-1)} + \phi_{22} z_{2(t-1)} + e_{2t} - \theta_{21} e_{1(t-1)} - \theta_{22} e_{2(t-1)} \end{cases} \tag{7-28}$$

其中，$\phi_{11} = \phi_{22} = 0.3$；$\theta_{11} = \theta_{22} = 0.4$；$\phi_{12} = \phi_{21} = \theta_{12} = \theta_{21} = 0$；随机误差项服从协方差矩阵为$\boldsymbol{\Sigma}_e$的二元正态分布，即$\boldsymbol{e}_t = [e_{1t}, e_{2t}]^{\mathrm{T}} \sim N_2(\boldsymbol{0}, \boldsymbol{\Sigma}_e)$，其中，

$$\boldsymbol{\Sigma}_e = \begin{bmatrix} 1 & 0.8 \\ 0.8 & 1 \end{bmatrix}$$

将上述响应模型及噪声因子的时间序列模型假设为过程的真实描述。下面采用 DRSM 和 BR 方法进行仿真分析，获取各个时间段（假设过程从$t=1$时刻持续进行到$t=100$时刻）上可控因子的最优设计值，并将所得结果与真实模型进行比较。

1. 真实模型中可控因子的最优设置

使用噪声因子的真实模型生成模拟数据集，并将前 20 个数据作为历史数据，将其余 80 个数据作为在线数据，噪声因子的历史数据和在线数据如图 7-2 所示。

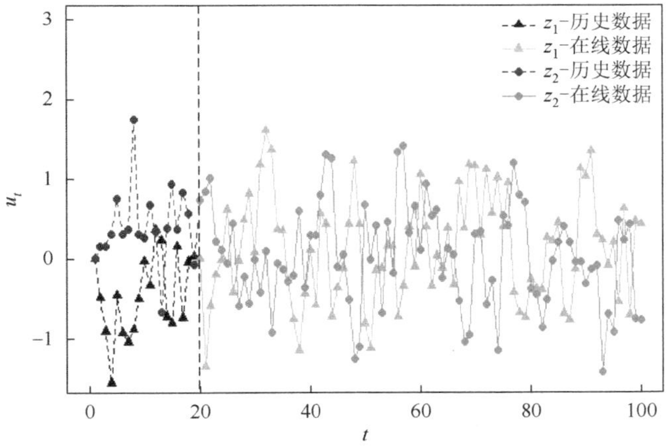

图 7-2　噪声因子的历史数据和在线数据

响应的均值和方差为

$$E_{\text{true}}(y_t) = 1.5 + 0.5u_t + [0.8 \ -1]\hat{\boldsymbol{\mu}}_{z_t}^{(t)} + \hat{\boldsymbol{\mu}}_{z_t}^{\mathrm{T}(t)} \begin{bmatrix} -0.6 \\ 0.4 \end{bmatrix} u_t \tag{7-29}$$

$$\mathrm{Var}_{\text{true}}(y_t) = \left(\begin{bmatrix} 0.8 \\ -1 \end{bmatrix} + \begin{bmatrix} -0.6 \\ 0.4 \end{bmatrix} u_t \right)^{\mathrm{T}} \hat{\boldsymbol{\Sigma}}_{z_t}^{(t)} \left(\begin{bmatrix} 0.8 \\ -1 \end{bmatrix} + \begin{bmatrix} -0.6 \\ 0.4 \end{bmatrix} u_t \right) + \sigma_\varepsilon^2 \tag{7-30}$$

将均值 $E_{true}(y_t)$ 与方差 $\mathrm{Var}_{true}(y_t)$ 代入期望损失函数中，可计算出真实模型（简记为 true 模型）中可控因子的最优设计值。将不同时间段上的噪声因子数据和可控因子的最优设计值代入响应模型中，可以计算出最优设计下的输出响应值，具体结果见图 7-3 和图 7-4。

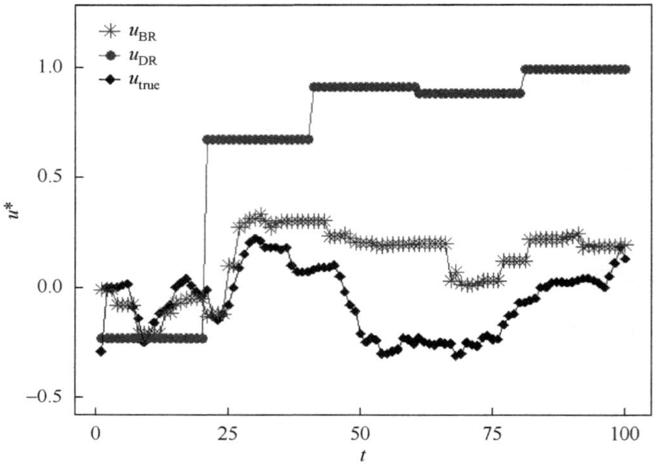

图 7-3　可控因子的最优设计值

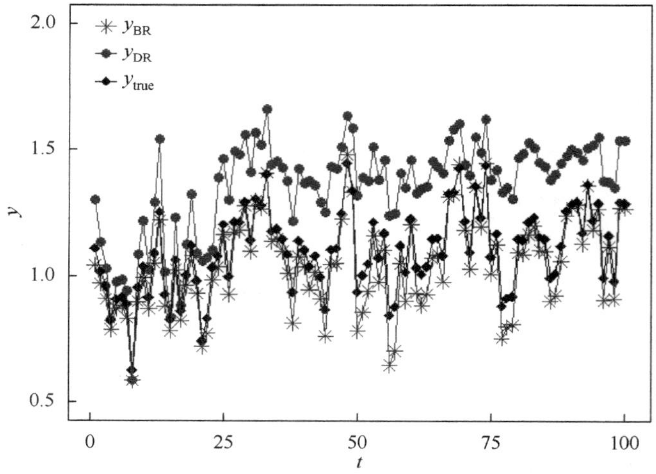

图 7-4　最优设计下的输出响应值

2. DRSM 与 BR 方法下可控因子的最优设计值

根据具有两个中心点的 2^3 正交试验设计来估计 DRSM 的响应模型，其中，响应值由其 true 模型产生，估计的响应模型如下：

$$y = 2.1 + 0.47u + 0.81z_1 - z_2 - 0.72z_1u + 0.56z_2u \quad (7\text{-}31)$$

根据图 7-2 中的历史数据可估计 DRSM 下的噪声因子模型。在建模之前，先对该数据进行 ADF 检验和自相关性检验，以确定其是否平稳，ADF 检验结果和噪声因子的自相关图分别如表 7-1 和图 7-5 所示。

表 7-1　ADF 检验结果

变量	临界值（5%）	t 统计量	p 值
z_1	−3.674	−3.926	0.032
z_2	−3.691	−3.747	0.045

注：ADF 检验的显著性水平为 5%。

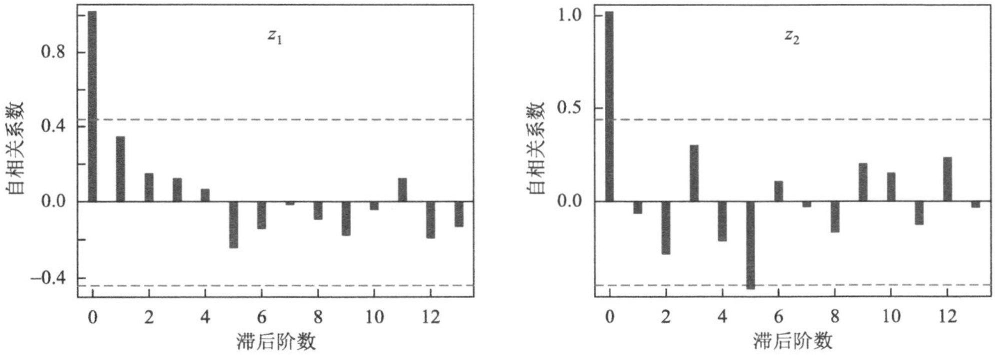

图 7-5　噪声因子的自相关图

从表 7-1 和图 7-5 可以看出，在 5%的显著性水平下，两个噪声因子序列都是平稳的。为此，对两个噪声因子序列建立了多维 ARMA 模型，它们的多维 ARMA (1, 1)模型表达式如下：

$$\begin{cases} z_{1t} = 0.43z_{1(t-1)} + 0.51z_{2(t-1)} + a_{1t} - 0.05a_{1(t-1)} - 0.52a_{2(t-1)} \\ z_{2t} = 0.31z_{1(t-1)} + 0.45z_{2(t-1)} + a_{2t} - 0.22a_{2(t-1)} \end{cases} \quad (7\text{-}32)$$

通过比较式（7-28）和式（7-32）可以看出，根据历史数据估计的模型参数与真实模型存在较大差异，说明该多维 ARMA(1, 1)模型参数的估计误差较大，因此利用噪声因子在线观测数据不断地更新噪声因子模型是很有必要的。需要注意的是，DRSM 的噪声因子模型在计算过程中并没有进行更新，而是根据最新的在线观测数据，在每 20 个时间段更新一次噪声因子的均值和方差。根据式（7-10）和式（7-11），可以计算出 DRSM 下可控因子的最优参数设计值，可控因子的最优设计值和最优设计下的输出响应值见图 7-3 和图 7-4。

BR 方法采用贝叶斯推断来解释响应模型和时间序列模型中参数的不确定性。无信息先验下回归模型参数的贝叶斯估计量与 OLS 估计量一致[27]，因此基于 BR 方法的响应模型与 DRSM 的响应模型一致。BR 方法中时间序列模型参数的估计量等于其后验分布的期望。根据式（7-24）、式（7-25）和式（7-27），可以得到可控因子在每个时间段的最佳设计值，然后可以计算出最优设计值下的过程输出。从图 7-3 和图 7-4 可以看出，BR 方法的结果均接近 true 模型，其估计精度优于 DRSM。

三种常用的定量指标 MSE、MAE 和平均绝对误差（average absolute error，AAE）被用来评价不同方法的表现，各指标的公式如下：

$$\mathrm{MSE}=\frac{1}{n}\sum_{t=1}^{n}(\hat{y}_t-T)^2$$

$$\mathrm{AAE}=\frac{1}{n}\sum_{t=1}^{n}|\hat{y}_t-T|$$

$$\mathrm{MAE}=\max|\hat{y}_t-T|$$

不同方法下的 MSE、AAE、MAE 的值如表 7-2 所示。

表 7-2　不同方法下的指标值

方法	MSE	AAE	MAE
true 模型	0.028	0.136	0.434
DRSM	0.166	0.377	0.659
BR 方法	0.037	0.156	0.495

由表 7-2 可以看出，true 模型的指标值最小，BR 方法的指标值小于 DRSM，因此，BR 方法的性能优于 DRSM。

7.1.4　案例：半导体制造过程

为了进一步测试本节所提方法的有效性，采用文献[28]中某测试晶片的电阻率试验进行案例分析。试验选择了 4 个主要影响因子：离子注入的剂量 u_1（cm^2）、时间 u_2（min）、氧化层的厚度 u_3（μm）和温度 z（℃）。响应变量 y 为该测试晶片的电阻率（Ω·m），它是一个望目质量特性，且设计目标为 $T=260\Omega\cdot\mathrm{m}$[29]。温度在生产过程中难以控制，但可以在试验环境下进行控制，因此温度 z 是噪声因子。该案例的研究目的是通过试验设计确定可控因子的最佳参数组合，以确保在过程输出的均值接近设计目标的同时最大限度地减小过程输出的波动。在试验过程中，试验者选择了一个无重复 2^4 的全因子设计进行相应的试验，具体的试验结果见表 7-3（可控因子与噪声因子已编码）。

表 7-3　某测试晶片的电阻率试验计划与试验结果（已编码）

试验号	可控因子			噪声因子 z	响应 y
	u_1	u_2	u_3		
1	−1	−1	−1	−1	193.4
2	1	−1	−1	−1	247.6
3	−1	1	−1	−1	168.2
4	1	1	−1	−1	205.0
5	−1	−1	−1	1	303.4
6	1	−1	−1	1	339.9
7	−1	1	−1	1	226.3
8	1	1	−1	1	208.3
9	−1	−1	1	−1	220.0
10	1	−1	1	−1	256.4
11	−1	1	1	−1	165.7
12	1	1	1	−1	203.5
13	−1	−1	1	1	285.0
14	1	−1	1	1	268.0
15	−1	1	1	1	169.1
16	1	1	1	1	208.5

1. 建模与分析

根据表 7-3 中的试验结果，建立带有可控因子与噪声因子交互项的单响应曲面模型，模型表达式见式（7-33），相应的模型统计量见表 7-4。

$$y = 229.27 + 12.88u_1 - 34.94u_2 + 21.79z - 13.07u_2 * z - 11.17z * u_3 + \varepsilon \qquad (7\text{-}33)$$

表 7-4　模型统计量

变量	自由度	系数	t 值	p 值
截距项	1	229.27	47.11	<0.001
u_1	1	12.88	2.65	0.024
u_2	1	−34.94	−7.18	<0.001
z	1	21.79	4.48	0.001
u_2z	1	−13.07	−2.69	0.023
u_3z	1	−11.17	−2.30	0.045
可决系数 $R^2 = 0.9011$　　标准误差 $S = 19.4654$				

其中，模型的随机误差项ε的分布近似为$\varepsilon \sim N(0,19.47^2)$。假设噪声因子具有自相关性且遵循 AR 系数为$\phi = 0.5$，随机误差项$e_t$为白噪声过程（分布为$N(0,1^2)$）的 AR（1）模型：

$$z_t = \phi z_{t-1} + e_t$$

由式（7-13）可得到

$$\boldsymbol{\Gamma}^{\mathrm{T}} = \phi = 0.5, \quad \boldsymbol{\Sigma}_e = 1$$

与数值模拟部分一致，称以上模型描述的是响应及噪声因子的真实结构，并将其作为 DRSM 和 BR 方法的参考标准。记$\boldsymbol{u} = [u_1, u_2, u_3]^{\mathrm{T}}$，$\beta_0 = 229.27$，$\boldsymbol{\beta}^{\mathrm{T}} = [12.88, -34.94, 0]$，$\gamma^{\mathrm{T}} = 21.79$，$\boldsymbol{\Delta} = [0, -13.07, -11.17]$，矩阵$\boldsymbol{D}_\beta$为

$$\boldsymbol{D}_\beta = \begin{bmatrix} 1/16 & 0 & 0 \\ 0 & 1/16 & 0 \\ 0 & 0 & 1/16 \end{bmatrix}$$

则 true 模型中响应的均值与方差为

$$E_{\mathrm{true}}(y) = \beta_0 + \boldsymbol{\beta}^{\mathrm{T}}\boldsymbol{u} + \gamma^{\mathrm{T}}\hat{\mu}_{z_t} + \boldsymbol{\Delta u}\hat{\mu}_{z_t} \tag{7-34}$$

$$\mathrm{Var}_{\mathrm{true}}(y) = (\gamma + \boldsymbol{\Delta u})^{\mathrm{T}}(\gamma + \boldsymbol{\Delta u})\sigma_{z_t}^2 + \sigma_\varepsilon^2\left(\frac{1}{16} + \boldsymbol{u}^{\mathrm{T}}\boldsymbol{D}_\beta\boldsymbol{u}\right) \tag{7-35}$$

假设该过程从$t = 1$时刻进行到$t = 100$时刻，已经采集了 20 个噪声因子的历史数据，可以利用传感器以获得后续的在线观测数据，噪声因子的历史观测值和在线观测值如图 7-6 所示。

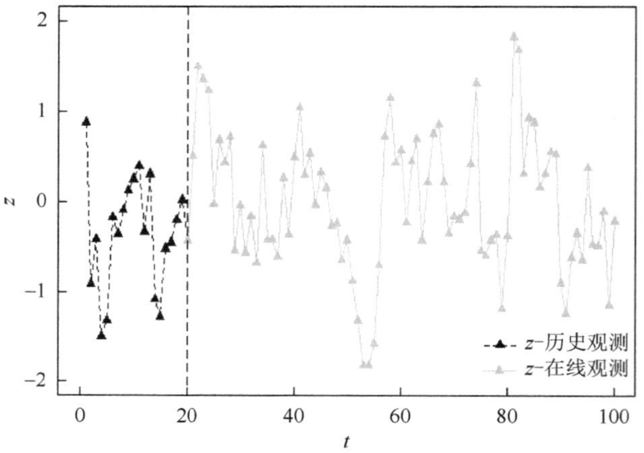

图 7-6　噪声因子的历史观测值和在线观测值

根据这些数据，噪声因子的均值和方差可以通过以下公式计算，将式（7-25）代入式（7-9），可以得到如下期望损失函数：

$$E[L(y_t)] = \text{Var}_{\text{true}}(y_t) + [E_{\text{true}}(y_t) - T]^2$$
$$= (\gamma + \boldsymbol{\Delta u}_t)^{\text{T}}(\gamma + \boldsymbol{\Delta u}_t)\sigma_{z_t}^2 + \hat{\sigma}_{\varepsilon}^2\left(\frac{1}{16} + \boldsymbol{u}_t^{\text{T}}\boldsymbol{D}_{\beta}\boldsymbol{u}_t\right) + (\beta_0 + \boldsymbol{\beta}^{\text{T}}\boldsymbol{u}_t + \gamma^{\text{T}}\hat{\mu}_{z_t} + \boldsymbol{\Delta u}_t\hat{\mu}_{z_t} - T)^2$$

通过最小化上述期望损失函数，可以得到各时间段可控因子的最优设计值，图 7-7 显示了这三个可控因子在不同时间段的最优设计值。

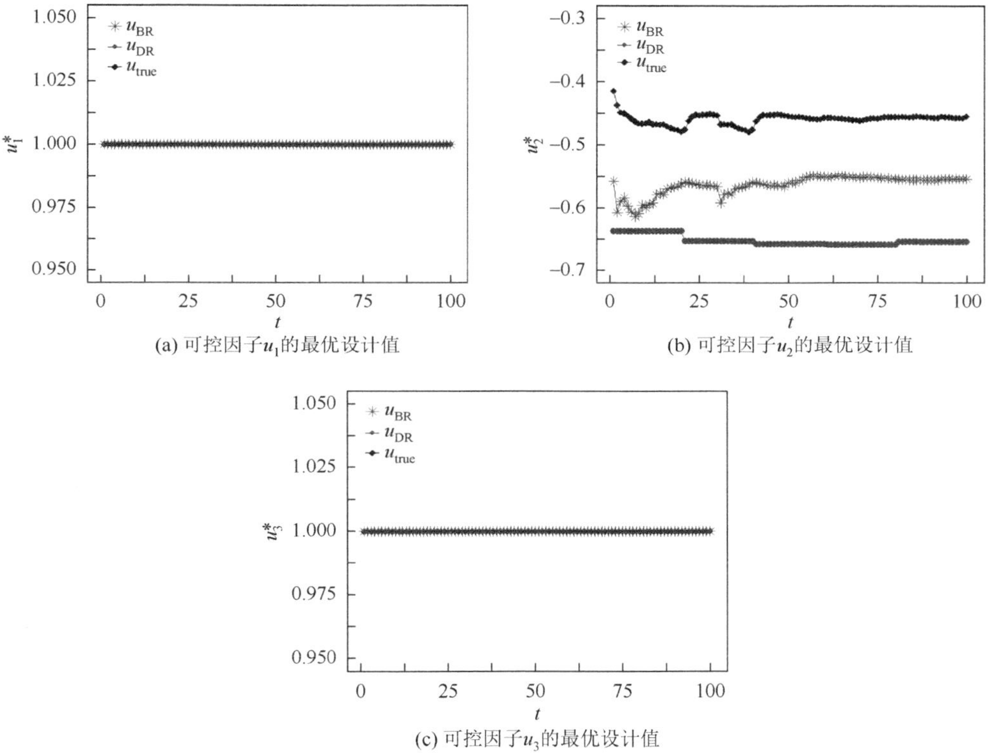

(a) 可控因子u_1的最优设计值　(b) 可控因子u_2的最优设计值

(c) 可控因子u_3的最优设计值

图 7-7　不同时间段内可控因子的最优设计值

2. DRSM 与 BR 方法下的最优设计值

利用表 7-3 中的试验数据，建立 BR 方法和 DRSM 的响应模型，因此响应模型与式（7-33）相同，噪声因子的时间序列模型是从图 7-6 中估算出来的。本节测试了数据的平稳性，绘制了噪声因子的自相关函数（autocorrelation function，ACF）图和偏自相关函数（partial autocorrelation function，PACF）图（图 7-8），并进行了 ADF 检验（p 值 = 0.0429，ADF 检验的显著性水平为 5%，本节未列出相关统计量）。由图 7-8 的结果和 ADF 检验可以得出序列是平稳的，因此可以对其建立相应的 ARMA 模型。

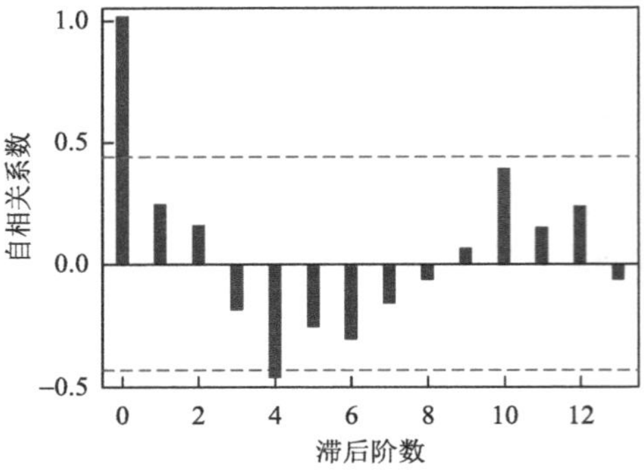

(a) ACF图

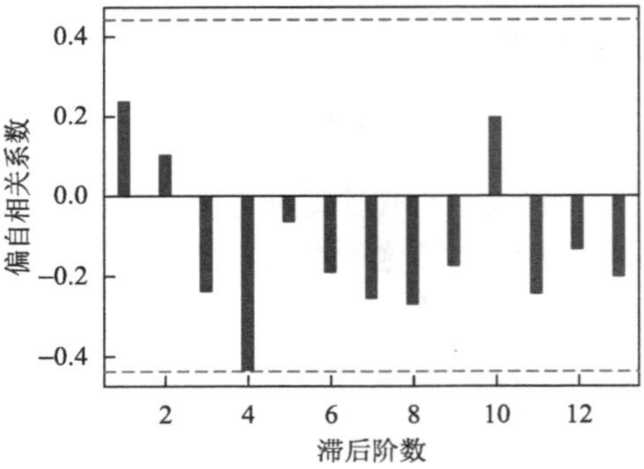

(b) PACF图

图 7-8　ACF 图和 PACF 图

拟合噪声因子模型（AR（1）模型）为

$$z_t = 0.36z_{t-1} + e_t$$

在 DRSM 中，噪声因子的时间序列模型只是每隔 20 个时间段更新噪声因子的均值和方差，并不考虑模型结构不确定性对估计结果的影响。相比之下，BR 方法利用参数的贝叶斯后验分布对 AR 系数进行更新，并利用在线噪声因子数据不断更新可控因子的稳健参数设计值。根据式（7-6）和式（7-9），利用 R 软件可计算出各时间段上 3 个可控因子的最优设计值（图 7-7），进而可以得到不同方法下的受控过程输出（图 7-9）。

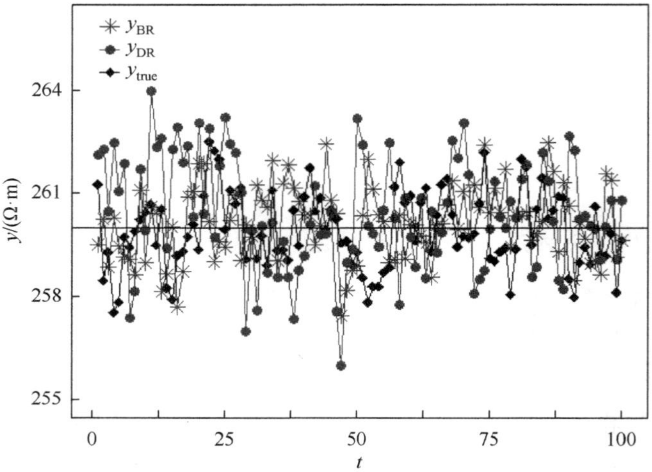

图 7-9　不同方法下的受控过程输出

3. 结果分析

为了说明 BR 方法的优势，本节将 Myers 等[30]在 2005 年提出的一种离线稳健参数设计方法（记作 MBM 方法）与 DRSM 和 BR 方法进行比较，并从两个方面评价不同方法的性能：①可控因子的最优设计值与 true 模型的最优设计值的接近程度；②受控过程输出与目标值 T 的接近程度。

为了衡量上述方法下可控因子的最优设计值与 true 模型的最优设计值的接近程度，可以参考图 7-7。从图 7-7 可以看出，与 DRSM 相比，BR 方法计算出的 u_1、u_2 和 u_3 的值更接近 true 模型的值，体现出 BR 方法的优越性。Myers 等[30]采用约束优化法获得可控因子的最优设计值。在整个生产过程中，u_1、u_2 和 u_3 的最优设计值分别为 1、–0.649 和 1，可以看出，这些结果并不比 BR 方法的结果更接近 true 模型的值。

根据图 7-9 可知，true 模型下的过程输出基本维持在目标值 $T = 260\Omega\cdot\text{m}$ 的水平上，且波动最小。DRSM 和 BR 方法下的过程输出也大致维持在目标值的水平上，但波动比 true 模型大，而且 DRSM 对应的受控过程输出的波动明显大于 BR 方法，表明本节提出的贝叶斯在线稳健参数设计方法的性能更具优越性。

根据各可控因子处于最优设计值下的响应值可计算不同方法的 MSE、AAE 和 MAE。这 3 个定量指标被用来测量受控过程输出与目标值的接近程度，计算结果如表 7-5 所示。

表 7-5　各方法性能比较

方法	MSE	AAE	MAE
true 模型	1.0661	0.8323	2.5509
DRSM	2.8639	1.3526	4.0348
MBM 方法	16.3216	4.0400	4.0400
BR 方法	1.1696	0.8805	2.5525

由表 7-5 可以看出，true 模型的 3 个指标都是最小的，而 BR 方法对应的 3 个指标值要小于 DRSM。这些结果表明，相比于 DRSM，本节提出的贝叶斯在线稳健参数设计方法的研究结果更接近 true 模型。这主要在于 BR 方法利用时间序列模型对噪声因子的自相关性进行建模，通过在线观测对其进行连续更新，从而提高了模型的预测性能。

在生产制造过程中，由于无法控制噪声因子的波动，产品或过程的质量往往达不到预期的标准。为此，需要采取一种恰当的方法在线调整可控因子的设计水平，从而实时补偿噪声因子的波动对产品或过程质量产生的影响。然而，随着科技的日新月异，传感器、测量工具及信号处理技术得到了长足的发展，已经可以利用先进的技术对很多不可控的噪声因子进行在线测量，使实时监测产品或过程变量变为可行。噪声因子在线观测的可获取性为实现在线过程设计提供了一定的基础和前提。

本节在贝叶斯多元回归模型和时间序列模型的框架下，结合质量损失函数及贝叶斯后验推断，提出了一种贝叶斯在线稳健参数设计方法，实现了考虑噪声因子可测的不确定性参数优化，并通过数值模拟与具体实例将该方法的过程性能与 DRSM 进行比较。结果表明，由于本节提出的方法允许在线计算可控因子的稳健参数设计值，考虑到了响应和噪声因子模型参数的不确定性，实现了比 DRSM 更有效的过程控制。

需要指出的是，本节是在可控因子的二次效应不显著、响应模型为一阶单响应曲面的前提下进行研究的。在一些实际工程应用中，往往存在多个质量特性或影响质量特性的显著性可控因子存在二次效应的情形。此时，进行具有二次效应的可控因子的多响应在线质量设计研究有一定的实际意义，这一问题将在 7.2 节进行研究。

7.2 考虑可观测噪声因子的多响应稳健参数设计

在稳健参数设计中，Taguchi 和 Phadke[20, 31]将影响产品或过程的质量的因子分为两类：在产品的生产制造过程中难以控制而在试验阶段可控的因子（噪声因子）和在生产制造过程及试验阶段均可控的因子（可控因子）。稳健参数设计的目的就是在设计阶段利用可控因子与噪声因子间的交互效应，找到一组可控因子的水平组合，使产品或过程的均值在尽可能接近设计目标值的基础上，最大限度地减小质量特性围绕目标值的波动[32]。

早期的稳健性设计方法一般是针对单响应问题。自 Taguchi 提出稳健参数设计的概念之后，在单响应优化设计领域已积累了丰硕的研究成果，如 Lin 和 Tu[33]与 Tang 和 Xu[34]等的著作。然而，随着顾客需求层次和产品复杂化程度的逐步提高，产品逐渐由单个质量特性向多个质量特性扩展。在实际产品和工序设计中，产品系统往往要满足多个质量特性的要求，因此针对多响应的优化设计越来越显示出其重要的理论与应用价值[35, 36]。

目前，关于多元质量特性的参数设计问题，国内外学者已经取得了不少的研究成果。例如，Miró-Quesada 和 del Castillo[19]将双响应方法的思想从单响应扩展到多响应，将响应误差项的方差-协方差矩阵的迹看成一个新的响应并作为目标函数，以多响应的均值为约束，实现多响应问题中的均值和方差同时优化；Wang 等[37]在贝叶斯回归模型的统一框架下结合多元质量损失函数和贝叶斯后验概率提出了一种多响应参数设计方法，该方法系统地考虑了多响应之间的相关性、模型参数的不确定性及优化结果的可靠性；张流洋等[38]针对多个响应变量具有偏度特征的情况，提出了基于多元偏正态分布与 RSM 相结合的动态多响应稳健参数优化模型，以有效地控制有偏性对动态多响应系统造成的偏差；Shah 等[39]针对响应间存在相关性的多响应优化问题，采用 SUR 模型对响应建模以降低响应相关性对优化结果的影响，然后优化满意度函数以确定最佳输入水平；Wan 和 Birch[40]针对多响应优化问题，运用半参数回归方法建立各响应的近似模型，并优化满意度函数以确定过程的最佳参数组合。

然而，不论针对单响应，还是针对多响应，稳健参数设计通常都是用作离线质量改进策略[7]。也就是说，可控因子的最优设计值由离线试验设计决定，一般在生产制造过程中不再改变。为了降低试验成本、缩短试验周期，在工业试验中通常选择利用尽可能少的样本最大限度地模拟整个试验过程。由于试验样本的有限性及随机误差的影响，模型的不确定性和预测响应值的波动一直存在于建模与优化过程中。目前，随着物联网和智能传感器技术的快速发展，在生产制造过程中实时测量或估计一些噪声因子已经成为现实。若能将这些丰富的信息加以利用，将进一步提高稳健参数设计结果的稳健性与可靠性。关于在线质量设计问题，一些学者已在理论研究和工程应用中提出了相应的解决方法。例如，Chinnam 等[41]介绍了一种前馈神经网络方法，利用可观察噪声因子的额外信息，使产品和过程的在线稳健参数设计成为可能；Ouyang 等[14]提出了一种贝叶斯闭环控制方法，该方法利用过程响应的在线观测实时调整可控因子的设计值。更多的文献介绍可以参考 7.1 节的内容。然而，这些研究都是针对单响应情形，所提方法不适用于多响应过程。因此，本节内容在 7.1 节研究思路的基础上，将单响应在线稳健参数设计推广到多响应在线稳健参数设计。本节旨在提出一个多响应在线稳健参数设计的贝叶斯框架，使用贝叶斯多元回归模型和贝叶斯向量自回归（Bayesian vector autoregression，BVAR）模型来考虑参数的不确定性。该方法以多变量质量损失函数为目标函数，采用 HGA 作为优化方法，在目标区域内寻找可控因子的最优设计值。同时，在逐步获得新的噪声因子在线信息的同时，对可控因子的最优设计值进行相应的调整。

7.2.1　基本的模型和过程假设

效应排序原则表明，可控因子的主效应、噪声因子的主效应、可控因子和噪声因子之间的交互效应与噪声因子是最重要的，而噪声因子的二次效应、每个因子的三阶效应可以忽略[42]。因此，在一般的稳健参数设计问题中，除了可控因子的主效应、交互效应和二次效应，通常只考虑噪声因子的主效应及可控因子与噪声因子之间的交互效应。

对具有 m 个质量特性 $\boldsymbol{y}=(y_1,y_2,\cdots,y_m)^{\mathrm{T}}$ 、r 个可控因子 $\boldsymbol{u}=(u_1,u_2,\cdots,u_r)^{\mathrm{T}}$ 和 k

个噪声因子 $\boldsymbol{z}=(z_1,z_2,\cdots,z_k)^{\mathrm{T}}$ 的系统而言，多响应曲面回归模型中含有 $d=1+r+r+r\times(r-1)/2+k+r\times k=(r+1)(r+2)/2+k+r\times k$ 个因子效应，模型的具体表达式可表示为

$$y_i=\alpha_i+\boldsymbol{u}^{\mathrm{T}}\boldsymbol{\beta}_i+\boldsymbol{u}^{\mathrm{T}}\boldsymbol{B}_i\boldsymbol{u}+\boldsymbol{z}^{\mathrm{T}}\boldsymbol{\gamma}_i+\boldsymbol{u}^{\mathrm{T}}\boldsymbol{\Delta}_i\boldsymbol{z}+\varepsilon_i,\quad i=1,2,\cdots,m \tag{7-36}$$

其中，ε_i，$i=1, 2, \cdots, m$ 为随机误差项，且 ε_i 相互独立，均服从正态分布 $N(0,\sigma_\varepsilon^2)$；$\alpha_i$ 是截距项；$\boldsymbol{\beta}_i$ 为可控因子主效应的 $r\times1$ 的系数向量；$\boldsymbol{\gamma}_i$ 为噪声因子主效应的 $k\times1$ 的系数向量；$\boldsymbol{\Delta}_i$ 为可控因子与噪声因子交互效应的 $r\times k$ 的系数矩阵；$\boldsymbol{B}_i$ 为可控因子交互效应与二次效应的 $r\times r$ 的对称的系数矩阵：

$$\boldsymbol{B}_i=\begin{bmatrix} b_{11}^{(i)} & 1/2b_{12}^{(i)} & \cdots & 1/2b_{1r}^{(i)} \\ 1/2b_{12}^{(i)} & b_{22}^{(i)} & \cdots & 1/2b_{2r}^{(i)} \\ \vdots & \vdots & & \vdots \\ 1/2b_{1r}^{(i)} & 1/2b_{2r}^{(i)} & \cdots & b_{rr}^{(i)} \end{bmatrix}$$

其中，b_{ij}，$i,j=1,2,\cdots,r$ 表示第 i 个与第 j 个可控因子之间的交互效应或二次效应的系数。

令 $\boldsymbol{y}$ 表示 $m\times1$ 的响应变量的向量，即 $\boldsymbol{y}=(y_1,y_2,\cdots,y_m)^{\mathrm{T}}$；$\boldsymbol{x}=(1,u_1,\cdots,u_r,u_1^2,\cdots,u_r^2,u_1u_2,\cdots,u_{r-1}u_r,z_1,\cdots,z_k,u_1z_1,\cdots,u_rz_k)^{\mathrm{T}}$ 表示 $d\times1$ 的因子效应向量；$\boldsymbol{\varepsilon}=(\varepsilon_1,\varepsilon_2,\cdots,\varepsilon_m)^{\mathrm{T}}$ 表示 $m\times1$ 的随机误差向量，且服从均值向量为 $\boldsymbol{0}$、方差-协方差矩阵为 $\boldsymbol{\Sigma}_\varepsilon$ 的多元正态分布；令 $\boldsymbol{\Phi}$ 表示 $d\times m$ 的模型系数矩阵，它包括式（7-36）中出现的所有参数，即 α_i、$\boldsymbol{\beta}_i$、$\boldsymbol{B}_i$、$\boldsymbol{\gamma}_i$ 和 $\boldsymbol{\Delta}_i$。

则式（7-36）中的 m 个等式可以表示成如下的矩阵方程形式：

$$\boldsymbol{y}=\boldsymbol{\Phi}^{\mathrm{T}}\boldsymbol{x}+\boldsymbol{\varepsilon} \tag{7-37}$$

假设通过离线试验设计获得了 N 组响应变量的观测值，具体数据结构如表 7-6 所示。

表 7-6　多响应系统试验设计表

运行	u_1	…	u_r	z_1	…	z_k	y_1	…	y_m
1	u_{11}	…	u_{1r}	z_{11}	…	z_{1k}	y_{11}	…	y_{1m}
2	u_{21}	…	u_{2r}	z_{21}	…	z_{2k}	y_{21}	…	y_{2m}
⋮	⋮	…	⋮	⋮	…	⋮	⋮	…	⋮
N	u_{N1}	…	u_{Nr}	z_{N1}	…	z_{Nk}	y_{N1}	…	y_{Nm}

令 $\boldsymbol{Y}=\begin{bmatrix} y_{11} & y_{12} & \cdots & y_{1m} \\ y_{21} & y_{22} & \cdots & y_{2m} \\ \vdots & \vdots & & \vdots \\ y_{N1} & y_{N2} & \cdots & y_{Nm} \end{bmatrix}_{N\times m}$，$\boldsymbol{\xi}=\begin{bmatrix} \varepsilon_{11} & \cdots & \varepsilon_{1m} \\ \vdots & & \vdots \\ \varepsilon_{N1} & \cdots & \varepsilon_{Nm} \end{bmatrix}_{N\times m}$，广义设计矩阵记为

$$
\boldsymbol{X}=\begin{bmatrix} 1 & u_{11} & \cdots & u_{1r} & u_{11}^2 & \cdots & u_{1r}^2 & u_{11}u_{12} & \cdots & u_{1r-1}u_{1r} & z_{11} & \cdots & z_{1k} & u_{11}z_{11} & \cdots & u_{1r}z_{1k} \\ 1 & u_{21} & \cdots & u_{2r} & u_{21}^2 & \cdots & u_{2r}^2 & u_{21}u_{22} & \cdots & u_{2r-1}u_{2r} & z_{21} & \cdots & z_{2k} & u_{21}z_{21} & \cdots & u_{2r}z_{2k} \\ \vdots & \vdots & & \vdots & \vdots & & \vdots & \vdots & & \vdots & \vdots & & \vdots & \vdots & & \vdots \\ 1 & u_{N1} & \cdots & u_{Nr} & u_{N1}^2 & \cdots & u_{Nr}^2 & u_{N1}u_{N2} & \cdots & u_{Nr-1}u_{Nr} & z_{N1} & \cdots & z_{Nk} & u_{N1}z_{N1} & \cdots & u_{Nr}z_{Nk} \end{bmatrix}
$$

则可得

$$
\boldsymbol{Y}=\boldsymbol{X\Phi}+\xi \tag{7-38}
$$

假设噪声因子的均值向量和方差-协方差矩阵分别表示为 $\boldsymbol{\mu}_z$ 和 $\boldsymbol{\Sigma}_z$，根据式（7-36），可以得到以下 m 组双响应曲面模型：

$$
E(y_i \mid \boldsymbol{u},\boldsymbol{z},\varepsilon_i)=\alpha_i+\boldsymbol{u}^{\mathrm{T}}\boldsymbol{\beta}_i+\boldsymbol{u}^{\mathrm{T}}\boldsymbol{B}_i\boldsymbol{u}+(\gamma_i^{\mathrm{T}}+\boldsymbol{u}^{\mathrm{T}}\boldsymbol{\varDelta}_i)\boldsymbol{\mu}_z,\quad i=1,2,\cdots,m \tag{7-39}
$$

$$
\mathrm{Var}(y_i \mid \boldsymbol{u},\boldsymbol{z},\varepsilon_i)=(\gamma_i^{\mathrm{T}}+\boldsymbol{u}^{\mathrm{T}}\boldsymbol{\varDelta}_i)\boldsymbol{\Sigma}_z(\gamma_i^{\mathrm{T}}+\boldsymbol{u}^{\mathrm{T}}\boldsymbol{\varDelta}_i)^{\mathrm{T}}+\sigma_\varepsilon^2,\quad i=1,2,\cdots,m \tag{7-40}
$$

将式（7-39）和式（7-40）表示成以时间为下标形式的方程：

$$
E(y_{it} \mid \boldsymbol{u}_t,\boldsymbol{z}_t,\varepsilon_{it})=\alpha_i+\boldsymbol{u}_t^{\mathrm{T}}\boldsymbol{\beta}_i+\boldsymbol{u}_t^{\mathrm{T}}\boldsymbol{B}_i\boldsymbol{u}_t+(\gamma_i^{\mathrm{T}}+\boldsymbol{u}_t^{\mathrm{T}}\boldsymbol{\varDelta}_i)\boldsymbol{\mu}_z^{(t)},\quad i=1,2,\cdots,m \tag{7-41}
$$

$$
\mathrm{Var}(y_{it} \mid \boldsymbol{u}_t,\boldsymbol{z}_t,\varepsilon_{it})=(\gamma_i^{\mathrm{T}}+\boldsymbol{u}_t^{\mathrm{T}}\boldsymbol{\varDelta}_i)\boldsymbol{\Sigma}_z^{(t)}(\gamma_i^{\mathrm{T}}+\boldsymbol{u}_t^{\mathrm{T}}\boldsymbol{\varDelta}_i)^{\mathrm{T}}+\sigma_\varepsilon^2,\quad i=1,2,\cdots,m \tag{7-42}
$$

假设产品或过程的目标是使响应在目标 $\boldsymbol{\tau}$ 周围保持尽可能小的变化，所以选择下面的多元期望损失函数作为性能衡量标准：

$$
\begin{aligned}
E[L(\boldsymbol{y}_t)]&=E[(\boldsymbol{y}_t-\boldsymbol{\tau})^{\mathrm{T}}\boldsymbol{C}(\boldsymbol{y}_t-\boldsymbol{\tau})]\\
&=\mathrm{tr}(\boldsymbol{\Sigma}_{y_t}\boldsymbol{C})+[E(\boldsymbol{y}_t)-\boldsymbol{\tau}]^{\mathrm{T}}\boldsymbol{C}[E(\boldsymbol{y}_t)-\boldsymbol{\tau}]
\end{aligned} \tag{7-43}
$$

其中，$E(\boldsymbol{y}_t)=[E(y_{1t} \mid \boldsymbol{u}_t,\boldsymbol{z}_t,\varepsilon_{1t}),\cdots,E(y_{mt} \mid \boldsymbol{u}_t,\boldsymbol{z}_t,\varepsilon_{mt})]^{\mathrm{T}}$ 是一个 $m\times 1$ 的向量；$\boldsymbol{\Sigma}_{y_t}=\mathrm{diag}\{\mathrm{Var}(y_{1t} \mid \boldsymbol{u}_t,\boldsymbol{z}_t,\varepsilon_{1t}),\cdots,\mathrm{Var}(y_{mt} \mid \boldsymbol{u}_t,\boldsymbol{z}_t,\varepsilon_{mt})\}$ 是一个 $m\times m$ 的矩阵；$\boldsymbol{C}$ 是 $m\times m$ 的成本矩阵，表示响应 $\boldsymbol{y}_t$ 偏离目标值 $\boldsymbol{\tau}$ 时的损失。则优化策略可表示为

$$
\begin{cases}
\min\limits_{\boldsymbol{u}} E[L(\boldsymbol{y}_t)]=\mathrm{tr}(\boldsymbol{\Sigma}_{y_t}\boldsymbol{C})+[E(\boldsymbol{y}_t)-\boldsymbol{\tau}]^{\mathrm{T}}\boldsymbol{C}[E(\boldsymbol{y}_t)-\boldsymbol{\tau}]\\
\text{s.t.}\quad \boldsymbol{u}\in\boldsymbol{\Omega}
\end{cases} \tag{7-44}
$$

其中，$\boldsymbol{\Omega}$ 是可控因子的可行区域。

本节假设在生产阶段，利用先进的技术可以在等距时间间隔测量噪声因子，使用时间序列模型来描述噪声因子的动态特性。式（7-44）有两个未知量（即 $\boldsymbol{\mu}_z^{(t)}$ 和 $\boldsymbol{\Sigma}_z^{(t)}$）需要在过程优化前求解。在 t 时间点的噪声因子的均值向量 $\boldsymbol{\mu}_z^{(t)}$ 和方差-协方差矩阵 $\boldsymbol{\Sigma}_z^{(t)}$ 可获得的条件下，利用 HGA 对式（7-44）进行寻优，则可以获得 t 时间点上可控因子的最优设计值 $\boldsymbol{u}_t^*$。同理，若可以获得 $\boldsymbol{\mu}_z^{(t+1)}$ 和 $\boldsymbol{\Sigma}_z^{(t+1)}$，则可以求得 $\boldsymbol{u}_{t+1}^*$，以此类推。

由式（7-43）可知，优化目标函数具有高度复杂的非线性特征。传统算法是局部优化方法，容易陷入局部最优，缺乏良好的全局搜索能力，它们的优化结果依赖于初值，难以解决复杂的非线性优化问题[43]。GA 具有良好的全局搜索能力，可以对各种复杂的非线性函数进行优化。GA 非常善于识别搜索空间的最优区域，但是在感兴趣的区域中定位精确的局部最优区域需要花费相对较长的时间[44, 45]。

在 GA 中引入一种有效的局部搜索算法（将此混合算法称为 HGA），可以进一步提高算法的精度，加快算法的收敛速度。许多研究者将 HGA 应用于高度非线性工程优化问题中，并获得了稳健的优化结果。因此，本节采用一种结合拟牛顿算法[46]和 GA 的 HGA 来搜索可控因子的最优设计值 $\boldsymbol{u}_t^*$ 。HGA 的步骤如下[47]：首先，利用 GA 对式（7-44）进行全局搜索；其次，以 GA 返回的满足停止准则的最优解为初值，采用拟牛顿算法在局部范围内进行搜索；最后，给出满足停止准则的优化结果。

7.2.2 贝叶斯多响应在线稳健参数设计

本节提出一种基于双响应曲面模型的贝叶斯在线稳健参数设计方法，该方法利用噪声因子的实时观测值对可控因子的设置进行调整，并通过贝叶斯方法考虑模型参数的不确定性。本节总结了该方法的步骤，包括：①利用贝叶斯多元回归模型拟合过程响应与过程输入之间的关系；②建立噪声因子的 BVAR 模型，推导未来噪声因子的后验预测分布；③在步骤①、②的基础上，建立优化策略，通过 HGA 计算出不同时间段可控因子的最优设计值。

1. 响应模型的贝叶斯推断

为了说明模型参数 $\boldsymbol{\Phi}$ 、$\boldsymbol{\Sigma}_\varepsilon$ 的不确定性，本节拟在多元回归模型的框架下，结合贝叶斯方法进行建模和优化。为了进行在线质量设计，将式（7-37）改写成以时间 t 为下标的响应模型的形式：

$$\boldsymbol{y}_t = \boldsymbol{\Phi}^{\mathrm{T}}\boldsymbol{x}_t + \boldsymbol{\varepsilon}_t$$

当参数 $\boldsymbol{\Phi}$ 、$\boldsymbol{\Sigma}_\varepsilon$ 的先验信息未知时，可以通过对其指定 Jeffreys 先验[24]来获得参数的后验推断。通常参数 $\boldsymbol{\Phi}$ 、$\boldsymbol{\Sigma}_\varepsilon$ 是相互独立的，则模型参数的 Jeffreys 先验为

$$p(\boldsymbol{\Phi},\boldsymbol{\Sigma}_\varepsilon) \propto \frac{1}{|\boldsymbol{\Sigma}_\varepsilon|^{(m+1)/2}}$$

根据贝叶斯定理，可以得到模型参数 $\boldsymbol{\Phi}$ 和 $\boldsymbol{\Sigma}_\varepsilon$ 的联合后验分布：

$$\begin{aligned} p(\boldsymbol{\Phi},\boldsymbol{\Sigma}_\varepsilon \mid \boldsymbol{Y},\boldsymbol{X}) &\propto p(\boldsymbol{\Phi},\boldsymbol{\Sigma}_\varepsilon)\times L(\text{data}\mid \boldsymbol{\Phi},\boldsymbol{\Sigma}_\varepsilon) \\ &\propto |\boldsymbol{\Sigma}_\varepsilon|^{-(N+m+1)/2}\exp\left(-\frac{1}{2}\text{tr}\{[\boldsymbol{S}+(\boldsymbol{\Phi}-\hat{\boldsymbol{\Phi}})^{\mathrm{T}}\boldsymbol{X}^{\mathrm{T}}\boldsymbol{X}(\boldsymbol{\Phi}-\hat{\boldsymbol{\Phi}})]\boldsymbol{\Sigma}_\varepsilon^{-1}\}\right) \end{aligned} \quad (7\text{-}45)$$

其中，$\hat{\boldsymbol{\Phi}}=(\boldsymbol{X}^{\mathrm{T}}\boldsymbol{X})^{-1}\boldsymbol{X}^{\mathrm{T}}\boldsymbol{Y}$ 是 $\boldsymbol{\Phi}$ 的最小二乘估计；$\boldsymbol{S}=(\boldsymbol{Y}-\boldsymbol{X}\hat{\boldsymbol{\Phi}})^{\mathrm{T}}(\boldsymbol{Y}-\boldsymbol{X}\hat{\boldsymbol{\Phi}})$ 是模型的误差平方和。

对联合后验分布关于参数 $\boldsymbol{\Sigma}_\varepsilon$ 进行积分可以得到 $\boldsymbol{\Phi}$ 的后验分布为

$$p(\boldsymbol{\Phi}\mid \boldsymbol{Y},\boldsymbol{X}) \propto \int_{\boldsymbol{\Sigma}_\varepsilon>0} p(\boldsymbol{\Phi},\boldsymbol{\Sigma}_\varepsilon \mid \boldsymbol{Y},\boldsymbol{X})\mathrm{d}\boldsymbol{\Sigma}_\varepsilon \propto \frac{1}{|\boldsymbol{S}+(\boldsymbol{\Phi}-\hat{\boldsymbol{\Phi}})^{\mathrm{T}}\boldsymbol{X}^{\mathrm{T}}\boldsymbol{X}(\boldsymbol{\Phi}-\hat{\boldsymbol{\Phi}})|^{N/2}}$$

上式是矩阵 t 分布，即

$$\boldsymbol{\Phi} \mid \boldsymbol{Y}, \boldsymbol{X} \sim Mt_{d\times m}(N-d, \hat{\boldsymbol{\Phi}}, \boldsymbol{X}^{\mathrm{T}}\boldsymbol{X} \otimes \boldsymbol{S})$$

类似地，可以得到模型参数 $\boldsymbol{\Sigma}_{\varepsilon}$ 的后验分布是逆威沙特分布，即

$$\boldsymbol{\Sigma}_{\varepsilon} \mid \boldsymbol{Y}, \boldsymbol{X} \sim \mathrm{IW}_m(\boldsymbol{S}, N-m)$$

在给定观测值 $\boldsymbol{x}_{t+1}$ 的条件下，未来响应值 $\boldsymbol{y}_{t+1}$ 的后验预测分布为非中心的多元 t 分布[27, 37, 48]：

$$\boldsymbol{y}_{t+1} \mid \boldsymbol{Y}, \boldsymbol{x}_{t+1} \sim t_{v}^{m}\left(\hat{\boldsymbol{\Phi}}^{\mathrm{T}}\boldsymbol{x}_{t+1}, \frac{1}{v}[1+\boldsymbol{x}_{t+1}^{\mathrm{T}}(\boldsymbol{X}^{\mathrm{T}}\boldsymbol{X})^{-1}\boldsymbol{x}_{t+1}]\boldsymbol{S}\right) \tag{7-46}$$

其中，自由度 $v = N - m - d + 1$。

在 $t+1$ 时刻的响应的均值向量和协方差矩阵如下：

$$E(\boldsymbol{y}_{t+1} \mid \boldsymbol{Y}, \boldsymbol{x}_{t+1}) = E(\boldsymbol{y}_{t+1} \mid \boldsymbol{Y}, \boldsymbol{u}_{t+1}, \boldsymbol{z}_{t+1}) = \hat{\boldsymbol{\Phi}}^{\mathrm{T}}\boldsymbol{x}_{t+1} \tag{7-47}$$

$$\mathrm{Var}(\boldsymbol{y}_{t+1} \mid \boldsymbol{Y}, \boldsymbol{x}_{t+1}) = \mathrm{Var}(\boldsymbol{y}_{t+1} \mid \boldsymbol{Y}, \boldsymbol{u}_{t+1}, \boldsymbol{z}_{t+1}) = \frac{v}{v-2}[1+\boldsymbol{x}_{t+1}^{\mathrm{T}}(\boldsymbol{X}^{\mathrm{T}}\boldsymbol{X})^{-1}\boldsymbol{x}_{t+1}]\boldsymbol{S} \tag{7-48}$$

将式（7-47）、式（7-48）代入式（7-43）中可以建立多元期望损失函数，下面将使用时间序列模型计算式（7-47）和式（7-48）中噪声因子的未来观测值。

2. 建立噪声因子的时间序列模型——BVAR 模型

1）模型的建立

向量自回归（vector autoregression，VAR）模型通常用于研究多个相关变量的动态特征[49]。它将具有较强相关性的变量构成一个向量系统，系统内各变量的相关性由所有变量的 p 阶滞后予以刻画[22]。

若 $\boldsymbol{z}_t = (z_{1t}, z_{2t}, \cdots, z_{kt})^{\mathrm{T}}$ 表示 k 个噪声因子在时间 t 处的取值，则向量序列 $\boldsymbol{z}_t$ 的滞后阶数为 p 的非限制性 VAR 模型可以表示为

$$\boldsymbol{z}_t = \boldsymbol{a} + \boldsymbol{A}_1\boldsymbol{z}_{t-1} + \boldsymbol{A}_2\boldsymbol{z}_{t-2} + \cdots + \boldsymbol{A}_p\boldsymbol{z}_{t-p} + \boldsymbol{e}_t \tag{7-49}$$

其中，截距项 $\boldsymbol{a} = (a_1, a_2, \cdots, a_k)^{\mathrm{T}}$ 是 $k\times 1$ 的向量；$\boldsymbol{A}_j, j = 1,2,\cdots,p$ 均为 $k\times k$ 的参数矩阵；向量 $\boldsymbol{e}_t = (e_{1t}, e_{2t}, \cdots, e_{kt})^{\mathrm{T}}$ 是一个均值向量为 $\boldsymbol{0}$、协方差矩阵为正定矩阵 $\boldsymbol{\Sigma}_e$ 的 k 维白噪声过程，即 $\boldsymbol{e}_t \overset{\mathrm{iid}}{\sim} N_k(\boldsymbol{0}, \boldsymbol{\Sigma}_e)$（iid 表示独立同分布）。

VAR 模型的主要缺点是需要估计的参数太多，这种过参数化会导致多重共线性和自由度损失，进一步导致估计效率低和样本外的预测误差大[49]。基于 VAR 模型的上述缺点，Litterman[50]提出了 BVAR 模型。BVAR 模型的特点是将变量系数看成具有某些先验信息的随机变量，并根据相应变量的数据对似然函数值的影响大小来确定该系数的后验均值。因此，BVAR 模型可以克服数据量太少的问题，从而改善预测效果[51]。本节使用 BVAR 模型研究噪声因子的动态变化规律。

将式（7-49）写成如下多元线性回归模型的形式：

$$z_t = \boldsymbol{\Gamma}^{\mathrm{T}} \boldsymbol{w}_t + \boldsymbol{e}_t \tag{7-50}$$

其中，$\boldsymbol{e}_t$ 是残差项；$\boldsymbol{\Gamma}=[\boldsymbol{a}^{\mathrm{T}},\boldsymbol{A}_1^{\mathrm{T}},\boldsymbol{A}_2^{\mathrm{T}},\cdots,\boldsymbol{A}_p^{\mathrm{T}}]^{\mathrm{T}}$ 是一个 $(kp+1)\times k$ 的模型参数矩阵；$\boldsymbol{w}_t=(1,z_{t-1},z_{t-2},\cdots,z_{t-p})^{\mathrm{T}}$ 是由常数 1 及所有噪声因子关于时刻 t 的所有从 1 阶至 p 阶的滞后项构成的 $(kp+1)\times 1$ 的列向量。

假设已经从过去的生产、制造过程的等距时间点上收集到所有噪声因子的 n 组历史观测数据 $z_1,z_2,\cdots,z_n$，则根据式（7-50）有以下方程成立：

$$\begin{bmatrix} z_1^{\mathrm{T}} \\ z_2^{\mathrm{T}} \\ \vdots \\ z_n^{\mathrm{T}} \end{bmatrix} = \begin{bmatrix} \boldsymbol{w}_1^{\mathrm{T}} \\ \boldsymbol{w}_2^{\mathrm{T}} \\ \vdots \\ \boldsymbol{w}_n^{\mathrm{T}} \end{bmatrix} \times \boldsymbol{\Gamma} + \begin{bmatrix} \boldsymbol{e}_1^{\mathrm{T}} \\ \boldsymbol{e}_2^{\mathrm{T}} \\ \vdots \\ \boldsymbol{e}_n^{\mathrm{T}} \end{bmatrix}$$

令 $\boldsymbol{Z}=[z_1^{\mathrm{T}},z_2^{\mathrm{T}},\cdots,z_n^{\mathrm{T}}]^{\mathrm{T}}$，$\boldsymbol{W}=[\boldsymbol{w}_1^{\mathrm{T}},\boldsymbol{w}_2^{\mathrm{T}},\cdots,\boldsymbol{w}_n^{\mathrm{T}}]^{\mathrm{T}}$，$\boldsymbol{E}=[\boldsymbol{e}_1^{\mathrm{T}},\boldsymbol{e}_2^{\mathrm{T}},\cdots,\boldsymbol{e}_n^{\mathrm{T}}]^{\mathrm{T}}$，则上式可以简写成矩阵表达式 $\boldsymbol{Z}=\boldsymbol{W\Gamma}+\boldsymbol{E}$。其中，随机误差矩阵 $\boldsymbol{E}$ 服从矩阵正态分布，即 $\boldsymbol{E}\sim MN_{n\times k}(\boldsymbol{0},\boldsymbol{\Sigma}_e\otimes\boldsymbol{I}_n)$。根据最小二乘法，可以计算出模型参数矩阵 $\boldsymbol{\Gamma}$ 的最小二乘估计量：

$$\hat{\boldsymbol{\Gamma}}=(\boldsymbol{W}^{\mathrm{T}}\boldsymbol{W})^{-1}\boldsymbol{W}^{\mathrm{T}}\boldsymbol{Z} \tag{7-51}$$

给出方差-协方差矩阵 $\boldsymbol{\Sigma}_e$ 的 Jeffreys 先验：$p(\boldsymbol{\Gamma},\boldsymbol{\Sigma}_e)\propto\dfrac{1}{|\boldsymbol{\Sigma}_e|^{(k+1)/2}}$。根据前面介绍的贝叶斯后验推断的步骤，可以得到模型参数矩阵 $\boldsymbol{\Gamma}$ 的后验分布为

$$\boldsymbol{\Gamma}\,|\,\boldsymbol{Z},\boldsymbol{W}\sim Mt_{(kp+1)\times k}(N-kp-1,\hat{\boldsymbol{\Gamma}},\boldsymbol{W}^{\mathrm{T}}\boldsymbol{W}\otimes\boldsymbol{S}_z) \tag{7-52}$$

其中，$\boldsymbol{S}_z=(\boldsymbol{Z}-\boldsymbol{W}\hat{\boldsymbol{\Gamma}})^{\mathrm{T}}(\boldsymbol{Z}-\boldsymbol{W}\hat{\boldsymbol{\Gamma}})$。在给定噪声因子的所有观测数据 $\boldsymbol{Z}$ 及噪声因子的所有滞后项 $\boldsymbol{w}_T$ 的条件下，观测值 z_{T+1} 的后验预测分布为

$$p(z_{T+1}\,|\,\boldsymbol{Z},\boldsymbol{w}_T)=t_{v_z}^{k}\left\{\hat{\boldsymbol{\Gamma}}^{\mathrm{T}}\boldsymbol{w}_T,\frac{1}{v_z}[1+\boldsymbol{w}_T^{\mathrm{T}}(\boldsymbol{W}^{\mathrm{T}}\boldsymbol{W})^{-1}\boldsymbol{w}_T^{\mathrm{T}}]\boldsymbol{S}_z\right\} \tag{7-53}$$

其中，$v_z=T-p-k+1$；$\boldsymbol{S}_z=(\boldsymbol{Z}-\boldsymbol{W}\hat{\boldsymbol{\Gamma}})^{\mathrm{T}}(\boldsymbol{Z}-\boldsymbol{W}\hat{\boldsymbol{\Gamma}})$。

2）噪声因子预测值的计算

获得后验预测分布之后，就可以利用蒙特卡罗模拟计算噪声因子未来观测的估计值，具体步骤如下。

步骤 1：设置样本容量为 M，$i=0$。

步骤 2：在 $t=T$ 时，根据式（7-53）模拟生成 M 组二元 t 分布的随机数 $z_{t+1}^{(1)}$，$z_{t+1}^{(2)},\cdots,z_{t+1}^{(M)}$。

步骤 3：计算上述随机数的平均值，并将其作为 z_{t+1} 的估计值，记作 $\hat{z}_{t+1}$。

步骤 4：在 $t+1$ 时间段结束时，收集到 z_{t+1} 的实际观测值，将其用于更新式（7-53），获得下一时间段噪声因子的后验预测分布。

步骤 5：$i=i+1$，重复步骤 2～步骤 4 的过程，即可获得一系列噪声因子的预测值。

3. 过程优化

本节采用多元期望损失函数作为目标函数，提出的优化策略可以表示为

$$\begin{cases}\min\limits_{\boldsymbol{u}} E[L(\boldsymbol{y}_{t+1})]=\operatorname{tr}[\operatorname{Var}(\boldsymbol{y}_{t+1}\mid\boldsymbol{Y},\boldsymbol{x}_{t+1})\boldsymbol{C}]+[E(\boldsymbol{y}_{t+1}|\boldsymbol{Y},\boldsymbol{x}_{t+1})-\boldsymbol{\tau}]^{\mathrm{T}}\boldsymbol{C}[E(\boldsymbol{y}_{t+1}\mid\boldsymbol{Y},\boldsymbol{x}_{t+1})-\boldsymbol{\tau}]\\ \text{s.t.}\quad \boldsymbol{u}\in\boldsymbol{\Omega}\end{cases}\tag{7-54}$$

其中，$\boldsymbol{\Omega}$ 是可控因子 $\boldsymbol{u}$ 的参数设计空间。

采用 HGA 最小化式（7-54），可以得到可控因子在时间 t 的最优解，将每一组估计的未来噪声因子代入式（7-51）更新 BVAR 模型系数，再代入式（7-47）和式（7-48）建立新的多变量期望损失函数，然后通过 HGA 找到不同时间段上可控因子的最优设计值。

7.2.3　仿真分析

本节通过一个数值例子来测试所提方法的有效性。考虑一种较简单的情形：$m=2$，$r=1$，$k=2$，$p=1$，即具有两个可观察的噪声因子（噪声因子的动态变化规律可以用一阶滞后的 VAR 模型描述）和一个可控因子的双响应系统。响应变量 y_1 和 y_2 均为望目质量特性，目标值分别为 $\tau_1=24$ 和 $\tau_2=1$，过程的具体描述如下：

$$\begin{cases}y_{1t}=20+12u_t-10u_t^2-12z_{1t}+18z_{2t}+11u_tz_{1t}-8u_tz_{2t}+\varepsilon_{1t}\\ y_{2t}=2-u_t+3u_t^2+2.5z_{1t}+5z_{2t}+2u_tz_{1t}-u_tz_{2t}+\varepsilon_{2t}\end{cases}\tag{7-55}$$

其中，令 $\boldsymbol{\varepsilon}=(\varepsilon_1,\varepsilon_2)^{\mathrm{T}}\sim N_2(\boldsymbol{0},\boldsymbol{I})$。两个噪声因子遵循的 VAR（1）时间序列模型为

$$\begin{cases}z_{1t}=A_{11}z_{1t-1}+A_{12}z_{2t-1}+e_{1t}\\ z_{2t}=A_{21}z_{1t-1}+A_{22}z_{2t-1}+e_{2t}\end{cases}\tag{7-56}$$

即 $A_{11}=0.8$，$A_{12}=0.1$，$A_{21}=0.6$，$A_{22}=0.3$。随机误差项服从方差-协方差矩阵为 $\boldsymbol{\Sigma}_e$ 的二元正态分布，即 $\boldsymbol{e}_t=[e_{1t},e_{2t}]^{\mathrm{T}}\sim N_2(\boldsymbol{0},\boldsymbol{\Sigma}_e)$，其中，

$$\boldsymbol{\Sigma}_e=\begin{bmatrix}1 & 0.8\\ 0.8 & 1\end{bmatrix}$$

假设已在过去的生产制造过程中收集了噪声因子的 20 组历史观测数据，具体数据见图 7-10 中虚线的左边。在后续的生产过程中，可获得噪声因子的在线观测数据（假设该过程的总运行量为 100），见图 7-10 中虚线的右边。

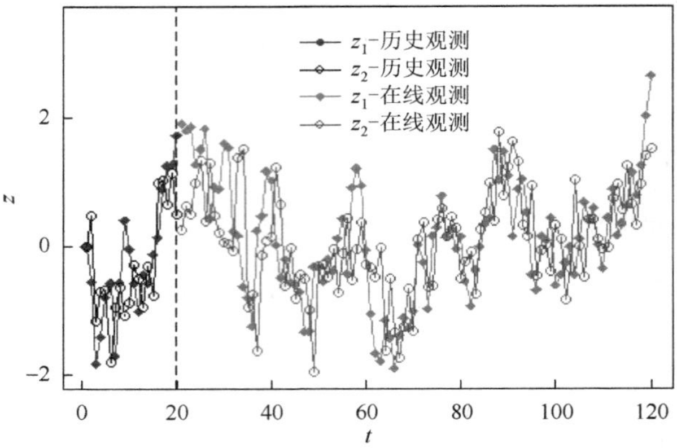

图 7-10　噪声因子观测数据

假设上述响应模型及噪声因子的时间序列模型是过程的真实描述，然而事先并不知道时间序列模型的正确形式，于是需要借助噪声因子的历史观测数据对 z_1 和 z_2 拟合 VAR(p)模型，并利用生成的模拟试验数据建立响应模型。本节利用一个具有 8 个立方点、6 个中心点、6 个轴点的 CCD（即 $N=20$）来收集试验数据，因此可控因子的可行区间为$(-1.682,1.682)$。为了说明所提方法的优越性，将所提方法（简记为 BDRS-BVAR 方法）与离线稳健参数设计方法（简记为 offline-RPD 方法）、另一种非贝叶斯在线稳健参数设计方法（简记为 DRS-VAR 方法）进行比较，以说明在生产过程中考虑噪声因子的波动与模型参数不确定性的优势。

1. 可控因子的最优设计值的计算

根据式（7-55），可得 true 模型中响应的均值向量和方差-协方差矩阵分别为

$$E_{\text{true}}(\boldsymbol{y}_t)=\begin{bmatrix}E(y_{1t})\\E(y_{2t})\end{bmatrix}=\begin{bmatrix}24+12u_t-10u_t^2+[(-12\quad 18)+u_t(11\quad -8)]\boldsymbol{\mu}_z^{(t)}\\2-u_t+3u_t^2+[(2.5\quad 5)+u_t(2\quad -1)]\boldsymbol{\mu}_z^{(t)}\end{bmatrix}_{2\times1} \tag{7-57}$$

$$\begin{aligned}\mathrm{Var}_{\text{true}}(\boldsymbol{y}_t)&=\mathrm{diag}\{\mathrm{Var}(y_{1t}),\mathrm{Var}(y_{2t})\}\\&=\mathrm{diag}\{[(-12\quad 18)+u_t(11\quad -8)]\boldsymbol{\Sigma}_z^{(t)}[(-12\quad 18)+u_t(11\quad -8)]^{\mathrm{T}},\\&\qquad[(2.5\quad 5)+u_t(2\quad -1)]\boldsymbol{\Sigma}_z^{(t)}[(2.5\quad 5)+u_t(2\quad -1)]^{\mathrm{T}}\}_{2\times2}\end{aligned} \tag{7-58}$$

式（7-57）与式（7-58）中的未知项 $\boldsymbol{\mu}_z^{(t)}$ 和 $\boldsymbol{\Sigma}_z^{(t)}$ 利用在后续的生产制造过程中测得的噪声因子在线观测数据进行估计。将式（7-57）与式（7-58）代入式（7-44）中，利用 HGA 可计算出 true 模型下各时间点上可控因子的最优设计值。将噪声因子的在线观测数据和计算得到的可控因子的最优设计值代入响应模型，得到相应的过程输出。

利用仿真试验数据，采用非贝叶斯方法对 offline-RPD 方法和 DRS-VAR 方法下的响应模型进行估计，估计的响应模型如下：

$$y_{1t} = 20.3 + 11.7u_t - 10u_t^2 - 12.2z_{1t} + 18.1z_{2t} + 10.3u_t z_{1t} - 7.9u_t z_{2t}$$
$$y_{2t} = 2 - 2.8u_t + 3.2u_t^2 + 2.2z_{1t} + 5.2z_{2t} + 2.4u_t z_{1t} - 0.5u_t z_{2t}$$

在后续计算过程中，各响应的响应曲面模型不再更新。与前面所提的其他离线稳健参数设计一样，offline-RPD 方法下的可控因子最优设计值 $\boldsymbol{u}_t^*$ 可以直接利用 HGA 对期望损失函数进行寻优得到。在不同时间段上，offline-RPD 方法对应的最优设计值都是一样的。DRS-VAR 方法使用 VAR 模型来描述噪声因子的动态特性，并对其执行 h（本例设置为 10）步向前预测以获得噪声因子的预测值。而对 DRS-VAR 方法来说，随着噪声因子的在线观测数据的获得，可控因子的设计值也在不断地进行调整。例如，在 $t=20$ 时刻，DRS-VAR 方法中噪声因子的 VAR（p）模型是由过去生产制造过程中收集的噪声因子历史观测数据估计的，并利用该模型进行 h 步向前预测，以获取未来时间段上噪声因子的预测值，图 7-11 展示了在 $t=20$、$t=40$、$t=60$ 和 $t=80$ 时刻的噪声因子的 h 步向前预测。由此可计算出噪声因子的均值向量及方差-协方差矩阵，然后将其代入式（7-45）以构建优化函数，再采用 HGA 对该优化函数进行优化求解，就可以获得未来 h 个时间段上可控因子的最优设计值。当 $t=20+h$ 时，重复上述过程又可以获得未来 h 个时间段

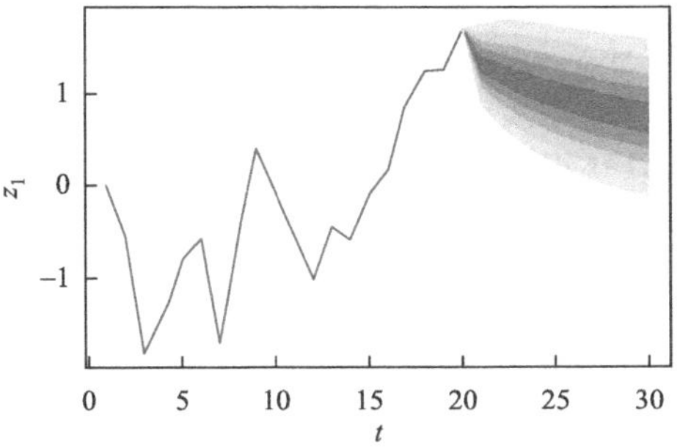

(a) $t=20$时z_1的10步向前预测

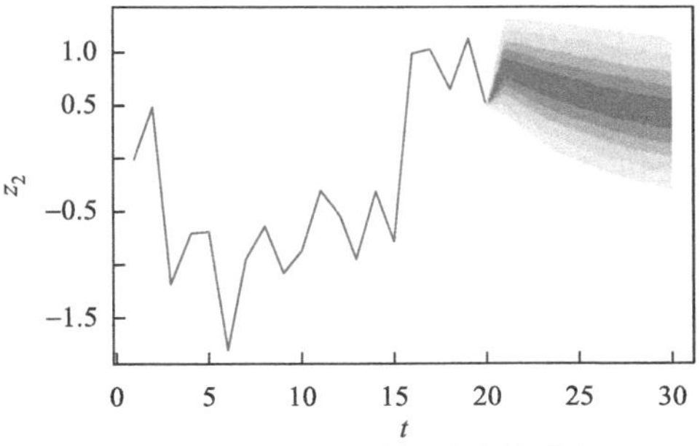

(b) $t=20$时z_2的10步向前预测

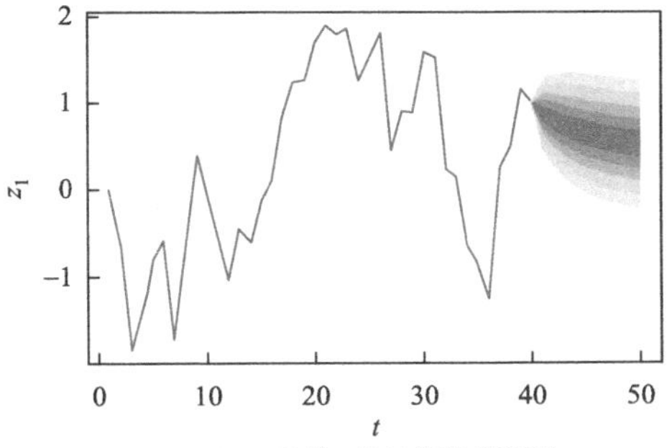

(c) $t=40$时z_1的10步向前预测

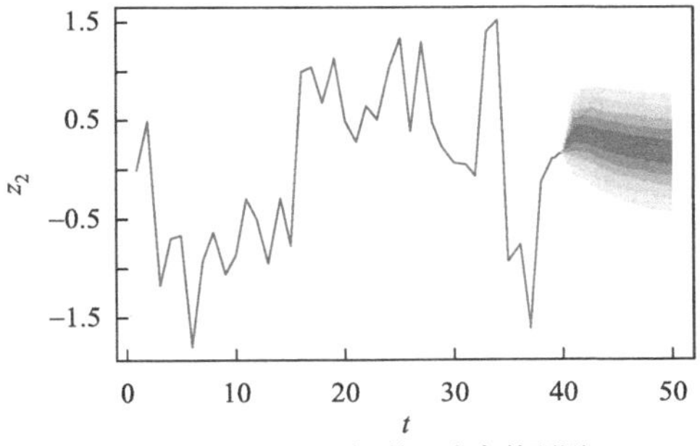

(d) $t=40$时z_2的10步向前预测

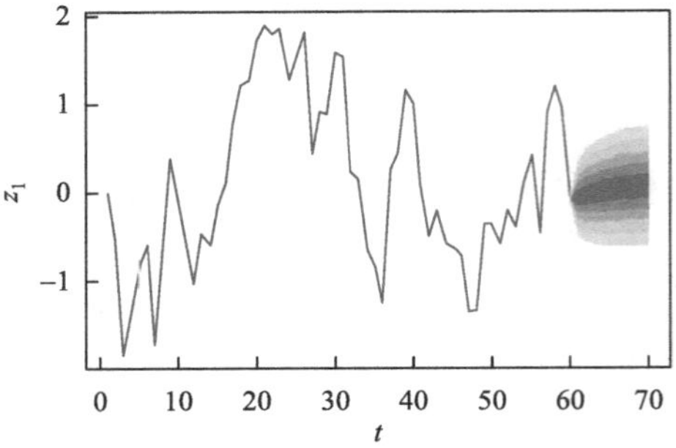

(e) $t=60$时z_1的10步向前预测

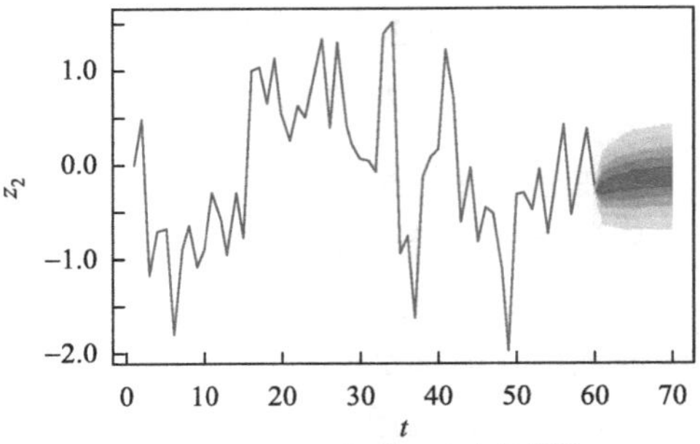

(f) $t=60$时z_2的10步向前预测

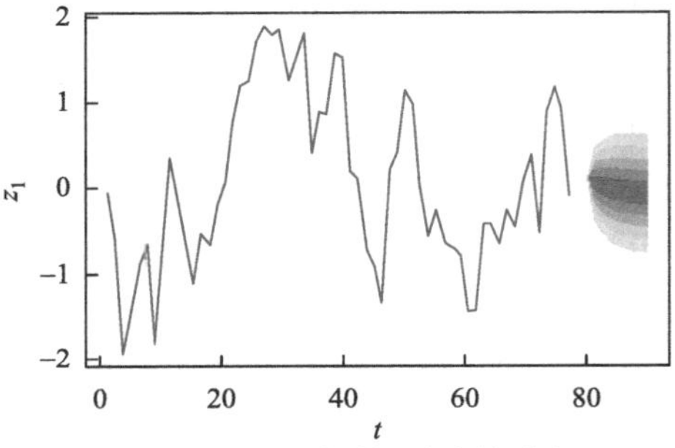

(g) $t=80$时z_1的10步向前预测

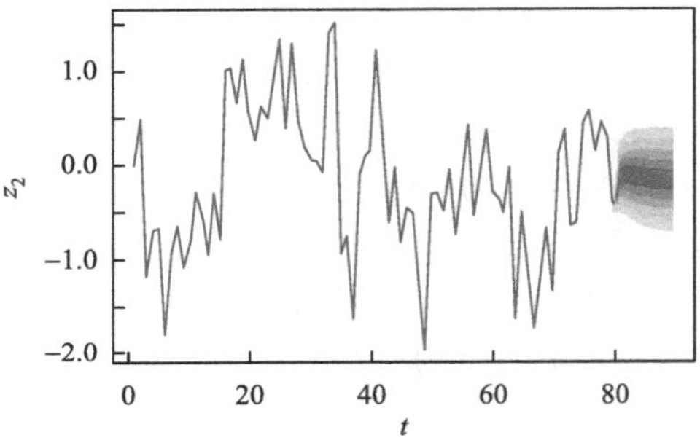

(h) $t=80$时z_2的10步向前预测

图 7-11　噪声因子的 10 步向前预测趋势图

上可控因子的最优设计值，以此类推，就可以获得整个生产制造过程中的可控因子的最优设计值。

本节所提的 BDRS-BVAR 方法利用贝叶斯推断来解释响应模型与时间序列模型中参数的不确定性，BDRS-BVAR 方法的响应曲面模型根据 CCD 来估计。由 7.2.2 节的内容可知，该响应曲面模型的模型参数 $\boldsymbol{\Phi}$ 的估计值为 $\hat{\boldsymbol{\Phi}}$ 。BDRS-BVAR 方法利用 BVAR 模型研究噪声因子的动态规律，BVAR 模型参数的贝叶斯估计量会随着新观测值的加入而更新。根据 7.2.2 节的步骤，可以利用噪声因子的预测值，还可通过 HGA 得到不同时间段上可控因子的最优设计值，进而可以计算出这些最优设计值对应的响应值。

2. 结果的分析

本节将图形上的直观判断与指标上的精确分析相结合，从而对不同方法的性能进行比较与评价。

BDRS-BVAR 方法利用噪声因子的在线观测数据，不断更新 BVAR 模型的参数。为了衡量模型参数的估计精度，从后验分布（即式（7-52））中取 200 组样本，绘制其箱形图，图 7-12 给出了 $t=20$ 、$t=40$ 、$t=60$ 和 $t=80$ 时刻参数 $\dot{A}_{11}$ 和 A_{12} 的箱形图。可以看出，随着新信息使用的增加，模型参数的估计量越接近实际值，其方差越小，这表明充分利用噪声因子的在线观测数据更新模型参数有助于提高模型的精度。

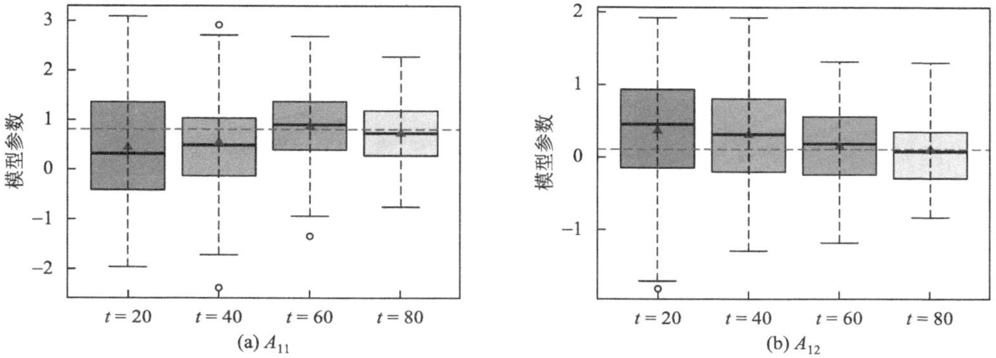

图 7-12　A_{11} 和 A_{12} 的箱形图

下面通过图 7-13 比较 VAR 模型和 BVAR 模型的预测精度，图 7-13（a）和图 7-13（b）给出了 BDRS-BVAR 方法和 DRS-VAR 方法对不同时间段上噪声因子的预测。在图 7-13（a）和图 7-13（b）中加入了噪声因子的在线观测结果，以提供比较的依据。可以看出，通过后验预测分布估计的噪声因子的预测值比通过 VAR 模型的 h 步向前预测得到的预测值更接近噪声因子的实际在线观测值。结果表明，BDRS-BVAR 方法比 DRS-VAR 方法具有更高的预测精度，这些结果进一步证明了 BDRS-BVAR 方法的有效性。

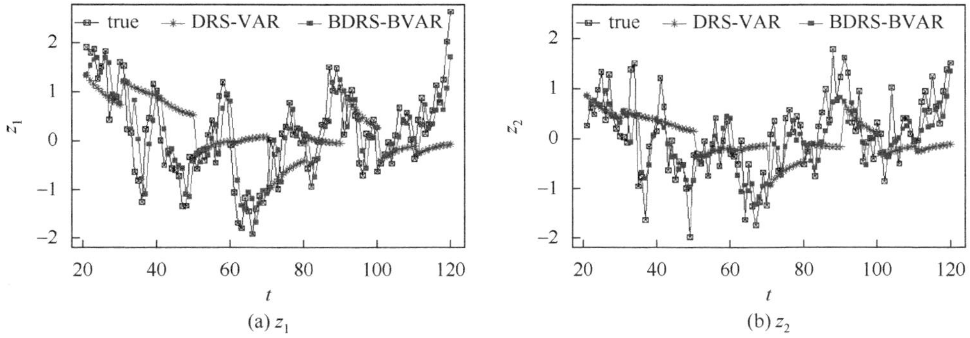

图 7-13　不同方法下噪声因子的预测值与在线观测值

为了评价不同方法的效果，将不同方法对应的可控因子的最优设计值绘制在同一幅图上，见图 7-14。此外，还在图 7-15 中绘制了最优设计值下的过程输出。

从图 7-14 中可以看出，BDRS-BVAR 方法同时考虑了响应模型和噪声因子模型参数的不确定性，充分利用了噪声因子的在线观测值，与 true 模型的性能更接近。从图 7-15 可以看出，与 DRS-VAR 方法和 offline-RPD 方法相比，BDRS-BVAR 方法计算的过程输出更接近 true 模型的过程输出。

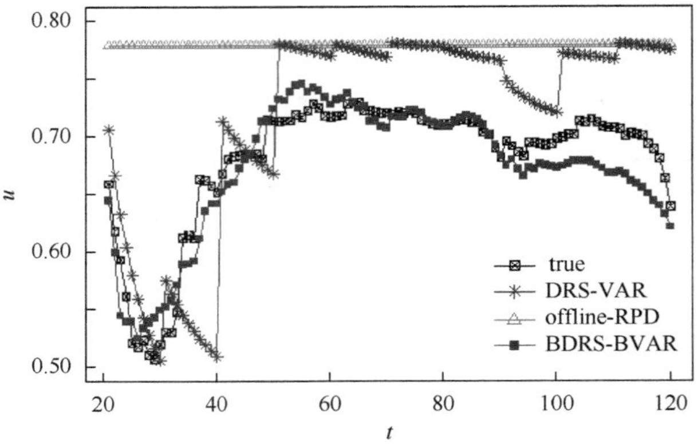

图 7-14　可控因子的最优设计值

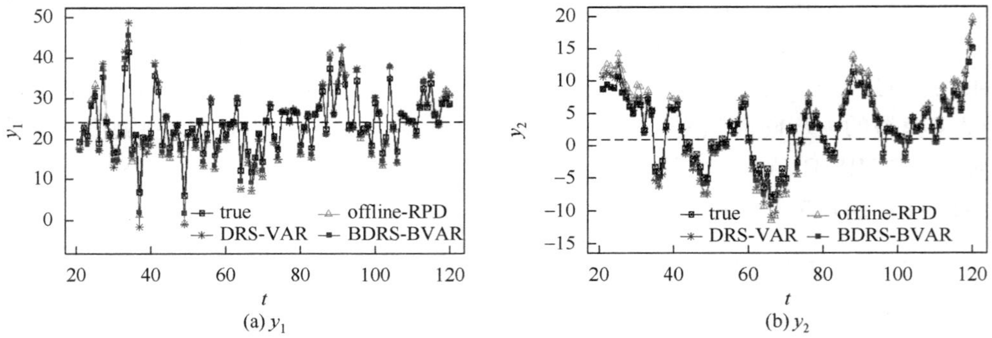

图 7-15　最优设计值下的过程输出

采用三个常见的定量指标，即 RMSE、AAE 和平均绝对百分比误差（mean absolute percentage error，MAPE）来评价不同方法的性能，不同方法下 RMSE、AAE 和 MAPE 的计算结果如表 7-7 所示。另外，表 7-7 也给出了三种方法的计算时间，这三个指标的定义是

$$\mathrm{RMSE}=\sqrt{\frac{1}{100}\sum_{j=21}^{120}(y_{i,j}^{\mathrm{true}}-y_{i,j}^{*})^2},\quad i=1,2$$

$$\mathrm{AAE}=\frac{1}{100}\sum_{j=21}^{120}|\,y_{i,j}^{\mathrm{true}}-y_{i,j}^{*}\,|,\quad i=1,2$$

$$\text{MAPE} = \frac{1}{100}\sum_{i=21}^{120}\frac{|\,y_{i,j}^{\text{true}} - y_{i,j}^{*}\,|}{y_{i,j}^{\text{true}}}\times 100,\quad i=1,2$$

表 7-7　不同方法的三个指标值

方法	RMSE		AAE		MAPE		计算时间/min
	y_1	y_2	y_1	y_2	y_1	y_2	
offline-RPD 方法	4.041	3.732	4.475	2.971	0.274	0.185	**0.967**
DRS-VAR 方法	3.574	2.190	2.402	1.528	0.208	0.137	1.622
BDRS-BVAR 方法	**3.079**	**1.315**	**1.766**	**1.143**	**0.166**	**0.089**	4.312

注：加粗部分表示该方法在相应指标下最好。

从表 7-7 可以看出，offline-RPD 方法具有最短的计算时间，而 BDRS-BVAR 方法具有最长的计算时间（即 4.312min）。因为 offline-RPD 方法不使用在线观测值来更新可控因子的设置，所以很明显其计算时间最短。与 DRS-VAR 方法相比，BDRS-BVAR 方法利用贝叶斯推断考虑响应和噪声因子模型参数的不确定性，因此其计算过程更加复杂，计算时间更长。但考虑到该方法的优点，可以接受其 4.312min 的计算时间。从三个指标的角度来看，BDRS-BVAR 方法的 RMSE、MAE 和 MAPE 在这三个方法中最小，而 DRS-VAR 方法的指标值小于 offline-RPD 方法。

7.2.4　案例分析

1. 案例描述

Cornell 和 Khuri[52]、Miró-Quesada 和 del Castillo[53]报道了一项研究 pH 水平（pH level）u_1、草酸钠（sodium oxalate）u_2、月桂醇硫酸钠（sodium lauryl sulfate）u_3、加热温度（heating temperature）z_1 和氧化还原电位（redox potential）z_2 对乳清蛋白浓缩物发泡性能的影响的试验，其中，z_1 和 z_2 是噪声因子。该试验有三个质量特性：搅拌时间（whipping time）y_1、最大超限（maximum overrun）y_2 和可溶性蛋白百分比（percent soluble protein）y_3，其中，y_1 属于望小质量特性，规格限为[1, 5]，目标值设定为 1；y_2 属于望目质量特性，规格限为[800, 1100]，目标值设定为 950；y_3 属于望大质量特性，规格限为[100, 120]，目标值设定为 120。在生产过程中，加热温度 z_1 和氧化还原电位 z_2 可以在线测量，本案例的成本矩阵设定为 $\boldsymbol{C} = \text{diag}(0.1, 0.5, 0.2)$。CCD 被用于收集试验数据，试验设计安排及收集的数据如表 7-8 所示。

表 7-8 乳清蛋白浓缩物试验的因子和响应数据

可控因子			噪声因子		响应		
u_1	u_2	u_3	z_1	z_2	y_1	y_2	y_3
−1	−1	1	−1	−1	4.75	1082	81.4
−1	−1	−1	1	−1	4	824	69.6
1	−1	−1	−1	−1	5	953	105
1	−1	1	1	−1	9.5	759	81.2
−1	−1	−1	−1	1	4	1163	80.8
−1	−1	1	1	1	5	839	76.3
1	−1	1	−1	1	3	1343	103
1	−1	−1	1	1	7	736	76.9
−1	1	−1	−1	−1	5.25	1027	87.2
−1	1	1	1	−1	5	836	74
1	1	1	−1	−1	3	1727	98.5
1	1	−1	1	−1	6.5	825	94.1
−1	1	1	−1	1	3.25	1363	95.9
−1	1	−1	1	1	5	855	76.8
1	1	−1	−1	1	2.75	1284	100
1	1	1	1	1	5	851	104
0	0	0	−2	0	3.75	1283	100
0	0	0	2	0	11	651	50.5
−2	0	0	0	0	4.5	1217	71.2
2	0	0	0	0	4	982	101
0	0	0	0	−2	5	884	85.8
0	0	0	0	2	3.75	1147	103
0	−2	0	0	0	3.75	1081	104
0	2	0	0	0	4.75	1036	89.4
0	0	−2	0	0	4	1213	105
0	0	2	0	0	3.5	1103	113
0	0	0	0	0	3.5	1179	104
0	0	0	0	0	3.5	1183	107
0	0	0	0	0	4	1120	104
0	0	0	0	0	3.5	1180	101
0	0	0	0	0	3	1195	103

2. 建模与分析

采用 DRSM 和 BDRS-BVAR 方法对案例进行分析，根据试验数据，采用最小二乘法构建响应曲面模型：

$$
\begin{aligned}
y_1 = {} & 4.670 + 0.188u_1 - 0.188u_2 - 0.083u_3 + 0.024u_1^2 + 0.024u_2^2 - 0.101u_3^2 \\
& - 0.500u_1u_2 - 0.031u_1u_3 - 0.344u_2u_3 + 1.271z_1 - 0.438z_2 + 0.781u_1z_1 \\
& - 0.281u_1z_2 - 0.094u_2z_1 + 0.031u_2z_2 + 0.312u_3z_1 - 0.250u_3z_2
\end{aligned}
$$

$$
\begin{aligned}
y_2 = {} & 1079.0 + 0.8u_1 + 40.8u_2 + 38.0u_3 - 8.8u_1^2 - 19.0u_2^2 + 5.8u_3^2 + 45.2u_1u_2 \\
& + 39.4u_1u_3 + 27.4u_2u_3 - 195.0z_1 + 38.6z_2 - 53.4u_1z_1 - 31.3u_1z_2 - 40.7u_2z_1 \\
& - 32.8u_2z_2 - 65.2u_3z_1 - 26.1u_3z_2
\end{aligned}
$$

$$
\begin{aligned}
y_3 = {} & 93.84 + 7.51u_1 + 1.13u_2 + 1.66u_3 - 3.66u_1^2 - 1.01u_2^2 + 2.07u_3^2 + 0.29u_1u_2 \\
& - 0.16u_1u_3 + 0.29u_2u_3 - 8.25z_1 + 2.38z_2 - 0.11u_1z_1 - 0.78u_1z_2 + 2.09u_2z_1 \\
& + 1.44u_2z_2 + 0.77u_3z_1 + 4.09u_3z_2
\end{aligned}
$$

与模拟分析类似，DRS-VAR 方法对应的响应曲面模型不再更新，而噪声因子的 VAR 模型每隔 h 个（仍设置为 10）时间段更新一次。首先基于已建立的 VAR 模型进行 h 步向前预测以获得未来噪声因子的预测值（图 7-16）；其次将历史观测

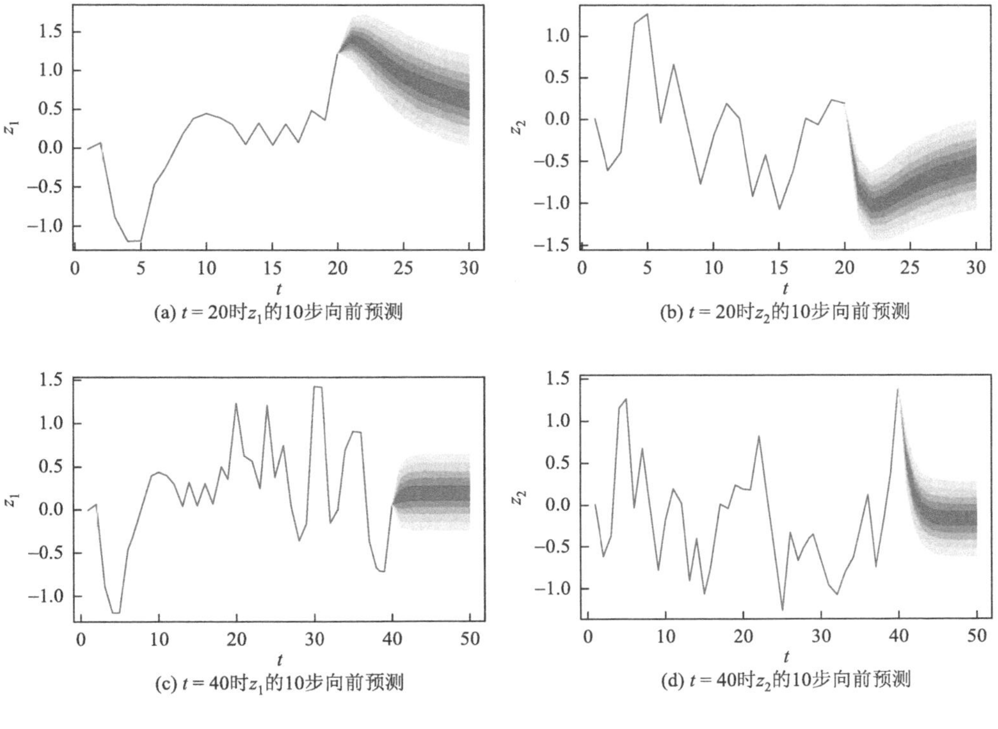

(a) $t = 20$ 时 z_1 的10步向前预测　(b) $t = 20$ 时 z_2 的10步向前预测

(c) $t = 40$ 时 z_1 的10步向前预测　(d) $t = 40$ 时 z_2 的10步向前预测

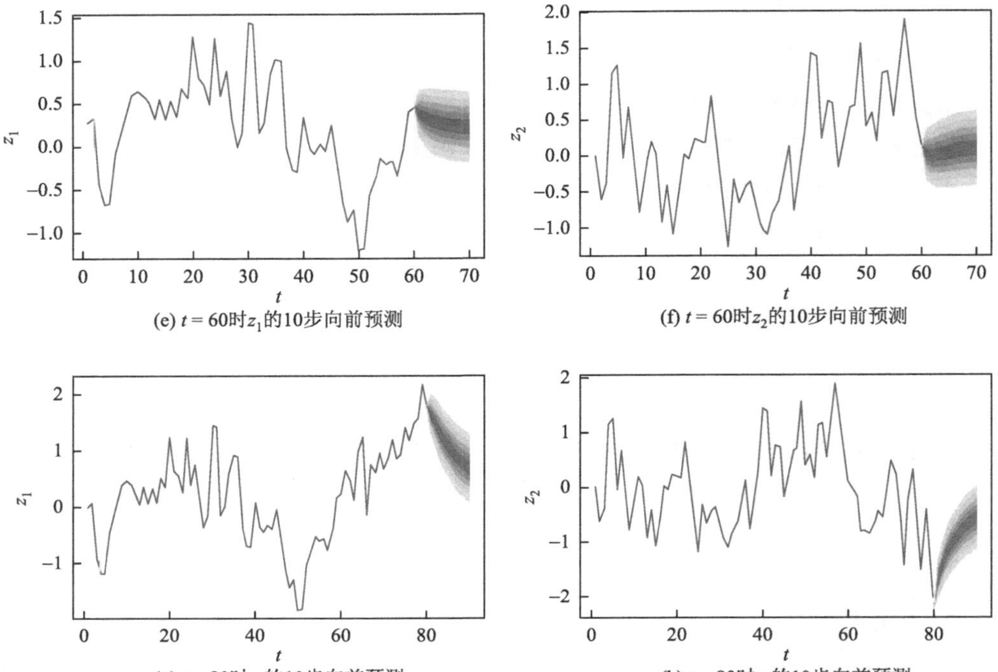

(e) $t=60$时z_1的10步向前预测　　(f) $t=60$时z_2的10步向前预测

(g) $t=80$时z_1的10步向前预测　　(h) $t=80$时z_2的10步向前预测

图 7-16　噪声因子的 h 步向前预测趋势图

数据、获得的预测值及新测得的在线观测数据结合起来，以构建多元期望损失函数；最后利用 HGA 计算出可控因子的最佳参数组合。

BDRS-BVAR 方法通过贝叶斯多元回归模型建立响应模型，利用 BVAR 模型研究噪声因子的动态变化规律。噪声因子的时间序列模型根据新测得的在线观测数据，每隔一个时间段更新一次。按照 7.2.2 节中介绍的蒙特卡罗方法，可以计算出噪声因子的预测值。将历史观测值、在线观测值和预测值组合到式（7-53）中，然后通过 HGA 可以获取不同时间段的可控因子的最优设计值。

使用指标 $C_{\tau i}=\dfrac{1}{100}\sum_{t=1}^{100}(y_{it}^{*}-\tau_i)^2, i=1,2,3$ 来衡量各个方法的性能，其中，y_{it}^{*} 是最优设计值 $\boldsymbol{u}_t^{*}$ 下在时间 t 处的响应 y_i 的值，τ_i 是响应 y_i 的目标值。DRS-VAR 方法、offline-RPD 方法和 BDRS-BVAR 方法对应的指标值如下所示：$C_{\tau 1}$ 分别为 0.747、0.913 和 0.392；$C_{\tau 2}$ 分别为 3.067、3.633 和 1.556；$C_{\tau 3}$ 分别为 1.401、1.898 和 0.722。结果表明，在上述指标方面，BDRS-BVAR 方法优于 DRS-VAR 方法和 offline-RPD 方法。

将各方法不同时间段的噪声因子预测值绘制在同一张图上（图 7-17），并添加噪声因子的在线观测值。从图 7-17 可以看出，相比于采用 VAR 模型的 h 步向前预测，根据蒙特卡罗方法估计出的噪声因子预测值更接近噪声因子的在线观测值。这个结果说明了 BVAR 模型的预测精度比 VAR 模型的预测精度更佳，也从另一个角度验证了 BDRS-BVAR 方法优于 DRS-VAR 方法。

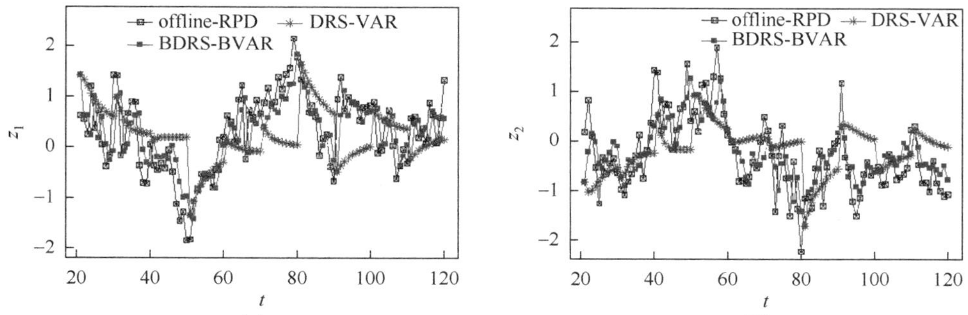

(a) z_1　　(b) z_2

图 7-17　不同方法下噪声因子的预测值与在线观测值

参 考 文 献

[1] Myers R H，Montgomery D C，Anderson-Cook C M. Response Surface Methodology：Process and Product Optimization Using Designed Experiments[M]. New York：John Wiley & Sons Inc，2009.

[2] Ozdemir A，Cho B R. Response surface-based robust parameter design optimization with both qualitative and quantitative variables[J]. Engineering Optimization 2017，49（10）：1796-1812.

[3] 汪建均，马义中. 结合 GLM 与因子效应原则的贝叶斯变量选择方法[J]. 系统工程理论与实践，2013，33(8)：1975-1983.

[4] Ouyang L，Wan L，Park C，et al. Ensemble RBF modeling technique for quality design[J]. Journal of Management Science & Engineering，2019，4（2）：105-118.

[5] Yang H，Kumara S，Bukkapatnam S T S，et al. The internet of things for smart manufacturing：A review[J]. IISE Transactions，2019，51（11）：1190-1216.

[6] Yang S，Wang J，Ma Y. Online robust parameter design considering observable noise factors[J]. Engineering Optimization，2021，53（6）：1024-1043.

[7] Yang S，Wang J，Ma Y，et al. Multi-response online parameter design based on Bayesian vector autoregression model[J]. Computers & Industrial Engineering，2020，149：106775.

[8] Pledger M. Observable uncontrollable factors in parameter design[J]. Journal of Quality Technology，1996，28(2)：153-162.

[9] 吴锋，马义中，汪建均. 基于在线调整策略的稳健参数设计[J]. 计算机集成制造系统，2019，25（10）：2487-2492.

[10] 吴锋，马义中，汪建均. 考虑测量误差的稳健参数设计[J]. 工业工程与管理，2018，23（6）：182-187.

[11] Jin J，Ding Y. Online automatic process control using observable noise factors for discrete-part manufacturing[J]. IIE Transactions，2004，36（9）：899-911.

[12] Dasgupta T，Wu C F J. Robust parameter design with feedback control[J]. Technometrics，2006，48（3）：349-360.

[13] Vanli O A，del Castillo E. Bayesian approaches for on-line robust parameter design[J]. IIE Transactions，2009，41（4）：359-371.

[14] Ouyang L，Chen J，Ma Y，et al. Bayesian closed-loop robust process design considering model uncertainty and data quality[J]. IISE Transactions，2020，52（3）：288-300.

[15] Borror C M，Montgomery D C，Myers R H. Evaluation of statistical designs for experiments involving noise variables[J]. Journal of Quality Technology，2002，34（1）：54-70.

[16] Myers R H，Carter W H. Response surface techniques for dual response systems[J]. Technometrics，1973，15（2）：301-317.

[17] Ozdemir A，Cho B R. Response surface optimization for a nonlinearly constrained irregular experimental design space[J]. Engineering Optimization，2019，51（12）：2030-2048.

[18] Vining G G，Myers R H. Combining Taguchi and response surface philosophies：A dual response approach[J]. Journal of Quality Technology，1990，22（1）：38-45.

[19] Miró-Quesada G，del Castillo E. Two approaches for improving the dual response method in robust parameter design[J]. Journal of Quality Technology，2004，36（2）：154-168.

[20] Taguchi G. Introduction to Quality Engineering：Designing Quality into Products and Processes[M]. Tokyo：Asian Productivity Organization，1986.

[21] 王红军，汤银才. 具有稳定分布噪声的 ARMA 模型的贝叶斯分析及应用[J]. 应用数学学报，2015，38（3）：465-476.

[22] Xiong H，Shang P. Detrended fluctuation analysis of multivariate time series[J]. Communications in Nonlinear Science & Numerical Simulation，2017，42：12-21.

[23] Zhang S. Adaptive spectral estimation for nonstationary multivariate time series[J]. Computational Statistics & Data Analysis，2016，103（11）：330-349.

[24] Jeffreys H. Theory of Probability[M]. Oxford：Oxford University Press，1961.

[25] Liang R，Xia Q，Pan J，et al. Testing a linear ARMA model against threshold-ARMA models：A Bayesian approach[J]. Communications in Statistics-Simulation and Computation，2017，46（2）：1302-1317.

[26] Press S J. Applied Multivariate Analysis：Using Bayesian and Frequentist Methods of Inference[M]. New York：Dover Publications，2005.

[27] Gelman A，Carlin J B，Stern H S，et al. Bayesian Data Analysis[M]. 3rd ed. Boca Raton：Chapman and Hall/CRC，2014.

[28] 汪建均，马义中，欧阳林寒，等. 多响应稳健参数设计的贝叶斯建模与优化[J]. 管理科学学报，2016，19（2）：85-94.

[29] Myers R H，Montgomery D C. A tutorial on generalized linear models[J]. Journal of Quality Technology，1997，29（3）：274-291.

[30] Myers W R，Brenneman W A，Myers R H. A dual-response approach to robust parameter design for a generalized linear model[J]. Journal of Quality Technology，2005，37（2）：130-138.

[31] Taguchi G，Phadke M S. Quality Engineering through Design Optimization[M]. Boston：Springer，1989.

[32] Boylan G L，Cho B R. Comparative studies on the high-variability embedded robust parameter design from the perspective of estimators[J]. Computers & Industrial Engineering，2013，64（1）：442-452.

[33] Lin D K J，Tu W. Dual response surface optimization[J]. Journal of Quality Technology，1995，27（1）：34-39.

[34] Tang L，Xu K. A unified approach for dual response surface optimization[J]. Journal of Quality Technology，2002，34（4）：437-447.

[35] 汪建均，马义中. 基于 GLM 的双响应曲面法及其稳健设计[J]. 系统工程与电子技术，2012，34（11）：2306-2311.

[36] Kim K J，Lin D K J. Optimization of multiple responses considering both location and dispersion effects[J]. European Journal of Operational Research，2006，169（1）：133-145.

[37] Wang J，Ma Y，Ouyang L，et al. A new Bayesian approach to multi-response surface optimization integrating loss function with posterior probability[J]. European Journal of Operational Research，2016，249（1）：231-237.

[38] 张流洋，马义中，汪建均，等. 考虑偏度特征的动态多响应稳健参数设计与优化[J]. 系统工程与电子技术，2016，38（2）：339-346.

[39] Shah H K，Montgomery D C，Carlyle W M. Response surface modeling and optimization in multi-response experiments using seemingly unrelated regressions[J]. Quality Engineering，2004，16（3）：387-397.

[40] Wan W，Birch J B. A semiparametric technique for the multi-response optimization problem[J]. Quality and Reliability Engineering International，2011，27（1）：47-59.

[41] Chinnam R B，Jie D，May G S. Intelligent quality controllers for on-line parameter design[J]. IEEE Transactions on Semiconductor Manufacturing，2000，13（4）：481-491.

[42] Wu C F J，Hamada M. Experiment：Planning，Analysis，and Optimization[M]. New York：Wiley，2011.

[43] Ravindran A，Ragsdell K M，Reklaitis G V. Engineering Optimization：Methods and Applications[M]. 2nd ed. New York：Wiley，2006.

[44] Goldberg D E. Genetic Algorithms in Search，Optimization，and Machine Learning[M]. MA：Addison-Wesley，1989.

[45] He Z，Zhu P，Park S H. A robust desirability function method for multi-response surface optimization considering model uncertainty[J]. European Journal of Operational Research，2012，221（1）：241-247.

[46] Byrd R H，Lu P，Nocedal J，et al. A limited memory algorithm for bound constrained optimization[J]. SIAM Journal on Scientific Computing，1995，16（5）：1190-1208.

[47] Wang H F，Wu K Y. Hybrid genetic algorithm for optimization problems with permutation property[J]. Computers & Operations Research，2004，31（14）：2453-2471.

[48] Wang J，Ma Y，Ouyang L，et al. Bayesian modeling and optimization for multi-response surfaces[J]. Computers & Industrial Engineering，2020，142：106357.

[49] Dua P，Ray S C. A BVAR model for the connecticut economy[J]. Journal of Forecasting，1995，14（3）：167-180.

[50] Litterman R B. Forecasting with Bayesian vector autoregressions—five years of experience[J]. Journal of Business & Economic Statistics，1986，4（1）：25-38.

[51] Clark T E. Real-time density forecasts from Bayesian vector autoregressions with stochastic volatility[J]. Journal of Business & Economic Statistics，2011，29（3）：327-341.

[52] Cornell J A，Khuri A I. Response surfaces：designs and analyses[J]. Journal of the Royal Statistical Society：Series C（Applied Statistics），1987，37（3）：447-448.

[53] Miró-Quesada G，del Castillo E. A dual-response approach to the multivariate robust parameter design problem[J]. Technometrics，2004，46（2）：176-187.

第 8 章　考虑预测响应波动的不确定性稳健参数设计

现代质量工程的主流观点认为，波动是产生质量问题的根本原因。波动就是差异、偏差，尽管无法完全消除波动，但可以减小和控制它。新的质量损失原理表明，只要质量特性偏离其设计目标值，就会造成质量损失，偏离越远，质量损失越大。因此，要想在改进和提高产品质量的同时降低成本，就必须极大限度地减小和控制围绕设计目标值的波动。然而，在产品制造过程中，由于存在环境、材料、操作人员熟练程度等内、外噪声因子的影响，输出响应往往存在较大的波动。为了从产品形成的源头减小或控制波动，质量工程师通常运用稳健参数设计的基本思想和方法，通过选择最佳可控因子的设计值来降低噪声因子对过程波动的影响。在实际的质量改进活动中，试验人员通常运用响应曲面（如多变量回归模型或 GP 模型）建模方法来刻画输出响应与可控因子、噪声因子之间的函数关系，然而，模型参数、模型结构、预测误差及试验数据等不确定性因素很大程度上会影响响应曲面的建模精度与分析结果。正如 Kleijnen 指出的那样，"在当今的不确定性世界中，稳健优化是极其重要的。在不可控制的环境中若忽视不确定性的影响，运用 RSM 或者 Kriging 模型所得的最优结果可能是难以令人满意的"。需要特别指出的是，在响应曲面建模过程中，模型参数、模型结构、预测误差及试验数据等不确定性因素最终将不可避免地造成输出响应的波动，从而导致试验结果的可重复性较差。因此，考虑预测响应波动的不确定性稳健参数设计值得深入地探讨与研究。

本章将在贝叶斯多元回归建模技术和 GPR 建模技术的框架下，构建多响应优化模型，以衡量预测响应波动对优化结果的影响，提升最优解的稳健性，进而实现产品质量的持续改进。针对模型输出响应不确定性的多响应稳健参数设计问题，8.1 节结合贝叶斯抽样技术、帕累托最优策略及 GRA 方法提出一种新的多响应优化设计方法[1]。首先，考虑模型参数的不确定性，运用贝叶斯多元回归模型构建响应变量与试验因子之间的函数关系；其次，根据帕累托最优策略求出帕累托最优前沿，并计算各试验点达到帕累托最优的贝叶斯后验概率；最后，利用 GRA 方法筛选出最佳的优化设计方案，提高优化结果的稳健性和可靠性。8.2 节关于提高模型预测精度提出一种新的方法，此方法基于高斯过程多目标优化的模型框架，首先利用贝叶斯理论中的 MAP 估计来优化高斯回归模型的超参数；其次对高斯回归模型的预测输出响应和输出方差波动进行加权组合，建立多响应稳健优化模型；最后利用 HGA，对优化模型进行参数寻优，在考虑输出响应不确定性的情况下，提高优化解的稳健性[2]。

8.1　基于多元线性回归模型的响应不确定性稳健参数设计

目前，多响应优化设计问题的主要解决方法有以下几种：满意度函数法、马氏距离法、多元质量损失函数法、贝叶斯后验概率法等[3]。这些方法各有优劣，许多学者为了改进这些方法进行了很多深入研究。但是随着生产工艺复杂程度的日益提高，整个生产过程存在各种不确定性因素，尽管目前已经提出的模型具有较为完善的理论基础，但是在各自的建模过程中没有考虑模型参数不确定性和噪声因子的共同影响，这些因素将使预测响应值产生较大的波动，因此这些模型难以精确地描述整个生产过程。

针对上述问题，一些学者在已有方法的基础上进一步考虑模型参数的不确定性问题，并提出了各自的研究方法。例如，Peterson[4]提出了一种贝叶斯后验概率方法；Apley 和 Kim[5]考察了模型参数不确定性的多响应优化问题，结合贝叶斯方法开展研究工作；Chapman 等[6]将帕累托最优策略引入多响应优化设计中；He 等[7]提出利用置信区间优化多响应问题；顾晓光等[8]提出一种基于置信区间的多元质量特性满意参数设计方法；Ouyang 等[9]提出一种新的损失函数方法。此外，实际生产过程中存在各种噪声因子，这些噪声因子使实际的生产过程难以通过单一的响应模型进行精确的刻画。

著名统计学家 Box 曾说“所有的模型都是错误的,但是有些模型是有用的”。因此，一些研究人员开始关注如何通过组合建模方法以降低模型不确定性对优化结果的影响。例如，欧阳林寒等[10]提出一种基于模型不确定性的响应曲面建模方法；Ouyang 等[11]构建了一种新的损失函数；Miró-Quesada[12]利用贝叶斯先验信息，评估预测响应的后验分布；Chapman 等[13]通过置信区间衡量预测响应波动对优化结果的影响；张旭涛和何桢[14]提出一种基于贝叶斯方法的递阶优化算法；Wang 等[15]结合质量损失函数和贝叶斯后验概率方法提出了一种新的多响应优化方法，该方法在多响应优化设计中同时考虑多响应之间的相关性、模型参数的不确定性及优化结果的可靠性。然而，上述方法未能进一步考虑噪声因子及模型参数的不确定性导致的响应预测波动对优化结果的影响。在多响应优化设计中，如果忽略模型参数的不确定性，将难以精确获得生产过程输入与输出的函数关系，从而无法确定最佳参数值；如果忽略噪声因子的影响，将会导致优化结果具有偶然性，甚至出现较大的偏差。然而，对于如何同时考虑模型参数的不确定性及生产过程中噪声因子导致的预测响应波动问题，目前可行的研究方法还不多。

因此，针对上述问题，本节结合贝叶斯抽样技术、帕累托最优策略及 GRA 方法提出了一种新的多响应优化设计方法。首先，该方法通过运用贝叶斯多元回归模型构建过程响应与试验因子之间的函数关系，以考虑模型参数的不确定性；其次，利用帕累托最优策略求出帕累托最优前沿，并计算各试验点达到帕累托最优的贝叶斯后验概率；再次，根据 GRA 方法识别出最佳的优化设计方案；最后，实际案例研究表明，在考虑预测响应波动时，本节提出的新方法能够获得更为稳健和可靠的优化结果。

8.1.1　基于贝叶斯多元回归模型的帕累托最优前沿

1. 贝叶斯多元回归模型

在多响应优化设计中，假设有 p 个响应和 q 个因子效应，则多响应曲面回归模型为

$$\boldsymbol{y} = \boldsymbol{B}\boldsymbol{z}(x) + \boldsymbol{e} \tag{8-1}$$

其中，$\boldsymbol{y}$ 为 $p \times 1$ 的输出响应矩阵；$\boldsymbol{B}$ 为 $p \times q$ 的模型回归系数矩阵；$\boldsymbol{z}(x)$ 为 $q \times 1$ 的因子效应矩阵；$\boldsymbol{e}$ 为 $p \times 1$ 的随机误差矩阵，并且服从均值向量为 $\boldsymbol{0}$ 、方差-协方差矩阵为 $\boldsymbol{\Sigma}$ 的正态分布。

在试验数据和试验因子 x 都确定的情况下，响应 $\boldsymbol{y}$ 的后验抽样值 $\tilde{\boldsymbol{y}}_{\text{new}}$ 服从非中心的多元 t 分布[16, 17]，即

$$\tilde{\boldsymbol{y}}_{\text{new}} \mid \boldsymbol{y}, \boldsymbol{X}, \boldsymbol{z}(x) \sim \boldsymbol{t}_{v}(\hat{\boldsymbol{B}}\boldsymbol{z}(x), \boldsymbol{H}^{-1}) \tag{8-2}$$

式（8-2）中的各变量为

$$\boldsymbol{H} = \frac{v\boldsymbol{S}^{-1}}{1 + \boldsymbol{z}(x)^{\mathrm{T}} \boldsymbol{D}^{-1} \boldsymbol{z}(x)} \tag{8-3}$$

$$\boldsymbol{S} = (\boldsymbol{Y} - \boldsymbol{Z}\hat{\boldsymbol{B}})^{\mathrm{T}} (\boldsymbol{Y} - \boldsymbol{Z}\hat{\boldsymbol{B}}) \tag{8-4}$$

$$\boldsymbol{D} = \sum_{i=1}^{n} \boldsymbol{z}(x_i)\boldsymbol{z}(x_i)^{\mathrm{T}} \tag{8-5}$$

$$\hat{\boldsymbol{B}} = (\boldsymbol{X}^{\mathrm{T}}\boldsymbol{X})^{-1}\boldsymbol{X}^{\mathrm{T}}\boldsymbol{Y} \tag{8-6}$$

其中，自由度 $v = N - p - q + 1$，N 为试验的总样本数；$\boldsymbol{Y}$ 为由 N 个 $\boldsymbol{y}_i$ 向量构成的 $N \times p$ 的矩阵；$\boldsymbol{Z}$ 为由 N 个 $\boldsymbol{z}(x_i)$ 向量构成的 $q \times N$ 的矩阵；$\tilde{\boldsymbol{y}}_{\text{new}}$ 表示在点 $\boldsymbol{z}(x_i)$ 处的后验抽样值。

由式（8-2）可知，$\tilde{\boldsymbol{y}}_{\text{new}}$ 的模型结构由多变量的正态分布及与之相互独立的卡方分布组成，因此，可以给出响应 $\boldsymbol{y}$ 的后验抽样值 $\tilde{\boldsymbol{y}}_{\text{new}}$ 的估计形式，即[17]

$$\tilde{\boldsymbol{y}}_{\text{new}} = \boldsymbol{W}\sqrt{\frac{v}{\boldsymbol{U}}} + \hat{\boldsymbol{B}}\boldsymbol{z}(x) \tag{8-7}$$

其中，$\boldsymbol{W} \sim N(\boldsymbol{0}, \boldsymbol{H}^{-1})$，即 $\boldsymbol{W}$ 是服从均值向量为 $\boldsymbol{0}$、方差-协方差矩阵为 $\boldsymbol{H}^{-1}$ 的多元正态分布随机变量；而 $\boldsymbol{U}$ 是服从自由度为 v 的与随机变量 $\boldsymbol{W}$ 独立的卡方随机变量，即 $\boldsymbol{U} \sim \chi_v^2$。

2. 利用贝叶斯后验样本的帕累托最优前沿

在数学上，一个多响应优化问题可表示为[18]

$$\begin{cases} \min\limits_{x \in S}[f_1(x), f_2(x), \cdots, f_n(x)], & n \geqslant 2 \\ S = \{x \mid h(x) = 0; g(x) \leqslant 0\} \end{cases} \tag{8-8}$$

其中，$h(x)$ 为等式约束；$g(x)$ 为不等式约束；S 为定义域集合。

目前，帕累托最优概念是对多响应优化问题的一种普遍解释，即多响应优化问题的目标不是某个唯一的最优解，而是为各响应之间的冲突提供一组折中解。其中，每一个折中解都对应目标空间中的一个帕累托最优前沿点，这些前沿点的集合构成了帕累托最优前沿解集[6]。另外，在这个解集中，所有的点都具有帕累托最优性。

若点 x^* 具有帕累托最优性，就意味着不存在点 $x \in S$，对于所有的 $i \in \{1, 2, \cdots, n\}$，都有 $f_i(x) \leqslant f_i(x^*)$，且至少有一个为严格不等式[19]。

假设试验观测的变量为 x_1 和 x_2，响应为 y_1、y_2 和 y_3，其均为望大质量特性。若在实际研究中，存在望小或望目质量特性的响应，可先对数据做简单的处理（如加负号），将其转化为望大质量特性的响应。根据式（8-7）获得响应的后验抽样值后，第 k，$k = 1, 2, \cdots, n$ 个试验点 $\boldsymbol{x}_{(k)}$ 能够达到帕累托最优的概率可以通过式（8-9）和式（8-10）近似求得

$$\boldsymbol{P}[\tilde{\boldsymbol{y}}_{\text{new}} \in \text{PF} \mid \boldsymbol{y}, \boldsymbol{X}, \boldsymbol{z}(x)] \approx \frac{1}{N}\sum_{i=1}^{N} I[\boldsymbol{y}_{(i)}^{\boldsymbol{x}_{(k)}} \in \text{PF}_{(i)}] \tag{8-9}$$

$$\boldsymbol{I}[\boldsymbol{y}_{(i)}^{\boldsymbol{x}_{(k)}} \in \text{PF}_{(i)}] = \begin{cases} 1, & \boldsymbol{y}_{(i)}^{\boldsymbol{x}_{(k)}} \in \text{PF}_{(i)} \\ 0, & \boldsymbol{y}_{(i)}^{\boldsymbol{x}_{(k)}} \notin \text{PF}_{(i)} \end{cases} \tag{8-10}$$

其中，$\boldsymbol{x}_{(k)}$ 表示 (x_1, x_2)；$\tilde{\boldsymbol{y}}_{\text{new}}$ 表示与 $\boldsymbol{x}_{(k)}$ 对应的响应后验抽样值；N 代表模拟抽样的总次数；$k = 1, 2, \cdots, n$ 代表观测的试验点个数；$\boldsymbol{y}_{(i)}^{\boldsymbol{x}_{(k)}}$ 代表观测点 $\boldsymbol{x}_{(k)}$ 的第 i 次模拟抽样结果；$I(\cdot)$ 是指示器函数，函数结构见式（8-10）；$\text{PF}_{(i)}$ 表示利用第 i 次响应后验抽样值得到的帕累托最优前沿。

8.1.2　灰色关联度分析

我国学者邓聚龙在 1982 年创建了灰色系统理论[20]。GRA 是灰色系统理论的重要组成部分，现在已经被广泛应用于工程实践中。在 GRA 理论中，判断序列之

间的联系是否紧密的依据为序列曲线几何形状的相似程度，如果序列曲线几何形状的相似程度高，那么序列之间的联系就大，反之就小。早期主要以邓聚龙教授提出的 GRA 模型为代表，之后，许多学者在其基础上提出了多种 GRA 模型。

2010 年，刘思峰等[20]在广义 GRA 模型的基础上提出了灰色接近关联度模型，灰色接近关联度用于测量序列 X_i 和 X_j 在空间中的接近关联程度。X_i 与 X_j 越接近，那么它们之间的灰色接近关联度 ρ_{ij} 就越大，反之就越小。以灰色接近关联度理论为基础，将多响应优化得到的 m 组帕累托解 $\{Y_i\}$ 作为比较序列 $\{y_i(1), y_i(2),\cdots,y_i(n)\}$，$i=1,2,\cdots,m$，将由 n 个单目标各自的最优解组成的 $\{Y_0\}$ 作为参考序列 $\{y_0(1), y_0(2),\cdots,y_0(n)\}$，令

$$S_i - S_0 = \int_1^n (Y_i - Y_0)\mathrm{d}t \tag{8-11}$$

根据式（8-11）可计算序列 $\{Y_i\}$ 和 $\{Y_0\}$ 的灰色接近关联度为

$$\rho_{ij} = \frac{1}{1+|S_i - S_0|} \tag{8-12}$$

其中，如果 $\{Y_i\}$ 与 $\{Y_0\}$ 长度相同，那么有式（8-13）成立：

$$|S_i - S_0| = \left|\frac{1}{2}[y_i(1)-y_0(1)] + \sum_{k=2}^{n-1}[y_i(k)-y_0(k)] + \frac{1}{2}[y_i(n)-y_0(n)]\right| \tag{8-13}$$

在多响应优化设计中，GRA 方法能够将多响应优化问题转化为以灰色关联度为目标的单响应优化问题，并通过计算 m 组比较序列与参考序列之间的关联度来获得最佳因子组合和最佳响应目标值。

8.1.3　结合帕累托最优原则与灰色关联度分析的多响应优化设计

在多响应优化设计的过程中，难点之一是如何解决多个响应之间可能存在的冲突问题。目前，解决这类问题的方法主要有两种[21]：一种方法是选取其中一个响应作为目标函数，然后将剩余的响应作为约束条件，以此将多响应优化问题转化为求解有约束的目标函数的最优解问题；另一种方法是选择一个综合的目标函数，然后求解该函数的最优解，由此多响应优化问题被转化为单响应优化问题。然而，上述两种方法都各自存在一定的缺陷。选取其中一个响应作为目标函数或者选择一个综合的目标函数，这两种方法在很大程度上都受到主观因素的影响，而且不同的目标函数往往会得到不同的优化结果。因此，利用上述两种方法进行多响应优化设计，得到的优化结果通常是不完整的。利用帕累托最优原则的优势，构建多响应优化算法可以弥补上述方法的不足，从而能够客观地得出所有符合优化目标的参数值。故本节在贝叶斯多元回归模型的统一框架下，针对在多响应优化设计中，模型参数的不确定性及生产过程的噪声因子导致的预测响应波动问题，

首先采用帕累托最优原则获取一系列优化的参数设计组合，其次利用 GRA 方法，进一步确定最佳的参数组合，所提方法的基本流程如图 8-1 所示，具体步骤如下。

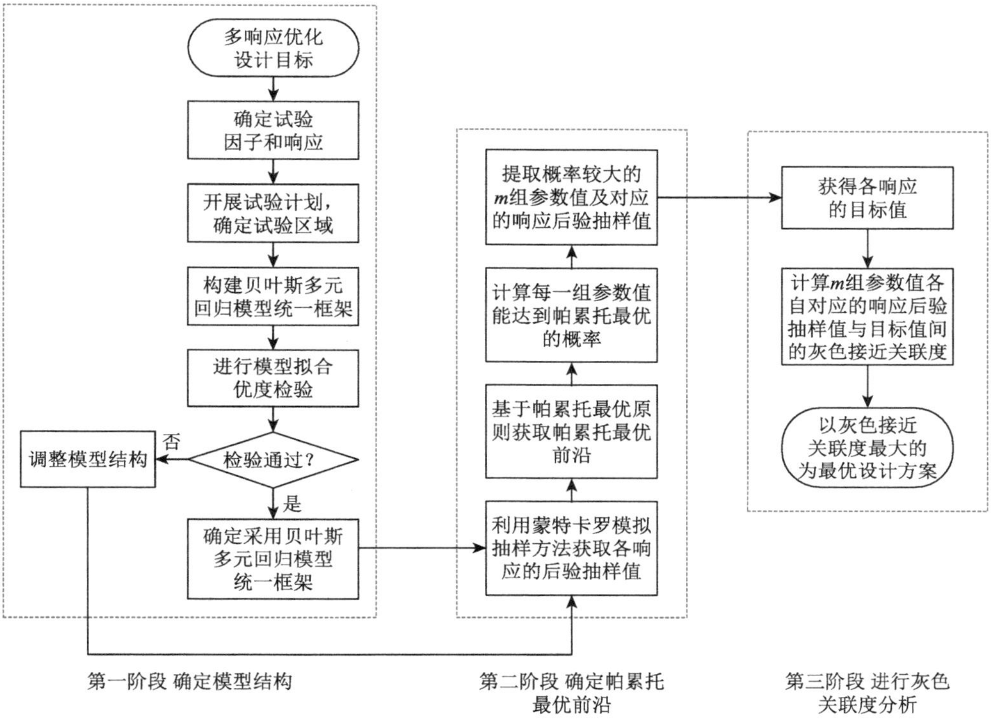

图 8-1　所提方法的多响应优化设计流程图

第 1 步：采用 CCD 的方法进行相关试验，根据试验条件确定各个变量的试验区域。

第 2 步：构建贝叶斯多元回归模型统一框架，进行模型拟合优度检验。如果该模型通过拟合优度检验，则转入第 3 步；反之，需调整模型结构，转入第 3 步。

第 3 步：根据构建的贝叶斯多元回归模型统一框架，利用式（8-2）～式（8-7）在给定的试验区域内进行蒙特卡罗模拟抽样，在每个试验点需要进行多次模拟抽样（如模拟 500 次），并获得各响应多次模拟抽样的后验抽样值 $\tilde{\boldsymbol{y}}_{\text{new}}$。为了提高程序的运行速度，利用 R 软件将各响应多次模拟抽样的结果以矩阵形式呈现。

第 4 步：利用第 3 步的结果 $\tilde{\boldsymbol{y}}_{\text{new}}$，按照帕累托最优原则进行多响应优化，从而计算式（8-9）中的 $\text{PF}_{(i)}$，获得当式（8-9）不等于 0 时的参数设计值 $x_{(k)}$。计算 $\text{PF}_{(i)}$ 的具体流程见图 8-2，详细的实施步骤如下。

（1）确定当前的模拟抽样次数 m，如果 $m \leqslant N$，其中 N 为模拟抽样总次数，则确定第 m 次模拟抽样后，n 个试验点的各响应后验抽样值为 $\boldsymbol{Y}_{(m)}=\begin{bmatrix} y_{(m)}^{x_{(1)}} \\ \vdots \\ y_{(m)}^{x_{(k)}} \\ \vdots \\ y_{(m)}^{x_{(n)}} \end{bmatrix}=$ $\begin{bmatrix} y_{1_{(m)}}^{x_{(1)}} & y_{2_{(m)}}^{x_{(1)}} & y_{3_{(m)}}^{x_{(1)}} \\ \vdots & \vdots & \vdots \\ y_{1_{(m)}}^{x_{(k)}} & y_{2_{(m)}}^{x_{(k)}} & y_{3_{(m)}}^{x_{(k)}} \\ \vdots & \vdots & \vdots \\ y_{1_{(m)}}^{x_{(n)}} & y_{2_{(m)}}^{x_{(n)}} & y_{3_{(m)}}^{x_{(n)}} \end{bmatrix}$，其中，$y_{u_{(m)}}^{x_{(v)}}(v=1,\cdots,k,\cdots,n;u=1,2,3)$ 表示经过 m 次模拟抽样后，第 v 个试验点 $x_{(v)}$ 对应的响应 y_u 的后验抽样值，然后转入步骤（2）；反之，如果 $m>N$，则优化过程结束。

（2）按照帕累托最优原则确定初始的帕累托最优前沿为 $\mathrm{PF}_{(m)}=$ $\begin{bmatrix} y_{1_{(m)}}^{x_{(b)}} & y_{2_{(m)}}^{x_{(b)}} & y_{3_{(m)}}^{x_{(b)}} \\ \vdots & \vdots & \vdots \\ y_{1_{(m)}}^{x_{(i)}} & y_{2_{(m)}}^{x_{(i)}} & y_{3_{(m)}}^{x_{(i)}} \\ \vdots & \vdots & \vdots \\ y_{1_{(m)}}^{x_{(c)}} & y_{2_{(m)}}^{x_{(c)}} & y_{3_{(m)}}^{x_{(c)}} \end{bmatrix}$，其中 $1\leqslant b\leqslant i\leqslant c\leqslant j$，此处令 $b=i=c=j=1$。

（3）令 $j=j+1$，若 $j\leqslant n$，则确定待测数据 $t_{(m)}^{x_{(j)}}=[y_{1_{(m)}}^{x_{(j)}}\ \ y_{2_{(m)}}^{x_{(j)}}\ \ y_{3_{(m)}}^{x_{(j)}}]$，然后转入步骤（4）；否则，转入步骤（7）。

（4）若存在 $[y_{1_{(m)}}^{x_{(i)}}\ \ y_{2_{(m)}}^{x_{(i)}}\ \ y_{3_{(m)}}^{x_{(i)}}]\subset \mathrm{PF}_{(m)}$，使 $\begin{cases} y_{1_{(m)}}^{x_{(j)}}\geqslant y_{1_{(m)}}^{x_{(i)}} \\ y_{2_{(m)}}^{x_{(j)}}\geqslant y_{2_{(m)}}^{x_{(i)}} \\ y_{3_{(m)}}^{x_{(j)}}\geqslant y_{3_{(m)}}^{x_{(i)}} \end{cases}$ 中至少有一个严格不等式成立，则转入步骤（5）；否则，转入步骤（6）。

（5）更新 $\mathrm{PF}_{(m)}=\begin{bmatrix} y_{1_{(m)}}^{x_{(b)}} & y_{2_{(m)}}^{x_{(b)}} & y_{3_{(m)}}^{x_{(b)}} \\ \vdots & \vdots & \vdots \\ y_{1_{(m)}}^{x_{(j)}} & y_{2_{(m)}}^{x_{(j)}} & y_{3_{(m)}}^{x_{(j)}} \\ \vdots & \vdots & \vdots \\ y_{1_{(m)}}^{x_{(c)}} & y_{2_{(m)}}^{x_{(c)}} & y_{3_{(m)}}^{x_{(c)}} \end{bmatrix}$，转入步骤（3）。如果 $\mathrm{PF}_{(m)}$ 中存在完全相同的行，保留一行即可。

（6）$PF_{(m)}=\begin{bmatrix} y_{1_{(m)}}^{x_{(b)}} & y_{2_{(m)}}^{x_{(b)}} & y_{3_{(m)}}^{x_{(b)}} \\ \vdots & \vdots & \vdots \\ y_{1_{(m)}}^{x_{(j)}} & y_{2_{(m)}}^{x_{(j)}} & y_{3_{(m)}}^{x_{(j)}} \\ \vdots & \vdots & \vdots \\ y_{1_{(m)}}^{x_{(c)}} & y_{2_{(m)}}^{x_{(c)}} & y_{3_{(m)}}^{x_{(c)}} \end{bmatrix}$保持不变，然后转入步骤（3）。

（7）得到第 m 次模拟抽样后的帕累托最优前沿 $PF_{(m)}$，令 $m=m+1$，转入步骤（1）。

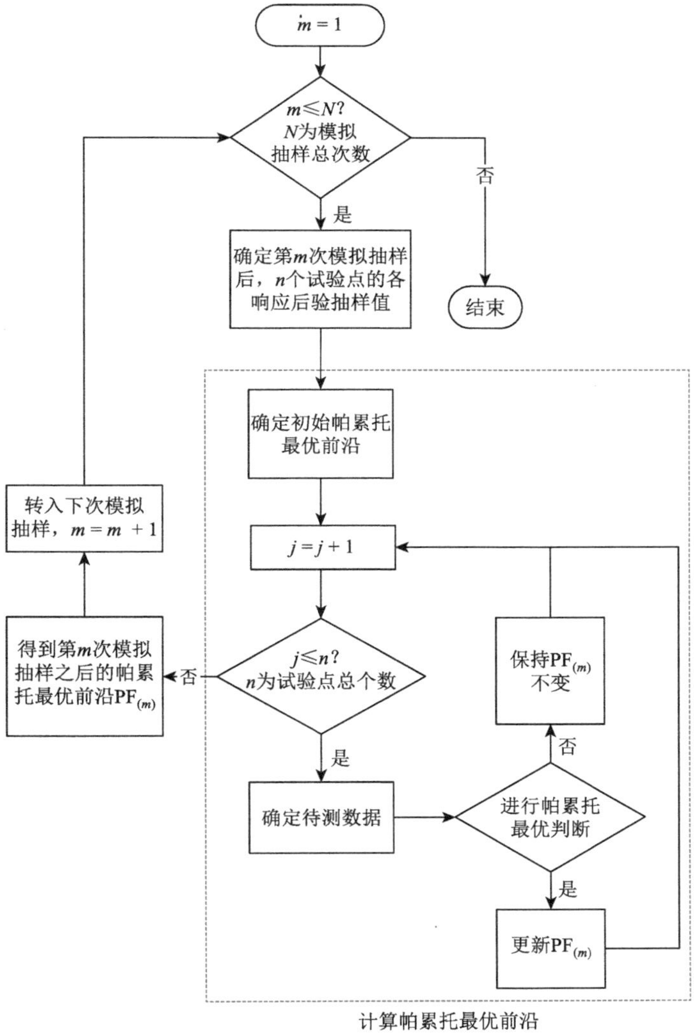

图 8-2　计算帕累托最优前沿的算法流程图

第 5 步：利用第 4 步的结果并结合式（8-9）和式（8-10），计算每一组参数值在整个优化过程中能够达到帕累托最优的概率。

第 6 步：根据第 5 步的结果，选择概率较大的 m 组参数值，利用其对应的响应后验抽样值进行 GRA，并按照灰色接近关联度进行排序，选择灰色接近关联度最大的为最优设计方案。在图 8-2 的基础上，结合前面 5 步的结果，GRA 的算法流程可见图 8-3，详细实施步骤如下。

（1）确定目标值 $\boldsymbol{T}=[t_1\ \ t_2\ \ t_3]$，根据第 5 步的结果提取 $\boldsymbol{X}=\{x_{(i)}^{(1)},x_{(j)}^{(2)},\cdots,x_{(k)}^{(m)}\}$，其中，$x_{(k)}^{(m)}$ 表示第 k 个试验点，m 为其概率排名。

（2）确定当前的试验点，如果 $a\leqslant m$，提取 $\boldsymbol{X}$ 中第 a 个试验点 $x_{(j)}^{(a)}$，转入步骤（3）；否则，转入步骤（6）。

（3）确定当前试验的抽样次数 d，如果 $d\leqslant N$，则提取 $x_{(j)}^{(a)}$ 对应的第 d 次响应后验抽样值 $\boldsymbol{Y}_{(d)}^{(a)}=[y_{1_{(d)}}^{x_{(j)}^{(a)}}\ \ y_{2_{(d)}}^{x_{(j)}^{(a)}}\ \ y_{3_{(d)}}^{x_{(j)}^{(a)}}]$，其中，$N$ 为抽样次数，转入步骤（4）；否则，转入步骤（5）。

（4）根据式（8-11）～式（8-13）计算 $\boldsymbol{Y}_{(d)}^{(a)}$ 和 $\boldsymbol{T}$ 的灰色接近关联度 $\rho_{(d)}^{(a)}$，令 $d=d+1$，转入步骤（3）。

（5）进行 GRA，确定试验点 $x_{(j)}^{(a)}$ 对应的响应后验抽样值与 $\boldsymbol{T}$ 的灰色接近关联度 $\rho^{(a)}$，$\rho^{(a)}=E(\rho_{(d)}^{(a)},d=1,2,\cdots,N)$。令 $a=a+1$，转入步骤（2）。

（6）得到 $\rho^{(s)}$，其中 $s=1,2,\cdots,m$。

（7）选择 $\rho^{(s)}$ 最大的为最优设计方案，优化过程结束。

8.1.4　实例分析

1. 实例背景

本试验旨在通过加拿大卡尔加里大学机械与制造工程系的飞秒激光微纳加工中心实现某卫星芯片的微孔制造过程。该试验方案的设计及数据收集工作由本书第一作者在加拿大卡尔加里大学从事博士后研究工作期间，与加拿大卡尔加里大学飞秒激光微纳加工中心的研究人员共同完成。该飞秒激光微纳加工中心主要由飞秒激光束发生器（femtosecond laser beam generator）、微加工工作站（micro-machining workstation）、加工控制计算机（machining control computer）、测量仪器（measuring instrument）和花岗岩平台（granite platform）组成，具体实物如图 8-4 所示。在该试验中，选择直径 y_1 和圆度 y_2 作为关键的质量特性以反映某卫星芯片微孔的几何特性和加工精度，其中，直径为望目质量特性，而圆度为望大质量特性。此外，圆度与微孔的面积和主轴有关，其具体的公式定义为

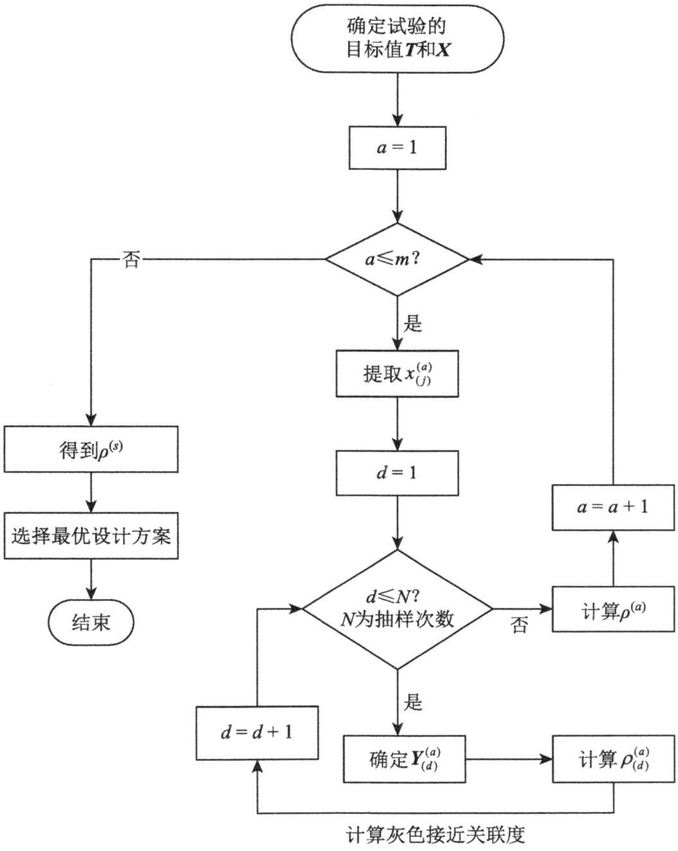

图 8-3　GRA 的算法流程图

$$圆度 = 4\pi \times \frac{面积}{主轴^2} \tag{8-14}$$

其中，通过图像照片软件 Image J 分析微孔图片，可以获得式（8-14）中的微孔主轴和面积。影响上述两个响应的可控因子为平均功率 x_1（mW）、脉冲频率 x_2（Hz）和切削速度 x_3（mm/s），三个可控因子的水平和编码设置见表 8-1。

本次试验的目的是希望确定三个可控因子的最佳设置，从而使直径 y_1 的目标值维持在 21μm 的水平上，并尽可能最大化圆度 y_2。本节采用 CCD 开展相关试验，试验数据由试验人员通过实际的激光微钻试验收集，结果见表 8-2。

2. 确定贝叶斯多元回归模型统一框架

在上述试验中，三个可控因子的可接受范围均为−1.682～1.682，取值间隔为

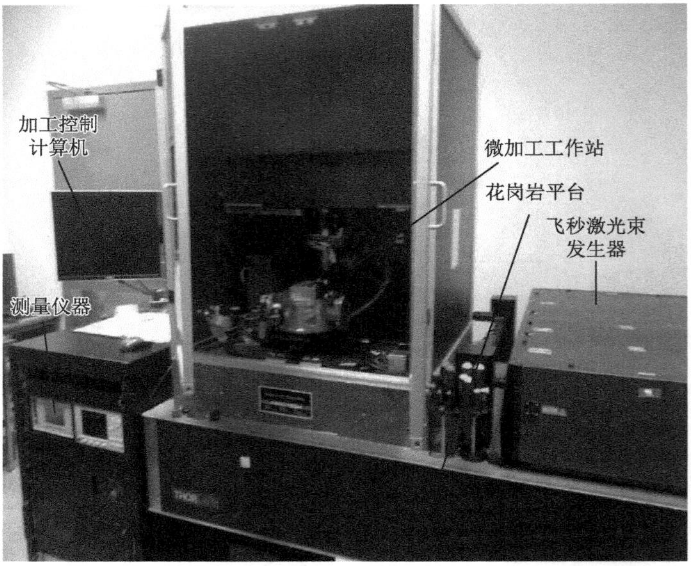

图 8-4　飞秒激光微纳加工中心

表 8-1　每个可控因子的真实值和编码值

可控医子	水平				
	−1.682	−1	0	1	1.682
x_1 /mW	15.91	50	100	150	184.09
x_2 /Hz	398	500	650	800	902
x_3 /(mm/s)	0.03	0.06	0.11	0.16	0.19

表 8-2　CCD 试验结果

试验次序	试验因子			响应	
	x_1 /mW	x_2 /Hz	x_3 /(mm/s)	y_1 /μm	y_2
1	−1.000	−1.000	−1.000	16.43	0.965
2	1.000	−1.000	−1.000	23.80	0.940
3	−1.000	1.000	−1.000	15.00	0.968
4	1.000	1.000	−1.000	16.53	0.923
5	−1.000	−1.000	1.000	14.47	0.922
6	1.000	−1.000	1.000	22.81	0.924
7	−1.000	1.000	1.000	14.04	0.921
8	1.000	1.000	1.000	17.43	0.929

续表

试验次序	试验因子			响应	
	x_1 /mW	x_2 /Hz	x_3 /(mm/s)	y_1 /μm	y_2
9	−1.682	0.000	0.000	10.41	0.969
10	1.682	0.000	0.000	24.23	0.925
11	0.000	−1.682	0.000	19.13	0.948
12	0.000	1.682	0.000	14.42	0.923
13	0.000	0.000	−1.682	12.51	0.963
14	0.000	0.000	1.682	12.87	0.903
15	0.000	0.000	0.000	12.59	0.905
16	0.000	0.000	0.000	12.38	0.908
17	0.000	0.000	0.000	12.42	0.892
18	0.000	0.000	0.000	12.14	0.873
19	0.000	0.000	0.000	12.69	0.886
20	0.000	0.000	0.000	12.55	0.887

0.38，整个试验区域包含 729 个试验点。在整个优化过程中，假设式（8-1）中的因子效应向量为

$$z(x)=(1,x_1,x_2,x_3,x_1x_2,x_1x_3,x_2x_3,x_1^2,x_2^2,x_3^2)$$

利用最小二乘法进行模型参数估计，计算结果见表 8-3。

表 8-3　模型拟合优度检验

模型因子	响应	
	y_1	y_2
常数	12.404	0.892
x_1	3.212	−0.010
x_2	−1.642	−0.004
x_3	−0.176	−0.015
x_1x_2	−1.349	−0.002
x_1x_3	0.354	0.010
x_2x_3	0.361	0.002
x_1^2	2.093	0.018
x_2^2	1.900	0.014

续表

模型因子	响应	
	y_1	y_2
x_3^2	0.456	0.014
R^2	93.9%	91.4%
R^2(adj)	88.4%	83.7%

分析表 8-3 的结果可知，与响应 y_1 相比，响应 y_2 的拟合优度相对较低。因此对两个响应的结构进行调整，即将响应 y_1 的因子效应向量调整为 $(1, x_1, x_2, x_1x_2, x_1^2, x_2^2)$，将响应 y_2 的因子效应向量调整为 $(1, x_1, x_3, x_1x_3, x_1^2, x_2^2, x_3^2)$，利用最小二乘法重新进行模型参数估计，两次计算结果比较见表 8-4。

表 8-4　响应 y_1 和 y_2 两次拟合优度对比

响应	响应未调整		响应调整	
	R^2	R^2(adj)	R^2	R^2(adj)
y_1	93.9%	88.4%	92.2%	89.4%
y_2	91.4%	83.7%	89.7%	85.0%

比较分析表 8-4 中响应调整前、后的拟合优度可知，响应 y_1 调整结构之后，R^2(adj) 提高为 89.4%；响应 y_2 经过结构调整之后，R^2(adj) 提高为 85.0%。由此可知，修正后的 SUR 模型的拟合优度改进不大。此外，如果采用 SUR 模型进行随机抽样，抽样速度缓慢，极大地降低了整个算法的运行速度。因此，考虑到上述 SUR 模型的缺陷，本节选择未调整的统一的贝叶斯多元回归模型。

3. 根据帕累托最优原则确定帕累托最优前沿

假设两个响应的目标值分别为 21 和 1，试验的模拟抽样次数 N 为 2000 次，首先根据式（8-3）～式（8-7）对试验区域内的每个点进行蒙特卡罗随机抽样，得到各自响应的后验抽样值。在实际操作过程中，圆度 y_2 不存在大于 1 的值，因此如果该响应存在大量超过 1 的后验抽样值，需要将对应的试验点删除，最终试验区域中的待测试验点为 603 个。其次利用剩余试验点的后验抽样值在试验区域内根据图 8-2 进行多响应优化。在 R 优化代码中，以矩阵的形式呈现随机变量 $\boldsymbol{W}$ 和 $\boldsymbol{U}$ 的模拟抽样结果。最后根据每次优化得到的帕累托最优前沿，根据式（8-9）和式（8-10）计算每个试验点能够达到帕累托最优的概率，其研究结果如图 8-5 所示。

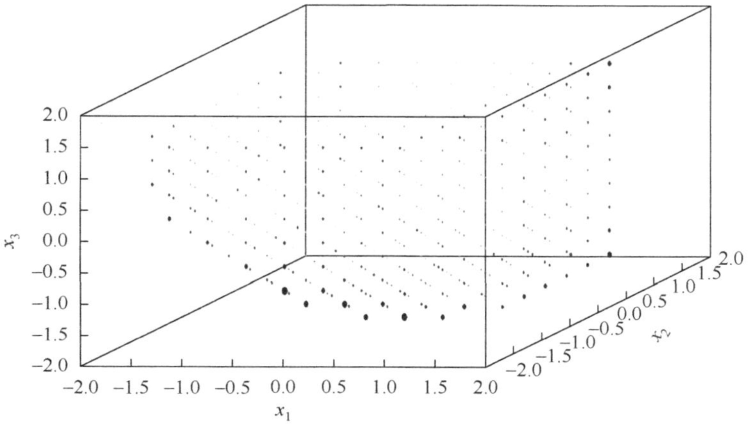

图 8-5　按照帕累托最优原则确定帕累托最优前沿

根据图 8-5 可知，圆点为整个试验过程中分布在帕累托前沿上的所有试验点，即在整个优化过程中这些点至少有一次在帕累托前沿上出现过。每个圆点的大小和颜色深浅与其在整个优化过程中能达到帕累托最优的概率有关，点越大，颜色越深，在该点处能达到帕累托最优的可能性越大。另外，图 8-5 中大小不同、颜色深浅不一的圆点，表明预测响应值的波动对优化结果产生了较大影响，这种波动主要来源于模型参数的不确定性及生产过程中的噪声因子。由图 8-5 中圆点的分布位置可知，最有可能达到帕累托最优的试验点主要分布在图形的下方区域。

本例提取了整个试验过程中最有可能达到帕累托最优的前 8 个试验点，这些试验点对应的响应后验抽样值的变化见图 8-6。比较分析图 8-6 中各个试验点关于不同响应的优化效果可知，在上述多响应优化设计的实例中，如果仅考虑响应 y_1 的优化效果，则 294 号、329 号、372 号和 603 号试验点给出的结果明显优于其他试验点；如果仅考虑响应 y_2 的优化效果，则以上 8 个试验点与目标值都存在一定的差距，294 号、329 号、372 号和 603 号试验点的优化效果略高于其他试验点。因此，根据图 8-6 可知，除了 373 号试验点，这些可重复性较高的试验点至少在

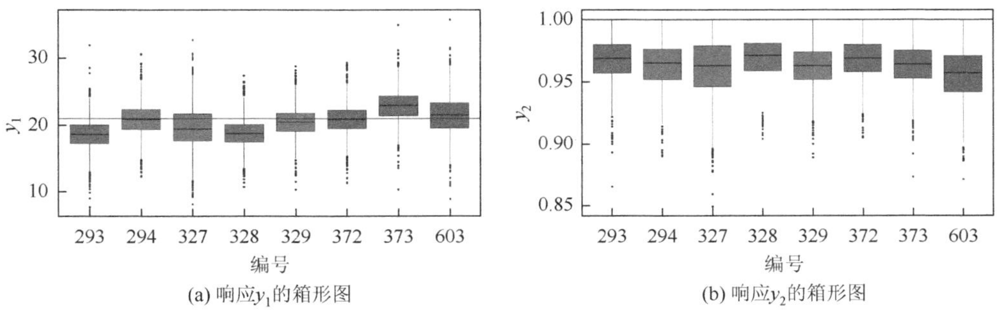

图 8-6　8 个试验点关于两个响应的箱形图

一个响应上能够得到较好的优化效果，这与帕累托最优的定义一致。此外，表 8-5 给出了 8 个试验点各自能达到帕累托最优的概率。

表 8-5　图 8-6 中的试验点能够达到帕累托最优的概率

编号	坐标	概率
372	(−0.16, −1.68, −0.92)	0.1933
294	(0.60, −0.92, −1.68)	0.1668
329	(0.22, −1.30, −1.30)	0.1463
328	(−0.16, −1.30, −1.30)	0.1358
293	(0.22, −0.92, −1.68)	0.1276
327	(1.36, 1.36, −1.68)	0.1182
603	(1.36, 1.36, 1.36)	0.1104
373	(0.22, −1.68, −0.92)	0.1049

通过分析表 8-5 的优化结果，在本节多响应优化设计实例中，372 号试验点能达到帕累托最优的概率相对较高，而 373 号试验点的概率最低。图 8-6 中的 372 号试验点在两个响应上都能得到较好的优化效果，而 373 号试验点关于两个响应的优化效果相对较差，可见表 8-5 和图 8-6 给出的结果一致，进一步说明了该优化结果是可靠的。

4. 基于 GRA 的多响应优化

上述试验的优化过程运用本节所提的方法获得了 8 组优化结果，此处运用 GRA 方法，对表 8-5 中的 8 组优化结果进行排序。将本例中各个输出响应的目标值{21.000, 1.000}作为参考序列，根据图 8-3 计算每组解对应的响应后验抽样值与参考序列之间的灰色接近关联度，计算其平均值并作为该组优化结果与参考序列的灰色接近关联度，按照此灰色接近关联度对 8 组优化结果进行排序，将灰色接近关联度最大的作为最优设计方案，GRA 的研究结果见表 8-6。

表 8-6　GRA 结果

编号	y_1	y_2	灰色接近关联度
372	20.8869	0.9681	0.6022
329	20.4347	0.9624	0.5992
294	20.8666	0.9636	0.5896
603	21.5045	0.9561	0.5461

续表

编号	y_1	y_2	灰色接近关联度
373	22.9126	0.9633	0.5293
327	19.6658	0.9606	0.5007
328	18.7530	0.9689	0.4981
293	18.6230	0.9677	0.4927

结合表 8-6 的分析结果可知，372 号、329 号和 294 号试验点的灰色接近关联度非常相近，这三个也是能达到帕累托最优的概率相对较高的试验点。其中，372 号试验点的灰色接近关联度略大于其余两个试验点，应为本次试验的最优结果，其对应的两个响应值分别为 20.8869 和 0.9681。此外，603 号和 373 号试验点的灰色接近关联度比较相近，327 号、328 号和 293 号试验点的灰色接近关联度也相差不大。虽然 603 号和 373 号试验点在响应 y_2 上的优化效果略低于 327 号、328 号和 293 号试验点，但是在响应 y_1 上的优化效果明显优于后者，所以在表 8-5 中排名靠后的 603 号和 373 号试验点的灰色接近关联度略大于 327 号、328 号和 293 号试验点。可见，针对预测响应值存在波动的多响应优化问题，运用本节所提的方法能够从能达到帕累托最优的概率和灰色接近关联度两个方面获得较为满意的结果。

8.2　基于 GPR 模型的不确定性稳健参数设计

多响应稳健参数设计基本上可以归纳为以下几个方面[3]：第一，构建指标以合理度量多响应系统的稳健性及各目标响应之间的相关性；第二，构建模型以综合考虑模型预测性能及各目标响应之间的冲突；第三，优化参数以获得模型全局最优解和稳健解。针对多响应稳健参数设计问题，国内外学者提出了多种研究方法，常用的方法归纳起来大致分为以下几种[3, 17]：满意度函数法、贝叶斯后验概率法、多元质量损失函数法等。满意度函数法以其易于掌握、实用简单的优点，广泛应用于工程实践中，然而该方法忽视了响应之间的相关性，可能无法获得合理的参数设计值[22]。Ko 等[23]提出了一种基于损失函数的多响应优化方法；张旭涛和何桢[14]提出了一种基于贝叶斯分析的递阶优化方法；Chiao 和 Hamada[24]提出了评估优化结果可靠性的新方法。

在实际的生产过程中，仪器、测量等客观因素将在一定程度上影响试验数据的准确性或者无法准确地获知对产品/工艺过程有显著性影响的变量。因此，在考虑不确定性情况下的响应曲面建模方法变得越来越重要。特别是在高可靠性和微制造领域的产品设计中，若无法精确地获得过程输入与输出之间的函数关系，将难以有效地确定最优的输入参数[5]。因此，在进行产品质量设计时，应将不确定性纳入模型的优化目标中，以获得更加稳健的参数设计。近年来，针对稳健参数设计中不确定性问题的研究，国内外学者已提出不同的建模方法和优化策略。从模型参数的不确定性角度出发，Ouyang 等[25]利用响应曲面理论，提出一种区间稳健性设计方法；Wang 等[15]提出利用响应曲面理论，结合质量损失函数和贝叶斯统计的方法；He 等[7]提出一种同时优化多个响应的稳健期望函数方法；Yuan 等[26]提出基于 GP 的多响应稳健优化模型。

本节针对模型输出响应不确定性的多响应稳健参数设计问题，拟在 GP 多目标优化模型框架下，首先利用贝叶斯理论中的 MAP 估计方法，优化 GPR 的超参数，以提高模型预测精度；其次对 GPR 的预测输出响应和输出方差波动进行加权组合，建立多响应稳健优化模型，从而在考虑输出响应不确定性的情况下，提高优化解的稳健性。

8.2.1　GPR 模型原理

在 GPR 模型中，假设响应变量 y 与输入变量 x 之间为一个预测函数加上噪声因子 ϵ 的非线性关系，即 $y(x)=f(x)+\epsilon$。如果 $\epsilon \sim N(0,\sigma^2)$，则 y 可以表示为[27]

$$y(x) \sim N(f(x),\sigma^2) \tag{8-15}$$

给预测函数 $f(x)$ 一个 GP 先验：

$$f(x) \sim \mathrm{GP}(m(x),k(x,x')) \tag{8-16}$$

其中，$m(x)$ 为 GP 的均值函数；$k(x,x')$ 为一个半正定的协方差核函数。任意 $f(x)$ 和 $f(x')$ 之间的关系为

$$k(x,x') \sim \mathrm{cov}(f(x),f(x')) \tag{8-17}$$

核函数也简称核。通常，协方差核函数定义为平方指数核[28]：

$$k(x,x')=\sigma_f^2 \exp\left[-\sum_{i=1}^{N}(x_i-x_i')^2 l_i^{-2}/2\right] \tag{8-18}$$

其中，σ_f^2 称为量级因子或者协方差核函数的方差，用于控制输入变量的局部相关性；l_i 称为特征长度，用于控制模型的平滑度。如图 8-7 所示，试验函数选取噪声方差为 0.1 的正弦函数，随机选取 10 个试验点，协方差核函数为平方指数核形式的 GPR 预测。

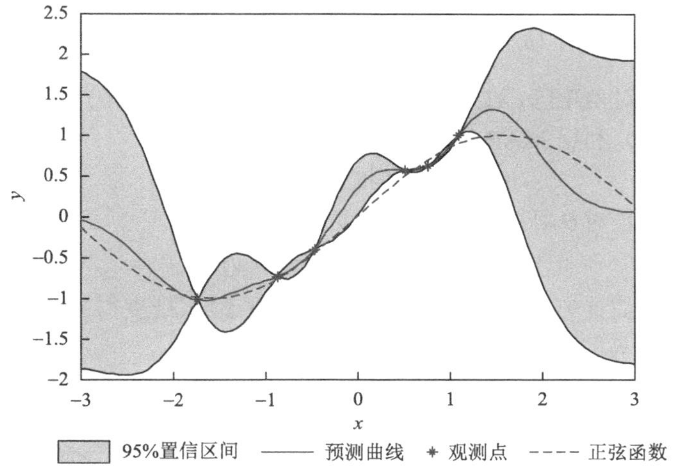

图 8-7　GPR 模型

8.2.2　基于不确定性的多响应稳健参数设计

1. GP 建模

本节假设 GP 的均值为 0，核为含有参数 θ 的形式，即 $k(x,x'|\theta)$。对于有限输入因子 $\boldsymbol{X}=(x_1,x_2,\cdots,x_N)$，响应 $f(x)=[f(x_1),\cdots,f(x_N)]$ 为联合多元高斯分布：

$$f(x)\sim N(\mathbf{0},K_{\boldsymbol{X},\boldsymbol{X}}(\theta)) \tag{8-19}$$

其中，协方差核函数 $[K_{\boldsymbol{X},\boldsymbol{X}}(\theta)]_{i,j}=k(x_i,x_j|\theta)$，为一个 $N\times N$ 的协方差矩阵，其表达式如式（8-18）所示。

在预测模型构建方面，采用如下分层 GP 模型[29]：

$$\begin{cases}\theta\sim\pi(\phi)\\ f\sim N(\mathbf{0},K_{\boldsymbol{X},\boldsymbol{X}}(\theta))\\ y\sim N(f,\sigma^2\boldsymbol{I})\end{cases} \tag{8-20}$$

其中，$\pi(\phi)$ 是一个核参数先验（包含 σ^2），σ^2 是噪声方差；$\boldsymbol{I}$ 是一个 $N\times N$ 的单位矩阵。GP 模型中对 f 进行边际分析可得

$$\boldsymbol{y}(x|\boldsymbol{X},\theta)=\int p(y|f,\boldsymbol{X},\theta)p(f|\boldsymbol{X},\theta)\mathrm{d}f=\boldsymbol{N}(0,K_{\boldsymbol{X},\boldsymbol{X}}(\theta)+\sigma^2\boldsymbol{I}) \tag{8-21}$$

在对超参数进行估计时，根据参考文献[30]中所述的方法，利用贝叶斯 MAP 估计方法，记似然估计 $p(\theta|y)\propto p(y|\theta)p(\theta)$，边际似然函数为

$$p(y|\theta)\propto p(y|f)p(f|\boldsymbol{X},\theta)\mathrm{d}f \tag{8-22}$$

为了得到近似 $p(y|\theta)$，对边际似然函数使用拉普拉斯方法。在预测位置 $\hat{f}$ 处，对式（8-22）中的被积函数进行泰勒展开，得到 f 的积分乘以常数形式：

$$\lg p(y\mid\theta)=\lg p(y\mid\hat{f})-\frac{1}{2}\hat{f}^{\mathrm{T}}K_{X,X}\hat{f}-\frac{1}{2}\lg\mid K_{X,X}\mid-\frac{1}{2}\lg\mid K_{X,X}^{-1}+\boldsymbol{W}\mid \tag{8-23}$$

其中，$\boldsymbol{W}$ 为一个对角矩阵，对角元素为 $W_{ii}=\nabla_{f_i}\nabla_{f_i}\lg p(y\mid f_i,\theta)\mid_{f_i=\hat{f}_i}$，详见文献[15]。然后，式（8-23）利用 MAP 估计方法优化超参数：

$$\lg p(y\mid\theta)\propto\lg p(y\mid\theta)+\lg p(\theta) \tag{8-24}$$

式（8-24）是对 θ 可微的，使用梯度优化方法得到

$$\hat{\theta}=\arg\max_{\theta}p(\theta\mid y) \tag{8-25}$$

利用 MAP 估计方法确定超参数，使模型的预测精度得到了改善，如图 8-8 所示，参数设置与图 8-7 一致。

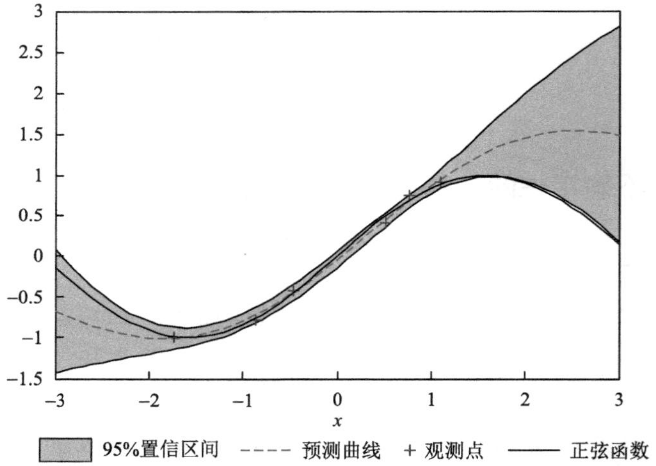

图 8-8　GPR 模型结合 MAP 优化

2. 模型响应不确定性量化

由于本节中的 GP 模型不能保证严格的高精度，如图 8-8 所示。为了提高模型的稳健性，必须考虑预测响应方差即输出响应波动因素对优化结果的影响。考虑利用预测响应方差来评估模型的不确定性，假设预测响应方差的 95%置信区间为 $(v_l,v_u]$ [26]，其中 $v_l=0$，v_u 采用最大化近似方法：

$$v_u=2(K_{x_i,x_i}-\sigma^2)^{1/2}=2\left\{\sigma_f^2\exp\left[-\sum_{i=1}^{N}(x_i-x_i)^2l_i^{-2}/2\right]\right\}^{1/2}=2\sigma_f \tag{8-26}$$

由式（8-26）可知，v_u 为任意预测点处响应方差值的 2 倍。因 v_u 为预测响应方差置信区间的上限，其值的变化情况可以反映方差的波动情况，本节主要利用该指标来评价输出响应的不确定性。$\tilde{y}=f\pm v_u$ 即模型输出响应的置信区间范围，如图 8-8 中灰色区域所示。

3. 多响应稳健参数设计

在构建多响应模型时，通常的做法是将输出响应和方差波动直接相加进行组合建模。如文献[26]所述，建模方法如下：

$$\begin{cases}\min \mathrm{fun}_1 = y_x^1 + \gamma\delta_x^1 \\ \min \mathrm{fun}_2 = y_x^2 + \gamma\delta_x^2 \\ \gamma \in \mathrm{R}^+; x \in \Phi\end{cases} \tag{8-27}$$

其中，γ 为方差波动系数，通常取 $\gamma \in [0,1]$；Φ 为输入变量 x 的取值空间；y_x 是回归模型在点 x 处的输出响应；δ_x 是回归模型在点 x 处的方差波动，且其值为预测响应方差的置信区间上限 v_u。

当模型的输出方差较大时，上述方法在考虑模型输出响应不确定性的情况下，能获得相对较好的优化结果。但是，为了获得更加精确的预测值，在组合建模之前，对模型的超参数进行 MAP 估计，改善模型精度，结果如图 8-8 所示。此时，模型输出方差相对于输出响应为可忽略的量级。若直接将输出响应和方差波动组合建模，优化过程将会忽略方差波动项的效应，则输出响应的不确定性对优化结果的影响有可能被忽略，优化解的可靠性值得商榷。而通过增大 γ 来增加方差波动的影响的策略，缺乏有效的约束评价方法，因而无法实施。因此，为了解决高精度预测模型输出响应不确定性对优化结果影响的问题，本节提出将输出响应和方差波动线性加权的方式，建立优化模型：

$$\begin{cases}\min \mathrm{fun}_1 = \gamma y_x^1 + (1-\gamma)\delta_x^1 \\ \min \mathrm{fun}_2 = \gamma y_x^2 + (1-\gamma)\delta_x^2 \\ \gamma \in [0,1]; x \in \Phi\end{cases} \tag{8-28}$$

其中，γ 为组合权重；Φ 为输入变量 x 的取值空间；y_x 为回归模型在点 x 处的响应变量值；δ_x 是回归模型在点 x 处的响应变量的波动，并将其定义为预测响应方差的置信区间上限 v_u。采用 HGA 对模型进行全局优化[31, 32]。

4. 基于输出响应不确定性的多响应模型构建步骤

基于输出响应不确定性的多响应模型构建流程图如图 8-9 所示，详细步骤如下。

步骤 1：设计试验方案，收集试验数据。

步骤 2：建立分层 GP 模型，设置超参数先验信息。

步骤 3：确定超参数。利用 MAP 估计方法，确定模型的最优超参数组合。

步骤 4：获得高精度预测模型。利用步骤 3 中超参数的估计结果，进行 GPR 拟合，获得相对准确的输出响应和方差波动。

步骤 5：构建多响应模型。利用步骤 4 中模型的输出结果，对输出响应和方差波动进行加权组合，构建多响应模型。

步骤 6：帕累托寻优。利用 GA 寻找模型的帕累托解集和帕累托前沿。

步骤 7：利用 K-means（KM）聚类分析[33]，将帕累托前沿分为 6 组，获得中心点最优解，即考虑输出响应不确定性情况下的最佳参数设置。

步骤 8：根据步骤 6 和步骤 7 中获得的响应均值和方差均值，讨论不同权重对优化结果的影响，确定合适的权重取值。

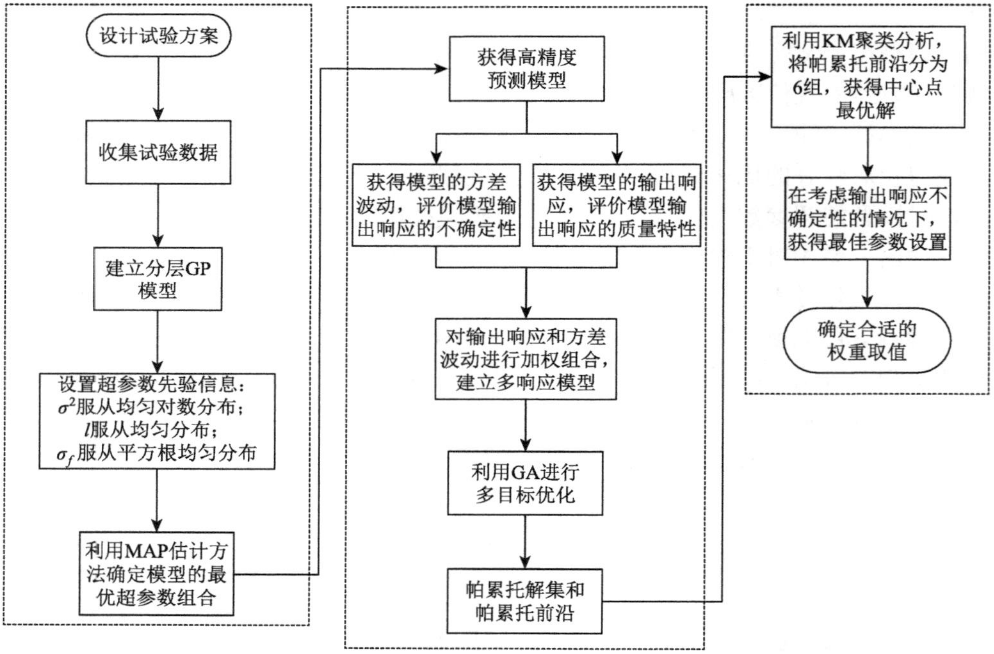

图 8-9　基于输出响应不确定性的多响应模型构建流程图

8.2.3　实例分析

该微纳制孔试验实例来源于文献[34]，主要研究微纳制孔过程的参数设计问题。该过程有两个输出响应：过度切割（overcut）y_1 指加工孔半径与钻头半径的差值，其值越小，钻孔精度越高；锥度（taper）y_2 是微孔的入口半径与出口半径不一致形成的一个锥形角度，其值越小，制成的孔的质量越高。因此，两个输出响应皆为望小质量特性。影响上述两个输出响应的可控因子为推进速率（feed rate）x_1、主轴转速（spindle speed）x_2、辅助气压（air pressure）x_3。

该试验的目的是获得可控因子的最佳参数组合，使两个输出响应和输出响应的方差波动即不确定性同时达到最小化。为此，试验设计者选择 Taguchi L27 正交阵列设计试验，其可控因子和水平如表 8-7 所示，试验结果如表 8-8 所示。

表 8-7　可控因子和水平

可控因子	符号	水平		
		−1	0	1
推进速率/(mm/min)	x_1	5	10	15
主轴转速/(r/min)	x_2	2000	3500	5000
辅助气压/bar①	x_3	2	4	6

表 8-8　试验结果

试验号	可控因子			输出响应	
	x_1	x_2	x_3	过度切割 y_1	锥度 y_2
1	−1	−1	−1	46.16	2.14
2	−1	−1	0	42.05	1.94
3	−1	−1	1	37.64	1.85
4	−1	0	−1	51.08	1.58
5	−1	0	0	46.16	1.48
6	−1	0	1	47.26	1.39
7	−1	1	−1	54	0.89
8	−1	1	0	49.54	0.75
9	−1	1	1	51.76	0.63
10	0	−1	−1	43.17	0.98
11	0	−1	0	38.69	0.84
12	0	−1	1	34.97	0.65
13	0	0	−1	45.04	0.68
14	0	0	0	41.68	0.85
15	0	0	1	43.17	0.78
16	0	1	−1	47.28	0.65
17	0	1	0	44.29	0.62
18	0	1	1	39.79	0.58
19	1	−1	−1	38.69	1.65
20	1	−1	0	34.99	1.52

① 1bar = 100kPa。

续表

试验号	可控因子			输出响应	
	x_1	x_2	x_3	过度切割 y_1	锥度 y_2
21	1	−1	1	31.98	1.256
22	1	0	−1	41.37	1.11
23	1	0	0	35.96	0.94
24	1	0	1	33.87	1.12
25	1	1	−1	43.26	1.05
26	1	1	0	39.66	1.21
27	1	1	1	36.09	1.26

1. GP 模拟及数据分析

针对该实例，假设 GP 模型的均值和方差未知，利用 MAP 估计方法确定 GP 模型的超参数，获得高精度拟合模型，预测变量分别为对应预测点的输出响应和方差波动。如图 8-10 所示，输出响应（y_1 和 y_2）与三个可控因子（x_1、x_2 和 x_3）之间呈现复杂的非线性关系。通过分析图 8-10 发现，y_1 随着 x_1 的增大而减小，随着 x_2 的增大而增大，随着 x_3 的增大而减小。y_2 随着 x_1 的增大呈现先减小后增大的趋势，随着 x_3 的增大而增大。y_2 与 x_2 之间呈复杂的非线性关系。

2. 常用组合建模方法

在上述微纳制孔试验中，两个输出响应皆为望小质量特性，因此可利用 HGA 对多响应模型进行优化。为了便于对比分析，本节将分别以常用方法和本节所提方法举例说明，寻找相对稳健解。

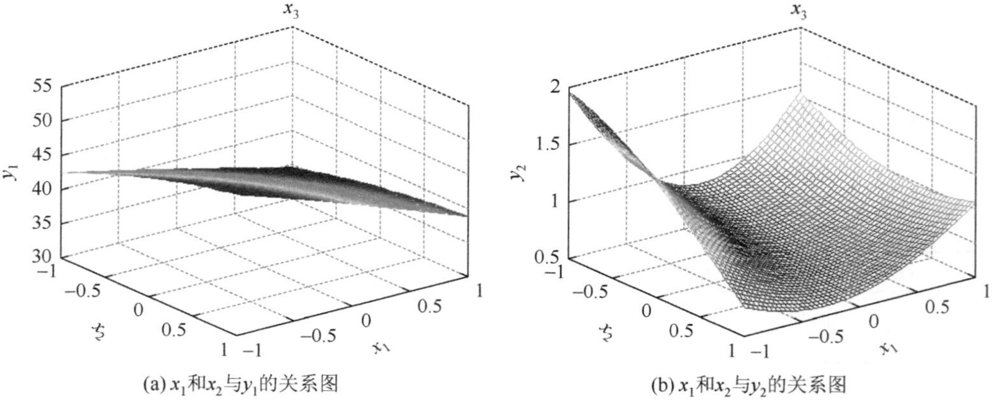

(a) x_1和x_2与y_1的关系图　　(b) x_1和x_2与y_2的关系图

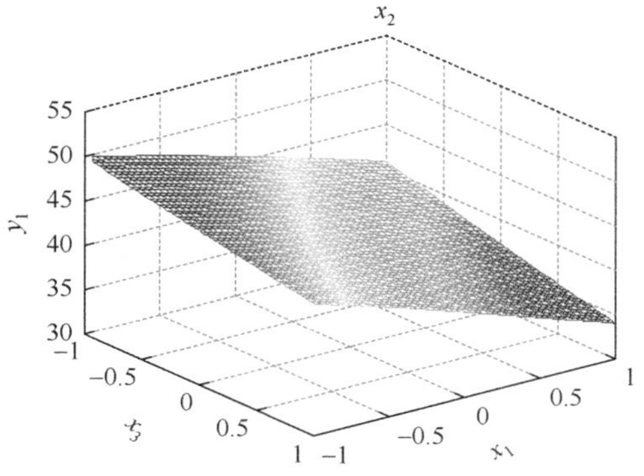

(c) x_1和x_3与y_1的关系图

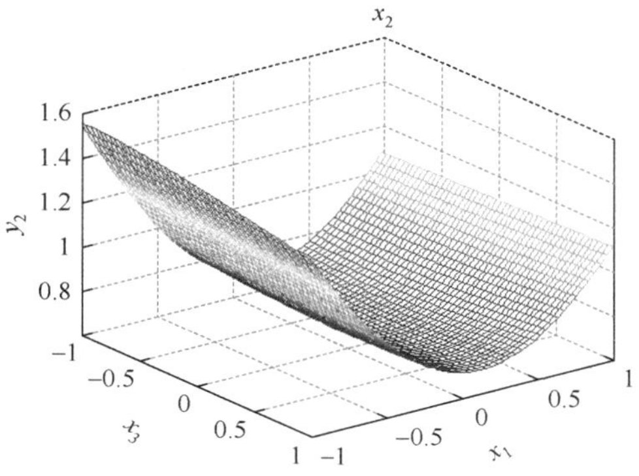

(d) x_1和x_3与y_2的关系图

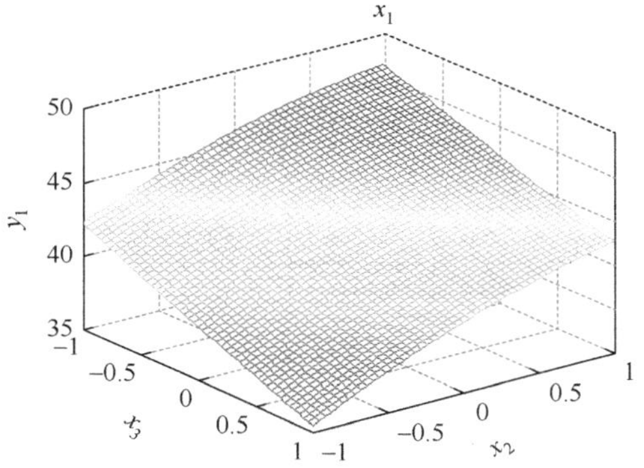

(e) x_2和x_3与y_1的关系图

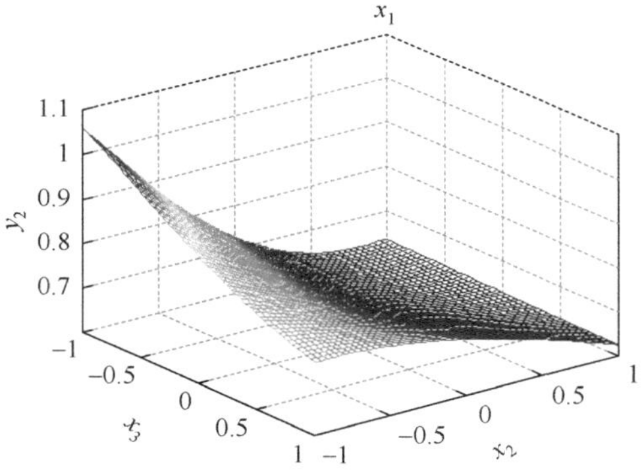

(f) x_2和x_3与y_2的关系图

图 8-10　两个输出响应与三个可控因子之间的关系

首先利用常用方法，将输出响应和方差波动直接相加进行组合建模，见式（8-27）；其次利用 GA 求最优解，其中，γ 取值分别为 0、0.25、0.5、0.75、1，搜索种群大小设置为 300，变异概率为 0.5，交叉概率为 0.8，迭代次数设置为 100，其他参数选择默认形式。

为了获得更加合理的稳健解，本节利用 KM 聚类分析将帕累托前沿分成 6 个簇群，进而获得 6 个中心点最优解，即 6 个最优参数设置，分别代表 6 种不同类别的折中选择，结果如表 8-9 所示。

比较分析图 8-11 和表 8-9 中 γ 取不同值的情况。特别是当 $\gamma=0$ 时，式（8-27）中的方差波动系数为 0，相当于不考虑输出响应的不确定性，仅对输出响应进行最小化寻优。以两个方差波动均最小的第二组为例进行说明，此时，优化参数设置为 $(x_1,x_2,x_3)=[0.2150,-0.0868,0.5717]$；过度切割为 $y_1=39.5945$，方差波动为 $\delta_1=0.3512$；锥度为 $y_2=0.7035$，方差波动为 $\delta_2=0.0048$。此后，随着 γ 的增大，方差波动在目标函数中的比例逐渐增大，输出响应的不确定性在优化效应中占比逐渐增加。当$\gamma=1$时，输出响应的不确定性对模型优化结果的影响最大。如图 8-11 所示，当$\gamma=1$时，两个输出响应和方差波动均值达到最小值。为了便于对比分析，以两个方差波动最小的第五组为例进行说明，优化参数设置为$(x_1,x_2,x_3)=[0.1852,-0.0946,0.5320]$；过度切割为$y_1=39.8418$，方差波动为$\delta_1=0.3506$；锥度为$y_2=0.7009$，方差波动为$\delta_2=0.0047$。可见，当$\gamma=1$时该类别的折中解表现要优于$\gamma=0$时该类别的折中解表现。分析表 8-9 和图 8-11 中总体均值的变化情况，可知利用该常用组合建模方法能达到优化方差波动的效果。然而，仔细对比图 8-11（b）与图 8-11（d）和表 8-9，不难发现该方法对方差波动的优化效果微乎其微，而且无法确定γ的取值，难以获得相对满意的优化结果。

表 8-9　常用组合模型优化结果

γ	序号	可控因子优化结果			输出响应优化结果			
		x_1	x_2	x_3	y_1	δ_1	y_2	δ_2
0	1	0.4827	−0.9937	0.9918	33.5266	0.7524	0.8031	0.0064
	2	0.2150	−0.0868	0.5717	39.5945	0.3512	0.7035	0.0048
	3	0.2131	−0.5414	0.9954	36.6872	0.4911	0.7288	0.0056
	4	0.8628	−0.9915	0.9901	31.8458	0.9540	1.0777	0.0065
	5	0.0211	0.9242	0.9876	42.4802	0.6345	0.6427	0.0059
	6	−0.2863	0.9716	0.9551	37.8861	0.9220	0.8250	0.0068
	总均值		—	—	**37.0034**	**0.6842**	**0.7968**	**0.0060**
1/4	1	0.2110	−0.1232	0.6386	39.2982	0.3548	0.7075	0.0048
	2	0.8573	−0.9968	0.9874	31.8583	0.9521	1.0737	0.0065
	3	−0.2017	0.9771	0.9687	44.0582	0.6678	0.5796	0.0061
	4	0.4898	−0.9951	0.9872	33.5025	0.7516	0.8071	0.0063
	5	0.2155	−0.6169	0.9876	36.3841	0.5028	0.7301	0.0056
	6	0.1593	0.6687	0.9873	35.3291	0.8401	0.9464	0.0061
	总均值		—	—	**36.7384**	**0.6782**	**0.8074**	**0.0059**
1/2	1	0.2108	−0.5520	0.9775	36.7057	0.4815	0.7290	0.0055
	2	0.8393	−0.9952	0.9792	31.9697	0.9268	1.0582	0.0063
	3	−0.0197	0.8284	0.9761	42.5483	0.5674	0.6426	0.0055
	4	0.1907	0.0512	0.6402	39.9843	0.3555	0.6991	0.0048
	5	−0.2511	0.9272	0.9729	36.4386	0.9855	0.5687	0.0062

续表

γ	序号	可控因子优化结果			输出响应优化结果			
		x_1	x_2	x_3	y_1	δ_1	y_2	δ_2
1/2	6	0.4726	−0.9914	0.9783	33.6220	0.7351	0.9083	0.0065
	总均值		—	—	**36.8781**	**0.6753**	**0.8062**	**0.0058**
3/4	1	−0.3055	0.9964	0.9725	44.7498	0.6995	0.5586	0.0063
	2	0.0114	0.8042	0.9350	42.3913	0.5277	0.6518	0.0052
	3	0.8706	−0.9899	0.9920	31.8110	0.9611	1.0846	0.0065
	4	0.2052	−0.0362	0.5799	39.7922	0.3519	0.7007	0.0048
	5	0.2009	−0.6278	0.9552	29.9036	0.7943	1.0062	0.0063
	6	0.5078	−0.9889	0.9873	33.4487	0.7515	0.8155	0.0063
	总均值		—	—	**37.0161**	**0.6810**	**0.8029**	**0.0059**
1	1	0.2021	−0.5000	0.9725	36.9754	0.4692	0.7280	0.0055
	2	−0.0005	0.8400	0.9857	42.4324	0.5806	0.6459	0.0056
	3	−0.3812	0.9014	0.9557	39.4120	0.8970	0.7841	0.0062
	4	0.5130	−0.9984	0.9862	33.3886	0.7610	0.8188	0.0063
	5	0.1852	−0.0946	0.5320	39.8418	0.3506	0.7009	0.0047
	6	0.8794	−0.9881	0.9860	31.7972	0.9604	1.0941	0.0065
	总均值		—	—	**37.3079**	**0.6698**	**0.7953**	**0.0058**

注：加粗部分是其所在列的数据均值。

综上分析，该方法并没有达到稳健参数设计要求。究其原因，如前所述，本节所用的 GPR 模型利用 MAP 估计方法提高了模型精度，使模型的方差波动相对

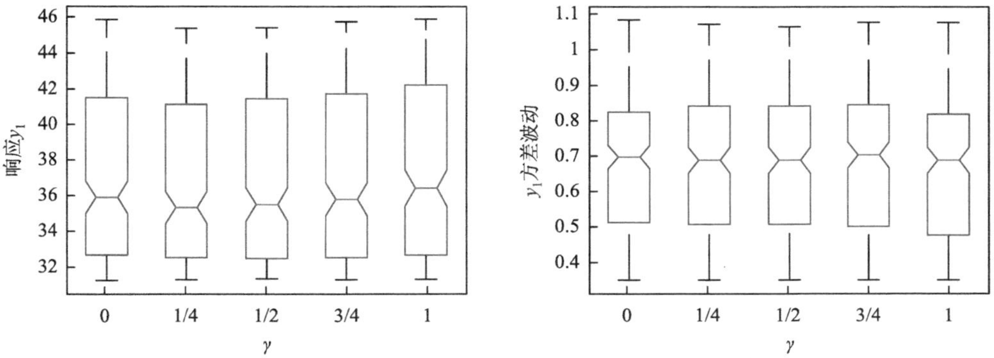

(a) 响应y_1随γ的变化情况　　(b) y_1方差波动随γ的变化情况

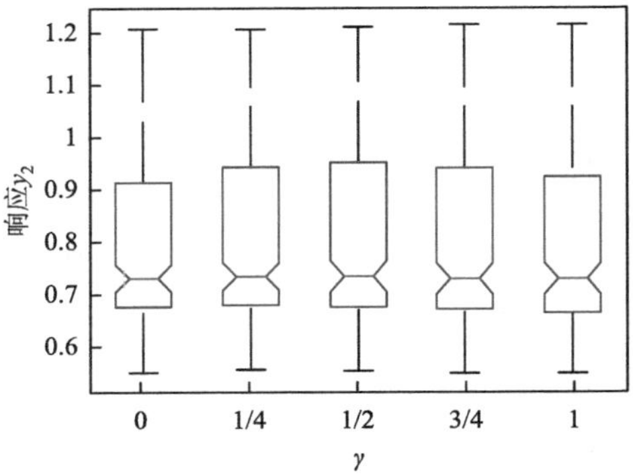

(c) 响应y_2随γ的变化情况

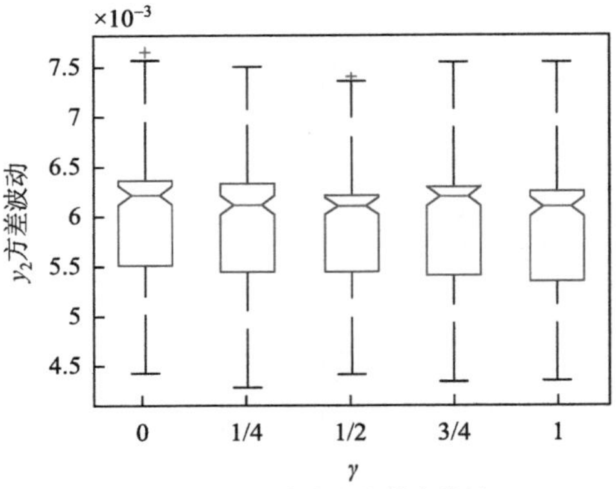

(d) y_2方差波动随γ的变化情况

图 8-11　γ 取不同值时，输出响应和方差波动的变化情况

于输出响应的量级基本可以忽略，如表 8-9 所示。此时，若利用直接组合方法建模优化，会使模型寻优时更偏向于对目标函数有显著影响的输出响应，而忽略方差波动，故很难获得满意的优化解。针对该问题，本节提出将输出响应和方差波动进行加权组合建模，权衡输出响应和输出不确定性的关系，进而获得相对满意的优化结果。

3. 加权组合建模方法

本节将利用加权组合建模方法对微纳制孔试验的数据进行拟合分析，见式（8-28)。GP 模型参数的优化方法及 HGA 的参数设置与常用组合建模方法中的数据完全一致。优化结果的帕累托解集和帕累托前沿随着γ取值的变化具有不同的变化趋势，如图 8-12 和图 8-13 所示，γ不同取值情况下的 6 组优化解如表 8-10 所示。

当$\gamma=0$时，输出响应的系数为 0，相当于仅考虑模型响应不确定性对优化结果的影响。此时，获得输出响应稳健解、方差波动最优解，输出响应稳健解和模型的帕累托解集如图 8-12 所示。对比图 8-13 发现，仅在$\gamma=0$的情况下，模型的帕累托解集为一个较为集中的立体区域。此时，两个输出响应的预测区间和方差波动预测区间相对较小；当$\gamma=1$时，方差波动的系数为 0，相当于仅对模型的输出响应进行优化，此时与常用组合建模方法中讨论的$\gamma=0$的情况一致，也可通过表 8-10 验证。

分析图 8-14 和表 8-10 可知，当$\gamma=0$时，输出响应的系数为 0，模型输出响应不确定性对优化结果的影响最大，但是均值区间和方差波动区间均最小。由表 8-10 可知，当$\gamma=0$时，6 组最优解的输出响应值和输出响应均值较其他情况偏高，方差波动均值较其他情况偏低。此时，输出响应值相对保守，但是这保证了输出响应被控制在一个很小的区间内，获得了一组相对稳健的优化解。此后，随

着 γ 值的不断增大，方差波动均值和方差波动预测区间呈现先增大而后非线性变化的趋势；输出响应均值呈现先减小而后非线性变化的趋势；输出响应预测区间呈现先增大而后非线性变化的趋势，如图 8-14 和图 8-15 所示。究其原因，随着 γ 值的增加，方差波动在优化模型中的占比越来越小，输出响应在优化模型中的占比越来越大，导致方差波动对优化结果的影响逐渐减小，而输出响应对优化结果的影响逐渐增加。当 γ 增加至某一个临界值，使方差波动相对于输出响应可以忽略时，则相当于仅对输出响应优化建模。若继续增加 γ 值，如 $\gamma = 1/2$、3/4、1 的情况，仅需权衡两个输出响应之间的关系，则呈现出两个输出响应此消彼长的非线性变化趋势，如图 8-15 所示。针对本实例，分析图 8-15 的均值变化趋势可知，该临界值应位于 $\gamma = 1/4$ 附近。

表 8-10　加权组合模型优化结果

γ	序号	可控因子优化结果			输出响应优化结果			
		x_1	x_2	x_3	y_1	δ_1	y_2	δ_2
0	1	−0.0352	−0.3996	0	41.4598	0.3551	0.7780	0.0044
	2	−0.3055	−0.3523	0.0713	42.6869	0.3503	0.9156	0.0047
	3	−0.0422	−0.4395	0.1256	40.9393	0.3527	0.7816	0.0046
	4	−0.3066	−0.3475	−0.1011	42.8374	0.3644	0.6490	0.0042
	5	−0.2982	−0.4021	0.1536	42.1980	0.3482	0.9173	0.0048
	6	−0.0105	−0.3074	−0.0158	41.7406	0.3587	0.7531	0.0043
	总均值		—	—	**41.9770**	**0.3549**	**0.7991**	**0.0045**
1/4	1	−0.0498	0.7766	0.7566	43.1298	0.4338	0.6399	0.0049
	2	0.7965	−0.8136	0.7915	33.4408	0.6032	1.0246	0.0046
	3	0.2129	−0.3043	0.7776	38.2376	0.3765	0.7199	0.0050
	4	−0.0355	0.8163	0.7603	44.6363	0.5786	0.5956	0.0053
	5	0.4126	−0.8080	0.8932	34.9273	0.5324	0.7757	0.0051
	6	0.2109	0.0090	0.3312	40.6368	0.3543	0.6891	0.0045
	总均值		—	—	**39.1681**	**0.4798**	**0.7408**	**0.0049**
1/2	1	0.1697	0.2754	0.1192	42.2701	0.3564	0.6649	0.0044
	2	−0.2615	0.9848	0.9279	44.5428	0.6487	0.5691	0.0059
	3	0.1959	−0.4945	0.9633	36.1440	0.7168	0.8792	0.0057
	4	0.8370	−0.9868	0.9916	31.9745	0.9290	1.0526	0.0063
	5	0.2212	−0.5667	0.9875	36.5657	0.4914	0.7295	0.0056
	6	0.4471	−0.9856	0.9921	33.7189	0.7355	0.7871	0.0063
	总均值		—	—	**37.5360**	**0.6463**	**0.7804**	**0.0057**

续表

γ	序号	可控因子优化结果			输出响应优化结果			
		x_1	x_2	x_3	y_1	δ_1	y_2	δ_2
3/4	1	0.2136	−0.6936	0.9884	36.0659	0.5259	0.7311	0.0055
	2	0.0114	0.7147	0.9479	42.1438	0.5002	0.6610	0.0052
	3	0.5402	−0.9931	0.9965	33.2589	0.7749	0.8315	0.0064
	4	0.2073	−0.1845	0.5229	39.4434	0.3490	0.7071	0.0048
	5	−0.2091	0.5503	0.9526	38.3273	0.9783	0.8080	0.0070
	6	0.8560	−0.9944	0.9937	31.8535	0.9553	1.0709	0.0065
	总均值		—	—	**36.8488**	**0.6806**	**0.8016**	**0.0059**
1	1	0.4827	−0.9937	0.9918	33.5266	0.7524	0.8031	0.0064
	2	0.2150	−0.0868	0.5717	39.5945	0.3512	0.7035	0.0048
	3	0.2131	−0.5414	0.9954	36.6872	0.4911	0.7288	0.0056
	4	0.8628	−0.9915	0.9901	31.8458	0.9540	1.0777	0.0065
	5	0.0211	0.9242	0.9876	42.4802	0.6345	0.6427	0.0059
	6	−0.2863	0.9716	0.9551	37.8861	0.9220	0.8250	0.0068
	总均值		—	—	**37.0034**	**0.6842**	**0.7968**	**0.0060**

注：加粗部分是其所在列的数据均值。

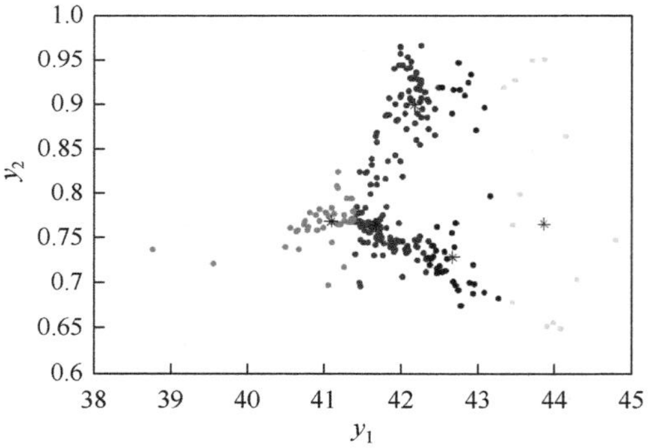

(a) $\gamma=0$时，y_1和y_2的取值

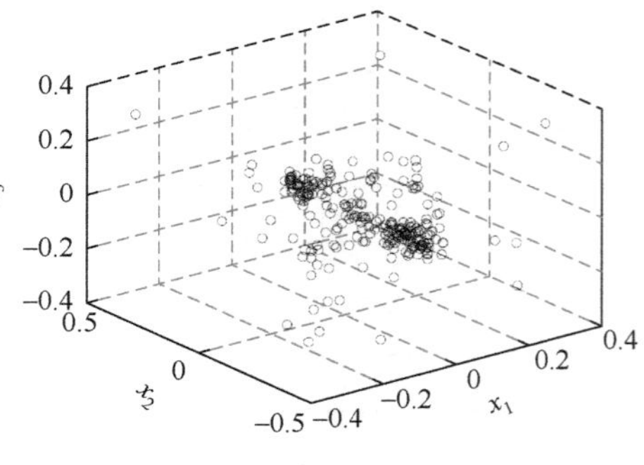

(b) $\gamma=0$时，模型的帕累托解集

图 8-12 $\gamma=0$ 时的输出响应稳健解和模型的帕累托解集

综上，针对本实例，若将降低方差波动作为优先考虑项，且充分考虑输出响应不确定性对输出的影响，则可取$\gamma=0$。虽然在该情况下，过度切割和锥度相对γ取其他值时较为保守，但是其方差波动区间小，输出响应的稳健性得到显著改善。结合本实例中过度切割的定义，参考加工孔半径的值和过度切割值，选择合

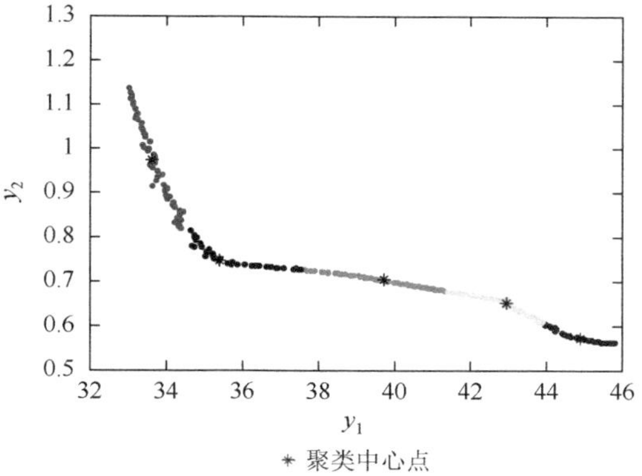

(a) $\gamma = 1/4$时，y_1和y_2帕累托前沿

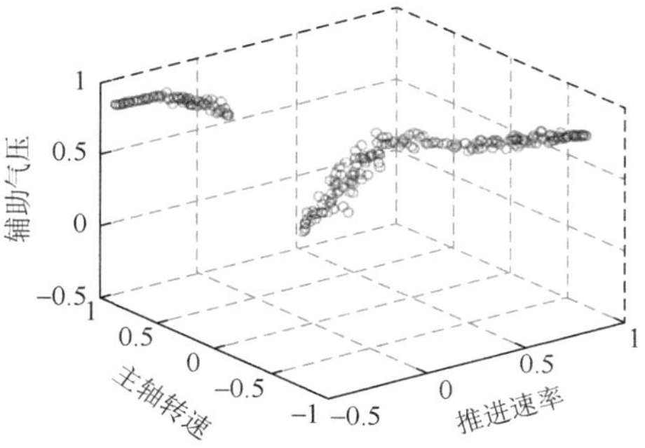

(b) $\gamma = 1/4$时，帕累托解集

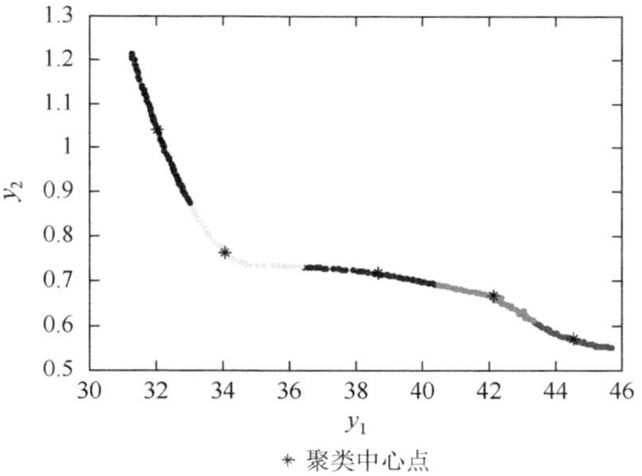

(c) $\gamma = 1/2$时，y_1和y_2帕累托前沿

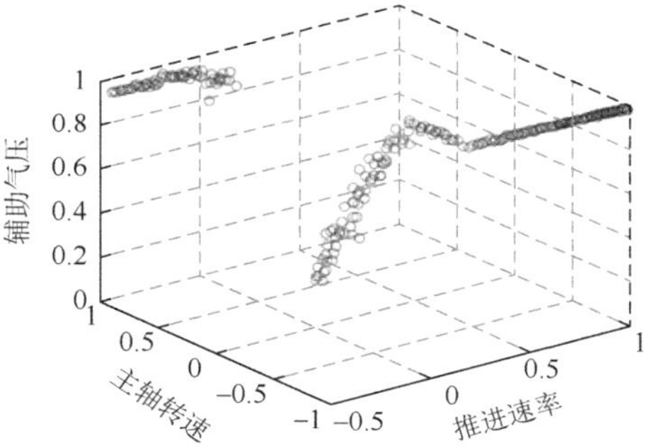

(d) $\gamma = 1/2$时，帕累托解集

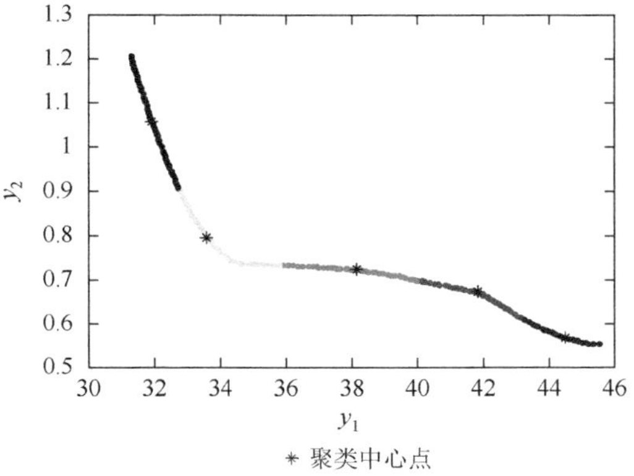

(e) $\gamma = 3/4$时，y_1和y_2帕累托前沿

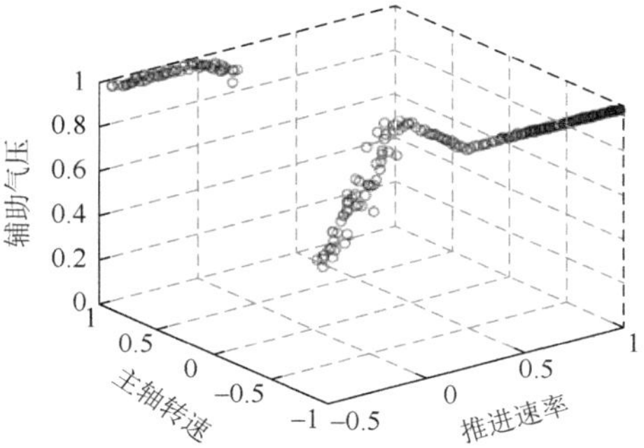

(f) $\gamma = 3/4$时，帕累托解集

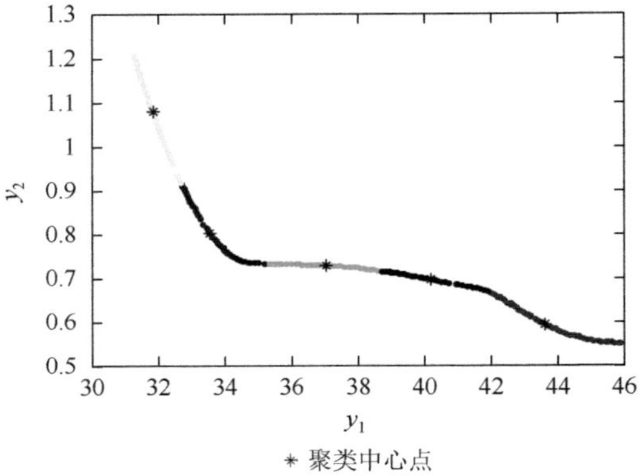

(g) $\gamma=1$时，y_1和y_2帕累托前沿

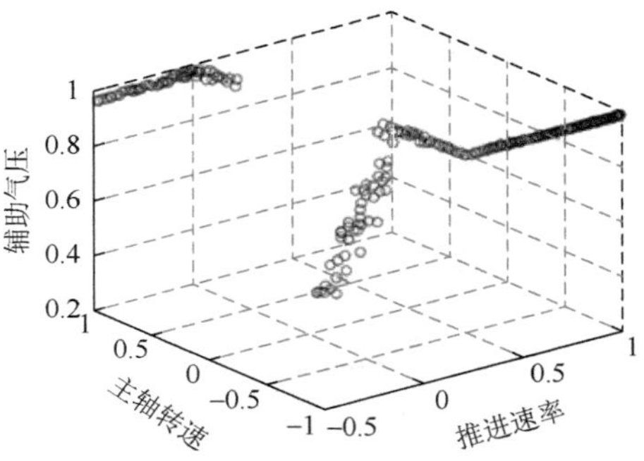

(h) $\gamma=1$时，帕累托解集

图 8-13　γ 取不同值时，帕累托前沿和帕累托解集的变化情况

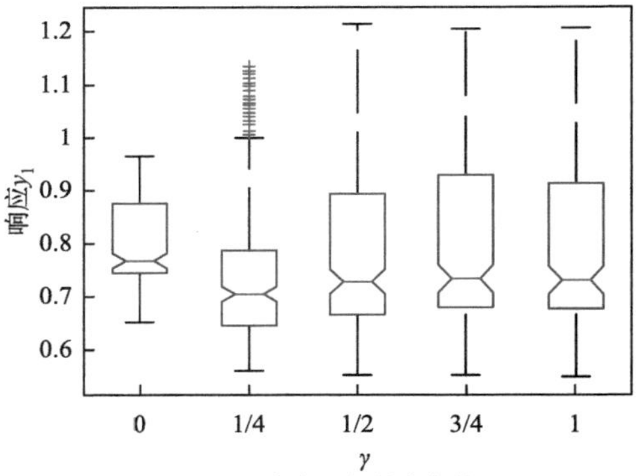

(a) 响应y_1随γ的变化情况

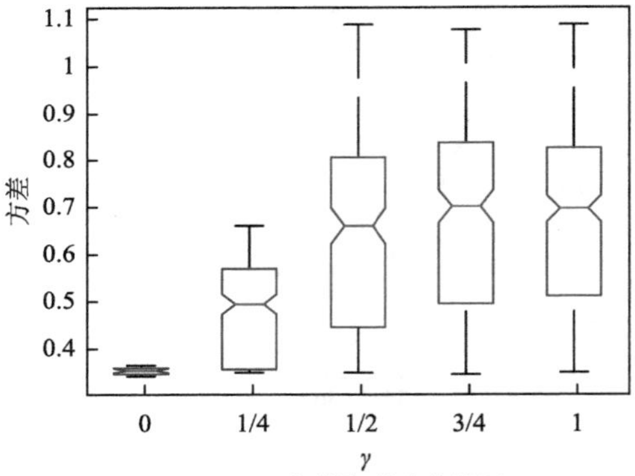

(b) y_1方差随γ的变化情况

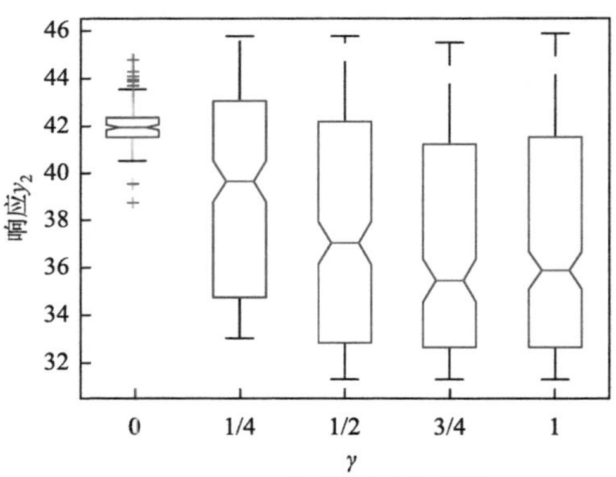

(c) 响应y_2随γ的变化情况

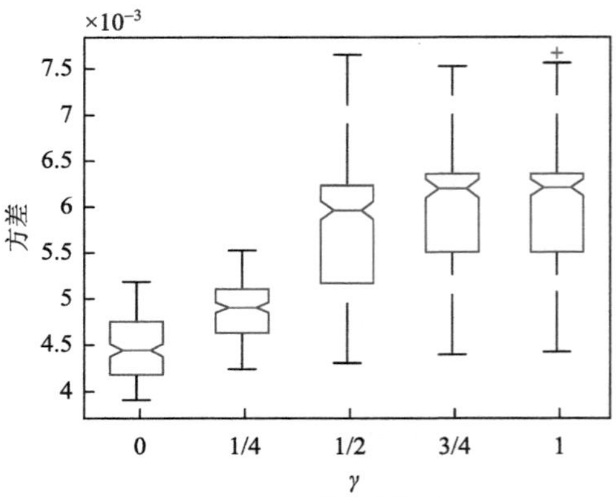

(d) y_2方差随γ的变化情况

图 8-14　γ 取不同值时，加权组合模型的输出响应和方差波动的变化情况

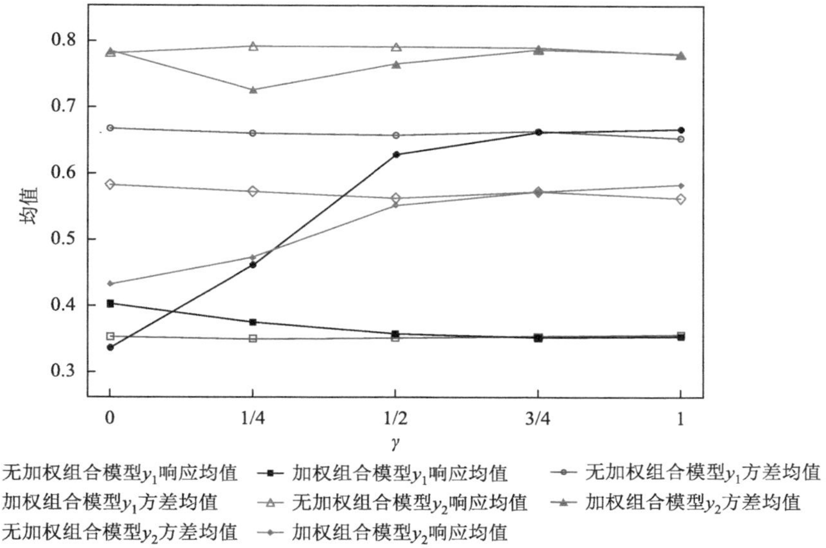

图 8-15　γ 取不同值时，两个模型的均值变化趋势图（为了便于分析，对数值进行成比例缩放处理）

适半径尺寸的钻头，可同时获得两个输出响应的稳健解，如表 8-10 中 $\gamma=0$ 时的 6 组解。当 $\gamma=1/4$ 时，由于方差波动系数降低，其在优化模型中的权重降低，过度切割的均值和锥度的均值也有所降低，而预测方差均值均稍微增加。此时，综合考虑了模型输出响应和输出响应不确定性对优化结果的影响，使结果的优化性和稳健性更加均衡合理，稳健解如表 8-10 中 $\gamma=1/4$ 时的 6 组解所示。

4. 讨论

针对输出响应的不确定性问题，为了获得更为稳健的优化解，本节提出了加权组合建模策略。为了验证模型的有效性和稳健性，与常用组合建模方法进行对比，分析说明了两种建模策略的区别及本节所提模型的优势。以真实工程案例为证，比较了不同权重条件下输出响应不确定性对优化结果的影响，通过分析结果可得到如下结论。

（1）在考虑模型输出响应不确定性的情况下，针对高精度预测模型，常用组合建模方法所获优化解的可靠性值得商榷。

（2）在考虑模型输出响应不确定性的情况下，针对高精度预测模型，采用加权组合建模方法可获得相对稳健的优化解。

（3）在考虑模型输出响应不确定性的情况下，优化过程中模型的输出响应和方差波动之间的关系类似于稳健参数设计中位置与散度之间的关系，权衡其二者的策略类似于容差设计策略[35]。

参 考 文 献

[1] 汪建均，屠雅楠. 考虑预测响应值波动的多响应优化设计[J]. 系统工程与电子技术，2018，40（8）：1794-1802.

[2] 冯泽彪，汪建均. 考虑模型响应不确定性的稳健参数设计[J]. 控制与决策，2019，34（2）：233-242.

[3] Murphy T E，Tsui K L，Allen J K. A review of robust design methods for multiple responses[J]. Research in Engineering Design，2005，16（3）：118-132.

[4] Peterson J J. A posterior predictive approach to multiple response surface optimization[J]. Journal of Quality Technology，2004，36（2）：139-153.

[5] Apley D W，Kim J. A cautious approach to robust design with model parameter uncertainty[J]. IIE Transactions，2011，43（7）：471-482.

[6] Chapman J L，Lu L，Anderson-Cook C M. Process optimization for multiple responses utilizing the Pareto front approach[J]. Quality Engineering，2014，26（3）：253-268.

[7] He Z，Zhu P，Park S H. A robust desirability function method for multi-response surface optimization considering model uncertainty[J]. European Journal of Operational Research，2012，221（1）：241-247.

[8] 顾晓光，马义中，刘健，等. 基于置信区间的多元质量特性满意参数设计[J]. 系统工程与电子技术，2015，37（11）：2536-2545.

[9] Ouyang L，Ma Y，Wang J，et al. A new loss function for multi-response optimization with model parameter uncertainty and implementation errors[J]. European Journal of Operational Research，2016，258（2）：552-563.

[10] 欧阳林寒，马义中，汪建均，等. 基于模型不确定性的响应曲面建模[J]. 系统工程与电子技术，2015，37（8）：1818-1824.

[11] Ouyang L，Ma Y，Byun J H，et al. A prediction region-based approach to model uncertainty for multi-response optimization[J]. Quality & Reliability Engineering International，2016，32（3）：783-794.

[12] Miró-Quesada G，del Castillo E，Peterson J J. A Bayesian approach for multiple response surface optimization in the presence of noise variables[J]. Journal of Applied Statistics，2004，31（3）：251-270.

[13] Chapman J L，Lu L，Anderson-Cook C M. Incorporating response variability and estimation uncertainty into Pareto front optimization[J]. Computers & Industrial Engineering，2014，76（22）：253-267.

[14] 张旭涛，何桢. 多响应稳健性优化的贝叶斯分析[J]. 系统工程，2015，33（9）：127-132.

[15] Wang J，Ma Y，Ouyang L，et al. A new Bayesian approach to multi-response surface optimization integrating loss function with posterior probability[J]. European Journal of Operational Research，2016，249（1）：231-237.

[16] del Castillo E. Process Optimization：A Statistical Approach[M]. New York：Springer，2007.

[17] 汪建均，马义中，欧阳林寒，等. 多响应稳健参数设计的贝叶斯建模与优化[J]. 管理科学学报，2016，19（2）：85-94.

[18] Ghosh D，Chakraborty D. A direction based classical method to obtain complete Pareto set of multi-criteria optimization problems[J]. OPSEARCH，2015，52（2）：1-27.

[19] Costa N R，Lourenço J，Pereira Z L. Multiresponse optimization and Pareto frontiers[J]. Quality and Reliability Engineering International，2015，28（7）：701-712.

[20] 刘思峰，蔡华，杨英杰，等. 灰色关联分析模型研究进展[J]. 系统工程理论与实践，2013，33（8）：2041-2046.

[21] 顾晓光，马义中，汪建均，等. 多元质量特性的满意参数设计[J]. 控制与决策，2014，29（6）：1064-1070.

[22] 何桢，宗志宇，孔祥芬. 改进的满意度函数法在多响应优化中的应用[J]. 天津大学学报，2006，39（9）：1136-1140.

[23] Ko Y H，Kim K J，Jun C H. A new loss function-based method for multiresponse optimization[J]. Journal of Quality Technology，2005，37（1）：50-59.

[24] Chiao C H，Hamada M. Analyzing experiments with correlated multiple responses[J]. Journal of Quality Technology，2001，33（4）：451-465.

[25] Ouyang L，Ma Y，Byun J H，et al. An interval approach to robust design with parameter uncertainty[J]. International Journal of Production Research，2016，54（11）：3201-3215.

[26] Yuan J，Wang K，Yu T，et al. Reliable multi-objective optimization of high-speed WEDM process based on Gaussian process regression[J]. International Journal of Machine Tools and Manufacture，2008，48（1）：47-60.

[27] Rasmussen C E，Williams C K I. Gaussian Process for Machine Learning[M]. Cambridge：MIT Press，2006.

[28] Quinonero-Candela J Q，Rasmussen C E. A unifying view of sparse approximate Gaussian process regression[J]. Journal of Machine Learning Research，2005，6（12）：1939-1959.

[29] Shi J Q，Murray-Smith R，Titterington D M. Hierarchical Gaussian process mixtures for regression[J]. Statistics and Computing，2005，15（1）：31-41.

[30] Helin T，Burger M. Maximum a posteriori probability estimates in infinite-dimensional Bayesian inverse problems[J]. Inverse Problems，2015，31（8）：085009（085001-085022）.

[31] Deb K P A，Pratap A，Agarwal S，et al. A fast and elitist multiobjective genetic algorithm：NSGA-II[J]. IEEE Transactions on Evolutionary Computation，2002，6（2）：182-197.

[32] 何桢，朱鹏飞. 基于模式搜索的渴求函数法在多响应优化中的应用[J]. 数学的实践与认识，2009，39（18）：114-121.

[33] Ding C，He X. Cluster structure of K-means clustering via principal component analysis[C]. Pacific-Asia Conference on Knowledge Discovery and Data Mining，Sydney，2004：414-418.

[34] Prasanna J，Karunamoorthy L，Raman M V，et al. Optimization of process parameters of small hole dry drilling in Ti-6Al-4V using Taguchi and grey relational analysis[J]. Measurement，2014，48（12）：346-354.

[35] Wu C F J，Hamada M. Experiment：Planning，Analysis，and Optimization[M]. 2nd ed. New York：Wiley，2011.

第 9 章　不确定性经济参数设计的贝叶斯建模与优化

在复杂产品的制造过程中，通常会涉及复杂的化学或机械反应，即使环境等噪声因子或过程参数的微小变化，也可能会对试验结果造成难以预料的影响。因此复杂产品的制造过程往往呈现出多噪声、高波动的特点，会导致相当多的产品无法满足既定的规格要求，从而在制造过程中产生严重的返工成本或报废成本。然而，以往的研究很少从经济性的视角在复杂产品的制造过程中考虑返工成本与报废成本。因此，从经济性的视角结合产品质量特性的规格限，在贝叶斯建模与优化的框架下，研究如何在有限的试验资源和制造成本的约束下，开展考虑返工成本与报废成本的不确定性经济参数设计是非常有意义的研究课题。一方面，由于受噪声因子的干扰，其过程参数难以精确地设定，往往会在一定范围内小幅度地波动，研究参数变化（即容差）对制造成本的影响将是非常有意义的课题；另一方面，研究人员也希望通过稳健参数设计以降低或控制噪声因子对制造过程的影响，从而最小化产品的质量损失。然而，容差大小往往与质量损失成正比，与容差成本成反比。针对复杂产品制造过程的多噪声、高波动的特点，研究如何在贝叶斯建模与优化框架下构建质量损失函数与容差成本函数，开展考虑质量损失与容差成本的不确定性经济参数设计也是一项非常有意义的研究课题。

本章的结构安排如下，针对激光微孔阵列制造问题，9.1 节首先在贝叶斯框架下利用贝叶斯 SUR 模型拟合多响应与可控因子、噪声因子之间的复杂函数关系，并运用 MCMC 方法获取各响应的后验抽样值；其次计算各响应的后验抽样值大于或小于其规格限要求的概率；最后根据其概率的大小计算相应的返工成本与报废成本，实现面向微纳制造过程的不确定性经济参数设计[1]。9.2 节在贝叶斯多元回归模型的框架下，提出一种参数和容差并行优化的总成本模型，并利用模拟响应的后验样本分别建立质量损失函数和拒收成本（即报废成本和返工成本）函数[2]。在此基础上，利用 HGA 对包含容差成本、拒收成本和质量损失的总成本函数进行优化，找出最优的参数设置和容差值。在某些情况下，传统的 RSM 可能无法有效地刻画试验因子与多响应之间高度复杂的函数关系（如质量损失函数或成本函数）。针对上述情况，9.3 节运用多变量的高斯过程（multivariate Gaussian process，MGP）模型构建试验因子及其容差与输出响应之间的质量损失函数和容差-成本函数，并在此基础上运用多目标优化方法与 GRA 技术获得最佳工艺参数和容差值[3]。

9.1　考虑返工成本与报废成本的不确定性经济参数设计

基于激光的微制造工艺在集成电路、微电子、生物芯片等领域有巨大的应用潜力，近年来引起了广泛关注[4, 5]。与其他传统机械加工工艺相比，激光机械微加工（laser beam micromachining，LBM）是一种非接触式的先进机械加工工艺。LBM 对工件进行高度的局部热输入，最大限度地减少变形，并且不会造成机械损伤或工具磨损[6]，因此，LBM 技术被广泛应用于先进工程材料的钻井[7]。脉冲激光钻削技术已经取得显著进展，成为一些先进技术行业制造微孔的必要技术[8]。激光微钻孔加工过程的性能主要取决于激光参数（如激光功率、波长、工作方式）、材料参数（如类型、厚度）和工艺参数（如进给速度、脉冲持续时间、辅助气体类型和压力）。激光微钻孔加工过程中重要的质量特性是孔的几何特征（如直径、圆弧或面积）和加工精度（如圆度或圆形）。学者对激光微钻孔加工过程进行了大量的试验研究，研究多种质量特性与所有可能的输入参数之间的关系。总的来说，关于激光微钻孔加工过程的建模和优化的文献主要集中在试验设计的方法上，如 Taguchi 方法和 RSM[7]。近年来，一些先进的建模和优化技术，如 GRA、人工神经网络和启发式优化算法，已经被应用于激光微钻孔加工过程的参数优化[9-11]。在激光微钻孔加工过程中，大多数试验工作的目的是研究参数变化对单个质量特性的影响，一些研究人员关注激光微钻孔加工过程的多目标优化。然而，目前还没有从经济性角度同时考虑报废成本和质量损失的 LBM 过程的多响应参数设计的文献。

在超高速激光的微钻孔加工过程中，微孔阵列的质量与单个孔的几何特征（如半径）和加工精度（如圆度）有关，实际使用激光的微孔阵列[12]如图 9-1 所示。

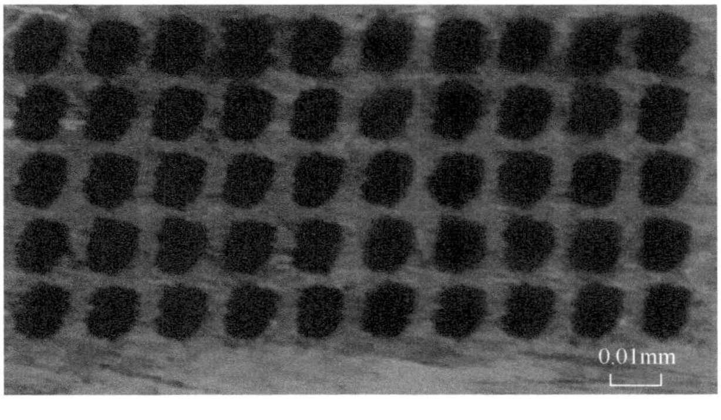

图 9-1　使用激光的微孔阵列

可以观察到，当两个相邻孔的间距过小时，制造过程中的较大波动会导致相邻孔重叠。通常需要在硅片或玻璃片上钻几十个微孔阵列，每个阵列包含超过200个微孔，具有严格的质量和制造规范。Wang等[12]指出，高精度、高密度的微孔在工件上的位置往往非常接近，任何尺寸的偏差都可能对相邻的孔产生不利影响，从而导致产品出现缺陷甚至报废。如果两个相邻的孔之间的间隔太大，就不可能在工件上制造出所需的孔数。因此，由于激光微钻孔加工过程的高波动性，在不控制输入因素的情况下，有限空间内的两个相邻孔之间的重叠情况是不可避免的，这种情况下，有重叠情况的工件将报废处理。相反，如果这些孔的直径非常小，就不会出现重叠的情况，但是客户也会因为一些孔低于规定的下限而拒收工件，这种情况下，生产商需要返工以满足客户的要求。在激光微钻孔加工过程中，圆度等其他质量特性也会出现同样的情况。例如，一些孔的圆度低于规格下限的工件，客户会拒收或返工。在上述情况下，当产品超出规格上限或低于规格下限时，就会产生拒收成本[13]。

如上所述，考虑到激光微钻孔加工过程的各种经济性，微孔阵列的质量评估与拒收成本、质量损失密切相关，拒收成本通常与在系统设计阶段确定的产品规格直接相关。正如Kim和Cho[13]指出的，对离线质量控制领域的质量损失的过分关注，掩盖了规格限的重要经济性影响。与产品规格有关的拒收成本需要纳入参数设计的概念，以便从实际角度出发，使激光微钻孔加工过程中的参数设计更可靠。考虑到激光微钻孔加工过程中的各种经济因素，微孔阵列的质量评估与拒收成本和质量损失密切相关。为了解决上述问题，本节提出了一种贝叶斯建模优化方法来寻找最优参数设置，从而在激光微钻孔加工过程中以最低的成本获得高质量的产品。首先，利用贝叶斯SUR模型研究激光微钻孔加工过程中的质量特性（如半径、圆度）与输入参数（如激光功率、脉冲频率、切削速度）之间的关系；其次，利用MCMC方法建立拒收成本函数和质量损失函数；最后，采用多目标GA对模型进行优化。

本节所提方法利用贝叶斯模型和优化方法求解超高速激光微孔阵列制造过程中的最优经济参数设置，图9-2显示了与本节所提方法相关的阶段示意图。

第一阶段：首先利用贝叶斯SUR模型，在激光微钻孔加工过程的输入因素（如激光功率、脉冲频率、切削速度）与工艺性能（如出口孔直径、圆度）之间建立更加灵活、准确的数学模型；其次利用MCMC方法推导出的Gibbs抽样方法，得到反映真实激光微钻孔加工过程的模拟响应。

第二阶段：用激光微钻孔加工过程中模拟的新响应来构建拒收成本函数和质量损失函数，作为试验研究中感兴趣的质量特性。

第三阶段：利用多目标GA实现由拒收成本函数和质量损失函数组成的优化方案，以寻找激光微钻孔加工过程的最优经济参数设置。

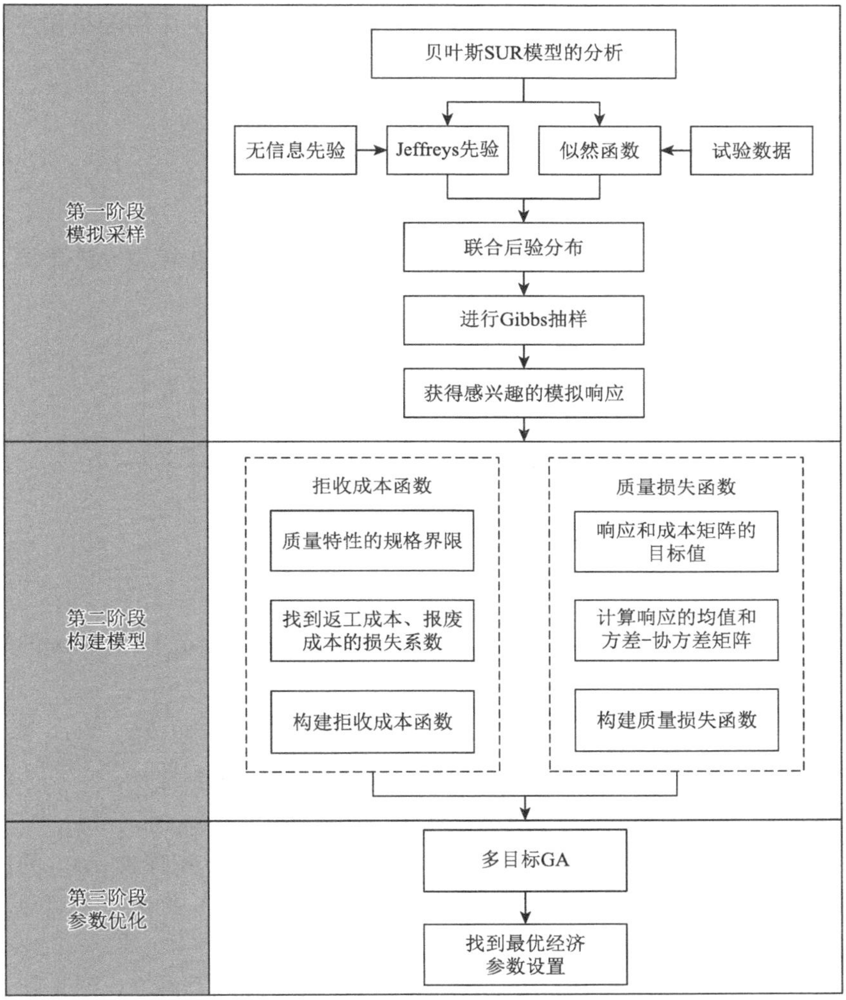

图 9-2　本节所提方法的原理图

9.1.1　模拟抽样

1962 年，Zellner[14]提出了 SUR 模型，随后，SUR 模型在许多领域得到了广泛的应用，具体的表达式为

$$\boldsymbol{Y}_j=\boldsymbol{Z}_j(\boldsymbol{x})\boldsymbol{\beta}_j+\boldsymbol{\varepsilon}_j,\quad j=1,2,\cdots,m \tag{9-1}$$

其中，$\boldsymbol{Y}_j$ 是第 j 个响应观测值的 $n\times1$ 向量；$\boldsymbol{Z}_j(\boldsymbol{x})$ 是由第 j 个响应的具体模型形式得到的一个 $n\times m_j$ 的预定矩阵；$\boldsymbol{\beta}_j$ 是未知参数的 $m_j\times1$ 向量；$\boldsymbol{\varepsilon}_j$ 是与第 j 个响应相关的随机误差向量。此外，任何单个模型的随机误差向量 $\boldsymbol{\varepsilon}_j$ 都具有恒定的方

差，但随机误差向量在不同的模型中是相关的[15]，式（9-1）中的随机误差向量具有以下性质：

$$E(\boldsymbol{\varepsilon}_j)=\mathbf{0}$$

$$\operatorname{Var}(\boldsymbol{\varepsilon}_j)=\sigma_{jj}\boldsymbol{I}_n$$

$$\operatorname{cov}(\boldsymbol{\varepsilon}_i,\boldsymbol{\varepsilon}_j)=\sigma_{ij}\boldsymbol{I}_n,\quad i,j=1,2,\cdots,m;i\neq j$$

如式（9-1）所示，方程具有不同的自变量和方差，SUR 模型允许不同方程中的随机误差向量相互关联。

式（9-1）的矩阵形式可以表示为

$$\begin{bmatrix}\boldsymbol{Y}_1\\ \boldsymbol{Y}_2\\ \vdots\\ \boldsymbol{Y}_m\end{bmatrix}=\begin{bmatrix}\boldsymbol{Z}_1(\boldsymbol{x}) & \boldsymbol{O} & \cdots & \boldsymbol{O}\\ \boldsymbol{O} & \boldsymbol{Z}_2(\boldsymbol{x}) & \cdots & \boldsymbol{O}\\ \vdots & \vdots & & \vdots\\ \boldsymbol{O} & \boldsymbol{O} & \cdots & \boldsymbol{Z}_m(\boldsymbol{x})\end{bmatrix}\begin{bmatrix}\boldsymbol{\beta}_1\\ \boldsymbol{\beta}_2\\ \vdots\\ \boldsymbol{\beta}_m\end{bmatrix}+\begin{bmatrix}\boldsymbol{\varepsilon}_1\\ \boldsymbol{\varepsilon}_2\\ \vdots\\ \boldsymbol{\varepsilon}_m\end{bmatrix}$$

矩阵等价于

$$\boldsymbol{Y}=\boldsymbol{Z}\boldsymbol{\beta}+\boldsymbol{\varepsilon},\quad \boldsymbol{\varepsilon}\sim N(\boldsymbol{O},\boldsymbol{\Sigma}\otimes\boldsymbol{I})$$

其中，$\boldsymbol{O}$ 是一个零矩阵；$\boldsymbol{\Sigma}$ 是一个对角元素为 $\{\sigma_1^2,\sigma_2^2,\cdots,\sigma_m^2\}$ 的 $m\times m$ 的矩阵，第 i 行、第 j 列的元素为 σ_{ij}。

SUR 模型的 $\boldsymbol{\beta}$ 和 $\boldsymbol{\Sigma}$ 可以通过极大似然函数估计：

$$f(\boldsymbol{Y}\mid\boldsymbol{Z},\boldsymbol{\beta},\boldsymbol{\Sigma})=\frac{1}{(2\pi)^{nm/2}\,|\boldsymbol{\Sigma}|^{\frac{n}{2}}}\exp\left(-\frac{1}{2}\operatorname{tr}\{\boldsymbol{R}\boldsymbol{\Sigma}^{-1}\}\right)\tag{9-2}$$

其中，tr 表示矩阵的迹；$|\boldsymbol{\Sigma}|$ 表示矩阵 $\boldsymbol{\Sigma}$ 的值；r_{ij} 表示 $m\times m$ 矩阵 $\boldsymbol{R}=(r_{ij})$ 的第 i 行、第 j 列的元素，$r_{ij}=[\boldsymbol{Y}_i-\boldsymbol{Z}_i(\boldsymbol{x})\boldsymbol{\beta}_i]^{\mathrm{T}}[\boldsymbol{Y}_j-\boldsymbol{Z}_j(\boldsymbol{x})\boldsymbol{\beta}_j]$，式（9-2）的 $\boldsymbol{\beta}$ 和 $\boldsymbol{\Sigma}$ 可以通过迭代的方法得到。

Jeffreys 先验[16]是最常用的无信息先验。假设 $\boldsymbol{\beta}$ 和 $\boldsymbol{\Sigma}$ 相互独立，则 $\boldsymbol{\beta}$ 和 $\boldsymbol{\Sigma}$ 的联合先验分布为

$$\pi(\boldsymbol{\beta},\boldsymbol{\Sigma})=\pi(\boldsymbol{\beta})\pi(\boldsymbol{\Sigma})\propto|\boldsymbol{\Sigma}|^{-\frac{m+1}{2}}\tag{9-3}$$

式（9-3）正比于 Fisher 信息矩阵的行列式的平方根，利用式（9-2）中的极大似然函数和式（9-3）中的联合先验分布，得到 $\boldsymbol{\beta}$ 和 $\boldsymbol{\Sigma}$ 的联合后验密度函数为

$$\pi(\boldsymbol{\beta},\boldsymbol{\Sigma}\mid\boldsymbol{Y},\boldsymbol{X})\propto|\boldsymbol{\Sigma}|^{-(n+m+1)/2}\exp\left(-\frac{1}{2}\operatorname{tr}\{\boldsymbol{R}\boldsymbol{\Sigma}^{-1}\}\right)\tag{9-4}$$

从式（9-4）中可以得到 $\boldsymbol{\beta}$ 和 $\boldsymbol{\Sigma}$ 的条件后验分布为

$$\pi(\boldsymbol{\beta}\mid\boldsymbol{Y},\boldsymbol{Z},\boldsymbol{\Sigma})\propto N(\hat{\boldsymbol{\beta}},\hat{\boldsymbol{\Omega}})\tag{9-5}$$

$$\pi(\boldsymbol{\Sigma}\mid\boldsymbol{Y},\boldsymbol{Z},\boldsymbol{\beta})\propto \operatorname{IW}(\boldsymbol{R},n)\tag{9-6}$$

其中，$\hat{\boldsymbol{\Omega}}$ 表示 $\hat{\boldsymbol{\beta}}$ 的协方差矩阵，$\hat{\boldsymbol{\beta}}=[\boldsymbol{Z}^{\mathrm{T}}(\boldsymbol{\Sigma}^{-1}\otimes \boldsymbol{I})\boldsymbol{Z}]^{-1}\boldsymbol{Z}^{\mathrm{T}}(\boldsymbol{\Sigma}^{-1}\otimes \boldsymbol{I})\boldsymbol{Y}$，$\hat{\boldsymbol{\Omega}}=[\boldsymbol{Z}^{\mathrm{T}}(\boldsymbol{\Sigma}^{-1}\otimes \boldsymbol{I})\boldsymbol{Z}]^{-1}$；$\mathrm{IW}(\cdot,\cdot)$ 表示逆威沙特分布；$\boldsymbol{R}$ 的形式和式（9-2）中相同；$\boldsymbol{\beta}$ 和 $\boldsymbol{\Sigma}$ 的条件后验分布是相互依赖的。

为了在任意给定的参数设置 $\boldsymbol{x}$ 下生成新的响应 $\boldsymbol{Y}_{\mathrm{new}}$，可以通过 Gibbs 抽样方法从 SUR 模型的 $\boldsymbol{\beta}$ 和 $\boldsymbol{\Sigma}$ 的条件后验分布中模拟大量的响应值。首先，结合试验数据对每个响应拟合响应曲面模型，确定每个响应曲面模型的基本形式，并通过最小二乘法拟合响应曲面模型，从而获得每个响应的初始估计量 $\boldsymbol{\beta}^{(0)}$ 和 $\boldsymbol{\Sigma}^{(0)}$。其次，通过对式（9-5）中的边际后验分布 $\pi(\boldsymbol{\beta}\,|\,\boldsymbol{Y},\boldsymbol{Z},\boldsymbol{\Sigma}^{(k-1)})$ 提取一个新值来更新系数向量 $\boldsymbol{\beta}^{(k)}$。同时，方差-协方差矩阵 $\boldsymbol{\Sigma}^{(k)}$ 通过式(9-6)中的边际后验分布 $\pi(\boldsymbol{\Sigma}\,|\,\boldsymbol{Y},\boldsymbol{Z},\boldsymbol{\beta}^{(k)})$ 来更新。最后，重复上面的迭代抽样步骤，$k=1,2,\cdots,N$，详细的 Gibbs 抽样方法总结如下。

步骤 1：通过拟合每个响应的普通最小二乘模型，得到初始估计量 $\boldsymbol{\beta}^{(0)}$ 和 $\boldsymbol{\Sigma}^{(0)}$。

步骤 2：对式（9-5）中的边际后验分布 $\pi(\boldsymbol{\beta}\,|\,\boldsymbol{Y},\boldsymbol{Z},\boldsymbol{\Sigma}^{(k-1)})$ 提取一个新值来更新系数向量 $\boldsymbol{\beta}^{(k)}$。

步骤 3：更新式（9-6）中的边际后验分布 $\pi(\boldsymbol{\Sigma}\,|\,\boldsymbol{Y},\boldsymbol{Z},\boldsymbol{\beta}^{(k)})$，得到方差-协方差矩阵 $\boldsymbol{\Sigma}^{(k)}$。

步骤 4：重复上面的迭代抽样步骤，$k=1,2,\cdots,N$。

Gibbs 抽样方法根据其他参数的当前值顺序通过更新每个模型的参数来产生样本。采用上述 Gibbs 抽样方法，可以通过 $\boldsymbol{\beta}^{(k)}$ 和 $\boldsymbol{\Sigma}^{(k)}$ 的大量后验样本来估计 $\boldsymbol{\beta}$ 和 $\boldsymbol{\Sigma}$ 的参数值。

值得注意的是，原始样本不代表后验分布，应该丢弃，剩下的样本用于后验推理。利用 $\boldsymbol{\beta}^{(k)}$ 和 $\boldsymbol{\Sigma}^{(k)}$ 的 Gibbs 样本，可以得到基于 SUR 模型的模拟响应如下：

$$\boldsymbol{Y}_{\mathrm{new}}^{(k)}(\boldsymbol{x})=\hat{\boldsymbol{Y}}_{\mathrm{new}}^{(k)}+\boldsymbol{\varepsilon}^{(k)}=\boldsymbol{Z}\boldsymbol{\beta}^{(k)}+\boldsymbol{\varepsilon}^{(k)},\quad k=B+1,B+2,\cdots,N \tag{9-7}$$

其中，$\boldsymbol{\varepsilon}^{(k)}$ 是从 $N(\boldsymbol{0},\boldsymbol{\Sigma}^{(k)}\otimes \boldsymbol{I})$ 抽样得到的；B 表示丢弃的原始样本的数量。

基于模拟的贝叶斯推理需要使用仿真绘图来计算任何相关的感兴趣的参数，但是需要谨慎地对待仿真绘图。在进行推理之前，有必要通过收敛准则来判断仿真绘图是否达到了平稳或期望的后验分布。此外，有必要检查所有参数的收敛性，而不仅是那些特别感兴趣的参数。文献[17]和文献[18]中有关于收敛性诊断的讨论。

9.1.2　构建模型

制造微孔阵列的一个主要问题是考虑和控制制造过程中波动的影响，特别是在关键的几何特性上[7, 19]，有关激光微钻孔加工过程参数设计的文献通常集中在单个微孔质量的改进上。然而，在 LBM 领域，往往需要在空间有限的小电路板、生物芯片等上面制造多个微孔（即图 9-1 所示的微孔阵列）。

1. 成本结构分析

对客户来说，微孔阵列制造过程中最重要的质量特性是微孔的直径和圆度，这里分别用 D 和 R 表示。微孔的直径是望目质量特性类型，而圆度是望大质量特性。假设微孔的直径和圆度的规格限分别为 $[\mathrm{LSL}_D, \mathrm{USL}_D]$ 和 $[\mathrm{LSL}_R, 1]$，拒收成本（即返工成本和报废成本）通常出现在观察到的质量特性未能满足预定义的规格限时[13, 20]，拒收成本取决于观察到的质量特性的类型和预定义的规格限[20]，混合质量特性的成本结构分析如图 9-3 所示。

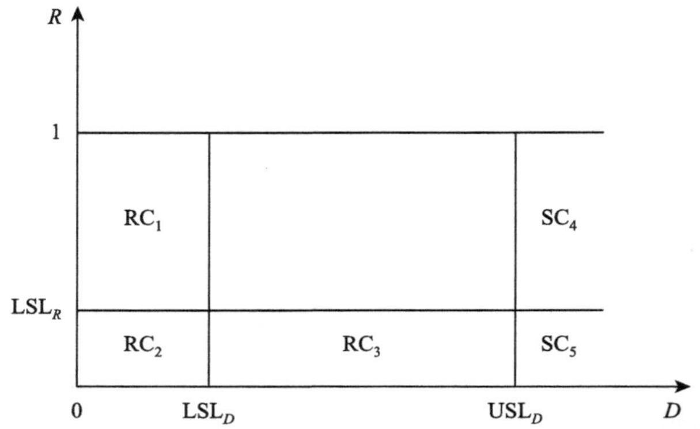

图 9-3　成本结构分析

图 9-3 中的整体区域可以分为五个部分，分别表示为 R_1、R_2、R_3、R_4 和 R_5。其中，RC_1 为单个微孔的直径低于相应的规格下限、单个微孔的圆度在相应的规格限范围内的返工成本，RC_2 为单个微孔的直径和圆度同时低于相应的规格下限的返工成本，RC_3 为单个微孔的圆度低于相应的规格下限且单个微孔的直径在相应的规格限范围内的返工成本。因此，在图 9-3 中，区域 R_1、R_2 和 R_3 分别表示返工成本 RC_1、RC_2 和 RC_3 对应的区域。

$$R_1 = \{(D,R):[(0 \leqslant D < \mathrm{LSL}_D) \cap (\mathrm{LSL}_R \leqslant R \leqslant 1)]\}$$

$$R_2 = \{(D,R):[(0 \leqslant D < \mathrm{LSL}_D) \cap (0 \leqslant R < \mathrm{LSL}_R)]\}$$

$$R_3 = \{(D,R):[(\mathrm{LSL}_D \leqslant D \leqslant \mathrm{USL}_D) \cap (0 \leqslant R < \mathrm{LSL}_R)]\}$$

考虑到激光微钻孔加工过程中的实际制造成本，可以假设返工成本 RC_1 的质量损失系数与返工成本 RC_2 的质量损失系数相等，因此，可以将区域组合为

$$\begin{aligned} R_1 \cup R_2 &= \{(D,R):[(0 \leqslant D < \mathrm{LSL}_D) \cap (\mathrm{LSL}_R \leqslant R \leqslant 1)] \cup [(0 \leqslant D < \mathrm{LSL}_D) \\ &\quad \cap (0 \leqslant R < \mathrm{LSL}_R)]\} \\ &= \{(D,R):(0 \leqslant D < \mathrm{LSL}_D) \cap [(\mathrm{LSL}_R \leqslant R \leqslant 1) \cup (0 \leqslant R < \mathrm{LSL}_R)]\} \\ &= \{(D,R):[(0 \leqslant D < \mathrm{LSL}_D) \cap (0 \leqslant R \leqslant 1)]\} \end{aligned}$$

整个区域的返工成本（RC_1、RC_2和RC_3）R_{RC}为

$$\begin{aligned} R_{RC} &= \{(D,R): R_1 \cup R_2 \cup R_3\} \\ &= \{(D,R):[(0 \leqslant D < LSL_D) \cap (0 \leqslant R \leqslant 1)] \cup [(LSL_D \leqslant D \leqslant USL_D) \\ &\quad \cap (0 \leqslant R < LSL_R)]\} \end{aligned}$$

区域R_4和R_5为响应的报废成本SC_4和SC_5所在的区域：

$$R_4 = \{(D,R):[(D > USL_D) \cap (LSL_R \leqslant R \leqslant 1)]\}$$

$$R_5 = \{(D,R):[(D > USL_D) \cap (0 \leqslant R < LSL_R)]\}$$

同样，可以假设报废成本SC_4和SC_5的质量损失系数相同，因为当单个微孔的直径超过相应的规格上限时，无论单个微孔的圆度是否在相应的规格限范围内，都会产生报废成本。因此，R_4和R_5区域的报废成本SC_4和SC_5可合并为一个整体的区域R_{SC}：

$$\begin{aligned} R_{SC} &= \{(D,R): R_4 \cup R_5\} \\ &= \{(D,R):[(D > USL_D) \cap (LSL_R \leqslant R \leqslant 1)] \cup [(D > USL_D) \cap (0 \leqslant R < LSL_R)]\} \\ &= \{(D,R):(D > USL_D) \cap [(0 \leqslant R < LSL_R) \cup (LSL_R \leqslant R \leqslant 1)]\} \\ &= \{(D,R):[(D > USL_D) \cap (0 \leqslant R \leqslant 1)]\} \end{aligned}$$

总成本R_{TC}可以看作R_{RC}和R_{SC}的和：

$$\begin{aligned} R_{TC} &= R_{RC} + R_{SC} \\ &= \{(D,R):[(LSL_D \leqslant D \leqslant USL_D) \cap (0 \leqslant R < LSL_R)] \\ &\quad \cup [(0 \leqslant D < LSL_D) \cap (0 \leqslant R \leqslant 1)] \cup [(D > USL_D) \cap (0 \leqslant R \leqslant 1)]\} \\ &= \{(D,R):[(LSL_D \leqslant D \leqslant USL_D) \cap (0 \leqslant R < LSL_R)] \\ &\quad \cup [(D > USL_D) \cup (0 \leqslant D < LSL_D)]\} \end{aligned}$$

2. 拒收成本函数

参数设计的目的是找到可控因子的最优值，以达到微孔直径的目标值，同时使微孔阵列中单个微孔的圆度达到最大。微孔阵列的质量评估明显不同于单个微孔，除了上述单个微孔的质量特性，在评估微孔阵列的总体制造成本时，应考虑微孔阵列中两个相邻微孔之间的空间，这可能导致拒收成本。为了简化讨论的问题，本节不涉及激光微钻孔加工过程中的定位误差和在线检测策略[12]。

贝叶斯 SUR 模型通过反映激光微钻孔加工过程中可控因子与感兴趣的质量特性之间的真实关系，将每个响应的后验抽样值按相应的规范划分为不同的质量类别。例如，反映激光微钻孔加工过程中高波动性的微孔直径的后验抽样值可能存在三种不同的情况，即满足规格限、高于规格上限或低于规格下限。$D_S(\boldsymbol{x})$为反映微孔直径与输入可控因子$\boldsymbol{x}$关系的微孔直径后验抽样值。单个微孔的返工概率可以通过微孔直径的后验抽样值$D_S(\boldsymbol{x})$低于相应的规格下限LSL_D的后验概率来计算，即$p[0 \leqslant D_S(\boldsymbol{x}) < LSL_D]$。同样地，通过计算微孔直径的后验抽样值$D_S(\boldsymbol{x})$

超过相应的规格上限 ULS_D 的后验概率，也可以得到整个工件报废的概率，即 $p[D_S(\boldsymbol{x}) > \mathrm{ULS}_D]$。$k_1$ 和 k_2 分别为单个微孔直径的返工损失系数和报废损失系数，系数 k_2 被假定远远大于系数 k_1（即 $k_2 \gg k_1$），因为报废成本通常远远超过在激光微钻孔加工过程中的返工成本。设 N 为某些特定面板上的微孔数，这样的假设可以大大减少甚至避免实际制造过程中出现的报废现象。因此，微孔直径的拒收成本函数可以定义为

$$\mathrm{RC}_D(\boldsymbol{x}) = k_1 \times N \times p[0 \leqslant D_S(\boldsymbol{x}) < \mathrm{LSL}_D] + k_2 \times N \times p[D_S(\boldsymbol{x}) > \mathrm{USL}_D]$$

由于微孔的圆度为望大质量特性，将微孔圆度的后验抽样值分为满足相应的规格限和低于规格下限两种情况。设 k_3 为单个微孔圆度的返工损失系数，$R_S(\boldsymbol{x})$ 为微孔圆度的后验抽样值。可以利用微孔圆度低于规格下限的后验抽样值，即 $p[(0 \leqslant R_S(\boldsymbol{x}) < \mathrm{LSL}_R) \cup (\mathrm{LSL}_D \leqslant D_S(\boldsymbol{x}) \leqslant \mathrm{USL}_D)]$ 计算返工概率。微孔圆度的拒收成本为

$$\mathrm{RC}_S(\boldsymbol{x}) = k_3 \times N \times p[(0 \leqslant R_S(\boldsymbol{x}) < \mathrm{LSL}_R) \cup (\mathrm{LSL}_D \leqslant D_S(\boldsymbol{x}) \leqslant \mathrm{USL}_D)]$$

因此，试验研究中感兴趣的两种质量特性（即直径和圆度）的总拒收成本函数 $\mathrm{TRC}(\boldsymbol{x})$ 可以表示为

$$\mathrm{TRC}(\boldsymbol{x}) = \mathrm{RC}_D(\boldsymbol{x}) + \mathrm{RC}_S(\boldsymbol{x}) \tag{9-8}$$

3. 质量损失函数

微孔阵列的质量评估不仅取决于与规格限相关的拒收成本，还取决于与过程均值和方差相关的质量损失。即使两个微孔都符合规格限，它们之间仍然存在明显的质量差异，因此需要进一步考虑质量损失，从稳健性和可靠性的角度来评价微孔的质量差异。基于 Wang 等[12]及 Ko 等[21]的方法，本节提出一个新的多元质量损失函数，通过在贝叶斯框架中考虑过程偏差和预测质量及稳健性进行建模和优化。为了便于本节提出的多元质量损失函数的应用，设 $\boldsymbol{Y}_{\text{new}}(\boldsymbol{x})$ 为激光微钻孔加工过程中两个质量特性 $[D_S(\boldsymbol{x}), R_S(\boldsymbol{x})]$ 的后验抽样值的向量，设目标值为 $\boldsymbol{T} = [T_D, T_R]$，其中 T_D 和 T_R 分别为单个微孔的直径目标值和圆度目标值。依据现有的质量损失函数，定义一个新的质量损失函数为

$$L[\boldsymbol{Y}_{\text{new}}(\boldsymbol{x}), \boldsymbol{T}] = [\boldsymbol{Y}_{\text{new}}(\boldsymbol{x}) - \boldsymbol{T}]^{\mathrm{T}} \boldsymbol{C}[\boldsymbol{Y}_{\text{new}}(\boldsymbol{x}) - \boldsymbol{T}]$$

其中，$\boldsymbol{C}$ 为成本矩阵；$L[\boldsymbol{Y}_{\text{new}}(\boldsymbol{x}), \boldsymbol{T}]$ 表示后验抽样值偏离目标值 $\boldsymbol{T}$ 时产生的损失。给出微孔阵列的期望质量损失函数：

$$\mathrm{EQL}(\boldsymbol{x}) = N \times E\{L[\boldsymbol{Y}_{\text{new}}(\boldsymbol{x}), \boldsymbol{T}]\} \tag{9-9}$$

$$\begin{aligned} E\{L[\boldsymbol{Y}_{\text{new}}(\boldsymbol{x}), \boldsymbol{T}]\} = &\{E[\boldsymbol{Y}_{\text{new}}(\boldsymbol{x})] - \boldsymbol{T}\}^{\mathrm{T}} \boldsymbol{C}\{E[\boldsymbol{Y}_{\text{new}}(\boldsymbol{x})] - \boldsymbol{T}\} \\ &+ \mathrm{tr}[\boldsymbol{C}\boldsymbol{\Sigma}_{\hat{\boldsymbol{Y}}_{\text{new}}}(\boldsymbol{x})] + \mathrm{tr}[\boldsymbol{C}\boldsymbol{\Sigma}_{\boldsymbol{Y}_{\text{new}}}(\boldsymbol{x})] \end{aligned} \tag{9-10}$$

其中，$\boldsymbol{\Sigma}_{\hat{\boldsymbol{Y}}_{\text{new}}}(\boldsymbol{x})$ 为预测响应值的方差-协方差矩阵；$\boldsymbol{\Sigma}_{\boldsymbol{Y}_{\text{new}}}(\boldsymbol{x})$ 为模拟响应的方差-协

方差矩阵。式（9-10）的证明见 Ko 等[21]的研究，式（9-10）右边有三项：第一项 $\{E[\boldsymbol{Y}_{\text{new}}(\boldsymbol{x})]-\boldsymbol{T}\}^{\text{T}}\boldsymbol{C}\{E[\boldsymbol{Y}_{\text{new}}(\boldsymbol{x})]-\boldsymbol{T}\}$，表示模拟响应与各自目标值的期望偏差带来的惩罚，即 $\text{EL}_{\text{bias}}(\boldsymbol{x})$；第二项 $\text{tr}[\boldsymbol{C\Sigma}_{\hat{Y}_{\text{new}}}(\boldsymbol{x})]$，表示由预测响应的不确定性而产生的惩罚，即 $\text{EL}_{\text{qop}}(\boldsymbol{x})$；第三项 $\text{tr}[\boldsymbol{C\Sigma}_{Y_{\text{new}}}(\boldsymbol{x})]$，表示由新的模拟响应变化而产生的惩罚，即稳健性较差，记为 $\text{EL}_{\text{robust}}(\boldsymbol{x})$。则式（9-10）简化为

$$\text{EL}(\boldsymbol{x})=\text{EL}_{\text{bias}}(\boldsymbol{x})+\text{EL}_{\text{qop}}(\boldsymbol{x})+\text{EL}_{\text{robust}}(\boldsymbol{x})$$

其中，期望损失 $\text{EL}(\boldsymbol{x})$ 为 $E[L(\boldsymbol{Y}_{\text{new}}(\boldsymbol{x}),\boldsymbol{T})]$。根据新期望损失 $\text{EL}(\boldsymbol{x})$ 的定义，给出微孔个数为 N 时的质量损失函数：

$$\text{EQL}(\boldsymbol{x})=N\times[\text{EL}_{\text{bias}}(\boldsymbol{x})+\text{EL}_{\text{qop}}(\boldsymbol{x})+\text{EL}_{\text{robust}}(\boldsymbol{x})] \tag{9-11}$$

9.1.3　参数优化

综上所述，从制造商和客户的角度来看，微孔阵列的质量评估都与拒收成本和质量损失密切相关。本节研究的目的是在激光微钻孔加工过程中以最低的成本获得高质量的产品，因此，本节所提方法的目标是同时最小化拒收成本（返工成本和报废成本）和质量损失函数（过程偏差、预测质量和稳健性），以找到最优参数设置。在考虑拒收成本和质量损失等经济因素的基础上，建立了激光微钻孔加工过程参数经济设计的优化模型：

$$\begin{cases}\min\begin{cases}\text{目标1}:\text{TRC}(\boldsymbol{x})=\text{RC}_D(\boldsymbol{x})+\text{RC}_S(\boldsymbol{x})\\ \text{目标2}:\text{EQL}(\boldsymbol{x})=N\times[\text{EL}_{\text{bias}}(\boldsymbol{x})+\text{EL}_{\text{qop}}(\boldsymbol{x})+\text{EL}_{\text{robust}}(\boldsymbol{x})]\end{cases}\\ \text{s.t.}\quad \boldsymbol{x}^{\text{T}}\boldsymbol{x}\leqslant\rho^2\end{cases} \tag{9-12}$$

其中，ρ 表示 CCD 中感兴趣的试验区域的半径。

为了解决式（9-12）中的问题，利用 MATLAB 优化工具箱中的多目标优化算法“gamultiobj”来寻找可行解。本节所提方法基于贝叶斯模型和优化框架，利用 MATLAB 软件包实现。

9.1.4　案例分析

本试验的目的是通过建立 Nd:YLF 激光微钻孔硅片的响应与可控因子之间的数学关系，验证能否实现高加工精度和加工效率。本试验选用硅片作为工件材料，其切削过程稳定、切削效率高、加工成本低。将平均功率 x_1、脉冲频率 x_2 和切削速度 x_3 三个加工参数确定为显著的可控因子，每个参数的实际值和对应的编码值如表 9-1 所示。

表 9-1 参数的实际值和对应的编码值

参数	单位	水平				
		−1.682	−1	0	1	1.682
平均功率	mW	15.91	50	100	150	184.09
脉冲频率	Hz	398	500	650	800	902
切削速度	mm/s	0.03	0.06	0.11	0.16	0.19

为了证明所提方法的适用性，考虑了三个感兴趣的响应，即直径 y_1、圆度 y_2 和圆形 y_3，其中，直径 y_1 的单位为 mm。圆度和圆形常被用作衡量微孔几何特征的相似指标，但它们之间仍存在明显的差异，圆形倾向于关注微孔的周边形状是否更接近标准圆，而圆度往往反映了边缘的锐度或曲率半径及微孔外边缘的光滑度。圆度和圆形的计算公式如下所示：

$$圆度 = 4\pi \times \frac{面积}{主轴的长^2}, \quad 圆形 = 4\pi \times \frac{面积}{周长^2} \tag{9-13}$$

圆形与微孔的面积和周长有关，与圆度的公式不同。采用 CCD 来确定 x_1、x_2 和 x_3 的最佳设置，并尽可能达到直径的目标值和最大圆度、圆形。三种响应的数据均由试验人员通过实际的激光微钻孔试验收集，试验设计和观察响应见表 9-2。

表 9-2 采用 CCD 测量响应的试验方案

可控因子			响应		
x_1	x_2	x_3	y_1	y_2	y_3
50.0	500.0	6.0	16.43	0.965	0.802
150.0	500.0	6.0	33.80	0.940	0.571
50.0	800.0	6.0	15.00	0.968	0.839
150.0	800.0	6.0	16.53	0.900	0.748
50.0	500.0	16.0	13.47	0.923	0.733
150.0	500.0	16.0	32.81	0.924	0.573
50.0	800.0	16.0	14.04	0.921	0.865
150.0	800.0	16.0	17.43	0.929	0.728
15.9	650.0	11.0	10.41	0.969	0.910
184.1	650.0	11.0	34.23	0.925	0.483
100.0	397.7	11.0	19.13	0.948	0.501
100.0	902.3	11.0	13.42	0.923	0.876
100.0	650.0	2.6	11.51	0.963	0.811
100.0	650.0	19.4	12.87	0.903	0.802

续表

可控因子			响应		
x_1	x_2	x_3	y_1	y_2	y_3
100.0	650.0	11.0	12.59	0.905	0.652
100.0	650.0	11.0	12.38	0.908	0.695
100.0	650.0	11.0	11.90	0.892	0.630
100.0	650.0	11.0	12.14	0.873	0.640
100.0	650.0	11.0	12.69	0.886	0.629
100.0	650.0	11.0	12.55	0.887	0.669

本试验中，直径 y_1、圆度 y_2 和圆形 y_3 的可接受范围分别设为 $[18,24]$、$[0.9,1.0]$ 和 $[0.8,1.0]$。y_1 为 NTB 响应，微孔直径的目标值为 $T_D=21\text{mm}$；y_2 为 LTB 响应，微孔圆度的目标值为 $T_C=1.0$；y_3 为 LTB 响应，微孔圆形的目标值为 $T_R=1.0$。过程经济和响应的相关结构可以通过成本矩阵 $\boldsymbol{C}$ 来考虑，本节所提方法假设成本矩阵 $\boldsymbol{C}$ 可以主观地评估，也可以用其他一些方法来评估，这些方法在这里省略了。因此，Ko 等[21]的成本矩阵 $\boldsymbol{C}$ 为

$$\boldsymbol{C}=\begin{bmatrix}0.50 & 0.25 & 0.25\\0.25 & 0.30 & 0.25\\0.25 & 0.25 & 0.30\end{bmatrix}$$

为了在式（9-1）中选择合适的模型结构，使用 OLS 对响应 y_1、y_2 和 y_3 的试验数据进行分析。采用 OLS 回归方法拟合响应曲面模型，并与表 9-2 所示的试验数据进行拟合。根据显著性效应的统计检验和效应遗传原则[22]，给出 y_1、y_2 和 y_3 的预测模型如下：

$$\hat{y}_1=12.778+3.212x_1-1.642x_2+2.047x_1^2+1.855x_2^2-1.349x_1x_2$$

$$\hat{y}_2=0.892-0.010x_1-0.003x_2-0.015x_3+0.018x_1^2+0.014x_2^2+0.014x_3^2$$

$$\hat{y}_3=0.673-0.098x_1+0.083x_2-0.006x_3+0.051x_3^2$$

式（9-1）中 y_1、y_2 和 y_3 的协变量向量可以表示为

$$\boldsymbol{z}_1(\boldsymbol{x})=(1,x_1,x_2,x_1^2,x_2^2,x_1x_2)$$

$$\boldsymbol{z}_2(\boldsymbol{x})=(1,x_1,x_2,x_3,x_1^2,x_2^2,x_3^2)$$

$$\boldsymbol{z}_3(\boldsymbol{x})=(1,x_1,x_2,x_3,x_3^2)$$

以上 OLS 模型的汇总统计（如预测的拟合优度 R^2）也表明，对于不同的响应，不同模型形式的回归模型比本试验相同模型形式的回归模型具有更强的预测

能力。因此，通过对每个响应分别拟合 OLS 回归模型，确定不同响应的具体模型形式是有意义的。

假设 $\boldsymbol{Y}_{\text{new}}(\boldsymbol{x})$ 是激光微钻孔加工过程中三个质量特性的后验抽样值的向量，即 $[D_S(\boldsymbol{x}), R_S(\boldsymbol{x}), C_S(\boldsymbol{x})]$，圆形和圆度的可接受范围分别假设为[0.6,1.0]和[0.9,1.0]，$C_S(\boldsymbol{x})$ 表示微孔圆形的后验抽样值，两种混合的望大质量特性的成本结构关系如图 9-4 所示。

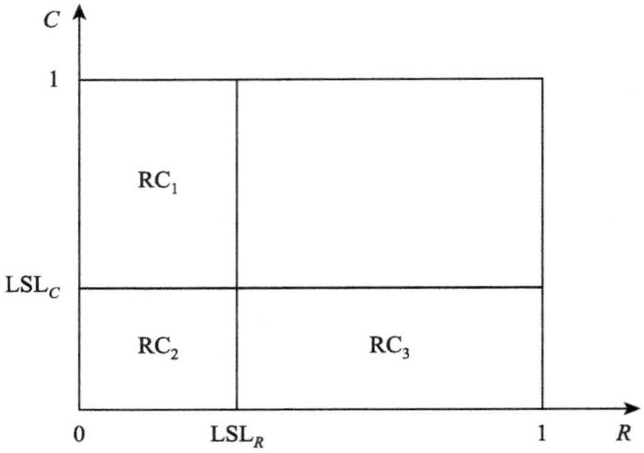

图 9-4 两种混合的望大质量特性的成本结构

如图 9-4 所示，当同时考虑两种混合的望大质量特性时，没有报废成本。考虑到图 9-4 中的成本结构关系，两种混合的望大质量特性（即圆度和圆形）的总拒收成本函数 $\text{TRC}_{\text{rc}}(\boldsymbol{x})$ 可定义为

$$\begin{aligned}\text{TRC}_{\text{rc}}(\boldsymbol{x}) &= \text{RC}_1 + \text{RC}_2 + \text{RC}_3 \\ &= k_r \times N \times p[R_S(\boldsymbol{x}) < \text{LSL}_R] \\ &\quad + k_r \times N \times p\{[C_S(\boldsymbol{x}) < \text{LSL}_C] \cap [\text{LSL}_R \leqslant R_S(\boldsymbol{x}) \leqslant 1]\}\end{aligned}$$

其中，k_r 表示激光微钻孔试验中的返工损失系数；N 表示某一块特定面板上的微孔数量；LSL_R 和 LSL_C 分别表示圆度和圆形的规格下限。由于圆形也是望大质量特性的响应，可以通过使用式（9-8）计算望大和望目两种混合质量特性（即直径和圆形）的总拒收成本函数 $\text{TRC}_{\text{dc}}(\boldsymbol{x})$，总拒收成本函数如下所示：

$$\begin{aligned}\text{TRC}_{\text{dc}}(\boldsymbol{x}) &= \text{RC}_1 + \text{RC}_2 + \text{RC}_3 + \text{SC}_4 + \text{SC}_5 \\ &= k_r \times N \times p[D_S(\boldsymbol{x}) < \text{LSL}_D] \\ &\quad + k_r \times N \times p\{[C_S(\boldsymbol{x}) < \text{LSL}_C] \cap [\text{LSL}_D \leqslant D_S(\boldsymbol{x}) \leqslant \text{USL}_D]\} \\ &\quad + k_s \times N \times p[D_S(\boldsymbol{x}) > \text{USL}_D]\end{aligned}$$

望大和望目两种混合质量特性（即直径和圆度）的总拒收成本函数可以表示为

$$
\begin{aligned}
\mathrm{TRC_{dr}}(\boldsymbol{x}) &= \mathrm{RC_1}+\mathrm{RC_2}+\mathrm{RC_3}+\mathrm{SC_4}+\mathrm{SC_5} \\
&= k_r \times N \times p[D_S(\boldsymbol{x}) < \mathrm{LSL}_D] \\
&\quad + k_r \times N \times p\{[R_S(\boldsymbol{x}) < \mathrm{LSL}_R] \cap [\mathrm{LSL}_D \leqslant D_S(\boldsymbol{x}) \leqslant \mathrm{USL}_D]\} \\
&\quad + k_s \times N \times p[D_S(\boldsymbol{x}) > \mathrm{USL}_D]
\end{aligned}
$$

三种混合质量特性（即直径、圆度和圆形）的激光微钻孔试验的总拒收成本函数可定义为

$$
\mathrm{TRC}(\boldsymbol{x}) = \mathrm{TRC_{dc}}(\boldsymbol{x}) + \mathrm{TRC_{dr}}(\boldsymbol{x}) + \mathrm{TRC_{rc}}(\boldsymbol{x})
$$

上述总拒收成本函数可以直接扩展到考虑三种混合质量特性的类型，目标值设置为$\boldsymbol{T}=[T_D,T_R,T_C]$，其中，$T_D$、$T_R$和$T_C$分别是单个微孔的直径、圆度和圆形的目标值。单个微孔的直径、圆度和圆形相应的合适目标值设置为$T_D=21\mathrm{mm}$，$T_R=1.0$和$T_C=1.0$。三个混合质量特性（即直径、圆度和圆形）的期望质量损失函数可以通过使用式（9-11）来计算。

假设不同质量特性的返工差异很小，将三种不同质量特性的返工损失系数假定为 10。在激光微钻孔试验中，将直径的报废损失系数假定为 200，此外，将微孔阵列中微孔的数量假定为 50。双目标适应度函数（即总拒收成本函数和总期望质量损失函数）由 MATLAB 优化工具箱中的“gamultiobj”求解器进行优化，图 9-5 中的帕累托前沿显示了优化结果，从图 9-5 可以看出，本节所提方法在总拒收成本和期望质量损失之间进行了权衡。

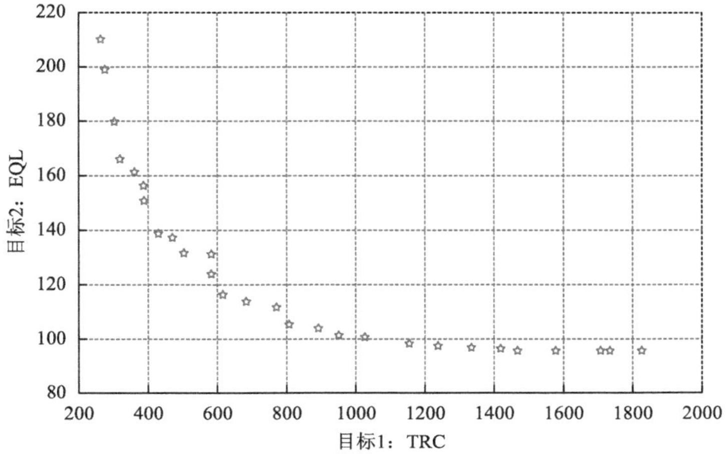

图 9-5　三种响应优化结构的帕累托前沿

两个优化标准（TRC 和 EQL）的曲面图可以帮助我们判断这些参数和两个优化标准之间的趋势，在贝叶斯 SUR 建模中已经考虑了这些参数之间的相关性，曲

面图还可以显示这些可控因子之间的相关性。与可控因子 x_1 相比，x_2 和 x_3 对两个优化标准（即 TRC 和 EQL）有更重要的影响，图 9-6 显示了两个优化标准和可控因子 x_2 和 x_3 之间的网格图。

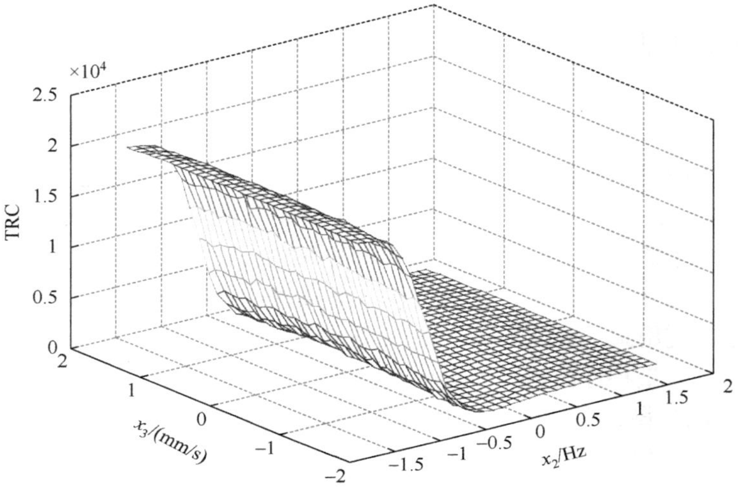

(a) TRC和x_2与x_3之间的网格图

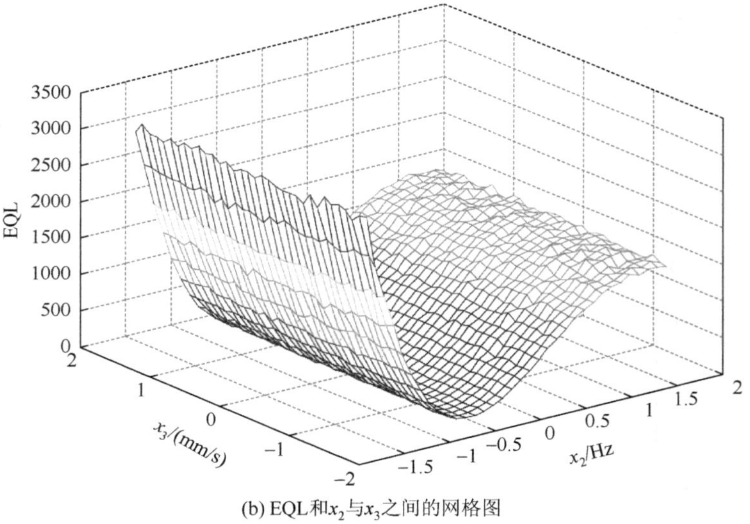

(b) EQL和x_2与x_3之间的网格图

图 9-6　两种优化标准对 x_2 和 x_3 的影响

从图 9-6 可以看出，与 x_3 相比，x_2 对两个优化标准有更重要的影响。从图 9-6（a）中还观察到另一个有趣的现象，即当 x_2 从−1.682Hz 增加到−0.5Hz 时，TRC 急剧下降，同时 x_3 从−1.682mm/s 变为 1.682mm/s。

需要注意的是，当试验者试图减少期望质量损失 EQL 时，拒收成本 TRC 会迅速增加。例如，从表 9-3 的优化结果可知：若采用 Ko 等[21]的方法仅选择期望质量损失函数作为优化指标进行优化，其期望质量损失会降到最低，同时其拒收成本会迅速增加。同样，若仅选择拒收成本函数进行优化，其拒收成本会将降到最低，同时期望质量损失会增加到最大。

表 9-3　优化结果比较分析

方法	可控因子			TRC_{act}	EQL_{act}	TRC_{sim}	EQL_{sim}
	x_1	x_2	x_3				
Peterson[23]的方法	0.891	0.163	−1.640	880	118.14	**859.88** （142.54）	**119.42** （3.58）
Ko 等[21]的方法	0.674	−0.382	−1.682	2020	95.49	**1718.12** （226.48）	**95.72** （0.25）
拒收成本函数	0.866	0.405	−1.536	420	256.72	**383.73** （63.58）	**265.00** （10.12）
本节所提方法	0.583	−0.247	−1.551	430	205.08	**405.38** （52.09）	**207.66** （5.72）

注：黑体数字和括号中的数字分别代表基于相应性能指标进行 1000 次重复运行的平均值和 SD。

考虑到模型参数的不确定性以及模拟响应波动对优化结果的影响，我们进一步提供了基于优化性能指标进行 1000 次重复模拟后的优化结果（即表 9-3 最后两列的数据）。需要特别指出的是，Peterson 的方法[23]特别关注输出响应落在给定的规格限内概率（即符合性概率），因此采用该方法进行优化时其拒收成本会大幅度降低（与 Peterson 的方法比较而言），同时其期望质量损失的增加幅度较小（与 Ko 等的方法比较而言）。由于本节所提方法在响应曲面建模与指标优化过程中同时考虑期望质量损失函数和拒收成本函数，因此本节所提方法可以获得相对较小的期望质量损失和拒收成本，从而能够在期望质量损失和拒收成本之间获得权衡。

本节所提方法不仅提供了一种新的建模方法，可以灵活地计算拒收成本函数和质量损失函数，而且利用贝叶斯抽样技术考虑了模型参数的不确定性和制造过程的高度不确定性。该方法的最大优点是，通过使用贝叶斯后验样本作为模型响应，可以将需要复杂积分计算的拒收成本函数转化为简单的频率统计问题。此外，本节所提方法可以在激光微钻孔加工过程中的拒收成本和质量损失之间进行一个理想的权衡，将有助于在加工精度和加工效率之间制定一个合理的决策方案。应该注意的是，本节提出的建模和优化策略也可以用于具有模型参数不确定性和过程不确定性的其他优化问题。

尽管本节所提方法与其他类似方法相比有一些明显的优点，但在实际应用中仍存在一些局限性。质量损失函数中的成本矩阵、拒收成本函数中的返工成本或报废成本的损失系数通常是主观假设的，或者通过这里没有提到的其他方式进行评估。要注意的是，本节所提方法的优化结果可能与成本矩阵和损失系数的假设相关，因此应该根据实际的制造过程，谨慎地对成本矩阵和损失系数做出更合理的假设。

9.2 基于贝叶斯建模方法的参数与容差多响应并行优化设计

在多质量特性参数和容差设计的同时优化研究中，现有的建模方法很少考虑模型参数不确定性和其他随机误差引起的响应变异性对优化结果的影响。本节在贝叶斯建模和优化的统一框架下，通过包含容差成本、质量损失和拒收成本的综合总成本模型来解决上述问题。该方法利用贝叶斯建模方法，不仅考虑了模型参数的不确定性，而且考虑了设计因子在有限容差范围内的变化，利用模拟响应的后验样本，分别建立了质量损失函数和拒收成本（即报废成本和返工成本）函数，并利用 HGA 求出最优参数设置和容差值，使总成本函数最小。通过两个例子说明了本节所提方法的优点，结果表明，当考虑预测响应的可变性和设计因子的变化时，本节所提方法比现有方法能给出更合理的解决方案。

9.2.1 多元回归模型的贝叶斯分析

在传统的参数优化设计中，研究人员在使用响应曲面建模得到输出响应与输入因子间的关系时，只考虑试验因子。然而，本节的重点是参数设计和容差设计的并行优化，因此在响应曲面的贝叶斯建模过程中，有必要同时考虑这些参数设计及容差设计。本节假设考虑的多个质量特性服从多元正态分布，根据试验方案和试验结果，利用 OLS 回归模型拟合各质量特性的响应曲面模型，可以识别出各响应的显著性因子。因此，根据模型拟合的汇总统计结果，可以假设不同质量特性的响应曲面模型结构相同或不同[24]。此外，先前的研究已经证明，当多个质量特性的模型结构相同时，用 SMR 模型拟合贝叶斯建模和优化框架下的响应曲面模型有更明显的优势，如采样速度快[23, 24]。然而，当多个质量特性的模型结构不同时，采用贝叶斯 SUR 模型[1, 25]拟合响应曲面模型，其结果也更准确（如拟合精度较高）。因此，下面将介绍试验因子与容差的关系，然后分别对响应曲面模型结构相同和不同情况下的 SMR 模型和 SUR 模型进行贝叶斯分析。

给定因子名义值 x_i ， $i=1,2,\cdots,m$ ，其实际值 x_i' 服从均值为 x_i 、SD 为 σ_i 的正态分布 $x_i' \sim N(x_i,\sigma_i^2)$ ，即允许其在一定的容差范围 t_i 内变化。当生产过程达到稳定状态，各组成部分的过程均值等于其目标值时，可以利用过程能力指数 C_p 来估计过程方差[26]，第 i 个因子的 SD 估计对应的公式为

$$\sigma_i = \frac{\mathrm{USL}_i - \mathrm{LSL}_i}{6C_p} \tag{9-14}$$

其中，USL_i 和 LSL_i 分别表示第 i 个因子的规格上、下限。假设因子容差等于因子的规格上、下限差的一半，即 $\mathrm{USL}_i - \mathrm{LSL}_i = 2t_i$ 。假定过程能力指数在一个稳定的生产过程中等于 1，将 $\mathrm{USL}_i - \mathrm{LSL}_i = 2t_i$ 代入式（9-14），则式（9-14）可进一步简化为

$$\sigma_i = \frac{t_i}{3} \tag{9-15}$$

由式（9-15）可知，容差值越低，参数的方差越小。因此，在本节中考虑因子容差时，因子的实际值 x_j' 将服从如下正态分布：

$$x_i' \sim N(x_i, (t_i / 3)^2) \tag{9-16}$$

1. SMR 模型的贝叶斯分析

假设存在 p 个质量特性，$\boldsymbol{Y} = (Y_1, Y_2, \cdots, Y_p)^{\mathrm{T}}$ 表示 $p \times 1$ 的多元响应向量，$\boldsymbol{x} = (x_1, x_2, \cdots, x_k)^{\mathrm{T}}$ 表示 $k \times 1$ 的因子变量向量，SMR 模型可以表示为

$$\boldsymbol{Y} = \boldsymbol{Bz}(\boldsymbol{x}) + \boldsymbol{\varepsilon} \tag{9-17}$$

其中，$\boldsymbol{B}$ 是一个 $p \times q$ 的回归系数矩阵；$\boldsymbol{z}(\boldsymbol{x})$ 是 $\boldsymbol{x}$ 的一个 $q \times 1$ 的矢量值函数；向量 $\boldsymbol{\varepsilon}$ 服从均值为 $\boldsymbol{0}$ 、方差-协方差矩阵为 $\boldsymbol{\Sigma}$ 的多元正态分布。在此，SMR 模型的贝叶斯分析可以用来解释模型参数的不确定性[23]。式（9-18）中考虑了模型参数 $\boldsymbol{B}$ 和 $\boldsymbol{\Sigma}$ 的无信息先验，即

$$p(\boldsymbol{B}) \propto \text{常数}, \quad p(\boldsymbol{\Sigma}) \propto |\boldsymbol{\Sigma}|^{-(p+1)/2} \tag{9-18}$$

因此，参数 $\boldsymbol{B}$ 和 $\boldsymbol{\Sigma}$ 的联合先验分布为

$$p(\boldsymbol{B}, \boldsymbol{\Sigma}) \propto |\boldsymbol{\Sigma}|^{-(p+1)/2} \tag{9-19}$$

给定试验数据和先验分布，$\boldsymbol{Y}$ 的后验预测密度为

$$p[\boldsymbol{Y}_{\text{new}}(\boldsymbol{x}) \mid \text{data}] \propto \left\{1 + \frac{1}{\nu}[\boldsymbol{Y} - \hat{\boldsymbol{B}}\boldsymbol{z}(\boldsymbol{x})]^{\mathrm{T}} \boldsymbol{H} [\boldsymbol{Y} - \hat{\boldsymbol{B}}\boldsymbol{z}(\boldsymbol{x})]\right\}^{-(p+\nu)/2} \tag{9-20}$$

$$\boldsymbol{H} = \frac{\nu \boldsymbol{S}^{-1}}{1 + \boldsymbol{z}(\boldsymbol{x})^{\mathrm{T}} \boldsymbol{D}^{-1} \boldsymbol{z}(\boldsymbol{x})}, \quad \boldsymbol{S} = (\boldsymbol{Y}^* - \boldsymbol{Z}\hat{\boldsymbol{B}})^{\mathrm{T}} (\boldsymbol{Y}^* - \boldsymbol{Z}\hat{\boldsymbol{B}})$$

$$\boldsymbol{D} = \sum_{i=1}^{n} \boldsymbol{z}(x_i) \boldsymbol{z}(x_i)^{\mathrm{T}}, \quad \hat{\boldsymbol{B}} = (\boldsymbol{X}^{\mathrm{T}} \boldsymbol{X})^{-1} \boldsymbol{X}^{\mathrm{T}} \boldsymbol{Y}$$

其中，ν 表示自由度，$\nu = n - p - q + 1$，n 表示样本量；$\boldsymbol{Y}_{\text{new}}(\boldsymbol{x})$ 是基于新的观测值 $\boldsymbol{z}(x_i)$ 的一个 $q \times 1$ 的估计向量；$\boldsymbol{Z}$ 是由协变量 $n\boldsymbol{z}(x_i)$ 形成的 $q \times n$ 矩阵；$\hat{\boldsymbol{B}}$ 是 $\boldsymbol{B}$ 的最小二乘估计；$\boldsymbol{Y}^*$ 是响应数据向量 $\boldsymbol{Y}_i^{\mathrm{T}}$ 的矩阵形式。

参考多元统计推断的资料[23, 27]，式（9-20）在给定的试验数据下可表示为

$$\boldsymbol{Y}_{\text{new}}(\boldsymbol{x}) \mid \text{data} \sim t_v(\hat{\boldsymbol{B}}\boldsymbol{z}(\boldsymbol{x}), \boldsymbol{H}^{-1}) \tag{9-21}$$

由于式（9-21）中观察到的新响应 $\boldsymbol{Y}_{\text{new}}(\boldsymbol{x})$ 遵循非中心的多元 t 分布，用蒙特卡罗方法很容易模拟新的响应值[28]。由于本节考虑了参数设计和容差设计的并行优化，采用 Wang 等[24]的原始仿真方法对实现流程进行了进一步修改，模拟采样方法的具体步骤如下。

（1）模拟多元正态随机变量 $\boldsymbol{W}$，$\boldsymbol{W} \sim N(\boldsymbol{0}, \boldsymbol{H}^{-1})$。

（2）模拟自由度为 v 的卡方随机变量 U，与 $\boldsymbol{W}$ 是独立的，即 $U \sim \chi_v^2$。

（3）模拟基于试验因子和容差之间关系的实际值 $x_i' \sim N(x_i, (t_i/3)^2)$，将新的参数值 x_i' 代入设计向量 $\boldsymbol{z}(x, t)$ 中。

（4）根据给定的试验数据，使用 $\hat{\boldsymbol{B}} = (\boldsymbol{X}^{\mathrm{T}}\boldsymbol{X})^{-1}\boldsymbol{X}^{\mathrm{T}}\boldsymbol{Y}$ 得到模型参数的估计。

（5）通过使用 $\boldsymbol{Y}_{\text{new}}(\boldsymbol{x}) = \boldsymbol{W}\sqrt{\dfrac{v}{U}} + \hat{\boldsymbol{B}}\boldsymbol{z}(x, t)$，模拟新的响应向量 $\boldsymbol{Y}_{\text{new}}(\boldsymbol{x})$。

2. SUR 模型的贝叶斯分析

当不同质量特性的响应曲面模型结构不一致时，SMR 模型可能不适用于解决这类问题。然而，SUR 模型可以有效地解决上述问题，因为它可以为每个响应拟合不同的线性模型，这将提供比使用 SMR 模型更灵活和准确的建模。假设响应数、试验因子及试验运行时间与上述 SMR 模型中描述的相同，因此，SUR 模型为

$$\boldsymbol{Y}_j = \boldsymbol{Z}_j(\boldsymbol{x})\boldsymbol{\beta}_j + \boldsymbol{\varepsilon}_j, \quad j = 1, 2, \cdots, p \tag{9-22}$$

$$E(\boldsymbol{\varepsilon}_i\boldsymbol{\varepsilon}_j^{\mathrm{T}}) = \begin{cases} \sigma_{ij}\boldsymbol{I}_n, & i \neq j \\ \sigma_i^2\boldsymbol{I}_n, & i = j \end{cases}$$

其中，$\boldsymbol{Y}_j$ 是第 j 个响应观测值的 $n \times 1$ 向量；$\boldsymbol{Z}_j(\boldsymbol{x})$ 是第 j 个响应的预先确定的 $n \times p_j$ 矩阵；$\boldsymbol{\beta}_j$ 是关于未知参数的一个 $p_j \times 1$ 向量；$\boldsymbol{\varepsilon}_j$ 是关于随机误差的 $n \times 1$ 向量。式（9-22）的矩阵形式可以表示为

$$\begin{bmatrix} \boldsymbol{Y}_1 \\ \boldsymbol{Y}_2 \\ \vdots \\ \boldsymbol{Y}_p \end{bmatrix} = \begin{bmatrix} \boldsymbol{Z}_1(\boldsymbol{x}) & \boldsymbol{O} & \cdots & \boldsymbol{O} \\ \boldsymbol{O} & \boldsymbol{Z}_2(\boldsymbol{x}) & \cdots & \boldsymbol{O} \\ \vdots & \vdots & & \vdots \\ \boldsymbol{O} & \boldsymbol{O} & \cdots & \boldsymbol{Z}_p(\boldsymbol{x}) \end{bmatrix} \begin{bmatrix} \boldsymbol{\beta}_1 \\ \boldsymbol{\beta}_2 \\ \vdots \\ \boldsymbol{\beta}_p \end{bmatrix} + \begin{bmatrix} \boldsymbol{\varepsilon}_1 \\ \boldsymbol{\varepsilon}_2 \\ \vdots \\ \boldsymbol{\varepsilon}_p \end{bmatrix} \tag{9-23}$$

式（9-23）等价于

$$\boldsymbol{Y} = \boldsymbol{Z}(\boldsymbol{x})\boldsymbol{B} + \boldsymbol{\varepsilon}, \quad \boldsymbol{\varepsilon} \sim N(\boldsymbol{O}, \boldsymbol{\Sigma} \otimes \boldsymbol{I})$$

其中，$\boldsymbol{O}$ 是一个零矩阵；$\boldsymbol{\Sigma}$ 是一个对角元素为 $\{\sigma_1^2, \sigma_2^2, \cdots, \sigma_m^2\}$ 的 $m \times m$ 矩阵，第 i 行、第 j 列的元素为 σ_{ij}。

如式（9-23）所示，方程具有不同的模型形式，其中包含不同的自变量和方

差[29]。当式（9-23）中的设计矩阵（右边第一项）相同时，可以将 SUR 模型转换为 SMR 模型，即

$$\boldsymbol{Z}_1(\boldsymbol{x}) = \boldsymbol{Z}_2(\boldsymbol{x}) = \cdots = \boldsymbol{Z}_p(\boldsymbol{x}) = \boldsymbol{Z}(\boldsymbol{x})$$

由式（9-23）可知，基于给定试验数据的似然函数为

$$f[\boldsymbol{Y} \mid \boldsymbol{Z}(\boldsymbol{x}), \boldsymbol{\beta}, \boldsymbol{\Sigma}] = \frac{1}{(2\pi)^{np/2} \mid \boldsymbol{\Sigma} \mid^{n/2}} \exp\left(-\frac{1}{2}\mathrm{tr}\{\boldsymbol{R}\boldsymbol{\Sigma}^{-1}\}\right) \tag{9-24}$$

其中，tr 表示矩阵的迹；$|\boldsymbol{\Sigma}|$表示矩阵 $\boldsymbol{\Sigma}$ 的值；r_{ij} 表示 $m \times m$ 矩阵 $\boldsymbol{R} = (r_{ij})$ 第 i 行、第 j 列的元素，$r_{ij} = [\boldsymbol{Y}_i - \boldsymbol{Z}_i(\boldsymbol{x})\boldsymbol{\beta}_i]^{\mathrm{T}}[\boldsymbol{Y}_j - \boldsymbol{Z}_j(\boldsymbol{x})\boldsymbol{\beta}_j]$，式（9-24）可以简化为

$$\pi(\boldsymbol{Y} \mid \boldsymbol{x}, \boldsymbol{\beta}, \boldsymbol{\Sigma}) \propto \mid \boldsymbol{\Sigma} \mid^{-n/2} \exp\left(-\frac{1}{2}\mathrm{tr}\{\boldsymbol{R}\boldsymbol{\Sigma}^{-1}\}\right) \tag{9-25}$$

在没有先验信息的情况下，无信息先验在实践中非常普遍[29]，最流行的无信息先验之一由 Jeffreys 提出：

$$\pi(\boldsymbol{\beta}, \boldsymbol{\Sigma}) = \pi(\boldsymbol{\beta})\pi(\boldsymbol{\Sigma}) \propto \mid \boldsymbol{\Sigma} \mid^{-\frac{m+1}{2}} \tag{9-26}$$

式（9-26）正比于 Fisher 信息矩阵的行列式的平方根。利用式（9-25）中的似然函数和式（9-26）中的无信息先验，得到 $\boldsymbol{\beta}$ 和 $\boldsymbol{\Sigma}$ 的联合后验密度函数为

$$\pi(\boldsymbol{\beta}, \boldsymbol{\Sigma} \mid \boldsymbol{Y}, \boldsymbol{X}) \propto \mid \boldsymbol{\Sigma} \mid^{-(n+m+1)/2} \exp\left(-\frac{1}{2}\mathrm{tr}\{\boldsymbol{R}\boldsymbol{\Sigma}^{-1}\}\right) \tag{9-27}$$

从式（9-27）中可以得到 $\boldsymbol{\beta}$ 和 $\boldsymbol{\Sigma}$ 的条件后验分布为

$$\pi(\boldsymbol{\beta} \mid \boldsymbol{Y}, \boldsymbol{Z}, \boldsymbol{\Sigma}) \propto N(\hat{\boldsymbol{\beta}}, \hat{\boldsymbol{\Omega}}) \tag{9-28}$$

$$\pi(\boldsymbol{\Sigma} \mid \boldsymbol{Y}, \boldsymbol{Z}, \boldsymbol{\beta}) \propto \mathrm{IW}(\boldsymbol{R}, n) \tag{9-29}$$

其中，$\hat{\boldsymbol{\Omega}}$ 表示 $\hat{\boldsymbol{\beta}}$ 的协方差矩阵，$\hat{\boldsymbol{\beta}} = [\boldsymbol{Z}^{\mathrm{T}}(\boldsymbol{\Sigma}^{-1} \otimes \boldsymbol{I})\boldsymbol{Z}]^{-1}\boldsymbol{Z}^{\mathrm{T}}(\boldsymbol{\Sigma}^{-1} \otimes \boldsymbol{I})\boldsymbol{Y}$，$\hat{\boldsymbol{\Omega}} = [\boldsymbol{Z}^{\mathrm{T}}(\boldsymbol{\Sigma}^{-1} \otimes \boldsymbol{I})\boldsymbol{Z}]^{-1}$；$\mathrm{IW}(\cdot,\cdot)$ 表示逆威沙特分布；$\boldsymbol{R}$ 的形式和式（9-25）中的相同；$\boldsymbol{\beta}$ 和 $\boldsymbol{\Sigma}$ 的条件后验分布是相互依赖的。

详细的 Gibbs 抽样算法总结如下。

步骤 1：通过拟合每个响应的普通最小二乘模型，得到初始值 $\boldsymbol{\beta}^{(0)}$ 和 $\boldsymbol{\Sigma}^{(0)}$。

步骤 2：对式（9-28）中的边际后验密度 $\pi(\boldsymbol{\beta} \mid \boldsymbol{Y}, \boldsymbol{Z}, \boldsymbol{\Sigma}^{(k-1)})$ 提取一个新值来更新系数向量 $\boldsymbol{\beta}^{(k)}$。

步骤 3：更新式（9-29）中的边际后验密度 $\pi(\boldsymbol{\Sigma} \mid \boldsymbol{Y}, \boldsymbol{Z}, \boldsymbol{\beta}^{(k)})$，得到方差-协方差矩阵 $\boldsymbol{\Sigma}^{(k)}$。

步骤 4：重复上面的迭代抽样步骤，$k = 1, 2, \cdots, N$。

9.2.2　总成本函数

产品生命周期的总成本主要包括两类：一类是制造成本，发生在生产阶段；

另一类是质量损失，发生在产品被卖给客户之后。质量损失通常被认为是由于产品性能偏离了期望的目标值而对社会造成的损失。制造成本与容差的大小密切相关，容差越小，产品的质量特性越稳健。但是，需要更精密的加工设备和更熟练的操作人员，因此制造成本更高，制造成本的产生往往是由于控制变异。在产品设计中，质量工程师不仅要考虑如何降低制造成本，还要考虑如何减少质量损失，使产品整个生命周期的总成本达到最小。在实践中，通常存在着同时最小化质量损失和制造成本的冲突[30]，所以在产品设计中，质量工程师经常要在质量损失和制造成本之间进行权衡。除了质量损失和制造成本，当质量特性超出规格限时，可能会产生拒收成本（即返工成本和报废成本）。总成本包括质量损失、制造成本和拒收成本，下面将介绍容差成本函数、质量损失函数及拒收成本函数。

1. *容差成本函数*

容差设计通过改变设计因子的容差值进一步降低了质量特性的波动。通常，设计因子的容差值越小，输出响应的波动越小，制造成本越高；设计因子的容差值越大，输出响应的波动越大，但所需的制造成本越小。容差-成本模型可以描述制造成本与容差之间的关系，文献[31]中提出了各种容差-成本模型，常见的容差-成本模型主要有线性模型、倒数模型和指数模型。由于实际生产条件和生产要求的限制，设计因子的容差值也有一定的限制。在以往的研究中，设计因子的容差值有两个主要的局限性：一是限制各设计因子的累积容差不能超过一定的范围；二是分别对各设计因子的容差进行限制，确定各设计因子容差的上、下限。由于没有考虑不同设计因子容差成本之间的关系，本节采用第二种方法对各设计因子的容差分布进行限制，从而分别考虑不同设计因子的容差成本。

通常情况下，容差-成本函数的计算需要先确定容差-成本模型，然后根据容差-成本的经验数据，通过线性或非线性回归分析得到容差-成本函数关系。由于容差与制造成本之间的关系需要用经验数据来估计，在没有足够的实际数据或信息的情况下，很难得到一个准确的制造成本与容差之间的关系模型。此外，容差-成本模型的估计也不是本节研究的重点，因此，本节涉及的容差-成本模型主要参考了相关文献的研究成果。该模型假设不同设计因子的容差值与制造成本不存在相关性，因此总容差成本是各设计因子容差成本的累加，即

$$\begin{cases} \mathrm{ET} = \sum_{i=1}^{m} f_i(t_i), \quad i = 1, 2, \cdots, m \\ \text{s.t.} \quad t_i \in [L_{t_i}, R_{t_i}] \end{cases} \tag{9-30}$$

其中，ET 表示总容差成本；m 表示设计因子的数量；L_{t_i} 和 R_{t_i} 分别表示设计因子容差的上、下限。

2. 成本结构分析

在实际的产品制造过程中，无论生产系统的设计多么精确，由于无法消除生产系统的潜在变化，产品的首次通过率通常无法达到 100%。当产品的质量特性不符合规格要求时，通常需要返工，甚至有些产品直接报废，这将给生产企业带来更大的经济损失。正如 Boylan[20]指出的，拒收成本（即返工成本和报废成本）可能取决于观察的质量特性的类型和预定义的规格限。观察到的三种不同类型的质量特性分别是望小质量特性、望目质量特性和望大质量特性。在此，以返工成本和报废成本为例，成本结构的三种不同情况如图 9-7 所示。

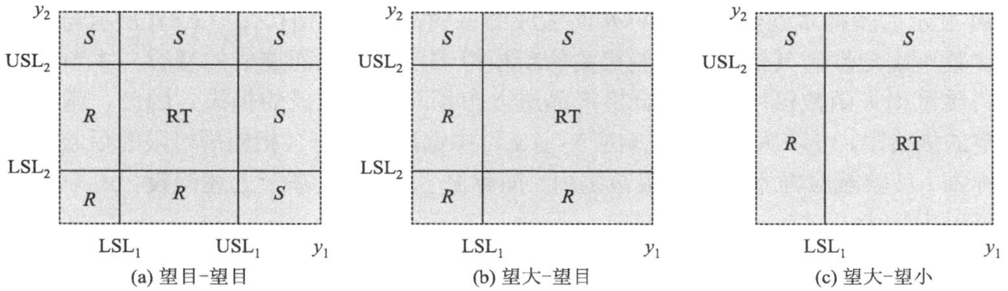

图 9-7　不同成本结构分析

图 9-7 中的RT 区域表明产品的质量特性符合规范要求，位于此范围内的产品是合格的，这些合格的产品能够进入市场并被顾客消费。因此考虑质量特性与目标值之间的偏差对顾客造成的质量损失是有意义的。图 9-7 中的 R 区域表明产品应该返工，因为这些产品的质量特性低于其规格下限。图 9-7 中的 S 区域表明将会产生报废成本，因为产品的质量特性超过了它们的规格上限。因返工或报废而产生的成本在本节中称为拒收成本。将产品的成本结构划分为不同区域后，利用上述分析中得到的响应抽样值分别计算不同区域的成本。

3. 后验样本的质量损失函数

质量损失函数是一个综合性能指标，衡量的是制造商从客户的角度出发，向客户交付的产品的性能偏离目标而造成的社会损失。文献[21]、文献[32]和文献[33]中提出了几种多元质量损失函数。将不同的优化标准（即稳健性、过程偏差、预测质量）纳入上述质量损失函数中，构建一个综合性能指标，然而，这些质量损失函数没有考虑模型参数的不确定性和预测响应的变异性对优化结果的影响。为了解决这个问题，可以利用上述得到的贝叶斯后验样本开发一个改进的多元质量损失函数。这里参照 Vining[33]的研究，给出了一个新的基于模拟响应的多元质量损失函数：

$$L[\boldsymbol{Y}_{\text{new}}(\boldsymbol{x},\boldsymbol{t}),\boldsymbol{\theta}]=[\boldsymbol{Y}_{\text{new}}(\boldsymbol{x},\boldsymbol{t})-\boldsymbol{\theta}]^{\text{T}}\boldsymbol{C}[\boldsymbol{Y}_{\text{new}}(\boldsymbol{x},\boldsymbol{t})-\boldsymbol{\theta}] \tag{9-31}$$

其中，$\boldsymbol{Y}_{\text{new}}(\boldsymbol{x},\boldsymbol{t})$ 是给定设计因子和容差参数下的新的模拟响应向量；$\boldsymbol{\theta}$ 是目标向量；$\boldsymbol{C}$ 是一个 $q\times q$ 的成本矩阵。对式（9-31）进行期望运算，可进一步推导出期望质量损失函数为

$$E\{L[\boldsymbol{Y}_{\text{new}}(\boldsymbol{x},\boldsymbol{t}),\boldsymbol{\theta}]\}=\{E[\boldsymbol{Y}_{\text{new}}(\boldsymbol{x},\boldsymbol{t})]-\boldsymbol{\theta}\}^{\text{T}}\boldsymbol{C}\{E[\boldsymbol{Y}_{\text{new}}(\boldsymbol{x},\boldsymbol{t})]-\boldsymbol{\theta}\}+\text{tr}[\boldsymbol{C}\boldsymbol{\Sigma}_{\boldsymbol{Y}_{\text{new}}}(\boldsymbol{x},\boldsymbol{t})] \tag{9-32}$$

式（9-32）中的均值向量 $E[\boldsymbol{Y}_{\text{new}}(\boldsymbol{x},\boldsymbol{t})]$ 和方差-协方差矩阵 $\boldsymbol{\Sigma}_{\boldsymbol{Y}_{\text{new}}}(\boldsymbol{x},\boldsymbol{t})$ 可以通过后验样本计算。式（9-32）的右边有两项：第一项 $\{E[\boldsymbol{Y}_{\text{new}}(\boldsymbol{x},\boldsymbol{t})]-\boldsymbol{\theta}\}^{\text{T}}\boldsymbol{C}\{E[\boldsymbol{Y}_{\text{new}}(\boldsymbol{x},\boldsymbol{t})]-\boldsymbol{\theta}\}$ 表示后验样本均值偏离目标 $\boldsymbol{\theta}$ 而造成的惩罚；第二项 $\text{tr}[\boldsymbol{C}\boldsymbol{\Sigma}_{\boldsymbol{Y}_{\text{new}}}(\boldsymbol{x},\boldsymbol{t})]$ 表示与模型参数不确定性和其他随机误差相关的新模拟响应的变化而造成的惩罚。本节提出的质量损失函数仅用于衡量合格产品进入市场对客户造成的损失。因此，考虑给定的规格限，可以从新的模拟响应 $\boldsymbol{Y}_{\text{new}}(\boldsymbol{x},\boldsymbol{t})$ 中选取一些符合相应规格限的后验响应样本，后验响应样本在规格限范围内，简称 $\boldsymbol{Y}_{\text{new-in}}(\boldsymbol{x},\boldsymbol{t})$。基于上述假设，式（9-32）可以表述为

$$\text{EL}=\{E[\boldsymbol{Y}_{\text{new-in}}(\boldsymbol{x},\boldsymbol{t})]-\boldsymbol{\theta}\}^{\text{T}}\boldsymbol{C}\{E[\boldsymbol{Y}_{\text{new-in}}(\boldsymbol{x},\boldsymbol{t})]-\boldsymbol{\theta}\}+\text{tr}[\boldsymbol{C}\boldsymbol{\Sigma}_{\boldsymbol{Y}_{\text{new-in}}}(\boldsymbol{x},\boldsymbol{t})] \tag{9-33}$$

成本矩阵 $\boldsymbol{C}$ 将过程的经济特性与式（9-33）中各响应的影响联系起来。通常，成本矩阵 $\boldsymbol{C}$ 是一个对称矩阵，表示过程的经济特性和响应之间的相关结构。当 $\boldsymbol{C}$ 为对角矩阵时，$\boldsymbol{C}$ 中的对角元素表示相应响应的相对重要性，质量损失函数是个体响应的加权的和；当 $\boldsymbol{C}$ 为非对角矩阵时，$\boldsymbol{C}$ 中的非对角元素表示对应的两个响应同时偏离目标值时产生的附加损失。关于成本矩阵 $\boldsymbol{C}$ 的确定，Vining[33]提出可以用式（9-34）表示：

$$\boldsymbol{C}=\boldsymbol{K}\boldsymbol{\Sigma}^{-1} \tag{9-34}$$

其中，$\boldsymbol{K}$ 为反映该过程经济特性的对角矩阵，对角矩阵 $\boldsymbol{K}$ 中的对角元素表示各响应的相对重要性，可根据实际制造过程主观地进行评价；$\boldsymbol{\Sigma}$ 表示响应的方差-协方差矩阵。改进后的质量损失函数不仅考虑了过程偏差和稳健性，而且考虑了模型参数不确定性和设计因子容差的变化对后验样本优化结果的影响。

4. *后验样本的拒收成本函数*

当产品的质量特性不符合规格限时，该产品将被视为不合格产品，不被顾客接受。当产品的质量特性属于图 9-7 中的返工区域 R 时，会产生返工成本；当产品的质量特性处于图 9-7 中的报废区域 S 时，会产生报废成本，报废成本和返工成本统称为拒收成本。在分别得到产品的返工概率和报废概率后，用本节提出的方法进一步计算返工成本和报废成本的期望。在以往的研究中，通常是将响应的联

合概率密度函数按照质量特性的规范限进行积分得到返工概率和报废概率。虽然上述方法比较容易理解，但当同时考虑多个质量特性时，联合概率密度函数很难得到，联合概率密度函数的积分形式也比较复杂。为了解决上述问题，可以利用模拟响应的后验样本建立一个新的拒收成本函数。首先利用多元回归模型描述输出响应与输入因子之间的函数关系；其次利用贝叶斯抽样方法得到大量超出相应规格限的模拟响应值 $\boldsymbol{Y}_{\text{new-out}}(\boldsymbol{x},\boldsymbol{t})$；最后利用图 9-7 中不同区域内的模拟响应值，构建返工成本函数和报废成本函数。根据上述实现步骤，给出期望拒收成本函数 ER：

$$\begin{aligned}\text{ER} &= C_R \times P(R) + C_S P(S) \\ &= C_R \times P[\boldsymbol{Y}_{\text{new-out}}(\boldsymbol{x},\boldsymbol{t}) \in R \mid \text{data}] + C_S P[\boldsymbol{Y}_{\text{new-out}}(\boldsymbol{x},\boldsymbol{t}) \in S \mid \text{data}]\end{aligned} \tag{9-35}$$

其中，C_R 和 C_S 分别代表单位返工成本和单位报废成本；R 和 S 分别表示产品质量特性的返工区域和报废区域；$P(R)$ 和 $P(S)$ 分别表示返工概率和报废概率。假设 N_T 为模拟样本总数，N_R 为返工区域内的模拟样本数量，N_S 为报废区域内的模拟样本数量。根据上述假设，式（9-35）中的期望拒收成本函数可进一步简化为

$$\text{ER} = C_R \times \frac{N_R}{N_T} + C_S \times \frac{N_S}{N_T} \tag{9-36}$$

5. 总成本函数构造

容差成本通过调整设计因子的容差值来衡量所需的制造成本，其只与设计因子的容差值有关。质量损失是指产品质量特性的期望值偏离目标值时对社会造成的损失。模拟响应样本在计算质量损失时也考虑了各设计因子的参数和容差值，因此质量损失与设计因子的参数和容差值有关。拒收成本是指产品的质量特性超出规格限，不能正常交付给客户而产生的返工或报废费用，拒收成本也通过使用模拟响应样本计算，因此也与设计因子的参数和容差值有关。容差成本来自产品生产阶段，质量损失和拒收成本来自产品完成阶段。综上所述，构建的总成本模型如下：

$$\begin{cases}\min \text{EC} = \text{ET} + \text{EL} + \text{ER} \\ \qquad = \displaystyle\sum_{i=1}^{m} f_i(t_i) + \{E[\boldsymbol{Y}_{\text{new-in}}(\boldsymbol{x},\boldsymbol{t})] - \boldsymbol{\theta}\}^{\mathrm{T}} \boldsymbol{C} \{E[\boldsymbol{Y}_{\text{new-in}}(\boldsymbol{x},\boldsymbol{t})] - \boldsymbol{\theta}\} \\ \qquad\quad + \operatorname{tr}[\boldsymbol{C}\boldsymbol{\Sigma}_{\boldsymbol{Y}_{\text{new-in}}}(\boldsymbol{x},\boldsymbol{t})] + C_R \times \dfrac{N_R}{N_T} + C_S \times \dfrac{N_S}{N_T} \\ \text{s.t.} \quad \boldsymbol{t} \in [L_t, R_t] \\ \qquad\ \ \boldsymbol{x} \in \boldsymbol{\Omega}\end{cases} \tag{9-37}$$

其中，$\boldsymbol{\Omega}$ 为设计因子的试验区域。由于式（9-37）中的目标函数是一个高度复杂的非线性函数，传统的优化方法或单一的启发式算法都很难找到全局最优解。对于这类复杂的非线性优化问题，HGA 优于单一优化算法。一些研究结果表明，GA 与模式搜索相结合的混合优化方法在处理多峰值、高度非线性的优化问题时，

能够有效地克服传统优化算法的局限性[24, 34]。该 HGA 将具有良好全局寻优能力的 GA 和良好局部寻优能力的模式搜索优化方法相结合，更有利于对高度复杂的非线性函数的优化。

针对具有多个正态响应的参数和容差并行优化设计问题，本节采用了贝叶斯建模方法和抽样技术，重点研究了模型参数不确定性和模拟响应波动对优化结果的影响。本节所提方法可分为三个阶段：贝叶斯响应曲面建模和抽样分析、总成本模型的构建、优化参数和容差，其流程图如图 9-8 所示，详细的实施步骤如下。

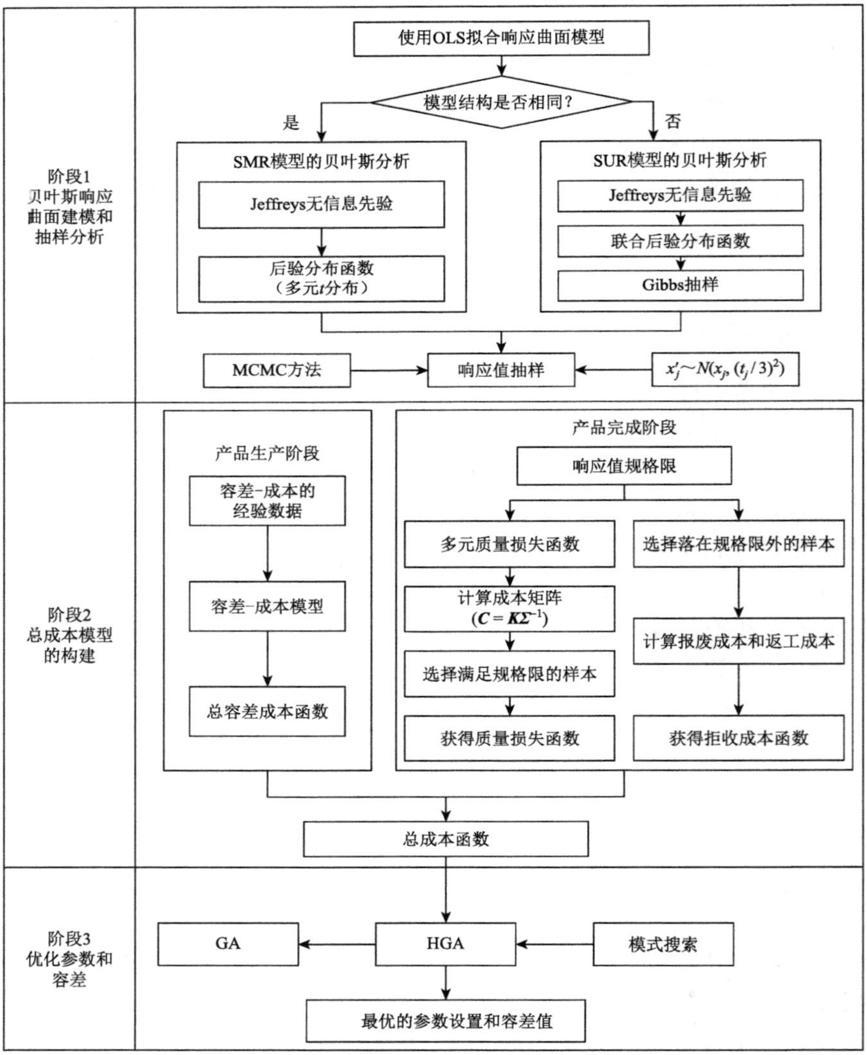

图 9-8　本节所提方法的流程图

步骤 1：利用 OLS 为不同的响应拟合响应曲面模型，并使用汇总统计识别显著性因子（如拟合优度、t 统计），进而确定模型结构是否相同。

步骤 2：根据模型结构的差异，选择不同的多元回归模型进行响应曲面模型的贝叶斯分析。如果模型结构相同，则选择 SMR 模型进行响应曲面建模；否则，选择 SUR 模型对响应曲面进行建模。

步骤 3：根据试验因子与容差的关系，采用 MCMC 方法或 Gibbs 抽样方法得到响应的后验模拟抽样值。

步骤 4：从产品生命周期的角度，分为产品生产阶段和产品完成阶段。在产品生产阶段，根据容差-成本的经验数据估算总容差成本函数。

步骤 5：结合产品质量特性的规格限，将步骤 3 的模拟响应值分为满足规格限的样本和超过规格限的样本，然后利用多元质量损失函数对满足规格限的样本进行质量损失计算。

步骤 6：报废成本函数使用超过相应规格上限的模拟响应值来计算，返工成本函数使用低于相应规格下限的模拟响应值来计算。在此基础上，结合报废成本函数和返工成本函数，构建拒收成本函数。

步骤 7：利用步骤 4～步骤 6 得到的总容差成本函数、质量损失函数和拒收成本函数，构造产品生命周期的总成本函数。

步骤 8：利用 GA 和模式搜索组成的 HGA 对步骤 6 构造的总成本函数进行优化，得到最优参数设置和容差值。

9.2.3 案例分析

考虑到模型结构的差异，本节将使用贝叶斯建模框架中的 SMR 模型和 SUR 模型对文献[35]中的两个例子进行分析。

1. IIR 型内胎产品的制定

本案例来源于一个实际的工业案例——IIR 型内胎产品的制定[35]。本例中考虑了三个可控因子，即半补强炉黑的用量 x_1、硫黄的用量 x_2 和催化剂 TMTD 的用量 x_3。在这种情况下，其他原料如 IIR、氧化锌、硬脂酸、石蜡等的用量将固定在一定的水平上。以上三个可控因子允许在规定的容差范围内变化，相应的容差范围分别为 $t_1 \in [1.0, 5.0]$、$t_2 \in [0.1, 0.9]$ 和 $t_3 \in [0.2, 1.0]$，容差-成本的经验数据如表 9-4 所示。

表 9-4　容差–成本的经验数据

x_1		x_2		x_3	
容差	成本	容差	成本	容差	成本
1.0	2.090	0.1	1.550	0.2	1.602
1.5	1.663	0.2	1.307	0.3	1.350
2.0	1.254	0.3	1.060	0.4	1.170
2.5	0.872	0.4	0.827	0.5	0.910
3.0	0.740	0.5	0.654	0.6	0.740
3.5	0.605	0.6	0.540	0.7	0.612
4.0	0.514	0.7	0.444	0.8	0.479
4.5	0.450	0.8	0.358	0.9	0.410
5.0	0.375	0.9	0.333	1.0	0.350

影响 IIR 型内胎产品性能的两个主要质量特性是抗拉强度 y_1（MPa）和撕裂强度 y_2（kN/m），其中，抗拉强度的目标值为 13.85，规格限为[12.85,14.85]；撕裂强度的目标值为 49，规格限为[48,50]。本例涉及的橡胶产品的维修难度较大，不合格的产品通常会进行处理。因此，结合化工产品的实际情况，对不合格的产品进行处理，假设单位报废成本为 10。根据专业经验，半补强炉黑、硫黄和催化剂 TMTD 的用量分别为 $20 \leqslant x_1 \leqslant 40$、$0.8 \leqslant x_2 \leqslant 2$ 和 $0.8 \leqslant x_3 \leqslant 2.2$，可控因子被编码并记录为 z_1、z_2、z_3，编码函数如下：

$$z_i = \frac{x_i - x_{0i}}{\Delta_i},\quad \Delta_i = \frac{R_i - z_{0i}}{\gamma},\quad z_{0i} = \frac{L_i + H_i}{2}$$

其中，$[L_i, H_i]$ 为第 i 个可控因子的可接受范围；x_i 为第 i 个可控因子的取值；x_{0i} 为初始值；R_i 为第 i 个可控因子的返工区域。在本例中，γ 假设为 1.682，可控因子的编码值和实际值如表 9-5 所示，接下来采用 CCD 进行试验，试验方案和结果如表 9-6 所示。

表 9-5　可控因子的编码值和实际值

可控因子			编码值
x_1	x_2	x_3	
20	0.8	0.8	−1.682
24.05	1.04	1.08	−1
30	1.4	1.5	0
35.95	1.76	1.92	1
40	2	2.2	1.682

表 9-6　试验方案和结果

试验次序	可控因子			响应	
	z_1	z_2	z_3	y_1	y_2
1	1	1	1	12.9381	44.1879
2	1	1	−1	13.3977	51.2797
3	1	−1	1	13.0368	45.6349
4	1	−1	−1	13.4433	50.6012
5	−1	1	1	13.7450	42.2110
6	−1	1	−1	14.5209	52.9933
7	−1	−1	1	14.4232	46.8187
8	−1	−1	−1	15.1460	55.7455
9	1.682	0	0	11.8112	43.6759
10	−1.682	0	0	13.9201	46.1107
11	0	1.682	0	13.7621	48.7573
12	0	−1.682	0	14.3652	52.0316
13	0	0	1.682	14.0705	44.3294
14	0	0	−1.682	15.0558	57.4533
15	0	0	0	13.9020	50.0635
16	0	0	0	13.9017	50.0633
17	0	0	0	13.9024	50.0640
18	0	0	0	13.9012	50.0628
19	0	0	0	13.8997	50.0613
20	0	0	0	13.9024	50.0639

通过上述给定的试验数据，采用 OLS 回归方法拟合全因子效应（即所有主效应、平方效应和所有二阶交互效应）的两个响应曲面模型，两个响应曲面的拟合模型如下：

$$\begin{aligned} y_1 = {} & 13.9014 - 0.6272z_1 - 0.1802z_2 - 0.2945z_3 - 0.3652z_1^2 \\ & + 0.0583z_2^2 + 0.2349z_3^2 + 0.1449z_1z_2 + 0.0792z_1z_3 - 0.0133z_2z_3 \end{aligned}$$

$$\begin{aligned} y_2 = {} & 50.0609 - 0.7439z_1 - 0.9981z_2 - 3.9424z_3 - 1.8196z_1^2 \\ & + 0.1258z_2^2 + 0.3017z_3^2 + 0.8243z_1z_2 + 0.9567z_1z_3 - 0.4982z_2z_3 \end{aligned}$$

利用 Minitab 进行汇总统计分析，评价上述两个响应曲面模型的拟合效果，两个响应 y_1 和 y_2 的调整拟合优度分别为 95.69%和 99.06%，并在显著性水平 $\alpha = 0.01$ 上，对上述拟合的响应曲面模型进行因子效应的显著性检验。结果表明，拟合的响应曲面模型中各因子的影响均显著。因此，假设上述两个响应曲面模型具有相同的模型结构，包含全因子效应是合理的。在给定可控因子 $x_2=-1.65$ 的情况下，两个响应 y_1、y_2 和可控因子 x_1、x_3 的响应曲面如图 9-9 所示。

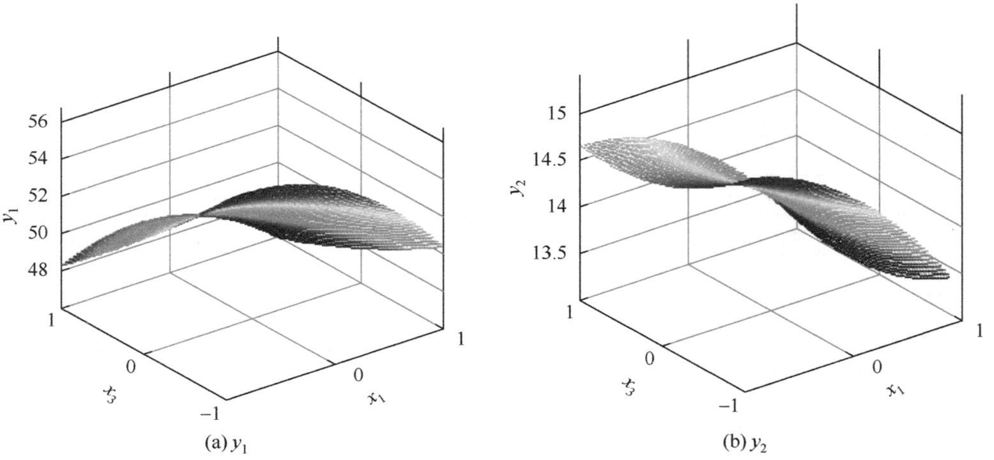

图 9-9　响应和可控因子的响应曲面

由于 y_1 和 y_2 两个响应具有相同的模型结构，贝叶斯分析和抽样方法将使用 SMR 模型。根据所述的容差与 SD 的关系，考虑因子容差对参数的影响，进行贝叶斯抽样，因子的实际值为

$$x_i' \sim N(x_i, (t_i/3)^2), \quad i=1,2,3$$

按照 9.1.1 节所述的抽样步骤进行 5000 次迭代抽样，得到的抽样值记为 $\boldsymbol{y}_{\text{new}}(\boldsymbol{x},\boldsymbol{t})$。

根据表 9-4 中的容差–成本经验数据，采用非线性最小二乘法拟合三个可控因子的容差–成本模型，三种容差–成本模型如下：

$$f_1(t_1)=0.2358+3.614\exp(-0.649t_1)$$

$$f_2(t_2)=0.05924+1.898\exp(-2.234t_2)$$

$$f_3(t_3)=0.1105+2.443\exp(-1.723t_3)$$

容差–成本模型的拟合曲线如图 9-10 所示，标记点表示容差–成本的经验数据，实线表示拟合曲线。

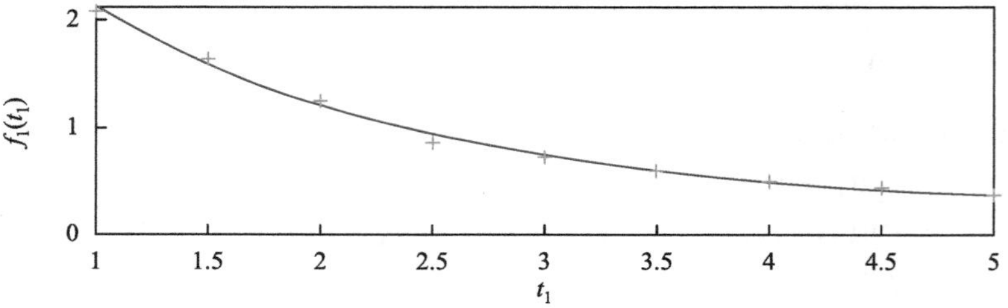

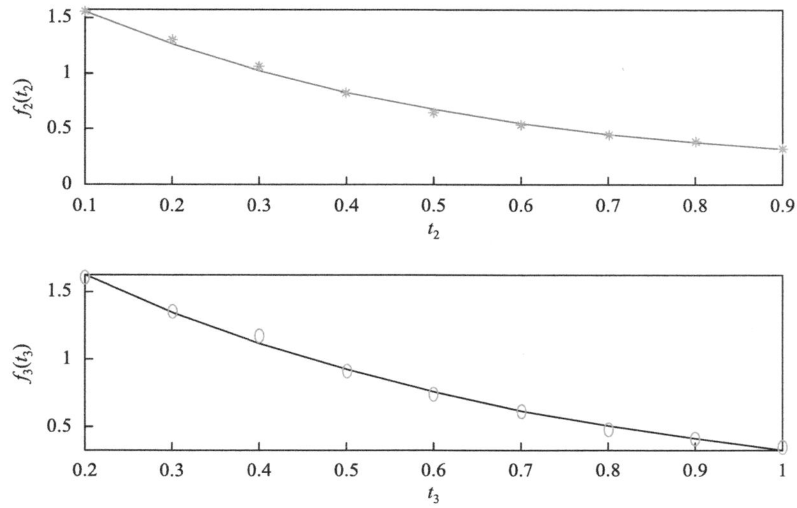

图 9-10　容差-成本模型的拟合曲线

从图 9-10 可以看出，上述指数形式的容差-成本模型与容差-成本的经验数据吻合较好。此外，本节使用的指数形式的容差-成本模型比 Geng 等[35]使用的平方倒数函数要好得多。由式（9-30）可知，总容差成本为上述三种容差成本之和，假设成本矩阵为

$$\boldsymbol{C}=\begin{bmatrix}3.0 & 0\\ 0 & 3.0\end{bmatrix}$$

在得到模拟响应抽样值后，根据给定的响应可接受范围（即规格限），利用式（9-33）计算期望质量损失 EL 。假设模拟响应抽样值超出相应规格限的样本数量为 N_0，单位报废成本为 10，则根据式（9-36）可计算出预期的拒收成本，结果如下：

$$\mathrm{ER}=10\times\frac{N_0}{5000}$$

根据式（9-37），构建的总成本模型如下：

$$\begin{cases}\min \mathrm{EC}=\mathrm{ET}+\mathrm{EL}+\mathrm{ER}\\ \qquad\qquad =\displaystyle\sum_{i=1}^{3}f_i(t_i)+\{E[\boldsymbol{y}_{\text{new-in}}(\boldsymbol{x},\boldsymbol{t})]-\boldsymbol{\theta}\}^{\mathrm{T}}\boldsymbol{C}\{E[\boldsymbol{y}_{\text{new-in}}(\boldsymbol{x},\boldsymbol{t})]-\boldsymbol{\theta}\}\\ \qquad\qquad\quad +\operatorname{tr}[\boldsymbol{C}\boldsymbol{\Sigma}_{\boldsymbol{y}_{\text{new-in}}}(\boldsymbol{x},\boldsymbol{t})]+10\times\dfrac{n_0}{5000}\\ \text{s.t.}\quad t_1\in[1.0,5.0],\quad t_2\in[0.1,0.9],\quad t_3\in[0.2,1.0]\\ \qquad\ x_i\in[-1.682,1.682],\quad i=1,2,3\end{cases}$$

采用 HGA 来最小化总成本模型，将本节所提方法与 Geng 等[35]的方法进行综合比较，对比结果及最优参数设置和容差值如表 9-7 所示。

表 9-7　三种容差–成本模型的拟合效果对比

项	本节所提方法	Geng 等的方法
(x_1, x_2, x_3)	（–0.0337, 0.3569, 0.1599）	（0.9924, –1.6820, –0.4205）
(t_1, t_2, t_3)	（2.9359, 0.6517, 0.3634）	（2.1372, 0.5568, 0.3620）
(y_1, y_2)	（49.0776, 13.8212）	（49.1489, 13.2684）
P	0.9902	0.7686
ET	2.4700	2.9426
EL	0.4309	1.9565
ER	0.0980	2.3140
EC	2.9989	7.2131

根据表 9-7 可知，相比于 Geng 等的方法，本节所提方法的总成本为 2.9989，总成本降低了 58.42%。另外，在上述参数和容差的优化结果下，两种方法的容差成本、质量损失和拒收成本如表 9-7 所示。由于模型参数的不确定性及误差范围内的因子变化，贝叶斯抽样法得到的模拟响应值往往会出现一定的波动。因此，利用模拟响应构造的成本函数、质量损失函数和总成本函数也会出现一定的波动。同时，本节所提方法在参数和容差的并行优化设计中考虑了产品的规格限，因此得到的产品合格率 P 达到 0.9902，比 Geng 等的方法高出 28.83%。

对比表 9-7 第四行的结果可以看出，本节所提方法得到的响应期望值与两个响应 y_1 和 y_2 的目标值分别接近 49 和 13.85。选取表 9-7 中两种方法得到的参数和容差的最优值，并采用本节所提方法进行 5000 次迭代抽样，得到的模拟响应的抽样值如图 9-11 所示。

图 9-11 中的上水平线表示质量特性的规格上限，下水平线表示质量特性的规格下限。从图 9-11 可以看出，对于质量特性 y_2，表 9-7 中两种方法得到的抽样值

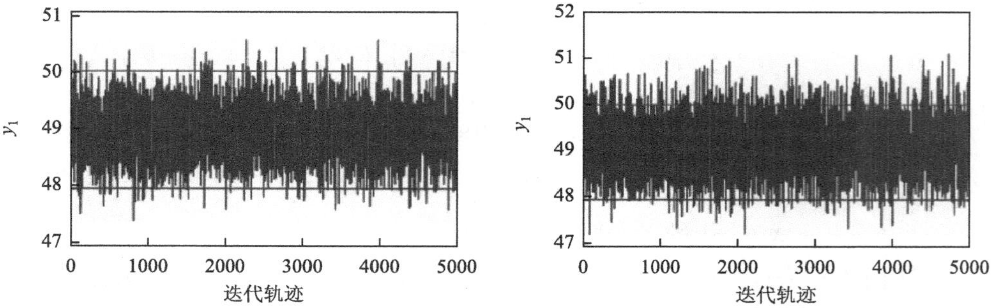

(a) 本节所提方法　　(b) Geng等的方法

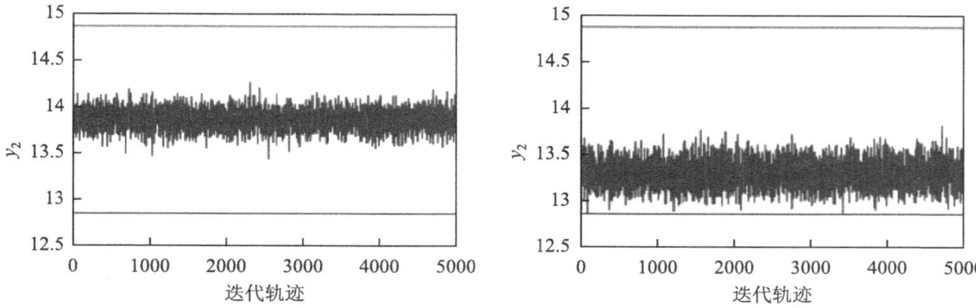

(c) 本节所提方法　　(d) Geng等的方法

图 9-11　模拟响应的抽样值

均在规格限定范围内，但本节方法得到的抽样值更接近目标值。对于质量特性 y_1，采用本节所提方法得到的抽样值符合相应规格限的概率较高。与 Geng 等的方法相比，本节所提方法得到的抽样值在两种质量特性 y_1 和 y_2 上的波动较小。采用本节所提方法得到的设计因子的容差小于 Geng 等的方法得到的容差，使容差成本略有增加。Geng 等的方法有两个明显的缺点，一方面，Geng 等的方法只考虑了质量损失和容差成本，没有考虑拒收成本（即报废成本和返工成本），故障率更显著，拒收成本更高；另一方面，Geng 等的方法在这种情况下使用熵权来计算期望质量损失函数，忽略了响应与模型参数不确定性之间的相关性，导致输出响应与相应目标值之间的波动更大。综上所述，本节所提方法考虑了多个响应之间的相关性及模型参数不确定性对研究结果的影响，更接近实际生产中的情况。因此，与 Geng 等的方法相比，本节所提方法得到的结果更稳健、总成本更低。

2. 焊线工艺优化

以一个半导体工业的焊线工艺优化问题为例来说明本节所提方法。该例子最初来源于 del Castillo 等[36]，后来被 Zong 等[37]用于研究参数和容差设计的并行优化问题。在这种情况下，为了保证高质量的焊线，焊线过程必须在高温下进行，但是，温度不能超过金属丝线加热系统中使用的塑料模具化合物的熔点[36]。本试验的目的是寻找一个合适的操作条件，在实际的焊线过程中找到最佳的温度，同时不超过塑料模具化合物的熔点。影响焊线过程的温度的可控因子为流量 x_1、温度 x_2 和加热块温度 x_3，其中温度的单位为℃。各可控因子的参数值可在规定的容差范围内波动，三个可控因子的容差值的允许波动范围分别为 $t_1 \in [10,20]$、$t_2 \in [15,30]$ 和 $t_3 \in [15,30]$。由于响应量很多，选择了两个关键的质量特性，即引线处的最高温度 y_1 和硅片处的最高温度 y_2。对于上述两个响应 y_1 和 y_2，假设其目标值为 190，可接受范围为[180, 200]。采用 Box-Behnken 设计方法研究三个可控因子与两个响应之间的关系，可控因子及使用的可控因子水平如表 9-8 所示，试验方案及结果如表 9-9 所示。

表 9-8 可控因子及使用的可控因子水平

可控因子	水平	
	−1	1
x_1	40	120
x_2	200	450
x_3	150	350

表 9-9 试验方案及结果

试验次序	可控因子			响应	
	x_1	x_2	x_3	y_1	y_2
1	−1	−1	0	139	110
2	1	−1	0	140	117
3	−1	1	0	184	147
4	1	1	0	210	199
5	−1	0	−1	182	134
6	1	0	−1	170	134
7	−1	0	1	175	143
8	1	0	1	180	152
9	0	−1	−1	132	111
10	0	1	−1	206	176
11	0	−1	1	183	131
12	0	1	1	181	192
13	0	0	0	172	155
14	0	0	0	190	161
15	0	0	0	180	158

结合以上试验数据，使用 Minitab 软件进行响应曲面建模和统计分析，两个响应 y_1 和 y_2 的最终拟合模型如下：

$$y_1 = 174.93 + 23.38x_2 + 3.63x_3 - 19x_2x_3$$

$$y_2 = 154.86 + 8.5x_1 + 30.63x_2 + 7.86x_3 - 12.86x_1^2 + 11.25x_1x_2$$

因此，假设两个响应 y_1 和 y_2 的模型结构分别为 $X_1 = [1, x_2, x_3, x_2x_3]$，$X_2 = [1, x_1,$

x_2, x_3, x_1^2, x_1x_2]。考虑到两个响应 y_1 和 y_2 的模型结构不同，利用 SUR 模型进行后续的响应面建模和贝叶斯分析。并给出了调整拟合优度 R_{adj}^2、预测拟合优度 R_{pred}^2、预测残差平方和（predicted residual error sum of square，PRESS）等统计信息，以评价上述两种响应曲面模型的拟合效果。响应 y_1 和 y_2 的 R_{adj}^2 分别是 78.93%和 93.32%。PRESS 是交叉验证的一种形式，用于回归分析，以评估考虑模型的预测能力。一般来说，PRESS 的值越小，模型的预测能力越好。此外，PRESS 也用来计算 R_{pred}^2，这通常是更直观的解释。两个响应 y_1 和 y_2 的 PRESS 分别为 2266.76 和 1816.15，R_{pred}^2 分别为 68.05%和 82.08%。以上统计信息表明，y_2 比 y_1 具有更好的预测能力。

与本节第一个例子中的假设一样，SUR 模型的贝叶斯抽样程序采用 Gibbs 抽样方法进行，然后进行 5000 次迭代，得到的抽样值记录为 $\boldsymbol{y}_{\text{new}}(\boldsymbol{x},\boldsymbol{t})$。参考 Zong 等[37]给出的容差-成本模型，可以将容差-成本模型分为以下三种：

$$f_1(t_1) = 0.18 + 1.5t_1^{-0.42}$$

$$f_2(t_2) = 0.16 + 1.8t_2^{-0.35}$$

$$f_3(t_3) = 0.17 + 1.6t_3^{-0.38}$$

根据式（9-30），总容差成本 ET 为

$$\begin{aligned}\text{ET} &= f_1(t_1) + f_2(t_2) + f_3(t_3)\\ &= 0.18 + 1.5t_1^{-0.42} + 0.16 + 1.8t_2^{-0.35} + 0.17 + 1.6t_3^{-0.38}\end{aligned}$$

本例中涉及的两种质量特性的类型是望目质量特性，因此这两种响应的成本结构分析如图 9-12 所示。

图 9-12 中可以观察到三个不同的区域（即 RT、S、R）划分。RT 区域代表合格产品区域，R 区域表示返工产品区域，S 区域代表报废产品区域。根据产品规格要求，结合图 9-12 提供的成本结构分析，将模拟响应抽样值 $\boldsymbol{y}_{\text{new}}(\boldsymbol{x},\boldsymbol{t})$ 分为两部分，即符合相应规格限的抽样值 $\boldsymbol{y}_{\text{new-in}}(\boldsymbol{x},\boldsymbol{t})$ 和超出相应规格限的抽样值 $\boldsymbol{y}_{\text{new-out}}(\boldsymbol{x},\boldsymbol{t})$。参考 Zong 等[37]的方法给出的成本矩阵：

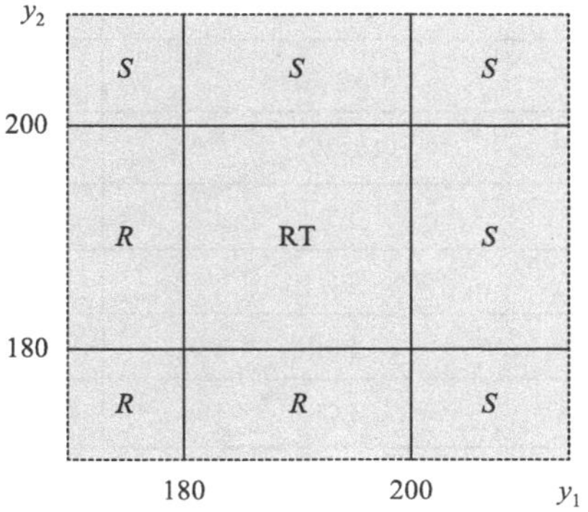

图 9-12　成本结构分析

$$\boldsymbol{C} = \begin{bmatrix} 0.01 & 0 & 0 \\ 0 & 0.01 & 0 \\ 0 & 0 & 0.01 \end{bmatrix}$$

根据式（9-33）的模拟响应抽样值 $\boldsymbol{y}_{\text{new-in}}(\boldsymbol{x},\boldsymbol{t})$ 计算期望质量损失 EL。如果两种质量特性中的任何一种超过规格上限，则进行报废处理；否则，考虑返工处理。

假设单位报废成本为 20，单位返工成本为 10，模拟响应落在返工产品区域的样本量为 N_R，总样本量为 N_T，模拟响应落在报废产品区域的样本量为 N_S。在上述假设下，构造拒收成本函数为

$$\mathrm{ER}=10\times\frac{N_R}{N_T}+20\times\frac{N_S}{N_T}$$

根据式（9-37），构建总成本模型如下：

$$\begin{aligned}\text{Minimize } \mathrm{EC}&=\mathrm{ET}+\mathrm{EL}+\mathrm{ER}\\&=0.18+1.5t_1^{-0.42}+0.16+1.8t_2^{-0.35}+0.17+1.6t_3^{-0.38}\\&\quad+\{E[\boldsymbol{y}_{\text{new-in}}(\boldsymbol{x},\boldsymbol{t})]-\boldsymbol{\theta}\}^{\mathrm{T}}\boldsymbol{C}\{E[\boldsymbol{y}_{\text{new-in}}(\boldsymbol{x},\boldsymbol{t})]-\boldsymbol{\theta}\}+\mathrm{tr}[\boldsymbol{C\Sigma}_{\boldsymbol{y}_{\text{new-in}}}(\boldsymbol{x},\boldsymbol{t})]\\&\quad+10\times P(R)+20\times P(S)\\&\quad\text{s.t.}\quad t_1\in[10,20],\quad t_2\in[15,30],\quad t_3\in[15,30]\\&\qquad\quad x_i\in[-1,1],\quad i=1,2,3\end{aligned}$$

采用 HGA 最小化上述总成本模型，最优参数设置和容差如表 9-10 所示，本节所提方法与 Zong 等[37]的方法的比较结果也如表 9-10 所示。

表 9-10 两种方法的比较分析

项	本节所提方法	Zong 等的方法
(x_1,x_2,x_3)	（0.6544, 0.8840, 0.4404）	（0.9, 0.9039, 0.8165）
(t_1,t_2,t_3)	（15.3625, 26.1144, 27.0513）	（20, 20, 20）
(y_1,y_2)	（188.9863, 188.6852）	（184.9991, 195.3567）
ET	2.0224	2.0796
EL	0.5727	0.6119
ER	7.1973	9.8900
EC	9.7924	12.5815

由表 9-10 可知，本节所提方法得到的总成本为 9.7924，比 Zong 等的方法得到的总成本低 22.17%。另外，两种方法的容差成本、质量损失和拒收成本也如表 9-10 所示。此外，本节所提方法在参数和容差的并行优化设计中考虑了规格限，因此得到的拒收成本为 7.1973，比 Zong 等的方法降低了 27.22%。在给定的产品规格限下，用本节所提方法得到的产品合格率为 43.15%，而根据表 9-10 中参数和容差的优化结果，用 Zong 等的方法得到的产品合格率仅为 35.34%。对于不符合产品规格限的不合格产品，用本节所提方法计算的返工概率和报废概率分别为 41.72%和 15.13%；用 Zong 等的方法得到的返工概率为 29.27%，报废概率为 35.39%。

单位报废成本通常比单位返工成本高得多，总的来说，本节所提方法在很大程度上降低了生产过程中的拒收成本。

9.2.4　讨论

1. 实际因子的分布

假设因子实际值 x_i' 服从均值为 x_i、方差为 $(t_i/3)^2$ 的正态分布，即 $x_i' \sim N(x_i, (t_i/3)^2)$，某些制造过程中的因子实际值（如航空制造过程中束紧固件的几何误差）可能更接近于在给定容差内的均匀分布。因此，本节将进一步分析若假设的因子实际值的正态分布变成均匀分布，制造成本（如容差成本和拒收成本）将会发生多大的变化。在此，将用 9.2.3 节中的第一个例子“IIR 型内胎产品的制定”来分析和讨论上述问题。假设因子实际值 x_i' 在因子名义值 x_i 附近的区间内波动，以考虑制造过程中容差的影响，因此，因子实际值 x_i' 服从均匀分布 $x_i' \sim U(x_i - t_i^2/3, x_i + t_i^2/3)$。使用一个随机数发生器，它在原始程序中遵循一个均匀分布，并且使产生的因子实际值 x_i' 满足以下关系：

$$x_i' \sim a + (b-a)\text{rand}(1,1), \quad a = x_i - \frac{t_i^2}{3}, \quad b = x_i + \frac{t_i^2}{3}$$

即

$$x_i' \sim \left(x_i - \frac{t_i^2}{3}\right) + \frac{2t_i^2}{3}\text{rand}(1,1)$$

在给定的均匀分布下，制造成本（即容差成本、返工成本、拒收成本和总成本）通过上述提出的优化程序获得，在两种不同分布假设下的优化结果如表 9-11 所示。

表 9-11　不同分布假设下优化结果的比较

项	正态分布	均匀分布
(x_1, x_2, x_3)	（−0.0337, 0.3569, 0.1599）	（0.6225, −1.6432, 0.2535）
(t_1, t_2, t_3)	（2.9359, 0.6517, 0.3634）	（1.0062, 0.8469, 0.7882）
(y_1, y_2)	（49.0776, 13.8212）	（49.4076, 13.6332）
P	0.9902	0.8172
ET	2.4700	2.9788
EL	0.4309	1.0622
ER	0.0980	1.8280
EC	2.9989	5.8690

从表 9-11 可以看出，当试验因子遵循不同的分布时，优化结果存在显著差异。此外，表 9-11 中还显示了模拟响应符合相应规格限的概率 P 。当因子实际值的分布从正态分布变为均匀分布时，模拟响应符合相应规格限的概率将显著降低，这将导致制造过程的返工成本急剧上升。

此外，当因子实际值的分布从正态分布变为均匀分布时，制造过程的容差成本和质量损失也略有增加。值得注意的是，上述研究仅表明本节所提方法也可以扩展到因子实际值遵循其他分布的情况，研究结果可能与本节考虑的实例有很大关系。

2. 模型预测误差的影响

根据相关评审人员的建议，分析模型预测误差对本节实例中成本因素的影响，使用 9.2.3 节的第二个例子“焊线工艺优化”来分析模型预测误差如何影响制造工艺的各种成本（即容差成本、质量损失、拒收成本）。首先，使用留一交叉验证的方法来估计 9.2.3 节中第二个例子的模型预测误差，该方法可以近似地估计模型预测误差，其中，两个响应 y_1 和 y_2 的交叉验证指标分别为 202.0177 和 84.8701，该结果与实例中的 PRESS 一致，也反映了拟合响应曲面模型的预测性能；其次，模拟了六种不同情况下的模型预测误差（即 0.5ε 、 ε 、 1.5ε 、 2ε 、 2.5ε 和 3ε ）；最后，根据式（9-23），对于上述六种不同的模型预测误差，使用提出的优化方法分别进行参数和容差的并行优化设计。表 9-12 显示了参数和容差优化结果及其各种相应的成本。

表 9-12　模型预测误差对制造成本的影响

模型预测误差	(x_1, x_2, x_3)	(t_1, t_2, t_3)	EL	ET	ER	EC
0.5ε	（0.5579, 0.8097, 0.5251）	（15.9937, 29.0783, 29.0947）	0.4817	1.9761	3.6100	5.8925
ε	（0.6544, 0.8840, 0.4404）	（15.3625, 26.1144, 27.0513）	0.5727	2.0224	7.1973	9.7924
1.5ε	（0.6108, 0.5382, 0.7834）	（17.5308, 22.5747, 22.9639）	0.6379	2.0515	9.5075	12.1969
2ε	（0.2630, −0.6073, −0.4080）	（15.5373, 23.1327, 22.5469）	0.8271	2.0732	10.2175	13.1178
2.5ε	（−0.0359, −0.5788, −0.3157）	（15.2138, 24.2956, 22.1511）	1.1254	2.0705	10.5950	13.7909
3ε	（−0.8918, −0.8580, −0.7970）	（17.5069, 24.9043, 26.7693）	1.4792	2.0038	10.6200	14.1030

从表 9-12 可以看出，随着模型预测误差从 0.5ε 逐渐增加到 3ε，总成本逐渐增加。与其他几种成本相比，模型预测误差越大，返工成本的变化越显著。上述结果表明，随着模型预测误差的增加，预测响应的波动将显著增加，模拟响应的

符合概率也将显著增加，这将导致返工成本的显著增加。另外，当模型预测误差在区间[0.5ε, 2ε]上增加时，返工成本明显地增加；然而，当模型预测误差在区间[2ε, 3ε]上增加时，返工成本的增加相对较慢。上述研究结果表明，模型预测误差只影响特定范围内返工成本和总成本的变化。

同样，随着模型预测误差的增加，其他成本（如容差成本、质量损失）也会略有增加，但影响相对较小。本节中考虑的质量损失是在预测响应满足一致性要求的基础上获得的，因此超出相应规格限的模拟响应值不包括在式（9-37）中。上述模拟响应值的波动较小，相应的质量损失也相对较小。此外，由于试验因子仅在有限的容差范围内波动，模型预测误差对容差成本的影响较小。

9.3　多变量 GP 模型的参数与容差并行优化设计

稳健参数和容差设计是 Taguchi 设计方法的重要技术，可用于实现产品或过程的持续性质量改进。Taguchi 设计方法包括系统设计、参数设计和容差设计[22]。系统设计旨在由专业人员设计生产过程结构，这是设计过程的基础[38]。参数设计的目的是通过优化设计参数[39]来提高产品或过程的稳健性。常用的稳健参数优化技术是选择适当的输入因子，以最小化输出响应的变化，同时最小化输出响应的平均值与目标值之间的偏差[40]。容差设计是利用建模技术和数值模拟方法来改善设计初期的优化问题[41]，容差参数的选择将对产品质量和容差成本有重要影响[42, 43]。在传统的设计过程中，通常先执行容差设计，然后进行参数设计。但是，两阶段的设计方法并不能在保证成本满足要求的情况下同时获得可接受的质量特性[44]。Han 和 Tan[45]通过计算机试验改进了 Li 和 Wu[44]提出的综合参数和容差设计（integrated parameter and tolerance design，IPTD）方法，并指出利用 GP 建模技术可以更为准确地近似复杂系统的关系模型。

在参数和容差设计中，通常使用 RSM 来模拟输入变量和输出响应之间的关系[46-48]。del Castillo 等[49]提出了一种用于 DRSM 的启发式优化算法，以提高最优全局解的准确性；Fan 和 del Castillo[50]通过使用蒙特卡罗模拟技术扩展了 DRSM；Cho 等[51]通过增强优化策略进一步改善了 DRSM；Fan[52]通过广义全局优化算法开发了 DRSM；Ding 等[53]提出了一种加权 DRSM 来改进优化过程，并通过数据驱动方法来确定权重；Ozdemir 和 Cho[54]用非线性整数编程方法开发了 DRSM；Ozdemir 和 Cho[55]提出了一个新的具有定性和定量变量的优化模型，进一步改进了 DRSM；Ouyang 等[56]提出了一种基于 RSM 的在线鲁棒参数设计方法，综合考虑模型的不确定性和数据质量。此外，还有多种方法可以处理容差设计，Wang 和 Liang[57]提出了一个包含可见和不可见质量损失标准的两准则模型，以综合考虑工艺选择、参数和容差的影响；Shin 和 Cho[58]提出了一种序贯设计方法来同时优化参数和容差；Chen 和 Tang[59]提出了一种序贯设计方法来改进 IPTD 方法。同时，传统的回归模型可能无法拟合复杂的多响应物理试验数据[60, 61]。此外，忽略输入不确定性和响应之间的相关性对优化结果的影响，获得的最佳参数设置可能无法真正满足产品质量设计的要求[62]。

综上，本节提出了一种通过将 MGP 建模技术和 IPTD 方法相结合来考虑输入不确定性的新优化方法。首先，针对 MGP 模型推导关于输入噪声的协方差结构；其次，基于 MGP 模型构造了具有闭合表达式的多元期望质量损失函数；最后，通过使用 GRA 技术获得最佳参数和容差设置。此外，该方法扩展了 Han 和 Tan[45]所提的稳健参数优化方法，以解决多响应优化问题。

9.3.1　GP 模型

近年来，随着机器学习和计算机试验的迅速发展，GP 模型已广泛用于稳健参数优化[63-65]。Svenson 和 Santner[66]提出基于 MGP 模型的期望改进准则来模拟复杂的生产过程；Rougier[67]提出了一种具有可分离协方差函数的多输出 GP 模型的有效仿真器，他考虑了多个响应之间的相关性，而没有使用定性因子；Kleijnen 和 Mehdad[68]运用蒙特卡罗仿真试验，评估 MGP 模型的性能；Alshraideh 和 del Castillo[69]提出了时空高斯随机函数模型，通过考虑轮廓与轮廓之间的相关性来获得所需的轮廓形状；Dürichen 等[70]提出了一种新颖的可分离协方差结构来考虑不同响应之间的相关性；Zhou 等[71]通过使用反向模型提出了一种基于 GP 建模技术的稳健参数优化方法。为了提高预测精度，Zhou 等[72]提出了一种具有定性和定量因素的更加灵活、高效的建模方法。此外，Li 和 Zhou[73]提出了成对估计方法，以进一步减少 MGP 模型的计算量。MGP 模型可以在工程实践中有效处理复杂的高维试验数据[74]。但是，大多数现有文献忽略了不确定性对优化结果的影响，这有可能高估了最优解的稳健性。

针对传统线性回归模型开发的大多数技术无法应用于 GP 模型，因此，GP 模型需要用于确定稳健输入设置和量化稳健参数优化中不确定性的方法。Tan 和 Wu[75]提出了基于 GP 模型的期望二次质量损失函数方法，他们第一个考虑了输入不确定性进而构造了期望二次质量损失函数；Mehdad 和 Kleijnen[76]集成了置信区间模拟方法和 Bootstrapping 技术，以提高最优解的可靠性；Tan[77]使用贝叶斯技术量化了 GP 模型的插值不确定性；Han 和 Tan[45]提出了一种基于计算机辅助 IPTD 方法的 GP 建模技术，并且他们获得了可靠的设置以最小化总成本；随后，Han 等[78]通过构造保守的一致性概率估计器将 IPTD 方法扩展到流体动力学试验；Li 等[79]提出了一种多学科优化设计方法，以通过贝叶斯方法考虑参数不确定性和模型不确定性；Xiong 等[80]用 Kriging 建模技术估计了非线性信号响应系统；Costa

和 Lourenço[81]指出很难将常用的单变量 GP 模型扩展到多响应优化问题，他们提出了一种独立的建模方法，该方法具有结构灵活和建模方便的优点，但是，该方法未考虑输入不确定性和响应之间的相关性。大多数计算机辅助 IPTD 方法用于分析单响应的物理试验数据，只有很少的方法尝试通过使用 GP 模型同时优化多响应问题的参数和容差。将基于 GP 建模技术的 IPTD 方法扩展到多响应问题中是具有意义和挑战性的[45]。

9.3.2　MGP 建模过程和 GRA 方法

1. MGP 模型

近年来，越来越复杂的工业生产过程迫使研究人员开发各种技术来近似响应和输入变量之间的关系[60]。MGP 模型由于可以刻画响应之间的相关性，被广泛用于模拟复杂的高维物理试验。与传统回归模型相比，它具有较高的预测精度和灵活的模型结构[74, 82]。

假定一个 GP 模型的输入变量为 $\boldsymbol{x}=(x_1,\cdots,x_n)^{\mathrm{T}}$，$m$ 维输出响应为 $\boldsymbol{y}(\boldsymbol{x})=[\boldsymbol{y}_1(\boldsymbol{x}),\boldsymbol{y}_2(\boldsymbol{x}),\cdots,\boldsymbol{y}_m(\boldsymbol{x})]$，其中，$\boldsymbol{y}_i(\boldsymbol{x})=[y_{i1}(x_1),y_{i2}(x_2),\cdots,y_{in}(x_n)]$，$i=1,2,\cdots,m$。任意输入位置 $\boldsymbol{x}$ 处的输出响应可以表示为[72]

$$\boldsymbol{y}(\boldsymbol{x})=\boldsymbol{f}^{\mathrm{T}}(\boldsymbol{x})\boldsymbol{\beta}+\boldsymbol{\varepsilon}(\boldsymbol{x}) \tag{9-38}$$

其中，$\boldsymbol{f}(\boldsymbol{x})=\mathrm{diag}[\boldsymbol{f}_1(\boldsymbol{x}),\cdots,\boldsymbol{f}_m(\boldsymbol{x})]$ 是一个分块矩阵，$\boldsymbol{f}_p(\boldsymbol{x})=[f_{p1}(\boldsymbol{x}),\cdots,f_{pq}(\boldsymbol{x})]^{\mathrm{T}}$ $(p=1,2,\cdots,m)$ 为指定的回归函数[73]；$\boldsymbol{\beta}_p(\boldsymbol{x})=[\beta_{p1}(\boldsymbol{x}),\cdots,\beta_{pq}(\boldsymbol{x})]^{\mathrm{T}}$ 是未知的回归参数；误差项 $\boldsymbol{\varepsilon}(\boldsymbol{x})=[\varepsilon_1(\boldsymbol{x}),\cdots,\varepsilon_m(\boldsymbol{x})]^{\mathrm{T}}$ 为均值和协方差分别为 0 和 C 的静态 GP。

输入 $\boldsymbol{x}$ 和 $\boldsymbol{x}'$ 之间的协方差关系可以表示为

$$C_{ij}(\boldsymbol{x},\boldsymbol{x}')=\mathrm{cov}[\varepsilon_i(\boldsymbol{x}),\varepsilon_j(\boldsymbol{x}')]=\sigma_i\sigma_j R_{ij}(\boldsymbol{x},\boldsymbol{x}') \tag{9-39}$$

其中，$i,j=1,2,\cdots,m$；$R_{ij}(\boldsymbol{x},\boldsymbol{x}')$ 表示第 i 个输出响应的输入 $\boldsymbol{x}$ 和第 j 个输出响应的输入 $\boldsymbol{x}'$ 之间的协方差函数；σ_i 和 σ_j 分别表示第 i 个输出响应和第 j 个输出响应之间的协方差关系。

协方差函数可表示为[73]

$$R_{ij}(\boldsymbol{x},\boldsymbol{x}')=\tau_{ij}\frac{\exp[-(\boldsymbol{x}-\boldsymbol{x}')^{\mathrm{T}}(\boldsymbol{\Phi}_i^{-1}/2+\boldsymbol{\Phi}_j^{-1}/2)^{-1}(\boldsymbol{x}-\boldsymbol{x}')]}{|(\boldsymbol{\Phi}_i/2+\boldsymbol{\Phi}_j/2)(\boldsymbol{\Phi}_i^{-1}/2+\boldsymbol{\Phi}_j^{-1}/2)|^{1/4}} \tag{9-40}$$

其中，$\boldsymbol{\Phi}_i=\mathrm{diag}(\phi_{i1},\cdots,\phi_{rv})$，$v$ 表示输入变量 $\boldsymbol{x}$ 的输出响应维度；τ_{ij} 为矩阵 $\boldsymbol{T}$ 的第 i 行、第 j 列元素，表示不同输出响应之间的协方差关系。

式（9-40）可以简写为[83]

$$R(\boldsymbol{x},\boldsymbol{x}')=\tau_{ij}K(\boldsymbol{x},\boldsymbol{x}') \tag{9-41}$$

其中，τ_{ij} 是第 i 个输出响应和第 j 个输出响应之间的协方差关系；$K(\boldsymbol{x},\boldsymbol{x}')$ 是输入

$\boldsymbol{x}$ 和 $\boldsymbol{x}'$ 之间的协方差关系。为了确保式（9-41）是有效的协方差函数，矩阵 $\boldsymbol{T}=\{\tau_{ij}\}$ 必须是一个 $m\times m$ 的对角线元素为 1 的 PDUDE[83]。因此，利用 HD 方法来构建协方差矩阵，将复杂的正定约束转化为更简单灵活的形式[72]。

对 $\boldsymbol{T}$ 采用楚列斯基分解：

$$\boldsymbol{T}=\boldsymbol{L}\boldsymbol{L}^{\mathrm{T}} \tag{9-42}$$

其中，$\boldsymbol{L}=\{l_{rs}\}$ 为 $m\times m$ 的下三角形矩阵。然后，将矩阵 $\boldsymbol{L}$ 中的行向量 $(l_{r1},\cdots,l_{rr})$ 表示为 r 维单位球面坐标[72]：

$$l_{rs}=\begin{cases}1, & r=s=1\\ \cos\omega_{rs}, & 1<r\leqslant m,\quad s=1\\ \cos\omega_{rs}\prod\limits_{t=1}^{s-1}\sin\omega_{rt}, & 1<s<r\leqslant m\\ \prod\limits_{t=1}^{r-1}\sin\omega_{rt}, & 1<r=s\leqslant m\end{cases} \tag{9-43}$$

其中，$\omega_{rs}\in(0,\pi)$。$\boldsymbol{\varPsi}=\{\omega_{rs}\}_{r>s}$ 是一个 $m\times m$ 的矩阵，其定义了下三角形矩阵中除对角线外的元素。通过式（9-42）、式（9-43），$\boldsymbol{T}$ 可以表示为

$$\boldsymbol{T}=\boldsymbol{L}\boldsymbol{L}^{\mathrm{T}}=\begin{bmatrix}1 & 0 & \cdots & 0\\ l_{21} & l_{22} & \cdots & 0\\ \vdots & \vdots & & \vdots\\ l_{m1} & l_{m2} & \cdots & l_{mm}\end{bmatrix}\begin{bmatrix}1 & l_{12} & \cdots & l_{1m}\\ 0 & l_{22} & \cdots & l_{2m}\\ \vdots & \vdots & & \vdots\\ 0 & 0 & \cdots & l_{mm}\end{bmatrix} \tag{9-44}$$

使用 HD 方法构造的矩阵 $\boldsymbol{T}$ 具有两个优点：第一，它可以方便地满足 PDUDE 约束。第二，协方差结构可以准确地估计响应之间的相关性，提高了回归模型的预测准确性。使用极大似然估计模型的未知参数，其极大似然函数为

$$L(\boldsymbol{\beta},\boldsymbol{\sigma},\boldsymbol{f},\boldsymbol{T};\boldsymbol{y})=(2\pi)^{-N/2}\,|\boldsymbol{\varSigma}|^{-1/2}\exp[-(\boldsymbol{y}-\boldsymbol{F}\boldsymbol{\beta})^{\mathrm{T}}\boldsymbol{\varSigma}^{-1}(\boldsymbol{y}-\boldsymbol{F}\boldsymbol{\beta})/2] \tag{9-45}$$

其中，$\boldsymbol{\varSigma}$ 为观测数据的协方差矩阵；$\boldsymbol{F}=\mathrm{diag}[\boldsymbol{f}(x_1),\cdots,\boldsymbol{f}(x_n)]^{\mathrm{T}}$ 为 $n\times p$ 的分块对角矩阵；$\boldsymbol{y}-\boldsymbol{F}\boldsymbol{\beta}$ 为 $n\times m$ 的残差矩阵。

本节采用成对估计技术来减少计算量[73]，极大似然函数可表示为

$$\ln L(\theta_i,\theta_j,\omega_{ij}\,|\,v_{ij};y_i,y_j)=(2\pi)^{-(n_i+n_j)/2}\,|S_{ij}|^{-1/2}\exp[-(y_{ij}-F_{ij}b_{ij})^{\mathrm{T}}S_{ij}^{-1}(y_{ij}-F_{ij}b_{ij})/2] \tag{9-46}$$

其中，$\theta_i=\{\sigma_i,\beta_i,\varPhi_i\}$，$1<j<i\leqslant m$。可以使用 MATLAB 或 R 中的全局优化算法工具箱，最小化极大似然函数来求解式（9-46）。

在获得所有的模型未知参数后，可以获得任何输入 x_0 处的预测响应和方差[84]。$\boldsymbol{y}$ 的经验最佳线性无偏预测器（the empirical best linear unbiased predictor，EBLUP）可以表示为

$$\hat{\boldsymbol{y}}(x_0)=f(x_0)\hat{\boldsymbol{\beta}}+\hat{\boldsymbol{r}}(x_0)^{\mathrm{T}}\hat{\boldsymbol{\varSigma}}^{-1}(\boldsymbol{y}-\boldsymbol{F}\boldsymbol{\beta}) \tag{9-47}$$

其中，$\hat{\boldsymbol{\Sigma}}$ 是观测点的方差-协方差矩阵；$\hat{\boldsymbol{r}}(x_0)=[C(x_0,x_1^0),\cdots,C(x_0,x_n^0)]^{\mathrm{T}}$。

协方差关系函数可以表示为

$$\boldsymbol{R}_0=\hat{\boldsymbol{R}}(x_0,x_0)+(\boldsymbol{E}_0-\boldsymbol{E}_n^{\mathrm{T}}\hat{\boldsymbol{\Sigma}}^{-1}\hat{\boldsymbol{r}}_0)^{\mathrm{T}}(\boldsymbol{E}_n^{\mathrm{T}}\hat{\boldsymbol{\Sigma}}^{-1}\boldsymbol{E}_n)^{-1}(\boldsymbol{E}_0-\boldsymbol{E}_n^{\mathrm{T}}\hat{\boldsymbol{\Sigma}}^{-1}\hat{\boldsymbol{r}}_0)-\hat{\boldsymbol{r}}_0^{\mathrm{T}}\hat{\boldsymbol{\Sigma}}^{-1}\hat{\boldsymbol{r}}_0 \tag{9-48}$$

其中，$\boldsymbol{E}_0$ 为 $\boldsymbol{m}\times\boldsymbol{m}$ 的单位矩阵；$\boldsymbol{E}_n=\boldsymbol{1}_n\otimes\boldsymbol{E}_0$，$\boldsymbol{1}_n$ 是元素为 1 的 $\boldsymbol{n}$ 维向量。

由式（9-47）、式（9-48）可知，任意输入位置 x_0 处的方差-协方差函数和后验预测分布为

$$\begin{cases}\boldsymbol{\Sigma}_{x_0}=\sigma_i\sigma_j\boldsymbol{R}_0\\(\hat{\boldsymbol{y}}(x_0)\mid\boldsymbol{y},\boldsymbol{x})\sim N(\hat{\boldsymbol{y}}(x_0),\boldsymbol{\Sigma}_{x_0})\end{cases} \tag{9-49}$$

其中，$\boldsymbol{\Sigma}_{x_0}$ 的对角元素为输入位置 x_0 处对应响应的预测方差。

2. GRA 技术

GRA 技术已广泛应用于多准则决策中，它可以测量参考序列和比较序列之间的关系，并允许工程从业人员根据相关系数确定最佳选择。Chiang 和 Hsieh[85]将 GRA 方法扩展到了 Taguchi 方法，并获得了满足多个质量特性的最优设计参数。Nie 等[86]用 GRA 方法提出了一种新的失效模式和响应分析方法，并根据与理想解的相似性选择了最优解。他们指出，GRA 方法获得的优化结果是从试验数据中得出的，具有易于实现和理解的优点。

将单个目标函数的最优解作为参考序列 $[y_1^{\mathrm{opt}},y_2^{\mathrm{opt}},\cdots,y_u^{\mathrm{opt}}]$，每个响应有 m 个帕累托解作为比较序列，即 $[y_1^i,y_2^i,\cdots,y_u^i]$，$i=1,2,\cdots,m$。通常，不同响应之间的大小差异很大，因此需要首先对响应进行归一化处理，以获得更合理的相关系数，归一化过程如下。

望大类型：

$$g^i=\frac{\max(y^i)-y^i}{\max(y^i)-\min(y^i)} \tag{9-50}$$

望小类型：

$$g^i=\frac{y^i-\min(y^i)}{\max(y^i)-\min(y^i)} \tag{9-51}$$

望目类型：

$$g^i=1-\frac{|y^i-y^{\mathrm{target}}|}{\max[\max(y^i)-y^{\mathrm{target}},y^{\mathrm{target}}-\min(y^i)]} \tag{9-52}$$

其次，计算比较序列的灰色关联系数：

$$\xi_v^i=\frac{\min\limits_v\min\limits_i|g_v^{\mathrm{opt}}-g_v^i|+\rho\max\limits_v\max\limits_i|g_v^{\mathrm{opt}}-g_v^i|}{|g_v^{\mathrm{opt}}-g_v^i|+\rho\max\limits_v\max\limits_i|g_v^{\mathrm{opt}}-g_v^i|} \tag{9-53}$$

其中，v 为第 v 个参考序列。令 $\varDelta_v^i=|g_v^{\mathrm{opt}}-g_v^i|$，式（9-53）可以简写为

$$\xi_v^i = \frac{\min\limits_v \min\limits_i \Delta_v^i + \rho \max\limits_v \max\limits_i \Delta_v^i}{\Delta_v^i + \rho \max\limits_v \max\limits_i \Delta_v^i} \tag{9-54}$$

其中，$\rho \in (0, \infty)$是识别参数，其值通常定义为$[0, 0.5]$。

为了便于分析，使用每个折中解的灰色关联系数的平均值，衡量比较序列与参考序列之间的关联度：

$$\bar{\xi}^i = \frac{1}{n}\sum_v^n \xi_v^i \tag{9-55}$$

最后，将灰色关联系数进行排序，具有最大灰色关联系数的折中解被选择为最优的折中解。

9.3.3 模型优化分析

1. 基于 MGP 模型的多元质量损失函数

多元质量损失函数是用于衡量多响应优化问题中综合成本的一个评价指标[21, 32]：

$$E\{L[\hat{\boldsymbol{y}}(x_0), \boldsymbol{T}]\} = \{E[\hat{\boldsymbol{y}}(x_0)] - \boldsymbol{T}\}^{\mathrm{T}} \boldsymbol{C} \{E[\hat{\boldsymbol{y}}(x_0)] - \boldsymbol{T}\} + \mathrm{tr}[\boldsymbol{C}\boldsymbol{\Sigma}_{\hat{\boldsymbol{y}}(x_0)}] \tag{9-56}$$

其中，$\boldsymbol{T}$为目标值向量；$\hat{\boldsymbol{y}}(x_0)$表示$x_0$处的预测响应；$\boldsymbol{\Sigma}_{\hat{\boldsymbol{y}}(x_0)}$代表预测平均响应的方差-协方差矩阵；$\boldsymbol{C}$是一个对称成本矩阵，它反映了优化过程中每个响应的经济特性。在工程实践中，应使用试验数据和经验知识来计算对称成本矩阵$\boldsymbol{C}$的元素，计算对称成本矩阵的方法可参考 Pignatiello[32]和 Ouyang 等[62]的文献。由于缺乏有关经济成本的先验信息，对称成本矩阵的要素采用预先指定的方式确定。式（9-56）综合评估了优化结果的质量损失，但它无法将输入的不确定性纳入优化过程。因此，基于 MGP 建模技术，将式（9-47）和式（9-48）代入式（9-56）中，获得关于噪声因子x_e的质量损失函数：

$$Q(x_0) = [E_{x_e}(\hat{\boldsymbol{y}}_{x_0}) - \boldsymbol{T}]^{\mathrm{T}} \boldsymbol{C} [E_{x_e}(\hat{\boldsymbol{y}}_{x_0}) - \boldsymbol{T}] + \mathrm{tr}[\boldsymbol{C} E_{x_e}(\boldsymbol{\Sigma}_{x_0})] \tag{9-57}$$

式(9-57)右边的第一项表示预测偏差的质量损失，主要取决于可控因子x_0和噪声因子x_e。

含有噪声的输入x_0处的预测响应可以表示为

$$\begin{aligned} E_{x_e}(\hat{\boldsymbol{y}}_{x_0}) &= E_{x_e}[\boldsymbol{f}(x_0)\hat{\boldsymbol{\beta}} + \hat{\boldsymbol{r}}_{x_0}^{\mathrm{T}} \hat{\boldsymbol{\Sigma}}^{-1}(\boldsymbol{y} - \boldsymbol{F}\boldsymbol{\beta})] \\ &= \boldsymbol{f}(x_0)\hat{\boldsymbol{\beta}} + E_{x_e}(\hat{\boldsymbol{r}}_{x_0}^{\mathrm{T}}) \hat{\boldsymbol{\Sigma}}^{-1}(\boldsymbol{y} - \boldsymbol{F}\boldsymbol{\beta}) \end{aligned} \tag{9-58}$$

其中，$E_{x_e}(\hat{\boldsymbol{r}}_{x_0}^{\mathrm{T}})$是输入$x_0$与噪声因子$x_e$之间的协方差关系：

$$\begin{aligned} E_{x_e}(\hat{\boldsymbol{r}}_{x_0}^{\mathrm{T}}) &= E_{x_e}[\mathrm{cov}(x_0^i, x_1), \cdots, \mathrm{cov}(x_0^i, x_{mn})]_{m \times mn} \\ &= \{E_{x_e}[\mathrm{cov}(x_0^i, x_1)], \cdots, E_{x_e}[\mathrm{cov}(x_0^i, x_{mn})]\}_{m \times mn} \end{aligned} \tag{9-59}$$

令x_{0u}表示x_0的第u个因子，$x_{0u} = x_{cu} + x_{eu}$，x_{cu}是一个常数，x_{eu}为第u个因

子的噪声。x_{0u} 为截尾正态分布，截尾区间为 $[-t_u, t_u]$，t_u 是对应的容差，$u=1,2,\cdots,s$，s 是输入因子的维度。

令 $H_0=\sigma_i\sigma_j T_{ij}/|(\Phi_i/2+\Phi_j/2)(\Phi_i^{-1}/2+\Phi_j^{-1}/2)|^{1/4}$，$C_0=\{1/[\Phi(3)-\Phi(-3)]\}^s$，$l_u=\dfrac{x_{0u}-x_{cu}}{t_u/3}$，则 $E_{x_e}(\widehat{\boldsymbol{r}}_{x_0}^{\mathrm{T}})$ 为

$$\begin{aligned}E_{x_e}[\operatorname{cov}(x_0^i,x_p)]&=H_0\int_{x_{cu}-t_u}^{x_{cu}+t_u}\prod_{u=1}^{s}\exp[-(x_{0u}-x_{pu})^{\mathrm{T}}(\phi_{iu}^{-1}/2+\phi_{ju}^{-1}/2)^{-1}(x_{0u}-x_{pu})]\\&\quad\times\prod_{u=1}^{s}f(x_{0u};x_{cu};t_u/3;x_{cu}-t_u;x_{cu}+t_u)\mathrm{d}x_{0u}\\&=\frac{H_0C_0}{(\sqrt{2\pi})^s}\int_{-3}^{3}\prod_{u=1}^{s}\exp\left[-\left(\frac{t_u}{3}l_u+x_{cu}-x_{pu}\right)^{\mathrm{T}}(\phi_{iu}^{-1}/2+\phi_{ju}^{-1}/2)^{-1}\left(\frac{t_u}{3}l_u+x_{cu}-x_{pu}\right)\right]\\&\quad\times\prod_{u=1}^{s}\exp\left(-\frac{1}{2}l_u^2\right)\mathrm{d}l_u\end{aligned}\tag{9-60}$$

将式（9-59)、式（9-60）代入式（9-58）可以获得预测响应 $E_{x_e}(\widehat{\boldsymbol{y}}_{x_0})$，式（9-57）右边的第二项可以表示为

$$E_{x_e}(\boldsymbol{\Sigma}_{x_0})=\sigma_i\sigma_j E_{x_e}(\boldsymbol{R}_{x_0})\tag{9-61}$$

可将式（9-61）表示为如下形式：

$$\begin{aligned}E_{x_e}(\boldsymbol{\Sigma}_{x_0})&=E_{x_e}[\operatorname{cov}(x_0,x_0)+(\boldsymbol{E}_0-\boldsymbol{E}_n^{\mathrm{T}}\widehat{\boldsymbol{\Sigma}}^{-1}\widehat{\boldsymbol{r}}_{x_0})^{\mathrm{T}}(\boldsymbol{E}_n^{\mathrm{T}}\widehat{\boldsymbol{\Sigma}}^{-1}\boldsymbol{E}_n)^{-1}(\boldsymbol{E}_0-\boldsymbol{E}_n^{\mathrm{T}}\widehat{\boldsymbol{\Sigma}}^{-1}\widehat{\boldsymbol{r}}_{x_0})-\widehat{\boldsymbol{r}}_0^{\mathrm{T}}\widehat{\boldsymbol{\Sigma}}^{-1}\widehat{\boldsymbol{r}}_{x_0}]\\&=\operatorname{cov}(x_0,x_0)+[\boldsymbol{E}_0-\boldsymbol{E}_n^{\mathrm{T}}\widehat{\boldsymbol{\Sigma}}^{-1}E_{x_e}(\widehat{\boldsymbol{r}}_{x_0})]^{\mathrm{T}}(\boldsymbol{E}_n^{\mathrm{T}}\widehat{\boldsymbol{\Sigma}}^{-1}\boldsymbol{E}_n)^{-1}[\boldsymbol{E}_0-\boldsymbol{E}_n^{\mathrm{T}}\widehat{\boldsymbol{\Sigma}}^{-1}E_{x_e}(\widehat{\boldsymbol{r}}_{x_0})]\\&\quad-E_{x_e}(\widehat{\boldsymbol{r}}_{x_0}^{\mathrm{T}}\widehat{\boldsymbol{\Sigma}}^{-1}\widehat{\boldsymbol{r}}_{x_0})\end{aligned}\tag{9-62}$$

式（9-62）主要取决于 $E_{x_e}(\widehat{\boldsymbol{r}}_{x_0})$ 和 $\boldsymbol{\Sigma}_{x_0}$，$E_{x_e}(\widehat{\boldsymbol{r}}_{x_0})$ 可由式（9-60）计算，$\boldsymbol{\Sigma}_{x_0}$ 可以表示为

$$E_{x_e}(\widehat{\boldsymbol{r}}_{x_0}\widehat{\boldsymbol{r}}_{x_0}^{\mathrm{T}})_i=E_{x_e}[\operatorname{cov}(x_0,x_p)\times\operatorname{cov}(x_0,x_q)]_{mn\times mn}^{i}\tag{9-63}$$

其中，$p,q=1,2,\cdots,mn$。

令 $\boldsymbol{A}=(\Phi_i^{-1}/2+\Phi_j^{-1}/2)^{-1}$，$\boldsymbol{B}=(\Phi_i^{-1}/2+\Phi_{j'}^{-1}/2)^{-1}$，$\boldsymbol{N}=\boldsymbol{A}(\boldsymbol{A}+\boldsymbol{B})^{-1}\boldsymbol{B}=\boldsymbol{B}(\boldsymbol{A}+\boldsymbol{B})^{-1}\boldsymbol{A}$，$x_{\text{new}}=\dfrac{\boldsymbol{A}x_p+\boldsymbol{B}x_q}{\boldsymbol{A}+\boldsymbol{B}}$，$\Phi_u^{\text{new}}=(\phi_{iu}^{-1}/2+\phi_{ju}^{-1}/2)^{-1}+(\phi_{iu}^{-1}/2+\phi_{j'u}^{-1}/2)^{-1}$，式（9-63）可表示为

$$\begin{aligned}&E_{x_e}[\operatorname{cov}(x_0,x_p)\times\operatorname{cov}(x_0,x_q)]\\&=H_0H_0'E_{x_e}\left\{\exp\left[-\left(x_0-\frac{\boldsymbol{A}x_p+\boldsymbol{B}x_q}{\boldsymbol{A}+\boldsymbol{B}}\right)^{\mathrm{T}}(\boldsymbol{A}+\boldsymbol{B})\left(x_0-\frac{\boldsymbol{A}x_p+\boldsymbol{B}x_q}{\boldsymbol{A}+\boldsymbol{B}}\right)-(x_p-x_q)^{\mathrm{T}}\boldsymbol{N}(x_p-x_q)\right]\right\}\end{aligned}$$

$$=\frac{H_0H_0'C_0}{(\sqrt{2\pi})^s}\exp[-(x_p-x_q)^{\mathrm{T}}\boldsymbol{N}(x_p-x_q)]$$
$$\times\int_{-3}^{3}\prod_{u=1}^{s}\exp\left[-\left(\frac{t_u}{3}l_u+x_{cu}-x_{\text{new}}^u\right)^{\mathrm{T}}\Phi_u^{\text{new}}\left(\frac{t_u}{3}l_u+x_{cu}-x_{\text{new}}^u\right)\right]\prod_{u=1}^{s}\exp\left(-\frac{1}{2}l_u^2\right)\mathrm{d}l_u \tag{9-64}$$

将式（9-64）代入式（9-57），可以获得考虑噪声因子的质量损失函数的闭合表达式：

$$Q(x_0)=[\boldsymbol{f}(x_0)\hat{\boldsymbol{\beta}}+E_{x_e}(\hat{\boldsymbol{r}}_{x_0}^{\mathrm{T}})\hat{\boldsymbol{\Sigma}}^{-1}(\boldsymbol{y}-\boldsymbol{F\beta})-\boldsymbol{T}]^{\mathrm{T}}\boldsymbol{C}[\boldsymbol{f}(x_0)\hat{\boldsymbol{\beta}}+E_{x_e}(\hat{\boldsymbol{r}}_{x_0}^{\mathrm{T}})\hat{\boldsymbol{\Sigma}}^{-1}(\boldsymbol{y}-\boldsymbol{F\beta})-\boldsymbol{T}]$$
$$+\mathrm{tr}[\boldsymbol{C}(\sigma_i\sigma_j\{\mathrm{cov}(x_0,x_0)+[\boldsymbol{E}_0-\boldsymbol{E}_n^{\mathrm{T}}\hat{\boldsymbol{\Sigma}}^{-1}E_{x_e}(\hat{\boldsymbol{r}}_{x_0})]^{\mathrm{T}}(\boldsymbol{E}_n^{\mathrm{T}}\hat{\boldsymbol{\Sigma}}^{-1}\boldsymbol{E}_n)^{-1}[\boldsymbol{E}_0-\boldsymbol{E}_n^{\mathrm{T}}\hat{\boldsymbol{\Sigma}}^{-1}E_{x_e}(\hat{\boldsymbol{r}}_{x_0})]$$
$$-E_{x_e}(\hat{\boldsymbol{r}}_{x_0}^{\mathrm{T}}\hat{\boldsymbol{\Sigma}}^{-1}\hat{\boldsymbol{r}}_{x_0})\})] \tag{9-65}$$

2. 容差成本模型

在工程实践中，由机器和环境条件而引起的噪声因子几乎无法避免[26]。容差成本通常被视为制造成本的量度，取决于不同的容差取值。宽松的容差意味着较低的制造成本和较高的质量损失，相对严格的容差导致更高的制造成本和更低的质量损失。因此，容差成本和质量损失之间是一种相互冲突的关系，容差参数通常为连续变量[45]。目前，有多种容差成本模型可以衡量容差成本和容差之间的关系，如指数函数、平方倒数函数和倒数函数[43]，本节选取指数函数用作容差成本模型：

$$\mathrm{TC}(t)=A+B\exp(-Gt) \tag{9-66}$$

其中，TC 代表容差成本；t 表示输入的容差值；A、B 和 G 是指定的唯一参数，可以使用回归方法进行估算。

质量损失和容差成本是两个相互矛盾的目标。因此，很有必要确定最佳输入参数和容差设置，以同时最小化质量损失和容差成本。本节利用多元质量损失函数（式（9-65））和指数函数容差成本模型（式（9-66））来构建优化模型，多目标优化模型如下：

$$\begin{cases}\arg\min \mathrm{FUN}(x,t)=[Q(x,t),\mathrm{TC}(t)]\\ \text{s.t.}\quad x\in\Omega,\quad t\in\Xi\end{cases} \tag{9-67}$$

其中，Ω 和 Ξ 分别是输入变量和容差参数的可行域。式（9-67）可使用 MATLAB 优化工具箱中的优化算法“gamultiobj”来优化[34]。

3. 所提方法的构建步骤

所提方法的流程图如图 9-13 所示，具体的建模过程可以归纳如下。

步骤 1：选择试验设计方案并收集试验数据。

步骤 2：构建含有噪声因子 x_e 的 MGP 预测模型。

步骤 3：利用 MGP 预测模型构造质量损失函数。

步骤 4：构建指数函数容差成本模型。

步骤 5：利用质量损失函数和指数函数容差成本模型，构建多目标优化模型。

步骤 6：利用多目标优化算法获得折中的帕累托解集。

步骤 7：利用 GRA 方法确定最优的输入参数和容差参数设置。

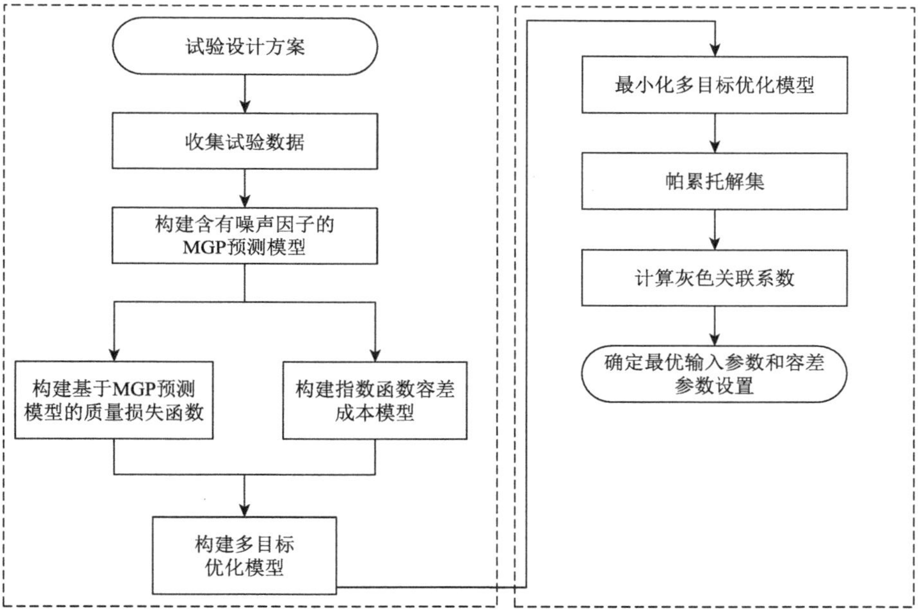

图 9-13　所提方法的构建流程图

9.3.4　案例分析

1. 数值案例

本节将利用 Li 和 Zhou[73]介绍的井眼优化问题说明所提方法的有效性，该试验经常被用于说明多响应模型的预测能力，其钻孔函数模拟水通过钻孔的流量。为了简化起见，本节对测试函数做了一些修改。4 个输入变量分别为上部含水层的透射率 x_1、井眼半径 x_2（m）、井眼长度 x_3（m）和下部含水层的透射率 x_4。响应 y 代表水的流速，其目标值为 $\boldsymbol{T}=[55,45,75]$，成本矩阵假定为 $\boldsymbol{C}=[0.1,0.025,$

0.025;0.025,0.025,0.5;0.2,0.025,0.025][62]，表 9-13 列出了输入变量的设计区域和编码值，响应 y 的函数可表示为

$$\begin{cases} y_1 = 2\pi x_1 \times 300 / \ln(1000/x_2)\left[1+\dfrac{2x_3x_1}{\lg(1000/x_2)x_2^2\times 10000}+\dfrac{x_1}{x_4}\right] \\ y_2 = 2\pi x_1 \times 200 / \ln(2000/x_2)\left[1+\dfrac{2x_3x_1}{\lg(2000/x_2)x_2^2\times 11000}+\dfrac{x_1}{x_4}\right] \\ y_3 = 2\pi x_1 \times 400 / \ln(3000/x_2)\left[1+\dfrac{2x_3x_1}{\lg(3000/x_2)x_2^2\times 12000}+\dfrac{x_1}{x_4}\right] \end{cases} \quad (9\text{-}68)$$

表 9-13　输入变量的设计区域和编码值

类型	x_1	x_2	x_3	x_4	编码值
下界	63 070	0.05	1 120	63.1	0
上界	115 600	0.15	1 680	116	1

首先，式（9-68）用于说明不同建模方法的预测精度，本节选择标准 GP（standard GP，SGP）模型、具有可分离协方差函数（separable covariance functions，SCF）的 MGP 模型[67]和具有不可分离协方差函数（nonseparable covariance functions，NSCF）的 MGP 模型[72]。Li 和 Zhou[72]引入的切片式拉丁超立方体设计生成了 50 个训练输入和 50 个测试输入，重复仿真 200 次，可以获得 200 个 RMSE，比较结果如图 9-14 所示。RMSE 的均值用于评估预测准确性，$R_{SGP}=0.0095$、$R_{SCF}=0.0055$ 及 $R_{NSCF}=0.0027$。比较结果表明，本节所用的建模方法具有较高的预测精度。

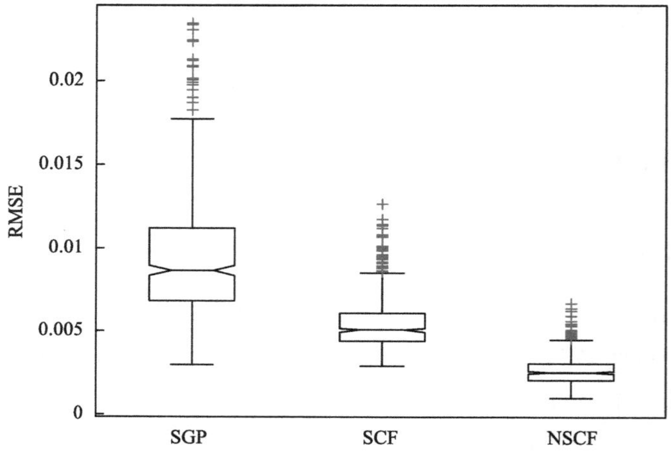

图 9-14　不同方法的 RMSE 结果对比

其次，使用所提的 MGP 模型执行参数和容差优化，根据容差与容差成本之间的关系，假定容差成本模型如下：

$$\begin{cases} \mathrm{TC}(t_1) = 0.18 + 5.75\exp(-7.19t_1) \\ \mathrm{TC}(t_2) = 0.45 + 3.93\exp(-5.51t_2) \\ \mathrm{TC}(t_3) = 0.28 + 2.01\exp(-5.88t_3) \\ \mathrm{TC}(t_4) = 0.27 + 6.29\exp(-9.26t_4) \end{cases} \tag{9-69}$$

再次，采用拉丁超立方体设计来生成 50 个训练样本。为了进行比较，本节使用建议的方法（PM）和标准的单变量 GP 模型来构建式（9-69）。SGP 方法是一种独立的建模技术，它假定响应彼此独立[81]。

最后，使用 MATLAB 优化工具箱的多目标优化算法“multiobj”最小化目标函数。种群大小设置为 50，最大迭代次数设置为 100，其他参数设置为默认值，优化结果如表 9-14 所示。

表 9-14　不同方法的对比结果

方法	x_1	x_2	x_3	x_4	t_1	t_2	t_3	t_4	$Q(x,t)$	$\mathrm{TC}(t)$
SGP	0.627	0.999	0.03	0.996	0.136	0.153	0.193	0.09	2.495	3.981
SCF	0.452	0.999	0.01	0.99	0.077	0.163	0.195	0.16	2.455	3.963
PM	0.566	0.998	0.012	0.998	0.138	0.168	0.184	0.095	2.445	3.919

如表 9-14 所示，结果表明这三种方法均获得了令人满意的最优折中输入参数设置，但是，本节方法的 $Q(x,t)$ 和 $\mathrm{TC}(t)$ 相对较小。与 SGP 方法相比，该方法的 $Q(x,t)$ 为 2.445，减少了 2%；$\mathrm{TC}(t)$ 为 3.919，减少了 1.56%。与 SCF 方法相比，$Q(x,t)$ 和 $\mathrm{TC}(t)$ 分别减少了 0.41%和 1.11%。通过考虑响应之间的相关性，本节方法可以建立更准确的响应曲面。比较结果表明，通过考虑输入不确定性和响应之间的相关性，本节方法可以得到更合理的最优解，因此与其他方法相比，该方法的最佳输入设置可以更好地平衡质量损失和容差成本。

2. 微气泡试验分析

本节将通过 Costa 和 Lourenço[81]所提的微气泡试验说明所提方法的有效性。3 个可控制的输入变量是表面活性剂的浓度 x_1、盐的浓度 x_2 和搅拌时间 x_3。过程的 3 个响应分别是稳定性 y_1、体积比 y_2 和温度 y_3，这 3 个响应分别是望大质量特性、望小质量特性和望目质量特性。输入变量的设计区域为 $-1.682 \leqslant x_i \leqslant 1.682$，$i = 1,2,3$。试验设计和试验结果如表 9-15 所示，容差成本的经验数据如表 9-16 所示。

本试验的目的是选择合适的参数设置和容差，以同时减少质量损失和容差成本。响应的目标值为 $\boldsymbol{T}=[7,1.75,25]$，可接受的区间为 $y_1\in[5,7]$， $y_2\in[1.75,3]$ 和 $y_3\in[22,27]$。

表 9-15　试验设计和试验结果

序号	输入变量			响应		
	x_1	x_2	x_3	y_1	y_2	y_3
1	−1	−1	−1	4.5	2.15	26
2	1	−1	−1	6.215	5.15	24.2
3	−1	1	−1	3.95	1.85	24.5
4	1	1	−1	5.43	4.2	23.25
5	−1	−1	1	4.445	3.2	30.5
6	1	−1	1	6.65	5.7	26.75
7	−1	1	1	3.86	2	31.5
8	1	1	1	5.405	4.8	26.5
9	−1.682	0	0	4.235	2.5	30
10	1.682	0	0	5.455	5.15	27
11	0	−1.682	0	5.925	6	27.7
12	0	1.682	0	4.62	3.3	28.5
13	0	0	−1.682	4.855	3.05	25.5
14	0	0	1.682	4.975	5.2	31.5
15	0	0	0	4.895	4.65	35.5
16	0	0	0	4.935	4.85	28.5
17	0	0	0	4.975	4.65	22

表 9-16　容差成本的经验数据

t_1	$TC(t_1)$	t_2	$TC(t_2)$	t_3	$TC(t_3)$
0.010	5.015	0.010	3.768	0.010	5.799
0.031	4.147	0.031	3.101	0.031	4.731
0.052	3.435	0.052	2.568	0.052	3.871
0.073	2.851	0.073	2.142	0.073	3.176
0.094	2.372	0.094	1.802	0.094	2.616
0.116	1.978	0.116	1.530	0.116	2.164
0.137	1.656	0.137	1.313	0.137	1.800
0.158	1.391	0.158	1.140	0.158	1.506
0.179	1.173	0.179	1.001	0.179	1.269
0.200	0.995	0.200	0.890	0.200	1.078

利用表 9-15 中的试验数据构建质量损失函数（式（9-65）），成本矩阵 $\boldsymbol{C}$ 假设为[62]

$$\boldsymbol{C}=\begin{bmatrix}0.25 & 0.025 & 0.025\\ 0.025 & 0.5 & 0.025\\ 0.025 & 0.025 & 0.5\end{bmatrix}$$

容差成本函数可以由表 9-16 中的经验数据近似：

$$\begin{cases}\mathrm{TC}(t_1)=0.18+5.31\exp(-9.37t_1)\\ \mathrm{TC}(t_2)=0.45+3.69\exp(-10.63t_2)\\ \mathrm{TC}(t_3)=0.28+6.11\exp(-10.18t_3)\end{cases}\tag{9-70}$$

多目标优化模型可以表示为

$$\begin{cases}\min \mathrm{FUN}(\boldsymbol{x},\boldsymbol{t})=[Q(\boldsymbol{x},\boldsymbol{t}),\mathrm{TC}(\boldsymbol{t})]\\ \text{s.t.}\quad \boldsymbol{x}\in\varOmega,\quad \boldsymbol{t}\in\varXi\end{cases}\tag{9-71}$$

其中，$\boldsymbol{x}\in[-1.682,1.682]^3$；$\boldsymbol{t}\in[0,0.2]^3$。利用 MATLAB 优化工具箱中的多目标优化算法“gamultiobj”最小化式（9-71）中的多目标优化模型。种群数设置为 50，最大迭代次数设置为 100，其他参数选择为默认值，帕累托前沿如图 9-15 所示。

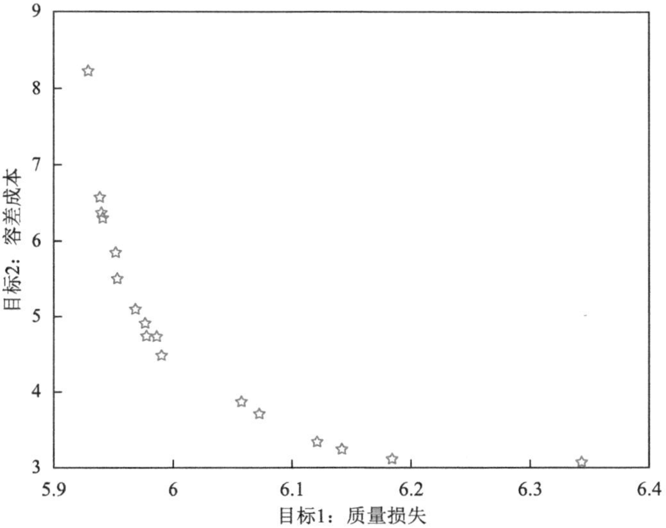

图 9-15　本节方法所得的帕累托前沿

采用 GRA 技术确定最优解，将标准化帕累托前沿上的折中解作为比较序列。同时，将每个目标的理想解作为参考序列。比较序列与参考序列之间的关系系数通过式（9-50）～式（9-55）计算，关系系数最高的解决方案被选择为最佳解决方案。GRA 的结果如表 9-17 所示，为了简单起见，仅给出了前五种解决方案。最佳参数和容差为 $\boldsymbol{x}=[-0.2814,1.6607,-1.1225]$ 和 $\boldsymbol{t}=[0.1766,0.1917,0.0671]$，并且灰色关联系数为 0.63，质量损失和容差成本为 $Q(\boldsymbol{x},\boldsymbol{t})=5.9534$ 和 $\mathrm{TC}(\boldsymbol{t})=5.49$。表 9-17 中的优化结果可以从两个方面进行比较：一方面，要注意质量损失，应选择质量损失最小的第五组解决方案；另一方面，当更多地关注容差成本时，应选择第三组解决方案。但是，最佳解决方案可以在质量损失和容差成本之间做出更好的权衡。

表 9-17　GRA 结果

序号	灰色关联系数	x_1	x_2	x_3	t_1	t_2	t_3	$Q(\boldsymbol{x}, \boldsymbol{t})$	$\mathrm{TC}(\boldsymbol{t})$
1	0.63	−0.2814	1.6607	−1.1255	0.1766	0.1917	0.0671	5.9534	5.49
2	0.62	−0.2797	1.6603	−1.1258	0.1574	0.1859	0.0633	5.9515	5.85
3	0.44	−0.2859	1.6598	−1.1253	0.1789	0.1880	0.0805	5.9689	5.09
4	0.42	−0.2850	1.6607	−1.1259	0.1453	0.1881	0.0542	5.9413	6.29
5	0.40	−0.2790	1.6607	−1.1262	0.1578	0.1726	0.0506	5.9411	6.36

对于多响应优化问题，还可以通过其他常用的方法来找到最佳解决方案。例如，可以使用 KM 聚类分析技术来选择多个折中解决方案[87]。通过 KM 方法将帕累托解决方案分成多个子区域，并选择子区域的中心点作为最佳解决方案。另一种常用的优化方法是在不考虑容差成本的情况下通过最小化质量损失函数来执行稳健参数设计，称为 QL 方法。表 9-18 给出了几种方法的对比结果。

表 9-18　不同方法的对比结果

方法	序号	x_1	x_2	x_3	t_1	t_2	t_3	$Q(\boldsymbol{x}, \boldsymbol{t})$	$\mathrm{TC}(\boldsymbol{t})$	灰色关联系数
KM	1	−0.2790	1.6607	−1.1262	0.1578	0.1726	0.0506	5.941	6.36	0.40
	2	−0.2880	1.6595	−1.1235	0.1878	0.1857	0.0851	5.977	4.91	0.39
	3	−0.2847	1.6593	−1.1213	0.1874	0.1920	0.1757	6.122	3.33	0.19
QL	—	−0.2843	1.6820	−1.1251	0	0	0	5.901	10.65	—
SGP	—	−0.2771	1.6811	−1.1256	0.1489	0.1935	0.7543	6.017	5.54	—
PM	—	−0.2814	1.6607	−1.1255	0.1766	0.1917	0.0671	5.953	5.49	0.63

如表 9-18 所示，KM 方法获得的三组解决方案代表不同的折中选择，从业人员可以根据自身的特定偏好选择相应的最佳解决方案。当更多地关注容差成本时，应选择第三组解决方案，容差成本为 3.33，灰色关联系数为 0.19；当更多地关注质量损失时，应选择第一组解决方案，质量损失为 5.941，灰色关联系数为 0.40。

PM 获得的最佳解决方案的灰色关联系数较高，这意味着 PM 的最佳解决方案接近于单个目标的理想值，能够在质量损失和容差成本之间做出更好的权衡。

应该注意的是，在一些多响应物理试验中，响应之间可能存在相关性，相关性可能对优化过程产生一系列影响。同时，忽略相关性可能导致获得可靠性差的最佳解决方案。因此，常用的 SGP 方法不是用于多响应物理试验的有效工具，然而使用 MGP 模型处理多响应优化问题是有意义的。比较结果表明，本节方法综合考虑了响应和输入不确定性之间的相关性，提高了优化结果的可靠性。

在工程实践中，输入噪声不可避免，并且会严重损害产品质量的稳健性。本节方法可以帮助工程师在质量损失和容差成本之间做一个最佳的折中选择，本节提出的稳健参数和容差并行设计方法将有助于实现复杂制造过程中的产品质量改进。稳健参数和容差的并行设计方法是持续提高产品质量的重要方法，大多基于 GP 模型的 IPTD 方法都是针对单响应试验提出的，无法用来解决复杂的多响应试验数据问题。本节提出了一种基于 MGP 模型的稳健参数和容差并行设计方法，利用 MGP 建模技术提出了一种考虑输入噪声的优化模型，并将 Han 和 Tan[45]提出的优化方法扩展到多响应的稳健参数和容差设计应用中。此外，利用 GRA 技术可以找到更加均衡、合理的解决方案，从而提高了优化结果的可靠性。本节案例分析表明，本节方法可以在质量损失和容差成本之间取得更好的平衡。同时，本节方法主要考虑优化过程中输入噪声对优化结果的影响，构建稳健参数和容差并行优化模型也可以显著地提高优化结果的稳健性和可靠性。

参 考 文 献

[1] Wang J，Ma Y，Tsung F，et al. Economic parameter design for ultra-fast laser micro-drilling process[J]. International Journal of Production Research，2019，57（20）：6292-6314.

[2] Wang J，Mao T，Tu Y. Simultaneous multi-response optimisation for parameter and tolerance design using Bayesian modelling method[J]. International Journal of Production Research，2021，59（8）：2269-2293.

[3] Feng Z，Wang J，Ma Y，et al. Integrated parameter and tolerance design based on a multivariate Gaussian process model[J]. Engineering Optimization，2021，53（8）：1349-1368.

[4] del Castillo E，Colosimo B M，Alshraideh H. Bayesian modeling and optimization of functional responses affected by noise factors[J]. Journal of Quality Technology，2012，44（2）：117-135.

[5] Parandoush P，Hossain A. A review of modeling and simulation of laser beam machining[J]. International Journal of Machine Tools and Manufacture，2014，85：135-145.

[6] Teixidor D，Ferrer I，Ciurana J，et al. Optimization of process parameters for pulsed laser milling of micro-channels on AISI H13 tool steel[J]. Robotics and Computer-integrated Manufacturing，2013，29（1）：209-218.

[7] Dubey A K，Yadava V. Laser beam machining—a review[J]. International Journal of Machine Tools and Manufacture，2008，48（6）：609-628.

[8] Biswas R，Kuar A S，Sarkar S，et al. A parametric study of pulsed Nd：YAG laser micro-drilling of gamma-titanium aluminide[J]. Optics & Laser Technology，2010，42（1）：23-31.

[9] Ciurana J，Arias G，Ozel T. Neural network modeling and particle swarm optimization（PSO）of process parameters in pulsed laser micromachining of hardened AISI H13 steel[J]. Materials and Manufacturing Processes，2009，24（3）：358-368.

[10] Kumar S，Dubey A K，Pandey A K. Computer-aided genetic algorithm based multi-objective optimization of laser trepan drilling[J]. International Journal of Precision Engineering and Manufacturing，2013，14（7）：1119-1125.

[11] Panda S，Mishra D，Biswal B B. Determination of optimum parameters with multi-performance characteristics in laser drilling—a grey relational analysis approach[J]. The International Journal of Advanced Manufacturing Technology，2011，54（9-12）：957-967.

[12] Wang W，Chen J，Li D，et al. Modelling and optimisation of a femtosecond laser micro-machining process for micro-hole array products[J]. The International Journal of Advanced Manufacturing Technology，2016，82（5-8）：1293-1303.

[13] Kim Y J，Cho B R. Economic considerations on parameter design[J]. Quality and Reliability Engineering International，2000，16（6）：501-514.

[14] Zellner A. An efficient method of estimating seemingly unrelated regressions and tests for aggregation bias[J]. Journal of the American Statistical Association，1962，57（298）：348-368.

[15] Shah H K，Montgomery D C，Carlyle W M. Response surface modeling and optimization in multi-response experiments using seemingly unrelated regressions[J]. Quality Engineering，2004，16（3）：387-397.

[16] Jeffreys H. An invariant form for the prior probability in estimation problems[J]. Proceedings of the Royal Society of London：Series A（Mathematical and Physical Sciences），1946，186（1007）：453-461.

[17] Cowles M K，Carlin B P. Markov chain Monte Carlo convergence diagnostics：A comparative review[J]. Journal of the American Statistical Association，1996，91（434）：883-904.

[18] Brooks S P，Gelman A. General methods for monitoring convergence of iterative simulations[J]. Journal of Computational and Graphical Statistics，1998，7（4）：434-455.

[19] Huang W，Liu J，Chalivendra V，et al. Statistical modal analysis for variation characterization and application in manufacturing quality control[J]. IIE Transactions，2014，46（5）：497-511.

[20] Boylan G L. Robust parameter design in complex engineering systems：Analytics，modeling，and optimization under asymmetric and high-variability conditions[D]. South Carolina：Clemson University，2013.

[21] Ko Y H，Kim K J，Jun C H. A new loss function-based method for multiresponse optimization[J]. Journal of Quality Technology，2005，37（1）：50-59.

[22] Wu C F J，Hamada M. Experiment：Planning，Analysis，and Optimization[M]. New York：Wiley，2011.

[23] Peterson J J. A posterior predictive approach to multiple response surface optimization[J]. Journal of Quality Technology，2004，36（2）：139-153.

[24] Wang J，Ma Y，Ouyang L，et al. A new Bayesian approach to multi-response surface optimization integrating loss function with posterior probability[J]. European Journal of Operational Research，2016，249（1）：231-237.

[25] Peterson J J，Miro-Quesada G，del Castillo E. A Bayesian reliability approach to multiple response optimization with seemingly unrelated regression models[J]. Quality Technology and Quantitative Management，2009，6（4）：353-369.

[26] Jeang A. Robust computer-aided parameter and tolerance determination for an electronic circuit design[J]. International Journal of Production Research，2003，41（5）：883-895.

[27] Johnson M E. Multivariate Statistical Simulation[M]. New York：John Wiley & Sons Inc，1987.

[28] del Castillo E. Process Optimization：A Statistical Approach[M]. New York：Springer，2007.

[29] Ando T. Bayesian Model Selection and Statistical Modeling[M]. New York：Chapman & Hall/CRC，2010.

[30] Shen L，Yang J，Zhao Y. Simultaneous optimization of robust parameter and tolerance design based on generalized linear models[J]. Quality and Reliability Engineering International，2013，29（8）：1107-1115.

[31] Chase K W，Greenwood W H，Loosli B G，et al. Least cost tolerance allocation for mechanical assemblies with automated process selection[J]. Manufacturing Review，1990，3（1）：49-59.

[32] Pignatiello J J. Strategies for robust multiresponse quality engineering[J]. IIE Transactions，1993，25（3）：5-15.

[33] Vining G G. A compromise approach to multiresponse optimization[J]. Journal of Quality Technology，1998，30（4）：309-313.

[34] He Z，Zhu P，Park S H. A robust desirability function method for multi-response surface optimization considering model uncertainty[J]. European Journal of Operational Research，2012，221（1）：241-247.

[35] Geng J，Gao Q，Zhang S. Modeling and optimization of multi-factor and multi-index product system[J]. Journal of Systems Engineering，2008，23（4）：449-454.

[36] del Castillo E，Montgomery D C，McCarville D R. Modified desirability functions for multiple response optimization[J]. Journal of Quality Technology，1996，28（3）：337-345.

[37] Zong Z，He Z，Kong X. Concurrent optimization of parameter design and tolerance design for multiple responses[J]. Modular Machine Tool & Automatic Manufacturing Technique，2006，11：4-7.

[38] Tsui K L. An overview of Taguchi method and newly developed statistical methods for robust design[J]. IIE Transactions，1992，24（5）：44-57.

[39] Montgomery D C. Design and Analysis of Experiments[M]. New York：John Wiley & Sons Inc，2017.

[40] Myers R H，Montgomery D C，Vining G G，et al. Response surface methodology：A retrospective and literature survey[J]. Journal of Quality Technology，2004，36（1）：53-77.

[41] Rajasekera J R，Fang S C. A new approach to tolerance allocation in design cost analysis[J]. Engineering Optimization，1995，24（4）：283-291.

[42] Colosimo B M，Senin N. Geometric Tolerances：Impact on Product Design，Quality Inspection and Statistical Process Monitoring[M]. London：Springer，2010.

[43] Moskowitz H，Plante R，Duffy J. Multivariate tolerance design using quality loss[J]. IIE Transactions，2001，33（6）：437-448.

[44] Li W，Wu C F J. An integrated method of parameter design and tolerance design[J]. Quality Engineering，1999，11（3）：417-425.

[45] Han M，Tan M H Y. Integrated parameter and tolerance design with computer experiments[J]. IIE Transactions，2016，48（11）：1004-1015.

[46] del Castillo E，Fan S K，Semple J. The computation of global optima in dual response systems[J]. Journal of Quality Technology，1997，29（3）：347-353.

[47] Kim K J，Lin D K J. Dual response surface optimization：A fuzzy modeling approach[J]. Journal of Quality Technology，1998，30（1）：1-10.

[48] Ouyang L，Zhou D，Park C，et al. Ensemble modelling technique for a micro-drilling process based on a two-stage bootstrap[J]. Engineering Optimization，2019，51（3）：503-519.

[49] del Castillo E，Fan S K，Semple J. Optimization of dual response systems：A comprehensive procedure for degenerate and nondegenerate problems[J]. European Journal of Operational Research，1999，112（1）：174-186.

[50] Fan S K S，del Castillo E. Calculation of an optimal region of operation for dual response systems fitted from experimental data[J]. Journal of the Operational Research Society，1999，50（8）：826-836.

[51] Cho B R，Kim Y J，Kimbler D L，et al. An integrated joint optimization procedure for robust and tolerance design[J]. International Journal of Production Research，2000，38（10）：2309-2325.

[52] Fan S K S. A generalized global optimization algorithm for dual response systems[J]. Journal of Quality Technology，2000，32（4）：444-456.

[53] Ding R，Lin D K J，Wei D. Dual-response surface optimization：A weighted MSE approach[J]. Quality Engineering，2004，16（3）：377-385.

[54] Ozdemir A，Cho B R. A nonlinear integer programming approach to solving the robust parameter design optimization problem[J]. Quality and Reliability Engineering International，2016，32（8）：2859-2870.

[55] Ozdemir A，Cho B R. Response surface-based robust parameter design optimization with both qualitative and quantitative variables[J]. Engineering Optimization，2017，49（10）：1796-1812.

[56] Ouyang L，Chen J，Ma Y，et al. Bayesian closed-loop robust process design considering model uncertainty and data quality[J]. IISE Transactions，2020，52（3）：288-300.

[57] Wang P，Liang M. An integrated approach to tolerance synthesis，process selection and machining parameter optimization problems[J]. International Journal of Production Research，2005，43（11）：2237-2262.

[58] Shin S，Cho B R. Development of a sequential optimization procedure for robust design and tolerance design within a bi-objective paradigm[J]. Engineering Optimization，2008，40（11）：989-1009.

[59] Chen J，Tang Y. Sequential algorithms for structural design optimization under tolerance conditions[J]. Engineering Optimization，2013，46（9）：1183-1199.

[60] Ankenman B，Nelson B L，Staum J. Stochastic Kriging for simulation metamodeling[J]. Operations Research，2010，58（2）：371-382.

[61] Feng Z，Wang J，Ma Y，et al. Robust parameter design based on Gaussian process with model uncertainty[J]. International Journal of Production Research，2021，59（9）：2772-2788.

[62] Ouyang L，Ma Y，Wang J，et al. A new loss function for multi-response optimization with model parameter uncertainty and implementation errors[J]. European Journal of Operational Research，2017，258（2）：552-563.

[63] Kleijnen J P C. Regression and Kriging metamodels with their experimental designs in simulation：A review[J]. European Journal of Operational Research，2017，256（1）：1-16.

[64] Santner T J，Williams B J，Notz W I. The Design and Analysis of Computer Experiments[M]. New York：Springer，2003.

[65] Williams C K I，Rasmussen C E. Gaussian Processes for Machine Learning[M]. Cambridge：MIT Press，2006.

[66] Svenson J，Santner T. Multiobjective optimization of expensive-to-evaluate deterministic computer simulator models[J]. Computational Statistics & Data Analysis，2016，94（C）：250-264.

[67] Rougier J. Efficient emulators for multivariate deterministic functions[J]. Journal of Computational and Graphical Statistics，2008，17（4）：827-843.

[68] Kleijnen J P C，Mehdad E. Multivariate versus univariate Kriging metamodels for multi-response simulation models[J]. European Journal of Operational Research，2014，236（2）：573-582.

[69] Alshraideh H，del Castillo E. Gaussian process modeling and optimization of profile response experiments[J]. Quality and Reliability Engineering International，2014，30（4）：449-462.

[70] Dürichen R，Wissel T，Ernst F，et al. A unified approach for respiratory motion prediction and correlation with multi-task Gaussian processes[C]. 2014 IEEE International Workshop on Machine Learning for Signal Processing（MLSP），IEEE，2014：1-6.

[71] Zhou H，Zhou Q，Liu C，et al. A Kriging metamodel-assisted robust optimization method based on a reverse

model[J]. Engineering Optimization，2018，50（2）：253-272.

[72] Zhou Q，Qian P Z G，Zhou S. A Simple approach to emulation for computer models with qualitative and quantitative factors[J]. Technometrics，2011，53（3）：266-273.

[73] Li Y，Zhou Q. Pairwise meta-modeling of multivariate output computer models using nonseparable covariance function[J]. Technometrics，2016，58（4）：483-494.

[74] Li Y，Zhou Q，Huang X，et al. Pairwise estimation of multivariate Gaussian process models with replicated observations：Application to multivariate profile monitoring[J]. Technometrics，2017，60（1）：70-78.

[75] Tan M H Y，Wu C F J. Robust design optimization with quadratic loss derived from Gaussian process models[J]. Technometrics，2012，54（1）：51-63.

[76] Mehdad E，Kleijnen J P C. Classic Kriging versus Kriging with bootstrapping or conditional simulation：Classic Kriging's robust confidence intervals and optimization[J]. Journal of the Operational Research Society，2015，66（11）：1804-1814.

[77] Tan M H Y. Stochastic polynomial interpolation for uncertainty quantification with computer experiments[J]. Technometrics，2015，57（4）：457-467.

[78] Han Y，Ma Y，Ouyang L，et al. Integrated multiresponse parameter and tolerance design with model parameter uncertainty[J]. Quality and Reliability Engineering International，2019，36（1）：414-433.

[79] Li W，Gao L，Xiao M. Multidisciplinary robust design optimization under parameter and model uncertainties[J]. Engineering Optimization，2020，52（3）：426-445.

[80] Xiong X，Li S，Wu F. Robust parameter design for nonlinear signal-response systems using kriging models[J]. Engineering Optimization，2019，52（4）：1-18.

[81] Costa N R，Lourenço J. Gaussian process model-an exploratory study in the response surface methodology[J]. Quality and Reliability Engineering International，2016，32（7）：2367-2380.

[82] Parussini L，Venturi D，Perdikaris P，et al. Multi-fidelity Gaussian process regression for prediction of random fields[J]. Journal of Computational Physics，2017，336（3）：36-50.

[83] Huang H，Lin D K J，Liu M，et al. Computer experiments with both qualitative and quantitative variables[J]. Technometrics，2016，58（4）：495-507.

[84] Qian P Z G，Wu H，Wu C F J. Gaussian process models for computer experiments with qualitative and quantitative factors[J]. Technometrics，2008，50（3）：383-396.

[85] Chiang Y M，Hsieh H H. The use of the Taguchi method with grey relational analysis to optimize the thin-film sputtering process with multiple quality characteristic in color filter manufacturing[J]. Computers & Industrial Engineering，2009，56（2）：648-661.

[86] Nie W，Liu W，Wu Z，et al. Failure mode and effects analysis by integrating Bayesian fuzzy assessment number and extended gray relational analysis-technique for order preference by similarity to ideal solution method[J]. Quality and Reliability Engineering International，2019，35（6）：1676-1697.

[87] Jin Y，Wang K，Tao Y，et al. Reliable multi-objective optimization of high-speed WEDM process based on Gaussian process regression[J]. International Journal of Machine Tools & Manufacture，2008，48（1）：47-60.